九州の山岳

渡部智倶人

海鳥社

本扉装画・「阿蘇根子岳北面」渡部智倶人　作

箱石峠付近より望見した高岳（熊本）

烏帽子岳から東の龍房山（中央）と
左に地蔵岳（宮崎）

大崩山の岩峰（宮崎）

牧ノ戸から久住、三俣山の西面（大分）

安満岳正面（東）口鳥居（長崎）

上・藤河内渓谷（大分）
右・宝満山系難所ガ滝の氷結（福岡）
左・大船山の御池（大分）

屋久島・宮ノ浦岳の縄文杉（鹿児島）

屋久島・鹿之沢山小屋の朝（鹿児島）

オキナグサ

太良町から経ヶ岳の東面を望む（佐賀）

北千里ヶ浜の東南に座す
法華院中宮祠（大分）

双石山北東麓の針の耳（宮崎）

まえがき

渡部智倶人

　昨今の登山人口の漸増《ぜんぞう》は驚きとともに歓迎すべき現象であろう。澄みきった空気、清冽な渓流、珍しい動植物との出合い、登頂による達成感など数え切れない感動を享受する。

　わが国は昭和三十年代の半ばから経済の発展に伴い、急激なモータリゼーションへ突入していった。これにより社会生活のあらゆる面に大きな変化と影響をもたらしたことは言を俟たない。登山に関してもそれまでは列車と乗り合いバスに依存し、県外の山岳を目的とした場合は数日を要した。従ってマイカー時代に入り、距離感、時間の短縮など幾多の恩恵を得て、登山を楽しむゆとりが増大していったのである。

　以上の点を踏まえ、私は昭和五十七年に『マイカーで行く九州の山歩き』を上梓し、昭和六十一年には前書を廃刊し、新たに『マイカーで行く九州百山峰』（共に葦書房）を上梓した。この間に全国の山腹は大規模林道、スーパー林道といった営林行政に欠かせぬ車道・公道がつぎつぎと造成され、それによってかなりの登山遊歩道が変更を余儀なくされ続けた。そのつど多くの岳友から情報をいただき、増版にあたっては登山道その他の修正を繰り返すことができたことは有り難く感謝にたえない。

　車社会前、すなわち現在のチェーンソー、ケーブル、そしてトラック以前の林業は鋸、斧、修羅、木馬出しであったので、山行にあたりしばしば許しを乞うて修羅みち、木馬みちから尾根へ取り付いたこともあった。かかる登山ルートの変更、変化は何も林業面における林道造成のみではない。顧みると、戦後のわが国は高度経済成長に伴って、世界でも比類なき山野の自然破壊を繰り返してきた。山岳以外においても、干拓、過剰護岸工事、ダム建設、自然林伐採、単一針葉樹の植林、それに関連して花粉症やアレルギー疾患などの増加をきたし、さらに生態系の異変が懸念され始めている。このたび林業関連として政府はようやく緑のダムを重視し、森林の多様性、機能発展のために林業基本法の見直しに転じた。歓迎すべき政策であろう。

さて平成の時代に入り、九州の山のガイドブックは幾多出版され、いずれの書も著者の個性が豊富に述べられていて、参考にすべき点多々である。

本書の内容に関しては、登山ルートほかの概略図はできるだけ、国土地理院（以下、国地院と略記）二・五万分の一の地図と重ね、判読いただきたい。各山の概略図名の下に、二・五万分の一の地形図名を記し、書店で求めやすくした。概略図には登山口（㊀登）、駐車場（㊀駐）、水場（㊌）の符号をつけた。

国地院の地図については、山行にあたり毎回必携すべきもので、地図を見るとともに地図を読む習慣を具備すべきである。たとえば地図の内容記号をあげると、等高線、がけ岩、がけ土、岩、おう地、広葉樹、針葉樹、三角点、水準点、かれ川などその他が詳細に記載されている。ぜひ判読し、なれることである。つぎに著書の概略図の枠外の歩行タイム並びに、山名に続き記載した要所間のタイムはあくまでも著者の歩行を参考にしたもの故、必ず二割前後のゆとりをもって判断していただきたい。

さらに、国地院の地図をご覧いただくと、山頂近くまで林道を含む車道の記号がある山岳は、山頂に電波塔設置のため造成された山が大部で、マイカーで山頂へ安易に行けるし、登山道もあるが、利用されてないので荒廃している。かかる対象の山岳は割愛させていただいた。その他、山域の大部分を杉、檜などの植林で占められた山や登山口から山頂まで過剰な設備を整えた山はその雰囲気にそぐわないので、これらも除外した。

本書の末尾になったが「登山者の心得」として私自身の失敗などの経験をふまえ、縷々四十項目にわたり略記した。心得については、すべて九州の山岳は言うに及ばず、山行にあたっては熟知していただき、行動にあたっては自己責任を念頭に、事故なく、安全第一の登山を楽しんで欲しいと切望する次第である。

九州の山岳◉目次

山群一覧

福岡県
佐賀県
長崎県
熊本県
大分県
宮崎県
鹿児島県
犬鳴山
福智山
三郡山
② 北九州周辺の山
① 福岡周辺の山
古処山
犬ケ岳
英彦山
雷山
脊振山
中摩殿畑山
両子山
安満岳
八幡岳
天山
万年山
城ケ岳
④ 日田・津江の山
黒髪山
釈迦岳
三国山
⑤ 九重山群・由布岳周辺の山
③ 佐賀・長崎の山
多良岳
八方ケ岳
鞍岳
萩岳
⑥ 阿蘇山群
⑨ 祖母・傾山と日之影の山
桑原山
夏木山
親父山
俵山
雲仙岳
⑩ 霧立・椎葉・米良の山
日隠山
鬼の目山
八郎岳
黒峰
諸塚山
⑦ 天草・芦北・矢部周辺の山
⑧ 五木と五家荘の山
角山
上福根山
国見岳
扇山
仰烏帽子山
市房山
白髪岳
掃部岳
矢筈岳
⑪ 宮崎県南の山
大森岳
紫尾山
⑬ 霧島山・屋久島山群
桜島
高隈山
金峰山
⑫ 薩摩・大隅の山
野間岳
甫与志岳
開聞岳
稲尾岳
種子島
屋久島
宮之浦岳

九州（離島を除く）の一等三角点 本点 と山名

三角点名	標高（m）	地図上の山名	5万分の1地形図名
三瀬山	967.2	金山	背振山
英彦山	1199.6	英彦山	吉井
霧ヶ岳	597.8	足立山	小倉
防住山	404.5	基山	甘木
釈迦ヶ岳	1229.5	釈迦岳	日田
丸山	350.4	清水山	山鹿
梨川内	268.8	豊前坊	唐津
天狗岳	514.3	安満岳	志々伎
京ヶ岳	1075.7	経ヶ岳	諫早
長浦村	560.8	長浦岳	神浦
普賢岳	1359.3	普賢岳	島原
八郎岳	590.0	八郎岳	長崎
鹿嵐山	758.1	鹿嵐山	豊岡
久住山	1786.8	久住山	宮原
樅木山	484.0	樅木山	佐賀関
元越山	581.5	元越山	佐伯
祝子川山	1643.3	大崩山	熊田
尾鈴山	1405.2	尾鈴山	尾鈴山
牛ノ峠	918.0	（不詳）	末吉
熊野岳	685.4	熊ノ岳	玉名
国見岳	1738.8	国見岳	鞍岡
笠山	567.3	笠山	日奈久
白髪岳	1416.7	白髪岳	加久藤
角岳	525.9	角山	本渡
八重山	676.8	八重山	川内
野間岳	591.1	野間岳	野間岳
高隈山	1181.7	御岳	鹿屋
薬師山	280.8	塚野	大根占
野尻野塚	897.3	野首岳	辺塚
矢筈岳	687.0	矢筈岳	出水

九州（離島を除く）の一等三角点本点と三角点名

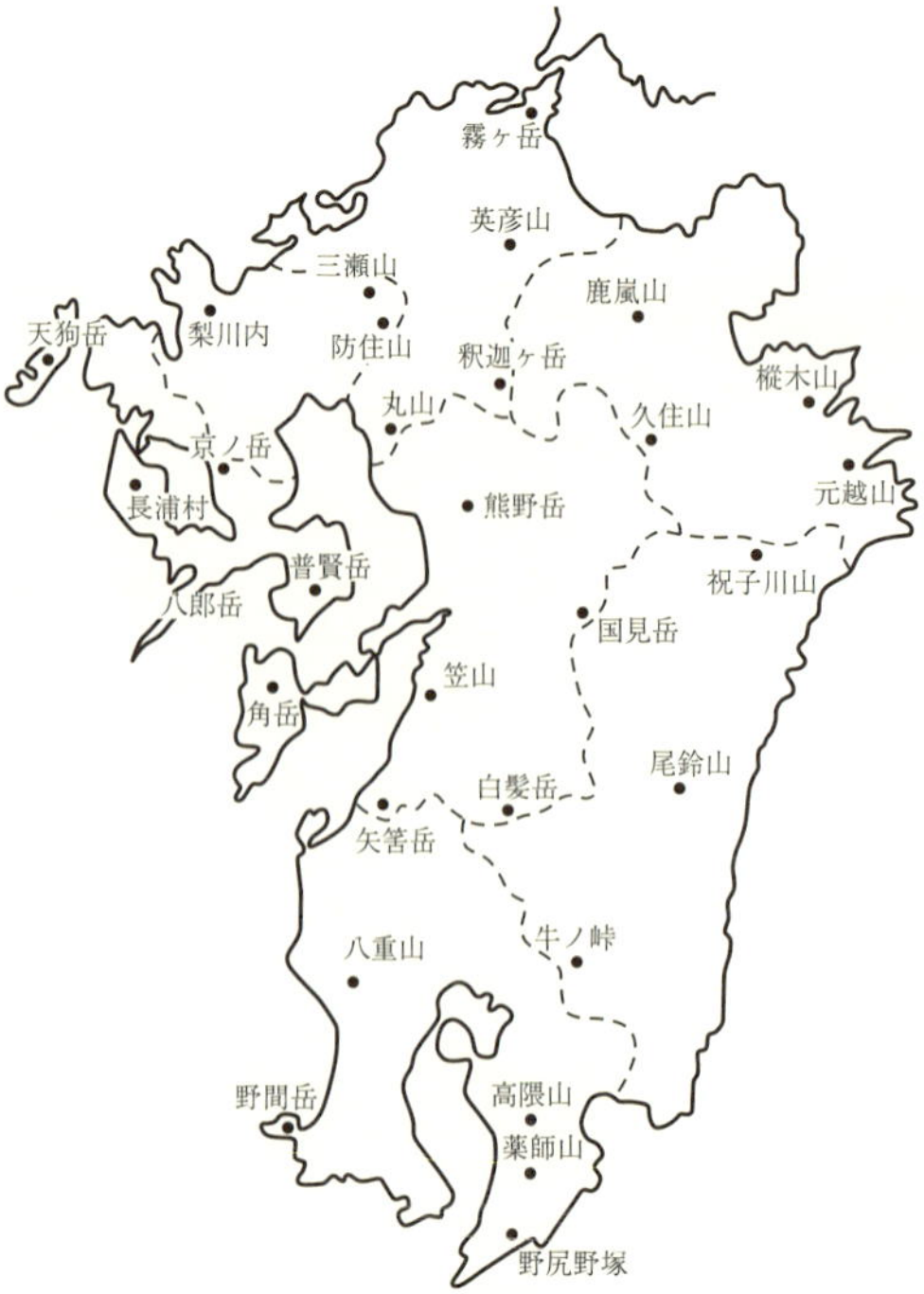

九州（離島を除く）の一等三角点 補点 と山名

三角点名	標高（m）	地図上の山名	5万分の1地形図名
鮎返山	644.6	西山	直方
福智山	900.7	福智山	行橋
野北山	231.7	彦山	前原
潮煮塚	34.5		福岡
鬼岩谷	774.0	砥石山	太宰府
天山	1046.2	天山	浜崎
馬見山	977.8	馬見山	吉井
椎田村	103.4		中津
両子山	720.8	両子山	鶴川
雲ヶ岳	653.9	雲ヶ岳	豊岡
遠見塚	115.4		豊後杵築
屏風岳	394.4	屏風岳	志々伎
大岳	288.7	大岳	佐世保
国見岳	776.7	国見山	伊万里
虚空蔵山	608.5	虚空蔵山	早岐
船石岳	451.2	船石岳	長崎
鳥泊山	342.0	杵島山	武雄
耳納山	802.1	鷹取山	久留米
大詫間	24.9		大牟田
震岳	416.3	ゆるぎ岳	山鹿
尾ノ岳	1040.6	尾ノ岳	八方ヶ岳
大浦村	136.0		諫早
小岱山	501.3	筒ヶ岳	玉名
飯田山	431.1	飯田山	御船
羽根山	1140.2	万年山	森
油布岳	1583.5	由布岳	別府
御座ヶ岳	796.5	御座ヶ岳	犬飼
烏帽子岳	1337.3	烏帽子岳	阿蘇山

三角点名	標高（m）	地図上の山名	5万分の1地形図名
佩立山	754.0	佩立山	三重町
祖母山	1756.7	祖母山	三田井
鏡山	645.3	鏡山	蒲江
愛宕山	291.6	愛宕山	口之津
三角山	405.9	三角岳	三角
倉ヶ岳	682.2	倉岳	教良木
白ヶ岳	1244.2	白髪山	頭地
権現山	401.8	権現山	牛深
国見岳	969.2	国見山	佐敷
速日岳	868.0	速日の峰	諸塚山
笹ノ峠	1340.3	笹の峠	神門
米山	191.6	米ノ山	日向
市房山	1721.8	市房山	村所
大森岳	1108.8	大森岳	須木
六ツ野	123.3		妻
鹿倉山	585.4		宮ノ城
烏帽子岳	702.9	烏帽子岳	栗野
西霧島山	1700.3	韓国岳	霧島山
弁財天	519.0	弁財天山	羽島
牧神岡	552.3		加治木
白鹿峠	603.9	白鹿岳	国分
権現尾	484.5	権現ヶ尾	伊集院
徳ノ岡	220.9	徳岡山	野尻
鰐ノ塚	1118.7	鰐塚山	日向青島
扇山	517.5	高畑山	都井岬
荒平山	415.7	下《さが》山《やま》岳《だけ》	枕崎
清見ヶ陣	401.9	清見岳	開聞岳
甫与志岳	967.9	甫与志岳	大根占

〈本書で用いた地図の記号〉

- - - - - -	登山道	(登)	登山口		滝		山小屋
――――	車道	o‖‖‖‖o	ロープウェイ	△	キャンプ場	㊌	水場
(311)	国道		バス停	♨	温泉	⛩	神社
駐	駐車場	卍	寺院		電波塔		

●本書の概略図は国土地理院発行の２万５千分の１の地図を基に作成してあります。登山の際には概略図名の下に書かれている地図名の地図を必ずお持ちになって下さい。

●山名の下の☆印は自然林の美しさ、渓谷美、展望のよさなどを著者が判断し、つけたものです。☆☆は☆よりやや好感が持てることを示しています。

①福岡周辺の山

脊振山系《せふりさん》（1055m）☆☆

脊振山。この峰々では最高峰の山頂には、佐賀県側、脊振村田中にある脊振神社の上宮のほか、自衛隊や気象台のレーダー基地などの施設ができたため、車道が山頂まで通じている。

福岡市からは脇山、椎原《しいば》を経て板屋からと、那珂川町から南畑ダム、佐賀橋から右折し小川内を経て板屋から山頂への車道があるほか、佐賀県の神埼市脊振町田中からも山頂に至る立派な車道ができていて、足で登る山としての価値がなくなったようである。したがって最近は鬼ガ鼻、金山間の縦走尾根を楽しむハイカーが多くなっている。

1

三瀬峠（1時間40分）**金山**（1時間20分）**猟師岩**（40分）**椎原峠**（1時間30分）**椎原**

三瀬《みつせ》峠に駐車して登るのもよいが、縦走を望めば福岡市早良区からタクシーを利用した方がよい。この三瀬峠は脊振山系の小爪《こづめ》峠、椎原《しいば》峠とともに明治七年（一八七四）二月、征韓論で下野した佐賀の江藤新平らが中心となり、不平士族らを結集して決起した佐賀の乱の際に、福岡、早良側からの政府鎮圧軍とそれぞれ戦を交え、二百余人の死者を出した峠である。

この峠の左（東）の登山口に道標があり、金山まで3・8km、脊振山まで14・3kmとある。登山口から約10分で高圧電線の鉄塔の下を通る。ここから2、3分で分れ道があり、真直ぐ上りの道をとる。峠から約25分で最初のピーク（790m）、さらに15分で第二のピークを越す。次が数分で**城山**《じょうやま》（三瀬山、846m）である。樹木のため充分な眺めはないが、この頂から見る金山の西北斜面の切り立った山容は雄大である。これから約20分で**アゴサカ峠**に出る。この辺りは広大な自然庭園のたたずまいが続き、紅葉の頃はことのほか美しい。この峠から約30分で右（南）折すると2kmで山中（脚気）地蔵に、真直ぐとれば0・5kmで金山に至る。

三瀬の登山口から1時間40分にして**金山**（別名、熊ガ城、967m）に着く。この山系は結晶片岩の地層からみて、約3億年前は海底であったという。原生林には、ミズナラ、シロドウダン、リョウブなど豊富で、尾根道の両側には膝下位

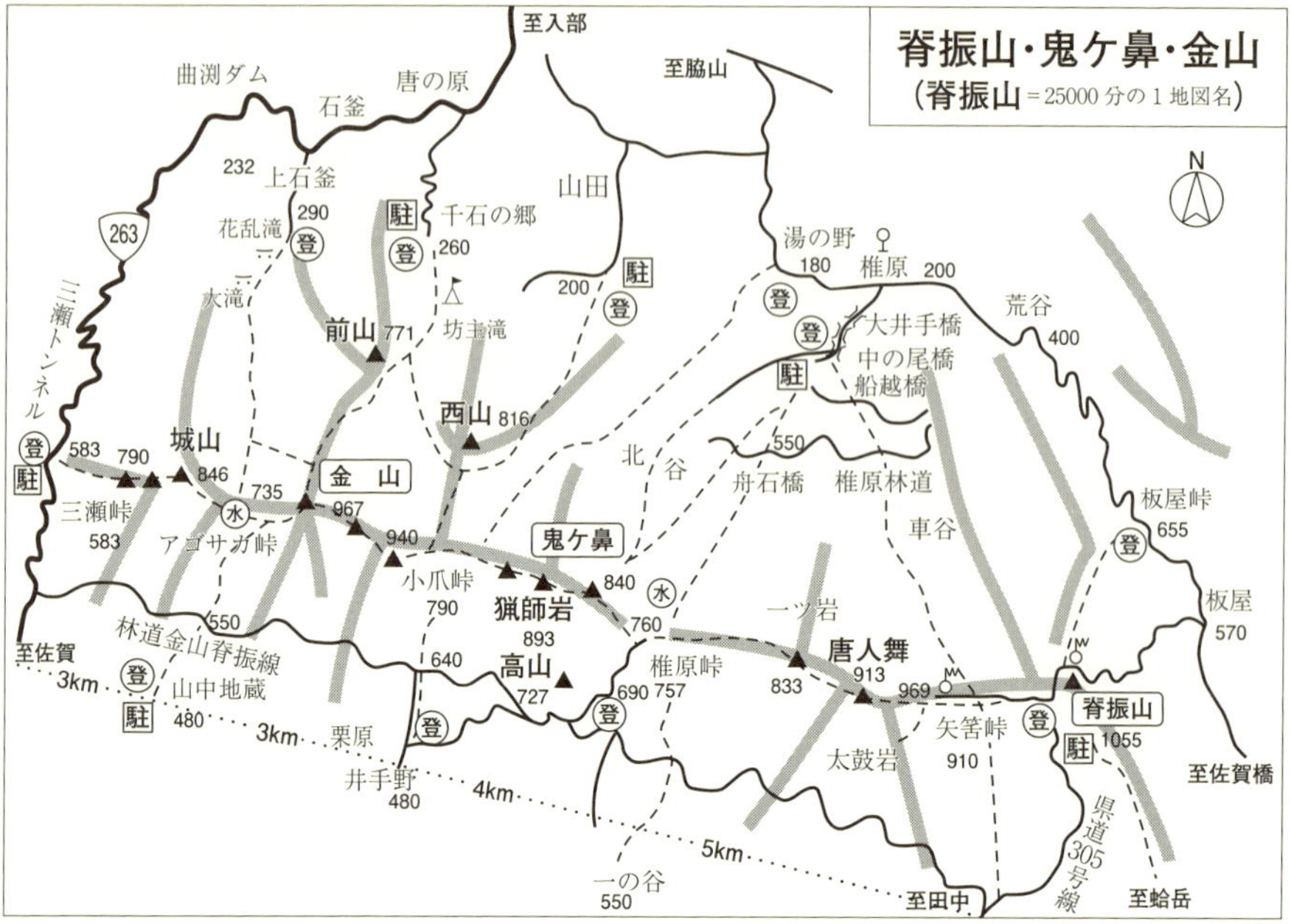

☞三瀬峠⇨(3.8km、1時間40分)⇨金山⇨(2.3km、1時間)⇨椎原峠⇨(2.9km、50分)⇨矢筈峠⇨(1.1km、30分)⇨脊振山
☞マイカー走行距離：林道金山脊振線三瀬口⇨(3km)⇨山中地蔵出合い⇨(3km)⇨小爪峠登り口⇨(4km)⇨椎原峠登り口⇨(5km)⇨県道田中脊振線交差

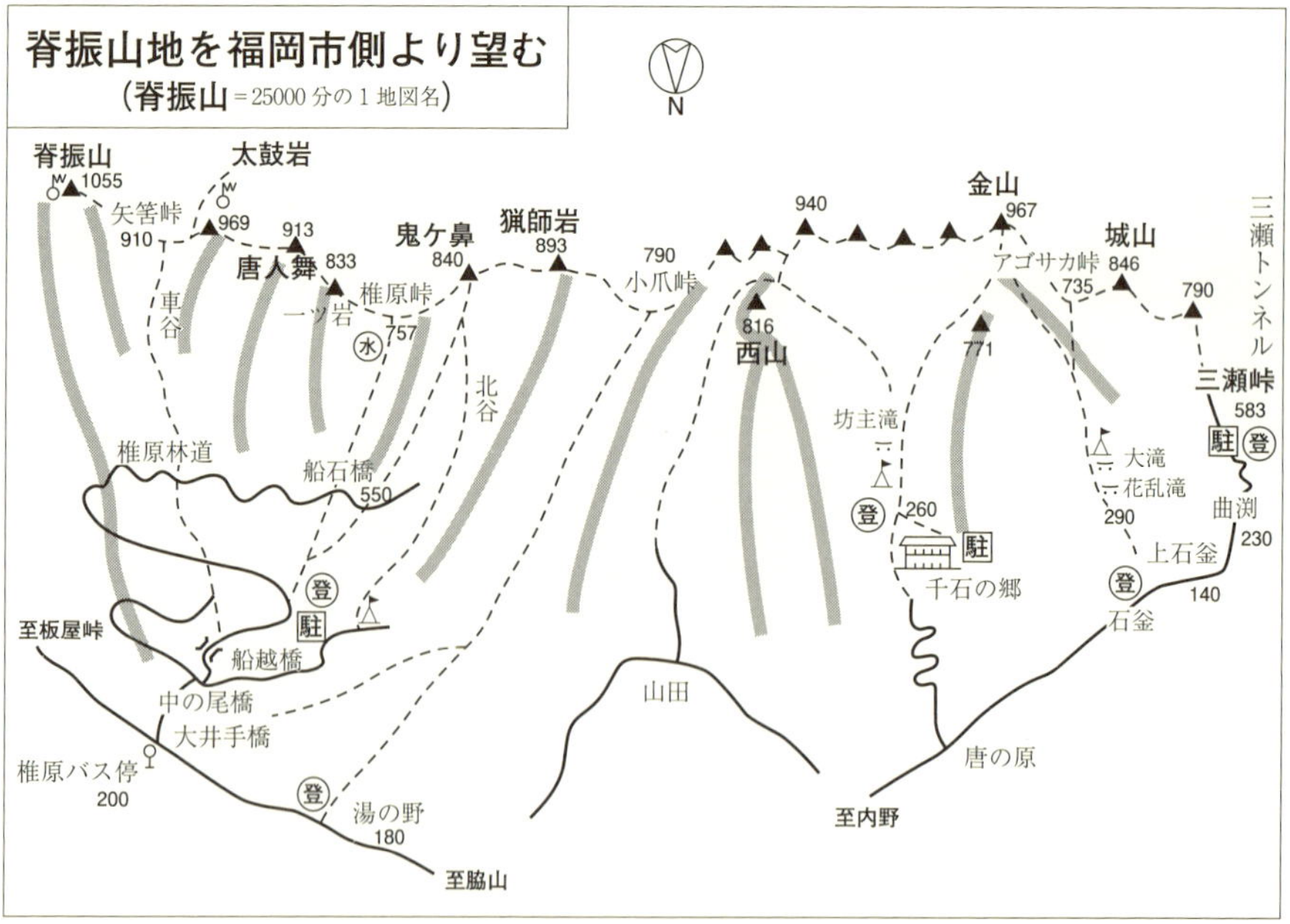

早良区入部から仰ぐ鬼ケ鼻から右へ猟師岩の稜線

のミヤコザサが繁っている。これから椎原峠まで約4・6km、2時間、また椎原峠から脊振山まで約4・1km、1時間半の行程である。

金山から北へ尾根道をとって直ぐ左（西）折して下れば、渓谷沿いに大滝、そして**花乱滝**を経て約2時間で**上石釜**に出る。またその先約20ｍの尾根から左（西）折すれば、急坂を下り、石釜に至る。

金山から**坊主滝**、千石の郷には同じ北へ延びる尾根から左折せず、真直ぐに行き、やや右よりの細い尾根をとる。約30分で小ピークに至る。眼前の前山（771ｍ）を見ながら下ると、数分で右（東）折は坊主川沿いの道となり、真直ぐの道をえらぶがよい。約30分で小渓谷を渡る。ここで先程の右折した渓谷沿いの道と出合う。これから坊主滝小屋まで約20分、さらに坊主滝下の砂防堤までは、金山から4・1km、1時間20分である。

次に金山から椎原峠へ向うことにすると、原生林の尾根道を、5分ごとくらいに大小のピーク六つを越え、約30分で小爪峠に至る。ここから右（南）折して井手野バス停まで2・8km、椎原峠まで2・3kmになっているが、小爪峠と金山間の2・3kmより時間的にみて、小爪峠と椎原峠間が少し長いようである。なお小爪峠から脊振山までは6・3kmである。

これから東へ稜線を登り、三つ目のピークが**猟師岩**《りょうしいわ》（893ｍ）で、眺望は良くないが、この尾根道には照葉樹の原生林の中にツバキの群生やシャクナゲも多く、五月の開花の頃は新緑とともに自然が一杯である。これから約15分で、北側に突き出た巨岩があり、180度、福岡市方面が眼下に見渡せる**鬼**《おに》**ケ鼻**《はな》（840ｍ）である。岩場の北東の灌木をくぐり、急坂を下れば、椎原峠から椎原へ下る道と林道の手前で合流する。

鬼ケ鼻から稜線を**椎原峠**までは約20分であるが、その中間の尾根道の右（南）側に、井手野（4・5km）から上って来た林用車道が接している。椎原峠に出て東へ真直ぐ行けば脊振山、右（南）折して下れば3kmで一の谷へ、左（北）折して杉檜林の中を椎原の方へ下れば登山口の林道に

椎原峠から西の鬼ケ鼻

出る。ここが今では脊振山系の表玄関口で、マイカーなら林道沿いに駐車できる。この林道を下って船越橋、中の尾橋、大井手橋と渡れば椎原峠から約５km、１時間半で**椎原バス停**は近い。

2 椎原バス停（35分）車谷登山口（1時間40分）矢筈峠（60分）椎原峠（60分）小爪峠（2時間）湯の野

西新から出る西鉄バスを利用し、終点の**椎原《しいば》バス停**で下車し、民家の前の蛇行した車道を南へ上り、大井手橋、中の尾橋そして次の船越橋を渡ると直ぐに林道と分れて左折する遊歩道に入る。30分余で再び林道に出る。この林道は椎原峠への遊歩道入口の林道が西から東へ迂回してのびてきたもので、これを横断して車谷への遊歩道を登る。これから渓谷を右に左に幾度か越えながら、約１時間40分で、脊振山から気象台レーダー基地にのびた車道に出る。ここが**矢筈峠**である。これから直線的に南の田中集落まで３・５km、約１時間半、左（東）へ車道を脊振山頂まで約１・１km、20分そして右の椎原峠まで約２・９km、50分の行程である。

矢筈峠から車道を西（右）へ10分行き、車道と平行した左（南）側の遊歩道を西へ、数分で左（南）へ**太鼓岩**（唐船石）の標識がある。

さらに20分で、**唐人舞**の大石数個が道の右（北）手に見える。その昔、渡来した唐人が、ここから玄界灘を越えて、故郷の方向の素晴らしい景観に感嘆して、小おどりした場所と言われる。

矢筈峠から約50分で**椎原峠**に至る。ここから脊振山まで４・１km、金山へ４・６km、北の椎原バス停まで下って５km、南の佐賀県神埼市脊振町一の谷まで３kmと記されている。

鬼ガ鼻、そして猟師岩にかけての尾根すじにはツツジなどが多い。猟師岩から二つ目のピークを下ると**小爪峠**で、道標に金山と椎原峠の中間に位置していることになっているが、この峠から北へ渓谷に沿って下れば、**湯の野**のバス停に至る。途中の砂防堤の東側から、植林道に入り大井手橋の西側の林道へ下り、椎原バス停に出る道もある。

3 三瀬峠（1時間40分）金山（30分）西山分れ（15分）T字路（1時間30分）山田

金山（９６７m）までは三瀬峠、石釜、千石の郷、椎原、山中などからのルートがある。金山から東へ、椎原峠へと雑林の中あるいは喬木の尾根を行く。金山から数えて**五つ目**のピークが**西山分れ**で、左（北）側に西山および坊主沢、千石の郷への小さなプレートがある。ここから北折し、雑林の中をササを分けて下り、２、３分で９０６mの平頂をこえて、数分でシャクナゲ群生地のわきを下ると、なお数分で**T字路**に出る。目前が西山（８１６m）で、T字路を左へ下れば坊主沢を経て千石の郷へ、右は国道263号線の古賀バス停への

脊振山から鬼ケ鼻・金山への西尾根

ルートで、右折すると直ぐ作業道は二つに分れる。上の道を西山の東をまいて行くと、10分で再びT字路に出る。左折して植林作業道を下ってもよし、右折しても同様に植林作業道を下る。

点々と炭焼がまの跡を見ながら、1時間で林道に出る。これから30分で山田の集落に着く。

◇考察　脊振山から三瀬峠まで約12・5kmの尾根道は、四季の自然を満喫できるルートである。佐賀県側から金山のルートは国道263号線の三瀬宿バス停から東折する県道を１・２kmで左折し、０・８kmで室町時代建立の山中地蔵に併設のキャンプ場に着く。これより林道を横切り、遊歩道を40分で稜線に出て右へ上ると25分で金山の頂である。縦走路の佐賀県側はゆるやかな勾配を呈し福岡県側は急峻になっている。

なお国土地理院の**一等三角点名の三瀬山**（９６７ｍ）は地形図上の金山のことであり、城山（８４６ｍ）やコンター７９０ｍ峰ではないので念のため。

次に、この山系の主峰、脊振山に関しては歴史的に沢山の資料が公表されているので割愛し、一等三角点の金山（三瀬山）について略記する。金山（９６７ｍ）の三角点名は三瀬山となっている。別名としては熊ケ城、神代《くましろ》の城《じょう》とも言い、また「福岡県地理全誌」では合子岳《ごうしだけ》、「筑前分間図」ではコウシカ岳の名が付いている。くましろの城に関しては「地理全誌」に昔、神代《くましろ》勝利（墓は嘉瀬川ダムサイド東畑瀬に移設された）の三瀬城本城が合子岳（金山）にあったと記されているが、地形上から見て、これは誤りで三瀬城の本城はおそらく城山（８４６ｍ）にあったと思われる。カウシカ岳の金山（９６７ｍ）は「県史料」の早良石釜の明治一五年（一八八二）の「字小名調」では、字名《あざな》は同じように金山となっている。これは山頂をさすのではなく、当時の字名の金山は西の安居坂《あごさか》から東は小爪《こづめ》峠に至る山域すべてが金山の意であった。その主峰が現在の金山ということである。なお現在の城山（８４６ｍ）は別名、三瀬山、安居坂《あござか》山とも呼んでいたので、金山（９６７ｍ）の三角点名が三瀬山となっており、城山（８４６ｍ）も別名三瀬山と呼ばれていたので、両峰がしばしば混同されているもとである。

さて金山の由来であるが、「筑前分間図」を見ると山麓に石釜村のうち蹈鞴《たたら》村の記載があり、「県史資料」第七輯、明治一五年（一八八二）の「字小名調」にもタタラ、タタラ山の字名を見る。タタラとはしばしば鉄の製錬の場所につけられた名称で、原鉱石を現地の原木を燃料としてタタラ吹き

脊振山頂の脊振神社上宮

（同じ場所を動かずに足踏することを「タタラ踏《ぶみ》する」の語源がある）という精錬法が行われた。ついでに原始的熔鉱炉のことを昔は床屋と称していた。現在、国道263号線沿いに**多々羅瀬**というバス停が残っている。金山と原鉱石との結びつきは石釜村のタタラ地区でかなりの量の金糞《きんぷん》（鉱滓《こうさい》）が発見されていることから、数百年前にはこの金山地区で採掘された鉱石が、石釜村内の踏鞴《たたら》村で豊富な燃料の木炭を使用して製錬、製鉄が行われていたものと想像できる。ちなみに肥後小岱山金山、大牟田市金山周辺のタタラ製鉄などの金山の文字を見るとき、脊振山系の金山そして石釜のタタラは同様なケースとして関連があるものと推定される。

　三瀬トンネル佐賀県側料金所の概ね東側から**広域林道金山脊振線**が東へ向けて平成一二年に全開通した。この入口から約**3km**で山中地蔵から金山への歩行ルートと交わり、ここから遊歩道を約60分で金山へ。この交わりの林道をさらに東へ約**3km**行くと、井手野栗原から北上する林道と交わり、ここから小爪峠へ歩行で１km、25分で縦走路に出る。ここから西の金山・東の椎原峠へそれぞれ２・３kmとあり、林道金山脊振線をさらに**4km**で井手野と椎原峠を結ぶ林道と交差する。さらに林道の椎原橋を渡り**5km**東進して田中の脊振神社の上、１kmの県道305号線と交わる。

蛤《はまぐり》岳《だけ》（863m）☆

1

椎原バス停（2時間10分）**矢筈峠**（30分）**脊振山**（2時間）**蛤岳**（1時間30分）**坂本峠**

蛤岳は脊振山の南にあって、山頂の巨岩の亀裂と東側を流れる蛤水道で知られ、千石山、蛤岳、脊振山の南北にわたる山林は、候鳥の飛来するコースであり、鳥越の地名さえある。蛤水道は江戸時代の元和年間（一六一五〜二四）に佐賀鍋島藩の成富兵庫茂安が、現在の南畑ダムに注いでいる大野川の水源から、一部を神埼平野を流れる田手川に注ぎ込むために数年を要して完成した人工水道で、水争いにまつわる「お万の滝」「稚児落しの滝」の伝説が大野川に残っている。

　福岡市の西新《にしじん》から出るバスに乗り、早良営業所で乗換え、椎原《しいば》で下車し、椎原峠を経由するか車谷から矢筈峠に出て、東の**脊振山**に至る。山頂の南側の駐車場の南端から、自然歩

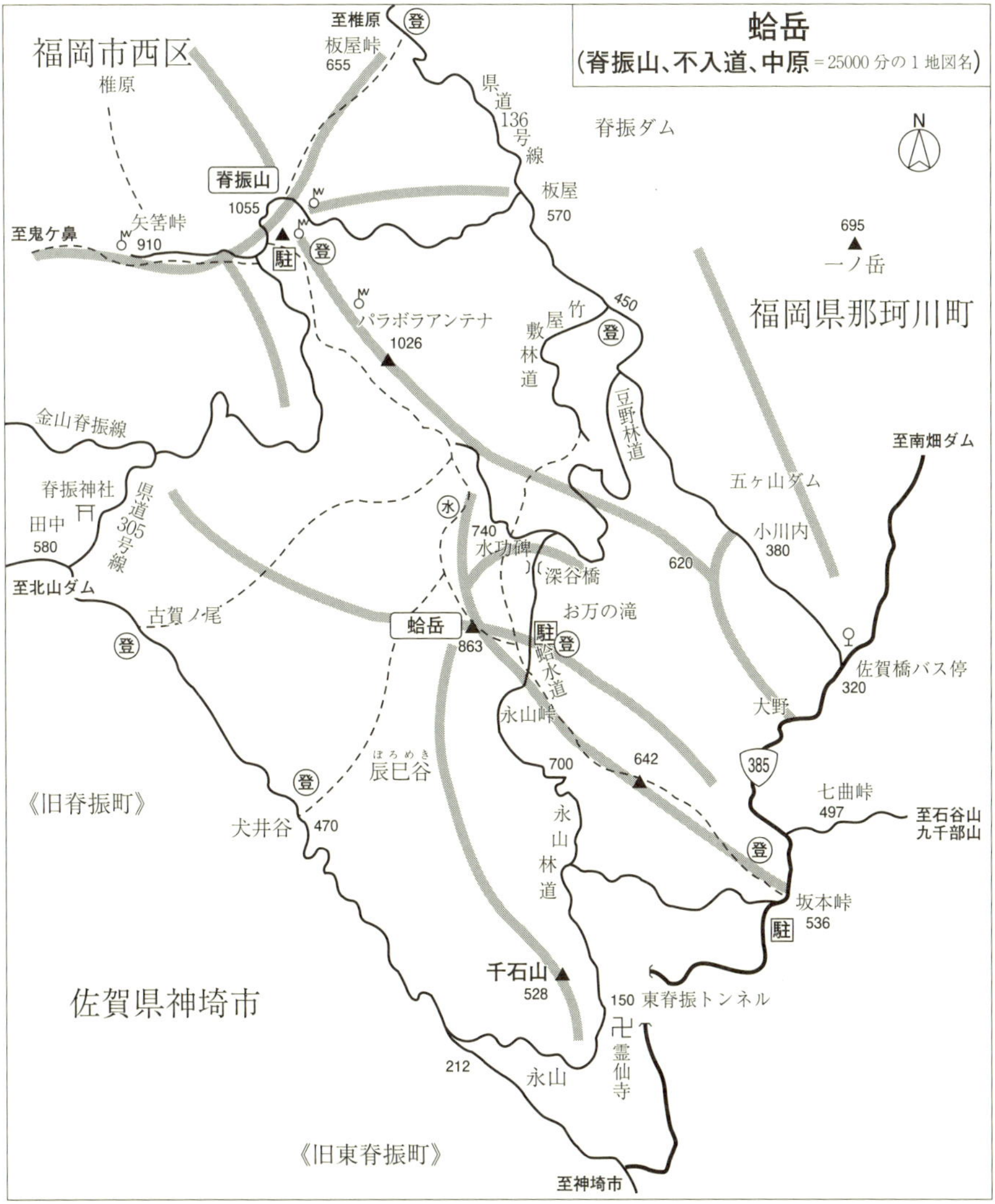

☞**脊振山**⇨（4.1km、2時間）⇨**蛤岳**⇨（4.1km、1時間30分）⇨**坂本峠**⇨（1.3km、30分）⇨**七曲峠**⇨（5.3km、2時間30分）⇨**九千部山**

道が蛤岳を経て坂本峠まで通じていて、各所に道標を確認しながら歩けば、一人でも迷うことはない。マイカーでは板屋から脊振山頂南側のレーダー基地前の広場に駐車し、九州自然歩道を南行する。

脊振山頂の駐車場の南端から石段を南西へ下る。ブナ、ミズナラなどの原生林が美しい。右下に田中へ通じる車道を見ながらしばらく下る。大小の涸谷には、丸太で作った歩道が自然を壊さないようにできていて、春秋のこの辺りはまことに素晴らしい眺めと環境である。間もなく右（西）折すれば田中の集落へ２・３kmの分岐点を通過す

蛤岳の山頂と自然歩道案内板

る。上り下りの小さな坂道を西から南東側へ、まきながら熊笹道を行くと、脊振山頂から約50分で1026mピークの**自衛隊パラボラアンテナ基地**の南側下方のコンクリート石段を横ぎる。これから約30分で原生林から杉林の道に入ると直ぐ、右（西）折して古賀の尾へ3km、蛤岳へ1・5kmの道標がある。

　この辺りから一旦、林道に出て、東へ迂回すれば、小川内へ至る下山道がある。また林道のすぐ南の方に蛤水道の起始流がある。

　脊振山を発って3・5km、約1時間50分で、右（西）折すれば犬井谷へ、真直ぐ0・6kmで蛤岳への道標がある。

　蛤岳は草原と潅木の中に、貝が口を開けた格好の巨岩があり、西側を除き展望が楽しめるが、東の方から南にかけ国有林の伐採につぐ植林で、野鳥も敬遠するような山に変っている。

　蛤岳から坂本峠まではほとんど下り道で、約20分で蛤水道の土手を経て永山林道に出る。右へ4・5kmで永山集落へ、真直ぐ林道を横切って3・2kmで坂本峠の道標がある。642mのピークを越して、約1時間で幅員ある**坂本峠**の車道に出る。これから舗装された車道を東へ、約30分で佐賀橋の旧バス停である。

2　竹《タケ》屋敷林道登山口（1時間30分）蛤岳

平成一六年頃から五ヶ山ダム建設計画が始動し、小川内集落の医王山東光寺裏手からのルートは集落の立退きとともにほぼ消滅した。板屋・佐賀橋間の県道すじからだと佐賀橋から北上して3km余で左（西）側に豆野林道、さらに数百mさきに竹屋敷林道がある。林道を西上り、南行し、終点の右手の登山口から急坂を40分余で稜線に上り、西へ下ると、永山林道に出る。林道を左に行くと深谷橋へ出るので、林道を右へ、間もなく作業小屋跡に出る。ここで遊歩道に入り西へ下ると数分で左に水功碑と目前に蛤水道と坂本川源流が接する流れで、水道の左岸沿いに南行し10分余で右手に山頂への道標にしたがい十数分で山頂に至る。

　福岡市の中央を流れる那珂川の源流に近い脊振ダムと南畑ダムの中間に予定された五ヶ山ダムは、水没する小川内集落を中心に平成一六年頃から計画通り建設作業が始動し平成二九年度完工予定で、県道が大きく変るだろう。

　今ひとつ憂慮されることは坂本峠側登山口から遊歩道を20分余上ると左（西）側に、昭和四六年（一九七一年）一二月に林野庁の緊急指示にもとづき営林署が通称245Tというダイオキシン（除草剤）945kgをコンクリートで固め埋没し、説明文を記した看板と四囲をフェンスで囲っている。

◇**考察** 蛤岳への一般ルートを略記する。

①脊振山頂の南側駐車場から自然歩道を片道4・1kmたどる。

②国道385号線の佐賀橋から西へ2・4kmで南登山口の坂本峠に至る。平成二四年現在、五ヶ山ダム関連道路建造中であるが、遊歩道入口から4・2kmで山頂に至る。

③県道136号線、板屋・佐賀橋間の板屋から2・2km下った右（西）側に竹屋敷林道口から西行し、前記ルートを辿る。

④佐賀橋から北の県道136号線に入り約1・5kmで左（西）側の豆野林道に移る。約2kmで永山林道と接するので左折し、100m余で深谷橋を渡り、さらに数百mで右手に蛤岳への道標をみる。駐車して遊歩道を北上すれば30分で山頂に至る。マイカーによる最短距離である。

補足として南畑ダムの北西に山城の跡として**一の岳**（695m）が坐す。戦国時代末期に神埼の城主、筑紫広門の支城があった山で、登山口は南畑ダムサイドの北側からである。

井原山《いはらやま》（983m）☆☆
雷山《らいざん》（955m）☆

1

三瀬峠（1時間50分）**井原山**（20分）**洗谷入口**（2時間30分）**瑞梅寺《ずいばいじ》ダム**

井原山だけであれば、マイカーを三瀬《みつせ》峠に駐車して、西の方向へ稜線伝いに六つのピークを越せば、約2時間で**井原山頂**に至る。山頂からの眺めは四囲にわたり、遠く英彦山、阿蘇、多良、雲仙の峰々を望むことができる。

山頂から洗谷、瑞梅寺ダムへ至るコースを求めれば、福岡市から曲渕ダムサイドを経て、三瀬峠に駐車、峠の右（西）側に井原山へ4・6km、雷山へ8・6kmの道標を見る。カヤの中の道を登ると直ぐアスファルトの林用車道に出る。この道を右に行き左へカーブする所から山道に入る。井原山への小さな標識が眼につく。クマザサやカヤの尾根道の左（南）側は檜の植林が続く。間もなく分れ道を右へとる。約25分で最初のピーク（693m）を越すと、右（北）側へ水無への道標がある。尾根道は灌木が多く、腰まであるクマザサをかきわける。三瀬峠から五つか六つ目のピークを越え、約1時

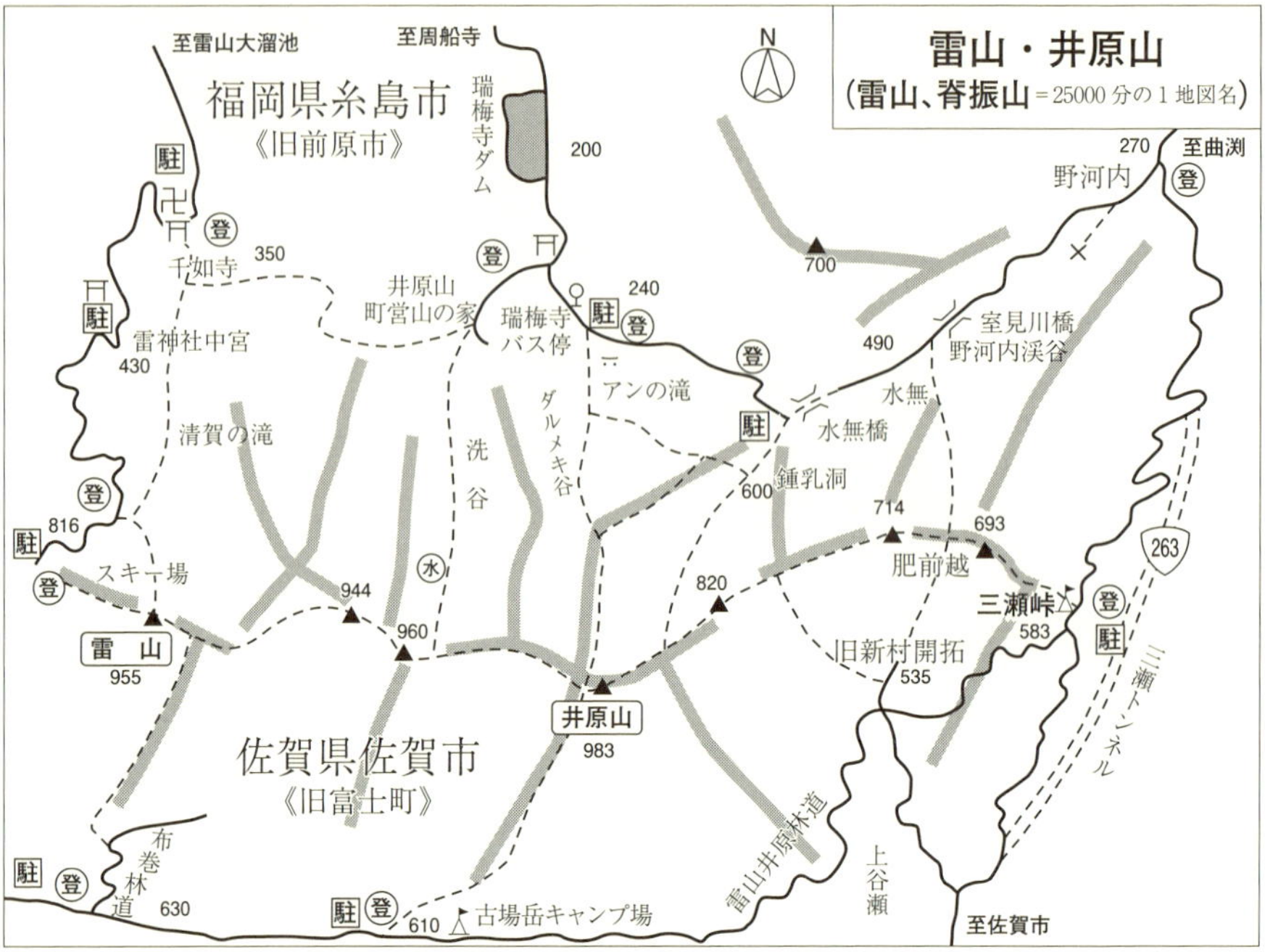

☞三瀬峠⇨(1時間50分)⇨井原山⇨(3時間)⇨洗谷経由井原集落　☞雷山⇨(1時間30分)⇨井原山

間40分で820ｍのピークだ。これを越すと間もなく、右(北)折すれば**水無**《みずなし》を経て、野河内への道標があり、目的の井原山頂はこれから10分余りである。**山頂**はなだらかな丘陵をなし、眺望に優れ、南下方には満満たる北山ダムの水源を見る。井原山から西へ雷山への道をとって20分行き、右(北)折は洗谷を経て井原山集落まで3時間の道標が立っている。

洗谷は急な渓流と大小の滝、丸木橋など変化が豊かで若者向きだが、滑らぬ用心が大切。尾根道から荒谷のコースに入って約2時間程で最初の砂防堰堤を見る。これから間もなく洗谷の東側をはしる林道に出る。この辺りから渓谷には堰堤が多くなる。

尾根道から下ること約2時間半で井原山集落に着く。この直ぐ下方には昭和五二年(一九七七)五月竣工の**瑞梅寺ダム**がある。藤原神社の前を通り、20分で瑞梅寺バス停である。

◇**考察**　井原山頂から**井原の集落**へは西へ数分下り北(右)折して自然歩道を下る。1時間20分で右にアンの滝を見て、十数分で林道に出る。また山頂から東北の水無の方へ40分下り、左折して尾根を越えると、アンの滝の上に出て前記の自然歩道と合流し、井原の奇徳橋へ出る。

早いのは佐賀市富士町北山ダム北側の県民の森がある古場の集落から古場岳キャンプ場への道標を見て北折し、3・5kmで羽金・雷山林道と交るキャンプ場と渓流の里、別荘地に至る。駐車して別荘地の奥から井原山の真南の急坂を直登し、40分で山頂に着く。雷山へ縦走し山頂の200m手前から南へ下り、25分で**布巻林道**へ出ると右へ羽金、雷山林道へ出て東へとり2kmで古場岳キャンプ場に着く。

2 **糸島警察署**（車で20分）**千如寺**（2時間）**雷山**（1時間30分）**井原山**（60分）**水無鍾乳洞**（60分）**野河内**《のごおち》

マイカーによる雷山登山は、国道202号線の糸島警察署の手前（東側）から、左（南）への県道をたどれば約8kmで国宝級の千手千眼観音像を有する雷山観音（千如寺）で、さらに車道を雷神社中宮前を通り、3km行けば雷山スキー場入口に至る。山小屋の横に駐車して牧場の中を山頂めざすと、約30分で四囲妨げるもののない**雷山**の頂に達する。

井原山頂を南側から仰ぐ

縦走の場合は筑肥線筑前前原駅前から昭和バスで千如寺まで行くか、タクシーを利用して雷神社中宮まで行くと便利である。中宮から約2km、車道の左（東）側に山頂への登山口がある。この登山口を登ると直ぐ、雷神社上宮と石祠3基があり、これから東へ下れば清賀の滝を経て自然歩道入口まで2・3km、山頂までは524mの道標がある。牧場の中を登るのと違い、山頂まで原生林の中で、リョウブ、黒モジ、モミジ草などがことに目につく。道の両側がクマザサに変ると間もなく**雷山山頂**で、登山口から約30分である。

山頂から東への尾根道を井原山へ向う。一つ目のピークを下った所に右（佐賀県側の井原羽金林道）へ下る道がある。五つ目のピークは944mで目立っている。縦走路は原生林の中で素晴らしいコースである。クマザサに被われた八つ目のピークは960m、で井原山頂が指呼の間で眺望がよい。八つ目のピークと九つ目の井原山との中間あたりから左（北）へ洗谷コースの道標がある。

雷山から5km、約1時間30分で**井原山頂**に達する。なお井原山の西側から北の方へ自然歩道を下れば2・9kmで前原市瑞梅寺ダムへの道標がある。井原山頂から尾根道を東へ数分下ると、左（北東）折してクマザサと原生林の中を水無へ下ることになる。20分も下ると水場があり、この辺りキツネノカミソリ、イチリンソウが多い。これから渓谷沿いに約40分下ると水無鍾乳洞に至る。夏場は洞穴から冷気のガスが噴出している。原生林から杉林に変ると（鍾乳洞から約20分）、左へ井原集落へ3・5km、真直ぐ2・8kmで野河内への道標がある。これから野河内まで約40分の距離である。下りとはいえ井原山頂を発って約2時間の行程である。

◇**考察**　瑞梅寺の町営山の家を基点に周遊ルートを述べる。ダルメキ谷ルートで井原山へ。山頂から東へ数分で左折し、水無ルートを50分下ると左に林道が接す。この林道を40分で井原集落の山の家へ至る。周遊4時間。
今ひとつは井原山頂から雷山へ縦走して千如寺へ下り、雷山がま前から林道へ、さらに歩道に移り508m峰を越えると洗谷ルート入口に出て瑞梅寺山の家まで約6時間の周遊ルートになる。

浮嶽《うきだけ》（805m）☆
女岳《めだけ》（748m）☆

糸島市二丈吉井の浮嶽は佐賀県唐津市七山との境界をなすピークで、古くから玄界灘で漁する船にとって重要な目標であった。平成三年（一九九一）に白木峠から南側斜面は広大なゴルフ場が造成され、自然美が失せた。

1
白木峠（1時間40分）浮嶽

筑肥線福吉駅から国道202号線を西へ200m行き、左折し、県道143号線を白木峠へむけて歩き、4・5kmを1時間20分で、

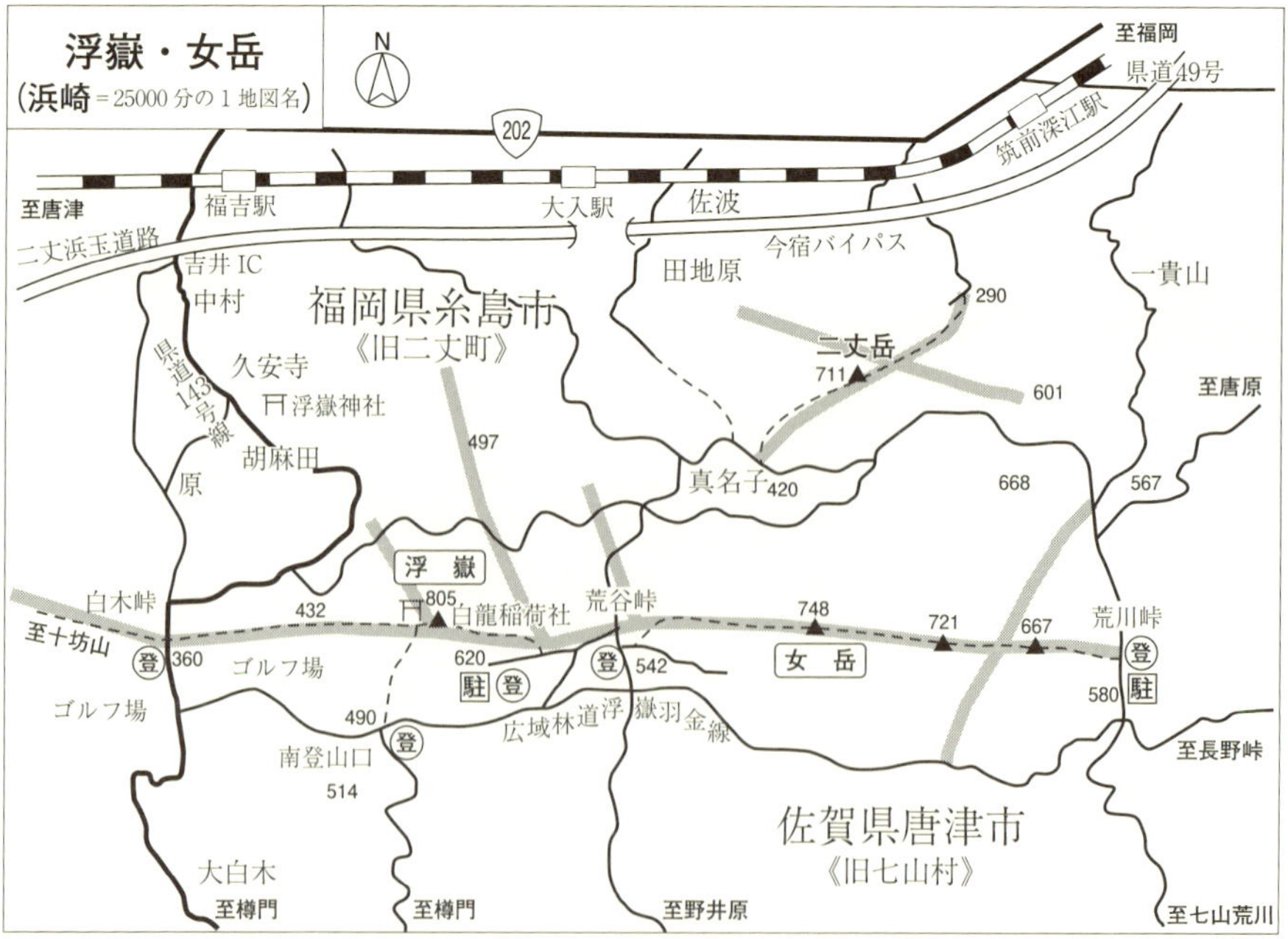

☞福吉⇨（40分）⇨胡麻田⇨（2時間）⇨浮岳⇨（50分）⇨荒谷峠⇨（20分）⇨女岳⇨（1時間20分）⇨荒川峠⇨（1時間30分）⇨一貴山

あるいはマイカーなら15分余でコンター３６０ｍの峠へ至る。切り通しの峠の東側のコンクリート斜面が登山口だ。遊歩道に入り、福岡県と佐賀県との境界線に沿った植林の尾根を東進する。右（南）側はゴルフ場で、しばらくは風情のない金網の外側を歩く。30分でゴルフ場の東端をぬけ登り坂にかかる。

植林域から自然林になると急勾配となり息がはずむ。照葉樹が多い。９合目の北側に格好の展望岩があり、十坊山、唐津湾、玄界灘方面が広がる。ここから少し行けば次に述べる南登山口からのルートと出合う。山頂上宮を取り巻くように樹齢三百余年の献木の杉、十数本が空を被う。

浮岳頂の祠（浮岳神社上宮）

山頂には方丈の立派な上宮社と西側に空家、そして北側の花崗岩の鳥居は弘化三年（一八四六）丙午九日建立記とあり、西北を囲む石積などから地元住民の崇敬を集めてきた山域であろう。毎秋、旧二丈町と南の旧七山村の住民がこの山頂で盛大な祭礼を催してきた。

2

南登山口（50分）浮嶽

県境の白木峠はコンター３６０ｍ線上にある。南の七山側へ県道143号線を７００ｍ下り、T字路の左角に案内板を見て、広域林道浮嶽羽金線に入る。約３km東進すると、左（北）側に登山口の道標を見る。コンター４９０ｍの線に当る。車道から遊歩道に入る。植林域を20分余上ると、照葉樹林の中の急坂となり、20分余で左の白木峠からのルートと出合う。杉の献木が見えると山頂は近い。

3

東側駐車場（30分）浮嶽

浮岳登山ルートは北側の胡麻田からのルートが林道造成でブッシュ化し、前述の白木峠と南登山口ルートそしてこの荒谷峠側の東からの３ルートになった。浮岳の東南面、コンターライン６２０ｍに造られた駐車場完備により、最も便利になっているルートである。

前記の南登山口から広域林道を東進して２kmで左折し、５００ｍで再び鋭角に左折して西進し、１・５km上って行くと、左側に広い駐車場つき登山口がある。浮嶽の東南腹に当り、標高差が最も少ない。道標にしたがい、照葉樹林の急坂を東側から上る。十数分で右折して、旧ルートに入ると、左側の巨岩の下に安置された白龍稲荷社の赤鳥居が並ぶ。その上に北向きの展望岩がある。これから北側ルートで山頂は近い。山頂から荒谷峠へ至る旧ルートは峠の西、１km付近を林道が横切り消滅している。

4　荒谷峠登山口（30分）女岳（1時間20分）荒川峠

女岳の登山口は西の荒谷峠（５４２ｍ）と、東の荒川峠（５８０ｍ）側からが明瞭である。広域林道の完成にともない、以前からの古いルートに変化を生じている。

女岳から二丈岳の南面を望む

浮岳東登山口の大駐車場から引き返し、東進して２km下ると車道は荒谷峠でT字路に交わる。この峠から左折して北へ５００ｍ下れば、再び広域林道と交わり二丈町、木の香ランドは近い。荒谷峠のT字路を右（南）折し、わずか10ｍで、林道女岳東部線起点がある。林道脇に駐車できる。植林の中を上って15分余で、コル状の広場に出る。ここが中間地点で、これから雑林の急坂尾根を15分余で平頂の**女岳**に至る。山頂手前の北向きの巨岩からと、山頂では北側の展望がひらける。山域の南面は雑林で、北面は主に植林に被われる。

山頂を発ち、東へ稜線を下る。三つの小ピークを越え、約1時間20分で荒川峠の林道に出る。東の羽金山（９００ｍ）へ８km、南折すれば七山荒川を経て、国道323号線と交わり、峠から北折して下れば二丈一貴山の仁王門を経て深江に至る。

この二つの山は荒谷峠を基点にすれば、ゆっくり1日行程と考えてよいだろう。

☒**考察**　**羽金山**（９００ｍ）は糸島市白糸の滝から山頂まで車道があるが、長野峠から灌木を分け西進し60分で草原の平頂に至る。

二《に》丈《じょう》岳《だけ》（711m）☆☆

筑前深江駅（60分）**林道終点登山口**（60分）**二丈岳**（40分）**真《ま》名子《なこ》**（60分）**加茂川吊橋**（50分）**大入駅**

福岡市から国道202号線を唐津の方へ行くと、糸島市二丈深江に車の信号機が三つある。三つめの信号機からカーブして約２００ｍ行くと、国道の左側に二丈岳への小さな標識が眼につく。これから筑肥線の踏切りを渡って、２００ｍ先から

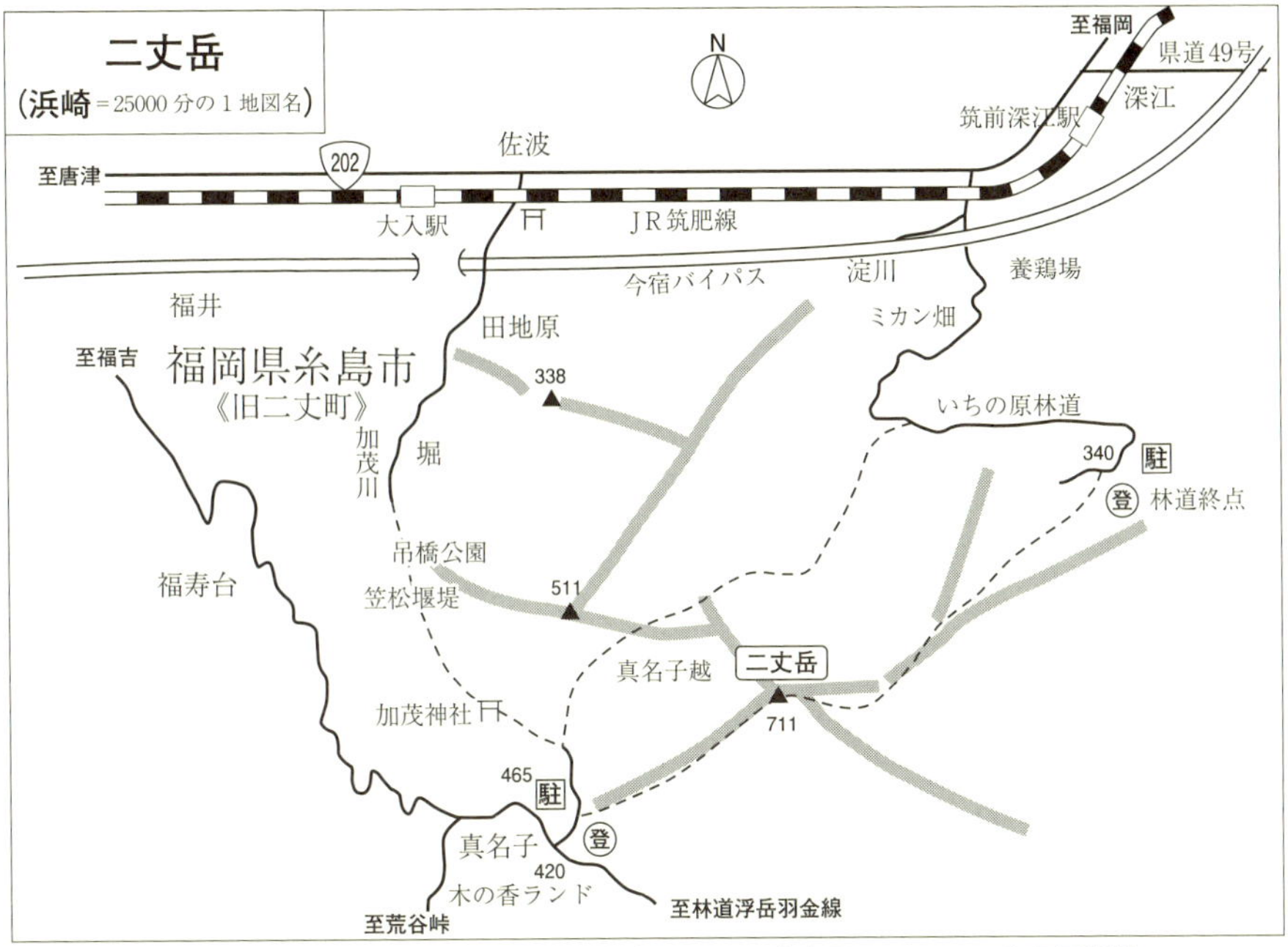

☞**深江**⇨（１時間）⇨**林道終点登山口**⇨（１時間）⇨**二丈岳**⇨（50分）⇨**真名子**⇨（50分）⇨**いちの原林道**

右折する。右側に淀川の集落を見て昭和五三年（一九七八）完成の市の原林道を上る。十数分で右側に柳川砂防堰堤がある。**筑前深江駅**をスタートすれば60分で、林道がカーブする右側に山頂への案内プレートと左側に古タイヤを足場にした崖が登山口である。歩道は植林の中を50分で山頂の東下のコルに出る。二丈岳３００ｍの標柱を見て２ｍ余の竹の中を通ると10分で岩石の**山頂**に立つ。東下側に２基の石祠と西南側に城塞名残りの石積が昔を偲ばせる。展望は四囲で、ことに玄海国定公園の島々が浮かび美しい。

　下山は西側の真名子へ、自然林から植林の急坂を15分で東からのびる林道に出て、再び遊歩道を下る。25分でマテバシイ群生地から**真名子木の香ランド**に出る。真名子木の香ランドは国道202号線、糸島市二丈福井から車道を東南へ７㎞の所、キャンプ場、バンガローが整備されている（問合せは電話〇九二－三二五－三二五八）。ここから林道は荒川峠や樋の口ハイランドへとのびる。

　真名子溜池の東側の姫野松次郎碑から１００ｍ行き、右折が真名子越へのルートで、ブッシュ化しているが50分で、いちの原林道登山口へ出る。右折せず直進し15分で加茂神社に着く。これから加茂川の右岸に沿う遊歩道で、滝と渓流の音が爽やか。30分で左側に平成四年（一九九二）三月完成の笠松砂防堰堤がある。

　間もなく加茂川に架かる吊橋を左岸へ渡る。整備された公園と駐車場から、棚田を見ながら車道を下る。田地原集落の

二丈岳の頂

志岐目宮の鳥居を右に歩くと直ぐ国道202号線を左へ40分で大入駅に着く。マイカーなしの約6時間のゆっくり周遊ルートである。

◇**考察**　国道202号線からそれとわかる山容で、山頂付近わずかに雑木を残している。山頂の巨岩に立てば爽快な眺望がえられる。

マイカーで登山口まで行けるが、いちの原林道は悪路である。手前右側の登山口は二丈岳一周の下山口で、正登山口はこれから５００ｍ先、左側にあるが、林道は昨今なお延長している。二丈岳一周コースの要所には標柱が立っている。

山頂から真名子そして真名越えの道はブッシュ化が進み、経験者の案内が必要だろう。真名子へは佐波からの遊歩道があり、最近は民家も多い。この周遊コースは昼食を含めゆっくり5時間である。

十坊山《とんぼやま》（５３５ｍ）☆☆

脊振・雷山山系は北側が福岡県、南側が佐賀県である。福岡市から唐津へ国道202号線の福吉付近から西の端に見えるのがこの山で、国道202号線が未舗装のバラス道の頃からしばしば、マイカーで行き登った山である。

福吉（1時間30分）**十坊山**（1時間30分）**淵上**《ふちのうえ》

筑肥線福吉駅の２００ｍ西側から左（南）折し、中村の集落から農道、林道を切り通しとなった**白木峠**へ行き、ここに駐車する。稜線に沿って西へのびた防火線づたいに行くと、ひとつのピークを越し、約30分で**十坊山**に至る。かなり広い山頂には大小の巨岩があり、西南北にわたる眺望がことの外すぐれている。

二つめのルートは、福岡市から地下鉄と接続する筑肥線を利用し、福吉駅で下車。約２００ｍ先から左折し、中村の集落で、十坊山への道標に従い右（西）折し尾根づたいに登山道に入る。間もなく鹿家から上って来た道と合流する。これまでは蜜柑畑の中を行く山道だ。間もなく自然歩道に入り、この辺りからようやく展望がひらけて、唐津湾を見おろしながら登る。山頂まで３㎞の標柱があり、次の１㎞の標柱を越

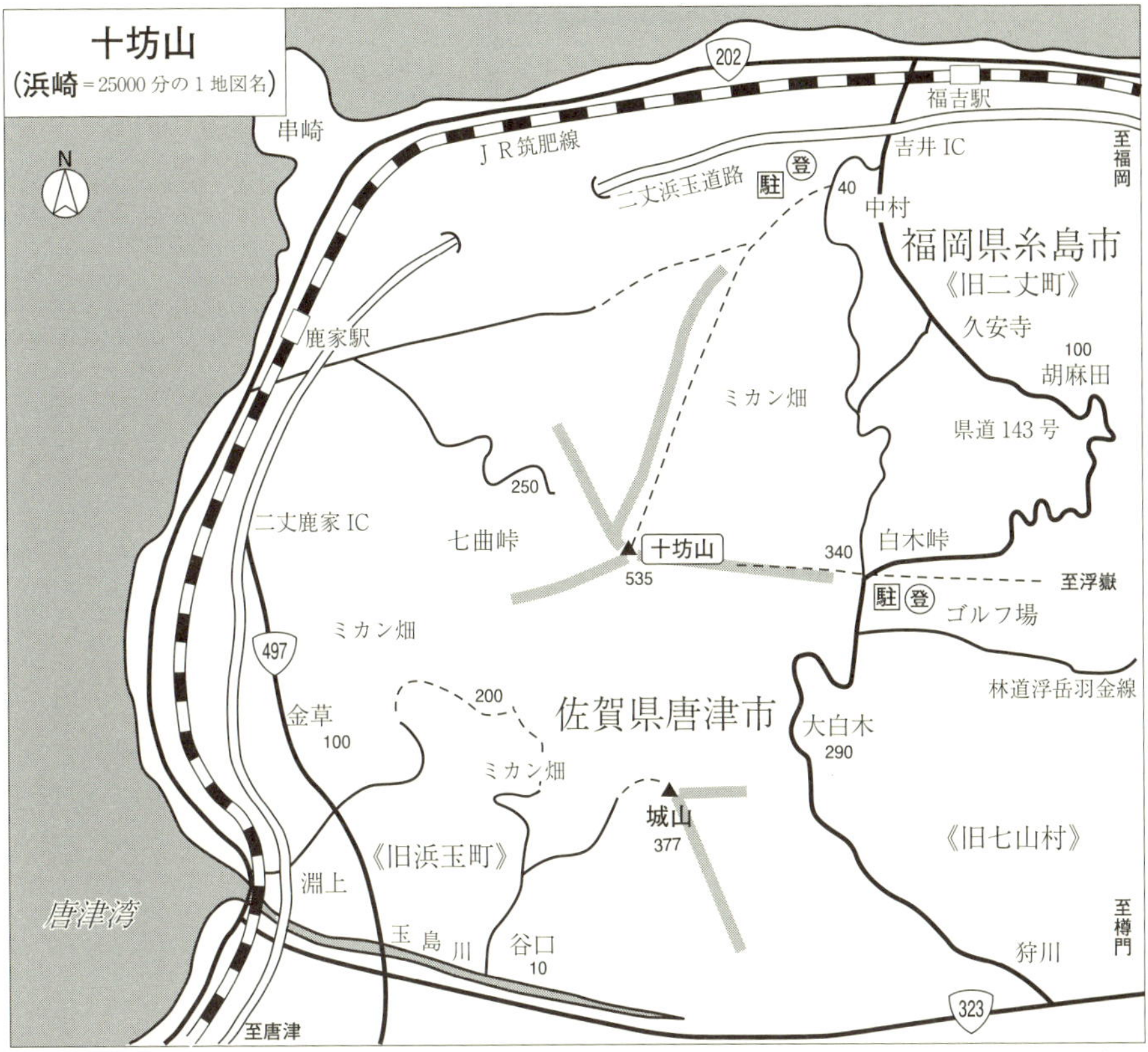

☞**福吉**⇨（1時間30分）⇨**十坊山**⇨（1時間30分）⇨**淵上**　☞**鹿家**⇨（1時間30分）⇨**十坊山**　☞**白木峠**⇨（30分）⇨**十坊山**

十坊山の頂

して少し行くと、右折、鹿家への道である。山頂付近、わずかに雑木が残っている程度で、ほとんど杉と檜の植林に被われている。

福吉駅で下車して、約1時間30分で**十坊山頂**に立つ。真冬でも格好のハイキングコースである。虹の松原、姫島、鏡山、作礼山《さくれいさん》、天山の遠望を楽しむことができ、四季を通じて安心して登れる山である。

低い山なので下山の道を山頂から真西に、杉林の中を下る。間もなく道が消失してしまうが、植林の中から蜜柑畑に出る。西麓から南麓にかけては蜜柑畑と、それに伴う蜜柑道路がまるで迷路のように錯綜している。いささか迂曲するが金草川の下流、淵上《ふちのうえ》の集落にある公民館の前を経て玉島川に出る。

◇考察　十坊山は国道202号線の福吉側からでも、南の国道323号線、七山樽門からでも白木峠までは舗装された道で、白木峠に駐車して山頂までは、徒歩30分の至近距離のため、マイカーをさけて登山道を選んだがよいだろう。とくに山頂からの眺望は推奨にあたいする。

九千部山《くせんぶやま》（847m）☆
石谷山《いしたにやま》（754m）☆

九千部山と石谷山は脊振山の南東にあって、南北にのびる花崗岩からなる台地状をなし、尾根の起伏がゆるやかで、東と西は落ちこみ、東に河内ダム、西に南畑ダムがある。

九千部山のいわれは、その昔（天暦五年・九五一）脊振三千坊の隆信という沙門が、住民の災厄救済のため1万部の法華経を、49日で読誦せんと草庵にこもったが、美女に化身した白蛇の誘惑に負け、1万部の目標が9000部読み終った頃、美女との色情に落ち、果すことができなかった。あるいは性空上人が山頂にこもって、法華経9000部を読誦したところから名付けられたなど、伝説豊かな山である。

石谷山は脊振山系では、珍しく広範囲に原生林が残された山で、ブナ、リョウブ、カエデ、ツゲなど植物の宝庫で、したがって野鳥の種類も多く、最近までは野猿の出没が絶えなかった。九千部山頂から見る石谷山の紅葉の時期は、鮮明な色彩の樹海に感嘆することだろう。

網取（1時間30分）九千部山（60分）石谷山（60分）御手洗滝《おちょうずのたき》

九千部山頂上にはNTTをはじめ、NHK、その他民放の電波塔が4基建っていて、共同便所のある広場は充分に駐車可能の広さで、展望台や弁財天をまつる石祠がある。

不入道と筑紫耶馬渓の中間、大浦から苗ヶ尾を経る車道と、二日市から山口川に沿って平等寺を経る車道は、苗ヶ尾のかみ手で合流して山頂に至る。山頂まで車道が通じた結果、板屋峠から脊振山をめざす人が減ったのと同様に、**網取**から南畑ダムの東側の小渓谷を経て、514mのピークそして738mの尾根道を、時間をかけて登る人は少なくなった。

マイカーで国道385号線の不入道から約2km、大浦から左（南東）折して上る。約4kmで平等寺から上って来た車道と出合う。ここから九千部山まで3・6kmである。途中、航空反射塔の手前から基山、権現山を経てきた自然歩道と接続する。道標に基山9km、脊振山1・5kmと記されている。九千

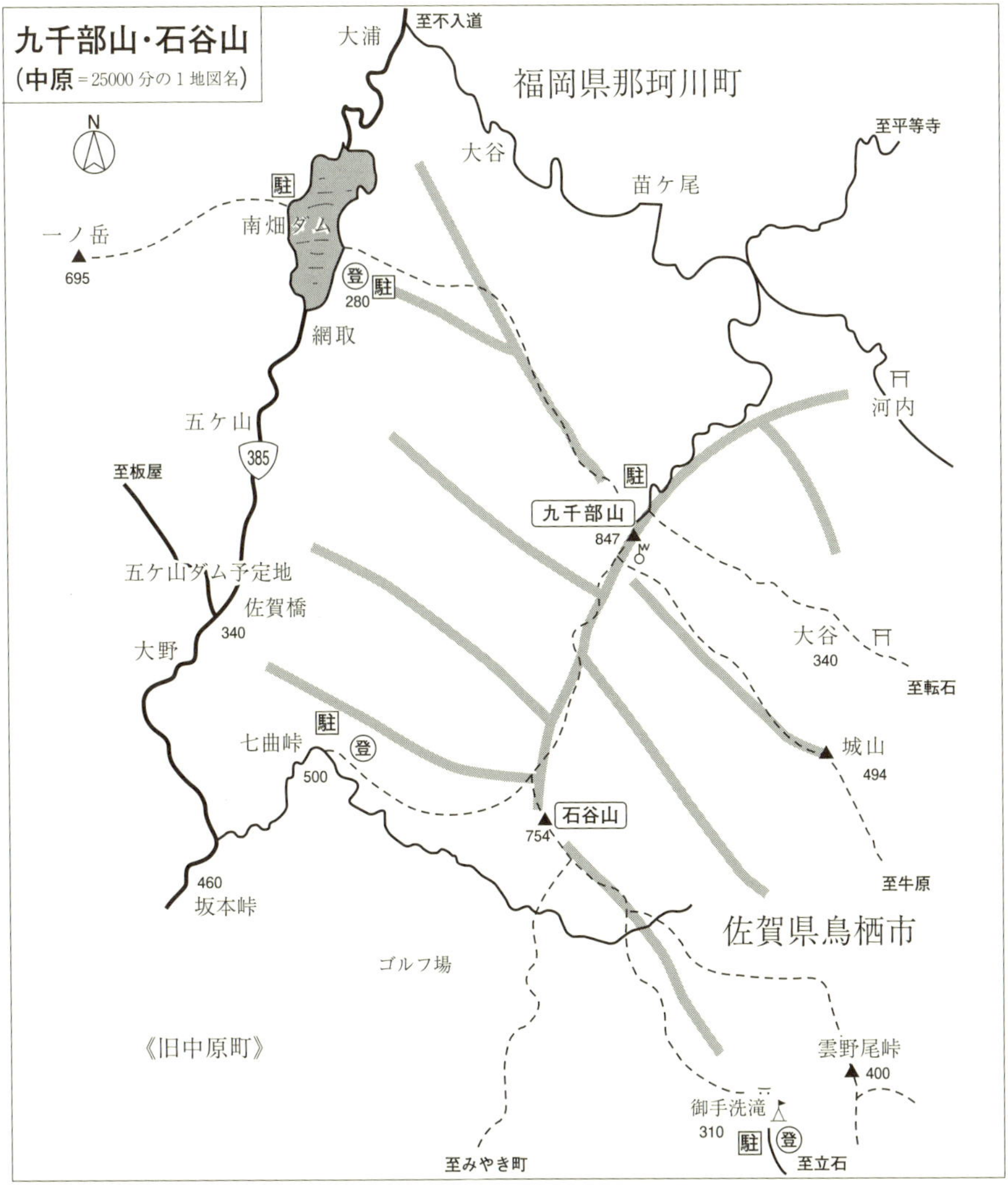

☞**九千部山**⇨（3km、1時間）⇨**石谷山**⇨（2.7km、1時間）⇨**御手洗滝**
☞**坂本峠**（1.3km、20分）⇨**七曲峠**⇨（2.6km、1時間）⇨**石谷山**

部山頂の200m手前から左（東）折して下ると、竜善上人の行場を経て転石の集落まで5・5kmである。

九千部山の展望台から石谷山にかけての樹海は、珍しく広大な原生林を残していて、野猿が現われはしないかと期待されるほど美しい。

山頂にある民放電波塔の南西側から、自然歩道を石谷山に向うと、数分で左（東）折すれば城山、四阿《あずまや》を経て牛原まで5km、真直ぐ七曲峠へ4・8kmの道標がある。真直ぐ下り気味の原生林の中を約1時間で、右折して七曲峠まで2・6kmの分れ道に至る。右折せず真直ぐ約10分で、平坦な**石谷山**（754m）の山頂に着く。標識があるだけで眺望はのぞめないが、原生林で被われていて静寂で、夏場は涼味を感じる所。

石谷山を発ち、数分で右折すれば、みやき町への分岐点である。御手洗《おちょうずの》滝《たき》まで２・５㎞、九千部山まで３・２㎞で九千部山を発って以来、歩きやすい平坦な山道が続く。御手洗滝まで２・１㎞の地点から左（東）折すると雲野尾峠へ至る。左折せず約10分で林道に出る。これは坂本峠から七曲峠を経てのびてきた林用車道で、これから御手洗滝までは１・２㎞と近い。林道を横切って下ると、間もなく、原生林から杉林の中に変る。渓谷の西側を沿って下れば**御手洗滝**は直ぐである。脊振北山県立公園のゆえか滝の周辺は憩いの場所となっている。これから立石町のバス停まで３・７㎞である。

九千部山頂と弁財天の祠

⊠**考察**　マイカーで九千部山まで行き、石谷山往復もよいが、バスで南畑ダムの取水口の網取で下車し、九千部山頂まで１時間30分、そして石谷山を経て鳥栖市立石まで約４時間、合計５時間30分あれば、原生林で被われた自然の中のコースを楽しむことができる。

宝満山《ほうまんさん》（829m）☆
若杉山《わかすぎやま》（681m）☆
三郡山《さんぐんさん》（936m）☆☆

宝満山は英彦山、求菩提山と並び北部九州の霊山と言われ、古くは奈良、平安朝の頃から山伏の修験道場として隆盛を誇った山岳である。したがって往時の遺跡が全山至る所に存在し、聖域を感じるだろう。また太宰府県立自然公園に指定されていて、福岡市の東南にそびえ、登山にそして信仰に絶好の対象峰と言っても過言ではない。

宝満山に登れるようであれば九州の山々はさほど困難ではないと言われるくらい、意外に急峻な山で、正面登山口である太宰府、竈門《かまど》神社のコースのほか、最近は本道寺、猫谷渓谷のコースが注目される。いずれも道標がしっかりしていて一人でも迷うことはない。この他、数多くの登山コースがあるが、ここでは代表的なものをあげることにする。

1　一般的登山口、竈門神社（1時間40分）宝満山

マイカーは太宰府天満宮の大駐車場か、竈門神社境内かで、

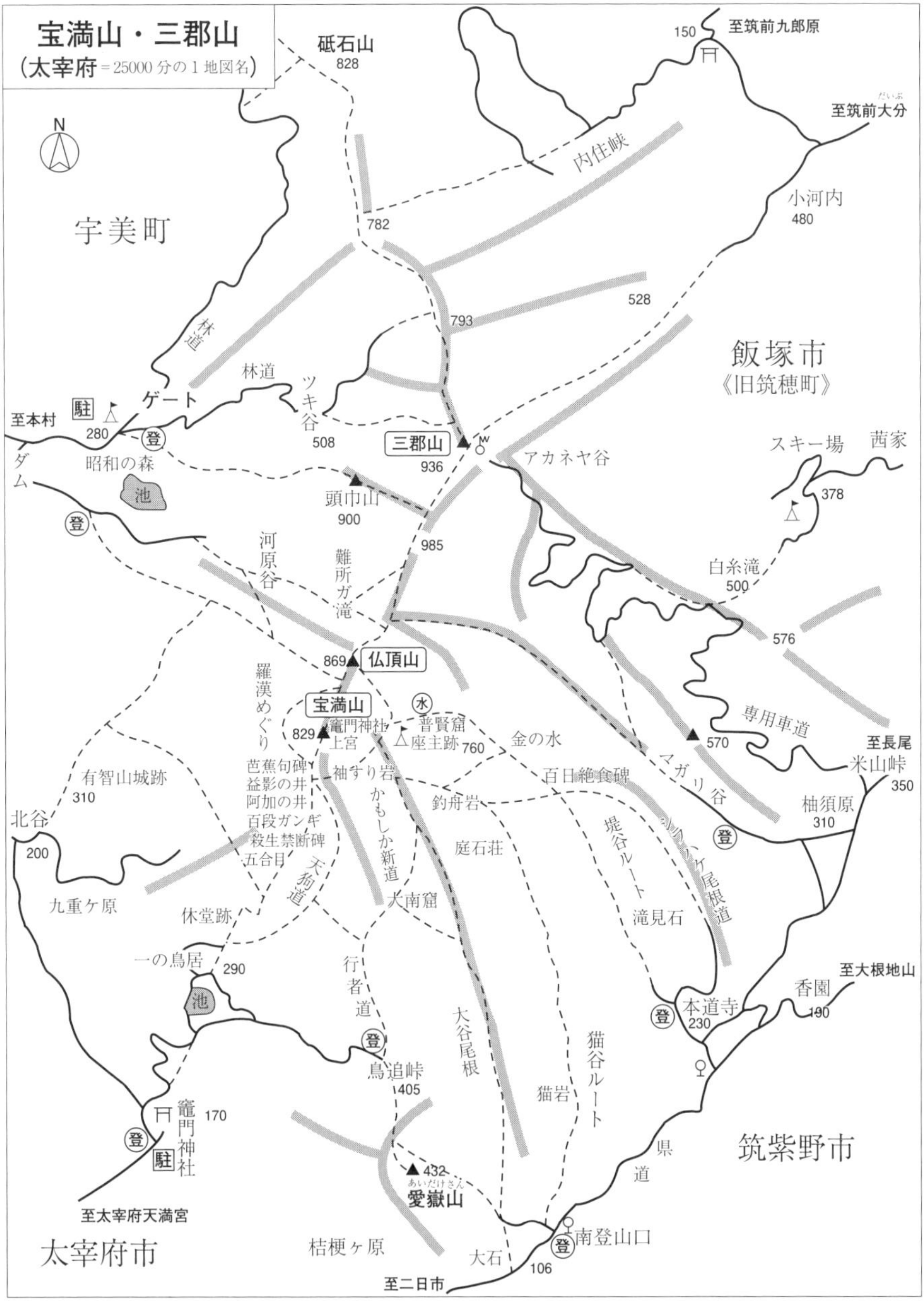

☞竈門神社⇨（1 時間 40 分）⇨宝満山　☞宇美町本村、河原谷経由⇨（2 時間 10 分）⇨宝満山

☞本道寺⇨（2 時間 20 分）⇨宝満山　☞若杉山⇨（3 時間 30 分）⇨三郡山⇨（1 時間）⇨宝満山（全長 12km）

後者の方は最近駐車場が拡張され、100台余は可能となり、日曜日利用者が多い。

竈門神社の左（西北）側の車道を一の鳥居まで行く近道を選んでもよい。これから石段がつづく。一段登るごとに往時の山伏達が笈《おい》を背負い修行した歴史の雰囲気にひたる。2合目の東側に水場がある。3合目が休堂跡で、4合目の下が五井七窟のひとつ、徳弘の井である。5合目に殺生禁断の碑、この西下側に座頭落しの切り立った岩がある。6合目に宝満山に社僧、吉田氏の居住跡がある。この付近から山頂近くの座主跡まで、点々と坊舎や屋敷があったわけで、二五坊とは、修蔵、富倉、経蔵、仲谷、尾崎、新、鳥居、道場、林院、歓明、井本、浄喜、浄行、福泉、財徳、亀石、奥、大谷、寂光、福蔵、南、岩本、福寿、栄門、東院の諸坊舎を言った。7合目付近の原生林の中には百段ガンギがあって、これを登った所に阿加の井がある。毎日、仏に供える水を汲んだ泉があった所。これから少し行くと竈門山碑そして行者堂跡、中宮で、山頂の下300m付近で北の方から西へ下れば羅漢巡りのコースがあり、途中には天の岩戸岩、天狗岩、遠望の岩、首なし羅漢さんなど趣向豊かである。

宝満山の百段ガンギ

宝満山キャンプ場から山頂を仰ぐ

山頂へは益影の井から袖すり岩を経れば直ぐ829mの山頂で、花崗岩の巨岩の上に竈門神社上宮がある。御神体は神武天皇の御母神の玉依姫命、神功皇后、応神天皇を奉祀したコンクリートの祠があり、登山者にまじって祈願者が絶えない。山頂から東へ数分でキャンプ場がある。

2 宇美《うみ》町本村《ほんむら》・河原谷《こうらだに》経由（2時間10分）宝満山

福岡市のバスセンターから宇美経由本村で下車、これから東へ林道を行く。約1kmで林道分れを直進すれば、欅谷を経て三郡山へ右は**河原谷**への道で、車でかなり行けるが、道路

河原谷の難所ガ滝の結氷

はよくない。

杉檜の植林道を30分行くと原生林の中に入る。これから渓谷沿いに30分登ると難所ガ滝に出る。ナラ、ブナ、カエデなど自然の景観が残っている。これから10分で、頭巾《ときん》山と仏頂山を結ぶ尾根道の中間に出る。宝満山まで1km、三郡山まで1・5kmの地点である。

3 本道寺《ほんどうじ》（2時間20分）宝満山

地元の人々の努力によって登山道が開拓、整備されたルートである。各所に自然が沢山残り、メインルートにはない趣きがあり、ぜひおすすめしたい。

二日市、吉木、柚須原の県道をはしるバスの回数は少ないので確認しておいたがよい。大石バス停から北へ上れば大谷尾根をたどるルートであり、次の南登山口バス停からは、いわゆる猫谷ルートで、猫谷川の右（西）に沿って、いくつかの滝を見ながら庭石荘、釣舟岩、金の水、普賢窟を経てキャンプ場まで2時間20分である。

その次の本道寺バス停から北へ上る堤谷ルートは、民家の間の車道を上り、林道終点から登山道に入る。間もなく道標があり、右（東）折すればシラハケ尾根ルートで、真直ぐは堤谷渓谷をたどることになる。小規模ながら変化豊かな滝や淵の渓谷美を探勝しながら上る。百日絶食記念碑の十字架が概ね中間点とみてよい。これから左（西）折して釣舟岩へ、真直ぐたどれば剣滝、巨岩の金の水、普賢窟を経由して**座主跡**のキャンプ場に至る。

猫谷、堤谷ルートとも自然林と水場が豊富で、夏季は涼味が満喫できる。ことに堤谷ルートは奇岩と水場にめぐまれ、古来より信仰、修験の場となっていた名残りが随所にある。

マイカーの場合は南登山口あるいは**本道寺バス停**から北へ上った林道わきに駐車する。

4 若杉山（3時間30分）三郡山（60分）宝満山（全長12km）

宝満山から若杉山へ向う案内書は多いゆえ、逆コースをとることにする。まず篠栗の駅かバス停からタクシーを利用し、**若杉楽園**まで行くがよい。若杉山（681m）頂は直ぐであ

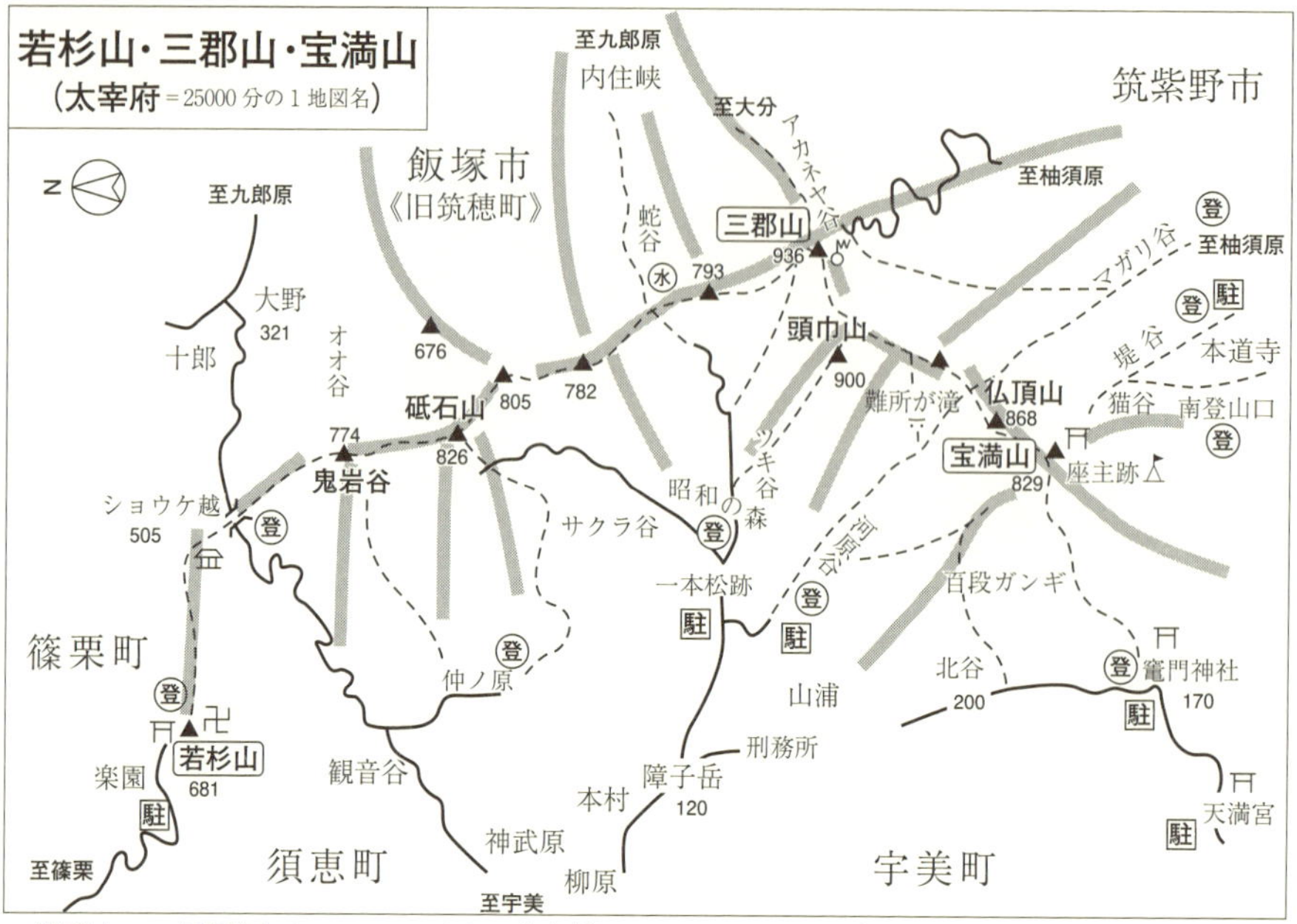

☞**篠栗**⇨（6km）⇨**若杉山**⇨（2.3km、40分）⇨**ショウケ越**⇨（2.6km、1時間10分）⇨**砥石山**⇨（4km、1時間30分）⇨**三郡山**⇨（2.6km、1時間）⇨**宝満山**⇨（3km、1時間20分）⇨**竈門神社**⇨（2.5km、30分）⇨**天満宮**

る。遠くから見る特徴ある山の通り、杉の献木を見上げて山の歴史を感じる。山頂には平和観音堂、伊弉諾尊を主祭神とした太祖宮、東の崖下には番外札所の奥の院があり、神仏混交が自然の中に融和し、四季を通じて老若男女のお遍路さんの姿が絶えない。

山頂北東のＮＴＴのマイクロウェーブの鉄塔横を東へ尾根道を下る。両側は植林が続く。**ショウケ越**の手前右（西）下側に須恵町が建てた山小屋がある。ショウケ越は陸橋ができ、その下を穂波町大野と須恵町神武原を結ぶ立派な県道が完成している。

ショウケ越から急坂を登り、約45分で三角点のある７７４ｍのピークに着く。これから20分で**砥石山**《といしやま》（８２８ｍで、一等三角点補点は鬼岩谷７７４ｍ）である。右（西）折して下れば鬼岩を経て宇美町への道標がある。砥石山から10分で８０５ｍのピーク、さらに25分で７８２ｍのピーク、このピークから３００ｍ行って右（西）折すれば宇美町へ下る。７８

鬼岩谷から西北のショウケ越と若杉山

2mピークから10分で次のピークに着く。左（東）折して下ればば水場がある。尾根道は単独でも迷うことはないくらい広い道幅である。続いて15分で793mのピークで、これからさらに20分で最高峰の**三郡山**（936m）に至る。

山頂には航空機用レーダーアンテナのドームがあり、柚須原から車道が上って来ているが、マイカーによる登頂は禁止されている。三郡山から宝満山に至る尾根道は、九州自然歩道の一部になっていて、ブナ、ドウダンツツジ、リョウブなど多種にわたる植物の原生林が残り、心に潤いを感じる。

三郡山をあとにして10分、頭巾山から右（西）側へ、ツキ谷を下れば一本松跡を経て宇美町へ、また仏頂山の手前から右折すれば、難所ガ滝を経て、河原谷を下り、やがてはツキ谷を経る道と林道で合流する。仏頂山（868m、元宝満山）の直ぐ下を左（東）へ行けば、座主跡を経て本道寺に下る。仏頂山から宝満山頂は数分の距離で、巨岩の上にコンクリートの祠がある。

宝満山９合目の山小屋

宝満山の東面

◇考察　福岡地方の人々は九州の山のみならず、世界の雄峰に登る手始めとして、この山容ゆたかな霊山でトレーニングすると言われるほど、親近感のある山である。諺《ことわざ》に一度目は「よく来たね」、二度目は「また来たか」、そして三度目は「バカだなあ」と言われるくらい宝満山の急坂はきつい。しかしこの山を愛する人々は数知れずで、「宝満山を愛する会」などができ、シャクナゲの植樹や清掃などがゆきとどいて、登山者はすべからくこれらの人々に感謝の気持ちを忘れないだろう。

なお宝満山に関する歴史や遺跡の文献は沢山あるが、ここでの紹介は割愛する。夏場の満月の夜、若杉山から宝満山の縦走は乙なものである。

竜《りゅう》王《おう》山《ざん》（615m）☆

八木山盆地の南にそびえ、草原の山頂からの眺望は四囲にわたる。山頂から400m東側の竜王神社、別名水祖神社の祠があり、雨乞いの神様として有名である。

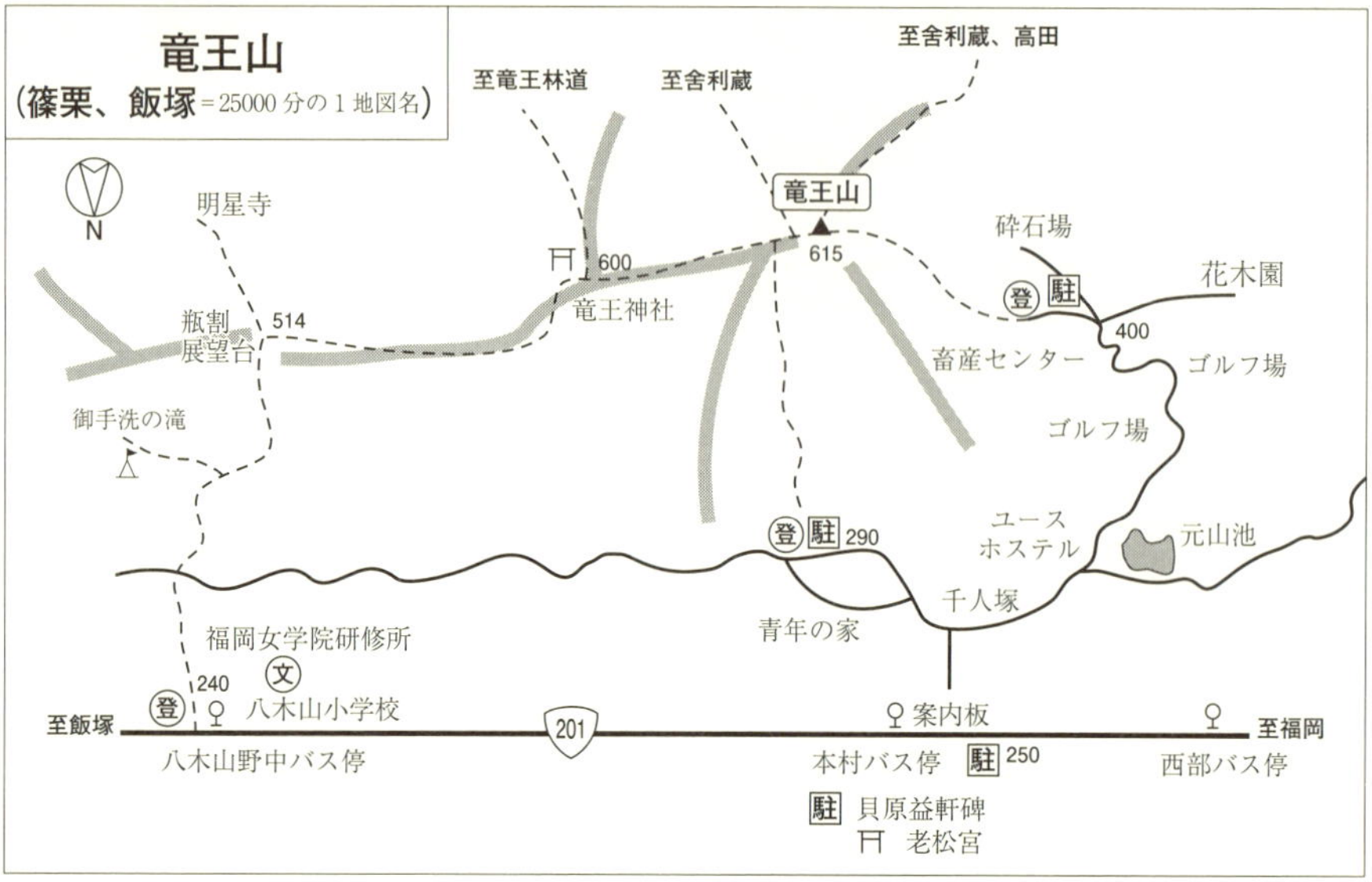

☞本村バス停⇨（1時間）⇨竜王山⇨（15分）⇨竜王神社⇨（45分）⇨瓶割展望台⇨（45分）⇨八木山野中バス停

本村バス停（60分）竜王山（15分）竜王神社（45分）瓶割《かめわれ》展望台（45分）八木山野中バス停

登山口は国道201号線の木村バス停からと、飯塚市の明星寺からがある。マイカーなら国道201号線沿いのドライブインの広場に駐車依頼すると便利で、西鉄バスなら本村バス停で下車すれば、西鉄研修センター入口右側の国道沿いに案内板がある。その直ぐ右のゴルフ場への車道を１５０ｍ行くとT字路につき当り、右折すると（左折して青年の家を経由して山頂のコースもある）、数分で車道左側土手に**千人塚**の看板がある。天正九年（一五八一）に秋月藩と立花藩とが大友氏の計略にはまり、多くの人が果てた場所。右にゴルフ場入口、左にユースホステル前の車道を蛇行して進む。

国道から南折して２kmで、左上に八木山畜産センターの牛舎を見る。この牛舎前の駐車スペースは10台余。牛舎を左に見て坂を上り、遊歩道に入る。雑木を払った防火線状の急坂を40分で草原の**山頂**に至る。眺望雄大、若杉、三郡の山なみ、遠くは多良、雲仙、古処、英彦、福智の峰々が楽しめる。山頂から西南へ下ると砕石場の横を舎利蔵へ。山頂から北東へ1分で右折は舎利蔵へ下る。さらに1、2分で左折するルートは水場を経て20分で林道を横断し、再び造林の中を10分下ると、青年の家の上の車道に出る。

山頂から北東尾根を東へ15分余で石祠と案内板の広場に着

く。**竜王神社**である。ここから明星寺まで3・5km、御手洗《おちょうず》の滝まで3・8kmの道程である。尾根道はここから左（北）折する方向を行く。約10分で右折すれば明星寺へ、左折は御手洗の滝への分れ道を左へ行く。尾根道の両側は杉の植林と原生林が所々に残っている。道ばたにシライトソウ、イヌタデ、ツリフネソウなどの野草が多い。

分岐点から約40分で**瓶割《かめわれ》展望台**に着く。竜王山から2・8km、1時間の距離である。約50坪の草原台地の展望台からは東側、飯塚方面の眺望が眼下に広がる。ここから右折すれば明星寺へ、左（北）折して御手洗の滝と八木山野中バス停へ至る道標がある。10分で御手洗滝から大日寺へ至る分れ道を通過する。これから野中バス停までのコースは一部分ブッシュで登山道がふさがっているが、見当はつく。民家の横を通ると直ぐ国道の野中バス停に出る。

国道201号線八木山から龍王山の北面

◇**考察**　道標は比較的よく整っている。登山コースは西側の八木山畜産センターか、水場のある北側の青年の家上から急坂を上ったがよいだろう。

原生林の伐採、植林は山の深さや味わいが消えてゆく、この山も例外ではない。しかし3時間余で充分眺望が楽しめる一周コースとして推奨したい山である。

犬鳴山《いんなきやま》（584m）と周辺 ☆☆

国道3号線で福岡県古賀市を通過するにあたり、東の方に黒々とした山系が見える。福津市、宮若市、古賀市、糟屋郡新宮町、久山町の三市二町にまたがる広大な山域で、一等三角点補点の西山（鮎返山）を主峰として、南の犬鳴山に及ぶ。周辺には史跡や自然がなお多く、東に脇田温泉、西には薬王寺温泉があり、福岡市からも近い。

犬鳴山（別名、熊ヶ城）の名は律令時代にこの地方を支配していた稲置《いなぎ》（穀《こく》類の収納をつかさどった地方官名）がインナキに転訛したとの説や、山が深くけわしいため、犬さえ泣き叫んだという説がある。

1

登山口（藤七谷）（60分）**犬鳴山**（15分）**猪野越**（60分）**山火事跡**（20分）**椿峠**（10分）**三町分れ**（鹿見岐）（30分）**番兵跡**（40分）**こもの峠**（1時間10分）**清滝バス停**

博多駅前バスセンターからバス福岡直方線に乗り、約1時間で新犬鳴トンネルを出た犬鳴トンネルバス停で下車する。

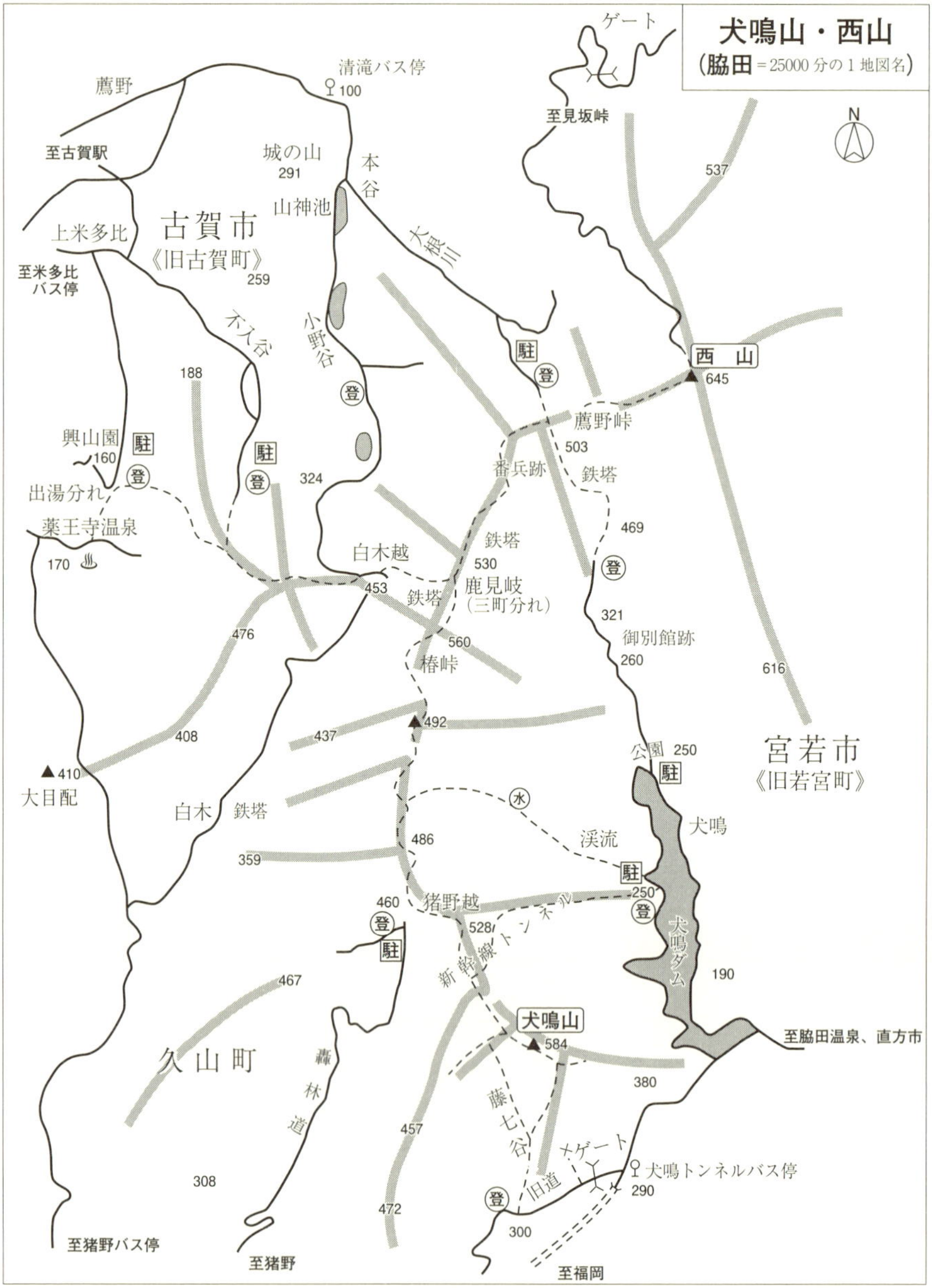

☞登山口(犬鳴口)⇨(1時間)⇨犬鳴山⇨(1時間)⇨猪野越⇨(1時間30分)⇨三町分れ⇨(1時間10分)⇨鷹野峠⇨(1時間10分)⇨清滝バス停

☞三町分れ⇨(10分)⇨白木越⇨(50分)⇨興山園⇨(10分)⇨薬王寺温泉

左下に犬鳴渓谷を見ながら旧道を約５００ｍ引き返すと右（北）側に犬鳴山登山口の小プレートがある。この谷が**藤七谷**で、藤七爺さんが昔、この谷で炭焼をしていた所であろう。この谷に入り渓流の左岸から右岸へと移行しながら、約10分で渓谷が二つに分れる。右（東）の谷を行ってもよいが、メインは左側の谷である。赤や黄色のテープがあるが、夏はブッシュが手強い。谷沿いにはアオキ、ツバキ、カシ、サカキを見かける。谷の東斜面は植林だが、西側斜面は雑林で、炭焼窯の跡が西側に五つ、東側に二つと点在している。流れが涸谷となり、行きどまると急坂を上る。登山口から約50分で東北から南西にのびる稜線に出て右へ行き、南、北にはしる主尾根を右へ、急坂を数分で三等三角点の**犬鳴山山頂**に達す。小尖峰の山頂は約50坪で、西山への縦走ルートや津屋崎、宗像方面の眺望がえられる。

　山頂から再び来た道を数分下り、藤七谷の方へ左折せず、照葉樹林の尾根道を直進する。シキミ、リョウブ、ヤブニッケイ、ホソバタブなど種類が多い。道標に西山まで4時間と記されている。約15分で尾根道を東西に横断する**轟林道**に出る。これが犬鳴の集落と猪野を結ぶ猪野越で、なお直進して十数分で猪野越のプレートを見て、雑林の中を2、3分で鋭角に左折する。さらに十数分で雑林の尾根道を再度、鋭角に左折し、低い稜線を越え尾根を北上したピークからの眺めがよい。

　このピークから右へ雑林の中を少し下って、次のピークの手前で左折する。雑林の尾根道に東新幹の標柱から右折して下ると**椿峠**に着く。さらにシキミの多い道を約10分で古賀、久山、旧若宮の**三町分れ**（**鹿見岐**《しかみわかれ》）に至る。ここから左（西）折して白木越のルートは別記する。

　三町分れを直進して数分で送電線の鉄塔下を通り、小さなピークの分れに東福岡新幹線第81号の標柱から左へ下ると、三町分れから約30分で**番兵跡**に出る。これから大小の三つのピークを越え、急坂を下り約40分で**薦野**《この》**峠**の十字路に至る。真直ぐ雑林の中を約30分、０・８㎞で一等三角点の西山（鮎返山）に、右折すれば御別館跡を経て県道の司書橋へのルートである。左折して大根川《だいこんがわ》源流の渓谷を下る。シダ類、シキミ、コシアブラ、イヌガヤ、サワフタギ、ウツギ、コブシなど植物の宝庫である。

　薦野峠から約30分で堰堤《えんてい》の右（東）を通り、2、3分で幅３ｍの林道に出る。西山、犬鳴山縦走登山口のプレートを見る。これから１００ｍで幅５ｍの林道に出て、左へ下ると山神池の東を通り約40分で清滝バス停に着く。鹿児島本線の古賀駅までは近い。

2

三町分れ（10分）**白木越**（20分）**不入谷**《いらんたん》**分れ**（30分）**興山園**（10分）**薬王寺温泉**

三町分れ（**鹿見岐**）から左（西）折し、雑林の中を2、3分で送電線の鉄塔下を経て、再び雑林の中を数分で**白木越**の

犬鳴山ダムサイドから見る犬鳴山の東面

林道に出る。この林道を南へ久山町猪野バス停まで６㎞、北へ下れば３・５㎞で前記の清滝バス停に至る。**薬王寺温泉**へはこの林道の隅にある道標の横から西へ雑林の中に入り、十数分で小ピークを越える。ここを右折すれば**不入谷**《いらんたん》を経て米《ね》多比《たび》バス停へ下る。直進して次のピークが出湯分れで、鬼京王国有林のプレートがある。左下には薬王寺温泉街が見える。この尾根鼻のピークから右へ遊歩道の急坂を下ると約20分で興山園入口に出る。ここは上米多比から南行している林道の終点にあたる。南へ小さな丘陵を越えると10分で薬王寺温泉に出る。

◇**考察**　他のルートとして、県道からダムサイドを北進し、２㎞弱で屈曲した車道左に渓流と数車の空地がある。この渓流沿いに炭窯跡を見て遡行し、90分で縦走路に出る。または渓流入口の数ｍ手前の車道から太尾根にとりつき、60分で荒廃した林道に出て、２００ｍ行くと縦走路と交わり山頂は近い。夏期はブッシュが激しい。

藤七谷登山口から鷹野峠まで縦走し清滝バス停まで約９㎞、７時間のルートは変化ゆたかで、樹木の黄色ペンキやテープを確かめて歩くと、単独でも迷うことはないだろう。

この山系はその昔、良質の木炭の産出地として知られ、照葉樹林とともに多種類の植物を内蔵している。その上、大都市福岡から20㎞余のこの山系に今なお野生の日本鹿、猿、兎、狸などが生息している点、きわめて貴重な存在であろう。

その昔、この**犬鳴山**（**熊ヶ城**）は筑前宗像氏の出城のひとつで、豊後の大友宗麟によって天文一一年（一五四二）三月に攻撃され、畑城、高取城、宮永城などとともに落城し、城主、黒瀬越中は城とともに討死したという。司書橋は加藤司書、２８００石を有する黒田藩の中老で、有名な黒田節の「皇御国《すめらみくに》の武者《もののふ》は……」の作詞者であり、筑前勤王派の主領であった。幕末有事の際は主君、黒田公を守護しようと、この天険の地、犬鳴の奥に司書らの手によって御別館を建てたが、流言蜚語により36歳で切腹して果てたという。ルートにある番兵跡はこの御別館を守るための要塞の地として、番兵を待機させていた場所で、現在も窪地となって残っている。

その他、猪野《いの》越、鷹野峠には館《やかた》を守る関所が設けられていた。

また犬鳴の谷は朝鮮人参の栽培適地として黒田藩がまず白水玄光に命じて、人参奉行の検視のもとに約１１３年間にわたり栽培し、今でも人参谷の地名がある。

この山系の西、古賀市と久山町の境にある**大目配**《おおめくばり》（410m）は今では植林の山頂になっているが、昔、神功皇后がこの山に登られ、はるか玄界灘から朝鮮半島をごらんになったゆかりの山である。

その他、犬鳴の里には上質の砂鉄製錬所があって、石見《いわみ》の国から製鉱職人をまねき、山の豊富な松材で十人力のふいごを使用していたと言われている。山麓には中河内銅山跡、縁《へり》山《やま》銅山跡、犬鳴山の南東には**間夫**《まぶ》（509m）という山名があるが、鉱口、鉱道のことを間夫《まぶ》と言い、鉱石が採取されていた山というところから使われた当字であろう。犬鳴山系をとりまく話題は枚挙にいとまがない。

湯川山《ゆかわやま》（471m）☆☆

宗像の人々にとって湯川山、孔大寺山、金山、城山《じょうやま》の四つ塚連峰は故郷《ふるさと》の山として古くから親しまれ、この峰々を結ぶ線は東の岡垣町、西の宗像市の境界をなしている。照葉樹林の湯川山は朝鮮式山城の石積みが発見され、そして山頂からの展望は北の開聞岳と言われるように素晴らしい。海蔵寺を経て山頂へ至る車道は、8合目に南に設置された無線中継塔からの車道と出合う三叉路で北九州統制通信事務所のチェーンゲートがあり、一般者の山頂行きはできない。

鹿児島本線の赤間駅で下車し、国道3号線沿いのバス停から鐘崎行きに乗り、地図に竜王と記されている所が池田バス停で、ここで下車する。**孔大寺山**も湯川山もこのバス停からでよい。まず孔大寺山へのルートは、バス停の東側に県文化財天然記念物イチョウの木の案内板を見て、東へ町道を行く。左に椥野《なぎの》公民館を見て約1・3km、15分で孔大寺宮入口の鳥居に着く。献木の杉の中の参道を100m行くと、慶応四年（一八六八）建立の鳥居と小さな下宮がある。標高80mで登山口である。

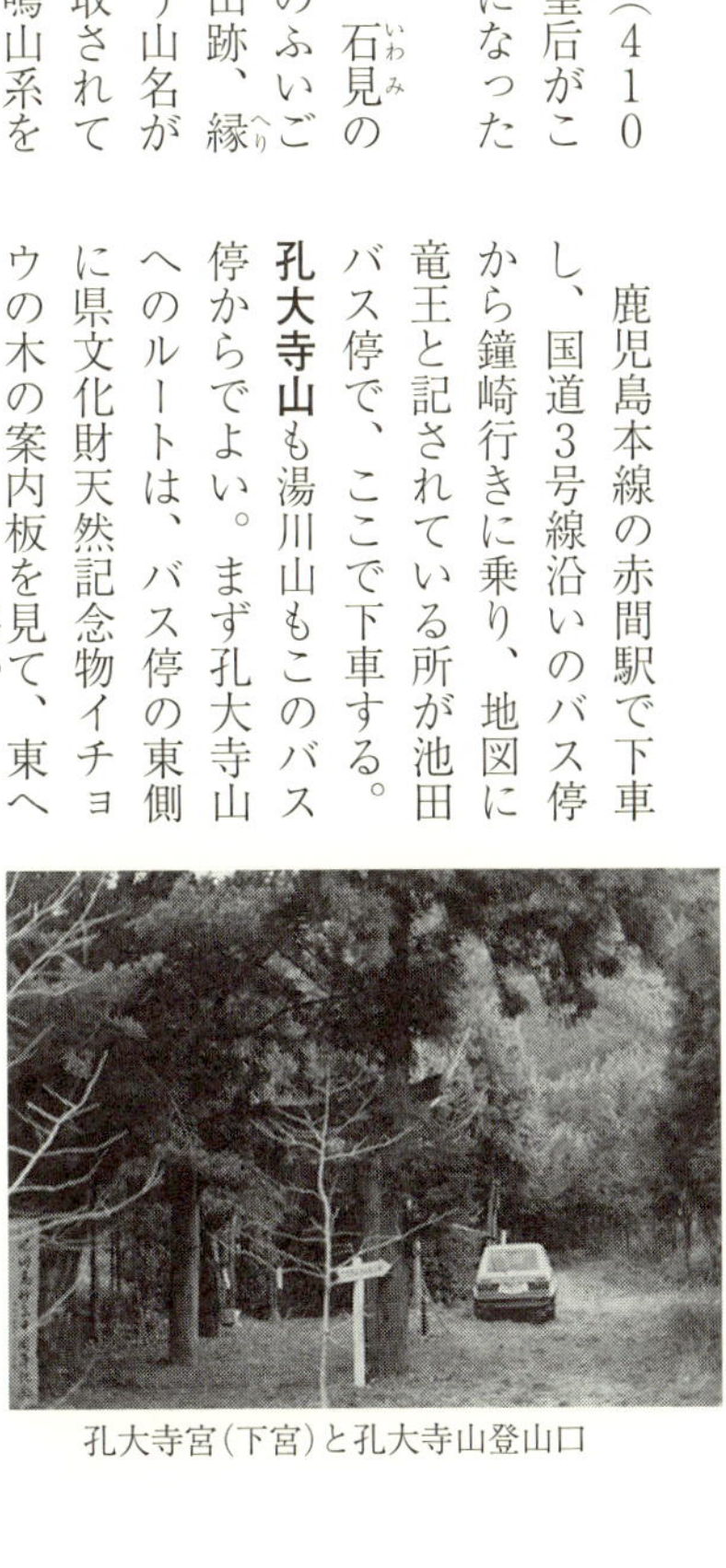
孔大寺宮（下宮）と孔大寺山登山口

垂水（垂見）峠（40分）無線中継所（30分）湯川山（50分）今井原林道（20分）門前バス停

垂水峠は宗像郡市と遠賀郡岡垣町の境界点で、国道495号線が東西にはしっている。峠の北側に岡垣町平山のプレートがあり、その横に湯川山登山口の道標がある。道標の奥に2体の地蔵さんと古い郡界石が立っている。登山口から雑林の急坂を上る。カシノキの大樹の横を通る。ヤブニッケイ、マサキ、クスノキ、サカキ、シキミなどの樹林が続く、約40分で

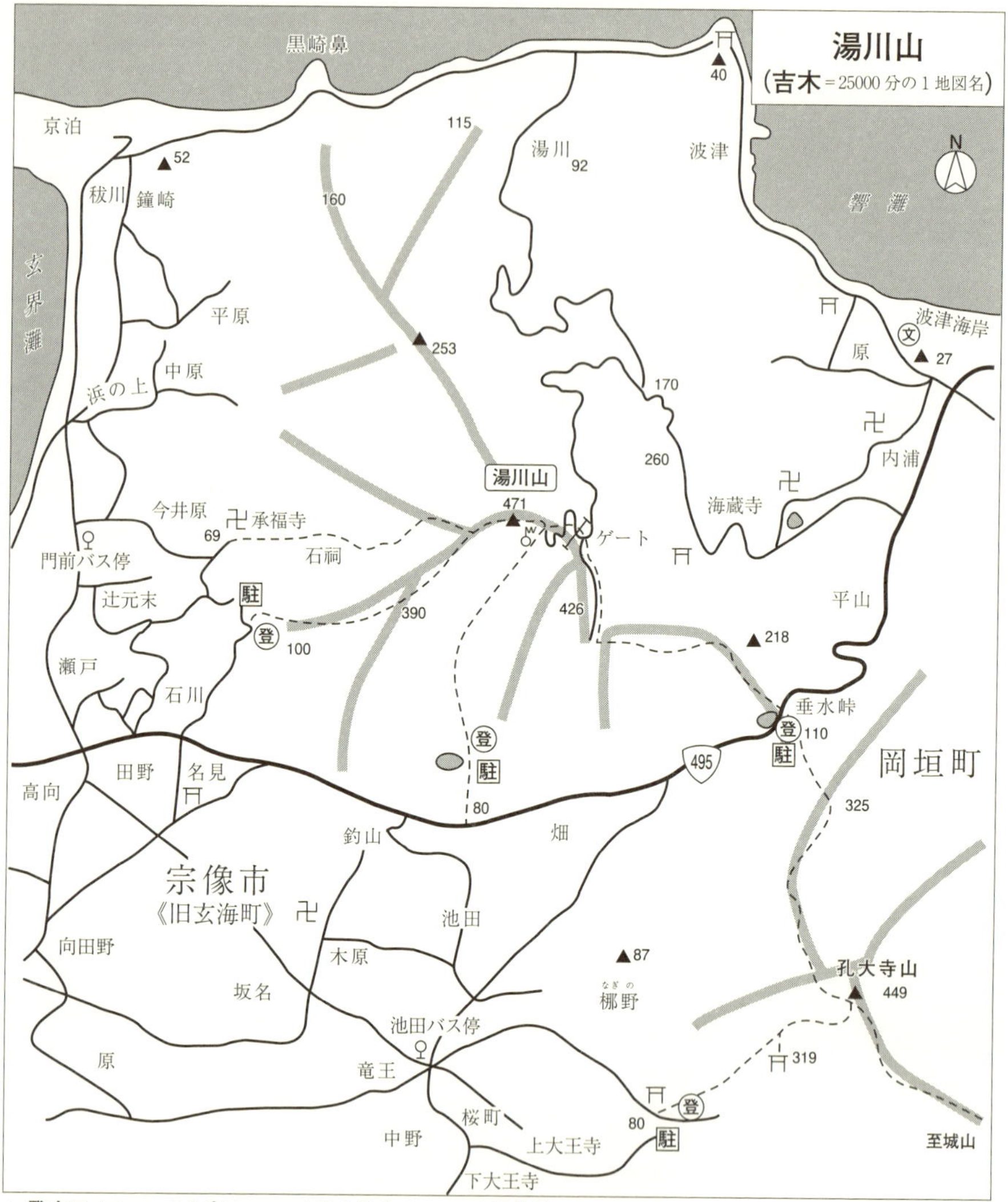

☞登山口⇨（25分）⇨上宮⇨（30分）⇨孔大寺山⇨（50分）⇨垂水峠
☞垂水峠⇨（40分）⇨無線中断所⇨（30分）⇨湯川山⇨（50分）⇨今井原林道⇨（20分）⇨門前バス停

池田金山県営林の標柱の上にあるNTT無線中継所塔の横の車道に出る。等高線の車道を北へ500m行くと、東の海蔵寺から上ってきた車道に出合う。車道には北九州統制通信事務所のチェーンゲートがあり、マイカーの通行はできない。山頂へは車道を行ってもよいが、ゲートから数分上り右へ雑林の中の遊歩道を登ると、10分余で海上保安庁の電波受信塔前に出る。この塔の南側から急坂を下ると、溜池の東側を経て釣山の県道まで40分で下山する。

塔から数分で三等三角点の**山頂**に達す。約50坪の平頂は草に被われ、東南を除き目下に玄界灘・響灘・地の島・大島が実に素晴らしい展望である。

西の**今井原**へのルートは山頂西側のテレビ中継塔の横を通り、2、3分で分れを直進し、西南への尾根の390m点を越す。途中に山城跡の石積を見て、雑林の急坂を下る。50分で辻元末の林道へ出る。今井原の承福寺へのルートは山頂を西へ2、3分で右折して尾根をはずし急坂を下る。15分で弥勒尾の峰の石祠を左に見て雑林と植林の中を谷沿いに下っていく。50分で名刹承福寺前の車道に出る。いずれも県道の門前バス停は近い。

湯川山頂から地の島、大島を望む

◇**考察**　照葉樹林を残す四つ塚連峰は昔から候鳥のコースに当り、鳥類によってもたらされた植物の種類が極めて多い。標高は低いが、湯川山は朝鮮式山城の名残りをとどめ、山頂から雄大な玄界灘を一望すると、俗塵が洗われる思いである。孔大寺山は上宮社殿と天然記念物の大イチョウ、そして下宮とを結ぶ810段の石段がファミリーハイクに格好であろう。

湯川山登山ルートの今ひとつは国道495号線、宗像市田野の交差点から県道を2㎞東進すると、左（北）側に登山口の標柱を見る。いわゆる釣山ルートである。垂水峠より1・5㎞手前（西）である。県道ぎわに駐車できるが、ここから蜜柑畑の間の林道を北へ、左下に溜《ため》池《いけ》を見て約400mで行きどまり、ここにも駐車スペースがある。道標にしたがい、谷沿いの直線的ルートを上る。途中、亀岩の頭の巨岩の右をまいて、ウグイスの沢の水場から涸谷となり、林道終点から約40分で、山頂の東、海上保安庁電波塔がある稜線に出る。山頂まで数分の距離である。

なお城山から湯川山へ至る縦走登山口は国道3号線、赤間バスセンターと横の郵便局の間に城山登山口の道標を見て入る。

古処山《こしょざん》（859m）☆☆
屏山《へいざん》（926m）☆
馬見山《うまみやま》（977m）☆

嘉麻、朝倉の市界をなすこの三山の最高峰、馬見山は戦国時代、大友宗麟《そうりん》の武将、毛利兵部少輔鎮実が一時、築城した由緒と、馬見神社の上宮でもある。

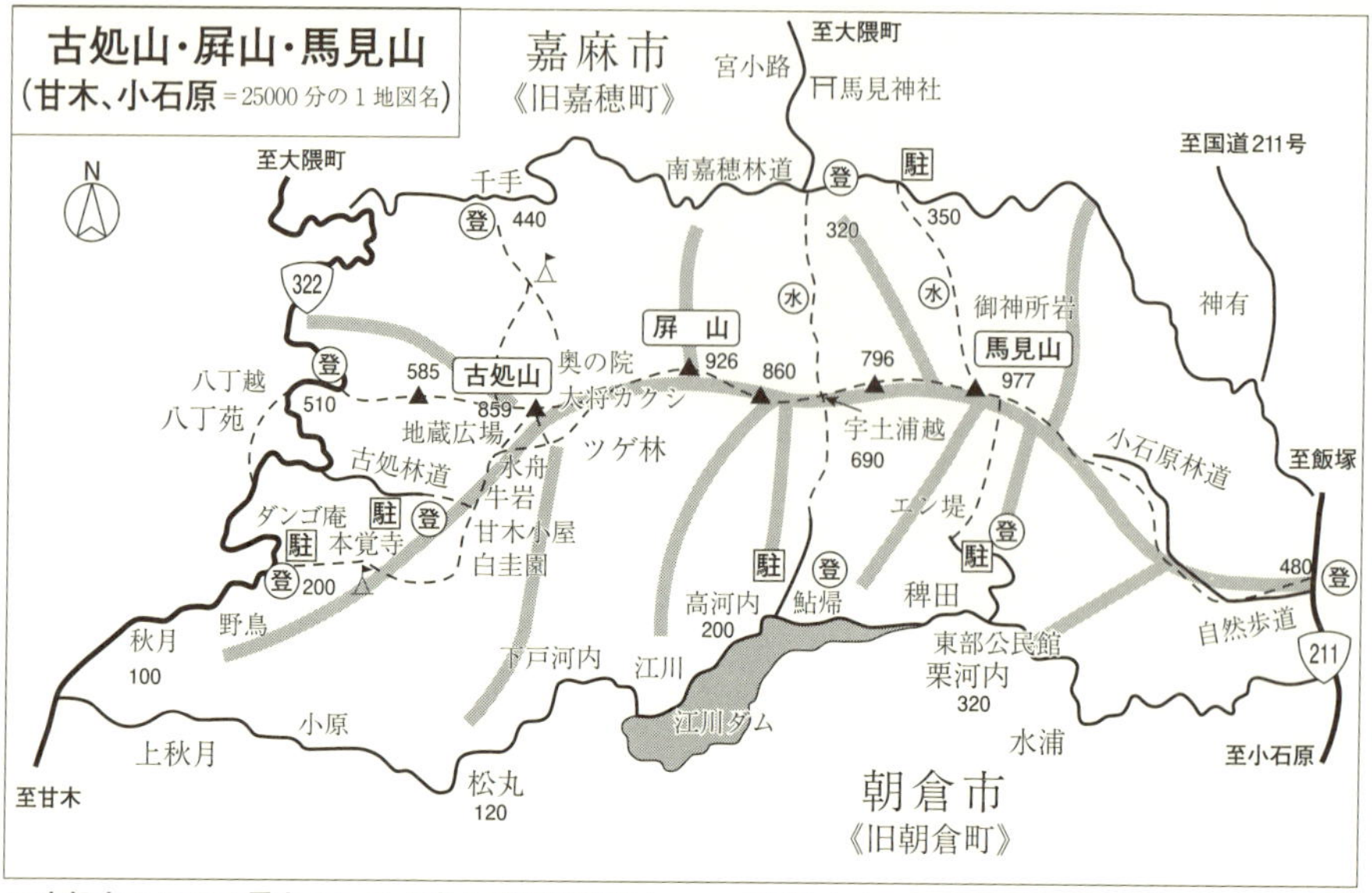

☞古処山⇨（50分）⇨屛山⇨（50分）⇨宇土浦（馬見）越⇨（50分）⇨馬見山⇨（6km）⇨小石原旧民芸村
☞登山口（本覚寺）⇨（1時間）⇨古処山⇨（50分）⇨八丁越⇨（20分）⇨八丁苑⇨（20分）⇨ダンゴ庵

馬見山のメインルートは嘉麻市からであろう。国道211号線、嘉麻市倉谷から西へ、国道322号線の千手《せんじゅ》へかけて南嘉穂林道が整備されている。倉谷側からも千手側からもそれぞれ、6kmで宮小路から南行する車道と交差する。この交差点から西へ50mの所が宇土浦越へ至る入口で、東へ400m行き、林道北側が駐車場、その南側に馬見山登山口の道標と、その奥に遙拝碑がある。コンター350mに当る。これから造林地帯を所々、渓流沿いに上る。1時間30分で御神所岩に着く。岩下の祠は天保八年八月丁酉の記があり、これから10分で山頂の直ぐ西に出る。

1 野鳥登山口（60分）古処山頂（60分）八丁越（40分）登山口（ダンゴ庵）

バスなら甘木バスターミナルから秋月まで行く。マイカーなら甘木から国道322号線を秋月の町を経て、野鳥川を渡る右側が登山口で、国道沿いに城の尾橋の北側に数十台は置ける大駐車場がある。野鳥川渓谷の左（東）岸に沿って登ると、直ぐ左（西）側がカジカ寺で有名になった本覚寺があり、その上が甘木市営キャンプ場で、原生林と渓谷の間にバンガローが点在している。夏休みには涼を求めて混雑するほど賑わう。

さらに石ころ道を登ると5合目が白圭園、その上が6合目の甘木小屋で、ここで左（西）側から林道がのびて来て出合

古処山頂の南面

う。この林道は下の登山口前の322号線を約3㎞のぼった付近から、右（東）へ入る古処林道の終点であって、古処山頂への最短距離で、ここにマイカーを置き登頂すれば山頂まで約30分である。数台は駐車可能であろう。

6合目から渓谷の左側に沿って原生林の中を上る。7合目が牛の形をしている牛岩の巨岩の上に十一面観世音像がまつられている。その左側を通る頃から急坂となる。杉の大樹をぬって上ると、8合目が水舟、案内板が眼につく。秋月種雄（建仁三年・一二〇三）から秋月長門守種実まで約384年間の古処山城唯一の水くみ場だったと伝えられる。昨今は水量が減じたとはいえハイカーにとっては山頂に近い大事な水場となっている。ここから右（東）へ行けば、屏山への尾根道に。水舟から左にゆるやかな坂を上るにしたがいツゲの木が多くなる。なかには数百年の木も多いという。

9合目で分れ道を右に行けば、大小の石灰岩があらわれ間もなく山頂で、左は表奥の院を経て、やはり山頂に至る。先ほどの水舟から右（東）折してアオキが群生する中を登ると、直ぐ左折して山頂へ。右へ行くと古処山では最もツゲ林の密生した道をぬけて、やがて古処山と屏山を結ぶ尾根道に出る。ここから西へ10分余り登れば**古処山**で、途中から石灰岩の間を右（北）へ下れば岩裂の大将かくしとその北下が奥の院である。

山頂には木花開耶姫《このはなさくやひめ》を祀る白山権現社の祠がある。古処山別名「白山」というのは麓の白山神社の名前のほか、山頂を被う大小の石灰岩からその名があるとも言われる。眺望は360度に及び、九重連峰、釈迦、御前、雲仙、多良、脊振山系、英彦山、福智山そして筑紫次郎に沿って広がる緑地帯、有明海、筑豊盆地と大パノラマが楽しむことができる。

山頂から東へ尾根道をとれば、屏山を経て馬見山へ至る整備された縦走路である。

また反対の西へ尾根道を下ると約10分で地蔵さまが並ぶ札所の広場で、さらに西へ急坂を下ると直ぐ右（北）折して千手を経て嘉麻への道標がある。真直ぐ半分草原の大きくゆるやかな尾根を下ると、山頂から約50分で国道322号線に出る。ここから逆に古処山へは登山口が判りにくい。アスファルトの国道をS字状に約10分下れば、国道の右（西）に八丁坂の道標があり、ここから西側へ下れば約10分で渓谷沿いの**八丁苑**を経て、旧街道の歴史を感じる石畳の道を下る。再び国道を横切り、堰堤を右に見て下れば**ダンゴ庵**である。

2　栗河内林道登山口（1時間10分）馬見山（1時間40分）屏山（50分）古処山

福岡県内では若杉、三郡、宝満あるいは脊振、金山、三瀬の縦走路とともに、ここも代表的なコースで、しかも九州自然歩道に組みこまれ、最近は地元の人々の奉仕によって整備された結果、注目されてきた。

まず縦走のスタートを古処山にするか馬見山にするかであるが、下山後の交通機関の便を考慮すれば、馬見山の方からとった方が賢明だろう。甘木市から上秋月、江川ダム手前のの松丸、さらに約5km、江川ダムサイドの北側を**栗河内**まで行く。マイカーであればこの栗河内の国道沿いの南側にある東部公民館の前から反対側の北側を上る林道に入り、迂曲しながら北上する。2km余で林道の右側に数台の駐車スペースがあり、これを利用する。駐車位置から20m上った右側に猪《い》野鹿倉《のかぐら》の滝を見る。これは目印になる。これから林道を右へ曲りながら200m上った北側に登山口がある。

遊歩道に入ると直ぐ砂防堤の右側をまたぎ、植林の中の急坂を右下に渓流を見ながら上る。遊歩道に入り、十数分で渓流を左岸、右岸へと移り渡りし、30分でルートが分岐するが、左右いずれをとっても十数分で合流する。照葉樹の多い自然林にかわると、二十数分で縦走路に出る。これは国道211号線の小石原の旧民芸村前から入る自然歩道で、馬見山、屏山、古処山、秋月へとのびる。山頂は左へ10分の道標がある。登山口から1時間10分で山頂に着く。

山頂は等標高のピークが20m間隔で東、西にあり、一等三角点補点の石柱は西峰にある。展望は東峰は南面の甘木、朝倉方面が、西峰は北側の嘉麻、飯塚方面がすぐれている。山頂には戦国時代の武将大友氏の配下で毛利鎮実の居城跡や嘉麻市側にある馬見神社の上宮祠が北側にある。この東西にのびた稜線の北側は伐採植林が山頂近くまで及び、南面は照葉樹や落葉樹が混生している。

山頂から東の嘉麻峠へ6km、西の宇土浦越へ1・5km、屏山へ5km、嘉麻市の馬見山キャンプ場へ3・5km、江川ダムサイド鮎帰へ4・2km、古処山へ7kmである。馬見山から西へ尾根を下る。796mのピークを越え40分余で宇土浦越の十字路に出る。北へ下れば馬見神社、さらに果樹園が多い宮小路を経て嘉穂町へ、南へ林道を下れば甘木市の江川ダムサイドの鮎帰に至る。

馬見山頂と一等三角点補点石柱

宇土浦越から急坂を屏山へ向うと約30分で860mのピー

馬見山９合目北側の御神所祠

クに着く。古処山―馬見山の道標がある。さらに原生林と笹の中にアオキ、シダなどを見ながら、ゆるやかな坂を登れば20分で926ｍの**屏山**に着く。南側は原生林で眺望はなく、北面は伐採後の植林で、わずかに嘉麻方面が見渡せる程度。

　山頂の雑林をぬけると、西の方向に古処山が突出状にそび え立ち、見なれぬ山容を呈している。これからぐんぐん坂を下り、再び登り坂を眼の前にすると、下るのが惜しいようだが、縦走路にはつきものの現象と思わねばならない。屏山を発って約40分、830ｍのピークから右（北）へ下れば、奥の院を経て千手集落への道標がある。このあたりから石灰岩の多い尾根道を行く。約10分で**古処山**山頂に達する。人影が少ない馬見山、屏山と違い騒々しいほど、大勢のハイカーで年中賑やかである。

☒**考察**　古処山頂へ秋月からの正面ルートは石張り坂があり滑りやすく、ハイカーも多い。

　静かな登山を望めば北側の嘉麻市千手からをお推めする。すなわち、国道322号線八丁越から嘉麻市側へ２km下り。道標を見て右（東）折し１・５km行った所が千手の川底《かわとこ》入口で、古処山への標柱を見て右折して、手前の民家前から右折する車道が山頂北側の下に造られたキャンプ場までのびている。途中、車道の左側の道標を確認して遊歩道に入り、まもなく涸谷化した急坂を上り30分余で山頂から西へ派生した石仏広場に出ると山頂は近い。

　下山は山頂から10分余東進し、左折して左に大将かくし、そして右に奥の院を見て、岩場の急坂を下り、自然林の太尾根を真直ぐ30分で渓流の左岸に出る。ここに道標があるが、方角違いゆえ注意。渓流を渡らず左（西）へ１、２分で再び渓流があり、これを渡ると、右に林道からキャンプ場へ至る周遊ルートである。

　小石原旧民芸村から自然歩道を40分で内浦林道に出て、これを横断し、馬見山まで約６km、馬見山から屏山まで約３・５km、馬見山から宇土浦越までは約40分の距離とみてよい。全縦走して14kmである。

②北九州周辺の山

英彦山《ひこさん》

☆☆

中岳《なかだけ》（1188m）
南岳《みなみだけ》（1199m）
北岳《きただけ》（1192m）

天狗と鬼を連想する国定公園の英彦山については、拙文を労するまでもなく沢山の文献がある。日本の三大修験道場として、また九州では山岳宗教のメッカとして、この山の歴史は古い。

天照皇大神を太陽にたとえれば、その子、天之忍穂耳尊《あめのおしほみみのみこと》を主神とする山、すなわち日子の山、神の山と恐れあがめられた霊山で、嵯峨天皇（八一〇年代）の御代に、勅旨をもって日子の山を彦山と改められ、その後、霊元天皇（一六七〇年代）の御代に、英の尊号を冠せられて現在の英彦山の名前になった。

また、北岳に最初天降った天之忍穂耳尊の祖父母神である伊弉冉尊《いざなみのみこと》が中岳へ、伊弉諾尊《いざなぎのみこと》が南岳に鎮座し、これを三所権現と称し、さらに唐から渡来した釈迦、弥陀、観音を善正和尚が本地仏とし、日本の三神と外来の三仏を渾然一体化して祭祀した形をとっている。

彦山山伏は八〇〇年頃、寿元によって生まれ、最盛期には信仰による衆徒は山に三千、里に八百坊を数えると言われる勢力を容し、しばしば周辺武将との権勢争いを繰り返してきたが、その後、毛利氏、ついで細川氏の支配下におかれるようになった。

銅《かね》の鳥居と上宮本殿は佐賀城主、鍋島勝茂そして文化財の奉幣殿は細川忠興の寄進に

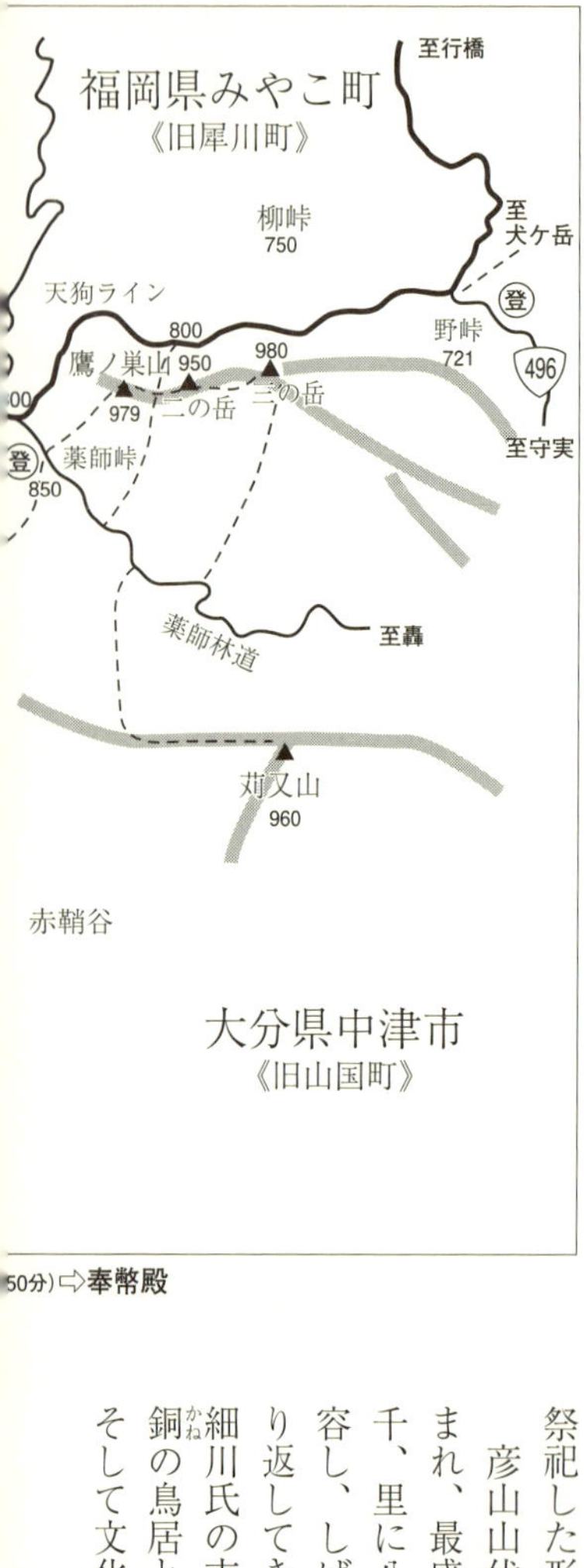

50分）⇨奉幣殿

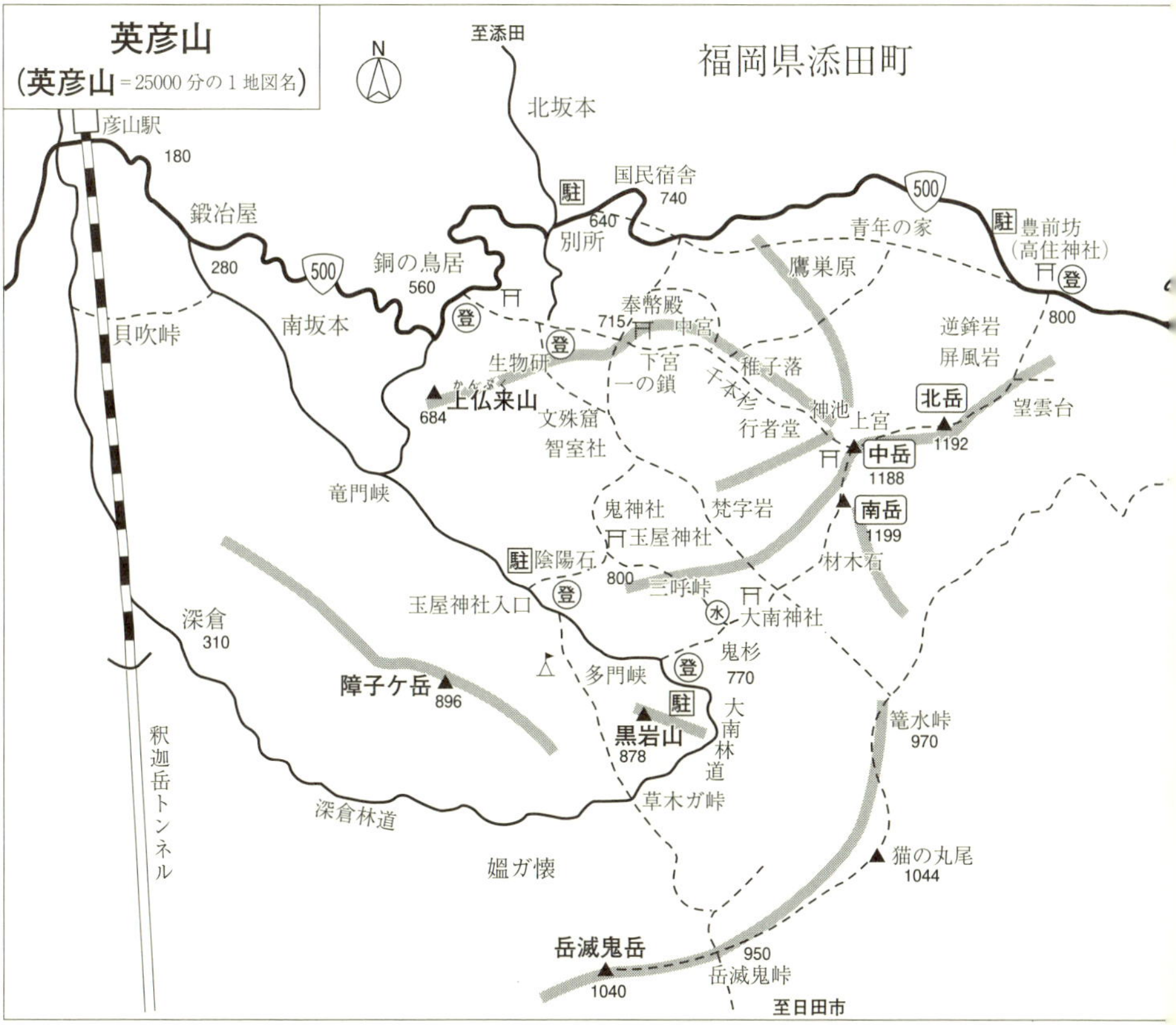

☞**銅の鳥居**⇨(30分)⇨**奉幣殿**⇨(2.2km、1時間10分)⇨**中岳上宮**⇨(10分)⇨**南岳**⇨(50分)⇨**鬼杉**⇨(50分)⇨**玉屋神社**⇨ (2.1kr
☞**中岳(上宮)**⇨(20分)⇨**北岳**⇨(30分)⇨**望雲台分れ**⇨(20分)⇨**豊前坊**⇨(10分)⇨**青年の家**⇨(40分)⇨**別所駐車場**

よるとされ、その他、山をとりまく随所に、歴史的建造物や、またはその跡を見ることができる。

植物に関しては県下随一と言われるほど豊富で、英彦山のみに成育するヒコサンザサ、ヒコサンヒメシャラをはじめ、上宮への参道途中の献木、千本杉につづく見事なブナ林やミズナラ、ケヤキ、カエデ、モミ、ツガなど植物の種類は数知れない。したがって百余種類に及ぶ鳥類や、約80種の昆虫の存在は、多種類の食草、食樹がこれら鳥類、昆虫類のため充分みたされているためと推察される。

さて登山ルートについては上宮中岳を中心に多数のルートがあり、案内板、道標識も整備され、ことに神社下から上宮に至るメインルートは道幅も広く、登山道というより一般通行路となり、休日などは老若男女の行きかう姿が山頂まで絶えない。ゆえに単独でも道に迷う心配はないだろう。

1

銅《かね》の鳥居（10分）**神社下**（20分）**奉幣殿**（1時間10分）**上宮**（10分）**南岳**（50分）**鬼杉**（50分）**玉屋神社**（50分）**奉幣殿**

マイカーなら別所《べっしょ》の公共駐車場を利用して行動した方がよい。寛永年間（一六二四～四四）、鍋島氏寄進の**銅の鳥居**の扁額は、霊元法皇のご宸筆《しんぴつ》によるもので、これをくぐり両側が桜並木の石段を登ると、直ぐ左に財蔵坊跡があり、約10分で旅館街ともいえる神社下で、英彦山詣の車の終点であり、そして一般登山口でもある。これから桜や杉並木の広々した石段を登った所に、細川氏寄進の国宝、**奉幣殿**（神仏混交の頃は霊仙寺の大講堂であった）に圧倒されることだろう。近くに樹齢８００年の泉蔵坊杉がある。最近、リフトが設置された。

山頂へ石段はこれからさらに続く。奉幣殿から一の鎖場、役《えん》の行者を祀る中宮（中津宮）、稚子落《おとし》、そして行者堂跡を過ぎると、樹齢数百年を経た献木の千本杉があり、つづいてブナの原生林が両側を被う。樹幹の美しいヒコサンヒメシャラ、ミズナラ、カエデ、クマシデなどの広葉樹の下に、道幅のある参道をサンダルやハイヒールで登っている人も多い。関銭跡（いわゆる通行料金所跡）、水原殿の水場のあたりからヒコサンザサの群生を多く見るようになると中岳の上宮も近い。上宮は天保一三年（一八四二）、鍋島氏の寄進になる建物で、その裏手の休憩所からは東から南の方にかけて、眺望が期待できる。

中岳上宮正面から南へ少し下って登ると、約10分で最高峰一等三角点の**南岳**に至る。山頂の展望台から東、南、西にかけての展望が素晴らしい。これから素晴らしい原生林の中の急斜面の鎖場やガレ場を鬼の岩屋、材木石を通過して下ると、裏彦山の四辻に出る。さらに下って右側の洞窟に天火明命を祀る大南《だいなん》神社があり、その下には水場がある。これら修験者の遺跡や、伝説の地を経て、次が天然記念物、樹齢１２００年の**鬼杉**で、樹まわり12ｍ、高さ40ｍ（以前は80ｍあった）の巨木に圧倒される思いだ。ここには水場もある。

花見ケ岩から英彦山の西側を望む

鬼杉から右（西）へ岩にきざまれた補助鎖のついた段を上り、尾根づたいに急坂を二つ越すと、三隣亡地蔵の直ぐ下に**玉屋神社**がある。左（西）折すれば竜門峡へ、右へ奉幣殿への道をとると、直ぐ上に大岩峰の下に祀られる玉屋神社の奥の院で、その隣りの洞窟内に鬼神社があり、その右隣りに年中恒温で枯れることのない日本三大霊水の一つがある。

玉屋神社から石段を上り、二つほどの尾根を越して下ると、右（南）側の三呼峠から入って来た道と出合う。このあたり杉の植林と荒れた小渓谷をわたる。これから智室窟の下を通り、左へ廻るように行くと右下に文殊窟を見て、間もなく**奉幣殿**に出るか、途中の分岐点から左へ下る道は銅の鳥居上の九大生物研究所の裏へぬけ、神社下に出る。

2 **中岳（上宮）**（20分）**北岳**（30分）**望雲台分れ**（20分）**豊前坊**《ぶぜんぼう》**（高住神社）**（10分）**青年の家**（40分）**別所駐車場**

奉幣殿から石段の多い坂道を約1時間10分で**中岳の上宮**に着く。上宮の西を廻り、少し下った所が休憩広場で、これから北東へ尾根を行く。両側はヒコサンザサの中に喬木が空を被って美しい。20分で鈍頂の**北岳**に着く。自然林の中で、展望はないが、山頂の祠を中心にして感じのよい平頂である。

北岳から原生林の中の急坂となり、大小の石ころが多く、鎖場もある。途中に安政二乙卯年（一八五五）正月建之の碑を見て、約30分で**望雲台分れ**に着く。右（東）へ巨岩の間隙を這い上り、約10分で板状の巨岩に鎖で上る。この巨岩の東面は絶壁をなし、東側の眼前に鷹ノ巣山（一の岳）と天狗ラインが見事で、まるで絵を眺める風情である。望雲台分れに戻り、数分で左に屏風岩、続いて逆鉾岩を見て原生林の中を数分下ると、**豊前坊大権現**の社に出る。この豊前坊の直ぐ西側、国道500号線沿いに今川の水源がある。

豊前坊から国道500号線を別所駐車場まで約３km、自然歩道を行けば２・８km、国道から南側の自然歩道に入り、10分で青年の家を北側に見て通過すると、右側に巨岩があり、亀彦地王神が祀られる。左側は鷹巣原（スキー場）の草原で、これから遊歩道を30分で別所駐車場に着く。

鷹ノ巣山（９７９ｍ）は英彦山の北東に三つの岩峰が並ぶ。大分県玖珠の大岩扇山、小岩扇山と同じビュートで、国の天然記念物として指定されている鷹ノ巣一の岳、二の岳、三の岳がそれである。豊前坊の駐車場から国道500号線を東へ500ｍで分れを右の野峠の方へ直進し、１５０ｍで南へ荒廃した薬師林道に入る。数分で県境の薬師峠を越すと直ぐ左に登山口がある。コンター８５０ｍ、植林の中を15分で抜け、岩場のザイルをたどる。美林の急坂を10分余で三等三角点の**鷹ノ巣一の岳**に達す。スズタケと自然林が混生した岩上で落葉期には眺望がよい。二の

英彦山南岳から中岳の上宮社を望む

岳、三の岳へは鞍部へ下り、そして上る。コンターラインではいずれも950mの頂である。この三山は自然林を貯えた天然記念物ゆえ、新緑と紅葉の頃が見ものである。

◇**考察**　英彦山を中心に信仰、史跡、観光、動植物観察など適した表裏のルートがあり、道標、案内板も整備されているので、別所あるいは豊前坊の大駐車場から時間をかけて楽しめる。英彦山の北の**犢牛岳**《こっとい》(650m)は油木ダムの田代から平山へ出るか、赤村の瓜生バス停から十津川渓谷ぞいに琴《こと》弾《びき》滝、大音《おおどの》滝を経て8km余で平山の集落に至る。農家(鶴我氏)の右の車道を上りつめた左側に電波塔があり、ここから右(北)の尾根を上る。山頂の二等三角点は奥のピークであるが、途中ブッシュである。

犬《いぬ》ケ岳《たけ》(1130m)☆

犬ケ岳山地は英彦山と同様に集塊岩や熔岩で、メーサ、ビュートの山が多く、尾根道は鋸状でその昔、鬼の山と恐れられた如く、奇岩に富み、尾根筋には天然記念物のツクシシャクナゲの大自生林があり、五月の開花期の美観はブナ、モミ、カエデ、ミズナラ、リョウブ、ダブ、ツバキなどの原生樹木に混じって、ひときわ鮮やかである。

日帰り登山なら、国道10号線の豊前市から県道を鳥井畑を経て、登山口の一の渡の駐車場を利用し、メインルートを選ぶ。すなわち右(西)側の恐ガ淵谷を登り、スズノ中尾、大竿峠、犬ケ岳、笈吊岩《おいづるいわ》そしてウグイス谷を下り、再び登山口へ戻る約5時間の周遊が一般的である。

ここで野峠《のとうげ》から笈吊岩への縦走路を述べると、英彦山の神社下バス終点の旅館か国民宿舎に一泊し、翌朝、豊前坊(高住神社)、そして天狗ラインを野峠まで約3・5km歩く。

野峠(2時間)**一の岳**(40分)**犬ケ岳**(30分)**笈吊岩**《おいづるいわ》(1時間10分)**一の渡登山口**

野峠からの縦走ルートは険しい尾根道で、その昔、山伏の格好の修験路とされ、犬ケ岳周辺には二十八宿の修行窟を開いて荒行を行ったといわれるが、最近、九州自然歩道として整備されて以来、原生林の尾根道は安心して行けるようになった。

国道500号線アスファルト道路を**野峠**に着く。右(南)折すれば毛谷村を経て耶馬渓へ、左(北)折して行橋の方へ約10m行けば、県道の右側に自然歩道の案内板がある。この横から尾根道に入ることになるが、野峠には駐車場はない。ここから一の岳まで3・5km、犬ケ岳まで4・8kmである。

野峠から行橋へのうねった県道を左下に見ながらしばらくは小さな起伏の尾根道を進むことになる。大小のピークを越

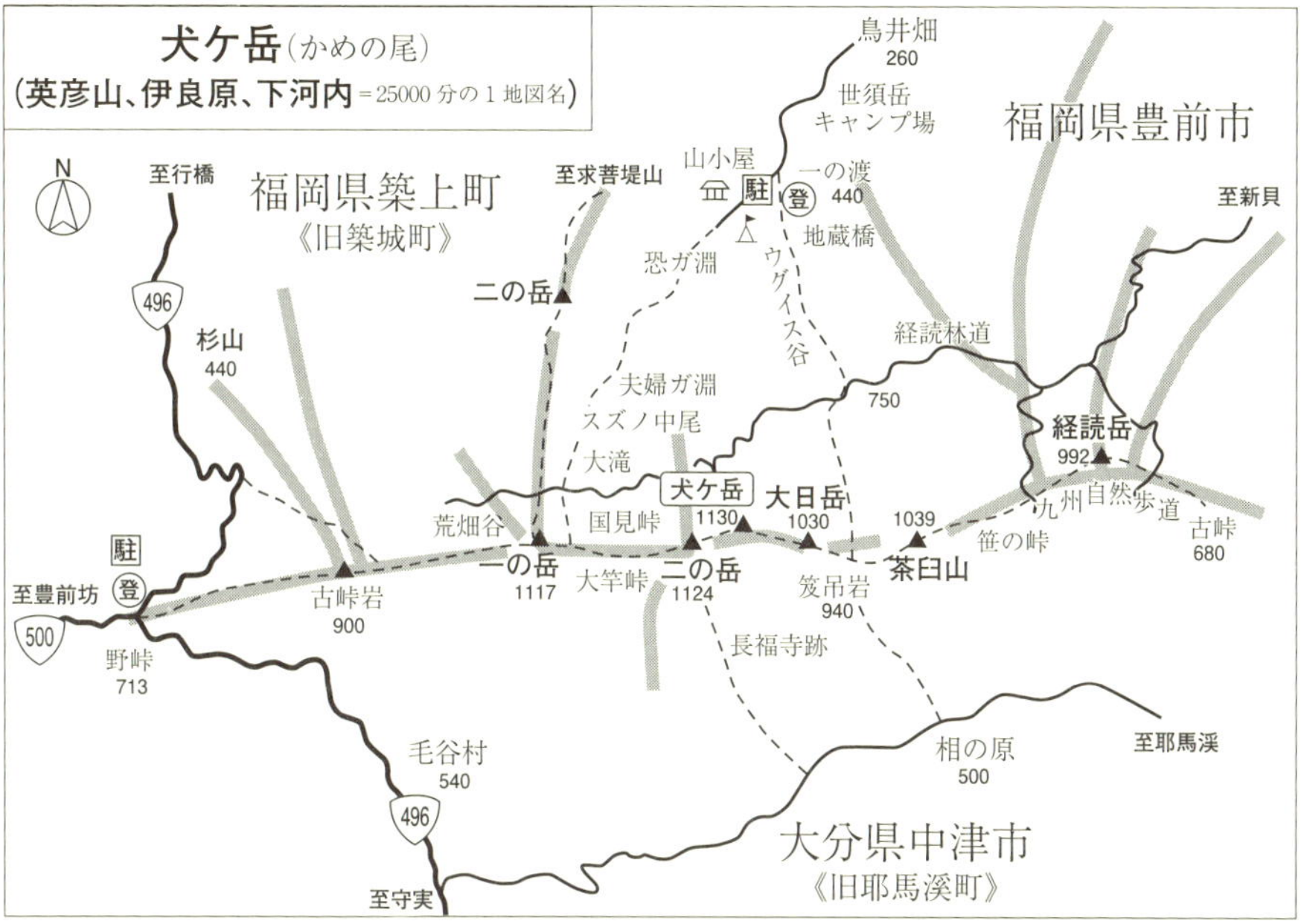

☞野峠⇨（40分）⇨古峠岩⇨（1時間10分）⇨一の岳⇨（1時間）⇨恐ガ淵⇨（30分）⇨一の渡登山口
☞野峠⇨（40分）⇨古峠岩⇨（1時間10分）⇨一の岳⇨（40分）⇨犬ケ岳⇨（30分）⇨笈吊岩⇨（1時間10分）⇨一の渡登山口（1時間）⇨鳥井畑

ながら15分も歩く頃にはツクシシャクナゲがちらほら見え始め、尾根筋の原生林には、ウラジロノキ、ブナ、オオハダ、ネジキ、エゴノキ、タンナサワフタギ、コブシ、ハイノキ、ヒコサンヒメシャラ、リョウブ、カナクギノキなどの樹名を見る。

約40分で古峠岩に至る。一の岳まで2・4km、犬ケ岳まで3・8kmで、この辺りの尾根道にはクマイザサが多い。登山道に入って約1時間、尾根道から左（北）折すれば避難路を経て、「野峠に至る」の道標があり、ここから犬ケ岳まで2・9kmである。さらに20分歩くと道幅が広くなり、木製の腰掛やテーブルがある。約1時間50分で**一の岳**だ。展望は南西方向のみ期待できる。

これから約20分で大竿《おおさお》峠である。ここから左（北）折して下れば、恐ガ淵を経て一の渡、産下へ至る。道標に野峠まで4・3km、一の岳へ0・5km、東の犬ケ岳まで0・9km、笈吊岩へ1・9kmとある。さらに10分で二

鷹ノ巣山一の岳から東に二の岳と犬ケ岳

の岳である。右（南）へ下れば長福寺跡を経て相原《あいのはる》へ出る。野峠を発って以来、大小約20のピークを越えたことになる。さらに10分で、すなわち野峠からは約2時間30分で主峰**犬ケ岳**に着く。

山頂に約2坪の避難小屋兼用の展望台があるが、樹木にさえぎられて眺望は期待できない。山頂から東側に下ったすぐの広場は、腰掛などが設けられ、樹下の休憩所になっている。これから次の**大日岳**《だいにちだけ》にかけては最も多いツクシシャクナゲの群生地で、尾根道の両側を被っている。ここから笈吊岩《おいづるいわ》まで0・6km、経読《きょうよみ》岳まで3・4kmである。尾根道をふさぐブナの倒木をまたぐと間もなく**笈吊岩**である。

鎖を伝って岩場を下り、真直ぐが経読岳の方向、左（北）折して鳥井畑への石ころ道を下る。約30分で水場があり、次いで炭焼がま跡の横を通ると**経読林道**に出る。この林道を右（東）へ約500m行くと左側に道標があり、檜林の中をウグイス谷沿いに下る。

林道から約30分で地蔵橋を渡る。橋ぎわの湿地に毒草のハシリドコロが群生している。四月頃に紫色の指頭大の花をつける。この根はロートエキス（胃薬）の原料になる。その他この犬ケ岳山系にはコバイモ、サルメンエビネ、ヒトツボクロ、マルバイチヤクソウ、ヤマヒョウタンボクなどの珍しい植物がある。**一の渡登山口**はこれから直ぐ。キャンプ場、売店、駐車場がある。ここから求菩提山登山口のバス停まで約2kmである。

◇**考察**　犬ケ岳から雁股山の稜線は九州自然歩道だが、経読岳以東の遊歩道は一部荒廃している。豊前市の小佐井からバス終点の金代で降り、大門、大入と車道を3kmで雁股峠510mのトンネルに着く。手前の国際森林記念のプレートの横から稜線に上る。ここから**雁股山**へ1・3km、古峠へ5km、経読岳へ7・2km、反対側の大平山へ7・6kmの行程で、西進して40分で雁股山（807m）に着く。さらに10分で雁股城跡のピーク（805m）に至る。大友宗麟配下の畑山氏が築城した城跡から巨岩の鋸尾根を5・8km、2時間で古峠（690m）に着く。これから2・2kmで経読岳で、古峠から北へ林道を下れば轟の集落まで3・5kmと近い。

経《きょう》読《よみ》岳《だけ》（992m）

林道東登山口（30分）経読岳（40分）経読林道枝道（40分）茶臼山（10分）笈吊峠（20分）経読林道

福岡県豊前市の宇島《うのしま》から鳥井畑《とりいばた》へ至る県道の大河内新貝から、枝川内川に沿う市道を約5kmで林道にかわる。林道の入口には鉄柵があるので、空地に駐車して林道を南へ上る。約2km、コンター800mの所で、東、西に迂曲する経読林道

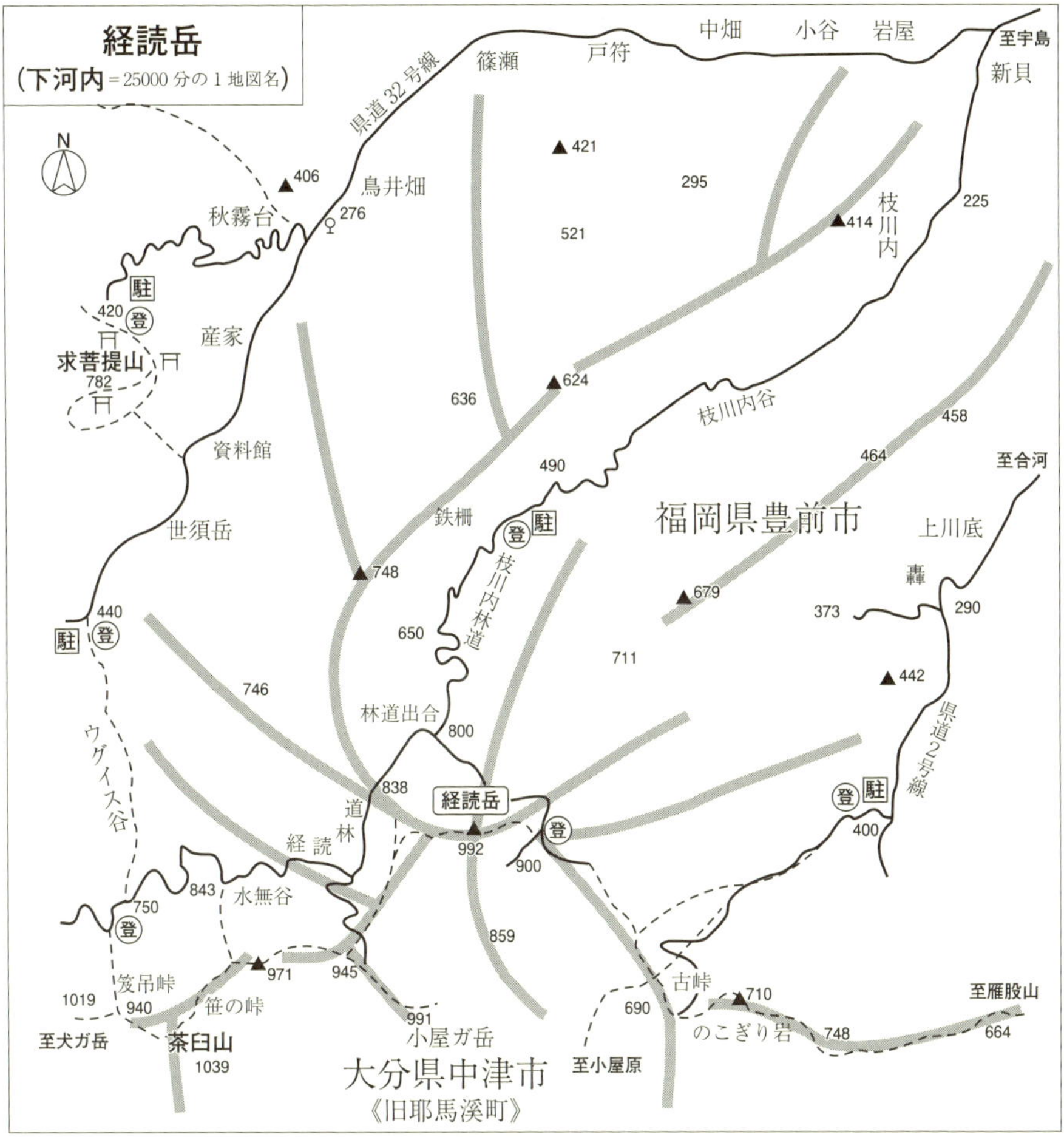

☞枝川内林道と経読林道出合⇨(1.8km)⇨遊歩道東登山口⇨(30分)⇨経読岳⇨(1時間30分)⇨笈吊峠⇨(20分)⇨経読林道⇨(3.5km)⇨林道出合⇨(2km)⇨枝川内林道口鉄柵

に出合う。これから左（東）折して約1・8㎞、30分で林道は九州自然歩道の尾根を破壊し、横断している。中津営林署による作業用林道である。このコンター900mの林道右側に経読岳へ、左には雁股山へのプレートがある。

林道から右の経読岳への尾根の遊歩道に入る。十数分で原生林の中に道標があり、経読岳まで0・4㎞、笈吊峠まで3・2㎞、犬ガ岳まで4・3㎞、反対側の古峠まで1・8㎞、雁股《かりまた》山まで5・7㎞と記されている。

尾根すじには植物の種類が多い。稜線の左は造林で、右は自然林が続く。小ピークを越え数分で**経読岳**の三角点に着く。山頂は尾根すじの原生林の小ピークで、眺望はないが、ネジキ、ミズナラ、ドウダンツツジなどの落葉樹に被われ、付近にはシャクナゲの群落が多い。

山頂を発ち西へ30分で右折すれば、悪路を経て枝川内谷へ下る。

経読岳の頂（九州自然歩道のルート）

さらに数分で経読林道の枝道を横断する。このあたりの尾根の左（南）は造林で、右は原生林が美しい。

山頂から約1時間、遊歩道から右（北）折するルートは水無谷を経て、鳥井畑へ出る。これから十数分で**茶臼山**（1039m）に至る。ここも展望はないが植物の宝庫で、自然の深みに包まれている。この茶臼山から急坂を10分下れば**笈吊峠**《おいづるとうげ》の休憩所に着く。犬ガ岳へは1・1km、経読岳まで2・8kmの距離にある。ここから北へ下り、20分で経読林道に出る。

◇**考察**　求菩提山を一周し、さらにウグイス谷から笈吊峠に上り、東へ2・8kmで経読岳まで往復してもよいし、枝川内林道から経読林道に出て東に廻り、遊歩道を経読岳、茶臼山そして笈吊峠から経読林道に出て、林道伝いに4km東へ歩き、再び枝川内林道へ戻っても同様に一日行程であろう。経読岳は求菩提山から南東、いわゆる辰巳の方角にあり、縁起が良く、修験者にとり重要な峰であった。この福岡と大分の県境尾根は九州自然歩道で野峠⇩（5・8km）⇩笈吊峠⇩（2・8km）⇩経読岳⇩（2・2km）⇩古峠⇩（4・3km）⇩雁股山⇩（9km）⇩大平山の行程である。

求菩提山《くぼてさん》（782m）

鳥井畑バス停（3km）**駐車場**（25分）**中宮**（10分）**求菩提山**（5分）**護摩場跡**（15分）**資料館分岐**（20分）**駐車場**

福岡県豊前市の国道10号線の宇島《うのしま》から県道32号線に入り、**鳥井畑**《とりいばた》**バス停**まで約14kmである。バス停から200m先の右（西）側に求菩提山登山口の道標がある。ここから道幅3～4mの舗装道の坂道が棚田の間を蛇行しながら、3km先の終点駐車場までのびている。途中、車の離合箇所が少ないので注意する。

すなわち県道の登山口から入り、約1kmで見晴らしのよい秋霧台の道下にお秋の墓がある。昔、旅人に殺された娘を哀れみ弔ったという。さらに1kmで構の石門があり、山伏の出入りの厳しさの名残りであろう。ここから右へ小道を100m行くと、明治の廃仏毀釈により破壊された首なし地蔵があり、さらに700m歩くと、才知にたけた修験僧玄冲《げんちゅう》をねた

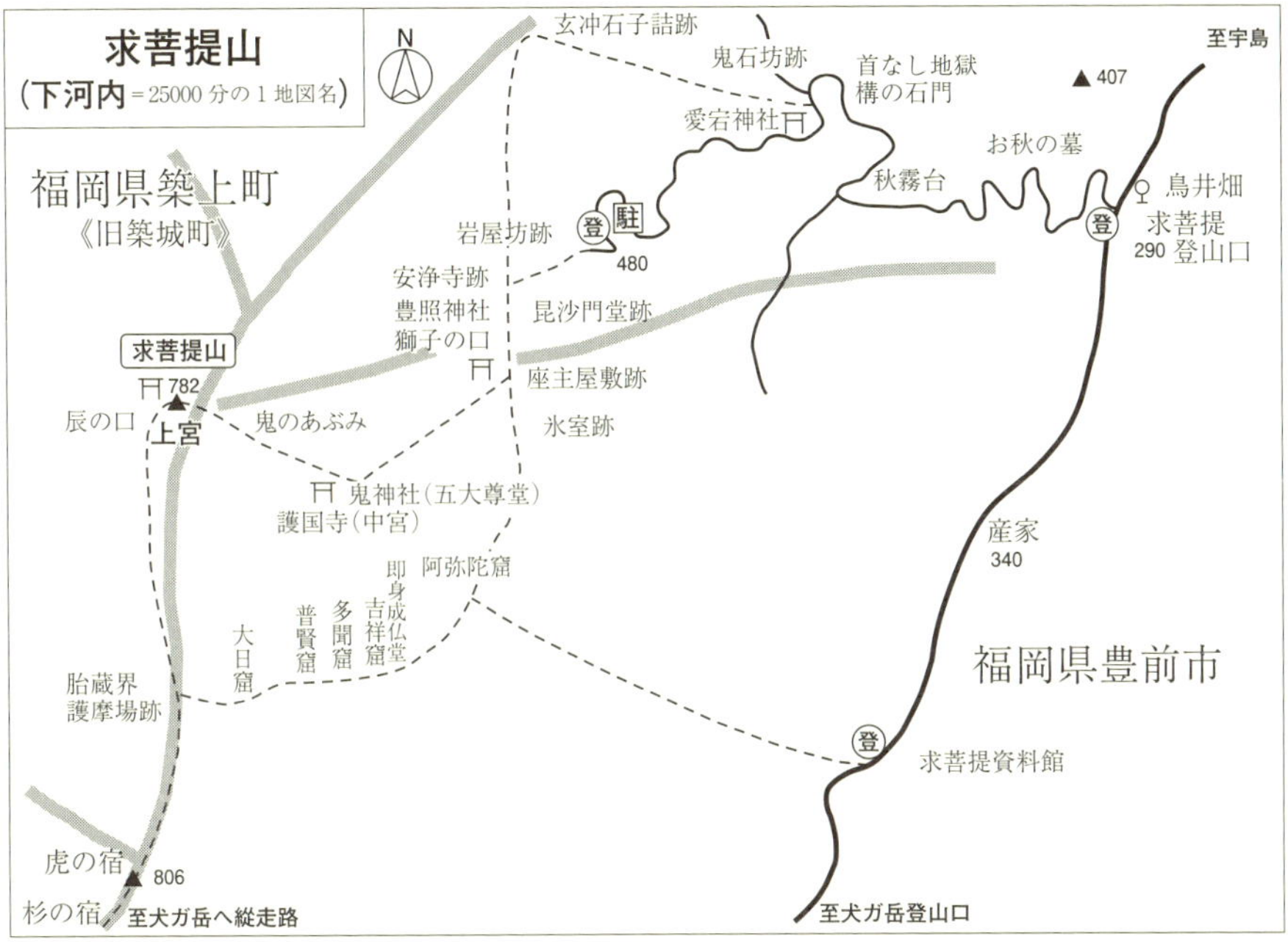

☞鳥井畑バス停⇨(3km)⇨駐車場⇨(25分)⇨中宮⇨(10分)⇨求菩提山⇨(5分)⇨護摩場跡⇨(15分)⇨資料館分岐⇨(20分)⇨駐車場

んだ仲間から残虐な処刑を受けた玄冲石子詰《いしこづめ》跡である。続いて右側に愛宕《あたご》神社があり、その先の左側に30台は置ける駐車場と、四阿《あずまや》や手洗などの設備がある。

駐車場から杉木立ちの中、石段を上ると、平坦なT字路で右折して道下に岩屋坊跡、そしてさらに900m北進すると玄冲石子詰跡に出合う。T字路の正面が安浄寺跡で、その左が元毘沙門堂《びしゃもんどう》の豊照神社、そのまた左に役行者《えんのぎょうじゃ》供養碑がある。ここから山頂上宮まで約900mとの道標がある。役行者供養碑の50m先に獅子の口があって、昔の山伏達がここで身を清めたという水場で、獅子頭の石の彫刻の口から水が流出している。獅子の口から30mで右側に中宮に通じる石の鳥居を見る。真直ぐ平坦な道を行くと五窟めぐりルート、この辺りは杉と雑林に被われ道幅も広い。

中宮への石段を上ると正面に中宮の護国寺の建物があり、この前の広場では昔、千日行などが行われ、諸堂が置かれていたという。中宮の右下に国宝の銅板経で有

求菩提山頂の上宮と鬼の鐙(あぶみ)の一部

名な鬼神社（別名、五大尊堂）がある。中宮の右側から上宮へと鬼の鐙《あぶみ》と称する石段が杉林の中を850段、約180m上っている。山頂には立派な上宮の建物があるが展望はない。

山頂の真裏には経筒が発見された辰の口がある。これは巨岩が重なった狭小な間隙で、冬期にはこの間隙から蒸気を吹き出すという。これから南へ尾根の下り坂を約200mで胎蔵界**護摩場跡**に出る。直進すると虎の宿、杉の宿を経て6・5kmで犬ガ岳へ至る。

護摩場跡から左（東）折すると五窟跡を通る。起伏のないルートで、窟はすべて左側の崖下にある。まず大日窟跡、次が小堂がある普賢窟跡、過去にここの岩裂から経筒が発見された。三つ目が多聞窟跡、四つ目が小堂のある吉祥窟跡で、小堂の横に即身成仏の石室が残っている。ここを過ぎて2、3分で分岐を右へとると**求菩提《くぼて》資料館**へ下る。五つ目が阿弥陀窟跡で、これから10分で氷室跡の上を通り、駐車場へと一周することになる。

◇**考察**　その昔、英彦山、宝満山とともに修験の山岳として繁栄した求菩提山には権現社、護国寺、七堂伽藍を擁し、僧坊五百坊、修験僧千人余が居住し、日夜研鑽《けんさん》に励んだ道場であったが、明治五年（一八七二）の廃仏毀釈によってことごとく破壊され、今や史跡伝説の山域と化し、昭和二五年（一九五〇）指定の耶馬日田英彦山国定公園に属している。全山、雑木と杉林が混生し、山頂からの展望はない。アヤメに似たヒメシャガは県の天然記念物で、修験僧が庭植えしたシャガが野生化したものであろう。

全山ルートの道標、説明板が完備し迷うことはない。伝説のひとつ鬼の鐙《あぶみ》は求菩提山の権現が犬ガ岳の鬼に、一夜のうちに山上に至る石段を築くことができたら、求菩提山への移住を約束したが、鬼の仕事の完成前に権現の策に敗退してしまったという。また経塚とともに経筒の出土が多く、中には国宝級の品があり、麓の資料館は一見の価値がある。

釈迦《しゃか》ケ岳《だけ》（844m）☆☆
岳滅鬼山《がくめきさん》（1045m）☆
大日《だいにち》ケ岳《だけ》（829m）

筑前岩屋駅（1時間30分）**釈迦ケ岳**（2時間）**岳滅鬼山**（40分）**岳滅鬼峠**（50分）**多門峡**（1時間20分）**彦山駅**

国道386号線、夜明駅の西から国道211号線に入り、約10kmで福岡県東峰村の中崎に至る。ここから右（東）折し、4kmで筑前岩屋駅に着く（福岡－岩屋駅間は75km）。駅前にマイ

☞岩屋駅⇨（1時間30分）⇨釈迦ケ岳⇨（1時間10分）⇨深倉越⇨（50分）⇨岳滅鬼岳⇨（40分）⇨岳滅鬼峠⇨（20分）⇨大南林道⇨（30分）⇨多門峡⇨（1時間20分）⇨彦山駅

釈迦ケ岳、大日ケ岳の登山口で砥石トンネル南口

カーを置き歩く。

　駅前の車道を北へ５００ｍ行くと、左側に岩屋大権現の鳥居が眼につく。直ぐ岩屋橋を左岸へ渡る。左下に宝珠山川の渓流を見ながら棚田の間を上る。筑前岩屋駅から約１kmで車道の左に猿田彦大神の碑を見る。この車道はＪＲ日田彦山線の西側を並行する如く北上し、平成二年二月、全長１６０ｍの**砥石《きりいし》トンネル**が開通して、県道52号添田宝珠山線となった。筑前岩屋駅から約１kmで竹の集落分れで右へ車道を行くと縦走路の深倉越へ至る道である。左の県道をさらに１kmで分岐があり、左へとれば小石原鼓黒谷へ出る。右へとり東へ大きくカーブして約１kmで砥石トンネルの南口に着く。トンネル入口右（東）側に登山口と案内板があり、10台余の駐車スペースを利用する。車道の左側のガードレールの下が、昔の添田町とを結ぶ往還路で、登山路でもあったがブッシュが激しい。

　案内板横の登山口から遊歩道に入る。造林の急坂を10分でトンネル上の稜線に出る。稜線を左（西）へとれば９００ｍ、60分で大日ガ岳へ、右（東）へ４００ｍで釈迦ケ岳への道標がある。右折してカシ、ツバキ、タブ、シキミや落葉樹のカエデ、リョウブ、エゴノキ、そしてシャクナゲ、ツツジなどの自然林と岩石まじりの急坂にとりつくことになるが、直ぐ右折するルートは山頂の南側をまいて東の肩に出るルートで、こちらは登りやすい。急坂を直登すれば稜線から30分で三等三角点の山頂に達す。展望は四囲にわたる。東の岳滅鬼山へのびる山なみと、左に障子ケ岳、英彦山が、東南には万年山、涌蓋山《わいたさん》がそびえ、西に転ずれば大日ケ岳が屹立してせまる。

　山頂から東へ縦走路への急坂を１００ｍ下り、直ぐの分岐を直角に右折して下る。直進すれば５・１kmで岳滅鬼山への道標がある。右折して造林の急坂を下り、右へまいて釈迦ケ岳、南腹の雑林の中を15分も行くと、周遊して前記の砥石トンネル上の稜線に合流する。

　岳滅鬼山へは釈迦ケ岳から東へ急坂を下り５・１km、約2、3時間を要する。すなわち山頂から20分余で全長４・３kmの釈迦ガ岳トンネルの真上を通り、さらに数分行くと**湯谷越**で、右（南）へ水場を経て筑前岩屋駅への道標がある。この下り道は途中ブッシュ化が激しいが、渓谷の石にペンキで矢印がついている。

　釈迦ケ岳を発って約30分、尾根道の小さなピークから左（北）側を見ると、中国の南画で見るような深倉峡の岩峰群が屹立して美しい。これを過ぎると**香岩越**で右折して1時間半で岩屋への道標がある。９１５ｍのピークを越すと**深倉越**で、右折すると20分で林道に出て、筑前岩屋駅へ60分で着く。これから間もなく尾根道が分れ、左（北）の方向をえらぶ。

大日ケ岳から東北へ釈迦ケ岳、障子ケ岳

さらに約15分で分岐点で、右（南）折すれば池の鶴、皿山を経て日田に出る。この辺りわずかに原生林を残しているが、再び檜林に入り、スズタケと原生林の道に変わる。分岐点に出て、左に行くと小ピークに補点と書かれた石柱がある。1015mのピークであろう。ここから10分で1036mの岳滅鬼山の三角点に至る、こんもりした原生林のピークに達する。眺望はきかない。

三角点から右折せず直進し、クマザサの中を下り、直ぐ原生林とスズタケの尾根を登りつめると1045mの**岳滅鬼**の山頂に達する。こちらが岳滅鬼山の本山であろうか。山頂からの展望はすぐれている。これから東へ岩場の急坂を下ると、ツクシシャクナゲが群生した自然林で、この縦走路の中で最もよいコースであろう。次の1004mのピークを越し**岳滅鬼山**から約40分で岳滅鬼峠の十字路に下る。「従是北豊前小倉領」の苔むした石柱がある。真直ぐは石楠花《しゃくなげ》の頭へ、右（南）折すれば30分で**中山林道**に出て日田へ。左折して下れば大南《だいなん》林道である。原生林の中を下って5分でT字路に出る。道標はないが、右折の道は300m先で盲道となるので、間違うことなく注意して、左への道を下れば、20分で東西に走る大南林道に出る。林道ぎわの石積みのケルンを右に見て、林道から登山道を下ることになる。この道はブッシュで荒れ果てている。約30分で**多門峡**の第一、第二幕営地を過ぎれば玉屋神社入口に出る。彦山滝の坊の碑を見て、舗装道路も鍛冶屋バス停を通り、彦山駅まで約1時間20分で着く。

□**考察**　彦山《ひこさん》駅か筑前岩屋駅にマイカーを駐車して縦走し、汽車を利用してひと駅戻ればよい。縦走路はよく整備され、単独でも迷うことはない

岳滅鬼山へは日田市源栄町から轟橋を渡り、中山林道を4・5kmで左へ遊歩道を上ると、華法窟の岩門を経て40分で岳滅鬼峠に至る。三角点の岳滅鬼山より200mの東のピークが高い。

大日ケ岳（829m）は斫石トンネルの上から西へ急坂を上り、第1のピークから岩場を経て第2ピークへ。次の第3ピークが三角点の山頂である。所々に展望が開け、釈迦ケ岳に劣らぬ山容を呈す。

鷹取山《たかとりやま》（632m）☆
福智山《ふくちやま》（901m）☆☆
尺岳《しゃくだけ》（618m）☆

福智山は北部九州ことに筑豊の人々の郷愁とも言える山で、山頂からの展望が抜群と表現しても過言ではあるまい。

福智山は英彦山六峰のひとつに数えられ、役《えん》の行者が足跡を残した法修の霊山で、七一〇年代には僧坊十二坊を数え、修験の行が盛んであった。山頂には現在ふたつの石祠があり、南（豊前）側のは小笠原藩が祀った福智神社、西（筑前）側のは黒田藩が祀った福智社（鳥野神社）で、中には稲の神の石地蔵も祀ってある。いずれも福智権現社と称し、保食神《うけもちのかみ》、伊弉諾尊《いざなぎのみこと》、大己貴命《おおなむちのみこと》の三神を祀ると言われている。

鷹取山は古くは鷹取焼あるいは山麓の上野《あがの》焼で有名な如く、良質の陶土に恵まれ、山頂は平安時代の永承年間（一〇四六〜五三）に長谷川民部郷吉武の築城以来、安土桃山時代の天正年間（一五七三〜九二）に大友宗鱗の武将、毛利兵部少輔鎮実の居城となり、黒田武士で名高い母里《ぼり》太兵衛そして手塚水雪が城主として使用した城跡があり、山頂の南、西に名残りの石垣をとどめる。

尺岳は巨岩奇岩からなり、山頂には日本武尊《やまとたけるのみこと》の石祠がある。この尺岳から福智山を結ぶ尾根は自然歩道になっていて、ゆっくり2時間のコースで、四季を通じて単独でも迷うことなく楽しめる山道である。

なお、この山系の登山ルートは八方から通じているが、福智山のルートとしては一般に内ガ磯からのがメインルートとして利用者が多い。

1

内ガ磯《うちがそ》（50分）**大塔分れ**（40分）**上野《あがの》越**（10分）**鷹取山**（50分）**福智山**（30分）**上野越**（50分）**上野峡**

マイカーを用いる場合は駐車場の関係で、上野《あがの》峡側からがよい。上野峡ＪＲバス停の直ぐ西北に架かる城山橋の上手、右側に数台と橋の下の方に10台位置ける赤池町無料駐車場がある。

表題のコースであれば直方駅からＪＲか、西鉄バスで**内ガ磯**まで行く。バス停の直ぐ東側の上に内ガ磯貯水池を見る。貯水池の右（南）側のいわゆる成人桜並木道を行くと鳥野神社、そして野外キャンプ場の前を通り、ダム流入口の橋を渡ると、渓谷の右（東）岸に沿ってゆるやかな頓野《とみの》林道を上る。林道の左上は棚田である。20分も行くと渓谷を左側に見て上るようになる。林道右側に数台駐車できる空地がある。檜林の中を少し登れば**大塔《おおとう》分れ**で（マイカーであればダムの左（北）側の頓野林道をこの地点まで行けるが、林道沿いには

☞**内ガ磯**⇨(1時間30分)⇨**上野越**⇨(45分)⇨**福智山**⇨(45分)⇨**豊前越**⇨(1時間)⇨**尺岳**⇨(1時間)⇨**ケヤキ谷登山口**

☞**上野峡**⇨(1時間)⇨**上野越**⇨(45分)⇨**福智山**⇨(45分)⇨**豊前越**⇨(1時間)⇨**尺岳**⇨(1時間)⇨**ケヤキ谷登山口**

充分な駐車場所は少ない）、これから左折すれば大塔の滝を経由するが、筑豊新道《しんみち》を経て福智山に至る。この大塔分れを真直ぐ登れば薙野の四阿《あずまや》がある休憩所である。

これから杉林の中の急坂で汗が吹き出る所だ。右（西）へ鷹取山、左（東）へ福智山の鞍部となる上野越《あがのごえ》はもう直ぐである。道標にしたがい、まず**鷹取山**に行ったがよい。山頂は草原の台地で、ことに筑豊方面の見晴らしが素晴らしい。

上野越に戻り、これから原生林の中の石ころ道を上ると、まもなくススキの原の坂となるあたり、左下から上ってきた筑豊新道と出合う八丁である。道標は内ガ磯まで５・１km、上野峡まで３・２km、上野越まで１km、福智山頂まで０・３kmとある。**福智山**の頂はススキとクマザサに被われ、国見岩のほか大小の巨岩が露出して、晴天の日は四囲さまたげるものがない展望が楽しめる。ことに九重連峰、阿蘇連山、関門響灘、周防灘《すおう》も一望である。

山頂から上野越に戻り、椿、アオキ、カシなどの原生林の中を上野峡側へ下ると、間もなく右（西）折すれば白雲ライン経由の上野峡となり、左をとれば渓谷を左下に見て、いっきに**上野峡**に下る。登山道から車道に出て直ぐ左（東）に上ると**白糸の滝**で、上野峡バス停は近い。

2 福智山（40分）豊前越（60分）尺岳（60分）ケヤキ谷入口

福智山の南に広がる福智平は球戯ができるほど広々とした草原で、ここから左（東）折すると鈴ガ岩屋で、その昔、釈教順なる修験僧がこの岩場で金鈴と仏像を見つけ供養した所と言われる。真直ぐ南へ下れば頂吉《かぐめよし》分れになる。

さて福智山から北へ、尾根道の自然歩道を尺岳まで約５・５kmたどることにする。山頂から**烏《からす》落し**までは粘土質の急坂の下りで滑りやすい。途中の左（西）側に筑豊山の会が建てた無人山小屋、荒宿荘がある。電灯や救急箱も備わり、掃除がゆきとどいている。大切に使用したい。烏落しを下った所で左（西）折して下れば、大塔の滝経由、内ガ磯まで５・１km、豊前越を経て尺岳まで４・６kmである。ススキの草原から原生林の中に変わり、幅のある自然歩道を行く。両側の樹木に樹名の札がつけられ、カエデ、カナクギノキ、シロダモ、ニワトコ、リョウブ、ウラジロガシ、アカメガシワ、ムラサキシキブなど多彩である。

烏落しから30分で**豊前越**で、ここから左（西）折して内ガ磯まで４km、右（東）折して七重の滝へ２・５kmを経由して頂吉バス停まで５・６kmそして目的の尺岳まで３kmである。間もなく**雲取分れ**（ここから内ガ磯まで４・３km）を経て**山瀬越**に着く。ここから右（東）折して七重の滝２・９kmを経て、頂吉バス停まで６kmである。10分も行くと東西にはしる林用車道（頓野林道）が尾根道を切断している。この林道は左へ内ガ磯、右へ山瀬、七重の滝に通じている。竜王越まで来れば約10分で尺岳である。烏落しからほぼ平坦な自然林の歩きやすい道のりである。次の**尺岳平**は四阿を備えた草原の

福智山の西面

広場で、ここから右（東）へ行けば、ケヤキ谷を通り畑観音へ、また田代から皿倉山へ、今ひとつは菅生の滝へ分れる三叉路がある。眼前は巨岩奇岩が突出した**尺岳**で、南側を除く三方の眺望は素晴らしい。

山頂を越えて直進の登山道はないゆえ、再び尺岳平に戻り、東へ50m下ると分岐点で、真直ぐが皿倉山へ、右が菅生の滝へ。そして左が水場を通りケヤキ谷経由の畑観音への道で、これを選ぶ。約20分で**四方越**に至る。左（西）折すれば竜王峡へ、真直ぐ約30分でケヤキ谷登山口の車道に出る。この道路は中間市、畑貯水池、田代から河内あるいは田代から合馬へ通じる県道で、このアスファルトの県道を西北へ20分で畑観音のバス停に着く。

◇**考察**　陶器の上野峡、展望の福智山、尺岳そして畑観音まで約5時間、11kmのコースは、道標識が完備し快適である。真夏の福智山は暑さをさえぎるものがないが、烏落しから尺岳に至る平坦な原生林の中の道はファミリーハイクに格好であろう。

福智山から南進すると防火線の草原尾根を**赤牟田の辻**、**紅岩原**、**牛斬山**まで展望を楽しみながら約2時間のルートである。

③佐賀・長崎の山

天山《てんざん》（1046m）☆☆
彦岳《ひこだけ》（845m）☆

長崎本線で佐賀平野を通過するとき、北の方にそびえ、ひと目でそれとわかる雄峰が県立自然公園の天山で、一等三角点補点がある。

有名な羊羹の小城町からがメイン登山口で、麓の本山に岩倉山天山大明神と呼ばれる天山神社下宮があり、岩倉とは天山神社を守護してきた座主寺で、天台宗海雲山岩蔵寺のこと、桓武天皇の御代（七八一～八〇六）には天山大明神の僧坊は岩蔵寺をはじめ清水寺・道徳花園あわせて三千坊を数えたと言われるほどの信仰の霊山であった。

平原状の山頂には菊池武敏の碑や、阿蘇八郎惟直の墓石が立っている。九州に敗走していた足利尊氏が建武三年（一三三六）三月、大宰少弐頼尚、豊後の大友、薩摩の島津そして寝返った松浦党と組んで、南朝方の臣、菊池武敏、阿蘇大宮司の阿蘇八郎惟直、秋月種道らを多々良川で迎えて大合戦を展開したが、後醍醐天皇側にくみする南朝方は戦い利あらずして、菊池武敏は肥後に落ちのび、秋月種道は大宰府近くで討たれ、阿蘇惟直は重傷を負い、弟の九郎惟成ら一族と三瀬峠を越え、古湯から天山山麓にたどり着いたところを小城の城主、千葉太郎胤貞の一党に襲われて自刃して果てたと言われる。

天山、彦岳縦走路には本州中部以北で多く見かけるジンヨウイチヤクソウや、強壮剤になるバイカイカリソウ、あるいは昔、毒矢に用いられ現在では漢方薬の附子の原料であるトリカブトなど珍しい植物があったが、現在は希れ。

天山神社上宮（30分）**天山**（1時間10分）**石体越**《しゃくたいごえ》（30分）**屏風岩**（20分）**彦岳**（60分）**白坂峠**（40分）**清水観音**

福岡方面からマイカーによる天山のみの登頂であれば、国道263号線、三瀬峠を越えて、北山ダムから古湯の町を過ぎる頃、厳木《きゅうらぎ》の指標にしたがって右（西）折し、舗装された県道を苣木《ちゃのき》、市川を経て厳木越を下り天川から左折して厳木**揚水ダム**の上へ3・5km行くと、30～40台は駐車できる便所つきの広場に至る。ここは天山スキー場の西側で、天山の北側真

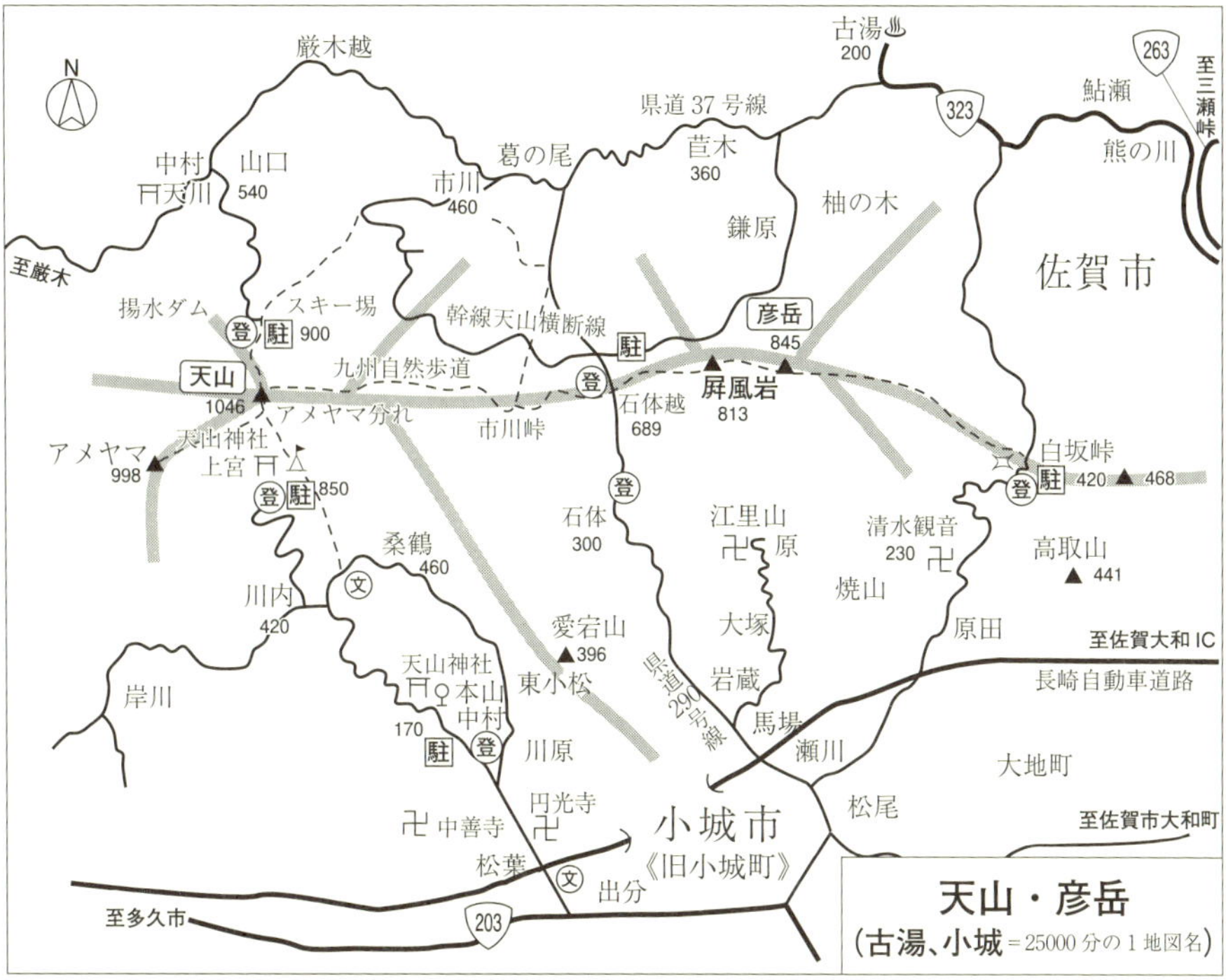

☞**天山**⇨（1時間10分）⇨**石体越**⇨（30分）⇨**屏風岩**⇨（20分）⇨**彦岳**⇨（60分）⇨**白坂峠**

下の駐車場から灌木のまじった草原をゆっくり歩いて20分で山頂に達する。

一方、メインルートの小城市を経由すれば、国道203号線、小城市の出分から右（北）折し、晴気川に沿って車を走らせる。本山の天山神社下宮前を経て、川内の集落へ下り、そして車道を迂回しながら再び登ると、上宮下の広場まで行ける。30～40台は駐車できる広場である。これから天山山頂まで約30分の距離とみてよい。

あるいは中村バス停で下車し、舗装道路を500m上り、晴気天山神社（本山）を右に見て、蛇行して上ること3kmで晴田小学校川内分校（廃校）に至る。道標にしたがい、さらに林道を上り、天山上宮橋の東たもとから遊歩道の急坂を上ると、川内分校から約3kmで天山神社上宮広場の東はしに出る。山頂まで約30分の距離である。

縦走を目的とすれば、交通の便利さを考慮し、やはり出発はメインルートがよい。す

彦岳から天山の東面

なわち小城市からバスで天山神社前で下車し、川原から東小松そしてミカンルートの桑鶴の西から直登して、上宮を経て山頂まで約2時間半の行程である。

　時間を惜しめばタクシーを利用して前途の川内から上宮下の駐車場まで行くと便利である。駐車場の上が天山神社上宮で水場も完備している。縦走路では水の補給はできないから、ここで準備する。

　上宮から両側が植林の登山道を10分も行くと、クマザサやススキの草原に石ころの急坂となる。約20分で広大な草原の一等三角点のある**山頂**（1046m）で、四囲をさえぎるものがない展望に疲れが一度にふきとぶ。山頂に阿蘇八郎惟直の碑や、西の方には大正五年（一九一六）の植樹記念碑を見る。

　天山から石体越《しゃくたいごえ》まで約3・5kmで、山頂から東へ灌木がわずかにまじる草原の尾根を、南側と北側の眺めを楽しみながら行く。約40分で左折すれば市川へ下る路だが、既にブッシュ化がひどい。さらに下れば**石体越**の十字路に出る。左（北）折すれば市川を経て古湯へ、石体越の50m北を東西に天山横断線ができた。南へ下れば石体《しゃくたい》、岩蔵を経て小城へ出る。

　石体越から東へ縦走路を、彦岳を経て白坂峠まで約5km、1時間50分とみてよい。この縦走路は年々植林が進み、ブッシュ化が増している。石体越からススキとササの急坂を登り、二、三のピークを越すと30分で**屏風岩**に着く。岩上からの眺望でひと息つく。

　彦岳まではわずかに原生林の残る、変化に富む尾根道で、屏風岩から約20分で845mの**彦岳**に至るが、山頂は狭く、雑木やススキに被われ見晴らしは期待できない。

　これからの路は背丈なすメダケ、ススキの中にヤマグミ、アケビの群生を見ながら、約1時間で急坂を下ったところが**白坂峠**である。この峠道は小城と古湯を結ぶ車道で、昔の登山道は寸断されてしまった。車道に沿って下れば**清水観音**まで約40分である。

彦岳の屏風岩

☒**考察**　天山神社下宮からのメインルートと、北側の天川方面からのルートは車道も道標も整備され、迷うことはない。白坂峠から彦岳への登山口は、車道をマイカーで通っていて見逃しやすいが、目印は北側の崖上の送電線の鉄塔である。
　清水観音は延暦二二年（八〇三）、桓武天皇の勅によって、堯空上人の開山になり、清水山見瀧寺宝地院と言い、600年余の杉の巨木が天を被い、参詣する人が絶えない。

黒髪山《くろかみさん》（516m）☆☆
青螺山《せいらさん》（610m）☆

国道35号線あるいは202号線から見ると、バリエーション豊かな黒髪山と、青々として盛りあがった青螺山が、南北に横たわっているのでそれとわかる。

その昔、天竺から神が天童岩に飛来し、天空に櫛を投げたところ櫛が仏体に変じ、その櫛の髪を収めて宝殿を建立したのが黒髪山大権現社で、祭神は薬師三尊と言われ、その像は聖徳太子の自作と伝えられている。山頂の奇岩天童岩は鎮西八郎為朝の大蛇退治、そして見返峠の雄岩、雌岩の夫婦岩は村の庄屋の娘と、若者の悲恋物語の化身との伝説などがある。

また全山植物の宝庫で、その種類1100種にのぼり、ことにシダ類が多く、明治三八年（一九〇五）八月、佐世保市の旧成徳高女教諭が発見し、その姓を冠したカネコシダは天然記念物となっているほか、クロカミラン、クモラン、ムカデラン、ツメレンゲ、イブキジャコウソウ、イワゼキソウなどの珍種がある。

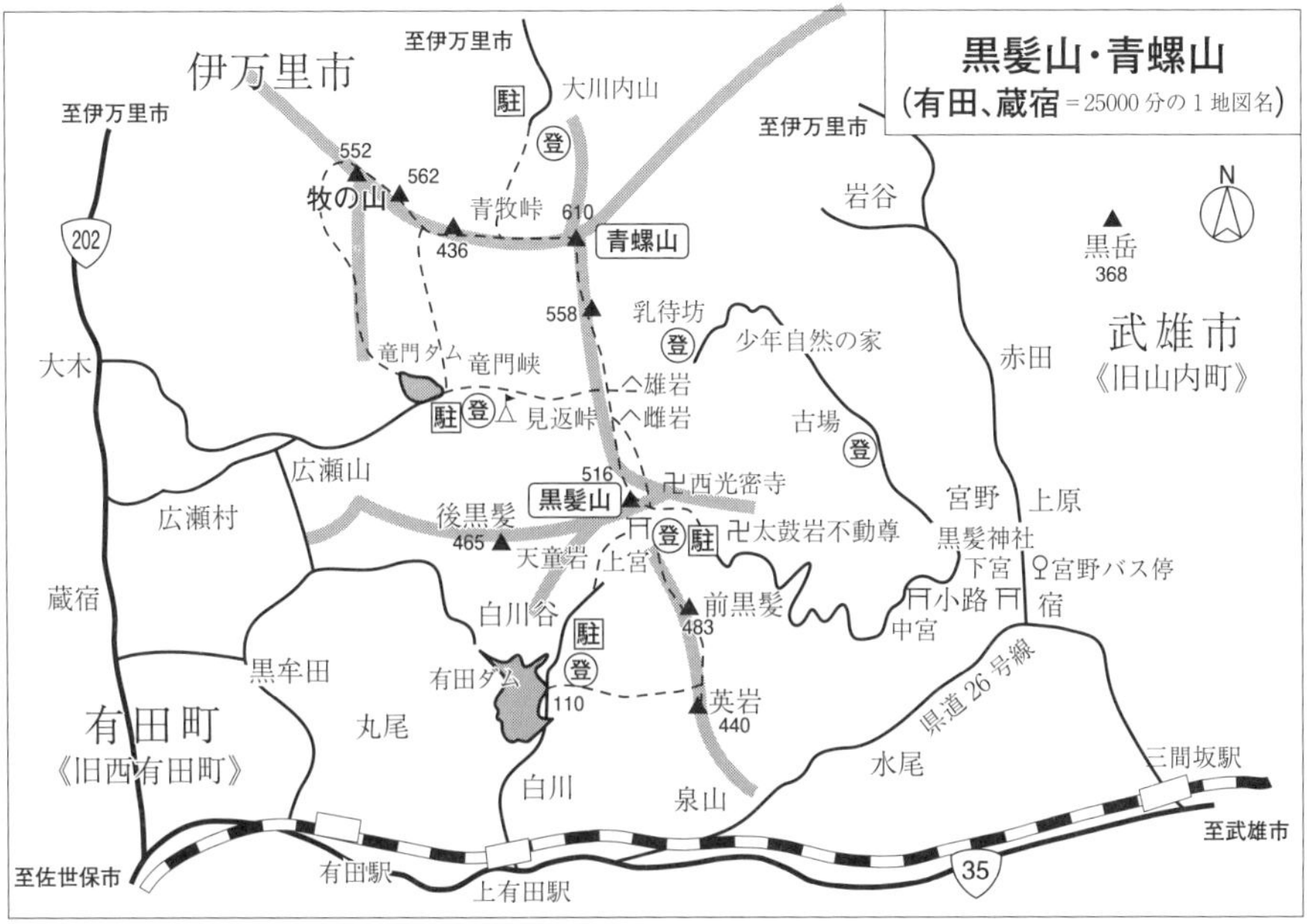

☞黒髪山⇨（45分）⇨見返峠⇨（1時間）⇨椎原峠⇨青螺山

黒髪神社上宮（20分）黒髪山山頂天童岩（45分）見返峠（60分）青螺山

メイン登山口をどこと決め難いほど、どこからでも登りやすい山で、ファミリーハイキングコースとして親しまれる登山道になっている。伊万里市のバイパスから大川内山、三間《みま》坂《さか》の指標にしたがい左（南）折して、県道を宮野に行くか、武雄市を経て国道35号線沿いに、三間坂駅の東から線路を渡り県道を伊万里市の方向へ行けば、いずれにしても宮野の黒髪神社に出る。

宮野バス停の西側に黒髪神社がある。この神社の南角を西折し、小路の集落から左折し、太鼓岩不動尊前を通り上ると黒髪神社上宮鳥居下の駐車場に着く。二十数台は置ける広さだ。これから歩くことになる。

鳥居をくぐると黒髪山大智院奥院の西光密寺で、神仏混淆である。山頂まで０・４㎞、20分で、長い石段を上ると左側に**黒髪神社上宮**があり、その上に大蛇が住んでいたと言われる白山宮の洞穴がある。再び戻り**天童岩**の鎖をつたって登ると直ぐ山頂で、岩が南の方へ突出し、有田の町なみや西の方には八天岳、国見山、烏帽子岳が指呼の間にある。

山頂の道標に西肩を経て、迂回路を西から南へ下り西光密寺、有田ダム、少年自然の家へとある。すなわち迂回路は山頂から少し戻り、西北の方向へ尾根を下れば**夫婦岩展望台**の少し手前の歩道に出る。天道岩からは約０・６㎞、45分で**見返峠**の十字路に至る。

見返峠から青螺山へは真直ぐ岩場を登るか、西側を登っても同じ尾根道に出る。30分で５５８ｍのピークを越えると、さらに30分余で青螺山で、山頂から東側をのぞいて展望がよい。これから急坂を北に下って1時間10分で鍋島藩の献上窯で名高い磁器の大川内山のキャンプ場に出る。

引き返して見返峠の十字路を東へ下れば、夫婦岩の下を通り約40分で、乳待坊の渓谷の上にある少年自然の家に出る。峠を西へ下れば、密生した自然林の中を40分で**竜門ダム**に至る。ダムは3年間に19億円をかけ、広瀬川の上流をせきとめ、昭和五一年（一九七六）三月に完成した。このダムの上手《かみて》に１００台は駐車できる広場がある。ダム完成跡の滝門渓谷は昔日のおもかげは失われたが、まだ銀竜の滝や竜門洞窟などが残り、気軽に楽しめる所である。

前黒髪から天童岩の南側と後方は青螺山

後黒髪山から北東の雌岩雄岩を望む

もうひとつのルートは**上有田駅**から有田ダム沿いに、二つ目の黒髪橋を渡って白谷を右（東）へ登れば尾根に出て、約1時間半で天童岩下の**神社上宮前**に出る。道もよく整備されている。

◇考察　マイカーなら東側の西光密寺下の駐車場か、西側の竜門ダムの駐車場を利用して登るのがよいだろう。九州自然歩道のルートに入っているゆえ、道標も完備し歩道幅も充分で、奇岩と豊富な伝説そして松脂岩、青珠岩、蛋白石、蛇紋石、黒曜石などの鉱物、また植物の宝庫として、低山だが人気抜群の山である。青螺山はアオガイヤマとも呼称される。この山系で最も利用度の多いベースは竜門ダム上の大駐車場である。

　黒髪山から雄岩雌岩、青螺山そして青牧峠、牧の山を経て、ダムサイドへ下る終日歩行を楽しむか、半日ルートとして竜門キャンプ場から北上し、コンター410mの稜線を左へとる（右は青牧峠、青螺山へ）。20分で562mを越え、さらに20分で552mの四等三角点**牧の山**に着く、

キャンプ場から1時間30分を要す。西側の展望岩からは絶景である。

　少し戻り、着北へ下り西をまいて南の急坂尾根を下る。40分で、昭和四九年（一九七四）三月竣工のダムサイドのかじか橋へ出る。全行程、照葉樹林が好感である。

経《きょう》ケ岳《だけ》（1075m）☆☆
多《た》良《ら》岳《だけ》（996m）☆
五《ご》家《か》原《はら》岳《だけ》（1057m）☆☆

県立自然公園の連峰で、南の五家原岳山頂には昭和四三年（一九六八）にNTTをはじめNHK、KTNなど電波中継塔4基が建設されて以来、諫早市に通じる国道207号線、肥前長田から山頂まで立派な車道が完成し、それに伴い山頂周辺の原生林が伐採されたあと、生活用材の杉、檜が植樹され変貌してしまった。

　その昔、対馬、壱岐、宝満山、五家原岳、雲仙岳を結び、防人《さきもり》の烽火台が置かれていたとも言われるほど、山頂からの展望は四囲さえぎるものがなく、マイカーで山頂まで行き、眺望を楽しむ向きには最高ではないかと思われる。

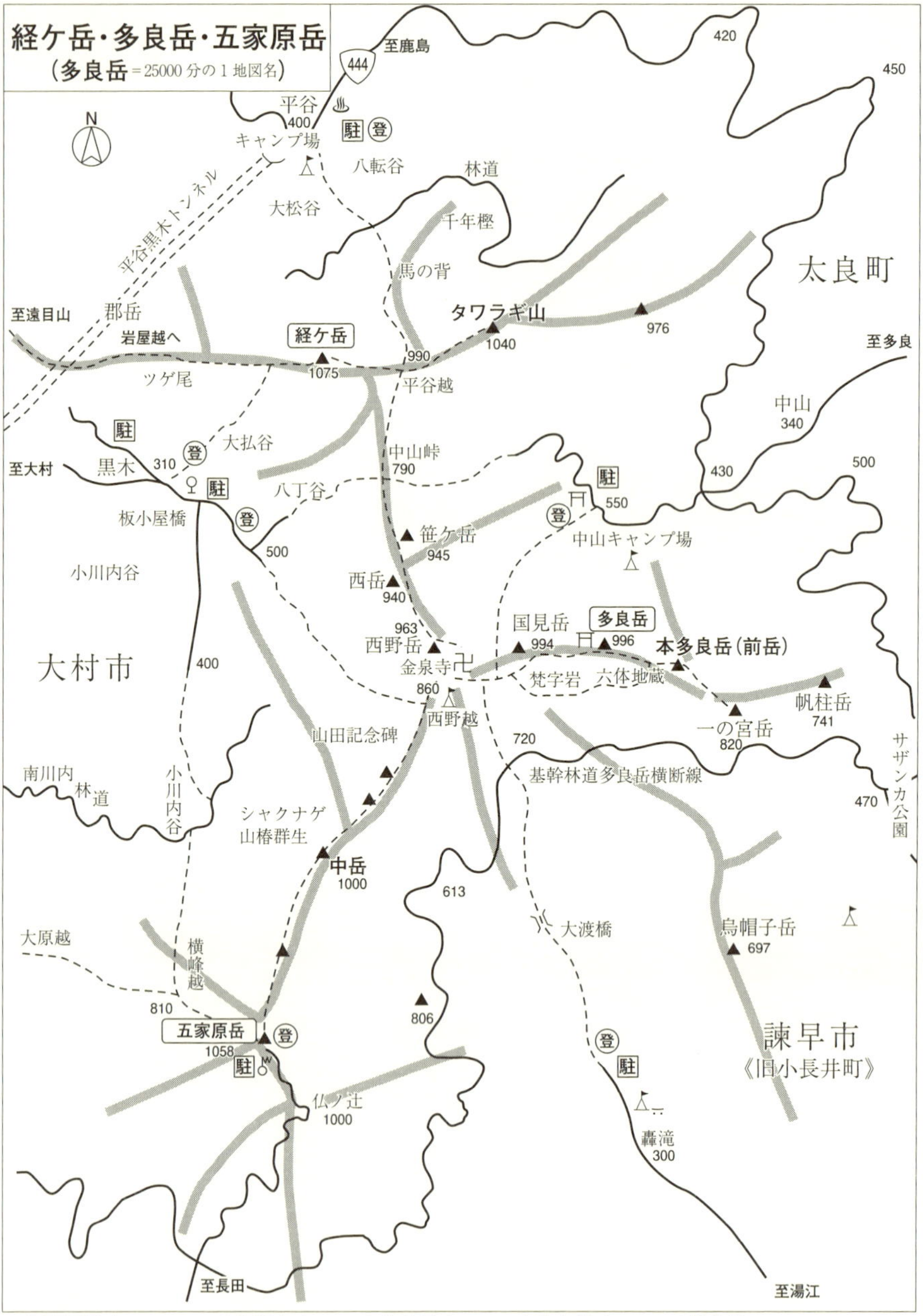

☞五家原岳⇨(1時間20分)⇨金泉寺⇨(20分)⇨多良岳⇨(1時間)⇨中山峠⇨(1時間)⇨経ケ岳

この多良山系は南北にわたる古い休火山で、長年月に及ぶ火山岩の浸蝕は、あちこちに渓谷、飛瀑を形成し、南の轟渓谷、北の能古見、大松渓谷はことに素晴らしい景観を呈している。原生林にはアワブキ、ヤマボウシ、ミヤマシキミ、イヌシデ、ハイノキ、ネジキ、リョウブ、シャラなどの植物が豊富で、動物や野鳥、昆虫類の生息も多い。

多良岳の民謡「岳の新太郎さん」は金泉寺の美男子寺侍を唄ったもので、全山が山岳信仰の対象となり修験道場として栄えたという。経ガ岳の名から仏教の経典、あるいは経筒とのゆかりが深いことを思わせるし、現在もその名残りで金泉寺や多良岳山頂には太良大権現上宮の大きな石祠がある。

登山ルートについては東側の太良町から、西側は大村市黒木郷から、南は湯江、轟峡経由と肥前長田から車道が五家原岳の頂まで通じ、そして北は鹿島市から平谷経由の五つが主要ルートである。

1

五家原岳（1時間20分）**金泉寺**（20分）**多良岳**（10分）**金泉寺**（50分）**中山峠**（60分）**経ケ岳**

はじめに縦走ルートを述べる。福岡方面からマイカーで国道207号線を経由して、肥前長田まで140km、ここから県道184号線、長田、五家原線の車道を山頂まで16kmである。縦走では金泉寺山小屋（有人）で一泊する予定をもった方が賢明だろう。汽車で諫早か肥前長田まで行き、**五家原岳**まではタクシーを利用する。山頂に10台位の駐車スペースがある。

五家原岳、金泉寺間3・5kmで、山頂から北へ尾根道を行く。直ぐ原生林となり、30分で中岳に達す。この中岳を中心とした峰々の原生林の中にツクシシャクナゲとツバキの群生があり、花の季節は見事である。中岳を下った鞍部から10分も行くと、大正一二年（一九二三）三月植栽の山田記念碑があるように、この辺りから金泉寺にかけて杉、檜の植林が続く。10分程行くと左（西）側の黒木から上ってきた道と出合う。西野越である。

五家原岳を発って1時間20分で**金泉寺**に着く。寛延三年（一七五〇・江戸時代中期）大村藩の農民一揆で、太良権現の社殿とともに、弘法大師創設の金泉寺も焼失し、現在は山小屋の東隣りに小さな木造、赤屋根の寺として残っている。山小屋には管理人がいて、清掃がゆきとどき好感がもてる。約100名は有料宿泊可能で、水場はこの裏手、西野岳から落ちる清水である。

経ケ岳から南の方、笹ケ岳、西野岳、中岳と右端が五家原岳

多良岳へはリュックを山小屋に置いて登るのがよい。山小屋の広場から道を東へ、直ぐ右（南）から上ってきた道が轟峡からの道である。1分程行くと、石段入口に役の行者の碑と石鳥居がある。この石段の手前から左（北）へ下れば、太良権現の木の鳥居があり、そして中山キャンプ場へ至る。石段上の石の鳥居の左側に、一本足の下駄が沢山供えてあるのが名高いイボとり地蔵。石段を上り、原生林の中を行くと、鎖場の右（東）の巨岩の上に、円形に刻まれた梵字を見る。その上の尾根を左（西）に行けば**国見岳**、右（東）へ行けば**多良岳**の頂で、約50坪の広場の中央に、石積の上に太良権現上宮の石祠が安置されている。

再び山小屋に戻り、金泉寺の右（東）側の道を小さく登り、西岳の東側の山腹の原生林を這うように行くと、30分で巨岩からなる笹ケ岳の南側のクマザサが茂る鞍部に着く。これを越し西に廻って尾根道に出る。尾根道の左にある岩の上から眼下に黒木の集落と萱瀬ダム方面の眺めがよい。さらに20分も行くと**中山峠**の十字路に出る。左（西）折すれば黒木へ、右（東）折すれば中山キャンプ場を経て中山集落まで4㎞だが、最近、原生林が伐採され、林道が直ぐ近くまで上って来ている。

多良金泉寺の山小屋（有人）

中山峠から急坂を東へ迂回するように約40分で、経ガ岳の東のコルに至る。真直ぐ下れば馬の背を経て平谷キャンプ場へ。平谷越から右（東）へ登ればタワラギ山だ。左（西）へ所々に岩石の鎖場の急坂を登ると約20分で、一等三角点の**経ケ岳**山頂に達す。細長くて狭い山頂からの展望は大村湾、雲仙、有明海、阿蘇、佐賀平野に続く連山が一望できる。

2
中山キャンプ場（50分）金泉寺（50分）中山峠（40分）中山キャンプ場

マイカーで中山キャンプ場まで行き、日帰り周遊ルートである。福岡方面から国道207号線の多良川の橋を過ぎ、太良警察署、多良駅前を通ると直ぐ、右（西）折して多良岳への標識が眼につく。その先の角を右に入り、線路を越えて西への車道を大川内、中山の集落を通過すると、約8㎞で多良横断林道に出る。ここを横切り、右上へ行くと間もなく**中山キャンプ場**に着く。これから林道はなお中山峠の東下まで延びているが、マイカーはキャンプ場の右下の駐車場を利用した方がよい。左（西）側に太良神社の木の鳥居と、その周辺にバンガローが散在する。

ここから多良岳まで2・5㎞、1時間、中山越で経ケ岳まで3・5㎞、1時間50分である。バンガローの中を西へ、多良岳への道は明瞭である。道幅1ｍの歴史を物語るようにへこんだ古い登り道で、原生林の中にはアワブキ、ヤマボウシ、ミヤマシキミ、ハイノキ、ヒメシャラなど珍しい樹木が多い。約50分で尾根に出る。右（西）が**金泉寺**、左（東）へ直ぐ石段と石の鳥居をくぐって多良岳山頂に至る。金泉寺の手前から左（南）へ下れば轟峡へ、金泉寺の広場から北へ越して、原生林の中を西岳の東側、笹ガ岳の西側をまいて尾根道を**中山峠**に着く。道標は整備されているので迷うことはない。中山峠から東へ、最近伐採されてしまった道を下ると15分で林道に出る。林道をたどるとキャンプ場の駐車場まで25分である。

3 平谷キャンプ場登山口（50分）馬の背（50分）平谷越（20分）経ケ岳

肥前鹿島駅の西側を国道207号線が南北に走る。次の駅が肥前浜で、ここから国道444号線に入り、本城川沿いに貝瀬、本城、中木庭を経て平谷に至る。車道の右に平谷温泉宿を見て1・5㎞上ると奥平谷キャンプ場入口、そして国道444号線トンネル入口である。駐車場あり。大松谷沿いのキャンプ場を右下に見て植林域の遊歩道を上る。30分で林道を横断して行く、自然林が加わってくる。20分で、タワラギ山（1040ｍ）から西へ派生した稜線に出る。馬の背という、右へ小岩場を一つ二つ登って行く自然林が密生している。50分で平谷越の十字路に出る。真直ぐ下れば中山峠、右（西）へ小さな岩場を登ると20分で目的の一等三角点の**経ケ岳**に達す。

山頂付近にはナナカマド、リョウブ、シャクナゲ、マンサク、サザンカ、ツバキなどの樹木が多い。眺望は360度にわたり充分である。下山は再び元の道をたどることになるが、注意することは経ケ岳のコルと、平谷越から少し平谷側へ下ると凋谷を横切ることになる。ここの道は崩れて不明瞭のため、うっかり谷沿いに下らぬよう、よく見定めて向う側へ横切って行けば**馬の背**に出ることができる。

平谷越から東の**タワラギ山**（1040ｍ）へは20分で登れるが、平頂峰のためピークが分りにくい。展望はないが、この山域は亜高山植物と照葉樹の混生地で植物学的に興味深い。馬の背の稜線から北へ八転谷経由で平谷温泉へ下る旧ルートはブッシュ化している。

平成一一年（一九九

タワラギ山から経ケ岳と左は五家原岳

九）三月開通した国道444号線の鹿島市と大村市を結ぶ平谷黒木トンネルは全長約1・9kmで、大村市側のトンネル口から約3km下ると、萱の瀬ダムの北で黒木板小屋への県道分れとつながる。

◇**考察**　多良岳山系、南の五家原と多良岳間4km、多良岳と経ケ岳間4km、経ケ岳と平谷間3km、計11kmはマイカーによる日帰り交差縦走が可能。太良町の中山キャンプ場をベースにすると、まず多良岳、金泉寺広場、笹ケ岳そして中山峠からもどる約5時間の行程も楽しい。

筆者が推奨するのは国道34号線、大村市の高速自動車インターの方へ入り、郡川左岸に沿って国道444号線を萱瀬ダムサイドを経て14kmで黒木郷の県営バス終点に着く。駐車場は板小屋橋の手前から左上100mの所にある。バス終点から東へ直進する林道を1・6kmで八丁谷を渡って直ぐ、西野越の遊歩道へ。途中、天然記念物のオオキツネノカミソリの群落地を見ると、縦走路に出て左へ金泉寺が近い。これから中山峠、平谷越そして経ガ岳へ。山頂から西へツゲ尾根を15分下り、大払谷ルートにかわる。山頂から60分でバス終点に周遊してもどる。

経ケ岳の一等三角点名は京ヶ岳になっている。

1

郡岳《こおりだけ》（826m）☆
遠目山《とおめやま》（849m）☆
釜伏山《かまぶしやま》（822m）☆☆

西登山口（1時間20分）**郡岳**（55分）**南登山口**

長崎県大村市の郡岳は国道34号線の松原駅前から道標をみて東へ大村嬉野県道6号線を4km上ると野岳湖に至る。ゴルフ場の陸橋下を通り2kmで道幅がせまくなった県道の右側に西登山口がある。駐車スペースはわずか。

造林域に入ると、山頂まで2・7kmのプレートを見る。林道を横断し、20分で高圧線鉄塔に出る。これより少しずつ急坂となり、照葉樹林の中を登る。45分で山崩れを横切り、60分で**望岩**に着く。大村湾側の展望絶景。ここから15分で**郡岳**山頂に上る。草原の平頂から北・東を除き雄大。

山頂から2・6kmで南登山口へのルートをとる。照葉樹林の中を15分下り、右折すれば望岩へのルート、真直ぐ下り40分で左が萱瀬ダム分れだ。送電線鉄塔下を通ると、直ぐ**南登山口**に出る。十数台の駐車スペースとトイレがある。

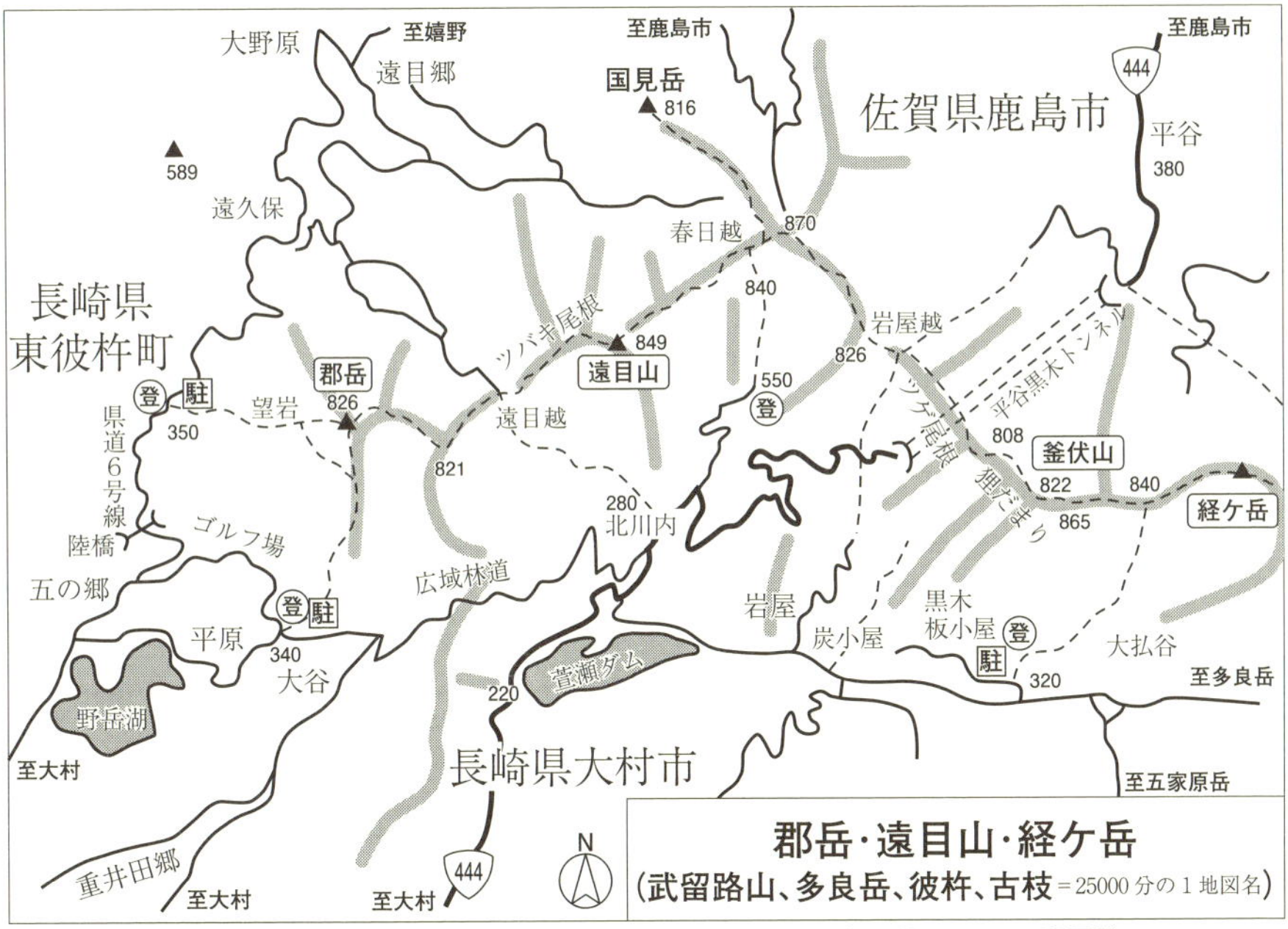

☞**南登山口**⇨（60分）⇨**郡岳**⇨（20分）⇨**遠目越**⇨（40分）⇨**遠目山**⇨（45分）⇨**春日越**⇨（50分）⇨**岩屋越**⇨（50分）⇨**釜伏山**⇨（60分）⇨**大払谷分れ**⇨（25分）⇨**経ケ岳**⇨（50分）⇨**黒木板小屋**

2

野岳湖側登山口（60分）**郡岳**（60分）**遠目山**（45分）**春日越**（50分）**岩屋越**（50分）**釜伏山**（60分）**大払谷分れ**（50分）**黒木板小屋**

このルートは一部、長崎、佐賀県境に跨り、経ガ岳、五家原岳間に劣らぬ西九州では最大級の縦走路であろう。多良経ガ岳を含むと約15km、大小20余のピークを越える難路であるが、エスケープルートもあり、尾根筋は自然林に被われ、山歩きの醍醐味がえられる。この稜線の南側は急勾配で、北側はなだらかな丘陵状である。単独行では郡岳南登山口か黒木から登り、下山してタクシーかバスに頼る。グループの場合は黒木の駐車場に一車置き、萱瀬ダム北側の北川内から広域林道が郡岳南登山口まで近距離に結ばれている。休憩タイムを入れ、全行程約8時間とみてよい。

展望雄大な**郡岳**から道標を見て、遠目山に向う。10分で右黒木、左遠目分れを右へ数分で遠目越だ。左折し2・5kmで大野原へ右折し2・5kmで北川内へ下る。郡岳から60分で**遠目山**に着

郡岳山頂、右へ南登山口、左へ縦走路

く。樹林の中の小鈍頂で展望なし。これから自然林の尾根の大小のピークをほぼ10分おきに越え行く。これから45分で**春日越**で、左へ5・5㎞で嬉野町春日へ、右へ3㎞下ると北川内に至る。これから10分で稜線から左折すれば国見岳（816ｍ）へのルートあり。春日越から50分で**岩屋越**に着く。やや広い鞍部で、ここから北東の鹿島市平谷に2㎞、南の岩屋へ2・5㎞の道標あり。10分余で展望のきく岩場がある。岩屋越から20分でザイル設置のピークを下る。これから10分で狸だまりの鞍部だ。右折すれば北川内へ、次のピークもザイルに頼る。

岩屋越から50分で**釜伏山**に至る。展望なし。国土地理院の黒木へ下る破線ルートは消失している。釜伏山から60分で**大払谷分れ**に出る。ここから経ガ岳まで25分、黒木へ50分で下る。

虚空蔵山《こくうぞうさん》（608ｍ）☆☆

山頂の岩峰は多良経ガ岳を思わせる。長崎県川棚町石木から仰ぐ虚空蔵山は烏帽子の頂をなし、最も素晴らしい。国道34号線、俵坂峠を下った高吉集落から広域林道虚空線が、コンター300ｍより上を東から西へまいて延び、登山が容易になった。登山口は佐賀県嬉野市嬉野町皿屋谷長野から、長

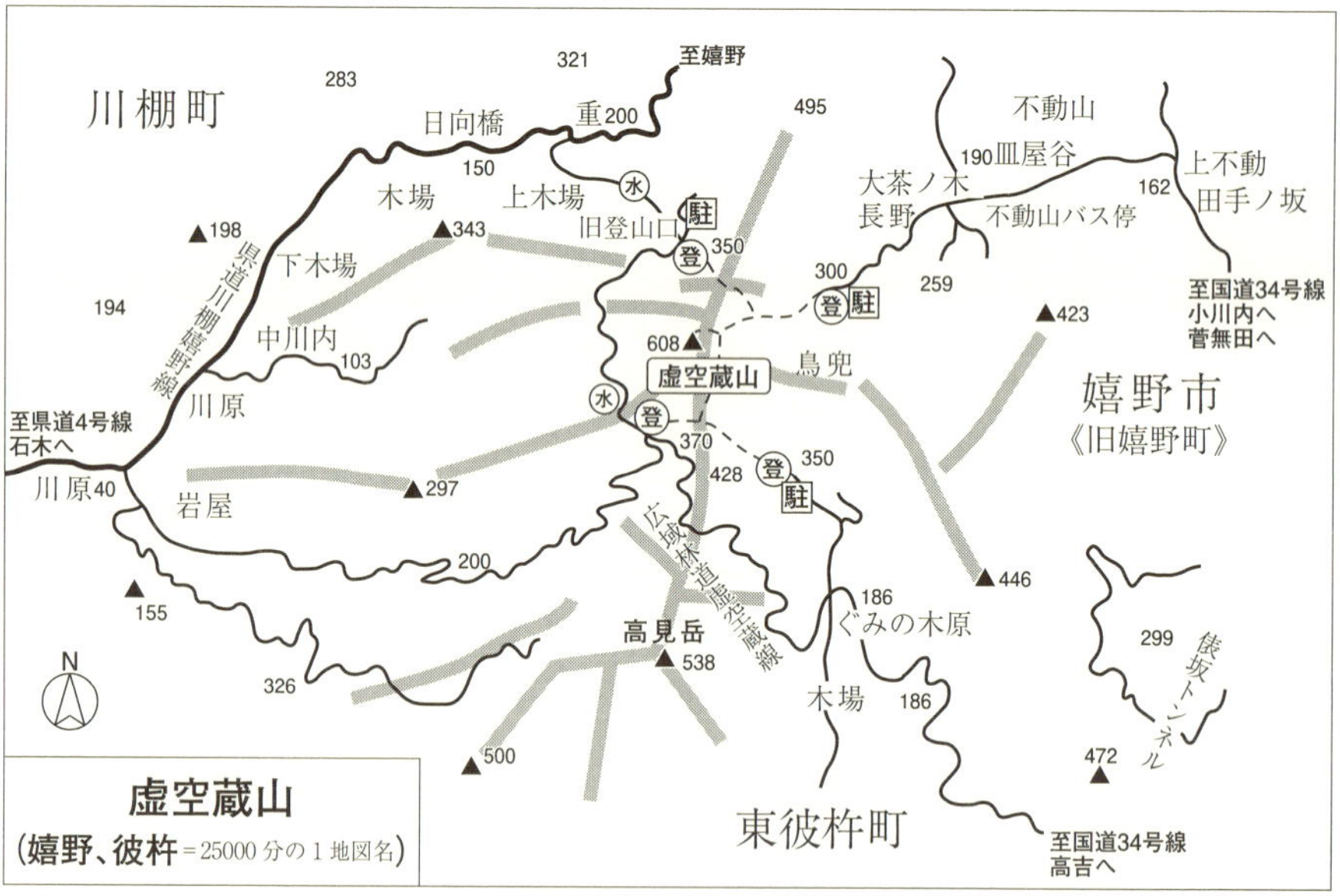

☞川棚町上木場⇨（50分）⇨虚空蔵山　☞川棚町岩屋⇨（50分）⇨虚空蔵山　☞嬉野町長野⇨（60分）⇨虚空蔵山

崎県東彼杵《そのぎ》町ぐみの木原、川棚町の岩屋そして**上木場**の4個所で、いずれからのルートも登り60分弱であろう。

嬉野市側には天然記念物の大茶樹がある。16世紀に明国の紅令民が苗木を移植し、白石郷の吉村新兵衛によって、嬉野茶として栽培されている。茶樹の高さ2・8m、枝張りの周囲が17mという。川棚町上木場の旧登山口には豊富な水場がある。8合目から上は照葉樹の自然林が残り、種類も豊かである。

山頂は一等三角点補点で、勧請した愛宕大神、虚空蔵菩薩などの石祠3基があり、毎年九月の彼岸に地元住民による山の神に対する感謝祭が催される。

上木場（50分）虚空蔵山（40分）岩屋登山口

長崎県、県道4号線、川棚有田線の川棚町石木小学校前から東進し、繁の谷を経て2kmで岩屋、木場分れとなる。道標に木場経由登山口まで4・1km、岩屋側登山口まで4・8kmである。左へ下木場から日向橋を渡り、上木場の旧登山口の水場で清水を補充する。ここから急坂を1kmで広域林道虚空蔵線とT字路に交わる。そこが登山口である。

杉林の中を東南へ10分で右側に堰堤を見て上る。15分で右折すると山頂への新道だが、真直ぐ10分余で低い稜線をまたぐと、嬉野町長野から上ってきたルートと出合い、右へ行く。10分で左から上ってきた岩屋ルートと出合う。数分で**山頂**に至る。岩場の頂は展望に勝れ、東西に約20m、南北の幅が4乃至8mの台状をなした岩峰で、最近、東端から岩場を伝うルートができている。

下山を岩屋側へとる。北から東そして南へ下る。数分で長野、木場への分れ、さらに数分で、左折すれば**鳥兜**への岩峰である。真直ぐ南への尾根を下る。照葉樹林の中に猟犬フランの石積がある。これから左折して下れば、ぐみの木原ルートの登山口へ、右折して植林の中を下る。山頂から40分で広域林道虚空蔵線に出る。水場とトイレ完備である。この林道を西へ1・8km行くと木場ルートの登山口に着く。

嬉野市ルートは国道34号線、平野橋バス停わきの虚空蔵山への道標にしたがい西進し、大舟から井手橋を渡り、不動山バス停から左折して上ると直ぐ民家の上に20台余の駐車場がある。ここが登山口で、植林の中を20分余で右に方丈の地蔵堂を見て

川棚町岩屋から虚空蔵山山頂を仰ぐ（中央）

川棚町石木から虚空蔵山の西側を仰ぐ

上る。さらに登ると右上に岩屋窟があり、上木場分れで、その上が岩屋からのルートと出合い、山頂まで60分あれば充分であろう。

トイレと水場完備の**岩屋登山口**は国道34号線の俵坂峠を越え、川棚町高吉から広域林道虚空蔵線に入り、川内郷のぐみの木原を経て、10㎞で登山口に至る。ここから左へ下ると石木郷へ、直進すれば前述の如く、1・8㎞で木場登山口である。見事な岩峰の虚空蔵山は遠近からの登山者が増加したためか、ルートの積極的整備が進み、自然をそこない公園化し、山としての魅力が減少している。

雲仙九千部岳《うんぜんくせんぶだけ》（1062m）☆
吾妻岳《あづまだけ》（869m）☆
普賢岳《ふげんだけ》（1359m）☆

雲仙国立公園の中心をなす山々であるが、九州では雲仙、九重、阿蘇、霧島は登山の対象と言うより、昨今は観光、行楽地化してしまった感がある。しかし、まだ足を使って四季それぞれに探勝してみる場所も至る所に残っているようである。

普賢岳を含む雲仙岳の南側はかなり古い爆裂火口の跡であるが、その後、寛政四年（一七九二）三月、眉山の大噴火と大震動で溶岩、土砂が流出し、島原市港外の九十九島を形成し、その際の津波は対岸の肥後沿岸をおそった「島原大変、肥後迷惑」の俚言が残っている。またキリシタン弾圧の場として、天草の乱の前、すなわち寛永二年（一六二五）から数年にわたり、幕府の禁教対策として宣教師や教徒らを次々に雲仙の地獄で処刑した歴史が忘れられない。また、それ以前はこの山岳も信仰の対象として、行基上人が大乗院満月寺を建立したが焼失して、現在は温泉街の一隅に一乗院のみがわずかに残っている。

九千部岳・普賢岳
（島原、雲仙＝25000分の１地図名**）**

☞**吹越自然歩道入口**⇨（40分）⇨**九千部岳の東鞍部**⇨（25分）⇨**九千部岳**⇨（40分）⇨**キャンプ場駐車場**⇨（35分）⇨**吾妻岳**⇨（25分）⇨**キャンプ場駐車場**

平成二年（一九九〇）一一月、普賢池の東側から突然噴煙が立ちのぼり、翌年六月、火砕流と微震が続発し、東の深江町（南島原市）、島原市は甚大な影響を受けている。妙見岳展望台から観察すると、山頂の火口ドームは新生を繰り返し、標高は増し１４８３m、平成新山と命名された。赤松谷流域は上木場の西の４８５m峰をはさみ、土石流で緑が失われ、砂漠化している。

雲仙火山は雲仙市の普賢岳、温泉街の絹笠山、そして九千部岳の三つの火山帯からなり、現在は前二山が活動し、九千部岳は休火山である。

雲仙高岩山から北の
普賢岳と平成新山

水無川から平成新山を仰ぐ

吹越（65分）九千部岳（40分）田代原駐車場（35分）吾妻岳（25分）田代原駐車場

九州自然歩道は雲仙ゴルフ場から仁田峠、あざみ谷、紅葉茶屋、国見岳の鞍部を経て吹越の北、国道389号線に下り、コンター900mの吹越から1・5km北進して遊歩道に入り、1004m峰の南をまいて九千部岳の東の鞍部から北へ田代原牧場に下って、田代原キャンプ場から吾妻岳、鉢巻山（638m）の南面に沿って弘法原へとのびている。

普賢岳から西北へ直線で4kmの岩尾根のピークが三等三角点の九千部岳で、国道251号線、雲仙市国見町の神代から南折し、県道131号線を11kmで同市千々石町の県道210号線と交わり、これからさらに1kmで多比良から上ってきた国道389号線と出合い、なお3kmで前記の九千部岳への遊歩道登山口がある。正面に1004m峰を見て10分上り、鞍部から下り気味に西へ、1004m峰を右上に見て北上すると、30分で九千部岳の東の鞍部に着く。あるいは北側の田代原公共駐車場の西端にトレイルセンターができ、その前から完備した遊歩道を九千部岳の東の鞍部へ上り、前記と合流する。鞍部から西への急坂にかかる。九千部大明神の鳥居をくぐり、灌木地帯をのぼる。視界が開けると山頂は近く25分だ。

ヒカゲツツジ、ドウダン、ミヤマキリシマ、マンサク、ヤマボウシなど山地植物が豊富で、山頂は狭小だが、展望が素

吾妻岳観音堂から九千部岳の西北面

晴らしい。東に島原湾、西に橘湾、近くの普賢岳の噴煙と新山の北面が指呼の間にある。山頂の北側直下に洞窟があり、九千部大明神が安置されている。

山頂から西へ岩石のやせ尾根を10分行き、自然林の急坂を下る。左に雑林、右に造林を見ると、間もなく県道210号線をはさみ、田代原キャンプ場の駐車場である。山頂から40分の下り。

マイカーであれば田代原公共駐車場に駐車して周遊できる。田代原原野は九千部岳火山帯の火口底にあたり、北に鳥甲山（822m）、吾妻岳を擁している。吾妻岳は旧千々石町と旧瑞穂町（いずれも現雲仙市）の境界稜線のピークにあたり、南面は急峻で北側はゆるやかなスロープをなしている。九千部岳同様に古くから山麓住民の信仰の山として崇められ、観音堂が麓と山頂西の奇岩の下に安置されている。山頂からの展望は北を除き見事である。

吾妻岳へは田代原キャンプ場の駐車場から小橋を渡り、右がキャンプ場だ。左へ自然歩道を20mで右へ、馬頭観音と吾妻岳観音菩薩の木の鳥居をくぐる。照葉樹の中の遊歩道を上ると数分で東西にのびる低い石積を越え、すぐ右側に馬頭観音堂を見る。30分余で鉄梯子をのぼり、急坂にかかると、視界がひらけ、なお数分で観音菩薩の木製鳥居から直ぐ右（北）折して上った所が山頂でカヤ、ツゲ、ツツジなど灌木に被われ、三角点は山頂広場の北にある。平成元年（一九八九）六月、熊本アルコウ会の山名プレートを見る。

山頂から西へ草原の中をやや下り気味に数分行くと。南側の崖下に、数個の鳥居と吾妻岳観音菩薩の堂が2カ所にあり、地域の人々の信仰心の厚さを知る。崖下の観音堂を南下に見て遊歩道は西へのび、鉢巻山（638m）を越え、広大な吾妻岳牧野へ下る。

◇考察　九千部岳・吾妻岳へは田代原キャンプ場の駐車場からが便利。平成一一年に駐車場の西にトレイルセンターが完成し、その横から九千部岳への遊歩道が整備された。

平成二年（一九九〇）一一月、普賢池の東側から噴火の前徴である噴煙が立ちのぼり、翌年六月以降、大火砕流、地震が繰返し人畜、家屋に大被害をもたらした。その後、入山禁止が続き、平成八年（一九九六）秋から火山活動は鎮静の兆しを見せ始め、平成一〇年（一九九八）四月から妙見岳経由、国見岳、紅葉茶屋、普賢岳登山の吹越ルートが、さらにアザミ谷ルートは平成一一年（一九九九）春から開通した。平成新山（1483m）が東北側に出現し、平成二四年五月九日から普賢岳の北側から風穴を経て新山山頂の数十m手前まで登れるようになった。一等三角点本点の普賢岳山頂は昔のままで変化はない。直ぐ東側にあった普賢神社、池、鳩穴は噴石で埋没している。

九千部岳と田代原牧場をはさんだ吾妻岳は低山ながら名峰で、古くから地域住民の信仰あつき山岳である。千々石町は天正一〇年（一五八二）、遣欧使の一人、13歳の千々石清左衛門直員（ミゲル）の出身地で、橘公園や白砂青松の海岸は日本自然百選のひとつである。鉢巻山の西北に広がる吾妻岳牧野は標高400mにあり、橘湾を見渡す広大な展望が楽しめる。

八郎岳《はちろうだけ》（590m）☆
小八郎岳《こはちろうだけ》（564m）☆
寺岳《てらだけ》（452m）☆

平山登山口（1時間10分）**八郎岳**（20分）**小八郎岳**（15分）**乙女峠**（1時間10分）**寺岳**（40分）**元宮**

天草灘と五島灘を分けた野母半島の稜線のピーク。長崎市と旧三和町（現長崎市）にまたがり、照葉樹と野生鹿が楽しめる観海やまなみである。

国道499号線、長崎市平山町のバス停、信号機東角に農協平山支所が目印。左（東）折して市道を400m上る。左側に墓地、その下がサイクリング道路。手前の空地に駐車する。墓地の西端が山頂への遊歩道入口である。35分で右折して下ると水場への分れで、山道は照葉樹と植林の互生する急坂をさらに30分上ると樹林帯が切れ、急に明るくなり、数分で丘状草原の一等三角点本点**八郎岳**の山頂に着く。360度の展望は長崎市街、湾、天草灘、野母崎に及ぶ。小八郎岳へ0・9km、寺岳へ3・2km、熊ヶ峰へ3・9km、平山へ2・7kmの道標あり。

八郎岳を発ち樹林の中を数分で林道に出て、300mで遊歩道に入り、東から廻り**小八郎岳**のせまいピークに上る。ここから寺岳へ2・3km、山頂から南西へススキの急坂を数分下り林道に出る。この山域は雲母、石綿が層をなす。雲母片

八郎岳山頂から南方の寺岳（右端）への稜線

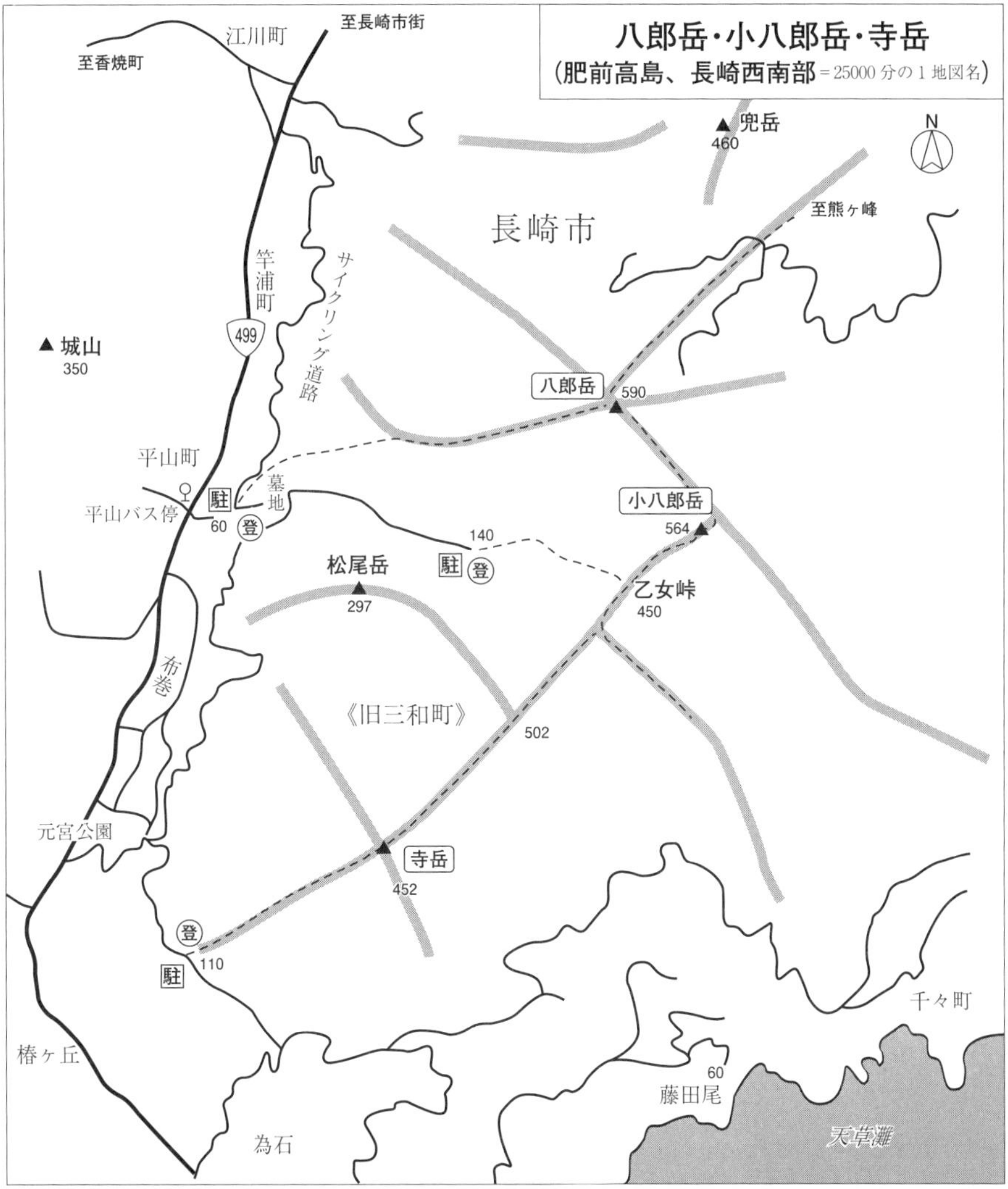

☞**平山登山口**⇨(70分)⇨**八郎岳**⇨(20分)⇨**小八郎岳**⇨(15分)⇨**乙女峠**⇨(70分)⇨**寺岳**⇨(30分)⇨**為石**

が地道を被う。15分で**乙女峠**に出る。西へ下れば八大竜神を左に見て40分で平山バス停に出る。

乙女峠から寺岳へは南西へのびる起伏の尾根をたどる。30分で502mのピークで、西への尾根を下ると松尾岳だ。南へ稜線を行く。ヤマツツジ、カシ、椿、サザンカ、ネズミモチ、ヤブニッケイ、シャリンバイなどを見ながら、なお25分で展望岩に着く。さらに15分で**寺岳**だが、50m先に展望岩があり、ゆっくり寛げる所。

寺岳から西南方面へシダと植林の急坂を下り、25分で東西にのびた舗装車道に出ると、元宮公園が近い。バス停から三つ戻ると、平山バス停である。

平《ひら》戸《ど》三山

志々伎山《しじきさん》（347m）
屏風岳《びょうぶだけ》（394m）
安満岳《やすまんだけ》（535m）

長崎県の平戸三山を紹介したい。平戸島は全島一市である。昭和五二年（一九七七）に平戸大橋が完成して、田平町と平戸島の東北端が連結した。西海国立公園に属し、歴史的史跡に恵まれている。山岳としては低山であるが、山頂からの展望がいずれも優れ、マイカーによる一日行程の登山が充分に楽しめる。

▽**志々伎山**《しじきさん》（347m）　平戸島の南端に位置し、山容は烏帽子の頂に似て屹立し登頂欲をそそる。野子町福良の県道19号線から南へ2、3分上ると、真言宗志々伎山阿弥陀寺（玉川住職）がある。県指定の文化財、十一面観世音菩薩像その他が保存されている名刹で、この寺の西側に隣接して志々伎神社の鳥居をくぐり、南へ上る石段がすなわち山頂へのルートであり、今ひとつはこの鳥居口から西へ5m下り、左折する車道を南へ1kmで花山の駐車場に至る。20台余のスペース。ここから東へ遊歩道に入ると直ぐ鳥居からのルートと合流する。登山道は照葉林の中を西から海側の南へまいて東へと登って行く。左側の岸壁下に石仏を見て、岩場に設置されたザイルをかりて40分で山頂に着く。

尖峰の頂には1基の石祠が西南を向く。その裏側に三等三角点石柱がある。眼下の大海原と四囲に及ぶ景観で心が安らぐだろう。一帯は温帯特有の植物の宝庫でもある。

▽**屏風岳**（394m）
この山も南に位置するが、やや平頂で、戦争中の監視塔が残っている。山頂からの眺望が素晴らしい。津吉町の国道383号線から西へ、辻町の方へそれて昭和六二年（一九八七）三月完工のわだつみ橋を渡る。漁港の早福町へ

屏風岳頂の旧監視塔と石仏

花山駐車場から志々伎山の南面

通じる市道を2・5km行くと、T字路となる。右折が早福町へ、左折して3m幅の林道を500mで右側に遊歩入口があるが、林道には駐車スペースがないので、T字路付近に駐車した方がよい。照葉樹と植林の混生の中を上ると、間もなく小峰神社の石鳥居をくぐる。35分で山頂に至る。

山頂は監視塔の東に石仏群が照葉樹に被われ、北側をのぞき展望がひらけている。

☞ ①阿弥陀寺登山口⇨（40分）⇨志々伎山⇨（40分）⇨登山口
②辻町T字路登山口⇨（50分）⇨屏風岳⇨（50分）⇨登山口
③大駐車場登山口⇨（30分）⇨安満岳⇨（30分）⇨登山口

山頂の北東にテレビ中継塔があり、石仏群の西側に一等三角点補点の石柱がある。山頂への登山道は戦争中の簡易コンクリート道が残存し、滑らず歩きやすい。

▽**安満岳**《やすまんだけ》（535m）、天狗岳（514m）　平戸のほぼ中央に位置し、この島の最高峰である。深川町と山中町を結ぶ県道19号線の大越から西折する市道に入り、途中、平戸斎場を左に見て約3kmで、右側に登山口の大駐車場に出る。この車道を直進すると、2kmで**鯛の鼻**（447m）に行き着く。登山口がコンター

鯛の鼻から安満岳の南面

４３５ｍであり、山頂まで４ｍ幅の参道となっていて、神社参拝のための歩道を行く、登山口から北へ上り、中程で西へ鉤《かぎ》形に道を20分で白山比咩《ひめ》神社上宮に着く。白山権現社から勧請したいわれの神社で、社務所がある。この社の西の裏手が大岩壁となっていて、眼前に望洋たる東支那海が開け、絶景である。なお国地院の三角点名に天狗岳となっているピークは参道東側の雑木林の中にあり、一等三角点本点を確認できる。したがって上宮の大岩壁付近には三角点の石柱はない。

以上、三山を述べたが、展望がすぐれている他に、国立公園の域内に位置し、植物相が豊富であり、島の各所にはメノウ、アメジストなど多様な鉱石類が散見される。

④日田・津江の山

釈迦岳《しゃかだけ》（1229m）☆☆
御前岳《ごぜんだけ》（1209m）☆☆

この連峰は福岡、大分の二県にまたがり、筑後川と矢部川の分水嶺をなしている。昭和二〇年代以降、林道の開発、そして自然林の伐採に伴う生活用材の植樹、あるいは電波中継塔の建設などで、釈迦岳山頂周辺は大きな変化をきたし、昔日の面影はなくなったが、山頂一帯にはブナ、ミズナラ、ナナカマド、ドウダン、ミヤマキリシマ、バイケイソウなどの植物が若干残っていて、山の美観を保っている。

釈迦岳は昔、彦山の山伏が彦山権現の仏である釈迦如来を山頂に勧請したことからその名がついたと言われているが、現在、山頂には三重の塔の石祠に地蔵菩薩が祀られている。御前岳は一名、前山、田代山、権現岳とも言われ、山頂には田代の津江神社の上宮祠、津江権現を祀るゆえ、その名が付いたと言われ、現在、山頂には景行天皇御遺跡碑がある。御前岳から南へ下って御側の大杣《おおそま》公園には、後村上天皇の皇子、良成親王の御墓があり、親王は第二代目、征西将軍の宮で、建徳元年（一三七〇）鎮西探題の今川了俊の迫害を受け、この御側で矢部の豪族、五条少納言頼元らと南朝の再興を図ったが、それも空しくこの地で逝去されたと言われている。

この二峰のルートは①日田市の大野、椿ガ鼻と②出野を経て田代、そして③八女市の宮の尾、御側からの三つのルートがあり、三つのルートとも車道が山頂近くまでのびているので、マイカーであれば山頂近くの林道に駐車して往復すれば、いずれも約3、4時間の距離にあり、ハイキングコースとみなしてよい。

大野（1時間10分）**椿ガ鼻**（1時間10分）**釈迦岳**（60分）**御前岳**（1時間20分）**御側**（50分）**宮の尾**

車道や林道の開発で福岡方面からの日帰り登山や、縦走も可能になったが、縦走の場合は交通機関の都合で、充分な余裕と計画が必要であろう。日田から大野までは定期バスが出ているが、3、4人のグループなら日田からタクシーの利用がよい。

大野の役場前から急坂の屈曲した舗装道を栗の上を経て、

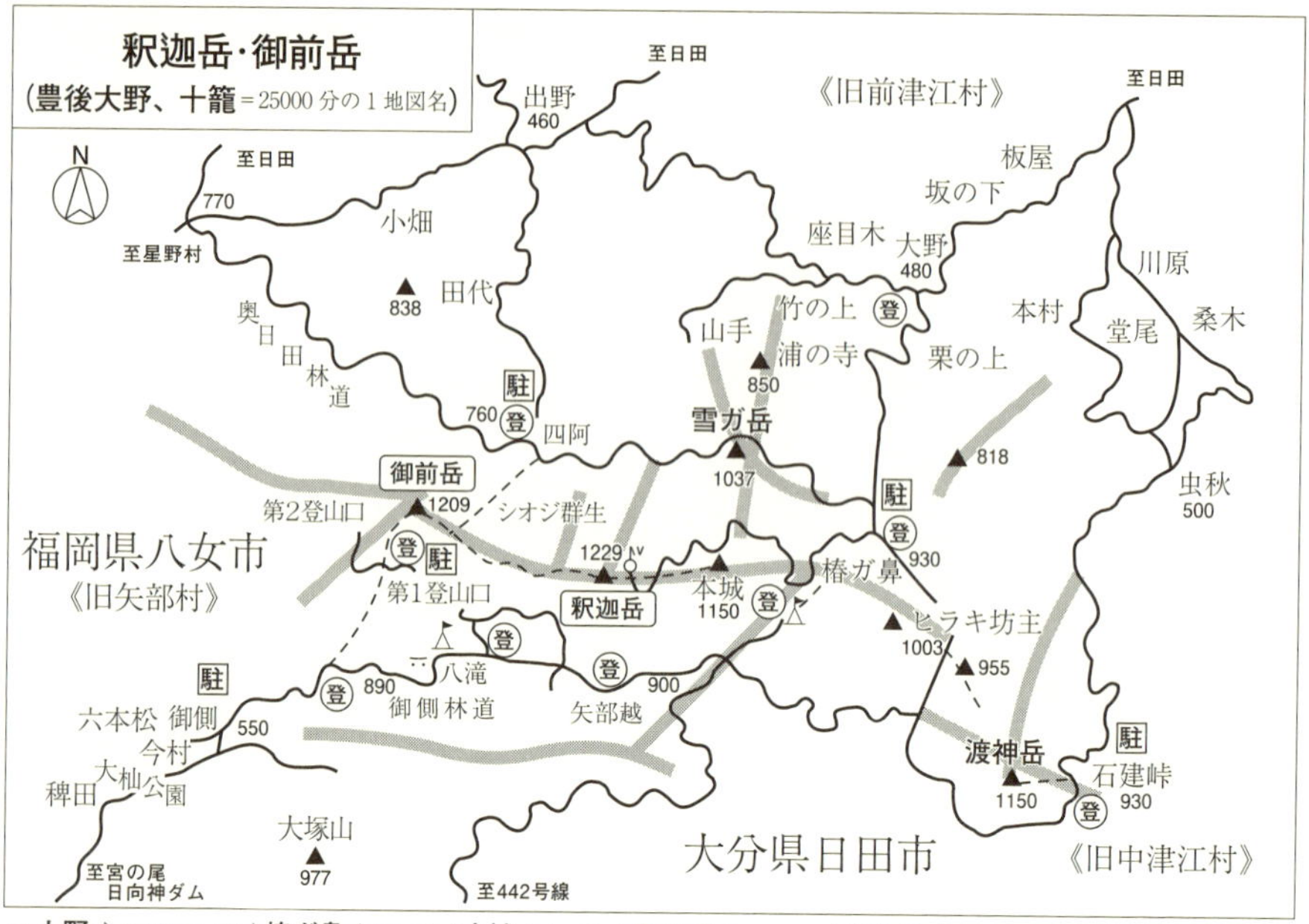

☞**大野**⇨（1時間10分）⇨**椿ガ鼻**⇨（30分）⇨**本城**⇨（40分）⇨**釈迦岳**⇨（1時間）⇨**御前岳**⇨（1時間20分）⇨**御側**⇨（50分）⇨**宮の尾**

なお急坂を浦の寺の集落をぬけると、台地に出て小川を渡り、しばらくして分れ道を右へとると、徒歩1時間10分、マイカーなら10分でリゾート化した椿ガ鼻の大駐車場に着く。レストハウスやキャンプ設備が整っていて昔日の面影はない。

この駐車場の北側から西の方へ急坂の車道をやや上がると、約30分で左（南）側の小高い平頂峰の本城に着く。すでに山としての原形はなく、自衛隊の用地として舗装され、２００坪余の広場を呈している。ここから右（北）下に車道を見ながら尾根道を行くと、5分でテレビ中継塔のそばを通過する。この辺りの尾根筋にはわずかに原生林が残っている。さらに20分で小ピークに着く。建設省の無線中継塔に着く。車道はここまできている。ここから県境に沿って南へ下れば、矢部越に至る道である。

これから西へ尾根道を行くと15分で一等三角点のある**釈迦岳**山頂に達す。約20坪の山頂には三重になった石塔があり、眺望は四囲にわたって良好で、近くの渡《と》神《がみ》、酒呑童子《しゅてんどうじ》、八方《やほう》の山々や万年《はね》、涌蓋《わいた》、九重、阿蘇方面まで

福岡県最高峰の一等三角の石柱と石仏２基。遠景は権現岳

遠望できる。

　釈迦岳から西へ、岩や根の現れている急な坂を下り、三つ四つ小さなピークを越えると、約１時間で**御前岳**に着く。この尾根筋はスズタケと原生林がまだ充分残り、素敵な道で、ツクシシャクナゲの群生を見ることができる。御前岳は約50坪の山頂で、行幸千八百五十年記念、景行天皇御遺跡碑がある。御前岳の北東側からシオジ群生地を経て下れば奥日田林道の四阿《あずまや》のある登山口へ出る。

　御前岳から南の方へモミ、ブナ、トガ、カエデ、ミズナラなどの原生樹林の中を下ると、20分で御側から東の方を迂回してきた林用車道に出る。日向神から宮の尾を経由するマイカーは、この林道に駐車できる。この林道を西へ１・５km行くと第二登山口がある。御前岳から下ったこの林道を東の方へ50m行って、右（南）に石ころばかりの涸《かれ》谷を下ると、20分で堰堤に出て、すぐ下を御側林道が東西にはしっている。本河内川の橋を渡り、西へ舗装された車道を行くと、40分で三叉路に至る。ここから右（西）へ０・４km行くと、大杣《おおそま》公園で、良成親王の御墓へ、反対に引き返して八滝まで３km、さらに釈迦岳まで６kmと道標に記されてある。御側川に沿って下ると、50分で宮の尾のバス停に着く。バス停の北に産土神社があり、境内に大銀杏と大杉がある。バス待ちには格好の場所である。

◇**考察**　大分県日田市前津江村の大野から、福岡県八女市矢部村の宮の尾まで縦走して、５時間30分のコースであるが、日帰りなら早立ちが是非必要である。福岡方面からマイカーによる椿ガ鼻への道は、日田から国道212号線を杖立温泉の方向へ行くと、大山町中川原の左側に神社がある所の信号機に、右へ前津江の標示にしたがい右折する。約10km走れば大野の役場で、これから左（南）へ急坂を行けば約５kmで椿ガ鼻に到達する。
　釈迦岳（三角点名は釈迦ヶ岳）へ平成五年（一九九三）に、国土地理院２・５万分の１の地図持参で、椿ガ鼻から釈迦岳、御前岳、御側へ調査した。一等三角点の釈迦岳は地図上では日田市前津江村のピークに電波塔のマークと共に記載されているが、現実に一等三角点の石標がある場所は地図上の三角点ピークから１８０ｍ西の福岡県八女市矢部村と大分県日田市前津江村の県境界の１２３０ｍピークに設置され、したがって福岡県の最高峰は英彦山（１１９９ｍ）を凌駕して釈迦岳になるだろう。

　昭和六〇年（一九八五）一一月に日田市から中津江村を経て阿蘇外輪山へぬける奥日田林道が完成した。すなわち国道210号線、日田市石井町三丁目のガソリンスタンドの三叉路から入り、３００ｍで酒店の角を右（南）折する。石井小学校横を通り、山手、出羽《いずるは》、三春原《うらせばる》を経て標高９６０ｍの出野越から山腹を蛇行して釈迦岳の東、椿ガ鼻まで36kmの距離となり、釈迦岳、御前岳が身近な山になった。

渡神岳《とがみだけ》（1150m）☆☆

大分県日田市から国道212号線に入り、約10kmで旧大山町の中川原に至る。信号機と道標にしたがい右折し（釈迦岳、御前岳への道と同じ）西釣、下山と、赤石川に沿って約6kmで仙頭《せどん》屋敷のバス停である。ここで左（南）折し、すぐ赤石川に架かる中城橋を渡り、川原、桑木、虫秋の集落を経て、仙頭屋敷から約8kmでコンター930mの石建《いしだて》峠に着く。

登山口（石建峠）（40分）渡神岳（30分）石建峠

石建《いしだて》峠の林道わきに駐車して、峠から西折して造林の中の平坦な遊歩道に入る。数分で原生林にかわり、小さなピークを越える。オオバザサの中にカエデ、ネジキ、ウルシ、ドウダンツツジ、ケヤキのほかカンアオイ、ナルコユリなどが眼につく、小さな急坂を上る。石建峠の登山口から約40分で三等三角点の**山頂**に達す。20坪余の山頂には北西向きの石祠が1基坐し、展望は70%である。

次に**椿ガ鼻ルート**を述べる。コンター920mの椿ガ鼻パークの北端に奥日田林道開通記念碑がある。その東側下の駐車場広場の東南端に渡神岳への遊歩道入口の道標がある。造林の中をゆるやかに上り、999mの鈍峰をこえ下る。南

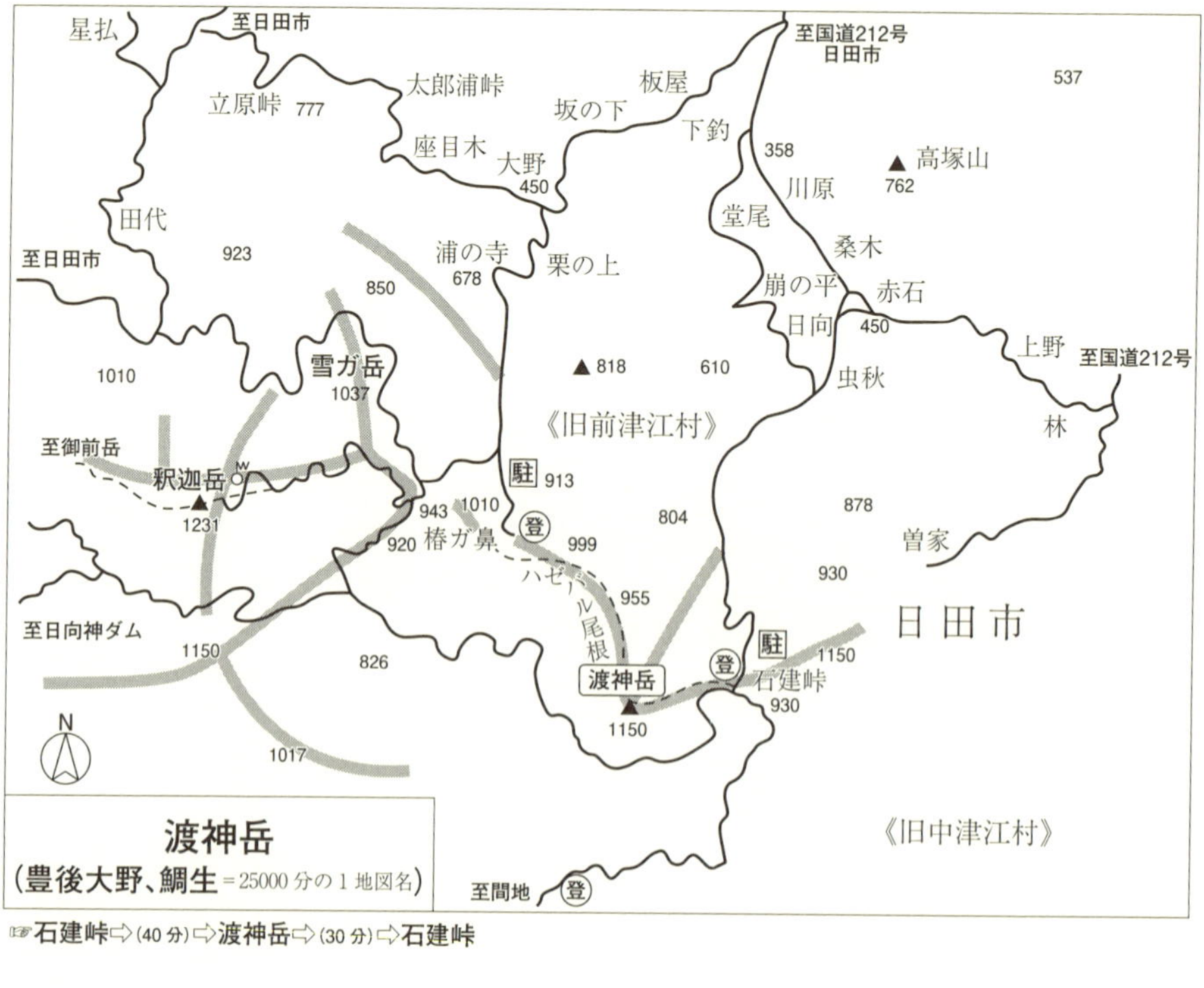

☞石建峠⇨(40分)⇨渡神岳⇨(30分)⇨石建峠

北にはしる林道を横断し、地蔵峠を経て**ハセバル尾根**が東南方向へのびる。渡神岳の西面の小渓流を渡るあたりから自然林となり、スズタケまじりの急坂を登る。登山口から1時間30分で南側から山頂に至る。

　この山はその昔、神宮皇后が戦勝のお礼に神々を迎え祀られた由緒から渡神岳の名があり、山麓住民にとっては雨乞いの場として、また信仰の山域として崇敬されてきた。別名、水晶岳とも呼称される。

渡神岳の西面

ハナグロ山《やま》(1086m)☆

　聞きなれない山名だが、れっきとした三等三角点の山頂は大分、熊本の県境にあり、酒呑童子山、小鈴山、三国山、八《や》方《ほう》ガ岳などが連なる津江《つえ》、菊池山系に属している。山頂に至るルートは自然林に被われ、深山の雰囲気を感じる。途中には忠犬ハナグロの祠があり、山の神として猟師の信仰をあつめている。

　登山口は穴川峠からと兵戸スーパー林道のカシノキズル峠からがあるが、メインの穴川峠からがわかりやすい。

穴川峠(1時間20分)**ハナグロ山**(50分)**カシノキズル峠**(スーパー林道、1時間20分)**穴川峠**

　日田市から下筌《しもうけ》ダム、鯛生《たいお》金山跡を経て約45kmで県境の穴川峠に着く。また熊本県菊池市から県道133号線を班蛇口《はんじゃく》、バス終点の穴川を経て５kmで穴川峠に至る。峠が標高６９０ｍゆえに山頂までの標高差約４００ｍとなる。登山口は峠の東側に菊池営林署の作業道があり、霧ガ越林道と記され、林道口は鎖でクロスしてあるので、マイカーの乗り入れはできない。

　この林道に入り、すぐ目前の高圧線の鉄塔の南をまいて約２００ｍほど荒廃した林道をカーブして行くと、左側に登山口がある。ここから雑林の急坂尾根にとりつく。しばらくは南側は植林、北側は自然林のバウンダリーを行くが、間もなく照葉樹の多い雑林に変わる。リョウブ、ネジキ、アセビ、ヤマグリ、シキミ、ツゲ、ツバキ、ブナ、カシ、イヌシデ、ケヤキ、ドウダンツツジ、シャクナゲなど多彩で、鬱蒼とした林の中、ルートは明瞭である。

　林道口から約40分で、細尾根になった北側に**忠犬ハナグロの祠**がある。これから10分でルートは左折して行く。さらに

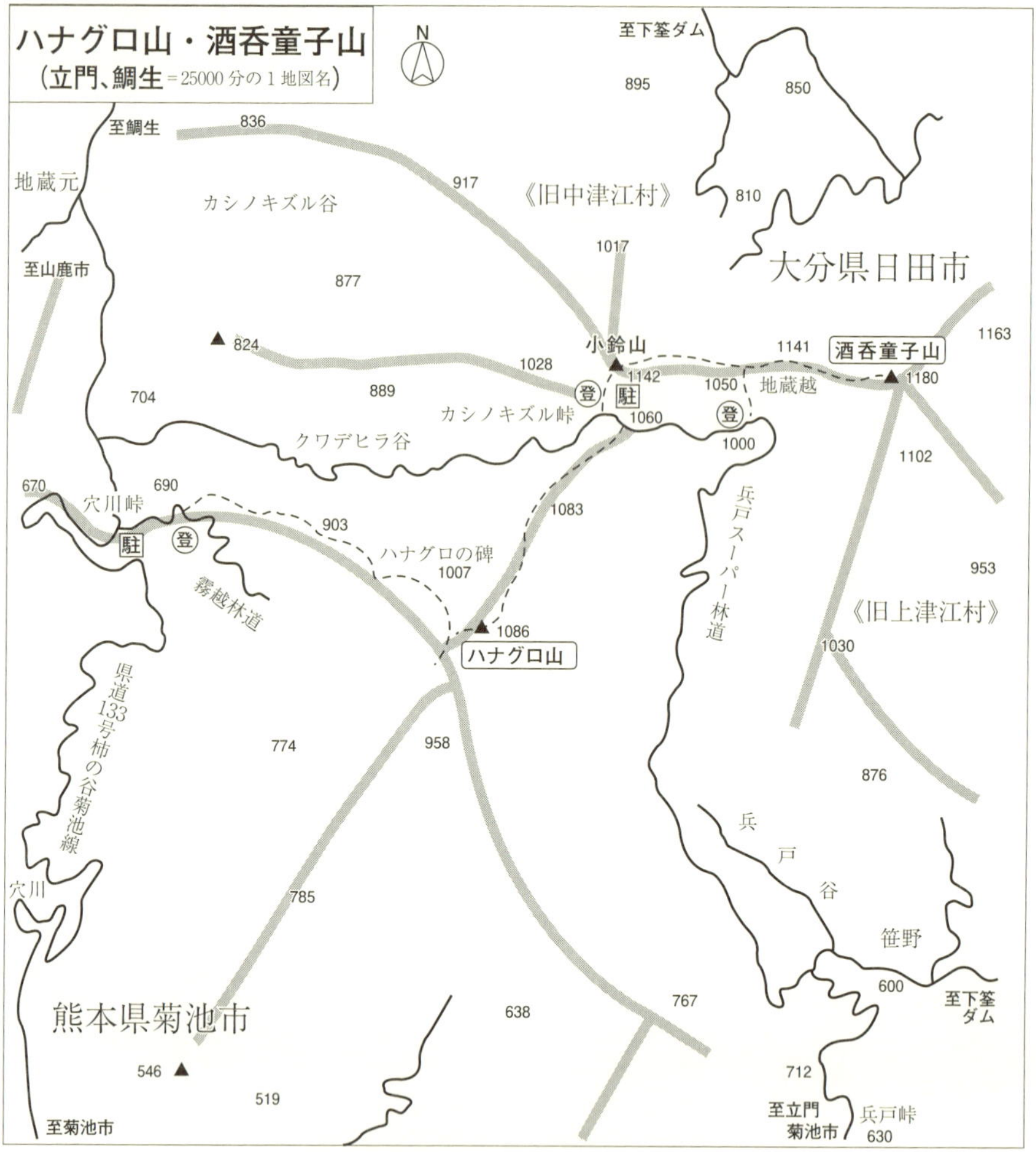

☞穴川峠⇨（1時間20分）⇨ハナグロ山⇨（50分）⇨カシノキズル峠⇨（1時間20分）⇨穴川峠
☞カシノキズル峠⇨（15分）⇨小鈴山⇨（45分）⇨酒呑童子山⇨（35分）⇨兵戸林道

15分で右下に涸谷を見ると、ふたかかえもあるブナの大樹を見て間もなく、また涸谷を越え数分で鋭角に左折する。ここから原生林の尾根を10分余で**ハナグロ山**に至る。約10坪の広場がある鈍頂で東に酒呑童子山、南西に八方ガ岳が指呼の間である。

山頂から小鈴山、酒呑童子山への縦走路は北東に向かって稜線の急坂を下る。10分で鞍部の十字路を直進して上り、15分で1083mのピークを越え、数分で次のピークを越える。感じのよい自然林の踏分け道である。三つ目のピークを越えてスズタケとササ尾根を下ると、山頂から約50分で舗装された**兵戸**《ひょうど》**林道**に出る。車道わきに旧中津江村の大プレートを見る。ここから西へ50m行けばコンター1060mの**カシノキズル越**で、北側に30台は駐車できる広場がある。これは昭和五七年（一九八二）に整備されたもので、登山ベースとして利用できる。

　広場の北東の隅からは小鈴山へ至る遊歩道が上っている。ササ、スズタケ、雑林の急坂を15分で小鈴山を越え、東へ下ると10分で**地蔵（小鈴）越**の十字路に出る。地蔵さまを左に見て直進する尾根の急坂を約30分上れば**酒呑童子山**に達する。地蔵越の十字路を北の中川内へ下るルートは消失す。南へ植林の中を下ると10分で兵戸林道に出る。

　このスーパー林道を1km西へ行くとカシノキズル越で、ここが中津江、上津江の旧村界にあたる。カシノキズル越から林道を西へクワデヒラ谷を右下に見て、途中、桑出川に架かる柿の谷一号橋を渡り、約4kmで県道に接する。鯛生まで県道を6km、兵戸峠まで11kmと標示され、**穴川峠**まで約300mの距離である。

ハナグロ山の祠

◎**考察**　大分と熊本の県境にあるハナグロ山の由来は、猪を追って山に入った猟師が、反対に猪突猛進の危機にさらされた。これを見た**忠犬ハナグロ**が一命を投じてこの難を救った行為に感謝して祠が建てられ、山名がついたという。
　山頂からは東と南の展望がよい。山頂からカシノキズル越に至る縦走尾根にはシャクナゲの群生があり、犬ガ岳のそれに匹敵するほどで保護すべきであろう。この山は山頂までのルートに風情があり、また途中、水場がないので準備してゆくがよい。

　穴川峠から県道を北へ約300m行き東へのびるスーパー林道はカシノキズル越を経て笹野、または兵戸峠まで11kmである。カシノキズル越から約1km林道を東進した付近から北への踏分を数分上れば地蔵越で、したがって酒呑童子山へはこの林道から入って約25分で行ける距離になってしまった。

　また、穴川峠から北へ6km下ると、日田市中津江村によって観光地化した鯛生金山跡や外人クラブ跡も残っている。

酒呑童子山《しゅてんどうじやま》（1180m）☆☆
小鈴山《おすずやま》（1142m）☆

　大分県の西南、日田市の旧中津江村と旧上津江村とに挟まれた格好で、ふところが深く、外からはどれが山頂かつかみどころがないが、名前に誘われて、一度はアタックしてみたくなる山である。山頂に至る尾根の北面、南面ともに稜線にわずかに原生林を残すのみで、伐採につぐ植林事業が進み、昔日の面影はない。

　以前のルートは国道442号線、日田市中津江村の下切から南折する車道を上り、中川内の集落を経て２km上にキャンプ場兼登山口があったが、昭和五八年（一九八三）、穴川峠の北５００ｍから東の方へ、兵戸スーパー林道が完成し、林道のカシノキズル峠から簡単に登れるようになった。

カシノキズル峠（15分）小鈴山（20分）地蔵峠（30分）酒呑童子山（35分）兵戸スーパー林道

丹後山地の大江山の酒呑童子の鬼物語は童心に残る。その酒呑童子山の名の如く、津江の山懐深く、自然林に鬱蒼と被われた山域であったが、昭和四〇年代から原生林の伐採につぐ植林事業さらに林道の造成で昔日の自然の面影は消失してしまった。小鈴山と酒呑童子山の鞍部の地蔵峠は小鈴越あるいは笹野越の名残りである。

国道442号線、中津江振興局（旧中津江村役場）から鯛生、市の瀬を経て穴川峠の０・３km手前から左折して、兵戸スーパー林道に入り、４kmで**カシノキズル峠**に至る。車道の北側に手頃な駐車場と登山口がある。遊歩道に入り、スズタケと雑林を分け、急坂を15分で**小鈴山**（１１４２ｍ）に達す。山頂からの展望は芳しくないが、自然林が豊か。

東西にのびる小鈴山と酒呑童子山の稜線は北の中津江村と南の上津江村との旧村界をなし、稜線の南斜面は単一種の植林で被われ、南の笹野・平藪から山頂へ至るルートは消滅して定かでない。

尾根すじにはスズタケ、ミヤマシキミ、シャクナゲ、サルトリイバラなどが目立つ。続いて大岩のあるピークを越し、10分程下ると**地蔵（小鈴）越**の十字路で、北側から上るルートは現在、崩壊消失している。この地蔵越の十字路を右（南）折して下れば10分余で舗装された兵戸スーパー林道に出る。この地蔵越にはかなり古いお地蔵さまが祀ってある。これからは道の両側がスズタケの急坂を東へ30分も行くと**酒呑童子山頂**に達する。

山頂周辺は伐採され、雲仙、多良、釈迦、御前、万年、涌蓋、九重連峰など展望にすぐれる。山頂から東の尾根を経て程野へ、あるいは登山口のキャンプ場へ、そしてまた南の笹野へ下る古い山道は、スズタケやモミヂイチゴで被われて消失し、現在は藪こぎを覚悟しなければならない。山頂から再び地蔵越にひき返し、これから南へ数分で兵戸スーパー林道へ出る。

◇**考察**　山頂への旧ルートは下々切、中川内経由は林道造成で消失し、南側の兵戸スーパー林道から最短距離になった。

酒呑童子山頂にて西南方向を望む

その他、引野、程野方面からのルートもスズタケ、サルトリイバラ、モミヂイチゴなどのブッシュで被われてしまい、藪こぎを強いられることになってしまった。この山もマイカーによるメインルートは兵戸スーパー林道経由のみが生き残り、他からのルートは伐採、林道造成、植林事業の影響で見当すらつかぬ有様となったが、山頂付近はまだわずかに原生林にまじってシャクナゲの群生があり、また山頂からの展望は充分期待できる。

八《や》方《ほう》ケ岳《だけ》（1052m）☆☆

山頂には信仰の対象となっている石祠がある。八方ケ岳というとカニのハサミのような岩峰を見るが、これは八方ケ岳の北西にある奇岩で、山の神ルートで見られる。山頂からの展望は四囲に及び、阿蘇、九重、祖母、釈迦、御前、天山、多良、雲仙と抜群によい。

山の神（1時間30分）**八方ケ岳**（1時間30分）**矢谷キャンプ場**

この山はマイカーによる日帰りで充分であろう。高速道路の菊水か植木のインターから、山鹿市と菊池市の中ほど鹿本

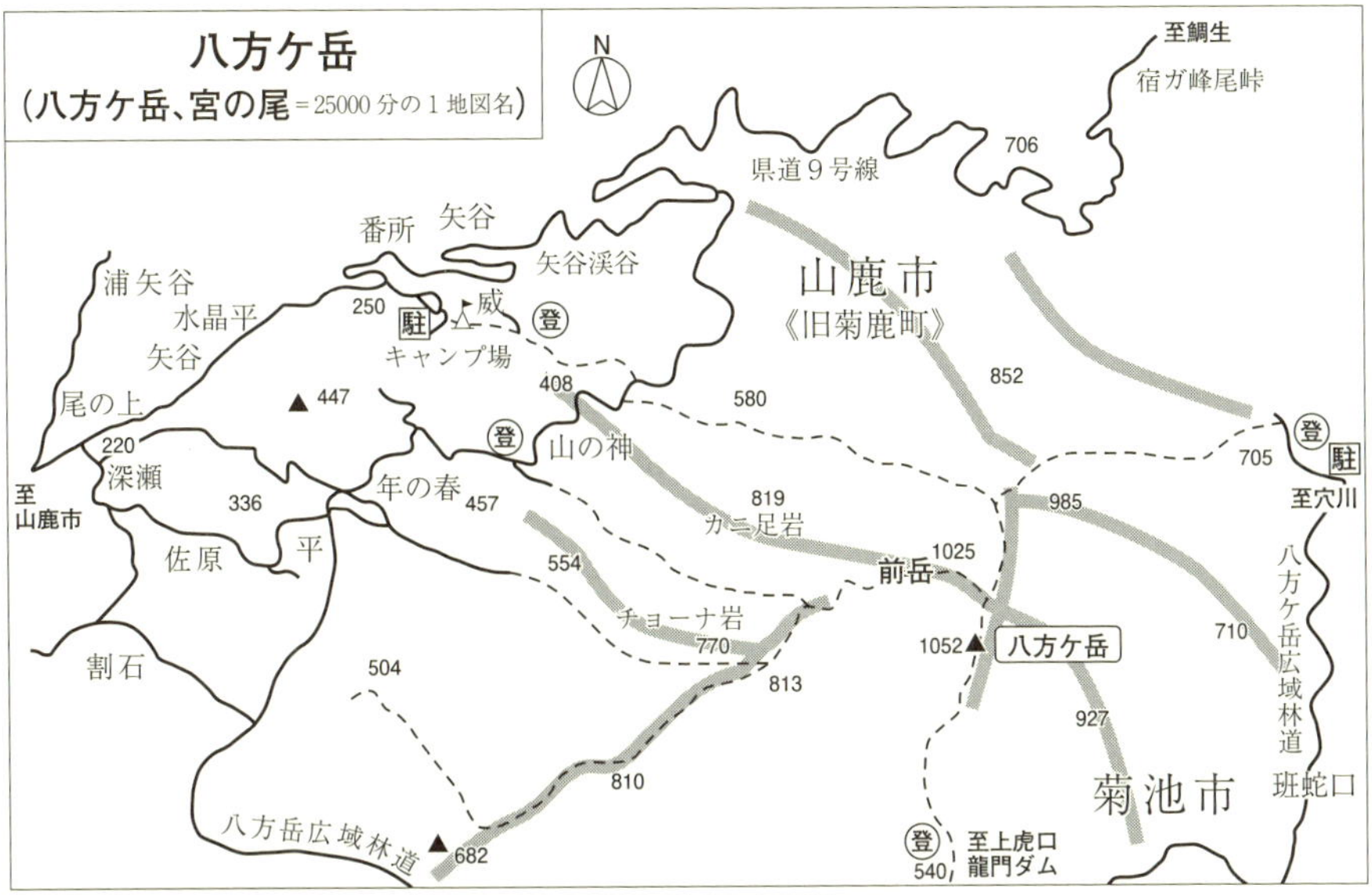

☞**山の神**⇨（1時間30分）⇨**八方ケ岳**⇨（1時間30分）⇨**矢谷キャンプ場**
☞**班蛇口側登山口**⇨（80分）⇨**八方ケ岳**⇨（80分）⇨**上虎口側登山口**

八方ケ岳のカニ足岩

町から鯛生《たいお》を経て、日田市中津江村にぬける県道9号線を、内田川に沿って山鹿市菊鹿町の尾の上バス停に至る。ここに「矢谷キャンプ場経由八方ケ岳へ2時間、山の神経由八方ケ岳へ1時間半」の案内板が眼につく。

　県道を直進すれば2kmで矢谷キャンプ場入口の威《おどし》の集落に着く。尾の上から県道をはずれて右折し、直ぐ橋を渡り、深瀬、佐原、年の春の集落を経由すれば約3kmで山の神に着く。ここから車道はのびて矢谷キャンプ場の上の江良橋を渡りキャンプ場に接続して便利になった。

　山の神から矢谷キャンプ場までは約2kmとみてよい。山頂へのルートは山の神からか矢谷キャンプ場からがよいだろう。**山の神**のヤマメ養魚場の左側の遊歩道から上る。渓流沿いに吉原国有林のプレートを見て25分で林道を横切り、再び造林の中を行く。左上にカニ足岩を、右上に鉈《なた》の形のチョーナ岩を仰ぎ見て、その谷間を行く。生活用材の杉、檜の植林が8合目あたりまで続く。植林から原生林へ移行する手前で、右（西）の方から年の春を経て上ってきた道と出合う。

　しばらく原生林の中を上り、再びかなり成長した杉林の中の涸谷を登りつめると、前岳のススキの草原に出る。目的の**八方ケ岳**山頂が眼前に見える。山頂の下を北から廻るようにして頂上に達する。山頂は100坪余の草原で、祠が1基あるのみで、さえぎるものはない。

　下山は北への尾根道をとる。原生林の中を約30分行くと、右（東）へ下れば穴川で、左へ矢谷キャンプ場の方向へ下る。広葉樹の原生林が続く。カニ足岩の東北の方角を下るわけで、このルートは変化に富んだ景勝の道である。約1時間30分で**矢谷キャンプ場**に着く。直ぐ上を林道がはしっている。矢谷キャンプ場入口の橋を渡ると30台は置ける駐車場がある。番所の集落を通っている県道はこの直ぐ上である。

◇**考察**　平成に入り、中腹をとりまく広域林道八方ケ岳線が完成し、山頂へのアタックが容易になった。龍門ダム下の長野中片《なかへぎ》そして上虎口《かみこく》を経て4kmで広域林道へ上る。右折して0・6kmで山頂への登山口があり、さらに東進し4・2kmで林道分岐を左へとり1・4km上った所が**班蛇口《はんじゃく》登山口**で、コンター700mにあたる。駐車スペースは充分。これから雑林の中の急坂を80分で山頂に至る。南面の**上虎口《かみこく》ルート**は前記の登山口から急坂を直登し、標高差500mを90分で山頂に達す。

三国山《みくにやま》（994m）☆
国見山《くにみやま》（1018m）☆☆

三国山は東、西にはしる筑肥山系の中央にあり、筑後（福岡県）、豊後（大分県）、肥後（熊本県）の県境をなしている。この山系は矢部川と菊池川の分水嶺にあたり、輝石安山岩からなる峰々には岩壁が多い。南に八方ケ岳、東にハナグロ山、酒呑童子山が連なり、鯛生金山跡が近い。

山口集落（60分）**山口越**（20分）**三国山**（40分）**鬼の洞分**（30分）**茂田井分**（10分）**国見山**（8分）**茂田井分**（40分）**茂田井林道**

九州自動車道、八女インターから国道442号線を30kmで日向《ひゅうが》神《み》ダム、9kmで虎伏木《こぶしき》、ここで右（南）折して村道を**山口の集落**まで1・7kmである。第二山口橋の手前の村道ぎわに数台は駐車できる。

ここから渓谷の左岸の杉林の中を、谷川に沿った作業道を歩く。約20分で赤テープを見て右（東）岸へ渡り、山口から上ってきた林道に出てこれを行くと、間もなく杣道に変わり、再び杉林を上る、水源涵養林の標板の左側に造林小屋があり、しばらくで右手に炭焼窯跡を見る。植林から雑林になり急坂を10分余で東、西にのびる**山口越**の稜線に出る。雑林の尾根にはツバキ、アセビ、カシ、リョウブ、モミ、ネジキ、シキミ、ドウダンツツジ、シャクナゲなどが眼につく。

東へ急坂の尾根を10分でコンター950mを越えると、クマザサが茂る尾根に変わり、数分で三等三角点の**三国山**に至る。菊池野研の山名標板があり、山頂は狭小で北東、東、南のすなわち酒呑童子山、ハナグロ山、八方ケ岳にかけての眺めがよい。山頂の東には赤松が一本、南側はネコヤナギが茂っている。山頂から東への尾根はブッシュが濃厚でルートはない。

三国山から**山口越**に戻り、尾根を西へ20分でコンター960mの小峰に至る。ここで左（南）折して50m行くと、**鬼《おに》の洞《どう》**上の岩峰に立つ。北側を除き素晴らしい展望が楽しめる。尾根へ戻り、福岡・熊本県境のヤセ尾根を西へ、15分で尾根の第一ピークを、さらに数分で第二ピークを越え、20分で茂田井《もたい》ルートと出会う。これから岩峰の急坂を10分で**国**

国見山の三角点

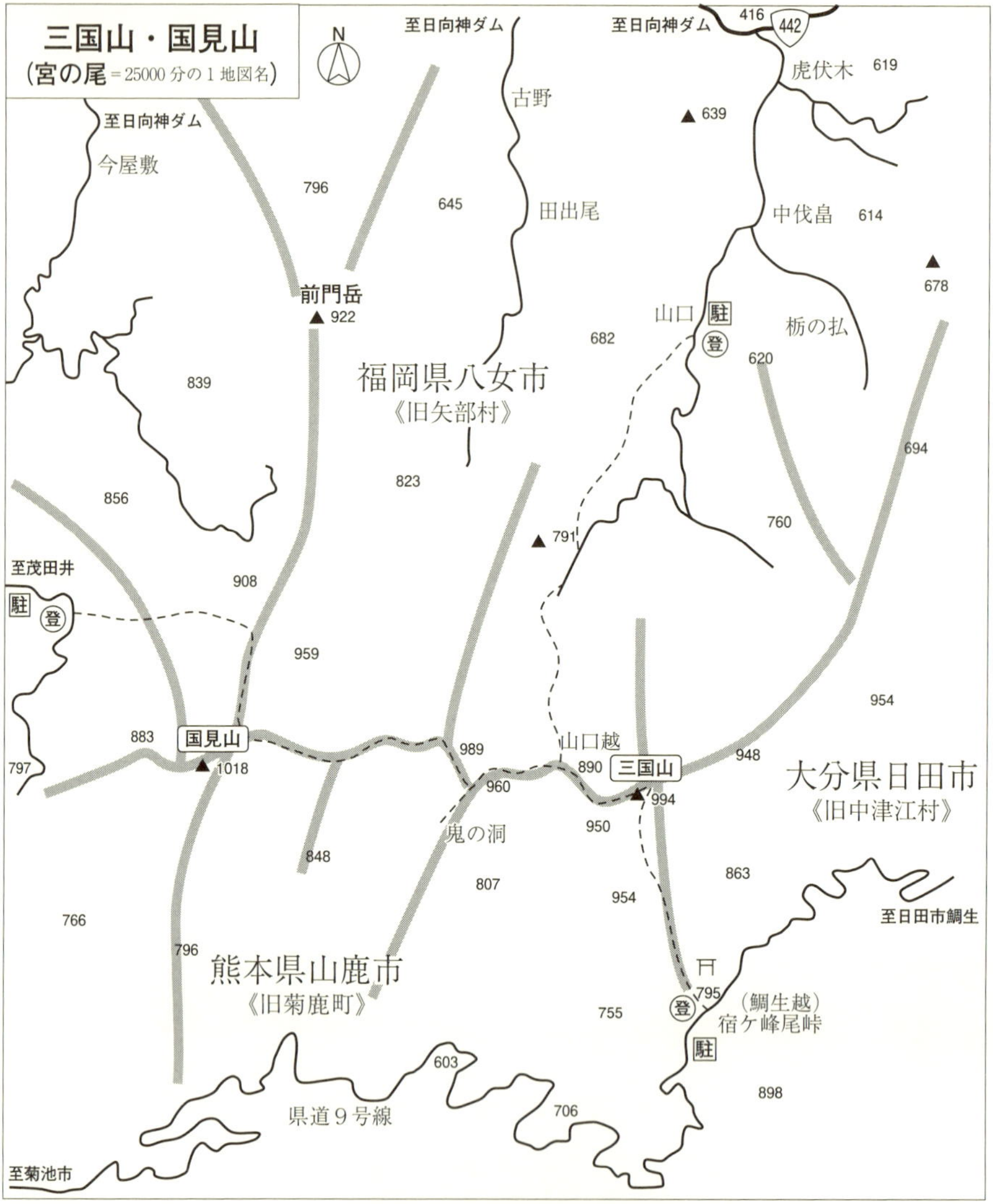

☞**登山口**⇨（1時間）⇨**山口越**⇨（20分）⇨**三国山**⇨（15分）⇨**山口越**⇨（1時間10分）⇨**国見山**⇨（1時間）⇨**山口越**⇨（50分）⇨**登山口**

見山に立つ。山頂狭小で展望は60％。

山頂から戻り、左（北）折し数分で再び左折して自然林の中を渓谷沿いに下る。間もなく造林域に入り、山頂を発ち50分で荒廃した**茂田井林道**に出る。茂田井橋（駐車）まで1・4km、さらに茂田井集落の面毛橋まで1・9kmである。

◇**考察**　山鹿市菊鹿町の県道9号線を八方ケ岳登山口の矢谷を経て宿ケ峰尾峠（鯛生越）はコンタ－790mである。西側に平成七年（一九九五）建立の不動明王社の鳥居がある。ここが三国山への**最短ルート**で、50m上の祠の右を通り、雑林の中をのぼり、稜線に出て、右の尾根の坂をのぼると40分で三国山頂に至る。3県境をまたいだ気分がよい。70％の展望である。

これから坂を下り、鬼の洞まで往復して1時間30分であろう。

石割岳《いしわりだけ》（941m）☆ 平野岳《ひらのだけ》（895m）☆

尾払《おばれ》登山口（50分）石割岳（30分）平野岳（30分）石割岳（40分）尾払登山口

日向神ダムの北に坐す双耳峰の両山へは、黒木町の平野小学校東側から林道を二つ横切り、両峰の鞍部に達し、北へ石割岳、南へ平野岳へ、いずれも約2時間を要す。

平野岳は80％植林で被われている。石割岳は北面（星野村側）に群生するヤマザクラとともに自然林を残し、山頂への遊歩道が整備されている。平成五年一月、峰越連絡林道、石割岳線が星野村尾払《おばれ》からコンター820mの稜線を越え、八女市黒木町の後川内へ開通した。その結果、八女市星野村側からが容易となり、道標、案内板が設置され、現在では北側ルートがメインとなった。

高速自動車八女インターから国道442号線を東進し9㎞で、長野の分岐を左折し、県道52号線を東へ、八女市上陽町から星野村に入り、仁田原の九重の花バス停まで13㎞。ここから右（南）折し、石割岳林道を上って行く。3㎞で石割岳憩の森広場に着く。コンター600㎞で広場周辺は整備され、水場あり、5合目付近まで植樹されている。

駐車場から遊歩道に入り、左（東）廻りと右廻りがあり、左廻りは石敷き道が部分的にあり滑りやすい。7合目から上は自然林が残存し、心が和む。50分で山頂に出る。展望は南に八方ガ岳、東に釈迦、御前、北へ耳納連峰が楽しめる。

下山は西側尾根を50m下り、北側へ遊歩道をたどる。30分で憩の森駐車場に着く。駐車場広場から石割岳林道を峰越し、黒木町霊巌寺のお茶の里公園を経て、八女市へ至る。

平野岳はほとんど杉林で風情がないが、近頃、山頂南側の植林が切り開かれ、日向神ダムからさらに南の山なみの展望が楽しめる。

東の蕨原から石割岳（右）と平野岳（左）の東側

☞**尾払登山口**⇨（50分）⇨**石割岳**⇨（30分）⇨**平野岳**⇨（30分）⇨**石割岳**⇨（30分）⇨**尾払登山口**

平野岳から目下の日向神ダム

一尺八寸山《みおうやま》（707m） 月出山岳《かんとうだけ》（708m）

1 二ツ尾登山口（40分）一尺八寸山（30分）登山口

国内の山名では珍名山にランクされている。大分県日田市と中津市山国町の境をなす稜線のピークで、その昔猟師がこの山域で3頭の猪を仕留め、山の神に捧げた尻尾の長さの合計が一尺八寸、約55㎝あったという。

登山ルートは日田インターでおり、国道212号線から県道48号、日田玖珠線に入り、有田川に沿って東進し、日田市羽田町の熊ノ尾川に架かる両組橋の手前から左（北）折し、二ツ尾の集落まで4・5㎞、さらに400mで右側にバンガローがあり、その先の左側が**登山口**である。日田イン

西側から見た一尺八寸山の頂

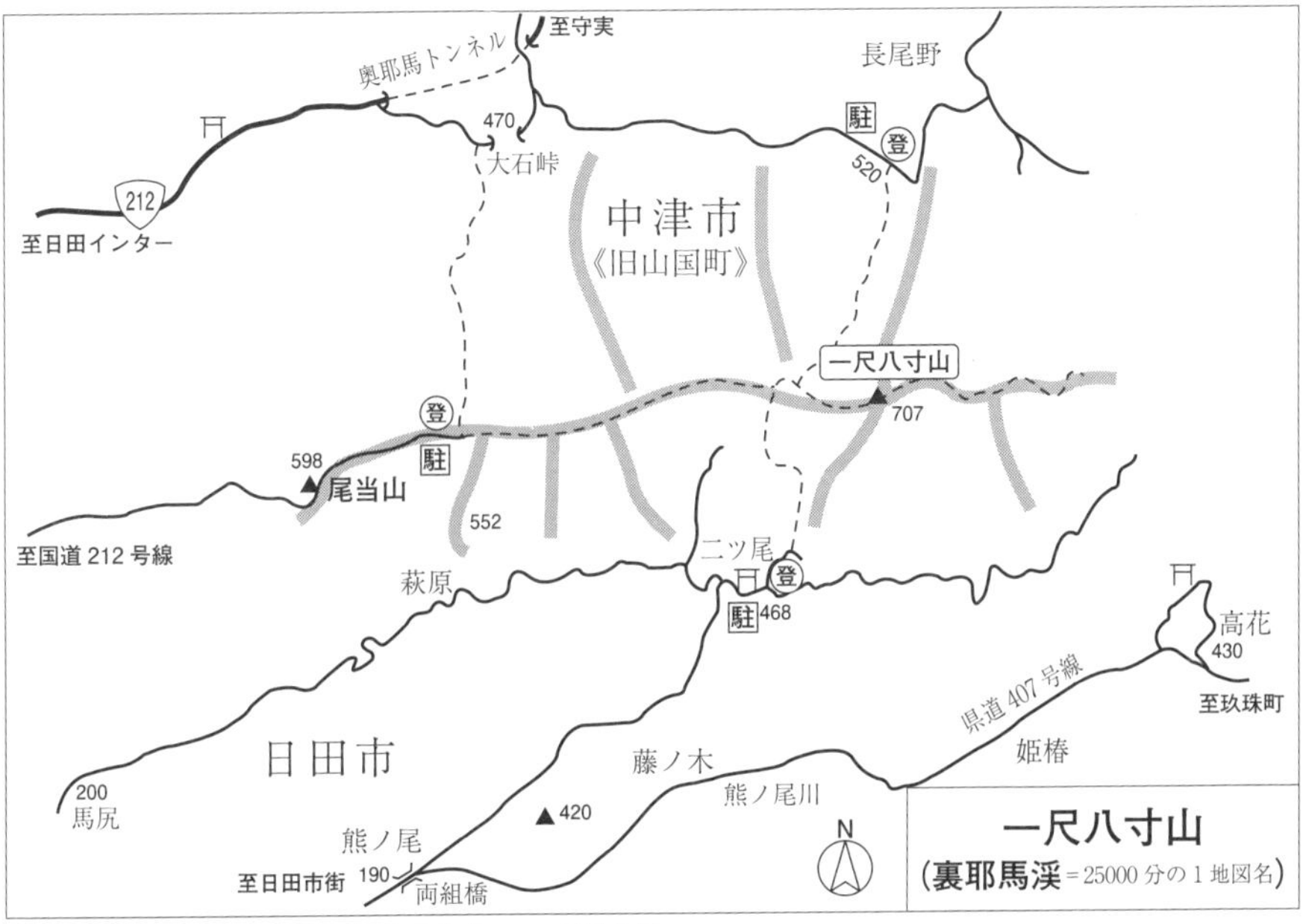

☞**二ツ尾登山口**⇨（40分）⇨**一尺八寸山**⇨（30分）⇨**登山口**

ターから約13kmである。錯綜した造林作業道をやや西廻りに上り、30分で山頂の西の稜線に出て、これより数分で二等三角点の**山頂**に着く。9合目附近まで造林に被われた平頂で展望に乏しい。稜線から南に月出山岳が指呼の間に見える。

この他のルートとして、日田市有田から**尾当山**（598m）へむけ林道を東行して車を降り、約2km稜線を東へ、山頂に至る。今ひとつは国道212号線の大石峠旧トンネルから山国町長尾野の方へ東進し、約2km、一尺八寸山の北側から踏跡をたどり、山頂の西の稜線に上るルートがある。

2 月出山《かんとう》登山口（60分）月出山岳《かんとうだけ》（50分）登山口

日田市の東にそびえ、日田富士の異名があり、珍名でもある。日田市月出町《つきでまち》の月出山《かんとう》集落が目標となる。日田市街をぬける車道があるが、わかりやすい国道210号線日田市日高町バス停から東へ、小ヶ瀬トンネルをぬけ女子畑発電所を右に見て約4kmで榎釣に至る。ここから左折し北東へ3kmで、高塚地蔵わかれの戸屋の口に出る。直進し、竹尾を経て月出山まで3km、集落入口の空地に駐車する。

三叉路を左へ集落の中の急坂の舗装道を上る。杉林から竹林の中を500mで地道の林道に変わる。集落から1・5km、30分で月出山岳の東端の三の岳（708m）の東のコルに出る。北東に玖珠町の朝見牧場が広がる。ここから西北へ稜線にとりつき藪を分けて急坂を20分で、三角点のある**三の岳**に

☞登山口⇨（60分）⇨月出山岳⇨（50分）⇨登山口

着く。

　牛止めの高さ1mの土塁が稜線を西へ走っている。695mの**二の岳**が日田市との境界線で、九州移動無線センター日田制御局の施設と、日田市地域防災無線中継塔がある。これから稜線の北側を西の方へ10分で、**一の岳**（678m）に着く。南側に安政四年（一八五七）建立の遙拝祠が巨岩の上に座す。

　三つの頂からの展望は概ね良いが、ブッシュが増し、ルートが荒れている。

▽**中摩殿畑山**《なかまどんのはたやま》（991m）　大分県北には耶馬溪を挟み中小の山なみが、北は犬ケ岳、経読岳、雁股山へ、南は一尺八寸山《みおうやま》、高戸山、日《ひ》出生台《じゅうだい》方面へと連なる。この山は中津市の耶馬溪町と山国町の町界にあり、メインルートは国道212号線中津市の犬王丸バス停から田野尾川の左岸（右岸は釣鐘山〈852m〉へのルート）の町道を7km北行し、岩伏の車道終点に至る。民家の田中氏宅が東側にある。数台は駐車可能だが許しを得る。これから造林の中を北上し、約1時間で中津市耶馬溪町奥畑からのびる林道を横断して原生林の残る9合目に入ると、十数分で山頂に着く。三等三角点の頂には八大竜王宮の木造社と辨財天石仏があり、展望はのぞめぬが、北西側にブナの大樹が群生している。

月出山岳の一の岳の遙拝祠

▽**大将陣山**《たいしょうじんやま》（910m）　国道212号線守実から県道2号線へ入り、小屋川の集落から町道を2kmで所小野に至る。寺の板橋の右岸に駐車できる。山頂へのルートは岩不動様分れまでは明瞭だが、これから右へ渓流に沿う藪を分け、造林の中を南西へ上る。1時間20分で東から西へのびる稜線に達し、この尾根を東へ20分上ると大将陣山に達す。平頂の山頂は造林に被われて風情に乏しい。山頂は日田市と中津市山国町の境にあり、日田市の伏木からも上れるが、メインルートは北の所小野からであろう。

⑤九重山群・由布岳周辺の山

久《く》住《じゅう》山《さん》（1787m）と周辺☆☆

九重《くじゅう》連峰を総称して九重山と言い、その主峰が久住山と言われている。阿蘇山は総称で、その中に高岳、中岳、根子岳があるのと同意であろう。阿蘇国立公園に属するこの連峰も、昭和三九年（一九六四）一〇月、別府と阿蘇を結ぶ九州横断道路であるやまなみハイウェイが完通して、九州各地からの距離感が短縮し、九州本土では最高峰の久住山でも、牧の戸峠から登れば標高差わずかに４６０m余となってしまった。したがってこのルートはマイカーや貸切バスで訪れる人々によって、もはや観光道路化した感さえする。

昭和二〇年代に筆者が経験していた、豊後中村からバスにゆられて長者原登山口に着き、法華院温泉に宿をとって峰々を廻り、帰途は牧の戸峠を経て筋湯《すじゆ》で汗を流し、再びバスで豊後中村駅に戻っていた頃と比べ、短期間のうちに想像もできない変化をとげている。

しかし初めて飯田《はんだ》高原からこの山群に接したときの感激、そして東西20km、南北に15kmにわたる広大な久住高原を見たときの素晴らしい景観は今も変らず、人々の心を引きつけている。ただこの連山も他の山と同様に、山をとりまく道路網の発達、整備にともない、メインルートのみならず他の登山道にも変化を及ぼしてきていることはいなめない現状である。

福岡から日田まで65km、豊後中村九酔渓入り口まで１０５km、さらに長者原まで１２０kmで、このコースは早朝に発てば、日帰り充分である。

長者原のいわれは、神功皇后の新羅《しらぎ》征伐に従軍して功績があった近江国（滋賀県）の浅井藤彦に豊後国玖珠郡の領地が下賜され、近江国から浅井一族が飯田高原の日野に移住した。これが田野長者あるいは朝日（浅井）長者と言われる豪族となり、前千町、後千町という膨大な美田と百姓千人、牛馬千頭を使い豪勢な生活をしていたところから長者ガ原となったと言われる。現在の長者原バス停には、やまなみハイウェイをはさんで、両側に大駐車場、そして山の案内所、ビジターセンター、ドライブイン、ガソリンスタンド、国民宿舎、ホテルが建ちならび、名実ともに九重連峰の正面登山口になってしまった。

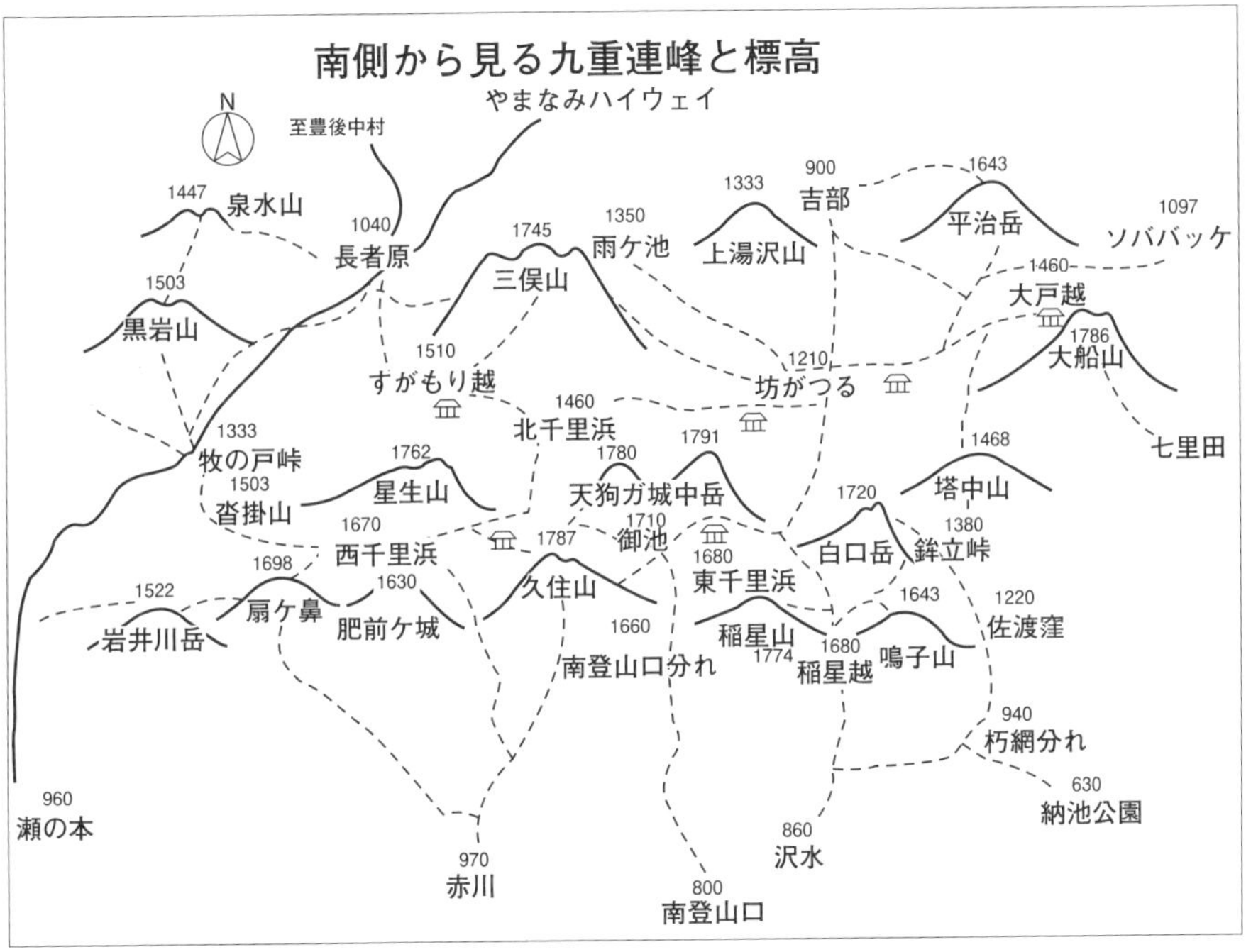

1

長者原《ちょうじゃばる》登山口（1時間20分）**すがもり越**（40分）**三俣山**（40分）**大鍋《おおなべ》小鍋《こなべ》経由雨《あま》ケ池《いけ》**（60分）**長者原**

ドライブイン兼バスセンターを右（西）側から入ると、直ぐ白水川に架かる橋を渡り、左（東）側に長者原山荘を見て（この山荘前を東へ行くと雨ガ池へ至る）コンクリートの車道を硫黄山採鉱場の方向へ上る。この道は硫黄鉱運搬専用路で、道は西へカーブしながら上っている。左（東）側に三俣山を仰ぎながら、車道の途中から草原の中の小さな尾根づたいに近道をえらんでもよい。三俣の山すそに沿ってガレ場を登った旧道は崩壊が激しく、また砂防堤工事などのために今は消失してしまい通らぬがよい。上り道からふり返ると東に三俣、西に黒岩、泉水、涌蓋そして広大な飯田高原が目をみはるほど雄大にうつる。硫黄山の噴煙が間近になると、道標にしたがいガレ場の涸谷を東へ渡る。そして石ころ道の急坂を上りきった所が**すがもり越**（１５１０ｍ）で、硫黄山と三俣山の鞍部をなし、避難小屋の前には「愛の鐘」があったが、硫黄山の噴火で今はない。

　これから北へカヤやクマザサの草つきの急坂を登れば、約40分で**三俣山**の山頂に着く。なだらかな草原の四つの頂からなり、三角点は西の頂で、草原の随所にミヤマキリシマの群生を見る。眺望はさえぎるものがないので、坊がつるの向うに平治《ひじ》岳、大船山《たいせんざん》、南に稲星山《いなぼしやま》、中岳、天狗ガ城、北千里浜、

平治岳から中岳、硫黄山、三俣山

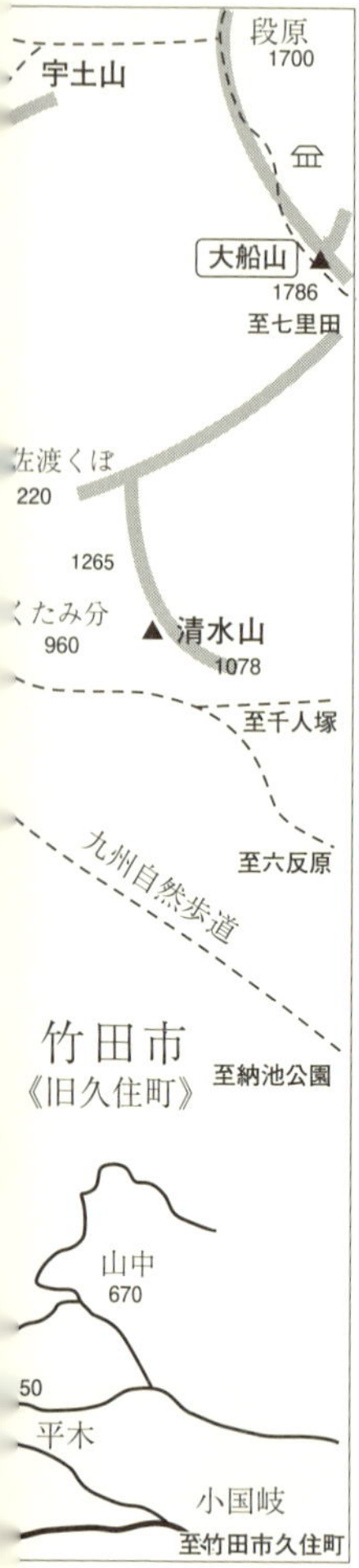

⇨くたみ分れ⇨(20分)

久住分れから久住山、星生山《ほっしょうざん》、涌蓋山《わいたさん》、黒岩山と起伏がつらなっている。

山頂標識の頂から西北へ、シャクナゲ、ドウダンツツジ、ナナカマドなどの灌木材の中を直降すると、**大鍋**の南端に出る。夏場はイヌタデが密生するスリ鉢の底状をした大鍋の北のふちに上り、これから西北の方へ踏み分け道をたどり、**小鍋**の北側のふちに至る。または三俣山の最北端から小鍋の北縁に下ってもよい。火口跡をなす小鍋は自然林で美しくとり囲まれて、自然公園をみるような素敵な窪地で、コケモモ、マイヅルソウ、イワカガミ、ヒカゲツツジなどの広葉樹林が密生している。

小鍋の北側から雨ガ池への急坂は明確で、下った所に100坪位の溜池があり、岸にはミズギボウシの群生を見る。この池は**雨ケ池**の南の丘陵上にあり、涸れることはない。雨ガ池から西へ長者原の方向へ下ると、間もなく原生林の中に入る。道は年ごとに増加する登山者によって幅広くなり、昔日の面影はないが、なお多種類の植物の自然林が心をいやしてくれる。原生林からタデ原に出ると、道は左右に分れ、右は自然観察路の湿原の中を敷きつめた木道の上を15分行くと、白水川を渡って長者原の駐車場に出る。左は西へ真直ぐ、長者原山荘の北側を経て右折すれば、同じ長者原の登山口に至る。

◇**考察**　登山者がメインルートに集中するため、昔日の面影をなくした所が多い中で、三俣の大鍋、小鍋を越えるルートは小さくまとまり、自然がいっぱい残っている。しかし大鍋から小鍋に至る道は経験者の案内が必要であろう。昼食を含み4時間から5時間みておけばよい。

三俣山の西に三角点のない**指山**《さしやま》（1449m）がある。雨ガ池から等高線をたどり東の鞍部を経て山頂まで80分であるが、途中崩壊しルート消失。最近は小鍋縁への直登ルートを利用する。すなわち長者原から白水川の橋を渡り、すがもり越の方へ約1・2km車道を上り、左折する三俣川治山工事作業道を約0・8kmの終点まで行く。涸れた三俣川の左岸沿いに15分で右岸へ渡り、急

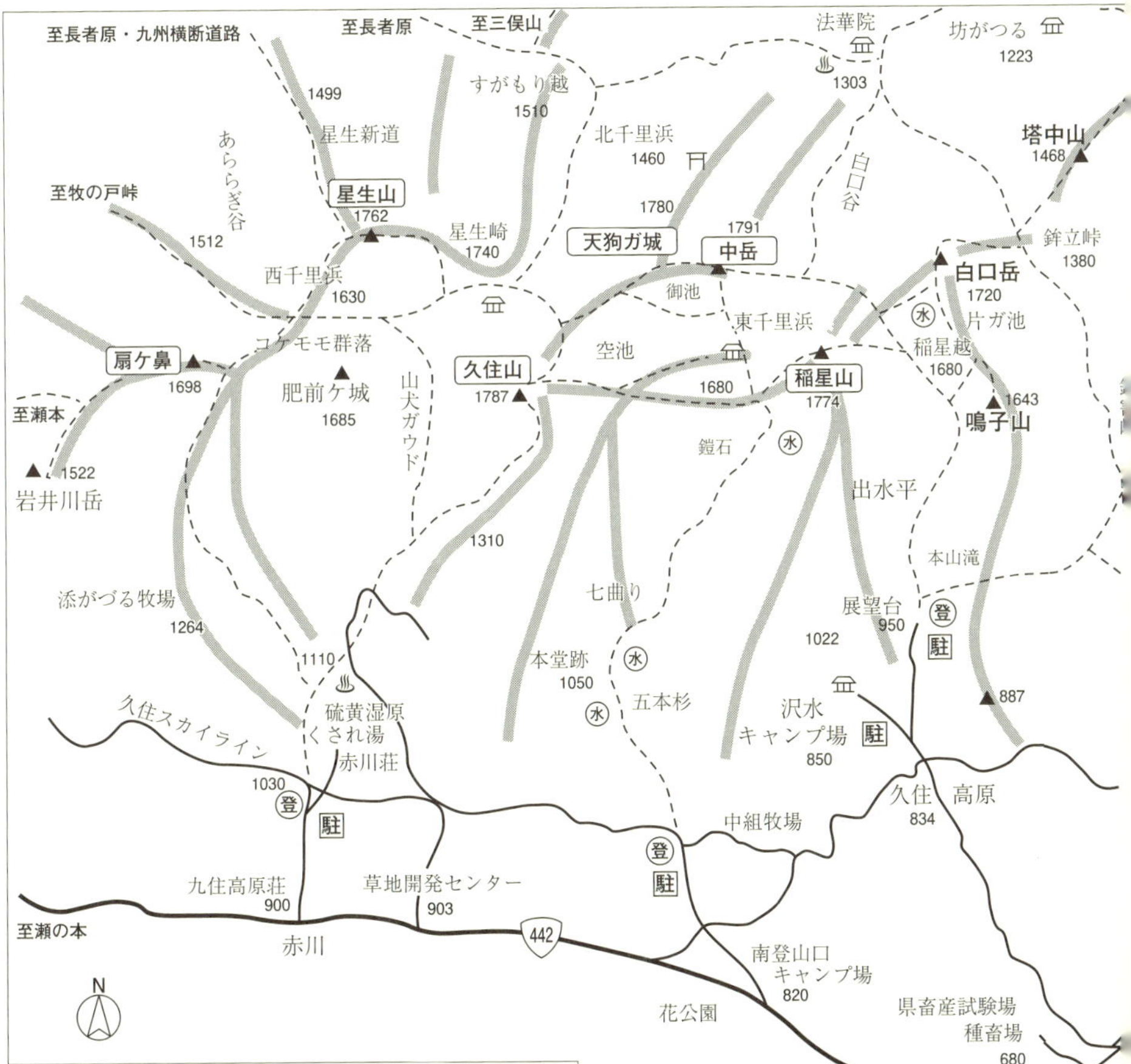

久住山を中心に南面ルート

（久住、久住山、大船山、湯坪＝25000分の1地図名）

☞赤川久住高原荘⇨(2時間10分)⇨久住山⇨(25分)⇨南登山口分れ⇨(1時間)⇨本堂跡⇨(50分)⇨南登山口キャンプ場

☞沢水キャンプ場⇨(2時間10分)⇨稲星越⇨(25分)⇨稲星山⇨(30分)⇨白口岳⇨(30分)⇨鉾立峠⇨(25分)⇨佐渡窪⇨(35分
⇨久住高原展望台

指山（左）と三俣山北端

坂のガレを20分で指山の鞍部へ、これから10分で山頂につく。三俣山小鍋へはこの鞍部手前から東へ急坂を這い上る。

2

長者原《ちょうじゃばる》から周遊ルート（60分）**雨ケ池**（40分）**坊がつる**（1時間40分）**大船山《たいせんざん》**（60分）**大戸越《うとんごえ》**（30分）**平治岳《ひじだけ》**（1時間30分）**坊がつる**（40分）**すがもり越**（1時間20分）**長者原**

長者原の大駐車場から白水川の橋を渡り、タデ原の自然観察路の木道を行くと原生林に入る。雨ケ池経由坊がつるまで4・7㎞で、原生樹木に名札が掛っている。クヌギ、ミヤマザクラ、サンカクヅル、イタヤカエデ、ヤマウルシ、イヌシデ、ヌルデ、アズサ、シキミ、リョウブ、アセビ、サルナシ、ヤシャブシ、ナナカマドなど覚えきれぬほど豊富である。

原生林がきれると間もなく**雨ケ池**の草原台地で、道の右（南）側に径30ｍはある空地がある。雨ケ池の草原はススキや芝生の丘陵の所々に配置された自然石、ミヤマキリシマ、クサボケの群落のほかリンドウ、キスミレ、ヒゴタイ、ワレモコウ、ツクシフウロウ、ヤマオダマキなど多種類の草花におおわれた一大自然庭園を形成し、東方に平治岳、大船山が指呼の間にせまる。

雨ガ池から東南へ草原の中を行き、原生林の中を下れば、再び草原にかわる所が**坊がつる**で、これから５００ｍほど法華院温泉の方へ行って、左（東）折すると鳴子川に架かるコンクリート橋を渡る。坊がつるキャンプ場の便所、炊事場、そして避難小屋の建物を右に見て、大船山登山口に着く。ここが1合目で、ミヤマキリシマ、アセビ、ヤシャブシ、リョウブ、ナナカマドなどが密生する急坂を上り、3合目（宇土山）から右（南）折すれば、**塔中山《たっちゅうさん》**を経て鉾立峠への道標が立っている。灌木の欠けた道からふり返ると、眼前に三俣、稲星、白口、鳴子そして阿蘇の連峰が望まれる。やがて草原状の段原の西南端に達す。道標に左（北）へ段原を経て平治岳へ、真直ぐ行って下れば風穴経由黒岳へ、大船山は右（南）へ。間もなく左手に避難小屋を見ながら、岩石やミヤマキリシマをぬって山頂に至る。

大船山山頂はなだらかで、大小の石ころがあり、展望をさまたげるものはない。久住高原から祖母、傾の連峰がことのほか素晴らしい。山頂の東南直下に火口湖の御池が満々と清水をたたえ、この池をとりまく自然林や岩石の配置は、これまた素晴らしい庭園風をなし、ことに紅葉が水面にうつる季節は、えも言われぬ趣に息をのむ思いである。

竹田藩岡城主、中川入山公はこの大船山の御池、段原の美

白口岳から坊がつると平治岳

景にひかれ、あるいは統治する城下町を見渡すためであったのか、幾度となく登頂されたという。

この大船山一帯、ことに段原から北大船山にかけて群生するミヤマキリシマは天然記念物に指定され、ピンクの花にまじって白咲きや、八重咲きもまれに見られ、学術上貴重とされている。段原の東側には**米窪**といって直径500m、深さ200mの噴火口跡がある。

大船山山頂から北の段原に戻り、しばらく直進してミヤマキリシマの中を右へ、カーブをえがきながら登りつめると**北大船山**山頂である。山頂から少し下って左（北西）折し、灌木の中のジグザグの道を下り、視界がひらけると、平治岳との鞍部をなす**大戸越**《おどんごえ》の草原の十字路に出る。左折して下れば坊がつるへ、右折して自然林の中を下れば黒岳へ通じるソババッケへ至る。北へ急坂を**平治岳**へ。灌木の中の狭い道を上るにしたがい、ミヤマキリシマの群生に目をみはるだろう。六月の開花の頃は大船山に劣らぬ圧巻で、全山ピンク色に染る。

山頂からは東に黒岳の原生林、南に段原ごしに大船山が顔をのぞかせ、坊がつるを間にして中岳、久住山、星生山、三俣山と並ぶ。山頂から大戸越に戻り、右（西）へ樹林の中に入ると、南西の方向に踏みわけ道を迷うことなく下る。樹林の中から草原に出た所が坊がつるで、直進して避難小屋の前に出て右折する。キャンプ場の炊事場でのどをうるおし、鳴子川の橋を渡り、アセビ小屋の前を通ると法華院温泉宿に至る。

法華院も自家発電や設備の拡張で、昔のひなびた面影はすでになくなった。ここから**すがもり越経由長者原**まで4・6kmの行程である。法華院から西へ10分で北千里浜に出るが、途中、南側の崖崩れがしばしば起きているので、落石に注意したい。北千里浜は草木のない砂と小石の広大な平坦地で、久住分れにかけてケルンが並ぶ。昭和三七年（一九六二）一月の吹雪の日に集団避難者を出した所である。

浜の北西端から大小の石ころをさけて上れば10分で、**すがもり越**の避難所に着く。長者原が西北の眼下にひろがり、安堵するところである。硫黄の臭気の中を硫黄鉱山専用の車道に出れば、夜道でも間違うことのない下り道が長者原まで続く。

◻**考察**　約8時間の行程であるため、長者原か坊がつる（法華院）に一泊すれば楽しく周遊することができる。見どころは雨ケ池、大船山山頂とその東側の御池、そして段原から平治岳にかけて群生する天然記念物のミヤマ

法華院山小屋と塔中山（中央）

法華院中宮祠。中央遠景は平治岳

キリシマであろう。

　坊がつるはもともと火口湖であったのが、北のはしがきれて鳴子川となり、その後、周囲の山地から土砂が押し出して、扇状の台地（ツル）を形成し、現在の法華院の所には約650年前に天台宗の法華院白水寺が建ち、その周辺のツルの上に修験道場として四つの坊があったところから、坊がつるの名が起ったと言われている。

3
牧の戸峠登山口（60分）西千里浜《にしせんりはま》（40分）久住山（40分）中岳（10分）東千里浜（50分）白口谷経由法華院（40分）雨ケ池（60分）長者原

　このルートは健脚向きの一日歩き周遊となるので、長者原から牧の戸まで遊歩道を行くかバスを用いた方がよい。


　標高1330mの牧の戸峠から久住山は標高差わずかに460mとなり、貸切バスやマイカーで来て、平服、短靴の男性や、スカートにズック靴の女性の集団が安易に山頂を目指すようになって、このルートは登山道から観光道路に変化してしまい、一九五〇年代までの面影はすでに消滅してしまった。

　牧の戸峠ドライブインの左から沓掛山までは幅2mのコンクリート舗装の坂道で、15分で沓掛山頂に着く。展望台からの眺めは抜群である。山頂から小さな起伏の尾根を40分行くと、右（南）折すれば**扇ケ鼻**への分岐点で、そこを通過すると西千里浜を左に見る。大草原の中にコケモモの群落やマイヅルソウ、イワカガミ、シコクフウロウなどが可憐である。北に星生山の稜線を見ながら正面に三角形に屹立する久住山を見る。西千里ガ浜の東南端から右折すれば肥前ケ城に至る。星生崎下の岩石の尾根にとりつき、これを越えると真下に避難小屋が見える。小屋から東北へ少し上ると久住分れで、左（北）折して北千里ガ浜へ下る分岐点である。

　久住分れから右（南）へ大きく迂回して石ころ道の急坂を

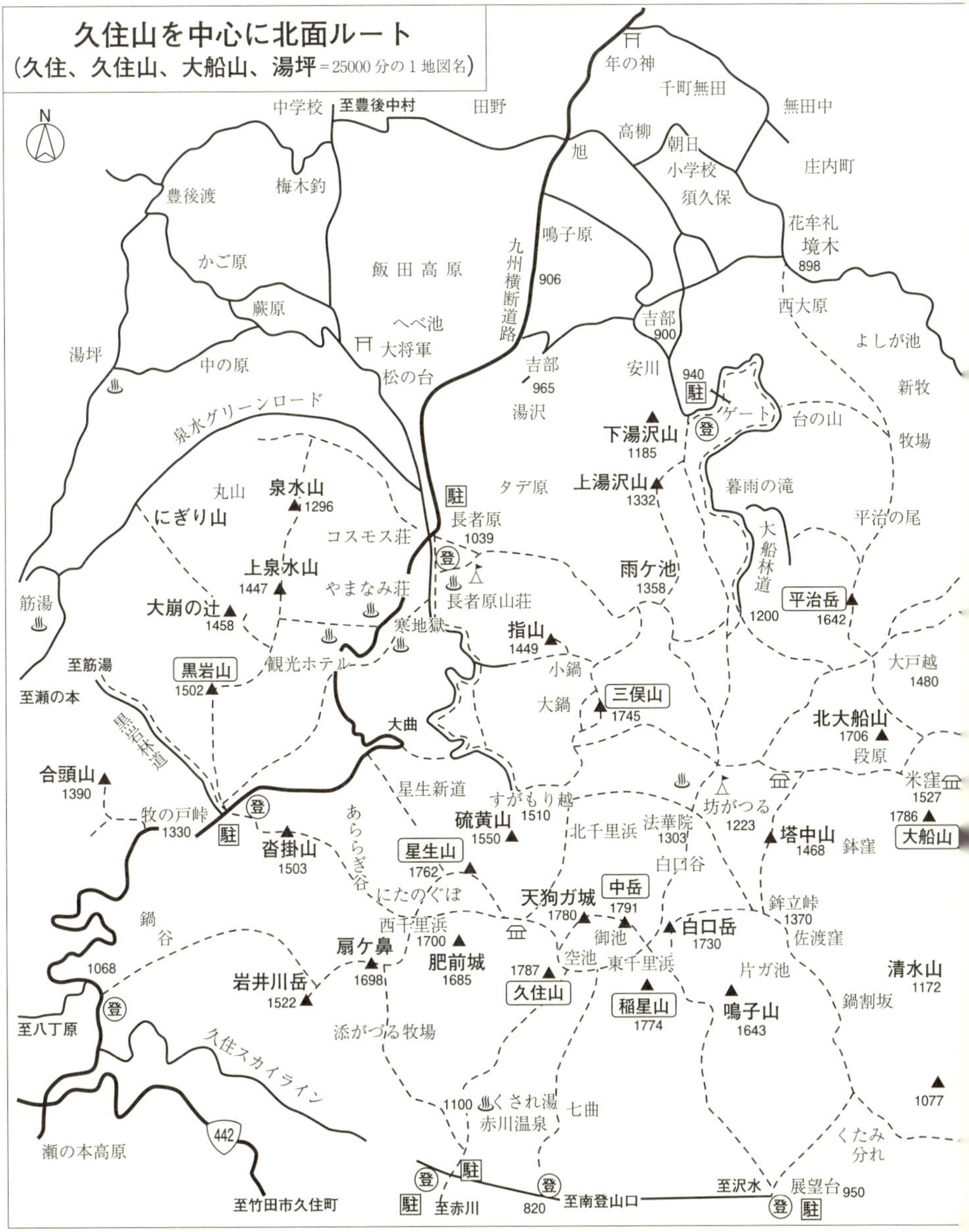

久住山を中心に北面ルート
(久住、久住山、大船山、湯坪＝25000 分の 1 地図名)

久住山から星生崎、久住分れ

西千里浜から星生崎と久住山

たどれば**久住山頂**に達す。山頂から引き返し、東側に火口跡の空池を見ながら天狗ガ城まで20分で、天狗ガ城の南側下には水をたたえた御池があり、冬期には格好のスケート場となる。稜線を東へ10分で九州本土では最高峰の**中岳**《なかだけ》（1791m）、法華院の上宮に至る。山容は天狗ガ城と同様に小さいが、東千里浜を眼下に、白口、稲星、大船、三俣、遠くは祖母、傾と展望は最高によい。岩石の急坂を東へ下れば、東千里浜の東端に出る。

　白口岳を右に見て白口谷を下る。ススキと灌木の中の道は左（西）側の山腹を這うように下るが、途中、二カ所ほど崖崩れを起し、道が途切れているのでよく確認する。間違って谷へ下らぬ注意が必要である。約60分で法華院温泉のバンガローの炊事場の所に出る。ここから右（南東）へ行けば、昔、坊がつるへ入るメインルートの鉾立峠を経て佐渡窪、鍋割坂あるいは白口岳への道で、真直ぐ坊がつるを北進すると、40分で**雨ケ池**の丘に着く。雨ケ池から長者原へは先に述べた通り。

◇**考察**　このルートは福岡方面からマイカーで日帰りも可能であるが、土曜の午後から筋湯か湯坪に一泊し、筋湯から牧の戸峠に出て周遊し、長者原から定期バスで豊後中村へ下ると、時間的に充分余裕がある。

　西千里浜のコケモモの群落は、世界における分布の南限地帯で、天然記念物として貴重な植物である。

　久住山と中岳の高さが一九七〇年代にしばらく論議されたが、結局は九州本土の最高峰は中岳（1791m）に決まった。筆者も何度か気圧高度を用いて試みたが、久住山より中岳がやはり高いことを確認した。中岳の山容が天狗ガ城と同じように尖形をなして小さく、大きく塊状をなす久住山や大船山に比し見劣りがして、それまで比較の対象にされなかったのであろう。

久住山から東北に空池、天狗ガ城、中岳(右)

扇ケ鼻より星生山、天狗ガ城、中岳、久住山

中岳から白口谷を下る際は、西側の山腹が崖崩れを繰り返しているので、雨やガスの日の単独行はさけて、中岳から来た道を戻る方が賢明であろう。

4 **赤川登山口（久住高原荘）**（30分）**赤川温泉**（1時間30分）**久住山**（60分）**扇ケ鼻**（2時間30分）**瀬の本**

久重連峰の南側に東西に長く20㎞、南北は阿蘇外輪山まで続く15㎞の久住高原は、西に瀬の本高原とも接し、ゆるやかな起伏の草原で阿蘇方面の眺めは実に雄大であり、赤川温泉から久住山まで約1時間30分と、最短距離にある。

瀬の本の十字路から東へ久住町、竹田市へ至る国道442号線の車道をマイカーで約15分はしると、左（北）側に国民宿舎久住高原荘がある。その直ぐ東から左折すると、赤川温泉へ車道が上っている。車で5分も行くと赤い屋根の赤川荘で、温泉の左をまいて遊歩道を歩くと、数分で分れ道で、左は添がづる草原を通り扇ケ鼻への道になる。右の道をとって上り、**赤川**の谷を渡って硫黄の冷源泉に着く。硫黄臭の湿原を通り灌木の中を左に赤川の谷を見て、舗装された林道を二度横断し、草つきの急坂の尾根道にかかると、祖母の山々や阿蘇五岳の大パノラマが展開してくる。ぐんぐん高度を上げながら東の方からまくように**久住山**山頂に達する。

久住山山頂からもとの道を下るのもよいが、避難小屋に下り、星生崎を右（北）に見て西千里浜をぬけ、少し下ると道標にしたがい左（南）へ約20分、丘陵状の草原の**扇ケ鼻**に上る。ミヤマキリシマが随所に群生する。頂から左折して下れば添がづる草原のスロープを経て赤川温泉へ、西の端から急坂をドウダンツツジ群生の中を下り、20分で**岩《いわ》井《い》川岳《ごうだけ》**（1522m）の草原台地に着く。0・1㎞ひき返し西北から西南へのびる尾根を下り1時間でやまなみハイウェイに出て、0・3㎞上ればドライブインのある県道40号線と接す。

☒**考察**　赤川の国民宿舎久住高原荘の横からのルートをとれば、標高差はあるが久住山へ

中岳から久住山（左）と扇ケ鼻（右）

の最短距離の行程で、登るにしたがい展望がひらけて雄大な気分にひたることができる。やまなみハイウェイが開通する以前は南登山口とともに賑わったルートであったが、最近はこのルートをとる登山者が著しく減少してしまった。

5

赤川《あかがわ》（久住高原荘）（1・5km、30分）**赤川温泉**（1時間40分）**久住山**（25分）**南登山口分れ**（60分）**本堂跡（五本杉）**（40分）**中組牧場入口**（10分）**南登山口キャンプ場**

国道442号線、国民宿舎久住高原荘から久住山南登山口まで3・5km、徒歩で約1時間、いずれを登山口にしてもよい。やまなみハイウェイ瀬の本インターの十字路から国道442号線を東進して10kmで、赤川の**久住高原荘**に至る。荘前の駐車場を利用し、久住高原荘の東側を北上する舗装道路を1・5kmで久住スカイラインと接する所は広場となっているので、ここまで来て駐車してもよい。これから遊歩道に入る。

数分で分岐を左へ上ると添がづる牧場の上を経て扇ガ鼻へぬけるルートである。分れを右へカーブして数分で、赤川の渓流を渡って直ぐ、硫黄臭の冷泉源地に出る。石につけられた黄色ペンキを目印に上ると、25分で草地開発センターから北上してきた林道に出る。これから灌木地帯を約30分行くと、低木にまじって草つきの急坂となってくる。急ぐことはない。振り向くと久住高原から阿蘇の連峰、そして祖母、傾へかけての大パノラマが楽しめる。ジグザグした遊歩道を迷うことなく、高度を上げるにしたがい大小の石ころがふえる。久住山の南下からルートはやや東をまいて一等三角点の山頂に達す。岩石累々たる山頂からの展望は九州のトップの貫禄充分である。

下りは山頂から東へ草つきのスロープを数分下ると、南登山口分れに至る。この分れから北西300m上方に避難小屋が見える。南登山口へと南下して行くと直ぐ左（東）側に水場がある。遊歩道の両側は低木と草つきの急坂で、約30分で、アセビ、ミヤマキリシマ、ドウダンツツジ、ツゲ、ノリウツギなどの灌木から落葉樹林帯に入る。素晴らしい自然林の中の急坂をジグザグに下る。本堂跡から直ぐ献木の**五本杉**の横を通る。東側と西側の下に清流の水場がある。これから間もなく杉林の中を通り、数分で丸木橋を渡る。途中、久住山まで5km、南登山口まで40分の標柱を見る。杉林をぬけ有料車道の下を潜り、広々とした二次草原に出て、展望がひらけ、牧場の中の牧道を下る。20分で左（東）に中組牧舎入口と道端に馬頭観音像を見る。南登山口キャンプ場まで約10分の距離である。

◇**考察**　赤川から久住山まで約2時間、南登山口から久住山までは約3時間とみてよいだろう。どちらかにマイカーを置き、単独で、ゆっくり周遊できるルートで、ことに南登山口分れから木堂跡へ下る途中の自然林の雰囲気が、水場もあり、実に楽しく素晴らしい。

やまなみハイウェイ完成前までは北の長者原ルート、そして南登山口からのルートが久住山へのメインルートであった。なお南登山口キャンプ場は国道442号線沿いに約３５０人収容のバンガロー、テントそして売店などの設備がある。南登山口から国道を赤川の国民宿舎久住高原荘の上の登山口まで４、５kmとみればよい。

6

沢水《そうみ》キャンプ場登山口（30分）**久住高原展望台**（１時間40分）**稲星越**（15分）**稲星山《いなぼしさん》**（30分）**白口岳《しらくちだけ》**（30分）**鉾立峠**（25分）**佐渡窪《さどくぼ》**（15分）**鍋割峠《なべわれとうげ》**（20分）**朽網《くたみ》分れ**（20分）**久住高原展望台**

やまなみハイウェイの瀬の本インターから国道442号線を東へ10kmで赤川、さらに５kmで種畜場入口である。国道から左折して４・５kmで車道終点の**沢水《そうみ》キャンプ場**に至る。久住高原の中央にバンガロー、テント、売店など設備がととのっている。キャンプ場から車道を０・５kmもどり、北へ大草原の中の牧道兼林道を上ると、20分で左側に展望台の碑が眼につく。ここで道は左右に分れ、右（東）は朽網分れへ、左の道をとる。十数分で杉林から檜林の中となり、数分で渓谷を渡ると植林から雑林の中の急坂にかわる。

登山口から約50分で左に展望岩と水場がある５合目の**出水《いつみ》平《だいら》**を通る。ブナ、ナラ、リョウブ、カバ、アセビなどに被われた素晴らしい自然林の中を小さく蛇行しながら、大小の石ころに注意して上る。出水平から約40分で喬木から灌木地帯へぬけて振り返ると、南側の遠方まで展望がひらけ、気分爽快である。稲星山を西北上に、鳴子山と柱石の巨岩を北東上に仰ぐ。野鳥の声がしきりで、九重連峰では人気《ひとけ》の少ない素敵なルートである。イワカガミ、ノリウツギ、メイゲツソウ、マイヅルソウ、コケモモなど低木と石ころまじりの草つきスロープを上って行く。約20分で**稲星越**に着く。ここから西へゆるやかな草つきの斜面を十数分で、三角点のない平頂峰の**稲星山**山頂に達す。稲星山から東千里浜を通り、中岳、天狗ガ城そして久住山頂までは30分の行程とみてよい。

稲星山から再び稲星越に戻り、標高１６７０ｍの草原の中を北西へ数分行き右（北東）折する。真直ぐ進むと白口谷から坊がつるへ下る。右折してゆるやかに下ると数分で小渓流を渡る。白口岳と鳴子山の鞍部から流れる鳴子川の源流で、この辺りゆるやかな起伏の広い草原の東千里浜である。渓流を渡り小さく上りこんだ頂が**白口岳**で、三角点はない。

白口岳の頂から約20ｍ北へ行き、北東へ草原の中に灌木がまじる急斜面を、一気に高度差３４０ｍ下ると、約30分でコンター１３８０ｍの**鉾立峠**に至る。大小の道標が数本立っていて、華やかだった昔の往還路を偲ぶことができる。坊がつるには現在の法華院のほかに四つの僧坊があって、竹田、久住町方面からやって来る修験者や、宗教登山、入信登山者らがこのルートを往還につかった。すなわち鉾立峠は坊がつるという聖域に入る関門にあたり、卒塔婆《そとば》峠として、ここでひと時、祈りを捧げて入山したと言われている。

現在、九州自然歩道が法華院からこの鉾立峠、鍋割峠、朽網分れ、納池公園、千人塚を通る。その案内板が峠から少し下った所に立っている。坊がつるまで1・4km、朽網分れまで2・3kmとなっている。西側のガレの崩れに注意して自然林の中の涸谷を下る。往時がうそのように静かな遊歩道を二十数分で、雑草の中に点々と灌木が混じる盆地状の湿原に出る。**佐渡窪**と言い、カヤ、イタドリ、シライトソウ、バイケイソウ、ノリウツギなど多種類の植物を見ながら、湿原の木道を通る。雨期は湖水状となるので斜面にそって行く。

佐渡窪から自然林の中を大小の石ころをさけて、10分ほど小さく上った所が**鍋割峠**で、自然林の中にブナ、カエデ、ヤマハンノキ、マンサクなどが密生し、緑の雰囲気が漂っている。十数分下ると雑林と杉の植林の平坦な道になり、間もなく**朽網分れ**に着く。道標に左は自然歩道を経て青柳、納池公園へ、また山の神、板木を経て千人塚へとなっている。右へ展望台へ至る道をとる。このルートは右（北）は雑林と植林帯、左（南）は二次草原の牧場との境界線でコンクリート舗装の遊歩道を西へ向っていて、朽網分れから1・5kmで**久住高原展望台**の碑に着く。

⊠**考察**　国道442号線、竹田市久住町の県立種畜場は明治三三年（一九〇〇）の創立で、これから約4kmで沢水《そうみ》のキャンプ場に至る。キャンプ場下の駐車場か展望台の下に車を置き、周遊できるが、キャンプ場に一泊し、大草原の久住高原を満喫すれば俗塵洗うがごとき心境にひたることができる。祖母、傾、脊梁の山なみ、阿蘇五岳の朝、夕の色彩の変化、ことに夕映えは筆舌につくし難く恍惚となるだろう。

現在このルートは裏久住ルートとしてさびれているが、大正年代以前の人々にとっては忘れ得ぬメインルートであったと思う。山頂へ至る途中の自然のたたずまい、稲星山、鳴子山、白口岳ともに展望よく、登山者が少なく、人ごみの多い久住山頂よりは、はるかに清潔感が漂う。鍋底状の広大な佐渡窪の湿原は、タデ原（長者原の）と違った植物の宝庫で、登山者の目を楽しませてくれるだろう。

【総括】　主峰の久住山や大船山への登山口を概略列記すると、北側の九重町の長者原、吉部、西側の牧の戸、瀬の本、南側は竹田市久住町の赤川、南登山口、沢水、東へまわって岳麓寺あるいは有氏《ありうじ》、そして由布市庄内町の男池ということになる。

前述外で筆者推奨のルートは、

①九重町田野の吉部から坊がつるへ通じる大船林道入口をめざす。鳴子川に架かる橋を渡るとゲートがあるのでマイカーは手前でおりる。橋の150m手前から右へ造林地区の遊歩道に入る。このルートは湯沢山の東斜面を鳴子川に沿って60分で坊がつる入口に着く。大船林道を歩けば大きく迂回して坊がつる入口まで90分と長い。坊がつるへ入る手前から平治

岳の西南面の自然林の中を大戸越まで40分、坊がつる湿原を経由すれば60分で大戸越に至る。さらに平治岳山頂まで30分で着く。山頂から北へ平治の尾を下り、大窓の上から西へ大船林道の枝道に出て暮雨の滝の下を往路の湯沢山東斜面のルートに出ると、ここから登山口まで二十数分である。

②今ひとつは久住町から大船山へのルートがよい。県道30号線の千人塚から北西へ2・5㎞で岳麓寺《がんろくじ》、さらに1・5㎞で登山口の牧野道のゲートがあり、その手前に数台の駐車スペースがある。牧野道のゲートをくぐり越刈橋を渡る。牧野道を40分のぼると遊歩道にかわって20分で右が柳水の黒岳、風穴分れである。左へとって50分で中川清八久矩公墓を左に見る。その上が鳥居窪の牧草原で、これから自然林の中を60分で大船山頂に至る。別ルートとして七里田から金光明寺の角を有氏《ありうじ》の集落まで1・5㎞、舗装された一車線の牧野道をのぼる。三つのゲートを経て車道はガラン台までのびている。有氏から4㎞、コンター1100mのガラン台の広場に駐車する。牧野の中を西へ歩いて10分で前記の柳水に出合い、鳥居窪そして大船山は2時間の近距離となった。大船山からは段原そして風穴へ下る。ここからガラン台の牧野道の駐車位置まで40分と近い。

①、②ともに、平治岳と大船山の残された自然林の中の周遊ルートとしてお推めする。なお七里田の大船荘にはひなびた温泉があり、疲れをいやしてくれるだろう。

また、九重山系の**湯沢山**（1332m）は三俣山北麓の

合頭山から牧の戸、三俣山の遠景

雨ヶ池から北へ派生する太尾根の中央に坐す四等三角点のピークである。ルートはないが、雨ケ池から尾根の東側沿いに藪分けして約2時間、四つ目の平頂が湯沢山である。ハイカーに等閑視されているが、大小の隆起と窪地が多く、豊かな動植物を包含している。

山頂への容易なルートは吉部から坊がつるへの遊歩道に入り、1kmで急坂を上って100m先から、右側の植林の急坂を這い上がり50分で山頂に着くが、自然林が少なく風情に乏しい。

黒岳《くろだけ》（1587m）☆☆

男池登山口（50分）**ソババッケ**（30分）**奥ゼリ**（30分）**風穴**（50分）**天狗**（30分）**高塚**（60分）**上台**（40分）**下台**（10分）**前岳**（1時間20分）**白水へ縦走**

九重山群の東端、全山、原生林で被われ、黒々としてまだ伐採植林の手が及ばぬ黒岳は、九州でも最後に残された自然豊かな秘境の山といっても過言ではない。しかしこの山も飯田高原から西大原、高津原を経由して由布市庄内町、大分市への道が全て舗装され、マイカーによる登山者が漸次増加したため、汚染が進んでいることは極めて遺憾である。

福岡からマイカーで豊後中村から九酔渓、十三曲りを上り、飯田高原郵便局先の中学校前から左（東）折する。東へ走ると間もなく左手に乗馬場そして右に飯田高原ドライブインをみると、直ぐ、やまなみハイウェイで、これを横断して約2kmで左折し、旧朝日小学校の角から一本道を約8km東進する。福岡から約135kmで道路の左側の広場に駐車場と売店があり目標となる。この広場に30台位は駐車できる。車道をへだてて新しいトイレが設置されている。

登山口は駐車場から約50m引き返した南側から入る。直ぐに阿蘇野川の源流に近い幅4mの小川を渡ると、原生林の中のケヤキ、イヌシデなどの巨木に混って四本の大杉が眼につく。その根もとに4坪余の**男池**があり、清水が地下からこんこんと噴出している。広場もありキャンプには格好な場所だが禁止区域である。飲み水の補給はここでした方がよい。

これから種類豊かな原生林のゆるやかな上りを歩む。新緑と紅葉どきはことに素晴らしい。樹木に名札が付けてある。チドリノキ、タンナサワフタギ、イヌシデ、イタヤカエデ、オヒョウ、ミツバウズキなど。20分で道の左側に**かくし水**をみる。水流はわずかで季節により涸れるので、必ず男池で補給しておいた方がよい。これから黒岳山麓を北から南へまくようにして坂を上り、小さな盆地状になった**ソババッケ**に下る。

ここから右（西）折して大戸越まで40分、平治岳まで1時

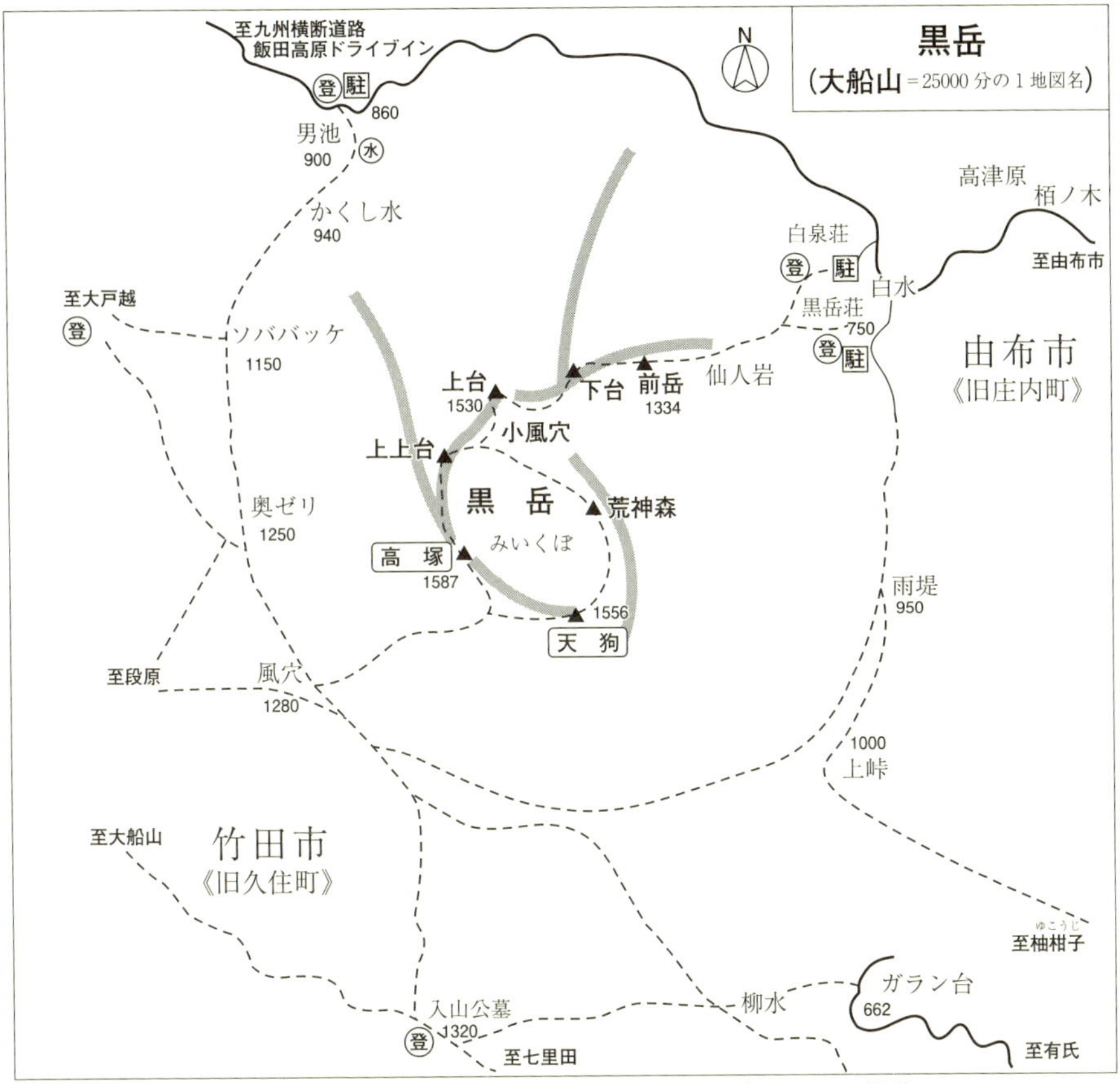

☞**男池**⇨（1時間50分）⇨**風穴**⇨（50分）⇨**天狗**⇨（30分）⇨**高塚**⇨（1時間）⇨**上台**⇨（50分）⇨**前岳**⇨（1時間20分）⇨**黒岳荘**

間余で、真直ぐ風穴までは1時間の行程である。ここも植物の宝庫で、ヤブレガサ、モミジガサ、テンニンソウ、ツクシコウモリ、バイケイソウ、オオバショウマ、ハナイカダ、などの草花をみる。これから起伏の少ないうっそうたる原生樹林の中の道で、ナナカマド、ムシカリ、ヤブデマリ、ガマズミ、ノリウツギ、ツクシシャクナゲ、ハリギリ、クロモジなどが眼につく。約30分で平坦な**奥ゼリ**に着く。四囲静寂な自然林の中で、少し上った分岐点を右（北西）折すれば1時間10分で大戸越に出る。真直ぐ大小の岩石の上を滑らぬように風穴の方へ行く。約30分で巨岩累々とした一隅に**風穴**《ふうけつ》があり、ここは黒岳と大船山の落ちこんだ鞍部である。大船山の段原の北側から急坂を下ると、すぐこの先に出る。

風穴には年中万年雪が残り、夏は冷気を感じるが、内部はせまい。黒岳の1合目は風穴からで、ひと休みしたら山頂へ向けて急坂にいどむことになる。石ころに注意し、木の枝や根につかまりながら、ゆっくり上る。

黒岳高塚から天狗（右）とミイクボの樹海

40分で高塚と天狗の鞍部に出る。岩石の中に自然林の配置が見事な庭園を見るようだ。シャクナゲ、ベニドウダン、ヤシャブシそしてミヤマキリシマが多くなると、**天狗**（１５５６ｍ）の頂は頭上で、巨岩の累積した山頂からの展望は抜群。ことに北側眼下の御井窪、荒神の森の樹海はいつ見ても美景である。

鞍部へ引き返し約30分で**高塚**（１５８７ｍ）に着く。山頂はミヤマキリシマや灌木に被われ、南北に細長い台地状をなし、眺望は北を除いてよい。

山頂の岩石に白水の矢印を見て北へ道をとる。

上上台《じょうじょうだい》まで30分、原生林の中に大小の岩石と小さな起伏が続く。上上台を過ぎて右（東南）折すれば荒神森を経て天狗へのルートだが、ブッシュ化している。ナナカマド、ツクシシャクナゲの群生をみながら、急坂を下ると30分で**上台**に着く。上台と下台の鞍部から右折して下れば雨堤を経て白水の道標があるが、ブッシュ化が進み困難なルートである。

上台から**下台**まで約40分、かなり急坂を下ることになり、上段から下段への感じがする道である。下台から北東へ赤テープを頼りに下ると直ぐ巨岩があり、その下は数人がビバークできる広さで、さらに四つ五つの小ピークを越え10分で**前岳（鷹巣）**に着く。山頂周辺にはヤシャブシ、ツクシシャクナゲ、ホツツジ、ベニドウダン、ノリウツギ、ネジキ、リョウブ、オオカメノキ、ヤマボウシ、ブナ、エゴノキ、ホオノキ、アオダモなど広葉灌木が密生し、展望は西南を除いてよく、ことに柏木《かしわぎ》、由布市、大分、別府方面が一望できる。

これから数分で仙人岳の右側を迂回して下ると、約1時間で左へ白泉荘、右へ黒岳荘の分岐点に至り、これから20分で着く。

◇**考察**　山好きの人には何度でも登ってみたい山が必ずある。筆者にとってこの黒岳はそのひとつである。福岡からマイカーで白水まで１４０㎞である。縦走する場合はマイカーを白泉荘か黒岳荘におき、男池側の登山口まで徒歩で約40分、県道をたどればよい。

黒岳は複式塊状火山で、山頂に径６００ｍの火口跡があり、全山、角閃安山岩と輝石安山岩の積みかさねの状態ゆえに、雨が降っても雨水は地表を流れず、直ちに伏流となって男池あるいは白水鉱泉のように山麓で湧水現象を起して流出している。

全山原生林で、九州でも数少ない植物の宝庫であろう。ことに山頂付近のミヤマキリシマ、上台、下台付近のツクシシャクナゲはその数から見事と言ってよい。

西大原あるいは竹田方面から見る黒岳の頂は、オカメの横顔を見るようで、すぐにそれとわかる。その頂の高塚から前岳（鷹巣）を経由する縦走ルートは、最近登山者が増加したが、上台と下台の間、そして前岳の下付近に迷いやすい箇所があるが、赤テープを目印に踏みわけ道を確認しながら、男池から黒岳荘まで6時間30分の行程とみてよい。縦走路で、上上台の下から荒神森を経て天狗へと、上台の下から雨堤へ至るルートはすでに消失状態となっているので慎重を要する。

なお風穴から雨堤経由白水へのルートは、風穴から10分で柳水と白水への分岐点を道標を見て、左へ原生林の大小の石ころをよく見ると、石についた苔が剝げているのを頼りに、黒岳の中腹を東へと廻る。約1時間10分で雨堤に出る。これからしばらくして左側が原生林、右側に杉林の境界を行くことになる。林道に出ると間もなく白水の黒岳荘の入口に着く、風穴から1時間40分とみてよい。

今ひとつ平治岳登山には長者原、坊がつる経由が一般的だが、男池からソババッケを経て大戸越から登れば距離的には短縮される。

涌蓋山《わいたさん》（1499m）☆☆
一目山《ひとめやま》（1287m）☆

その昔、九重連峰の涌蓋《わいた》山、三俣山、硫黄山を含め、総称して朽網《くたみ》山といい、久多見（朽網）長者の物語や、久住町から鉾立峠へ上る途中には、くたみ分れの名前が残っている。

この山は九重連峰の西端に位置しているが、遠方から見ると由布岳に似て独立峰のように聳え立っている。山頂は南、北に長い草原で、北側の尺間社の石祠と南にもうひとつの祠があるのみで、展望をさえぎる樹木とてない。したがって夏場や風雨の山頂はその影響が極めて大きい。

山頂へのルートは大別して肥前湯、わいた越、山頂、次に地蔵原、山頂そして峐《はげ》の湯《ゆ》から山頂の三つがある。

1

峐《はげ》の湯（西側）（2時間）**涌蓋山**（30分）**涌蓋越**（20分）**みそこぶし山**（50分）**一目山**（10分）**八丁原**

この縦走ルートは大分と熊本の県境線を行くわけで、福岡方面からマイカー利用の日帰りでも、二つのグループに分れて交差縦走すれば可能性充分である。

豊後森から国道387号線に入り、宝泉寺を経て阿蘇釣と北里

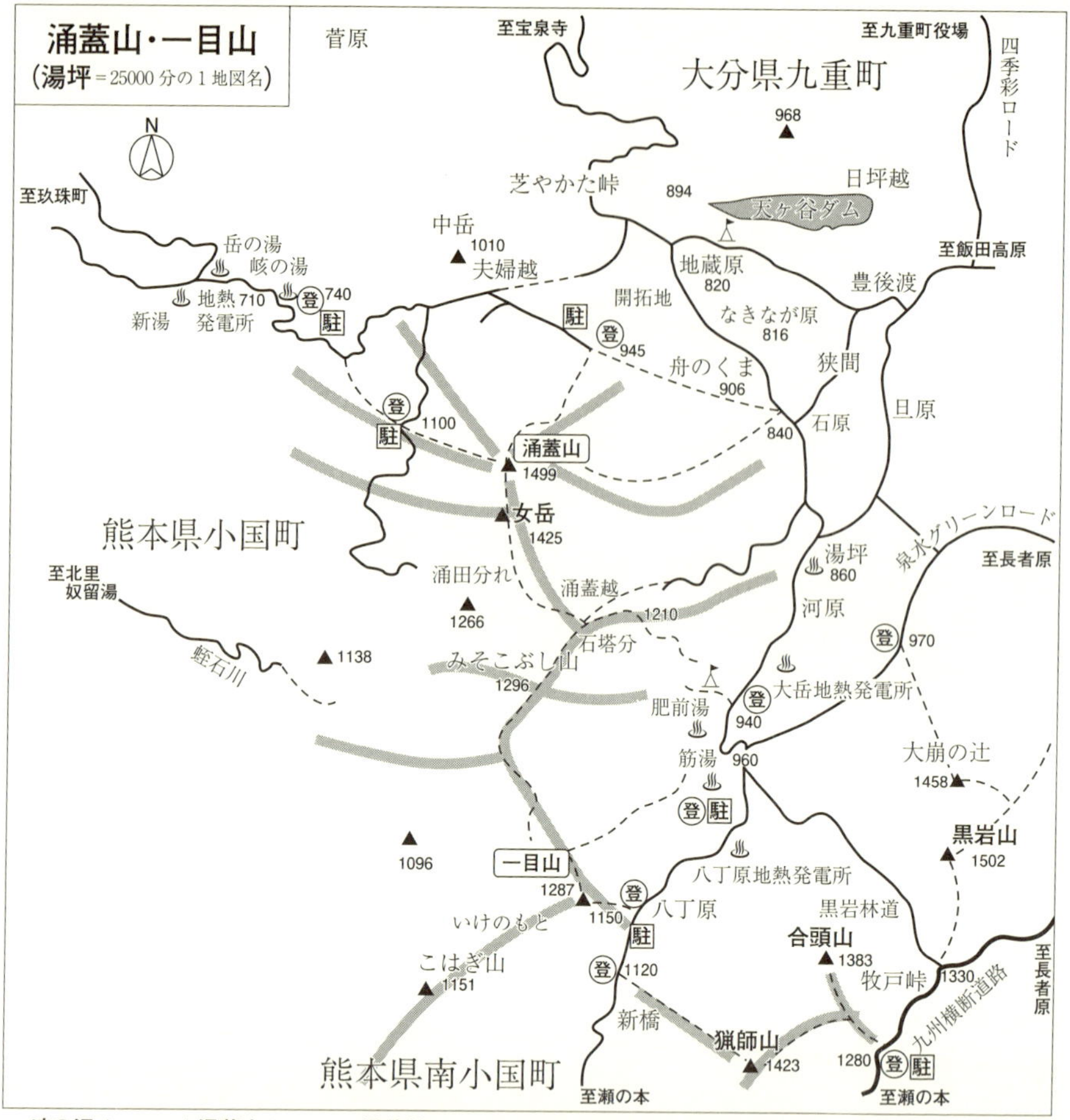

☞峐の湯⇨(2時間)⇨涌蓋山⇨(30分)⇨涌蓋越⇨(20分)⇨みそこぶし山⇨(50分)⇨一目山

の中間、所尾野の河津商店の角を左折する。岳の湯を経て4㎞で峐の湯に着く。岳の湯に三軒と峐の湯に二軒の湯宿がある。峐の湯から林道を南から北へ約2㎞で分岐を左へとると地蔵原へ。右へ1・5㎞で山頂から西へ流れる太尾根の堀切に至る。コンター1100mで駐車スペースがある。

林道の隅に駐車し、クマザサ、アセビ、ミヤマキリシマなどでおおわれた急勾配の尾根を登る。**峐の湯**から登れば2時間だが、林道からは1時間と短縮される。広く平らな草原の涌蓋山山頂には南と北に石祠があるのみで、360度にわたりさえぎるものがなく、晴天の日は抜群の展望である。

山頂から北の**地蔵原**か石原または涌蓋分れへの下山ルートがある。

山頂から南へ草つきの急坂を女岳、そして涌蓋分れへ一気に下る。これから少し樹林がある平坦な道にかわる。涌蓋越はなだらかな草原で、周囲は放牧場となっている。左（東）折すれば肥前湯で、牧草の中を南へ行くと**みそこぶし山**の小高い丘の上に、マイクロウェーブの塔が建設されているのが見える。これから一目《ひとめ》山に至る道は県境に沿って、ゆるやかな起伏の大草原で、所々にミヤマキリシマの群生があり、ハルリンドウ、サクラソウ、キスミレなどの草花が多く、稜線づたいからの眺望がまた絶景で、春秋のハイキングに最適のコースである。

一目山の手前（北側）の送電線鉄塔の所から左（東）折すれば30分で筋湯へ、**一目山**へは約15分で登頂する。小丘陵状の一目山から眼下に車道を越して八丁原地熱発電所の大きな噴煙が立ちのぼっている。山頂から下の車道までは数分とみてよい。この舗装された車道は筋湯から合頭《ごうとう》山、猟師山の西側の山腹をまいて、瀬の本へ通じる県道である。

2 **地蔵原登山口**（1時間50分）**涌蓋山**（30分）**涌蓋越**（50分）**肥前湯**

マイカーで**地蔵原**にキャンプするか、筋湯あるいは肥前湯に一泊して、グループで交差縦走する。単独の際はタクシーを利用する。

豊後渡から地蔵原へ出る車道と、湯坪から石原を経て地蔵原へぬける車道が出合う地点の南側に農家があり、その横から農用車道を南へ、涌蓋北山麓に接近するように行くと、山裾を東西にはしる林道に直角につき当る。この林道は石原と峐の湯を結ぶもので、この辺りに駐車し、林道を左（東）へ30m行くと、右側に樹林がひらけたようになっていて、登山口の標識がある。これから涌蓋山山頂まで約２km、標高差、約７００ｍであろう。

まず雑木や杉林の中の急坂を登る。約1時間30分で、山腹の樹林がクマザサやミヤマキリシマに変ると、右（西北）折して阿蘇釣へ、直登して山頂への分岐点に出る。これからミヤマキリシマの群落をかきわけるように、山頂まで十数分で、道もはっきりしている。

涌蓋山から女岳、涌蓋越に下り、牧道のような防火線にそって草原の尾根道に出て急坂を下ると、河原方面からのびてきた林道を横ぎり東へ雑木林の中を数分下ると、肥前湯の浴場のそばを通り、渓流を渡って車道に出る。筋湯までは約10分である。

☒**考察**　久住山へのルートが登山道から観光道に変化しつつある現在、涌蓋山はまだ自然が残り、３

地蔵原、天ヶ谷ダムから涌蓋山の北面

60度の眺望が満喫できる山であろう。ひと風呂浴びることを考慮すれば、肥前湯か筋湯あるいは岐の湯に下山するようにしたい。最近は地蔵原とか阿蘇釣方面からのルートはとり残され、さびれてきたようである。

単独でも楽しめるルートは筋湯に一泊して、肥前湯から涌蓋山をめざして再び涌蓋越に戻り、みそこぶし山、そして一目山を経て筋湯に下る周遊をおすすめしたい。ことに、みそこぶし山と一目山の間のゆるやかな起伏の大草原、大庭園のような中は雄大で、眺望もすぐれ、推奨に値するコースである。

崩《くえん》平《ひら》山《やま》（1288m）☆☆

朝日台登山口（1時間10分）**崩平山**（40分）**引切岩林道**（30分）**朝日台登山口**

やまなみハイウェイの長者原から水分峠の方へ約7km行くと、右側に朝日台レストハウスがあり、駐車場は広く、無料である。レストハウスの裏手の林道から千町無田林道に入って登山口まで行ってもよい。レストハウスの裏の畠のくぼんだあぜを山頂方向へ行き、植林の中をぬけて約15分で昭和五五年（一九八〇）完成の千町無田林道に出る。林道を横断して直登してもよいが、ブッシュであるから林道を北へ約200m行くと、右側に登山口がある。「ここは水源涵養保安林……」のプレートが目印になる。幅1～2mの遊歩道に入り、北方向から東へ迂回して約40分で**崩平山**山頂に着く。

全山植林に包まれているが、山頂一帯はススキとササが密生し、灌木が点在する平頂峰で、NHK、TOS、OBSなどの電波中継塔と南北にはしる送電柱があり、送電柱に沿って立派な作業道が直線状に南へ下っている。山頂からの展望は抜群で、東北に豊後富士の由布岳、南西に九重連峰がことに雄大である。

下りは山頂から南へコンクリート製の送電柱に沿って数分下ると、九電のマイクロウェーブ通信用反射板の横を通り、直線状に電柱に沿って急坂を下る。十数分でコンター1060mの鞍部に着く。ここを右折すればブッシュを分けて千町無田林道へ出るが、直進し小さく上って再び急坂を南東へ下ると、鞍部から10分余でコンター930mの**林道引切岩線**に出る。林道わきに九電の「火の用心」の赤いプレートがある。このプレートから約150m南へ下り、幅2mの作業道を約1km西へ行くと千町無田林道に出て、数分でレストハウスの駐車場に着く。

◇**考察**　長者原から水分峠の方へマイカーで数分もはしると、目前に独立鈍峰が見え、山頂に電波中継塔が数基ある。山頂

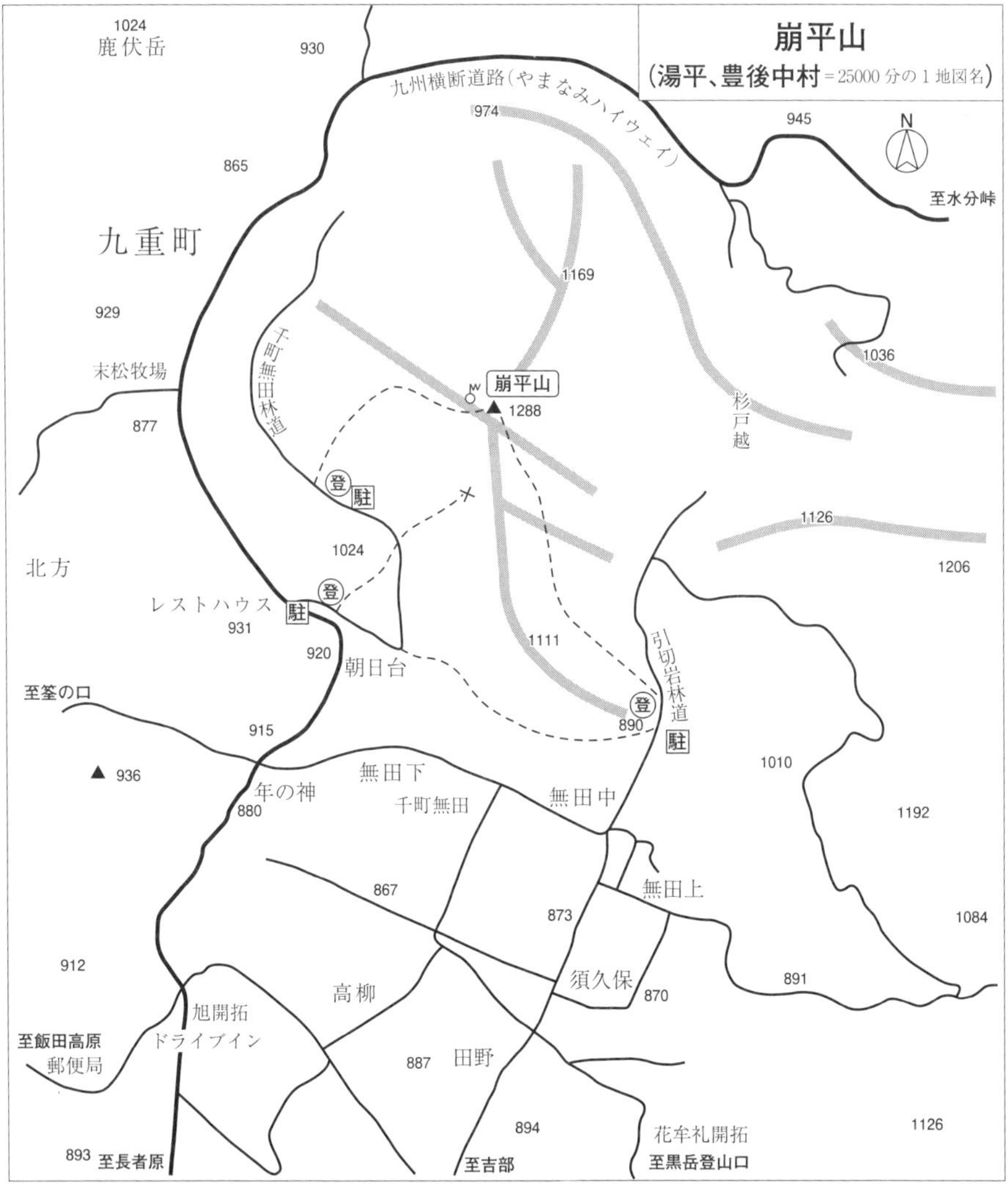

☞**朝日台登山口**⇨(1時間10分)⇨**崩平山**⇨(40分)⇨**引切岩林道**⇨(30分)⇨**朝日台登山口**

までマイカーで行けるのではと思うが車道はない。中継塔はヘリコプターによって設置されたもの。九重連峰と由布岳の中間に位置する山頂からの展望は四囲に及んで素晴らしく、山頂までの距離も手頃でハイキングには最適であろう。

山麓の朝日台にちなむ朝日長者物語は古く、近江国の浅井藤彦が玖珠郡の領主として赴き、一七代目の浅井長治が約一三〇〇年前にこの地に館を構え、後千町前千町の美田を有し、屋敷内に立ち並ぶ土蔵には財宝、米俵が山と積まれ、九重三五峰を築山として栄華のかぎりを尽していた。たまたま娘、豊野姫の豪華な婚礼の余興に心おごった長治は大鏡餅を的にして矢を放った。矢が餅に当ると餅は白鳥に化して空高く飛び去って行った。それからというもの神罰の報いで長者の美田は年ごとに荒れ果てていったという。

年の神は朝日長者の屋敷があった所で、旧暦九月一六日にささやかな祭が行なわれている。「朝日さす夕日輝く木のもとに黄金千盃銀千盃」の歌から長者が埋蔵した財宝の場所やいずこである。物語の真意は物に対する感謝の心を失わぬように諭したものであろう。

現在の久住山登山口の長者原の名は、その名残りであろう。

吉部から千町無田と崩平山の南面

花牟礼山《はなむれやま》（1170m）

高津原牧場登山口（1時間20分）**山頂**（60分）**登山口**

大分県由布市庄内町、九重山系の東に位置するハナムレヤマ、越敷岳（祖母山西麓）の北にムレ（山）、阿蘇南外輪山にカンムレガダケの「ムレ」は渡来古語で、こんもりした山林を意味している。この山の頂には1基の石祠がある。久住山系ではほかに涌蓋山にある。このことは昔から山麓住民にとり、生活に密着してきた山岳として崇拝された証左と言ってよい。現在は近くの原生林の黒岳ブームの陰となっているが、素晴らしい展望の頂と、北西の長水山へのスロープの草原が魅力的である。

メインルートは中村からのルートがわかりやすい。すなわち県道621号線、栂ノ木の古宮バス停の十字路を湯平の方へ北東進して800mで、御幸トンネルを潜り、400mで左へ上る舗装牧道に入り、終点まで2km、余地に駐車する。これから3m幅の荒廃した牧道をたどる。

途中、大きく右（東）へ二度迂曲し、30分で有刺鉄線の柵を越え、尾根沿いに急坂を上る。左は牧野、右は造林の急斜面をなしている。尾根をたどり、50分で四等三角点の**山頂**に

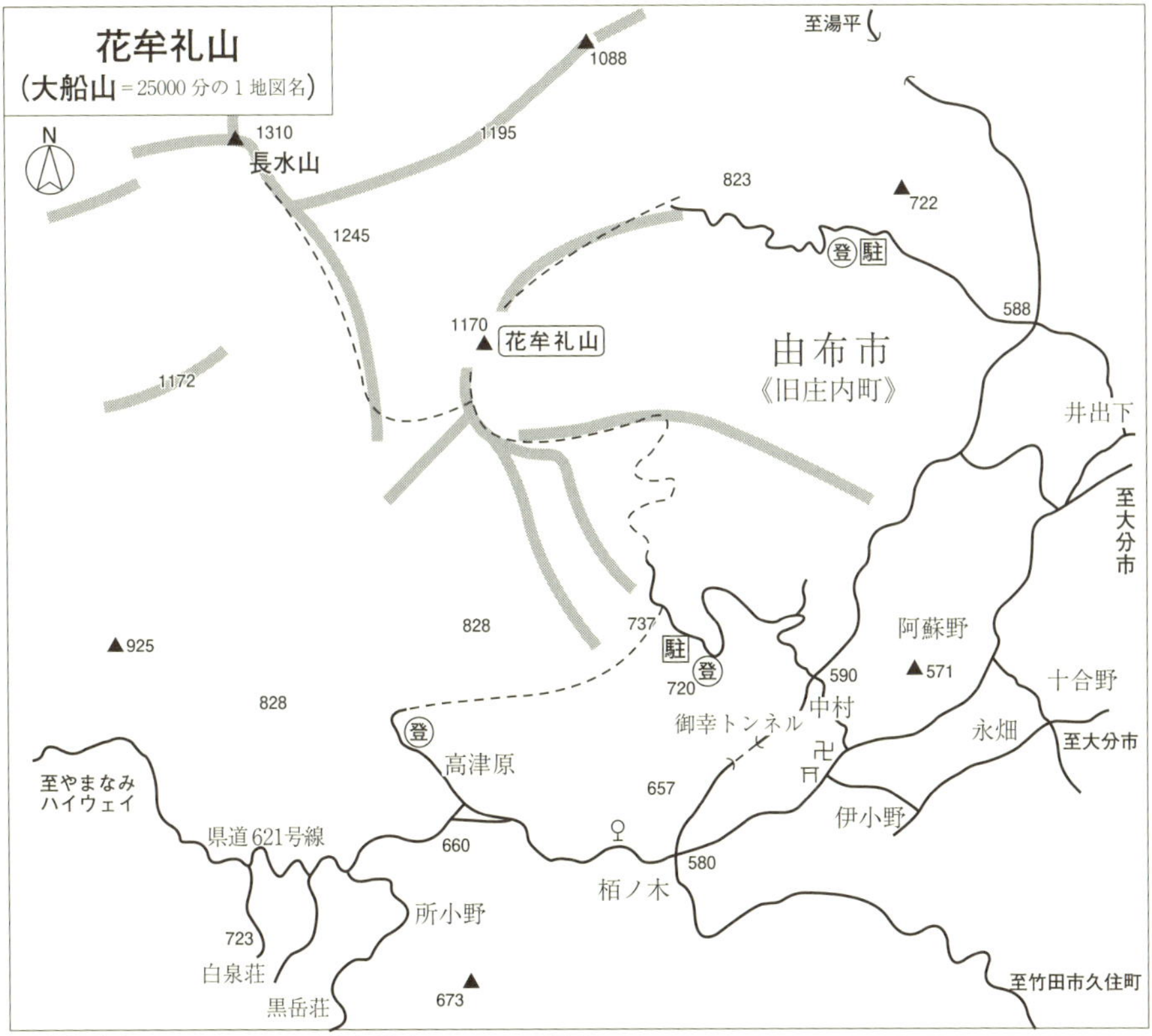

☞中村登山口⇨（1時間20分）⇨花牟礼山⇨（1時間）⇨登山口

至る。西に長水山、南に黒岳、祖母の山なみ、北に由布岳、別府湾と、さえぎるものなき眺望に満足するだろう。三角点から20ｍ先の右手に埋れた石祠が信仰されてきた歴史を感じさせる。

ルートは他に井手下からと高津原からがあるが、藪深き夏場は難渋するだろう。

花牟礼山の南面

由《ゆ》布《ふ》岳《だけ》（1583m）☆☆

由布岳のほかに湯婦岳、柚富岳、木綿の山、神布岳、猪の岳そして豊後富士の別名をもつこの山は、東に城島《きじま》高原、猪の瀬戸高原、北に塚原高原、南には城ガ岳、雨乞岳、倉木山などがつらなり、そして南西の湧湯、湧水豊富な由布盆地にかこまれて屹立している。

国道210号線が水分峠で九州横断道路に接続して由布市湯布院町に入ると、前方左手に突出して聳《そび》え立つ山で、山頂は爆裂火口により双峰を形成している。山腹には日向山、池代に接する飯盛山（１３４７ｍ）、飯盛城などの側火山を抱いていて、自然破壊は他の山岳に比較して少なく、登山者の登頂意欲をそそる山である。

北から西側にかけての山腹には、原生林に被われた秘境があり、滝沢馬琴著「椿説弓張月《ちんせつゆみはりづき》」で有名な鎮西《ちんぜい》八郎為朝と山雄という忠犬の伝説となった所で、山腹に現存する宝篋印《ほうきょういん》塔《とう》は家来の須藤重季《しげすえ》と山雄を祀る墓と言われている。また湯布院町の金鱗湖畔にある仏山寺には、脊振山や九千部《くせんぶ》山でもお馴染みの性空上人自彫の観音像が一〇〇〇年の歴史を秘めて安置されている。ほかに由布市湯布院町川南の大杵《おおご》社の大杉は、幹の周囲13ｍ余もあり、天然記念物に指定されていることはあまり知られていない。

由布岳山麓から山頂にかけての植物の種類は実に豊富で、キスミレ、ハルリンドウ、サクラソウ、トリカブト、エヒメアヤメ、ミヤマキリシマ、ドウダンツツジ、タンナサワフタギ、ノカイドウなどの珍しい植物が群生あるいは散在し、愛好家の目を楽しませている。

山頂への道は数カ所にわたるが、マイカーによる一軒茶屋前の駐車場を利用するメインルートからが一般的で最も多い。

正面登山口（一軒茶屋前）（30分）**合野越**《ごうや》（1時間10分）**またえ（二又）**（15分）**西峰**（20分）**剣峰**（20分）**東峰**（10分）**またえ**（40分）**合野越**（50分）**西登山口（岳本）**

さぎり台のカーブを上った所が一軒茶屋で、左（北）側に小さな売店がある。その国道沿いの両側に約50台のスペースをもつ駐車場がある。正面登山口が７８０ｍゆえ、山頂まで標高差約８００ｍを登ればよい。ここから山頂まで1時間40分、距離４・２㎞の案内板がある。

茶屋の西側に佐藤松次郎氏の功徳碑を見て、牧場の柵をくぐり、なだらかな草原を10分歩くと再び柵を開いて喬木が多い原生林に入る。間もなく右（東）折して日向観察道を経て猪瀬戸、東登山口への道標を見る。このあたりにはヤマボウシ、クロモジ、リョウブ、エゴノキ、エノキ、クリ、ウリバカエデ、ネジキ、アセビなどの樹名が目につき、涼を求めて散策するには好適な所である。原生林が杉林に変わると**合野**《ごうや》

☞**正面登山口**⇨（30分）⇨**合野越**⇨（1時間30分）⇨**山頂**⇨（50分）⇨**合野越**⇨（50分）⇨**岳本**

越は近い。登りにはここでひと息入れたがよい。山頂までは約2・5kmの距離である。南側眼前にピラミッド形をした飯盛城の草原が美しく、春秋のファミリーハイクには素適な丘陵をなしている。

合野越からしばらく灌木の中の大きなジグザグ道を上ると、次はススキの斜面に変わる。急勾配のため直登はさけて、南側の景色を楽しみながら、左へ右へと蛇行しながらゆっくり1時間10分で**またえ**（**二又**、１４７０ｍ）に達する。

これから**東峰**へは約２５０ｍ、15分の距離で、風雨やガスの際は東峰までにすべきであろう。一等三角点補点のある**西峰**へは馬の背という急斜面の岩場を越して、次の難所である障子戸の岩壁の鎖場を北の方から取りついて登ると、数分で山頂に出る。このあたりにはイワカガミ、マイヅルソウ、ミヤマキリシマが目立つ。展望は東峰同様に四囲にわたり、素晴らしいの一言につきるが、ことに九重連山、祖母、

倉木山から由布岳の南面を望む

傾《かたむき》の雄峰が一望できる。
　西峰から北へ草原とガレ場の中を約10分下ると、またえと対峙したウバコウジの北端に至る。ここから北へガレ場の多い危険な山崩に注意して、砂防堤の右（東）側を下れば、塚原からの登山口に出る。東へ火口縁の岩石と灌木の中を**剣ガ峰**へ登り、そして下り、眼前の東峰との鞍部から左（東）折して、急坂を下れば東登山口に至る。剣ガ峰からは足もとに注意しながら約20分で東峰に達する。
　東峰からの眺望は西峰に劣らず、ことに鶴見、別府湾を通して四国に及ぶ。再びまたえに下り、約40分で急坂を合野越に戻る。ここから西へ約10分下ると水場がある。この辺りは草原の中に大小の岩石と灌木が自然に配置されて、大庭園の趣を感じる。これから少し下った台から植林の中の道を南へ下り、県道11号に出るが、右への道をとれば、約50分で岳本の西登山口に着く。

倉《く》木《ら》山《き》《や》《ま》（1154m）☆☆

東石松牧場側登山口（1時間30分）倉木山（60分）登山口

日田市から60㎞で由布市湯布院町に至る。九州横断道、由布岳正面登山口の500m手前の狭霧台から南西方向にのびる牧道に入る。1・2㎞で東石松牧場がある。左（東）側に牧舎を見て、右側の空地に駐車する。ここから山頂方向へ牧場の縁《ふち》に沿って行くと20分で杉檜の造林地帯に入る。道標はない。右（西）の方に幅数mの造林防火線が直線状に山頂までのびているが、ブッシュのためこれは手ごわい。造林の中を植林作業道を求めて急坂を上ることになる。八月頃はフシクロセンノウが多く、花の色が鮮やかで心がやすまる。

　造林地帯を50分で9合目に達し、カヤ、オオバササの混じるブッシュを分けながら約20分で北のピークに上る。頂上は南、北に長い草原の吊尾根状をなし、三つの小ピークがあり、山頂三角点は北側のピークで、北の頂から10分で到達する。山頂からの眺望は草原のため、目前の由布岳から九重連峰、瀬戸内海に及び、充分満足できる。夏場はススキの中にシュロソウ、ナデシコ、オミナエシ、ワレモコウ、アザミ、ツリガネニンジンなどの花が可憐である。下山は登路は約1時間で駐車した所へ戻る。

◇**考察**　由布岳をめざして上りながら、ふりむくと南にそそり立つ峰がこの倉木山で、山頂は別府市と由布市の境界にあり、山頂から北側の裾へ一条の防火線の草原が鮮やかにはしっている。

登山口の目標は東石松牧場の西の駐車した空地から牧道を約２００ｍ進み、右折するコンクリート道を約３００ｍ上る。この終点から牧場の西側の鉄柵づたいに少し行くと牧場から植林地帯に入る境に10坪余のガレ場を見る。ここから杉林の中に入る。

東石松牧場から見る倉木山

山頂から南の城ガ岳まで縦走ルートはないが、１１１４ｍのピーク（このピークが由布市、別府市の分界峰に当たる）を越えることになる。他のガイドブックに倉木山から城ガ岳まで40分となっているが、ブッシュを分けながら約１時間30分を要するだろう。

城《じょう》ケ岳《だけ》（１１６７ｍ）☆☆

育成《いくせい》牧場側登山口（２時間）城ケ岳（１時間30分）登山口

国道210号線は由布市湯布院町の青年の家から５００ｍ東進して右折し、南由布駅の所から大分川沿いに南東へ向かう。湯平駅から約１㎞で湯布院と庄内の町界、幸野に至る。国道の左側、車両修理工場の角に水地、城ケ岳（牧場）の道標を見て北折し、町道を中依の方へ北進すると、約３㎞で水地の集落で、さらに１㎞行くと右側に某林業の林道入口がある。これからなお１・５㎞行くと、小川の50ｍ手前、コンター６４５ｍ付近は右側が牧場で、右（東）折する牧道がのびている。この付近に駐車して、牧場のへりに沿って上り、植林地帯の作業道をえらんで上る。道標も明確な遊歩道もないが、城ケ岳は目前にそびえている。

約１時間で山頂から西へ張り出すコンター１０００ｍの尾根に上り、これからなお山頂めがけて雑林と杉檜の造林の境の尾根を下り、さらに雑林の急坂となる。登山口から約１時間50分で城ケ岳の南西、コンター１１１０ｍのコルに出る。ここは一面、カヤとササの密生する草原で、北東、数十ｍの所に山頂が見える。ヤマブドウ、シモツケソウ、ハギ、シュ

倉木山・城ケ岳・雨乞岳
(小野屋、湯平＝25000分の1地図名)

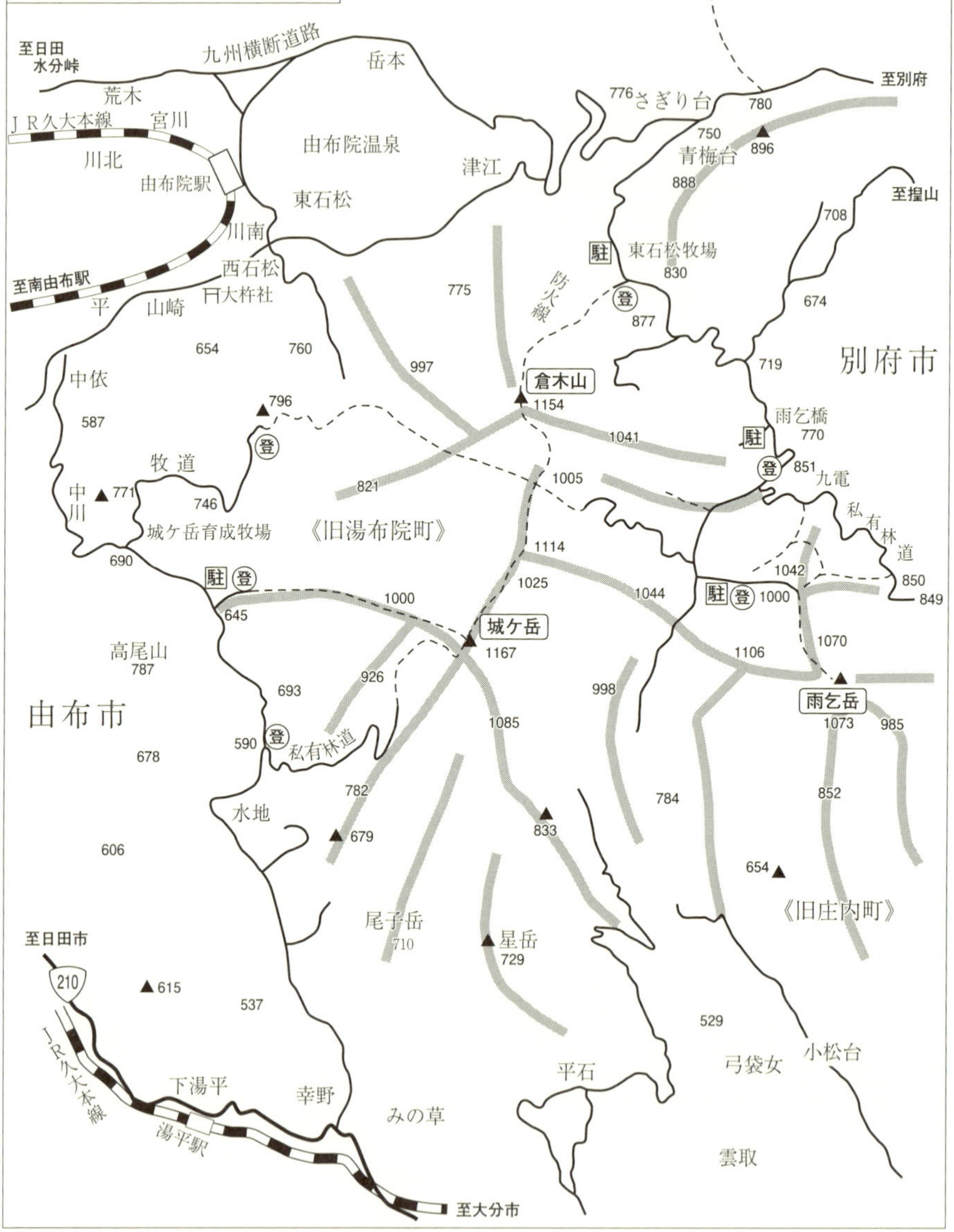

☞登山口⇨（1時間30分）⇨倉木山⇨（1時間）⇨登山口
☞登山口⇨（2時間）⇨城ガ岳⇨（1時間30分）⇨登山口
☞登山口（雨乞橋）⇨（2時間）⇨雨乞岳⇨（1時間30分）⇨登山口

ロソウなどを見て草つきのスロープを上り、登山口から約2時間で山頂の二等三角点に達す。山頂はやや尖峰であるが、ススキの草原で、視界は四囲さえぎるものがない展望がえられる。別府湾、鶴見岳、由布岳、倉木山、福万山、九重連峰と疲れを忘れる眺めである。

◇考察　城ケ岳は二等三角点の山で、草原のピークからの眺望は四囲に及び素晴らしい。城ケ岳から北の倉木山へ行くには、草原の急斜面を北へ1025mの鞍部まで一旦下り、さらに別府市、由布市の境界線上にある1114m峰に上る。そして再度、倉木山の南のコンター1005mの鞍部へ下って、倉木山には南東の尾根から上る。したがって登山口から城ガ岳、倉木山まで往復すれば約7時間を要するだろう。

　このルートは遊歩道がはっきりしないゆえに、時期的にはブッシュの少ない冬期から五月頃までが最も歩きやすい。夏場は所々、放牧の牛の群れに出合うので注意する。

城ケ岳から倉木山（中央）と由布岳

雨《あま》乞《ごい》岳《だけ》（1073m）☆

登山口（雨乞橋）（2時間）**雨乞岳**（1時間30分）**登山口**

倉木山登山口へのルートと同様に九州横断道路、由布市湯布院町の狭霧台から東石松牧場への牧道に入り、この道は蛇行して東南へのびる。約4kmで牧道兼林道の左（北）側に昭和四九年（一九七四）一〇月、江頭木材の江頭私設作業道竣工記念碑が建っている。ここから200m先に雨乞川に架る雨乞橋があり、この付近に駐車する。

　この橋を渡り約500m行って左（東）折する車道は九電社有林道で、100m先に鉄柵の車止めがある。この道を進み、コンター850mの林道から尾

倉木山頂から東南の雨乞岳を望む

根づたいにコンター1000mの鞍部まで上ってもよいが、九電社有林をさけて真直ぐ林道を南へ上ると牧舎があり、この少し先から牧道は東へのびてコンター1000mの手前で行きどまる。これから造林の中を尾根をえらび1070mのピークを経て、所々ブッシュを分け**雨乞岳**まで約30分である。山頂付近は伐採造林が及び、展望はよいが野趣にかける。

◇**考察**　別府市と由布市庄内町の境界線上のピークで、眺望にめぐまれるが、ほとんど造林地帯になり、登山者が少ない。

福万山《ふくまやま》（1236m）☆☆

1

青少年スポーツセンター側登山口（1時間40分）**福万山**（1時間10分）**登山口**

　大分県日田市から国道210号線を40㎞で豊後中村に着く。さらに11㎞で水分峠に至る。やまなみハイウェイと別府へ至る分岐路で、水分峠から別府の方へトンネルを経て2㎞で、国道210号線の北側に日本体育協会青少年スポーツセンター入口があり、少し行った国道の南側に青年の家がある。青少年スポーツセンターへの車道を上り、センター事務所に許しを得てセンターの駐車場に駐車するか、湯牟田高原の手前まで行く。ここから標高751mの湯牟田高原のススキの中を上って行くと、所々に道標があり判りやすい。10分余で熊笹と杉苗林の中を北上しながら西へまいて上る。20分余でクヌギとブナなどの雑林の中となる。田川南高校による道標を見て間もなく、ススキと熊笹の斜面を西よりに上ると、登山口から1時間10分でコンター1150mの稜線の西端に出る。

　東の方、目前に福万山頂が見える。稜線にはわずかにアセビ、ツゲ、ミヤマキリシマなどの灌木を見る程度で、四方さえぎるもののない草原を東進する。20分余で稜線からの分れを右（南）へ下れば高原ゴルフ場に至る。小さいピークを越え10分余で**福万山**に着く。約10坪の草原からの展望は四囲さえぎるものがなく抜群である。東に由布岳、鶴見岳、伽藍岳、南には倉木山、城ガ岳そして九重連峰、西に万年山から遠く英彦山に及ぶ。山頂から北へ尾根のスロープを下れば日出生《ひじゅう》台《だい》自衛隊駐屯地に至る。

福万山頂と東の由布岳

　下山は山頂から数分で湯布院ゴルフ場への分れをとり、草

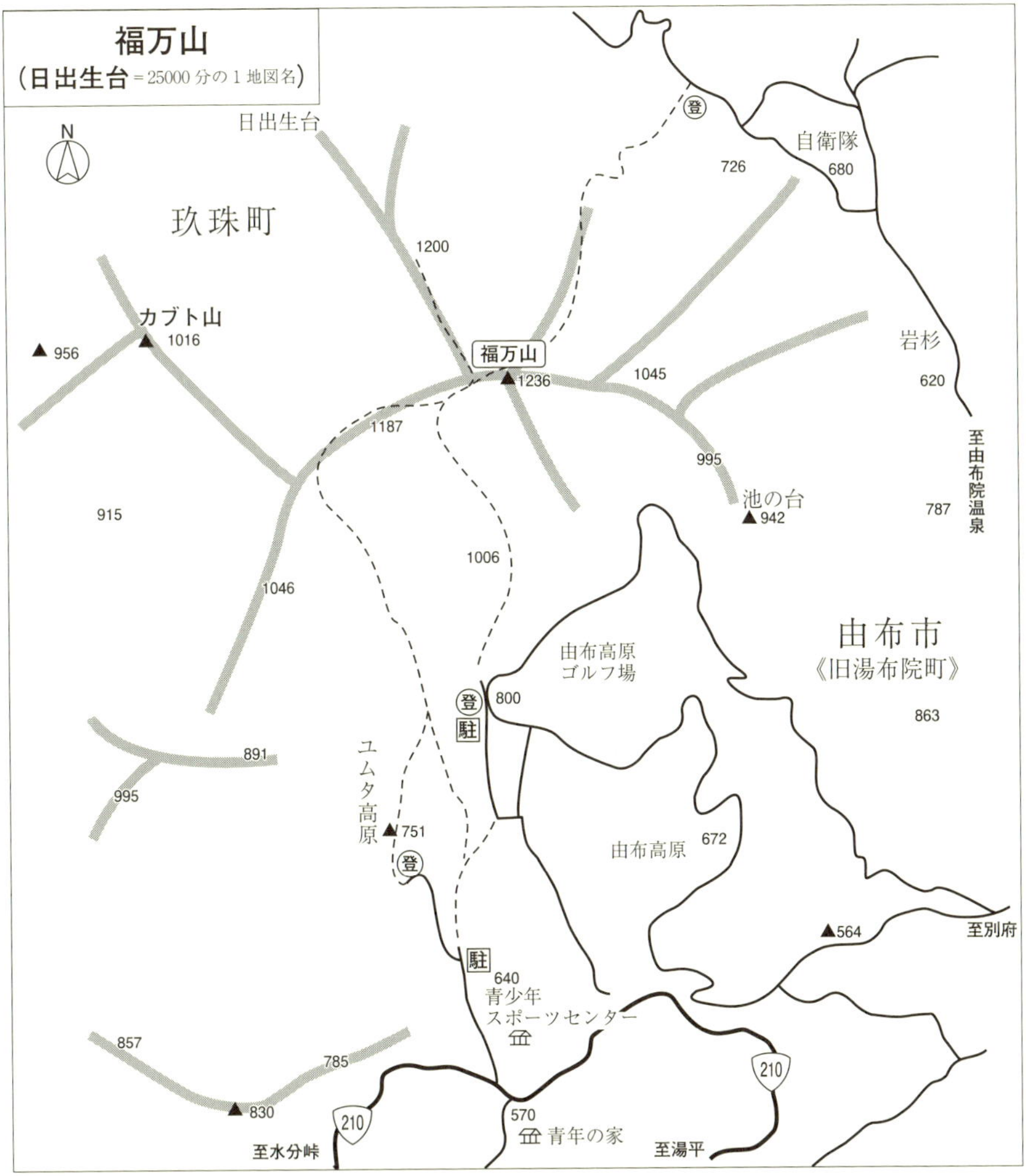

☞**登山口**⇨（1時間40分）⇨**福万山**⇨（1時間10分）⇨**登山口**

つきの急坂を南下する。山頂から30分でコンター800ｍのゴルフ場の西側に出て、舗装路を東陶機器やヤマナミハイツの西側から、スポーツセンターへの道をえらび、約30分で登山口のスポーツセンターに着く。

◇**考察**　由布市湯布院町では必然的に由布岳に集中するが、福万山はファミリーハイクとしても手頃な山であるばかりでなく、展望が抜群に素晴らしい。メインルートは国道210号線北側の青少年スポーツセンターか、湯布高原ゴルフ場の西からで、このほか北側の自衛隊営舎がある日出生台からもあるが、東の若杉の集落からのルートは明確でなく、現在はブッシュを分けねばならない。

　九重町の**平家山**（1023

m）は国道210号線の野矢の反対（北）の町道に入り1・8km行き、平家山製品事業所の三叉路を左へ（右はカルト山への車道）250m行って右の森平家林道に入り約2km行って駐車し、東南尾根ルートを1時間で山頂に着く。あるいは平家山集落を通り西尾根ルートは明確である。

万年山《はねやま》（1140m）☆☆

メーサとは台地の侵蝕作用が進んで、ゆるやかになった地形の上部に水平に緊密な岩石があり、下部の地層を被って、大きなテーブル状の地形となって残され、周囲は絶壁で境されている。メーサの小さく独立したものがビュートと呼ばれる。名勝、耶馬渓からこの玖珠地方にかけては日本で他に見られないメーサ、ビュートの大集団が存在し、万年山の北西に横たわる大岩扇山は地質学的に珍しく、天然記念物に指定され、したがって万年山は東西45km、南北50kmに及ぶ耶馬、日田、英彦山国定公園に包含されている。万年山はこのメーサが上段、下段の二重式となり、東、西に約3kmと長く、南、北は数百mの台地状をなし、高さ数十mの絶壁が周囲をとりまいている。この特徴ある山形は遠くからそれと判断がつくほどで、広大な山頂の台地は五月のミヤマキリシマの開花、秋のススキの大草原、そして四囲さえぎるもののない展望が登山者をひきつけている。

国道210号線、玖珠町あるいはJR久大本線の北山田、豊後森、恵良、町田、宝泉寺といった各駅から登山道があり、福岡方面から日帰りで充分であるが、山麓には宝泉寺、壁湯、川底、天ガ瀬といった温泉があり、一泊する余裕をもてば、さらに楽しい登山となるだろう。

1

妙見堂上牧場（一般的登山口）（30分）**避難小屋**（10分）**万年山**（30分）**鼻ぐり岩**（50分）**茶屋場台牧場**

まずグループによるマイカーでの交差縦走を取り上げてみた。福岡方面からマイカーでの順序は、国道210号線を玖珠町の豊後森のバイパスを過ぎると大隈で、国道の右（西）側にある万年山登山口の標板が目印となる。角に立てられた案内板をみて、この角から入る。約1kmで寺村の集落に着く。道標にしたがい左折し、鎗水林道の一本道を上る。上の牧場まで

万年山
（豊後森、豊後中村、杖立＝25000分の1地図名）

☞**妙見堂上の牧場**⇨（30分）⇨**避難小屋**⇨（10分）⇨**万年山**⇨（30分）⇨**鼻ぐり岩**⇨（50分）⇨**茶屋場台牧場**

舗装の林道である。右手に妙見堂を見て、約5㎞で万年山東端の下台の牧場に着く。20台余の駐車場スペースがある。

初めは牧道をしばらく歩く。よしぶ台に続く**避難小屋**兼水場を通過すると、間もなく右（北）側から上ってきたコウモリ尾根越の道と出合う。ミヤマキリシマ、アセビ、ドウダンツツジ、そして一面のススキが原の中を行くと、直ぐ**万年山**山頂に達す。文字通りさえぎるもののない展望で、ことに由布岳、九重連峰、釈迦、御前が見事である。

山頂から西の方へのびる熊笹とススキの台地を歩く。起伏がほとんどない草原なので、春秋の季節は極めてのどかなコースである。20分でロボット雨量計跡に至る。さらに10分で**鼻ぐり岩**を南に見て間もなく、左（南）折して下れば下園への分岐点を通り過ぎる。これから数分で今までの上段の台地から下段の台地に下って直ぐ、左（南）折してこれも下園への道標がある。直進して牧場の中の牧道を西へ行き、茶屋場台を経て南北にはしる舗装された花香林道に出る。この林道は国道210号線の野田、中通、上庄屋の集落から上って来た道で、さらに南へ下れば、中野、下園方面へ至るアスファルトの道である。

反対に万年山西端のこの茶屋場台下の牧道に行くには、国道210号線、北山田駅前から3km東へはしり、野田の広瀬橋を渡ると直ぐ電柱に小田入口のプレートがある。ここから中通の集落へ入り、約1kmで火の見やぐらの角を左（南）折して下庄屋、上庄屋を経て一本道を上れば協同牧場の牛舎が建ちならび、林道から牧道となり、南の中野の集落へのびている。駐車場は牧道の隅をえらぶ。

2

南側の下園（45分）鼻ぐり岩（45分）万年山

国道210号線大分県天瀬町と玖珠町の境にある慈恩の滝の杉河内から山浦川に沿って車道を約5km行く。下園小学校を見て左折し橋を渡り500m東へ行くと、名刹**専徳寺**が目標だ。ここから万年山上台南面のメーサの岩稜が見事である。寺の右（南）側の車道は東へのび宝泉寺へ通じる。お寺から1・5km上ると、車道の左（北）側に登山口の道標を見る。造林の南斜面を約45分で下台に達し、右折して急坂を数分で**鼻ぐり岩**に着く。ここから草原の中を45分で一等三角補点の**山頂**に着く。

3

東側の引治（40分）横尾（40分）七曲（1時間20分）万年山

林道の開発以前のメインルートであったが、マイカーによる登山者が増えた昨今はさびれてしまった。**JR引治駅**から町田川を渡って宝泉寺の方へ数分行くと、右手に万年山登山口の標識を見て右折し、旧JR宮原線を横断する。数分で**横尾**の集落から道標をたしかめ、右への道を上る。棚田から牧場に入り、右上の尾根に沿って**七曲**のジグザグな坂を上ると、メーサの下バネに出る。眼前に万年山の上バネの岩壁が東から南へ黒々とのびているのが現れると、間もなく鎗水林道と出合う。ここから避難小屋を通り、山頂まで約40分である。

4

十文字（30分）オシガオノ台（50分）万年山（30分）堰堤（50分）黒猪鹿（1・5km）口の園

国道210号線から国道387号線へ入り、引治から1・5kmで川西に至り、右（西）折し川西・木納水《きのうず》線の車道を2kmで木納水、さらに500mで**黒猪鹿**《くろいが》の集落の三叉路を右（西）折すれば、九州自然歩道を通り、万年山に至るが、これは下山の

万年山牧場から万年山の東面を望む

ルートにし、さらに500mで黒猪鹿橋を渡り、1kmで**口の園**の集落に着く。集落の空地に駐車して、左の川を渡らず、右側の林道を歩く。この林道は十文字（峠）、下園を経て杉の河内に至る。

　口の園から林道をゆるやかに上る。両側はシイタケ用材のクヌギ林が続き、1・5kmで強の木林道分れを左折せずに真直ぐ行くと、100mで右側に万年山登山口のプレートを見る。これから入ると、杉林の急坂を上り、約30分で下バネの**オシガオノ台**に着くが、この登山口からさらに林道を100m行き、右折して造林作業道を数分たどり、右（北）斜面のクヌギ林の中を上れば、広大なオシガオノ台の西側に達す。小さな起伏を10分余で上バネの東南端、絶壁の下の自然歩道に合流し、松林から杉林の中をぬけ、草つきの急坂を上る。ミヤマキリシマ、アセビ、ツゲなどの低木が増え、東から南そして西への眺めが雄大に広がる。ほどなく上バネの大草原になると山頂は近い。

　下山は前述の道を上バネから東南端の急坂を下バネの草原台地に下り、自然歩道の標識にしたがう。下バネの草原を20分で、右側に昭和五八年（一九八三）完工の堰堤を見て涸谷を下る。堰堤から10分余で休憩用腰掛が設置されている。ここから2・8kmで黒猪鹿に下る。数分で水場の渓流を左岸に渡ると林道にかわり、約300mで渓流の右岸に渡り、しばらく行くと三度、左岸にかわる。標識に黒猪鹿まで1・5km、万年山まで3・4kmと記されている。ここから林道を十数分で**黒猪鹿**に着く。ふり返って眺めると、万年山の東端が素適な岩峰として映る。**口の園**の駐車場の所まで1・5kmを戻る。

◇**考察**　万年山の北側に接する伐株山は、山頂まで車道ができた。この山に関する話題は豊富で、国道210号線から見ると大樹を切断したあとの形に見える山である。昔は高樟寺山と言って寺の跡があり、また天正一四年（一五八六）、豊後の大友の武将が山頂に築城し、玖珠城あるいは伐株城と称したが、島津軍の来襲で落城したと言われる。

　万年山への登山道は、ここにあげた他に、北西の北山田駅から魚返滝（三日月滝）、角木坂、茶屋場台を経るルート。相狭間《あいばさん》、あるいは宝泉寺駅の少し手前からガード下をくぐり、口の園、十文字を経るルート。さらに北側正面の豊後森から万年神社の右を笹原の集落に出て、ここから直登し伐株山を越えて南に下り、真直ぐにコウモリ山の西側を登行すると、避難小屋の少し先に出るルートなどがある。

　福岡方面からマイカーを用いれば、玖珠町まで約100km

と、万年山は至近距離になったようで、最近はファミリーハイキングあるいはグループによる楽しい山歩きの人々が増加してきたように思われる。なお一等三角点補点の三角点名は羽根山となっている。伐株山へは東西から車道が通じ公園化したが、南の針の耳の岩場が面白い。

鹿嵐山《かならせやま》（758m）☆☆

大分県北の耶馬渓に接する一等三角点本点の鹿嵐山。この山は東の宇佐市安心院《あじむ》町から見ると双耳峰として見え、西側の国道500号線の中津市本耶馬渓町岩屋から見ると雄峰が、すり鉢を伏せたように突出している。雌峰は雄峰の東にあって、頂に祠があり、毎年四月二〇日は山の神の祭りが田の平集落である。

ルートは本耶馬渓町、貝塚地蔵峠経由と、宇佐市院内町田の平からとがある。メインルートは後者からであろう。

小稲三差路（5・7㎞）**田の平十田《じゅうた》橋登山口**（15分）**地蔵峠分れ**（1時間10分）**鹿嵐山**（15分）**雌峰**（45分）**田の平八が岩**

いずれもバスの便がない。宇佐市院内町、国道387号線の櫛野から西へ3・3㎞で小稲へ、あるいは大副から鳥立トンネル経由で3㎞で小稲に出る。ここから町道を5・7㎞で田の平集落の先の**十田橋**に着く。その上の広場に駐車できる。広場の北側から遊歩道に入り、右下の涸谷に沿って造林の中を上る。15分で雑林の尾根に出る。北へ0・5㎞で地蔵峠だが、南へ凝灰岩の露出したヤセ尾根を行く。西方向を眺めると大小の岩峰が屹立し、このルートの圧巻で樹相もよい。35分で雄峰の北側のコルに至る。ここから自然林の急坂を直登する。息がはずむ。35分で一等三角点の100坪余の平頂に着く。この山域《さんいき》の東側は自然林豊かで展望がきく。西側は造林が頂近くまでせまっている。

山頂から東へ急坂を下ると数分で雌峰との鞍部で、ここから北へ下れば、田の平集落の上の車道に出る。真直ぐ急坂を上り、10分で730mの雌峰に着く。展望はないが、大明神の石祠がある。山頂から北東へシャクナゲの群生の自然林の急坂を430m下ると、田の平、八が岩の尾野氏宅前の車道に出る。車道を歩いて25分で十田橋上の駐車場に戻る。

鹿嵐山雌峰（730m）の石祠

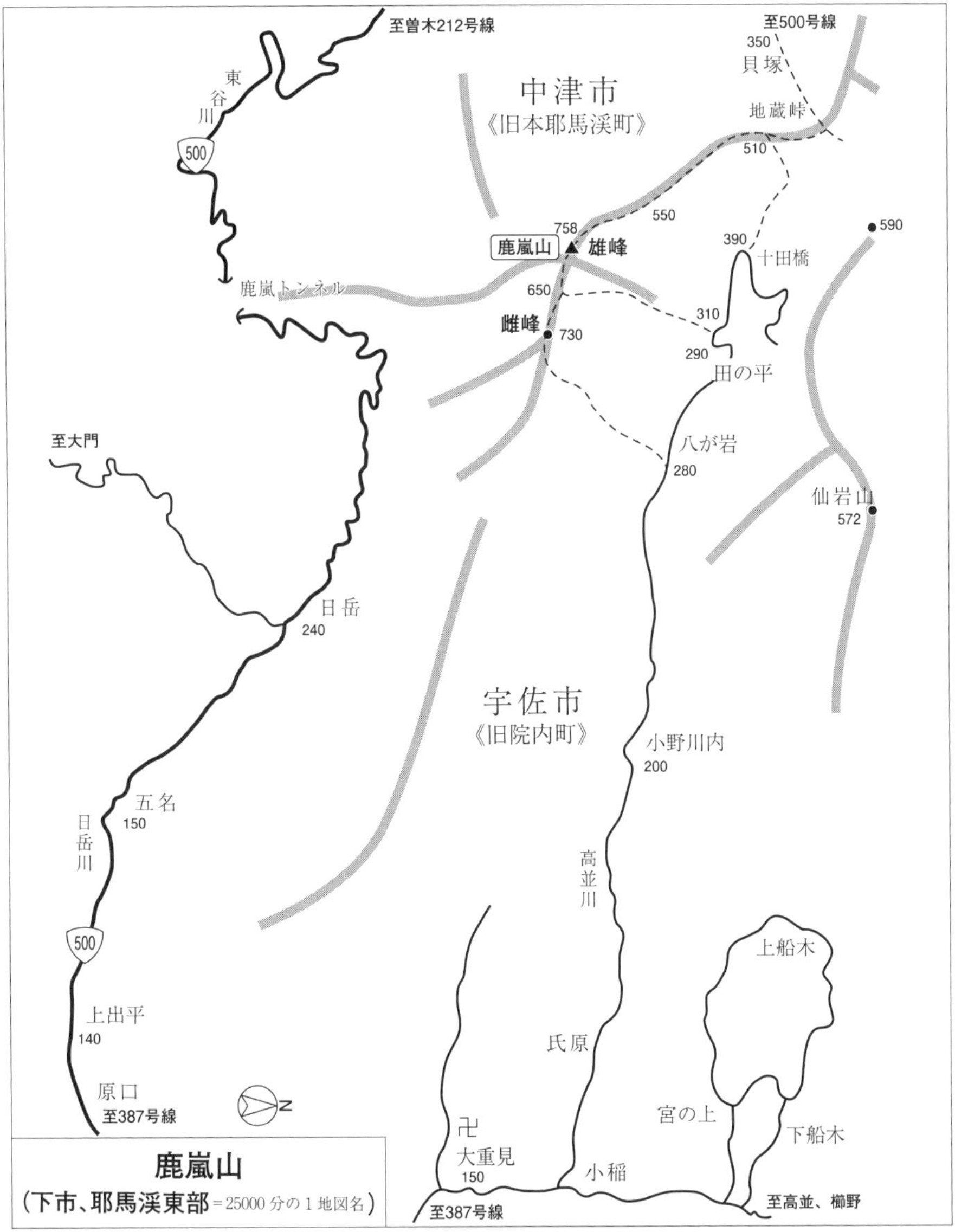

鹿嵐山

（下市、耶馬渓東部＝25000分の1地図名）

☞**小稲**⇨（4km）⇨**田の平八が岩**⇨（1.7km）⇨**十田橋上登山口**⇨（15分）⇨**地蔵峠分れ**⇨（70分）⇨**鹿嵐山雄峰**⇨（15分）⇨**雌峰**⇨（45分）⇨**田の平八が岩**

鞍《くら》ケ戸《ど》（1343m）
内《うち》山《やま》（1275m）

鳥居登山口（60分）踊石（20分）南平台分（40分）鞍ケ戸（50分）花の台（50分）内山（50分）塩原温泉・〔＊裏鶴見ルート〕

鶴見岳（1374m）は独立峰で、別府湾を眼下に眺望四囲に及ぶ。山頂の北側斜面に小規模ながら火山活動の噴煙が立ちのぼっている。山頂には電波塔があり、ロープウェイで容易に山頂に達するゆえ、登山対象としては割愛し、ここではいわゆる**裏鶴見山岳**の縦走をとり上げる。

湯布院と別府を結ぶ県道11号線の鳥居バス停が登山口の目標、鶴見岳の南麓で5合目にあたる。神社は脳の神様、すなわち頭が良くなる神を祀る火《ほの》男《お》火《ほの》売《め》神社の入口である。鳥居から1km車道を北上したコンター705mの所に、トイレ付の大駐車場がある。

駐車場をスタートし、数分で御本尊の御岳権現に着く。七一年（宝亀二）の開祀で温泉源をも祀る。神社から右へ上ると鶴見岳へ。左の献木林から自然林へと上る。25分で林道に出て左折は猪瀬戸へ。直進し、数分で分れを右が鶴見岳へ、

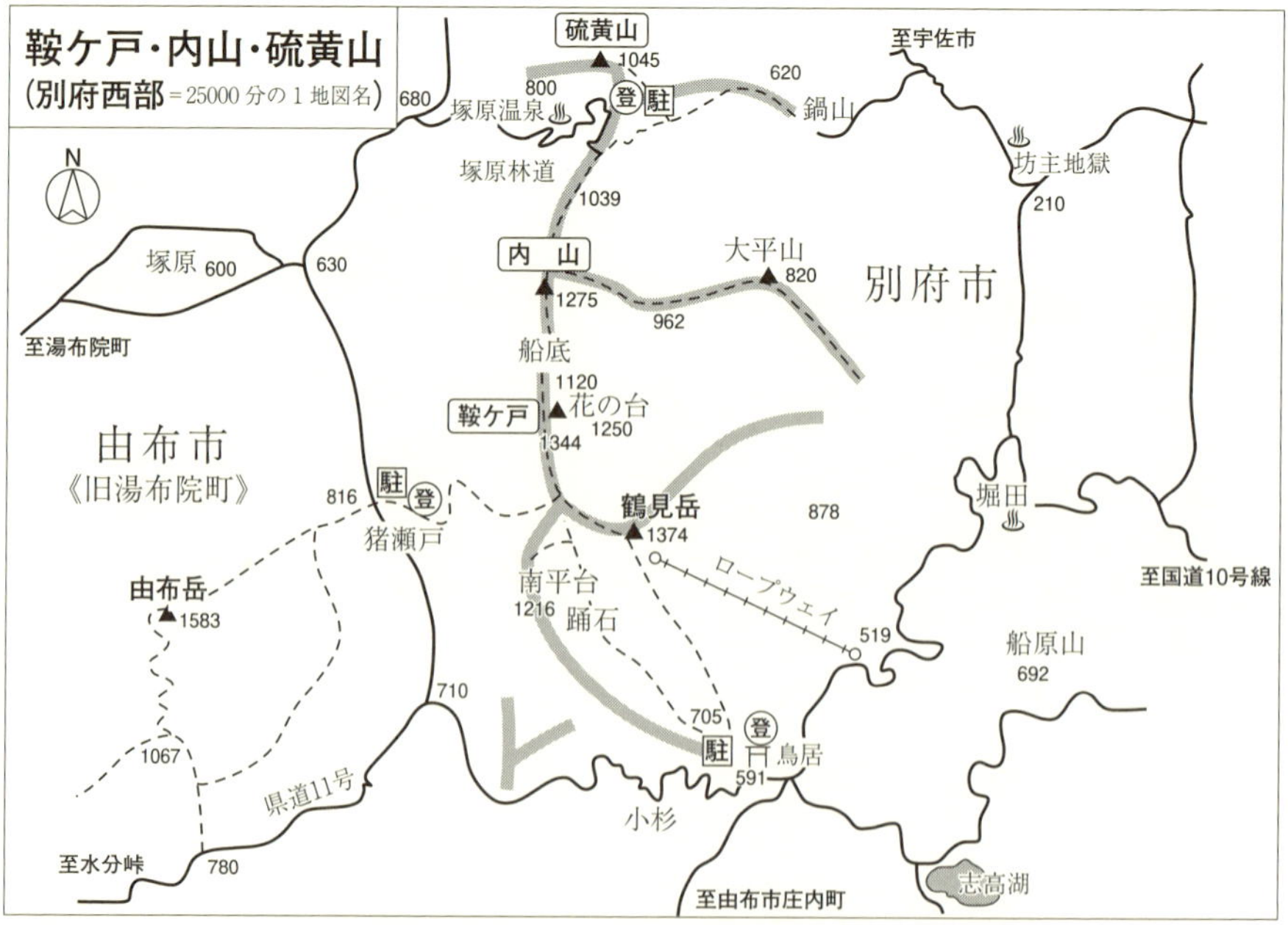

☞鳥居⇨（60分）⇨踊石⇨（20分）⇨南平台分れ⇨（40分）⇨鞍ケ戸⇨（50分）⇨花の台⇨（50分）⇨内山⇨（50分）⇨塚原温泉

鞍ケ戸から花の台へ。右端が内山

左のルートを上る。初夏の頃はハナイカダ、ミズキ、ドウダンツツジ、ナナカマド、ムシカリなど種類豊かである。

スタートして60分で、自然林の中の左側に踊石《おどりいし》を見る。8合目付近で、起伏の少ない好ましい自然林が続く。踊石から20分で南平台分れ、なお数分で分岐を右へ急坂を上り、やせ尾根に出る。ここで分れを右へとれば30分で馬の背から鶴見岳へ。左へ直進し、さらに20分で**鞍ケ戸**の一の岳で、10分ごとに二の岳、三の岳とクリヤして行く。正面に内山のピークを、背後に鶴見岳の北面と一条の噴煙を見る。鞍ケ戸から50分で花の台へ。これから船底へと急坂を下る。船底から右へ下れば林道を経て、ロープウェイ登山駅に至る。

船底を直進し灌木の急坂を上り、平頂草原の**内山**に着く。展望抜群。内山から数分行き右折すると、シャクナゲ尾根を経て90分で大平山（扇山、８２０ｍ）に至る。内山から北へ直進し、自然林の尾根の急坂を下り、50分で塚原林道に出る。酸性明礬の塚原温泉は直ぐの所、硫黄山（伽藍岳、１０４５ｍ）も近い。

全行程約７㎞で、自然林の風情が満喫できる山なみである。塚原温泉には「よしはら旅館」がある。

大分県北の山なみを紹介する。日出町と山香町の境をなす稜線は北側はなだらかで、日出町側は急峻である。稜線の東の方から**百合の山**（５６８ｍ）、**坂川山**（６００ｍ）、**七ツ石山**（６２３ｍ）、**経塚山**（６１０ｍ）と西へつらなり、昔の往還路の**鹿鳴越**（豊前越、４５０ｍ）を含め、山容の変化に富み、稜線から見渡す別府湾の景観とさらにこの山系を取りまく湧水群が随所に見られて素晴らしい。JR豊後豊岡駅から辻間団地を経て、長野の集落を起点にすれば東西のいずれ廻りでも一日行程で楽しめるルートが整備されている。

大分県東には低山ながら一度は踏むべき山が多い。津久見、佐伯、上浦の市町に誇がる**彦岳**（６３９ｍ）は南の浅海井《あざむい》、狩生《かりゅう》、北の千怒《ちぬ》、谷川からのルートがある。国道217号線の狩生から２・５㎞入り、鍾乳洞の上から60分で山頂に着く。リアス式海岸、豊後水道が一望できる。臼杵、津久見両市境の**碁盤ケ岳**（７１６ｍ）、**姫岳**（６２０ｍ）、**鎮南山**（５３６ｍ）の縦走も面白い。三重町と本匠村の境の**佩楯山**《はいたて》（７５４ｍ）は車道をさけ、白岩と上腰越を結ぶ東の峠から１時間30分の行程である。

⑥阿蘇山群

高岳《たかだけ》（1592m）☆☆

根子岳《ねこだけ》（1408m）☆☆

九州本土の中央に位置する阿蘇国立公園は大カルデラで、外輪山の周囲は128km余に及び、中心部には内輪山の阿蘇五岳の雄峰がそそり立つ。東から根子岳（天狗1433m）、高岳（1592m）、中岳（1500m）、烏帽子岳（1337m）、杵島岳（1321m）の五峰をさしているが、登山の対象は九州では代表的ロッククライミングの鷲ケ峰を有する高岳北尾根と高岳、そしてノコギリ状の怪奇な岩峰からなる根子岳であろう。

1 **仙酔峡（2時間）高岳（30分）高岳東峰（60分）日の尾峠**

国道57号線、阿蘇市の**JR宮地駅**の100m手前から指導標にしたがって南折し、仙酔峡有料道路に入る。左に阿蘇青年の家、さらに進むと右手に白亜の仏舎利塔（パコダ）が見える。その100m上方に仙酔駅舎があり、ここからロープウェイは中岳火口縁につらなっている。駅舎の横はバスやマイカーの駐車場で、左上手《かみて》に山小屋があったが昭和六三年（一九八八）に廃止された。

旧山小屋の前を通り、左（東）へ小渓流を渡り**鷲見平**に上る。ミヤマキリシマ、ヤシャブシなどの灌木がおい茂っている。東上を見ると眼前に赤ガレ谷を挟んで虎ケ峰、鷲ケ峰の荒々しい岩峰がそそり立って感動をおぼえるが、この北尾根ルートは豊富な経験と、充分な準備が是非要求される。初心者は仙酔峡尾根から

根子岳の北から高岳の東面

根子岳北面

高岳のルートをとることにしたい。鷲見平から間もなく火山灰や熔岩のガレ場になった通称、馬鹿尾根と呼ばれる急傾斜を直登することになる。夏季は全身から汗が一度にふき出してしまう。途中に小さな岩場が二カ所あるが、ペンキやケルンを確かめ、落石に注意しながら一歩、一歩上って行く。砂礫の斜面にかわると程なく高岳の稜線に達す。山頂三角点は右（西）の方へ数分の所にある。

　台地状をなす**高岳**山頂の南側は大鍋と呼ばれる浅い火口跡で、ミヤマキリシマが所々に群生し、南端には避難小屋がある。東の通称天狗の舞台からは北の方に、ナイフエッジ岩場に続く鷲ケ峰の北尾根のするどい岩峰が眼下に展開し、東の方には根子岳とその向うに祖母、傾の連山が、南へ目を転ずれば脊梁山系、北には九重連峰が見事である。

　天狗の舞台の南裾を廻り込んで**高岳東峰**に至る。岩峰の北尾根につづく竜尾根、そして、つべつき谷を隔ててその南の日の尾尾根を道標にしたがい、足下に気をつけながら急坂を下る。ゆるやかな草尾根にかわると、高岳と根子岳の鞍部に当たる**日の尾峠**は近い。

　国道265号線が完成する以前は阿蘇谷の一の谷と、南郷谷の高森を結ぶ唯一の往還路であった日の尾峠も、最近はブッシュ化が目立っている。

2 **北側のやかたがうど登山口**（1時間30分）**天狗峰**（40分）**根子岳東峰**（1時間20分）**桜ケ水**

　国道57号線、宮地駅の100m西側から仙酔峡への道へ入り、豊肥線を渡ると直ぐの分岐に小道標がある。右の主道は仙酔峡へ通じている。根子岳へは左の道を行く。民家が絶える頃から切り通しの農道になって日の尾峠へとのびる。この道は車の離合がやっとで、間もなく曲り松跡に出る。南西の方向を眺めると、高岳から派生した北尾根やつべつき谷の峻険な山容に誰もが目をみはるだろう。国道からそれて約4・5kmで砂防堤を左（東）へ渡って、右へ迂回し、さらに1・5km上れば車道の終点となる。周囲は台地状の草原で、格好のキャンプ地でもある。駐車場はないが、車道に沿って30台は置けるだろう。

　ここが眼上の根子岳登山口で、案内板をよく確認すること。目標は根子岳の中央、天狗岩から真下に白く見える涸河原が**竿河原**で、これを登ることになる。草原の登山口から右端の西尾根道は西峰へのルートであるから間違わないよう。左へカヤトの茂る道をゆるく上ると10分で左側に見晴新道への道

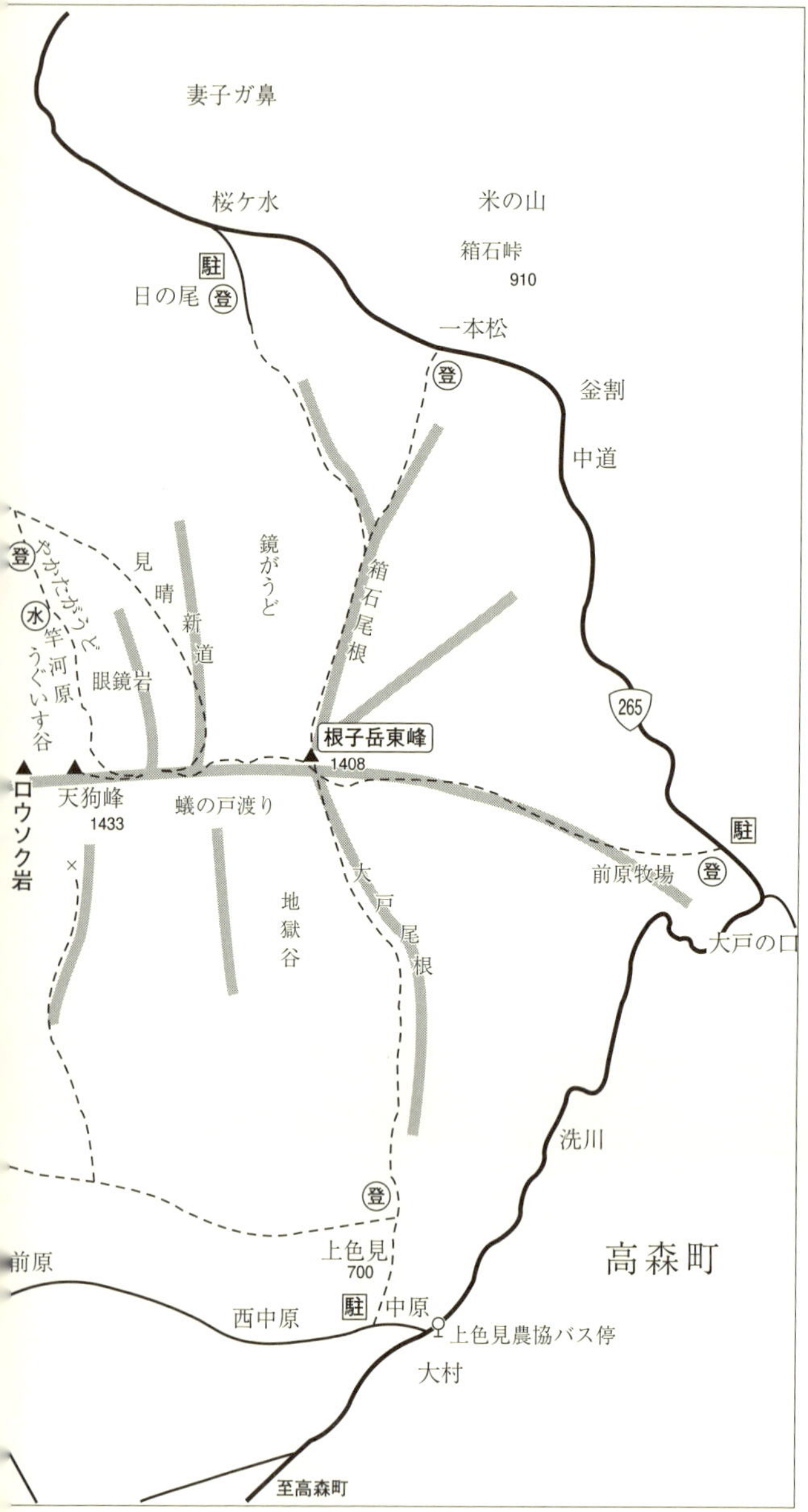

標がある。このルートは至る所でブッシュ化が進んでいるので初心者は避けた方がよい。小さく上って下ると石ころばかりの竿河原の川床をたどって登ることになる。しばらくは小さな流れもあるが、やがて涸川となる。両側は喬木や灌木の原生林で、一人歩きは森閑をおぼえてストレスを忘れさせるルートである。河原を遡行して20分、ガレ場状の川床の中央に流出する伏水の**天狗の水場**が最後となる。この辺りから河原の傾斜がさらに急になり、堆石が不安定で浮石と落石に注意して上る。左（東）上には三つ穴の奇岩、眼鏡岩が現われ、前方真上には屏風のような巨岩が立ちはだかり、その後上方に天狗岩がそそり立つ。ほどなく道標にしたがって涸河原から左（東）の灌木の尾根にとりつく。木の枝や根を手がかりに小さな岩を登ると、尾根道に入って20分で**天狗岩**の東側のコルに着く。

自信のある人は右（西）の天狗峰へ挑戦する。しかし天狗岩から西峰へはさらに危険で、一般的でないゆえにトラバー

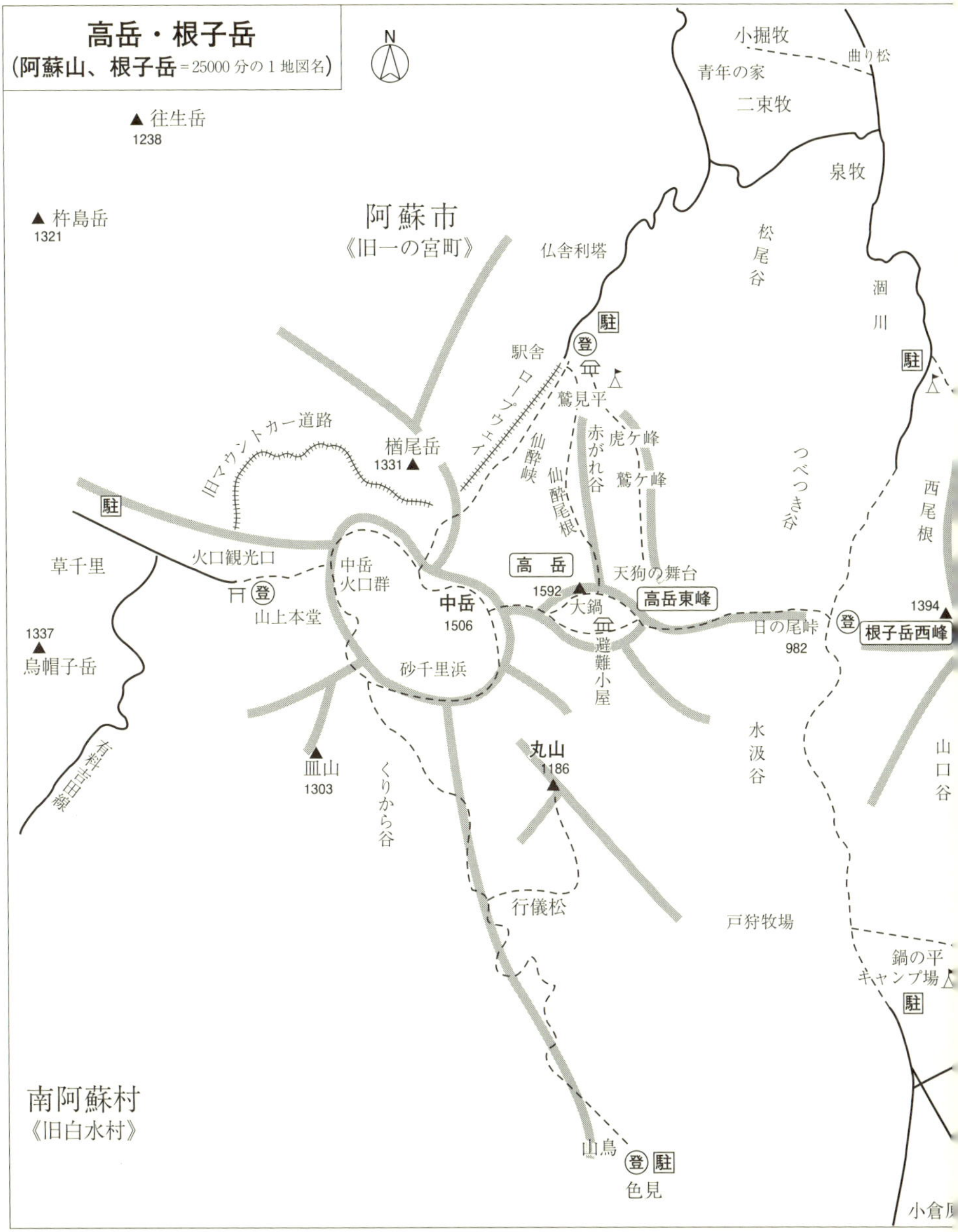

☞仙酔峡⇨(2時間)⇨高岳⇨(30分)⇨高岳東峰⇨(1時間)⇨日の尾峠
☞やかたがうど登山口⇨(1時間30分)⇨天狗岩⇨(40分)⇨根子岳東峰⇨(1時間20分)⇨桜ガ水

根子岳東峰から縦走路と天狗峰と高岳遠望

スしないことである。天狗のコルから東峰への尾根道は狭い岩場の上り下りや、小さなピークをまいて歩くことになる。しばしば崩壊し、縦走禁止になることあり。10分で左（北）折すれば見晴新道への道標がある。道の両側はクマザサやイワカガミ、マイヅルソウ、ヤシャブシ、アシビ、キスミレ、ヒカゲツツジの群生を見る。さらに進むと尾根道の岩が20cmばかり切り離れた所を跨ぐ。ここを**蟻の戸渡り**と言っている。

天狗のコルから約40分で東峰に立つ。山頂は10坪位の広さで、西側は鏡がうどに切り立つ断崖絶壁となり、北、東、南側は草つきの尾根が放射状に派生して急な斜面となって山麓に落ちている。

東峰から北へ直ぐ断崖の所を東側へ少しまいて、踏み跡を確かめながら下ると、あとは草つきの箱石尾根で、尾根道がゆるやかな傾斜にかわるあたりから左へたどれば、草原の起伏を二つ三つ越えて**桜ケ水**へ、また真直ぐ右よりに下れば国道265号線のそばの一本松の下に出る。

☒**考察**　阿蘇山に開する資料は極めて多く、筆者が述べるまでもない。登山対象はなんと言っても高岳と根子岳であろう。福岡方面から高速道路を経由すれば１５０km、片道2時間半の距離にあり、日帰りが充分可能である。

南側から根子岳へのルートは上色見《しきみ》農協バス停から中原の集落に入り、道標にしたがって農道を北へ行くと、西側の鍋の平からつづく草原に出て一番右（東）側の尾根にとりついて登る。間違って天狗峰の真下から派生する尾根道を上ると、天狗峰の下の尾根で行きどまる。鍋の平キャンプ場からは約2km、草原の中を東へ行き地獄谷の右（東）尾根が目標になる。この**大戸尾根**は灌木の急峻な山道であるが、登山口から約2時間の明確なコースである。

根子岳東峰から東側の尾根を経て前原牧場へ下る道は、東峰から南へ10m下った所の1坪位の岩をまいて、背丈なすカヤトの急坂をかきわけて1時間下れば牧場の鉄柵に行きあたる。牧場内に入り牧道をたどれば前原牧場入口の国道に出る。

自然林におおわれた根子岳にはツクシシャクナゲは希有で、そのかわりに山頂付近のヒカゲツツジの群生が楽しめる。五月初旬の開花期には黄色い花が疲れをいやしてくれる。

大矢岳《おおやだけ》（1220m）☆☆
大矢野岳《おおやのだけ》（1236m）☆
冠ケ岳《かんむりだけ》（1154m）☆☆
俵山《たわらやま》（1095m）☆☆

阿蘇外輪山の周囲は128kmに及び、その形状、熔岩、降下火山灰など地質学的に推定すると、有史以前の爆発前の阿蘇山は4000mを超す標高であったと言われる。爆発後のカルデラの中央には阿蘇五岳が生じ、北の阿蘇谷と南の南郷谷に分れている。外輪山のカルデラ側は絶壁あるいは急傾斜をなして阿蘇谷、南郷谷へ落ちこみ、他方、外輪山の外側は高峰の裾野の名残をとどめて、なだらかに延々と続き、その雄大な山容が想像できる。俗に北外輪山には**七鼻八石**《ななはなやいし》と言われる奇岩、尾根鼻があり、外輪山には**二七越**、**四八峠**という、かつては南郷谷と熊本、矢部、高千穂を結ぶルートが随所の山ひだにあって利用されていたが、現在は交通機関の発達に伴い、ほとんどの峠道は廃道化し、若干の越峠が残存しているにすぎない。

ここでは大矢岳から冠ケ岳、俵山、俵山峠に至る**南外輪山**の一部縦走ルートについて述べる。

国道57号線から阿蘇大橋を渡り、国道325号線に入る。約4・5kmで南阿蘇村喜多の信号機から右（南）折して旧国鉄長陽駅前を東へ、白川に架かる妙見橋を渡り、さらに八里木から午王谷橋を渡る。堀渡の県道28号線を東進し、3・3kmで上猶須《かみなわす》の十字路から右（南）折する。2・5kmで右折し、4m幅の舗装道を6km上ると、県道39号、久木野西原線と合流する。今ひとつは国道325号白水村赤池で南折し、ガード下を通り、右（西）に中松郵便局を見て県道39号線グリーンロードを直進し3kmで旧グリーンピア南阿蘇入口で、さらに8km行くと左に地蔵峠への遊歩道入口と駐車場がある。雑林の中を数分で峠へ至る。このグリーンロードはなお1km西進し、久木野・西原・矢部の旧町村境界のコンター1090mの稜線を越している。

グリンロード登山口（5分）**地蔵峠**（20分）**大矢岳**（30分）**大矢野岳**（45分）**地蔵峠**（60分）**本谷越**（15分）**冠ケ岳**（10分）**本谷越**（60分）**護王峠**（20分）**俵山**（50分）**俵山峠**

駐車した場所を登山口として登ること数分で地蔵峠に出る。秋にはマツムシソウ、ツリガネニンジン、オミナエシ、リンドウ、ウメバチソウ、ヤマラッキョウ、カワラケツメイなどの草花が楽しめる。遊歩道に入り二十数分でガレ状の地蔵峠に着く。道標に護王峠へ6km、東の駒返峠へ7・3kmと示さ

☞**登山口**⇨(5分)⇨**地蔵峠**⇨(20分)⇨**大矢岳**⇨(30分)⇨**大矢野岳**⇨(45分)⇨**地蔵峠**⇨(1時間)⇨**本谷越**⇨(15分)⇨**冠ガ岳**⇨(10分)⇨**本谷越**⇨(1時間)⇨**護王峠**⇨(20分)⇨**俵山**⇨(50分)⇨**俵山峠**

れている。峠には西向きに四体の地蔵尊が祠に安置され、北側には南郷谷をはさみ阿蘇五岳がそびえる。

峠から草原の尾根を東へ約20分で**大矢岳**の三角点に至る。展望良好、さらに10分で次の小さなピークを越え東進する。雑林の踏分を20分で**大矢野岳**に着く。山頂は約10坪位の雑林の中の空地で、わずかに北、西方向の眺めがあるのみで風情に乏しい。山頂から数m戻って東進している駒返峠への尾根道がある。

大矢野岳から地蔵峠へ引返し、左の林道に下らずに外輪の草尾根を、右下に南郷谷を見て北行する。数分で植林の中となる。平坦なクマザサ道から檜林そして灌木とススキが原になり、地蔵峠から約1時間で**本谷越**に着く。この間、左折する分れが幾つかあるが、右ヘルートをえらべばよい。本谷越は格好の小憩地で阿蘇、九重の山なみが楽しめる。

本谷越から道標を見て左（南）折し、草原の中の遊歩道を十数分で**冠ケ岳**（**神牟礼岳**）に達す。なだらかな外輪山の南面に突出した尖峰で、樹木のない草原の頂からの眺望は遮るものがなく、阿蘇、九重、祖母、中央山地の峰々におよび実に絶景である。西南の二次草原のスロープは西原公共育成牧場で、この牧場の中をはい上るルートもある。10分余で本谷越に戻る。

本谷越から俵山までは草つきガレ状の変化豊かなピークを幾つか越える楽しいルートで、五つ目のススキとクマザサの

大矢岳から西の地蔵峠へ

地蔵峠から大矢岳を望む

ピークを越え、数分で六つ目の大ピークに立つと、目下に**護王峠**をはさんで俵山の豊満な頂が見える。護王峠から北へ下ると午王谷沿いの林道を経て久木野村の堀渡に出る。峠から草つき尾根の急坂を20分上ると大草原、平頂峰の**俵山**に至る。広々とした山頂からは冠ガ岳同様に遠近の展望を満喫できる。
俵山を発ち北東へ50ｍ下り、分れを左へ（右折は護王峠へ）草原の坂を下る。立派な遊歩道がつづく。右下に午王谷から蛇行して上る牧道、林道が見える。山頂から一つ目のススキとクマザサが密生する台状尾根を歩きながら見る阿蘇、九重連峰のうつり変りが素晴らしい。二つ目の台状尾根も草原で、三つ目の草原台地のルートから南西よりにロボット雨

地蔵峠から冠ケ岳を望む

俵山西面

量計があるが、北東側の尾根をえらべば俵山峠の登山口は数分で着く。

☒**考察**　この縦走ルートは、地蔵峠下の林道に駐車して上り、俵山峠まで約9km、昼食を含み6時間の行程で、マイカーによる交差縦走に適している。

俵山のみであれば俵山峠から草原の三つの台状尾根を南へ上って約1時間で山頂に至る。冠ガ岳のみであれば、県道28号線、西原村の小森か星田から公共育成牧場の方へ入り、一の峰（858m）の南麓から二次草原の中を登頂する。

高千穂野《たかちょうや》（1101m）は自然歩道のひとつのピークで県道319号線の清水寺《きよみずでら》から3・7kmで920mの**清水峠**に上り、西側の無線中継塔を目標にスズタケと自然林の尾根を西へ高千穂野まで2・2km、50分で着く。さらに20分で天神峠だ。次の多津山峠間には渓流（水場）がある。高千穂野から2・6km、1時間10分で、1060mの**駒返峠**で、南へ下れば清和村丸山キャンプ場へ、北へは新村を経て6kmで、中松駅に至る。なお尾根を西へ4・3km、2時間10分で大矢野のピークに達する。旧久木野村のグリーンロードの完成で地蔵峠、駒返峠が近くなった。

清栄山《せいえいざん》（1006m）☆☆

南外輪山の東端に位置する峰で、山名の由来は明暦二年（一六五六）に明益なる憎が山頂近くに僧堂を建て、清栄山円満寺と命名したところから名づけられたもの。その円満寺は現在、山頂の東の方、高尾野に移築されている。

ルートにある虎御前原《とらごぜんばる》は曽我五郎、十郎兄弟が父の敵、工藤祐経《すけつね》を討って囚われ、その後世をとむらうため、母の虎御前がこの地に庵をむすんだとの伝説がある。また、その右上の大杉二本は樹齢300年の高森殿杉《たかもりどんすぎ》と言い、天正一四年（一五八六）、薩摩の軍勢に敗れた高森城主、高森伊予守惟貞《これさだ》と家臣の三森兵庫能国《みつもりひょうごよしくに》が自刃した場所にあたる。現在は能国の墓石だけがあり、惟貞のは起雲山含蔵寺《きうんざんかんぞうじ》に移されている。このように清栄山の西山麓《にしさんろく》は伝説に満ち、メインルートもこの中を行く。

高森（村山）登山口（50分）**黒岩峠**（20分）**清栄山**（10分）**黒岩峠**（40分）**猿丸峠**（40分）**高森峠**（60分）**登山口**

阿蘇大橋を渡り、国道325号線を21kmで高森の町に入る。これから国道265号線に移り、1・5kmで村山の集落に着く。国道の東側に高森生コン工場、西に草村企業がある。国道が三

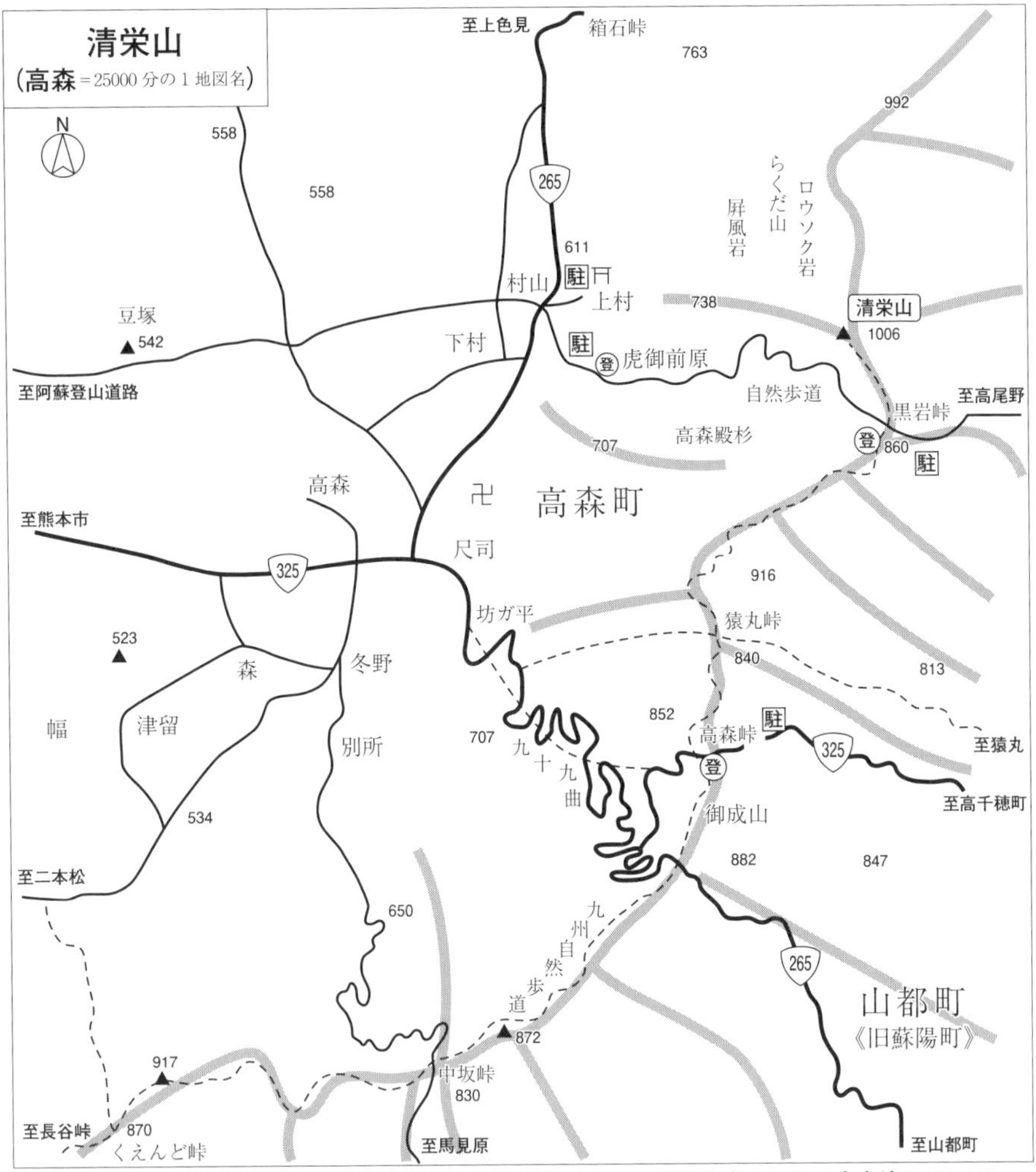

☞**登山口**⇨(50分)⇨**黒岩峠**⇨(20分)⇨**清栄山**⇨(10分)⇨**黒岩峠**⇨(40分)⇨**猿丸峠**⇨(40分)⇨**高森峠**⇨(1時間)⇨**登山口**

☞**村山集落**⇨(2km)⇨**黒岩峠**⇨(3.3km)⇨**高森峠**⇨(1.9km)⇨**中坂峠**⇨(2.1km)⇨**崩土峠**⇨(1.6km)⇨**長谷峠**⇨(2km)⇨**清水峠**⇨(2.2km)⇨**天神峠**⇨(1.1km)⇨**多津山峠**⇨(1.2km)⇨**駒返峠**

叉路になっているところの陸橋を下り、東の上村集落入口の分れを右にとると、道の左側に九州自然歩道の標示板がある。自然歩道は阿蘇谷の宮地から日の尾峠、鍋の平、小倉原、村山、黒岩峠を経て南外輪山の駒返峠までのびている。牧道の隅に駐車し自然歩道をたどる。広々とした二次草原のなかに枝ぶりのよい松が点在し、左にはらくだ山、屏風《びょうぶ》岩の景観をながめ、虎御前原を行く。春秋は快適な所である。

黒岩峠まで1kmの標柱を見て、2m幅の遊歩道が続く。50分で**黒岩峠**に着く。峠から北へ、ササとカヤの尾根を上る。東側はなだらかなスロープで、造林地域と二次草原

清栄山（中央）の西面

があやなして果しなく続いている。ようやく展望がひらけ20分で**山頂三角点**に立つ。山頂は南、北に細長い草つきの尖峰で、展望抜群、四囲に及ぶ。東から祖母、九重、目前の阿蘇、南の脊梁《せきりょう》の峰々にわたり飽きることがない。

山頂から黒岩峠へ下り、自然歩道をたどる。小ピークを越え約1・5km、40分で**猿丸峠**に至る。これから高森峠までは五つの小ピークを越え、1・8km、40分で着く。峠の下を国道325号線がはしっている。高森峠展望台から車道をさけ、遊歩道を下り、上村の集落まで約1時間である。

☒**考察**　高森町上村から黒岩峠まで約2km、50分、そしてさらに清栄山まで約700m、20分で、単独でも迷うことのないルートである。最近は九州自然歩道を分断して上村の集落から黒岩峠、高尾野へ舗装路ができているが、ハイカーは集落から歩いた方がよい。高森峠の南の御成山、御成坂ともいう所は昔、景行天皇（西暦七一年）が熊襲《くまそ》征伐の折に、この峠を越えられたいわれによる。

二七越四八峠のひとつ清水峠へは高森町二本松、あるいは南阿蘇村上二子石から山都町郷野原へ県道が通じている。雲龍山清水寺は上二子石から3km、標高920mの清水峠に至る県道左側にある名刹で、その歴史は古く、天正時代（一五七三〜九二）に堂宇は焼失したが、正保年代（一六四四〜四八）に僧、慶順により復興され、現在の堂宇は明治二三年（一八八九）の建立になるものである。

丸《まる》山《やま》（1186m）☆

高森行儀松（2時間30分）**丸山**（2時間）**行儀松**

阿蘇山群で人気があるのは根子岳で、次が高岳であろう。この丸山は高岳の南側にあり、三角点がなく、地元の人は知っているが、一般の登山者には馴染みがなく、国立公園の中にあって関知されていないが、素晴らしく、推奨に値する峰で、山頂一帯はミヤマキリシマの群生を見る草原をなし、南郷谷を眼下にした弥望は四囲に及ぶ。しかし今のところ明確な登山道がないゆえ、経験者の同行が必要であろう。

国道325号線、高森町色見の交差点から左（北）折して、色

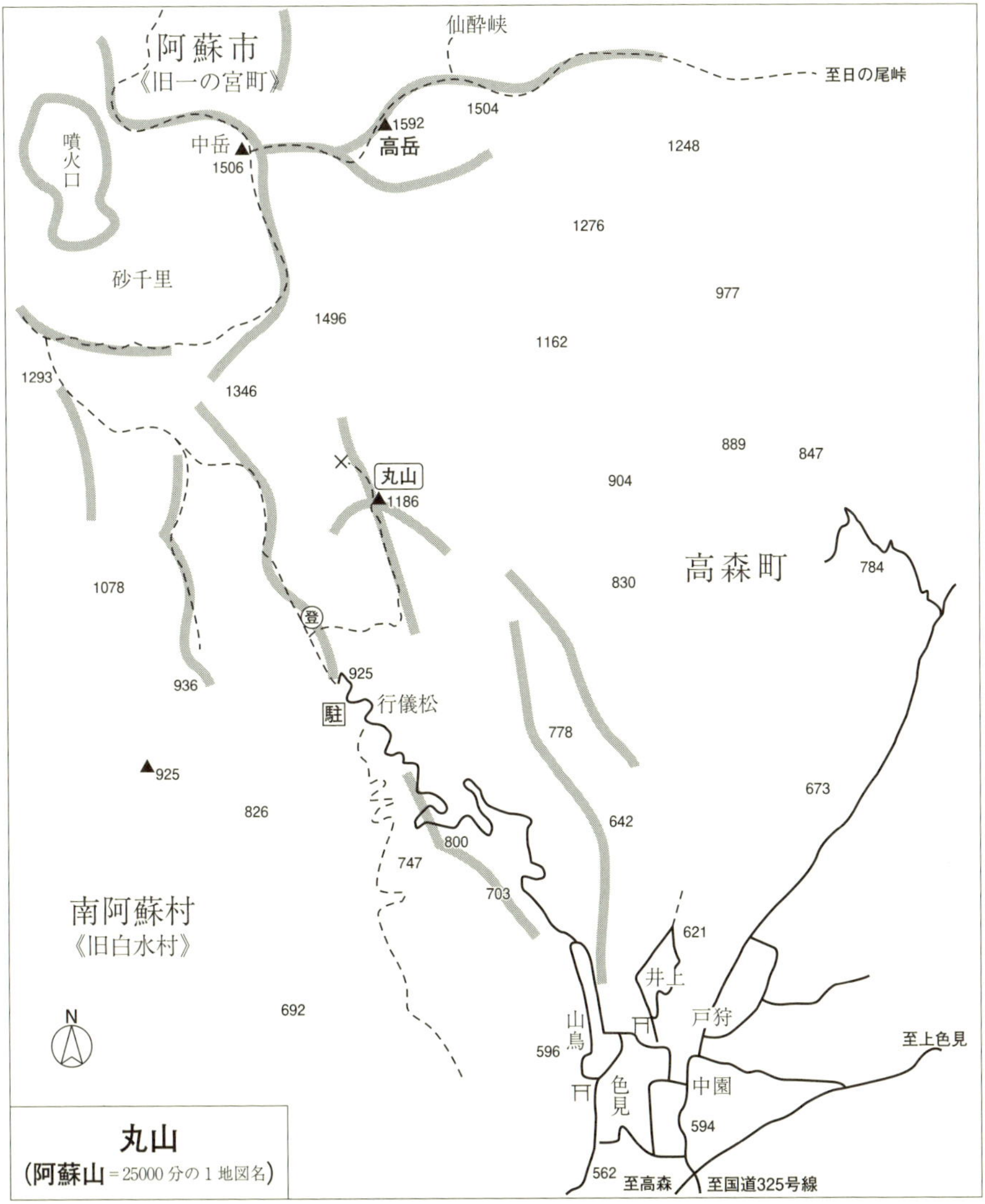

丸山
（**阿蘇山**＝25000分の1地図名）

☞**行儀松**⇨（2時間30分）⇨**丸山**⇨（2時間）⇨**行儀松**

見の集落に入る。山鳥から行儀松を経て、砂千里、高岳への登山ルートをえらぶ。山鳥から1・8kmで舗装牧道が終り、ゲートがある。手前の空地に駐車する。

　枯木化した行儀松の少し上まで悪路の牧道がのびる。ゲートから40分で牧道が終り、高岳への遊歩道を10分余で、右（東）下の涸谷の堰堤へ下り、ひとつ目の尾根をまたぎ、次の尾根にとりつく。これから山頂へ、サルトリイバラ、モミジイチゴの多い灌木の藪を分けて尾根の急坂を這い上る。9合目付近に突出した巨岩が目標となる。ブッシュのため2

色見から高岳へのルートから見る丸山の西面

時間半を要するだろう。某山の会のプレートがあるが、充分な展望が楽しめる。下山は登りの急坂を戻る。

観光地にあって隠れた山と言えるだろう。数年以上の登山経験者には是非お推めしたい山で、冬期から5月までの藪立ち前が好季である。

◇**考察**　阿蘇北外輪山の**斧岳**（1029m）と2km北の一等三角点補点の**尾の岳**（1041m）は県道12号天ガ瀬阿蘇線からいずれも数分で登頂でき、山頂から雄大な展望が楽しめる。

阿蘇烏帽子岳（1337m）へは草千里（1150m）から40分で山頂に至るのでものたりない。西側の湯の谷温泉からのルートは阿蘇観光ホテル跡の北側裏にある湯の谷観世音菩薩前コンター780mから自然歩道を50分で草千里に至る。南側の垂玉温泉からは山口旅館の入口に架かる金龍橋の150m手前から北へ遊歩道を上り、80分で草千里へ、さらに烏帽子岳へは25分である。山頂からの展望は四囲、雄大である。

⑦天草・芦北・矢部周辺の山

次郎丸嶽《じろうまるだけ》（397m）
太郎丸嶽《たろうまるだけ》（281m）

西辺登山口（30分）**分岐**（30分）**次郎丸嶽**（20分）**分岐**（20分）**太郎丸嶽**（40分）**登山口**

天草の山岳は頂からの眺望に優れた低山が多い。県道34号線を挟んだ東側の白嶽《しらたけ》（372m）から蕗岳《ふきだけ》（320m）に至る岩峰、岩尾根は観海アルプスとして名高い。しかし山頂直下までマイカーで行ける山は登山の対象外であろう。この山は東側から仰ぐ岩峰の容姿と、山頂から四囲遮るものがない展望は迫力があり、四季を通じて飽きることがない。

上天草市の大矢野島から上島へ国道324号線を南行し、松島町の今津三叉路から左折し、50mで右側に今泉多目的集会施設所がある。この前の広場に20台余の駐車スペースを利用。これから約100m南へ行くと、右側の西辺集落の入口に次郎丸嶽への道標がある。集落の民家の間をぬって、狭い田畑の農道を上って行く。30分余で水場の前を通り、数分で右は太郎丸嶽への**分岐**、ここを左へ急坂を上る。真上にカニのはさみ状の岩峰が見える。

ヤマモモ、モッコク、ネズミモチ、アカガシ、シヤリンバイ、タブノキ、アセビそしてシダ類など、照葉樹林域をぬけると、岩場の**次郎丸嶽山頂**に着く。三角点の手前に文政二年（一八一九）建立の弥勒菩薩の石祠が東向きに坐す。山頂からは観海アルプスにたがわず、北に島原湾と雲仙岳を、南に八代海そして天草の

西辺から仰ぐ太郎丸嶽（右）と次郎丸嶽（左）

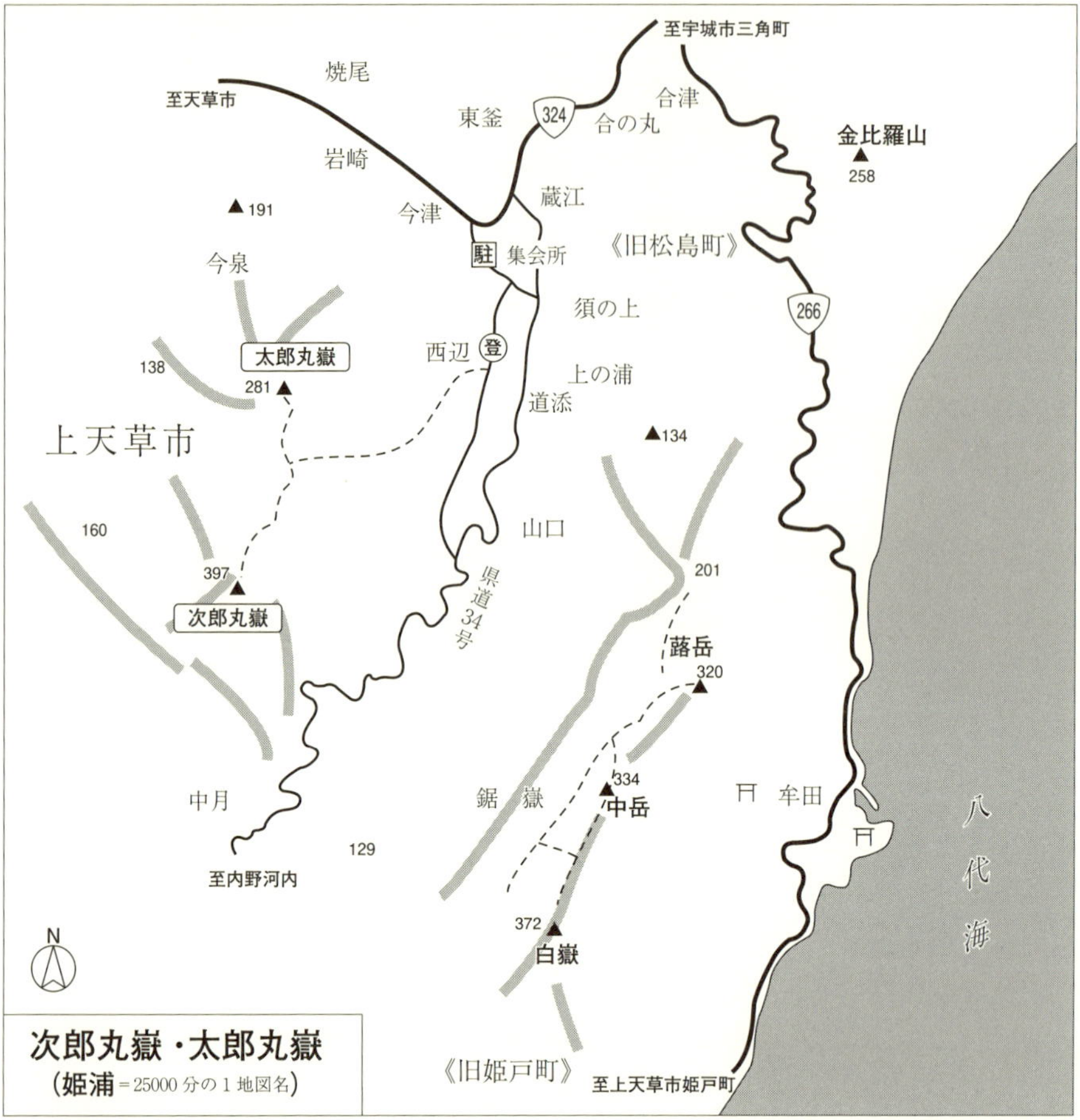

次郎丸嶽・太郎丸嶽
（姫浦＝25000分の1地図名）

☞西辺登山口⇨(30分)⇨分岐⇨(30分)⇨太郎丸嶽⇨(20分)⇨分岐⇨(20分)⇨次郎丸嶽⇨(40分)⇨登山口

山なみを心ゆくまで満喫できる。両嶽への分岐へ下り、北の**太郎丸嶽**へ20分余の上りである。巨岩を積み重ねた頂からの展望も雄大である。下山は40分で西辺の集落に至る。

矢筈岳《やはずだけ》（687m）☆☆

境川登山口（60分）矢筈岳（50分）県道登山口

熊本県水俣市と鹿児島県出水市の県境の一部は境川で接し、その源流が矢筈岳である。八代市から国道3号線で水俣市まで約50km、さらに7km南下すると南袋バス停と右側に肥薩オレンジ鉄道袋駅がある。なお800m行くと国道3号線の上を鉄道高架線が通っている。この高架線の手前、左側に矢筈岳登山口の標柱がある。これから入り、併用林道境川線が境川の右岸沿いにのびる。この林道を2km行った所が最後の民家で、さらに2kmで林道終点、標高は220mで駐車する。ここから境川に沿って歩く。

まず左岸から2、3分で右岸へ、照葉樹や豊富なシダ類の中に炭焼窯跡が点々とある。十数分で左岸へ渡る。出水《いずみ》山の会の道標がある。上流の涸谷を経て杉林の急坂をたどる。最後の炭焼窯跡を左に見て、約20分で矢筈岳（男岳）と女岳の鞍部の**袋越**に出る。これから右（西南）折して照葉樹と植林の中の急坂を約20分で一等三角点の**矢筈岳**に達す。

山頂には巨岩があり、岩面に寛政四年（一七九二）三月四日、高山彦九郎作「草も木もなびかさんとや梓《あずさ》弓矢筈岳に登

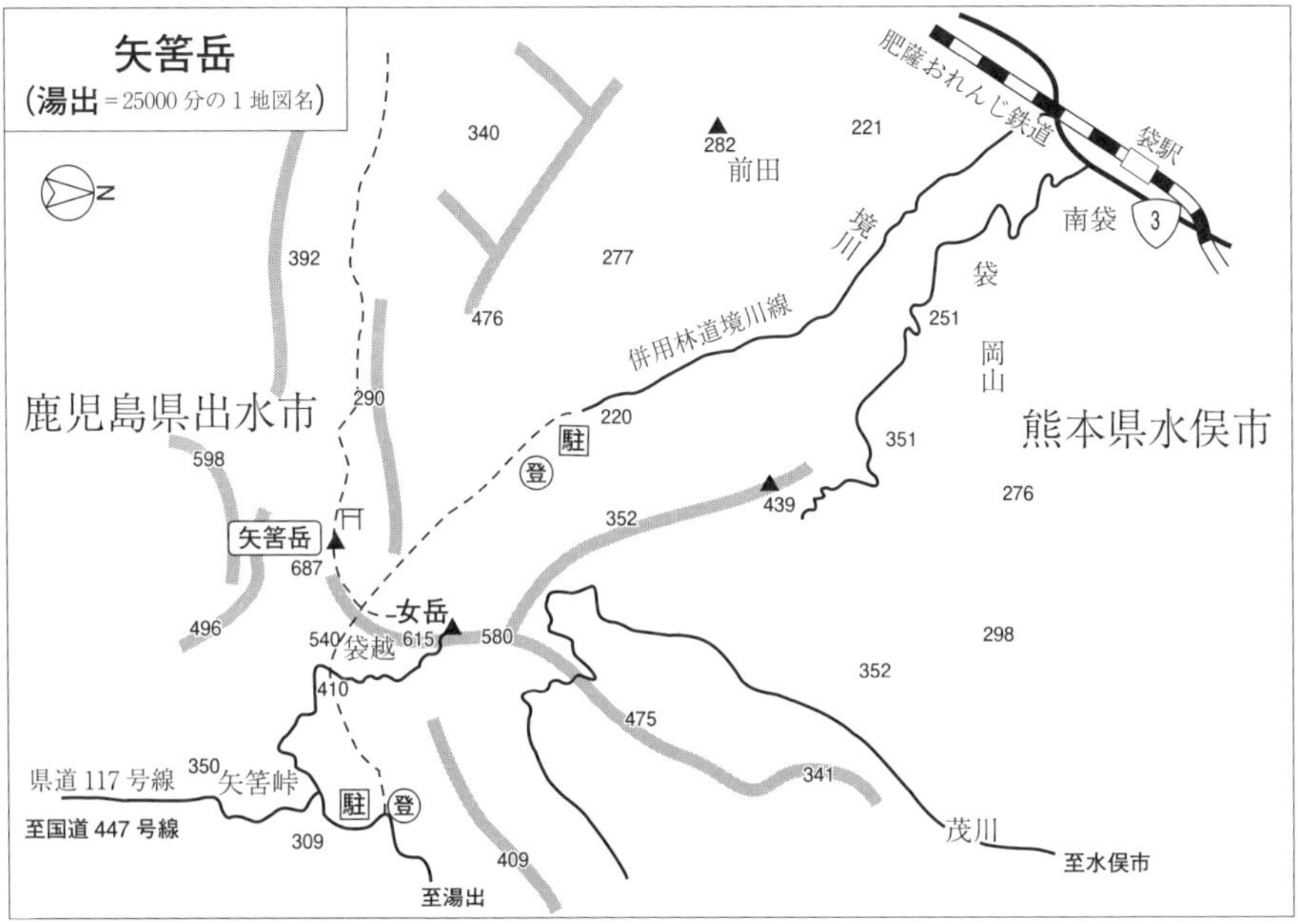

☞**境川登山口**⇨（1時間）⇨**矢筈岳**⇨（50分）⇨**県道登山口**

る楽しさ」の句が刻まれている。約10坪の尖峰からの展望は抜群で、東に鬼岳、南に**紫尾山**《しびさん》などの山なみが指呼の間に横たわる。山頂の西側の岩場には昭和三〇年（一九五五）三月三〇日建立の御神鏡を祀る祠があり、目前は不知火海《しらぬい》を隔てて天草全島が美しい。

　山頂から10分で袋越に着き、真直ぐ上れば5分で615mの**女岳山頂**に着く。檜と雑林の中で展望はない。

　再び袋越にもどり、ここから東へ県道湯出《ゆで》線の方へ下る。杉林の中の涸谷の状態の遊歩道を約15分で、矢筈峠の北からのび上る林道に出る。この林道を約20m下り、再び左の杉林の中の道を行くと約20分で県道に出る。ここは矢筈峠から北へ1kmの所で、矢筈橋の20m手前にあたる。矢筈岳登山口の大標柱を見る。これから県道を北へ、招川内《まんば》川に沿って下ると約4kmで**湯出**《ゆで》**（湯の鶴）温泉**に至る。

☒**考察**　矢筈岳は標高こそないが、この地方の名峰である。昔から不知火海で漁をする漁師の目標になった山で、信仰の

一等三角点の矢筈岳の頂

山としての歴史も古い。また西南の役では敗退する西郷軍と、それを追って水俣に上陸した官軍とが、この矢筈岳の山域で大攻防戦を展開した激戦地であった。
　官山（国有林）であるため伐採造林が行きわたっているが、8合目あたりから上はアオキ、カシ、シキミ、ツゲ、ツバキ、サザンカ、ヤツデ、イスノキ、ミミズバイ、マテバシイ、サカキ、モチノキなどの照葉樹林と100種類を超すシダ類の宝庫でもある。山頂からの見事な展望と山麓の湯出温泉が近い。
　ほかに出水市米の津から上るルートもあるが、かなり時間を要する。

矢城山《やじろやま》（585m）☆

石神登山口（40分）**矢城山**（30分）**登山口**

　国道3号線八代市から約32kmで芦北町、これから約13kmで津奈木町である。津奈木駅の700m手前（八代より）の3号線に歩道橋があり、その直ぐ先、左（南）側の山崎商店の角から南折する。染竹《そめたけ》川に沿って県道323号線（津奈木深川線）に入る。中学校前を通り、鉄道の踏切りを渡り、左に津

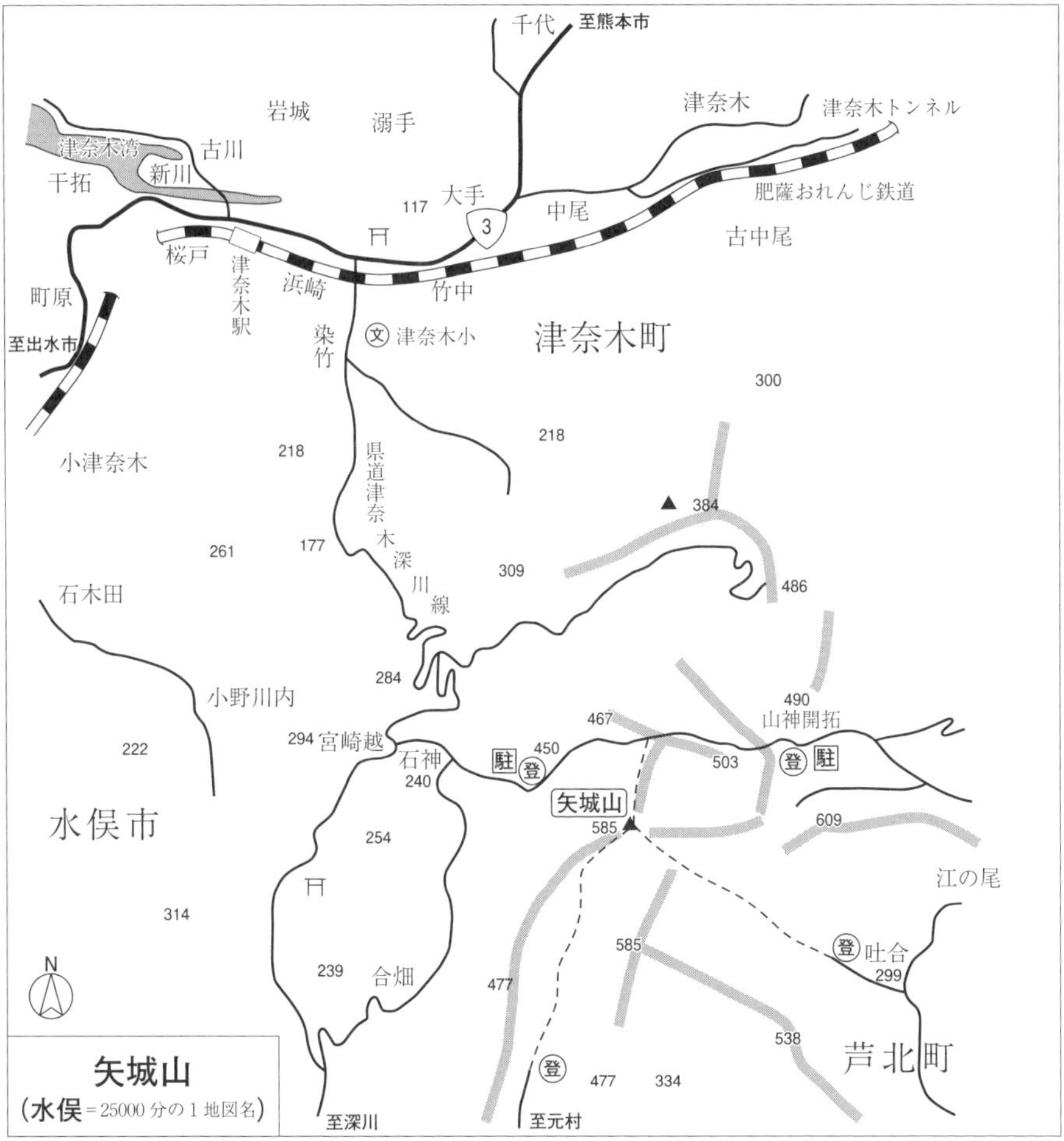

☞**登山口**⇨(40分)⇨**矢城山**⇨(30分)⇨**登山口**

矢城山頂と南側の巨岩

奈木小学校を見て4・8㎞で宮崎越に至る。真直ぐ下れば国道268号線に接続する。宮崎越から左折して約600m、石神の先の空地に駐車する。**登山口**に山頂まで1・5㎞、40分の標柱を見て植林の中を上ると、十数分で平坦な稜線を東へ行く。数分で右（南）折して杉林の中の急坂を上ると十数分で**山頂**三角点に着く。山頂標示のプレートがある。山頂一帯は照葉樹林で、数個の巨岩があり、この上に立てば展望は四囲に及ぶ。下山は登山口へ引き返す。

◇**考察**　熊本県南では矢筈岳とともに展望が優れた山峰である。西から南の百間壕にかけての約3㎞は急斜面を呈している。東側はゆるやかなスロープの草原であったが、現在では造林地帯と化してしまっている。山頂の巨岩に立つと360度の眺望が満喫できる。ことに西の八代海から天草の島々が美しく、夏の夜景はことのほか素晴らしい。

　福岡からの日帰りハイクも可能な距離で、登山ルートはこの他に二、三ある。

雁俣山《かりまたやま》（1315m）☆

二本杉峠（45分）雁俣山（40分）二本杉

　福岡方面からマイカーで、高速道路の御船《みふね》インターを出て、甲佐町から美里町砥用《ともち》の商店街を東進すると、五家荘《ごかのしょう》への標識にしたがい右折し、境石、椿、下津留を経て約3時間、160㎞で二本杉展望台に至る。広場になった展望台には手洗所や案内板などが設置され、格好のファミリー行楽地である。

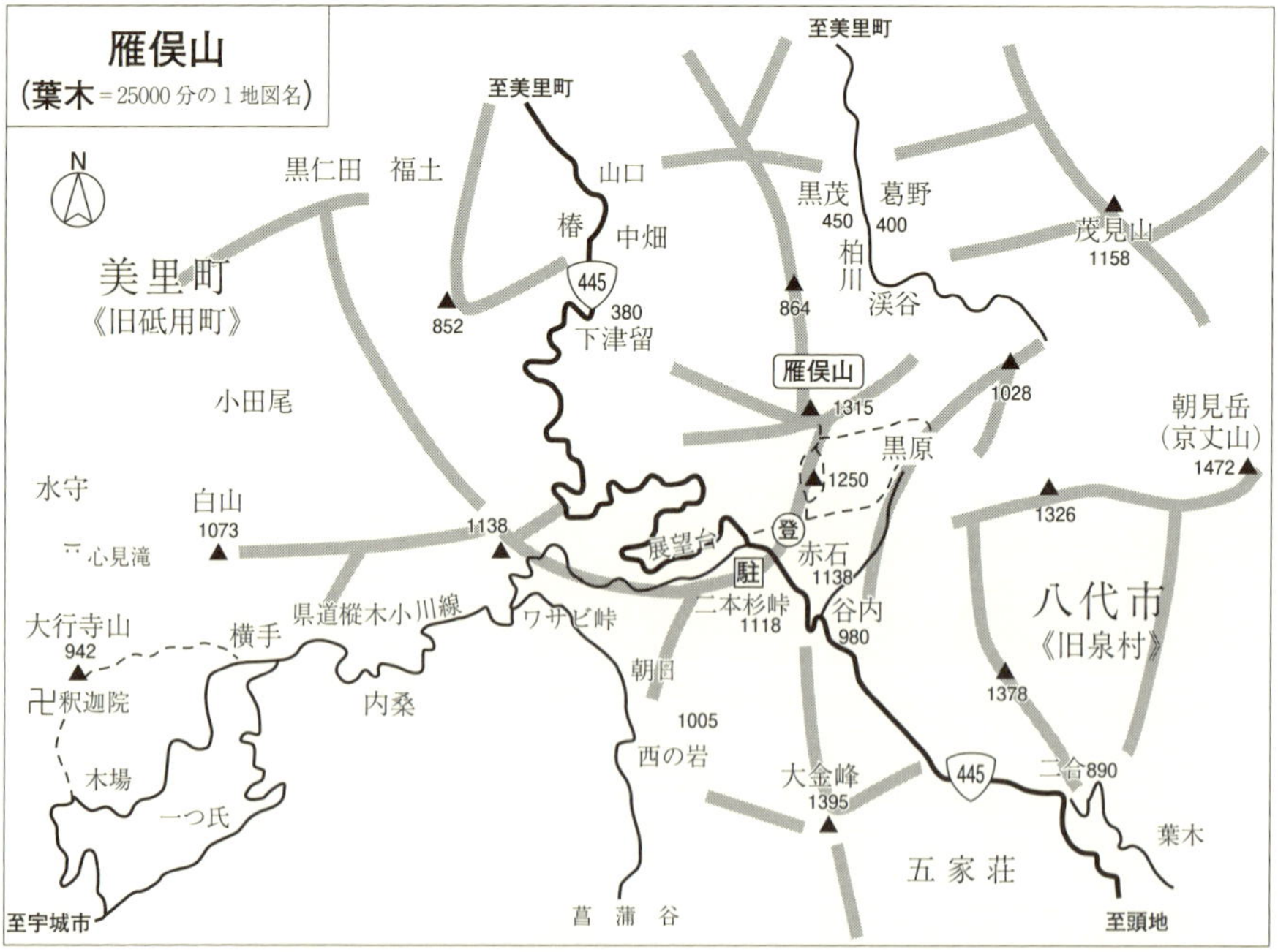

☞二本杉峠⇨(45分)⇨雁俣山⇨(40分)⇨二本杉峠

これから数分はしると海抜１１１８ｍの**二本杉峠**に着く。県道沿いに売店と民宿をかねた二本杉荘があり、その横に数十台は駐車可能なスペースがある。二本杉荘売店と民宿の間から東へ、雁俣山への道が入っている。

歩きはじめて間もなく、左（北）斜面は伐採後に植林されて殺風景となっている。約10分で右へ真直ぐ黒原への分岐点で、道標にしたがい左の道をとる。ここから山頂まで２㎞で、ほどなく１２５０ｍピークの左（西）側をまきながら原生林の中を行く。ヒメシャラの樹皮が鮮やかで、スズタケの急坂の道にさしかかって10分も上ると**雁俣山頂**に達す。

山頂は20坪余で、東西に長く、ベンチが置かれてくつろげる。東側を除いて展望にすぐれ、西に熊本市の金峰山《きんぽうざん》、有明海、雲仙、不知火海、北に美里町、阿蘇の山々、南に大金峰《おおかねみね》、小金峰《こがねみね》、上福根山など五家荘の峰々が連なる。山頂付近にはヒメコマツ、ドウダン、アセビなどが群生して、原生樹林が残っている。

山頂からの下りは、もとの道をたどり40分で登山口の駐車場に着く。

◇**考察**　美里町から五家荘への道が舗装されて国道（445号線）に昇格し、福岡方面からのドライバーは大抵この道を経て秘境五家荘へ入るようになった。美里町から二本杉峠そして五家荘への道は険しく、迂曲しているので転落車が多く、慎重に運転すべきである。

二本杉峠が１１１８ｍであるから、山頂までの標高差２００ｍで、登山というよりハイキングなみで、道幅も広くてはっきりしていて、気軽に登れる。なお雁俣山から東の京《きょうの》丈山《じょうさん》へ至る縦走路は今のところない。

帰途はスカイラインのような尾根の舗装道である県道159号線（縦木小川線）を西へ、名刹金海山釈迦院に詣で、河合場、落合、氷川ダムから北へ国道218号線、佐俣の神社前に出るか、二本杉峠から南へ下って、八代市泉町の五家荘、五木村を探訪ドライブしてもよいだろう。釈迦院は延暦一八年（七九九）、桓武天皇の勅願で天台宗奘善台師により開基された古寺。西へ下る美里町の３３３３の石段は、片道１時間30分を要する日本一の長さである。

目丸山から西南に雁俣山(中央)を望む

朝見岳《あざみだけ》（京丈山《きょうのじょうさん》）（1472m）☆

八代市（泉町）、下益城郡（美里町）、上益城郡（山都町）の三市郡にまたがり、緑川ダムの方から仰ぐと左に目丸山（1341m）、右に雁俣山（1315m）の両雄を随えた形で坐す。歴史的山名を尊重し朝見《あざみ》岳を用う。山頂へのルートは北の美里町からと、南の五家荘《ごかのしょう》からとがあり、北ルートについて述べる。

緑川ダム堰堤（5km）**高岩橋**（3・7km）**山神社**（1・8km）**三叉路**（0・5km）**第一登山口**（0・9km）**第二登山口**（1時間30分）**朝日岳**（1時間10分）**第二登山口**

国道218号線、美里町の石橋で有名な霊台橋《れいたいきょう》から3kmで緑川ダム堰堤で、これを渡り、トンネルをぬけ本村、開田を経て、車道は柏川の渓流を左（東）下に見て蛇行しながら上る。葛之尾集落分れから2kmで、右カーブ地点に高岩橋があり、ここから2・1kmでヘアピンカーブの左側に造林小屋を見て、1・6km行くと、右（西）側に山神社の鳥居を見る。

さらに蛇行した林道を1・8kmで林道三叉路に出る。要約すれば緑川ダム堰堤から本村《ほむら》・開田を経て5kmで高岩橋で、これより5・5kmで柏川林道三叉路に至る。コンター890mにあたり、林道は平坦になる。左（東）折して500m行くと、右側の渓谷の右岸を上る**第一登山口**と、ここからさらに900m行った右側の渓谷の左岸を上る**第二登山口**がある。いずれも数台の駐車スペースはある。

第二登山口から渓谷の左岸に沿って上って行く。20分余で涸谷となり、自然林の坂をさらに20分も行くと、五月に入る頃はカタクリの花の群生が林床をうめる。程なくスズタケを分け、踏跡を20分上ると、コンター1351mの美里と山都の町界をなす稜線に達す。これから稜線沿いにスズタケとモミ、ヒメシャラ、ブナ、ツツジ、アセビ、シャクナゲなど喬木、灌木の自然林の中を約800m、30分で山頂北面の急坂を上ると**朝見岳**に至る。

いずれの登山口からも上り90分とみてよい。三等三角点の山頂からの展望は期待できないが、東南にかけ丘陵状をなし、南面の湿地帯には珍しい植物の群落がある。

展望がない朝見岳（京丈山）の頂

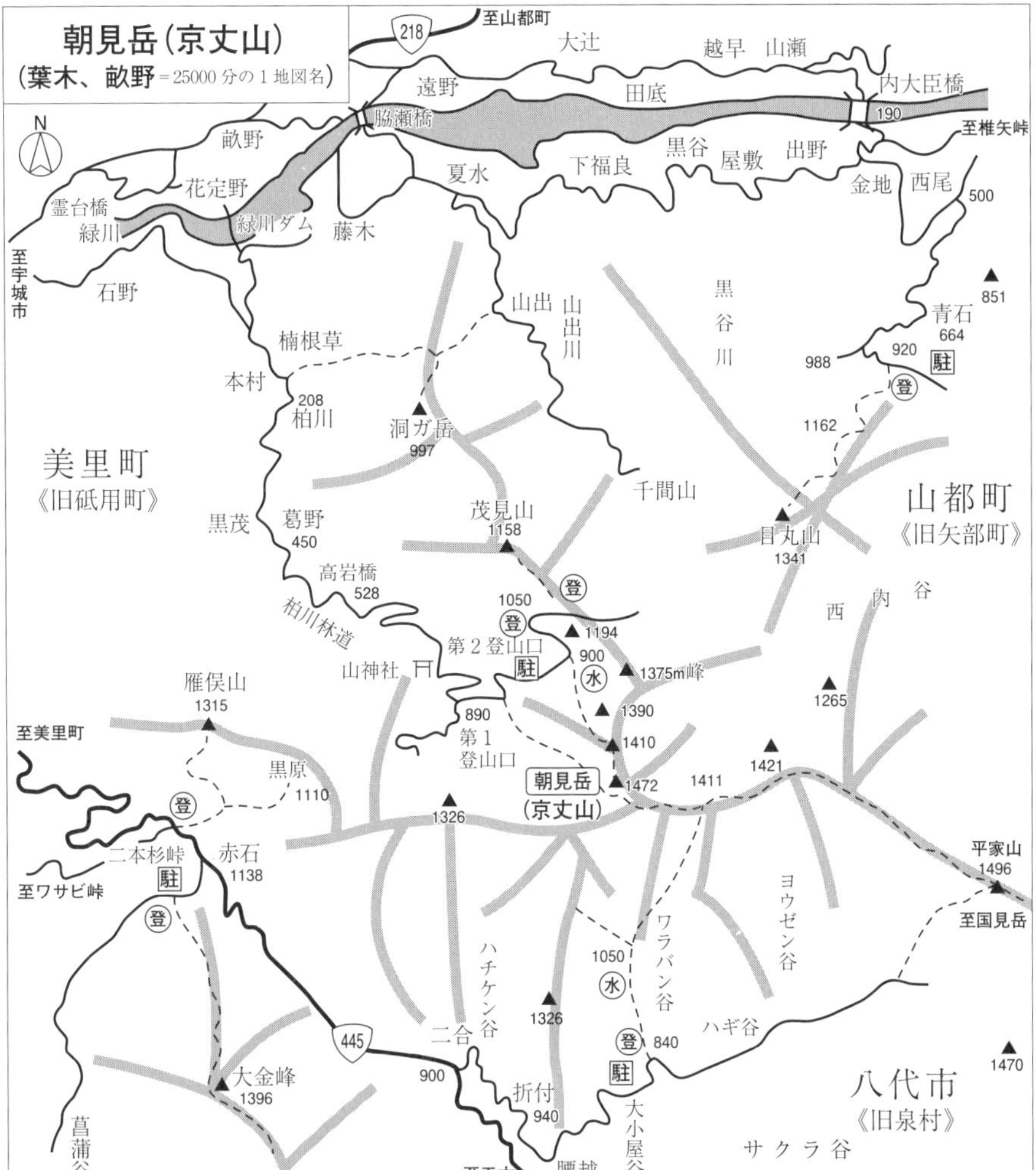

☞**緑川ダム**⇨(5km)⇨**高岩橋**⇨(5.5km)⇨**林道三叉路**⇨(0.5km)⇨**第1登山口**⇨(1時間30分)⇨**京丈山**⇨(1時間10分)⇨**第2登山口**

昭和五六年（一九八一）一月一五日、南側のワラバンルート開通記念と、山名プレートがある。

原生林にかこまれた尾根の小ピーク状の山頂から北東側がわずかに望まれるのみだが、何より原生林と野鳥の声を静かに満喫できる。下山は上りの道を林道まで戻ることになる。

◇**考察**　明治一二年四月の県調査資料の肥後国下益城郡柏川村《かしわがわむら》の項に、朝見岳は高さ四百三丈、周囲計り難し、嶺上より三分し、東は洞岳村南は五箇荘に属し、西北は本村に属す。山脈の東は高楠山に、西は雁俣岳に連なる云々と記されている。

朝見岳《あざみだけ》の山名が近代に入り京丈山《きょうじょうさん》に変名したのは、

同一行政区の北に茂見山《あざみやま》（１１５８ｍ）があり、字は異なっても呼称が同一の山であり、混同を避けるための措置であろうか。

山頂の標板にワラバンルート開通記念とあるように、メインルートは五家荘側からであろう。葉木の平家荘に一泊すれば、充分な山ゆきができる。

二本杉峠から国道445号線を４km下り、二合《にごう》から左（東）折する林道を５kmで**ワラバン谷**の登山口に至る。あるいは平家荘から大小屋谷沿いに林道のワラバン谷出合まで上ると、同じ朝見岳登山口に出合う。道標にしたがい、よく整備された道をたどる。造林の中の急坂をつめ、原生林に変わると、しばらくでコンター１４１１ｍの稜線に上り、山都町と八代市の境界を西の方へ、途中から尾根の北側をまいて東から山頂に至る。上り２時間30分とみてよいだろう。山頂付近には雁俣山同様にカタクリの群生があるが、年々心ない人達の盗掘が絶えず、なんとか禁止したいものである。

茂見山《あざみやま》（１１５８ｍ）は前記の朝見岳第二登山口からさらに林道を約７００ｍ進み、西北へのびる尾根づたいに行くと二つ目のピークが山頂である。わずかに雑林を残し、植林が山頂まで及んで展望はほとんど得られない。なお茂見山と洞《ほら》ガ岳《だけ》（９９７ｍ）を結ぶ尾根はブッシュが濃厚である。

朝見岳と雁俣山の山頂には上野文九□（欠字）氏が献納した同形の山の神の碑を見る。

目丸山《めまるやま》（１３４１ｍ）☆☆

矢部町の目丸山は京丈山《きょうのじょう》、茂見《あざみ》山、洞《ほら》ガ岳《だけ》などの山域を含め、古来、目丸官山（国有林）として知られ、懐の深い山岳であったが、昨今では伐採、造林の手が山頂付近まで及び自然林が少なくなった。しかしこの山頂一帯はまだ原生林が残り、山としての味わい充分である。登山口からは山頂が見えないので、林道わきの道標を確認して入ると山頂までは遊歩道がある。

内大臣橋（８km）**登山口**（１時間30分）**目丸山**（60分）**登山口**

緑川に架かる内大臣橋《ないだいじん》は昭和三八年（一九六三）に完成し、長さ１９９・３ｍ、水面からの高さ86ｍと当時は東洋一を誇る名橋であった。この橋を渡り、白糸第三小学校の前を通り、金地の山内商店の手前から左折する（真直ぐは藤木へ至る）。**内大臣橋**から３・５kmで西尾の集落を経て、さらに１・５kmで青石に至る。この集落の上の林道からは阿蘇連峰と南外輪山、そして祖母山の一部が雄大に横たわって見える。

青石から２kmの左側に渓流があり、その先の林道分れを左へとる。青石から約３km、林道がやや下り気味になった右（南）側に**登山口**の道標がある。登山口は内大臣橋から８km、

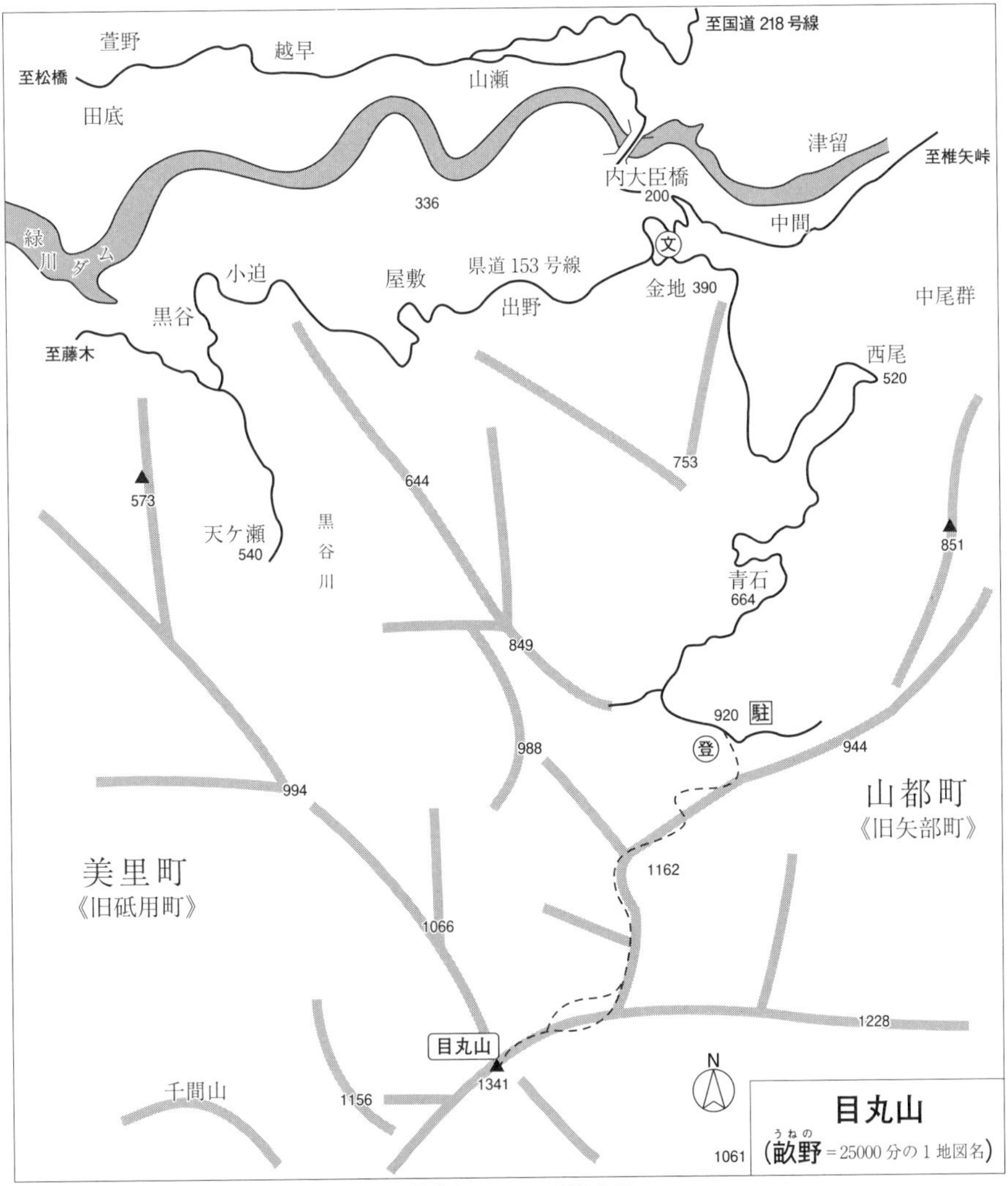

☞内大臣橋⇨(8km)⇨登山口⇨(1時間30分)⇨目丸山⇨(1時間)⇨登山口

標高９２０ｍである。登山口から杉林の作業道を歩く。数分で分れを右へ、ゆるやかな上りを10分余で原生林となる。ヒメシャラ、ツガ、ブナ、カシなどの大樹の中から再び造林地帯になるが、数分で原生林にかわる。左下に渓流の音を聞きながら幅のある遊歩道を行く。間もなく急坂尾根を南西方向へ数分上る。尾根の頂に二本の大ヒメシャラと二本の大ツガが空を被う。２、３分で南への尾根道を上る。

登山口から40分で伐採用のウインチ小屋跡を通り、数分で尾根の東斜面から西側へ道がかわると、目的の目丸山が初めて右上方に半円形に原生林をいただいて見え、10分余で山頂北東の鞍部に至る。わずかな杉林をなし、ここからルートは二つに分れるが、いずれをとっても先で出合う。

　目丸山の１００ｍ北の平頂峰には三かかえもあるツガの大樹が遊歩道の東ぎわにそびえ、これから笹と原生林の中を少し下って上る。数分で平頂峰の**目丸山**三等三角点に至る。広々とした山頂は原生林に被われ、北側は伐採が山頂直下まで及んでいるため阿蘇と外輪山の眺めが素晴らしく、西側へ少し下ると洞ガ岳、茂見山、京丈山、雁俣山の山なみが横たわって見える。下山は同じルートをたどる。

目丸山頂

◇**考察**　山名の通り目玉のような鈍頂で、美里」町の霊台橋付近から見ると、荒々しい山容の洞ガ岳が手前に、その後方左におだやかな目丸山がのぞいている。眺望はわずかであるが、残された原生林や自然のたたずまいが良い。登山口は青石の集落から林道を３km上り、林道がやや下り気味になった右側の杉林作業道に登山口の道標がある。登山口から山頂は全く見えないが、遊歩道とテープを頼ると単独でも充分である。なお目丸山から京丈山へ至るルートは今のところない。

天主山《てんしゅざん》（１４９４ｍ）☆

1
椎矢峠三方山林道切剥《きりはぎ》分れ（15分）**崩壊林道終点**（60分）**天主山**（1時間10分）**林道終点**

椎矢峠からほぼ平坦な三方山林道に入り、１・８kmで**切剥《きりはぎ》の分岐**を左（西）折し、約15分で崩壊の多い古い林道終点に至る。これから遊歩道に入る。

　山頂は西へ約２・５kmのピークで、その間、スズタケと多種類の自然林が続く、起伏の小さな稜線を行く、１５１４ｍ峰の南腹を進み、あとは2、3の小ピークを越すが、尾根すじは石灰岩と倒木が多い。遊歩道に入り、70分で北側から廻って上ると**山頂**へ出る。

　二等三角点の山頂は小さな平頂で四囲の展望は

展望はないが自然林豊かな天主山山頂

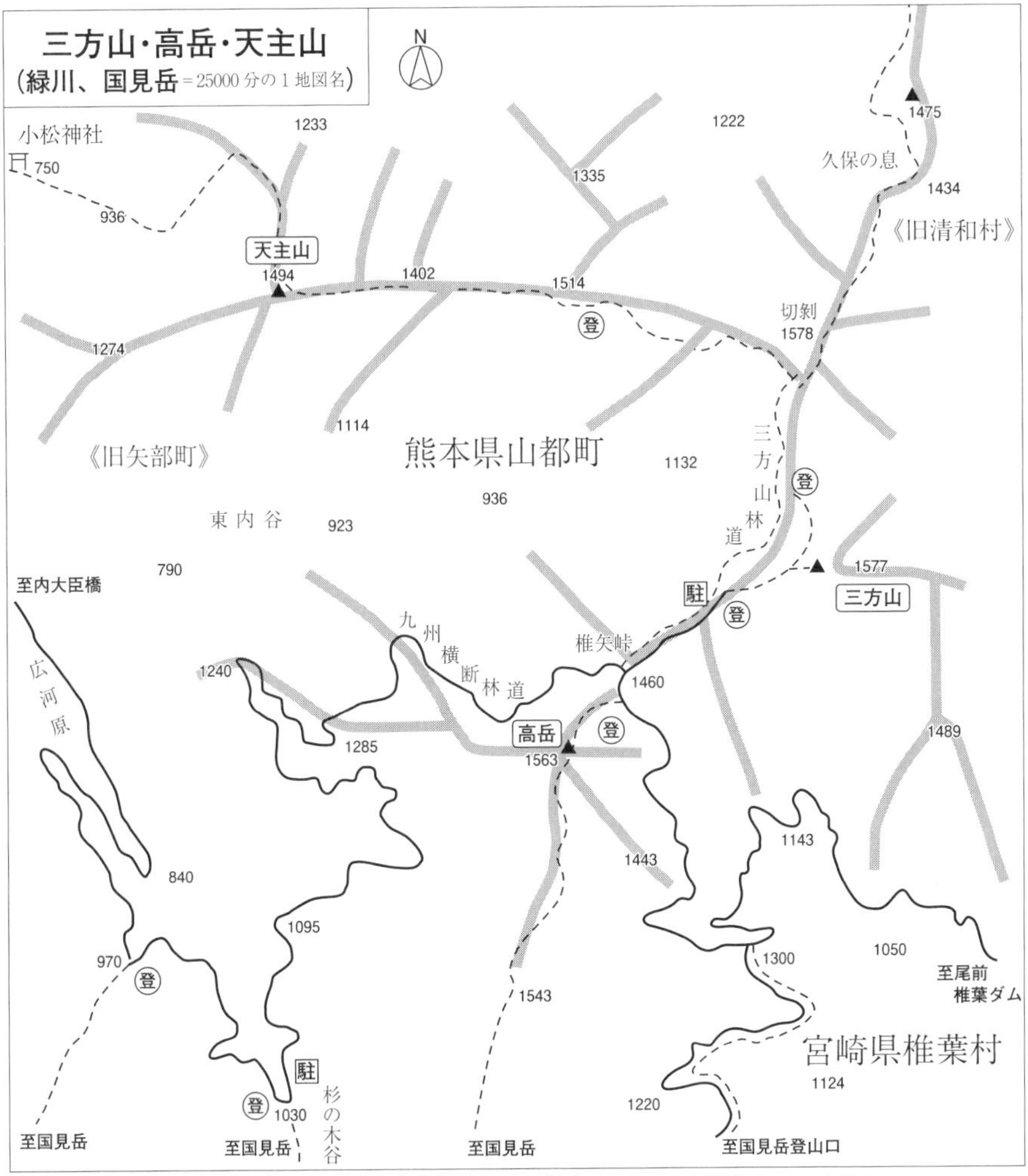

☞北側登山口⇨（20分）⇨三方山⇨（20分）⇨南側登山口　☞登山口⇨（20分）⇨高岳⇨（20分）⇨登山口
☞三方山林道終点⇨（60分）⇨天主山⇨（60分）⇨林道終点

のぞめないが、周辺の自然林の雰囲気が素晴らしい。この山は切剝から西へのびた尾根鼻と思ってよいだろう。

◇考察　標高1460mの椎矢峠は五家荘の峰越（1480m）に次ぐ高い車道の峠である。椎矢峠とこれら三つの峰とは標高差が少ないので、九州横断林道を椎矢峠まで来て、三方山林道に入り駐車し、一日行程で原生林の三つの峰をゆっくり楽しむことが可能である。内大臣橋から椎矢峠まで約28kmであり、福岡から高速自動車道の松橋《まつばせ》インターで国道218号線を経て、約2時間半で椎矢峠に着くので、日帰りの山めぐりと考えてよいだろう。

　この山域は大規模な森林伐採搬出地として内大臣を中心に旧矢部町の小学校分校を置

くほどの集落をなしていた。その中心地が内大臣大橋から7㎞で西内谷の橋を渡った左側が内大臣と言い、バスの終点であった。

西ルートは内大臣旧集落の山の神、発電用水路を経て東へ上ると、小松内大臣平重盛を祀った神社鳥居がある。40分で東内谷林道へ出て、右へ数十mとり造林小屋裏の水場をまたぎ、踏あとを東進すると、天主山から北西1229mピークへ派生する稜線へ上り、これをたどれば山頂へ。行程3時間30分。

馬子岳《まごだけ》（1150m）☆☆

内大臣橋（7㎞）**西内谷橋登山口**（40分）**造林小屋**（1時間10分）**馬子岳**（10分）**稜線分れ**（50分）**造林小屋**（20分）**登山口**

馬子岳とは地域住民の呼称で、地図に山名なく、三角点なしの峨々《がが》たる岩峰である。熊本県山都町内大臣の旧集落から西に屹立する姿に魅了される。昭和四〇年代までバスが内大臣の矢部営林署の現場まで通い、林業の先進基地であった。尾根伝いに歩けば五家荘の**京丈山**《きょうのじょうさん》から北行東進し、尾根鼻にあたる**馬子岳**に到達する。伐採と造林に侵蝕されているが稜線には自然なお豊かで、内大臣の集落跡の東側には重盛神社があり、落人伝説が漂う山域である。

山都町緑川に架かる内大臣橋を渡り7㎞で西内谷に架かる橋を渡った左側の事務所跡に駐車できる。橋の西たもとから

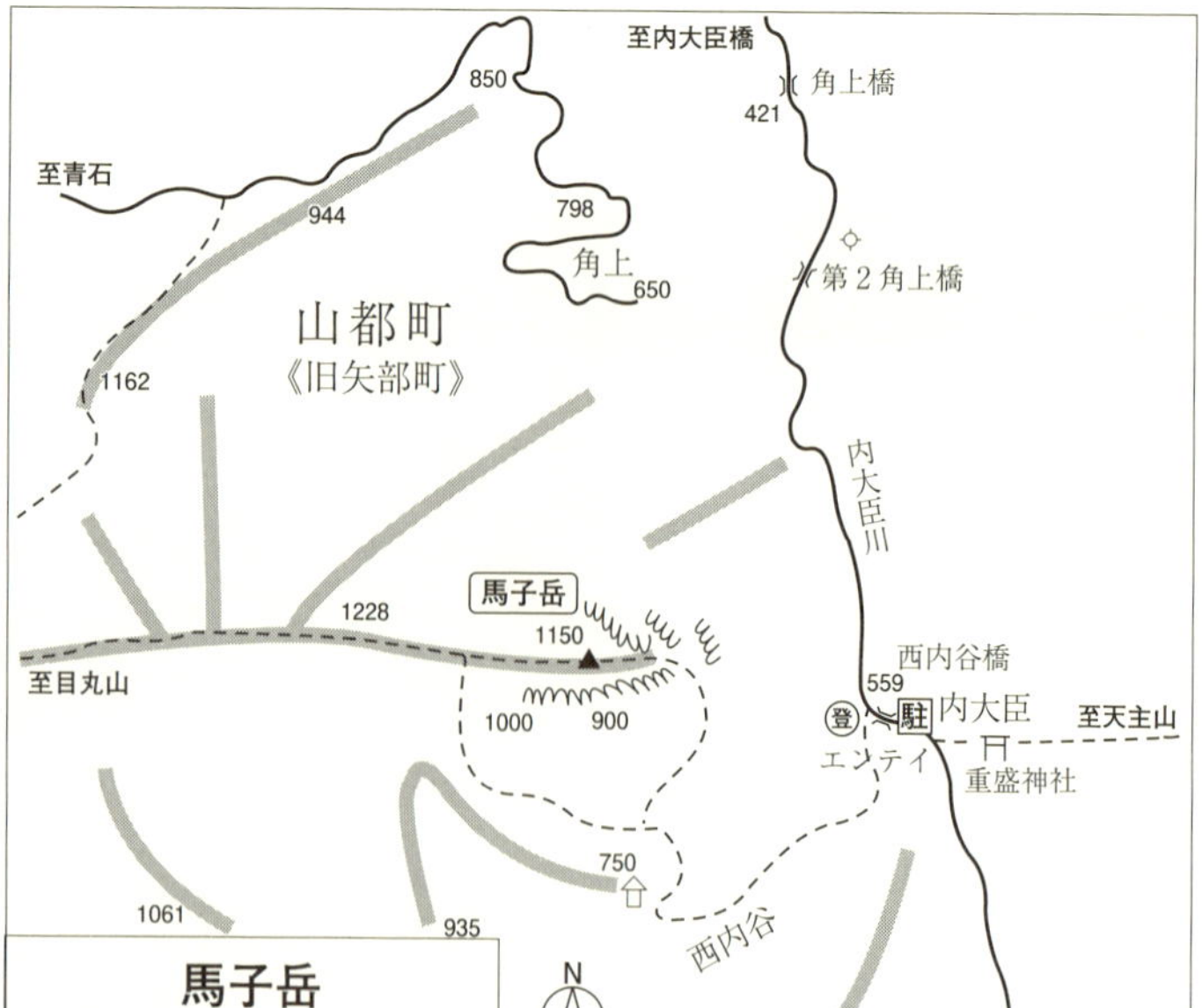

馬子岳
（**畝野、緑川**＝25000分の1地図名）

☞**西内谷橋登山口**⇨（40分）⇨**造林小屋**⇨（1時間10分）⇨**馬子岳**⇨（10分）⇨**目丸山分れ**⇨（50分）⇨**造林小屋**⇨（20分）⇨**西内谷橋登山口**

馬子岳南壁。左、右からいずれも急坂

西内谷の左岸に2m幅のトロッコ道跡を数分で長さ20m余の堰堤をまたぎ、左岸沿いに数分で右に登り口がある。

植林の中、ミツマタの群生を見て西へ上る。小稜線に出て、右へ自然林から再び植林となり、小渓流を渡る。スタートして45分で**造林小屋**の前を右へ廻り、続いて植林域の急坂を上る。約60分で前面に馬子岳南側の高さ100m余の大ダキ(岩壁)に圧倒される。岸壁直下を右へ廻りこみ、東側の岩尾根の立木や岩棚をえらび要注意で急坂を上る。赤松、ツガ、モミ、シャラ、ブナ、アセビ、ヒカゲツツジなど多彩で、約2時間で西へのびるやせ尾根の岩場に立つ。あと数分で営林署の測量石柱の**山頂**に達す。展望はわずか。

下山は尾根を西進し、小ピークを越え10分で大ダキの西端の上からヒカゲツツジの群落を分け、南へ急坂を下る。樹齢400年余りのツガの大木が美しい。スタートして25分で植林域の急坂を作業道をえらび左方向へ下る。60分で上りのルートに出合うと**造林小屋**だ。小渓流を渡り、植林の中を東へとり、1時間20分で西内谷橋に出る。

⑧五木と五家荘の山

五木《いつき》と五家荘《ごかのしょう》

五木の子守歌の五木（古くは居付谷と言った）は熊本県球《く》磨《ま》郡五木村で、五家荘（古くは熊山と言った）は同県八代市泉町の概ね東半分、すなわち朝日峠《わさび》、笹越《ささごし》、小原川、清水橋を結ぶ線の以東を称し、これらの地区の中心は五木が頭地《とうじ》、五家荘が椎原《しいばる》である。

九州の屋根、換言すれば九州の背骨にあたる脊梁山系を源流とする谷合には伝説、民謡など豊かな五家荘、椎葉荘、米《め》良《ら》荘も包含され、昭和年代の初めまでは交通不便のゆえをもって全くの秘境であり、したがって訪れる者とて少なく、わずかに行商人が牛馬か徒歩によって、いわゆる塩の道を辿るにすぎない有様であった。それだけに風俗、習慣、生活など半閉鎖的社会を長い間に形成し、約1000年に及ぶ歴史が連綿と語りつがれてきた。中でも五家荘は、菅原道真の子孫、平家の落人、源氏の追討など、追われる者と追う者達が山里深く住みついてしまったという興味ある伝承で有名である。

五家荘は仁田尾《にたお》、樅木《もみき》、椎原、葉木《はき》、久連子《くれこ》の五家村のことをさしている。歴史的住人としてはまず菅原道真の嫡子、菅宰相《かんさいそう》、その子、菅次郎の両人らが延長元年（九二三、平安時代）に大宰府から落ちのびて、仁田尾と樅木にそれぞれ居を構え左座《ぞうざ》姓を名のっていた。

それより約290年後の鎌倉時代に平清盛の孫、平清経らが平家の残党とともに豊後竹田に入り、緒方三良実国の養子となって、高千穂から緑川渓谷沿いに今の内大臣あたりを遡行し、国見岳から向霧立山地の尾根沿いに南下し、白鳥山（1639m）に館を構えた。現在の白鳥山から500m北の御池を中心に約72年間居住し、東側の椎葉の残党達とひそかに連絡をとっていたのであろう、現在はその地に左中将平清経住居跡の標柱がある。なお小松内大臣平重盛所有の白鳥之鎗を、三男の平清経が受継ぎ、この地に持参したところから白鳥山の名がついたようである。樅木と宮崎県椎葉村向山日添には白鳥大権現を祀る白鳥神社がある。左中将平清経は改姓して緒方市郎清国と名のり、その曾孫、緒方盛幸、近盛、実明の三兄弟が白鳥山の御池を出て、椎原、久連子、葉木にそれぞれ分住して以来、今日まで三十余世代を経ていると言われている。

今ひとつ、源平の戦のあと、那須与市宗高の弟、大八宗久の平家追討は日向から耳川沿いに椎葉に入り、この地の平家残党や平清盛の末孫鶴富姫との情愛と変り、いつしか3年の歳月を過した。これは源頼朝の意に反するところで、兄の与市宗高は弟の大八宗久を呼び戻し、自分の嫡子那須小太郎宗治に再び平家追討を命じた。宗治一行は砥用《ともち》から柿迫を経て岩奥にたどりついた。当時、岩奥には落ちのびていた平家の官女で美女の鬼山御前（扇の的の舳先に立っていた玉虫御前と言われる）と久茂《くも》の姉弟がすでに居住していた。宗治らを出迎えた鬼山御前らは自分達の仲間である平家一族がこの岩奥からさきの山奥に隠れ住んでいるのではないかと心配し、宗治らに板木村から先は道もなく、人の住めるような所ではないと進言して、保口から一歩も奥へ行かせなかった。鬼山御前は宗治らを岩奥の地に引き留め、心からもてなすうちに那須大八同様に源氏の追討組と平家側との敵同志が融和して、ほどなく鬼山御前は那須与市の嫡子那須小太郎宗治の妻となり、この地に住みついたと言われ、現在、保口地区の那須家三軒はいずれもその子孫と言い伝えられている。

なお保口岳（１２８１ｍ）から南へのびる御前峰（１２８０ｍ）はこれも鬼山御前の名前からつけられたもののようである。

登山ルートの特色としてこの五木、五家荘の山岳は、他地域に比し、概して交通の整備が遅れたためか、登山対象と言うより林業、すなわち原生林の伐採、造林などの事業が先行してしまい、この地の山岳の素晴らしい点の紹介やルートの整備が遅れたきらいがあり、したがって登山にあたって登山口やルートを外れると非常に難渋し時間を消費する。まだ大半は明確な登山ルート（遊歩道）の整備がなされていないせいで、登山にあたっては主に林業公社林業作業道、いわゆる杣道《そまみち》をたどり、山頂にアタックするわけで、藪こぎになることもあり、充分な計画のもとに入山する心掛けと、ことに地元の人々に教えを乞うことが大切であろう。

なお、内大臣橋から椎矢峠を経る九州横断林道や五家荘の林道樅木川口線はしばしば風雨による崩壊を繰返し、車輌通行止めになるゆえ、事前に道路情報を熟知する。

五木・五家荘の距離

①松橋インター─〈30km〉─二本杉峠─〈14km〉─吐合
②松橋インター─〈26km〉─落合─〈10km〉─子別峠
③宮原町─〈19km〉─大通峠
④椎原─〈7km〉─宮園─〈8km〉─頭地
⑤大通峠─〈13km〉─頭地
⑥人吉─〈30km〉─頭地
⑦子別峠─〈12km〉─宮園
⑧吐合─〈8km〉─椎原
⑨吐合─〈8km〉─樅木
⑩清水橋─〈4km〉─久連子

峰越林道利用登山口への里程

樅木《もみき》八八重《はちはえ》県道分岐から峰越への林道へ移り―〈50ｍ〉―左折すれば国見岳登山口が二カ所ある。すなわち―〈9㎞〉―五勇谷橋きわと、さらに―〈11・3㎞〉―先の右側とにある。分岐を真直ぐ東へ―〈2・5㎞〉―峰越へ（途中、数百メートルで分れを南進すると山犬切へ）。峰越から―〈4㎞〉―右側に御池・白鳥山登山口―〈2・5㎞〉―左側に烏帽子岳登山口―〈1㎞〉―椎葉越（1480ｍ）―〈2・8㎞〉―右側に御池・白鳥山登山口―〈1・1㎞〉―右側に時雨岳登山口

国見岳《くにみだけ》（1739ｍ）☆☆

椎葉ダムに流入する耳川峡谷をはさんで、東に霧立越《きったちごし》、西に向霧立越の峰々が連なっている。いずれも九州の屋根、1500ｍを超す九州山脈であるが、その主峰は何と言ってもこの国見岳《くにみだけ》（「おおぐるみ」とも呼ぶ）で、宮崎、熊本の県境に位置して九州本土では八番目に高い。九州山脈縦走の起点としてもよいし、あるいはこの山のみを目標に、九州横断林道を経てマイカーによる日帰り登頂も可能になった。

　松橋《まつばせ》から国道218号線で美里町の緑川ダム上流に架かる内大《ないだい》臣《じん》橋は、近代的鉄橋でしばらく前までは東洋一を誇っていた。この橋を渡って九州横断林道は国見岳登山口を通り、九州では峰越林道につぐ車道の椎矢《しいや》峠（1420ｍ）を越えて、鶴富屋敷、那須の大八宗久館跡などの史跡で有名な椎葉村へとのびている。

新登山口（杉の木谷）（2時間10分）**国見岳**（2時間）**旧登山口（ゆうがわ谷）**

松橋から国道218号線を山都町へ、緑川ダム上流の内大臣橋を渡り、マイカーで林道をたどると、福岡方面から約3時間で着く。キャンプ地の広河原から道が急カーブする右側に営林署の造林家屋跡がある。ここに駐車して登ってもよいが、登山道は再び上の林道に出るので、車でさらに林道を約500ｍ上って、ゆうがわ谷経由の登山口まで行った方がよい。道の左（東）側に国見岳登山口の標示板があり、数台は駐車できる。登山口は標示板の数ｍ手前の右側の斜面に小さな道標がある所から急坂を登ることになる。

　このルートは下山道にして、ここから車で1・5㎞上った杉の木谷からの新登山道から入った方が距離的には近い。すなわち広河原谷に架かる橋を渡り、急カーブすると直ぐ左側に十数台は置ける空地がある。この林道駐車場からスタートし、杉の木谷左岸の遊歩道に入り1、2分で右折し、造林作業道の急坂をのぼる。20分で幅3ｍの東西にのびる古い林道に出て右（西）へ行く。10分余で右側に造林作業小屋を見ると数分で山頂への遊歩道が左折し、原生林の中を登る。

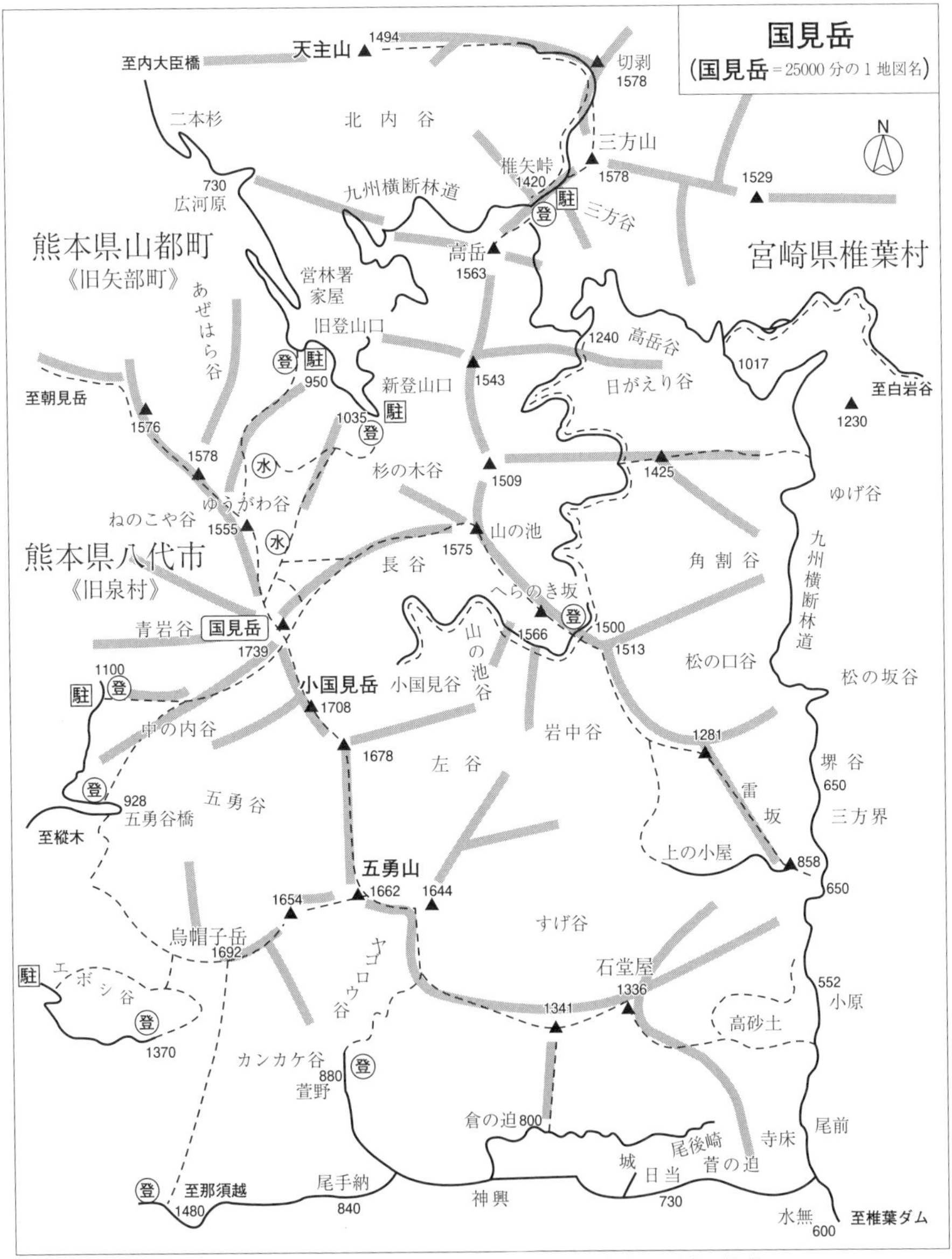

☞新登山口(杉の木谷)⇨(3.5km、2時間10分)⇨国見岳⇨(4km、2時間)⇨旧登山口(ゆうがわ谷)

山道は鬱蒼とした樹林の中であるが、石ころが少なく歩きやすい。ヒメシャラ、ブナ、モミ、オオトリ、マユミ、そしてバイケイソウ、アマドコロ、ホオチャクソウなどの植物が豊富である。原生林の山道に入って50分で左（東）折すれば椎矢峠への分岐点があり、さらに20分行くと左（東）折して五勇山を経て尾前あるいは尾手納集落に至るという道標があり、さらに5分上ると同様に左（東）折して長谷から角割への分岐点に至る。以上三つの分岐点をいずれも直進して上ると、今度は右（西）側から、すなわち、ゆうがわ谷から上ってきたルートと出合う。もう山頂は間近で、シャクナゲ、アセビ、ベニドウダンツツジなどの群生する尾根を上ると一等三角点の**国見岳**山頂に達す。山頂は約20坪位の広さで、中央に祠があり、やや平頂峰であるが、四囲の展望、遠景は九州山脈の中心だけに極めてよい。

下山は山頂から数分もどり、最初の分岐点を左へ真直ぐ行くゆうがわ谷コースである。20分程で幹まわり５ｍ余のイチイの大樹の横を通る。さらに20分で天然記念物と言われるベッコウサンショウウオ棲息地の小渓谷を越す。このあたりから東の方向を見ると、杉の木谷経由の新登山道や、造林作業小屋跡が樹間に見える。

小さな渓谷を三つ四つ越して下ると、植林された尾根の急坂となり、山頂を発って約2時間で登山口に着く。車道を杉の木谷登山口の駐車地点まで１・５km歩くことになる。

◇**考察**　国見岳へのメインルートは今のところ、内大臣林道側からであろう。椎矢峠から高岳尾根を経由する道はブッシュ化が目立ってひどい。これよりむしろ五家荘、樅木《もみき》側から栗野、四方田へ９km北行し**五勇橋**を渡り直ぐ右（東）の尾根をたどるルートがよいだろう。

福岡方面からは前ページの図のように、高速道路経由で約１８０km、３時間の距離にあり、早朝たてば日帰り登頂は可能である。この山系は向霧立越の名のように、午後から一瞬にしてガスが発生し、雲におおわれることがしばしばであるから、単独で初登山の際は天候に充分注意したがよい。

椎矢峠から山の池を経て国見岳への縦走路はブッシュ化し難路である。

国見岳山頂の南面と祠

小《こ》国《ぐる》見《み》岳《だけ》（1708m）☆
五《ご》勇《ゆう》山《さん》（1662m）☆☆

九州山脈のバックボーンをなす国見岳から南へ小国見岳、五勇山と連なる尾根にある鈍峰で、このところ登山者が増加し、迷うことのないルートとなった。小国見岳は樅木《もみき》本谷から分れる五勇谷の右岸からのルートがある。ここでは内大臣から入る九州横断林道の杉の木谷から国見岳を経て小国見、五勇山、尾手納の萱野《かやの》に下るルートをたどる。

(縦走)杉の木谷登山口（2時間）**高岳分れ**（30分）**国見岳**（15分）**小国見岳**（25分）**ごま畠**（30分）**五勇山**（20分）**石堂屋分れ**（1時間20分）**萱野**

広河原のヘアピンカーブから約3km上り、広河原谷に架かる橋を渡った左側の空地に駐車し、杉の木谷の左（西）岸に沿って上る。5分で広河原谷第5号谷止の堰堤の西側を通り、崩壊箇所の多い古い林道を西へたどる。約1時間で林道から道標にしたがい小さな尾根道に入る。左側の造林小屋は倒壊してすでにない。しばらくで原生林に入る。林床にはバイケイソウ、ホウチャクソウ、ツクシコウモリ、エンレイソウなどを見る。スズタケがふえ、亭々たるブナ、シナノキ、カエデ、ヒメシャラなどの巨樹が天を被うが、歩きやすい道である。

登山口から2時間でT字路に至る。左へ行けば高岳を経て椎矢峠へ出る。右を選び、さらに15分で分れを左折すれば角割、尾前、五勇山への道である。真直ぐ上る。数分で最後の水場に至る。右側は格好の幕営地をなし、さらに数分で**国見岳**（１７３９ｍ）に至る。期待通り四囲の展望に歓喜するだろう。祠（写真）が安置されている。

山頂から南へのびる尾根を約30m下ると、右（西）折して樅木への分れを左へ直進する。スズタケの少ない自然林の平坦な尾根道で素晴らしい。国見岳から15分で**小国見岳**（１７０８ｍ）の北東を廻り、小さく上れば山頂で展望はない。

南へまいて西へ下れば支尾根づたいに五勇谷の右岸へ、真直ぐ１６７８ｍ峰の右（西）をまいて小国見から30分で**ごま畠**に至る。名の如く庭のような平尾根で、バイケイソウが群生し草原を感じる。これからスズタケが多くなるが、起伏の少ないはっきりした道の両側にはシャクナゲが目立つ。

ごま畠から30分でスズタケの中に右（西）折が烏帽子岳へのプレートを見ると、直ぐ**五勇山**の岩壁に至る。三角点はない。烏帽子岳（１６９２ｍ）へは2km、1時間30分である。南に張り出した五勇山の狭小な岩場から北を除く眺望が素晴らしい。石堂山、樋口山、市房山、目前の時雨岳、白鳥山、山犬切、上福根山、烏帽子岳の山なみと眼下の尾手納のたた

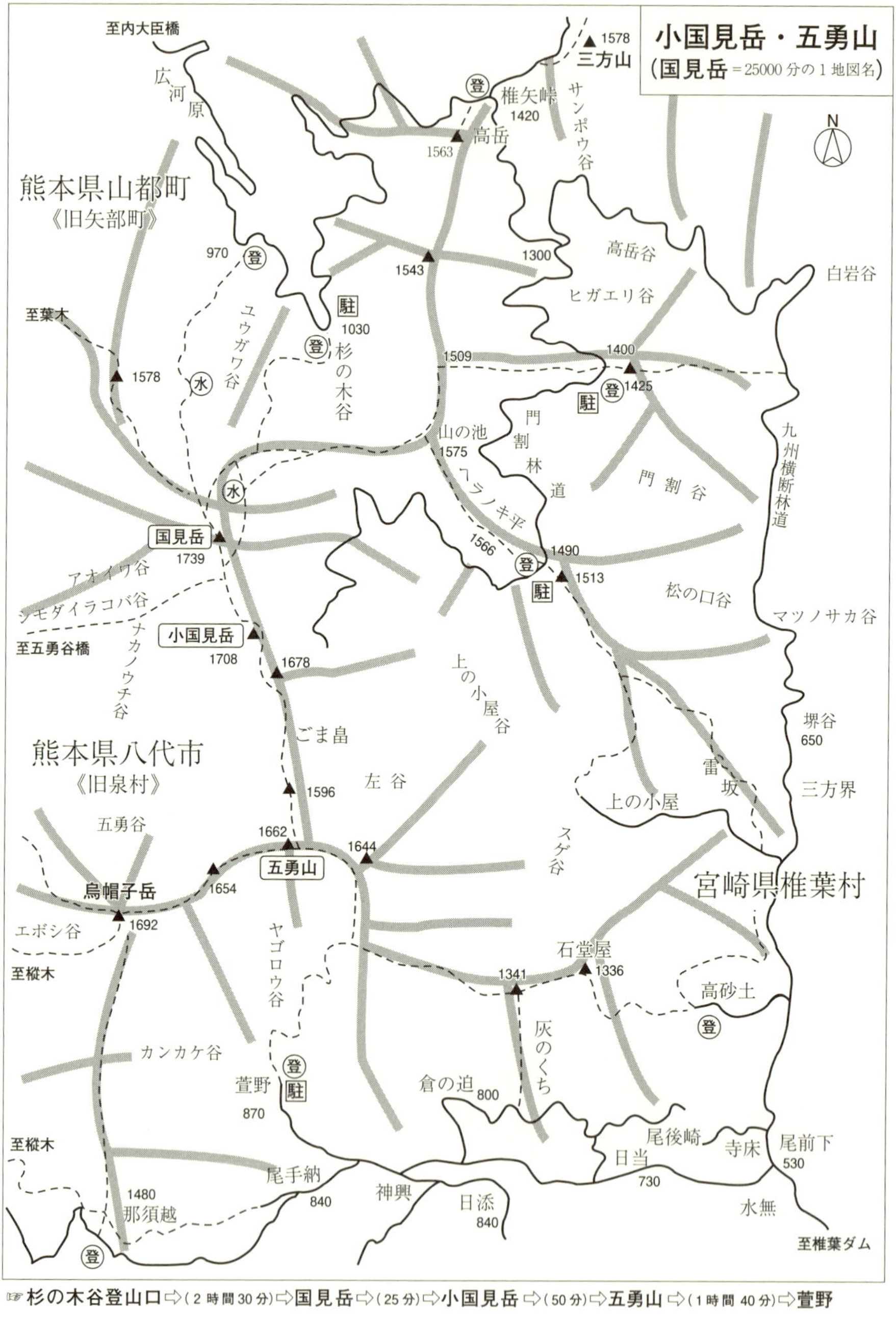

☞杉の木谷登山口⇨(2時間30分)⇨国見岳⇨(25分)⇨小国見岳⇨(50分)⇨五勇山⇨(1時間40分)⇨萱野

ずまいにうっとりするだろう。
五勇山の岩場から東へゆるやかな下り坂となる。20分で分れを左へとれば**石堂屋**の尾根を経て尾前まで6km、右折して尾手納まで3kmである。これら萱野、尾手納への道は五勇山の東の1644m峰から南へコンター1367m峰へのびる尾根の西斜面を蛇行して下る。見事な原生林とスズタケの中で、途中に東臼杵郡椎葉村不土野字三方界の標柱を見ると小渓谷を渡る。五勇山から1時間で、杉の造林地帯に入り蛇行して下る。造林作業道は分岐が多く道標もなく、尾手納からの登頂は間違いやすい山道である。水無川の渓流の左岸から右岸へ移り、約20分で萱野集落の車道の終点に出る。

三角点のない五勇山

◇**考察**　矢部町側の杉の木谷から国見岳まで3km、さらに五勇山まで3km、椎葉村の萱野まで3kmの行程は自然の中に充分な変化と多くの植物がある。しかし交通の点を考えれば杉の木谷から国見岳、小国見岳そして五勇山まで往復するか、マイカー二台で交差縦走ということになる。五勇山から西の烏帽子岳には踏あと確かな尾根を1時間10分の行程。

なお国見岳への新ルートとして、椎矢峠から椎葉村の方へ2km下り、国見岳登山口の道標にしたがい右（南）折し、悪路の林道を約2・5km行き、コンター1400mから西へ尾根伝いに1509m峰から左折して山頂に至るか、林道をなお3km進み、コンター1490mからアタックし、ヘラノキ平（1566m）の尾根を経て、山の池（1575m）から西へ国見岳山頂まで1時間30分の距離で、マイカーを用いればこのルートが最も容易であるが、利用者が少なく藪化している。

ほかに五家荘の二本杉峠から国道445号線を南へ約4km下り、二合《にごう》から左（東）折する林道に入り、折付、腰越を経て約5・5km、林道わきの原木集積所の少し先、左（北）側の登山口からワラバン谷を上る。1496mピーク**平家山**（朝見岳の地図参照）まで1時間、あとは尾根伝いに国見岳まで1時間30分の素晴らしい自然林の中の道程である。このルートの部分はその昔、東の椎葉から五勇山、国見岳、京丈山そして旧砥用《ともち》町とを結ぶ駄馬道だったと言われる。

五家荘からもうひとつ、樅木の八八重《はちはえ》から川辺川に沿って栗野、四方田《よもだ》と北上すること9kmで、五勇谷橋を渡った右側か11・3km先のシモダイラコバ谷の手前に**国見岳登山口**の標柱があり、ここから植林の急坂尾根へ上り、あとは自然林の中の尾根伝いに1時間30分で国見岳の頂へ達す。

烏帽子岳《えぼしだけ》（1692m）☆☆

全国には烏帽子と国見の山名が最も多いようである。向霧立山系で熊本と宮崎県境にあるこの山は九州本島では最高の烏帽子岳である。メインルートは今のところ、五家荘の樅木からが唯一のようで、北の国見岳（1739m）と南の白鳥山や上福根山に登山者が集中して登頂する人が少ない。しかし山頂周辺の原生林のたたずまいや、山頂からの展望は実に絶景で飽きることがない。

峰越車道登山口（2時間20分）**烏帽子岳**（1時間50分）**登山口**

九州の烏帽子岳と呼称される中では最高峰だけあって、原生林と豊かな植物層、そして山頂からの展望がよく、魅力と威厳を感じる。昭和六二年（一九八七）春に開通した車道の峰越は、熊本県八代市泉町の五家荘と宮崎県椎葉村を結ぶ峠である。古くから椎葉越、五家越、椎葉村日添から僧侶を送迎していたので別名坊主越と呼ばれ、生活往還路であった。現在の峠の車道は昔の歩道から南へ1kmの地点を通っている。平成一〇（一九九八）年、地元の樅木山開き実行委員会によって、県境稜線のスズタケ藪を昔の往還路から山頂へかけ、約4kmを切り払い遊歩道が完成した。

里程を略記する。五家荘、樅木、八八重《はちはえ》の民宿「山女魚《やまめ》荘」の50m東上の車道を北へ直進すれば4kmで栗野、さらに9kmで国見岳登山口だが、直進せずに右へ上って2・5kmでT字路を直進すると、林道川口線で山犬切方向となる。ここで直角に左折して椎葉越への車道を上ること4kmで右側に白鳥山、御池登山口がある。これから2・5km上ると、左側土手に**烏帽子岳登山口**のプレートを認む。コンター1400mのところ（これから1kmで椎葉越に至る）。

登山口の土手を数m上ると雑林に入る。ここが前述の昔の往還路で、昭和五〇年代までは樅木と椎葉村とを結ぶ笠道であった。歩道が窪んでいるからよく確認して昔を偲ぶがよい。これから県境尾根を左（北）へとる。スズタケと巨木が亭々として続く。自然の雰囲気に浸るに充分な密林の中を30分で1491mの展望岩を越す。さらに30分で右側に大枯木のある1548m峰を越える。さらに30分で1617mの鈍頂に着く。スズタケが遊歩道を被う。ここから左折して太尾根をエボシ谷の左側沿いに下ると林道に出て栗野へ至る。1617m峰から40分でT字路を直進すれば五勇山を経て国見岳へのルートだ。左折して北側から廻りこみ、十数分で**山頂**に到達する。

山頂一帯はドウダンツツジ、シャクナゲなどの大群落が密生し貴重である。山頂から西へ下ればエボシ谷へのルートである。

烏帽子岳
(国見岳、不土野、葉木、椎原＝25000分の1地図名)

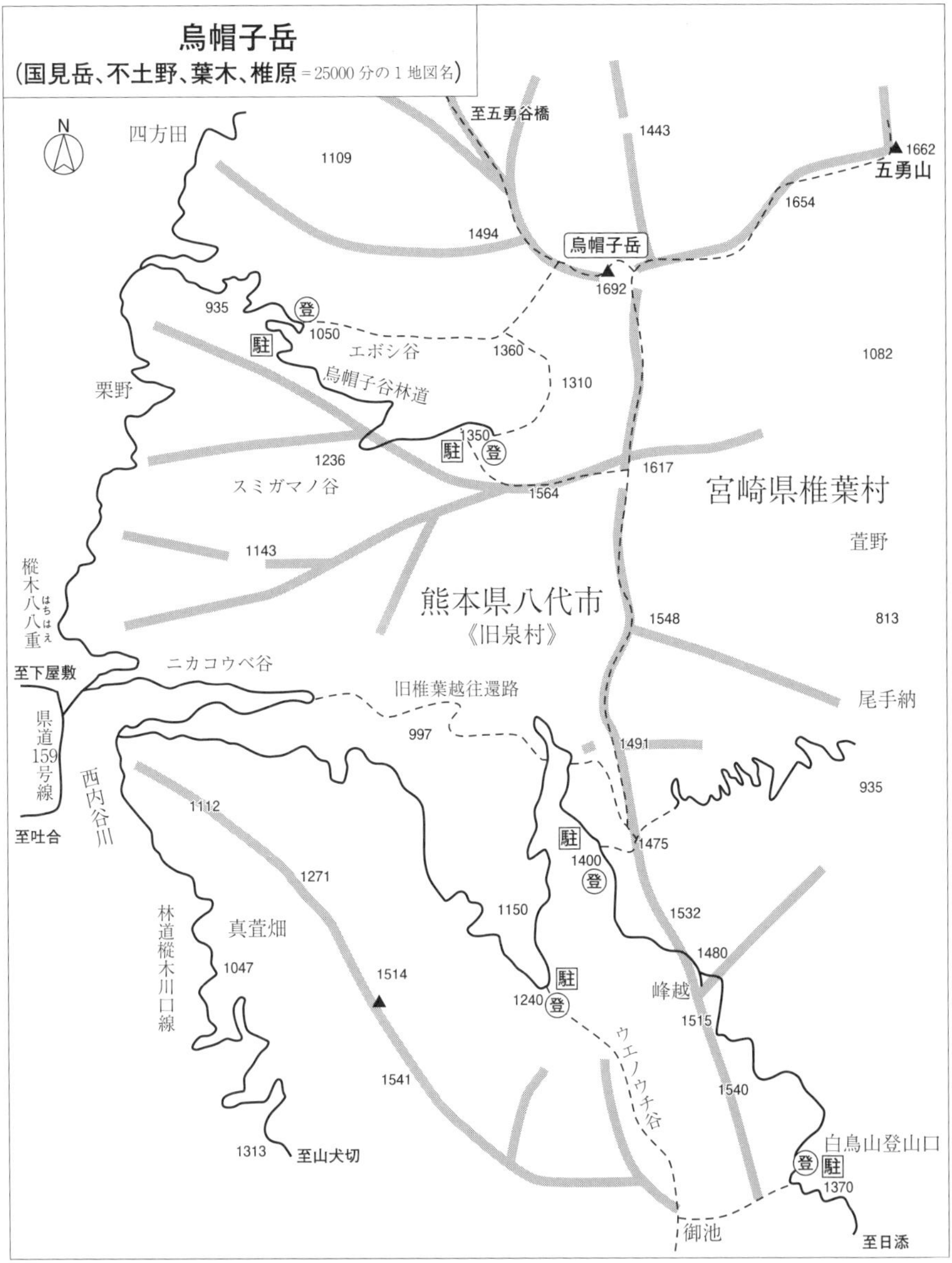

☞峰越車道登山口⇨(2時間20分)⇨烏帽子岳⇨(1時間50分)⇨登山口
☞烏帽子谷林道終点登山口⇨(2時間20分)⇨烏帽子岳⇨(1時間40分)⇨登山口

◇**考察**　素晴らしい山峰である。稜線に原生林が残り、ブナ、アケボノツツジ、シャクナゲ、ドウダンツツジ、カエデ、ヒメコマツ、ツガ、ヤマシャクヤクなど多彩な植物像を呈している。山頂の南側の岩壁に立てば五木、五家荘の山なみが心ゆくまで満喫できる。登山口が明確でないせいか、人の少ない山である。

今ひとつのルートは樅木の八八重から栗野の方へ車道を4㎞で右折して、私有林道をさらに約4㎞蛇行して上る。林道終点のコンター1380m付近から杉林の中を一旦下り、エボシ谷を越えて急坂を上るとよい。登頂時期はブッシュの少ない四月、五月が最適であろう。

なお国見岳登山口は八八重から栗野、四方田《よもだ》、五勇橋を渡った右側（ここまで9㎞）とさらに進み、11・3㎞で右側の道標から上る二つの登山口がある。

烏帽子岳の頂と三角点

白鳥山《しらとりやま》（1638ｍ）☆

五家荘の東南に位置するが、地形図上の山名記載がない。山頂は原生林の中の平頂峰で、展望は全くない。白鳥山の山名は小松内大臣平重盛が所持していた「白鳥毛之鎗」を、三男の左中将平清経（緒方市郎清国と改名）が受継ぎ持参して、この山中に72年間、孫の時代まで住みついたいわれからであろう。椎葉、久連子《くれこ》には白鳥大明神が祀られ、日添、樅木《もみき》には白鳥神社があり、白鳥山との関わりが考えられる。

山頂へは東の椎葉村の小林からと西の樅木からがあり、樅木から山犬切峠へのびる林道川口線のウケドノ谷をつめるルートをのべる。

林道樅木川口線登山口（30分）**涸谷分れ**（40分）**白鳥山**（60分）**登山口**

樅木、八八重の「山女魚《やまめ》荘」から林口川口線を2㎞で那須越口を左に見て、さらに8㎞上ると八代営林署の「国有林はみんなの山です。大切に守り育てましょう」のブルーのプレートが左側に立っている。ここが登山口でコンター1420mにあたる。林道わきに数台は駐車可能である。

涸谷状態になってしまったウケドノ谷に沿って行く。西側

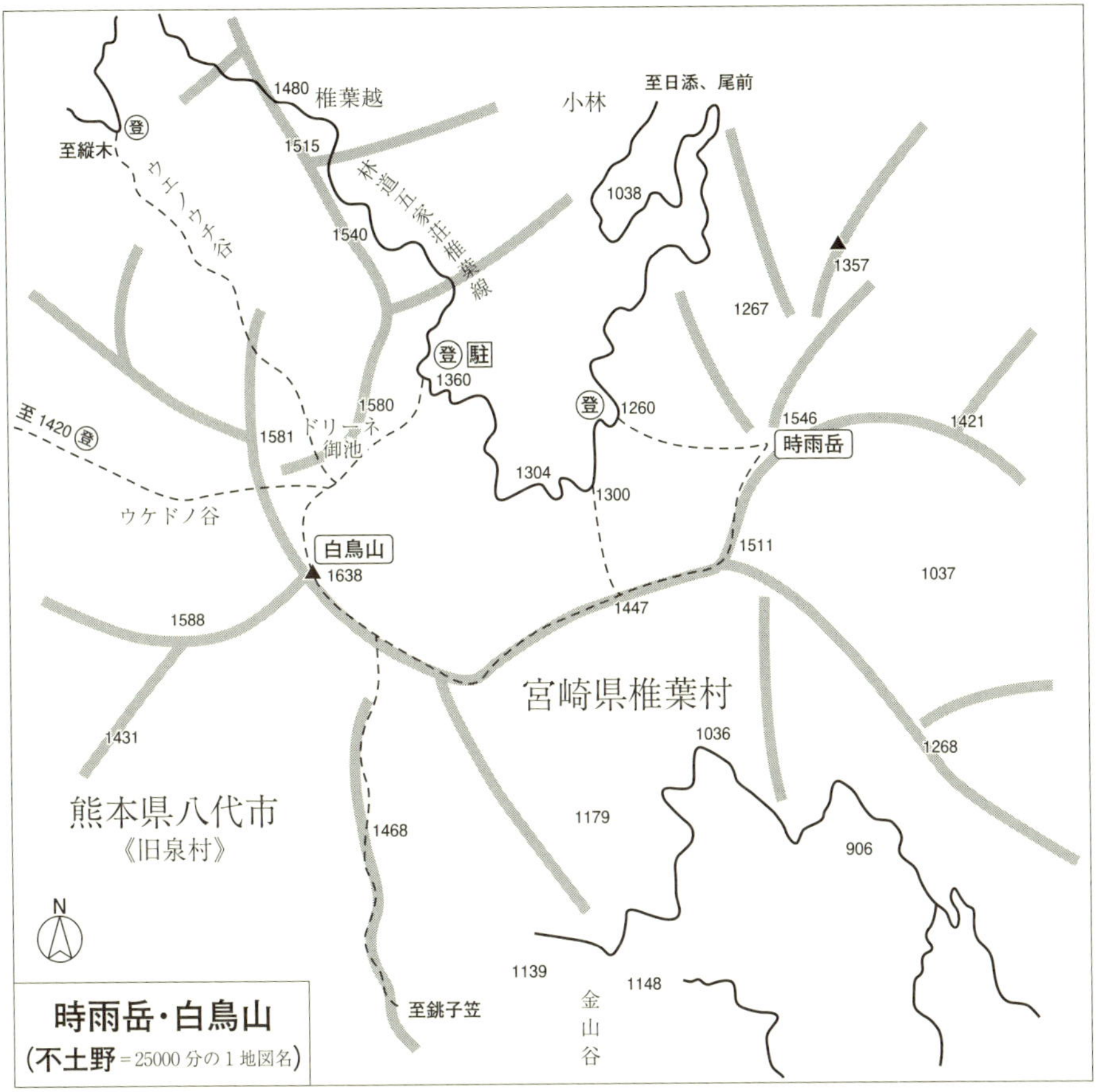

☞**林道登山口**⇨（55分）⇨**時雨岳**⇨（2時間）⇨**白鳥山**⇨（30分）⇨**林道** （P192 上福根・山犬切の図参照）

は昭和五二年（一九七七）植林の杉林が続くが、20分余で雑林にかわる。涸谷を敷きつめた小石が美しい。10分で涸谷は分岐し、植林と雑林の混生する丘状を正面に見て左側の涸谷へ入り、やや急坂の上りになる。登山口から50分で白鳥越の稜線に至る。

道標にしたがい右（南）折する。このあたりは一面の原生林で、新緑と紅葉の頃は素晴らしい雰囲気に包まれる。10分で左（東）側に10坪余の巨岩の洞穴を見る。さらに10分で原生林の**白鳥山**三角点に達す。県境石柱がある。

山頂から十数分で北の鞍部に戻り、椎葉（東）の方へ数分で左側の広場になった所に「平家の残党左中将平清経住居跡」の標柱があり、そばに巨樹の倒木を見る。付近は尾根筋とはいえ広々した自然林の平坦地で、昔は身池平と言っていた。

ここから数十m北側には大湿原があり、それに接して300坪余の空池がある。池の北縁は大小の石灰岩が多数露出林立し、その東北端には小さな風穴があって

椎葉村日添側の白鳥山、時雨岳登山口

夏は冷気を、冬は温風を吹き出している。これらを囲む樹林は広葉落葉樹が多く、ホオノキ、ヒメシャラ、カエデ、ブナ、マユミ、アララギ、サワラそしてヤマシャクヤク、モミジガサ、キレンゲショウマ、オニシバリ、コケ類など大庭園を形成し、一帯はプロムナードに最適の感がある。

なお椎葉村の小林、尾（追）手納へはこの平原の尾根を東へ、はっきりした道を10分で杉林の中の下り坂をたどる。

◇**考察**　国見岳、五勇山、西へずれて烏帽子岳、白鳥山、銚子笠と北から南へのびる脊梁山系の中央の平頂峰で、東の椎葉村、西の旧泉村の村界と、宮崎、熊本の県境上にある。壇の浦の合戦に敗れた平清盛の孫、清経が豊後竹田の豪族緒方家に逃れ、その後、緑川の上流、内大臣から脊梁山系を伝って白鳥山のこの広大な鞍部の御池平を開墾し、御池のほとりに約72年も居住していたらしく、つい最近までは木や岩の洞穴に刀や鎧の金具がかくされてあったのを、猟師が持ち帰っていたという話を聞く。

昭和六二年（一九八七）春開通した椎葉越林道（コンター１４８０ｍの峠）で五家荘と椎葉荘が結ばれた。椎葉村からのルートはこの峠から椎葉村側へ２・８㎞下った林道の右（西）が遊歩道入口で左側に駐車場と四阿《あずまや》がある。登山口から渦谷を上ると渓流に変り、自然林の林床にモミジガサ、バイケイソウ、ヤマシャクヤクを見る。20分で右側に水場がある。これから稜線に上り30分で**白鳥山頂**に着く。

時雨岳《しぐれだけ》（１５４６ｍ）

椎葉村側林道登山口（55分）**時雨岳**（2時間）**白鳥山**（30分）**林道**

宮崎県西に県内最大の面積を有する椎葉村がある。この山は村の西端に位置している。尾手納を中に挟み、北側の五勇山（１６６２ｍ）から眺める時雨岳は五家荘との県境をなす白鳥山（１６３８ｍ）から、東へ長く張り出し、どっしりしたテラス状に見え登頂欲をそそる。昭和六二年（一九八七）五月に開通した峰越林道から容易にアタック可能であることを知った。

九州では最高所の車道、峰越（椎葉越、五家越）は、熊本・宮崎県境のコンター1480mを通る。この峠から椎葉側へ2・8km下った右側に白鳥山登山口があり、さらに林道を1・1km下った右（南）の凹カーブした、コンター1260mの箇所が格好の登山口である。左が造林、右が自然林の境の涸谷の急坂を南東へ登る。50分で広大な稜線に至る。東へ行くと落葉樹の疎林で、西はスズタケと原生林が密生する。稜線に上り、左（東北）へ数分の所に**山頂**の私標柱がある。三角点がないゆえ、そこが頂であろう。山頂一帯は大小の石灰岩が点々と露出し、疎林の中に倒木が多く、自然のたたずまいに浸ることができる。

五勇山から時雨岳と目下の尾手納、萱野

これから白鳥山へ向う。太尾根のスズタケを分けて、尾根の南側を西進し、中ほどから南西へ40分で、コンター1447mの鞍部に至る。スズタケの中に巨木が亭々と散在する。なお20分で白鳥山から南東に下る尾根と接するコルの斜面に猟犬の墓であろう石積みを見る。これから造林作業路を数分南へ行き、右側のケルンを確認して、自然林とスズタケ混生の急坂を上る。石灰岩が点在し、オニシバリ、コバイケイソオ、ヤマシャクヤクの群落を見て西北へ60分で白鳥山の頂に着く。

下山は御池を経て、30分で峰越林道へ下る。駐車位置まで林道を1・1km戻ることになる。

この山は脊梁山脈の中にあり、登山より狩猟の山域であるためハイカーが少なく、したがって自然が豊かである。夏期はブッシュで難渋するゆえ、山行は三月から五月までが好季であろう。

なお南へ3・5km稜線をたどれば、銚子笠（295ページ参照）へ至る。

三角点のない時雨岳の頂

水上越《みずかみごし》と球磨川《くまがわ》源流

これは山岳ではない。しかし、山脈、山なみをおとずれるには岳人として山旅は登山と同等以上の心にひびく広がり、奥ゆきをおぼえる。

五家荘をとりまく稜線には三峠（日本杉、朝日、赤木）と、七越《ごし》（水上、石楠《しゃくなん》、岩茸《いわなば》、笹、椎葉、横才、県分）があり、現在の車社会以前までは里人《さとびと》の往還が絶えなかった。ここに泉村と水上村との境界をなす稜線のくぼみである水上越を取り上げたのは、九州の脊梁山脈の中で、この水上越から東へ、また西へのびる稜線と七辺巡《ひちへんめぐ》りを中心としたスズタケの中にそびえる巨木、植物相の豊かさ、さらに岩石群の配置などが渾然一体をなし、芸術的造形美と言うか、自然のたたずまいを今に満喫できる場所とみるからである。一九七〇年代に著者の岳友で熊本市の医師、故江口三郎君が当時、山犬切とともにこの水上越周辺を推奨してやまなかった。

球磨川の源流は数えたら際限がない。ここに取りあげた源流の場所は水上越に近く、泉村と水上村の村界の稜線より水上村側で、コンター１２５０ｍの南に面する急斜面から、落葉期を問わず年中、清水が噴出し、その景観に感動を憶える所である。

水上越《みずかみごし》（１４４０ｍ）、熊本県八代市泉町と水上村の境をなす、東西にのびる稜線の陥没部位である。この稜線は球磨川の枝流を南北に分け、五家荘側は川辺川の支流、西内谷川の源流が近く、また南側は水上村の谷間を蛇行、北上し、南山犬切（１５６１ｍ）、水上越の稜線へかけ上っている。この稜線の南面は極めて急峻な斜面を呈している。

五家荘の林道縦木川口線は標高１０００ｍから１４００ｍを北から南へ向い、山犬切（１６２１ｍ）、上福根山（１６４５ｍ）の南側を削り、さらに西へと延び、茶臼山（１４４５ｍ）へと造成が進む。道標不備のため順を追って記す。

まず縦木の八八重《はちはえ》の旅館「山女魚荘」上の県道三叉路から、林道川口線に入り、東進して３㎞で分れを左折すれば宮崎県椎葉村へ至る峰越（椎葉越）林道の車道である。この分れを直進して真萱畑《まかやばた》の西下を経て６㎞で左（東）がウケドノ谷を遡行し、白鳥山へ通じる登山口である。この登山口から林道をさらに７・５㎞進んだ急カーブの左の小渓谷がアンドウゴヤ谷、すなわち水上越の入口にあたる。なお林道を２㎞直進

林道川口線からアンドウゴヤ谷に入る水上越へ

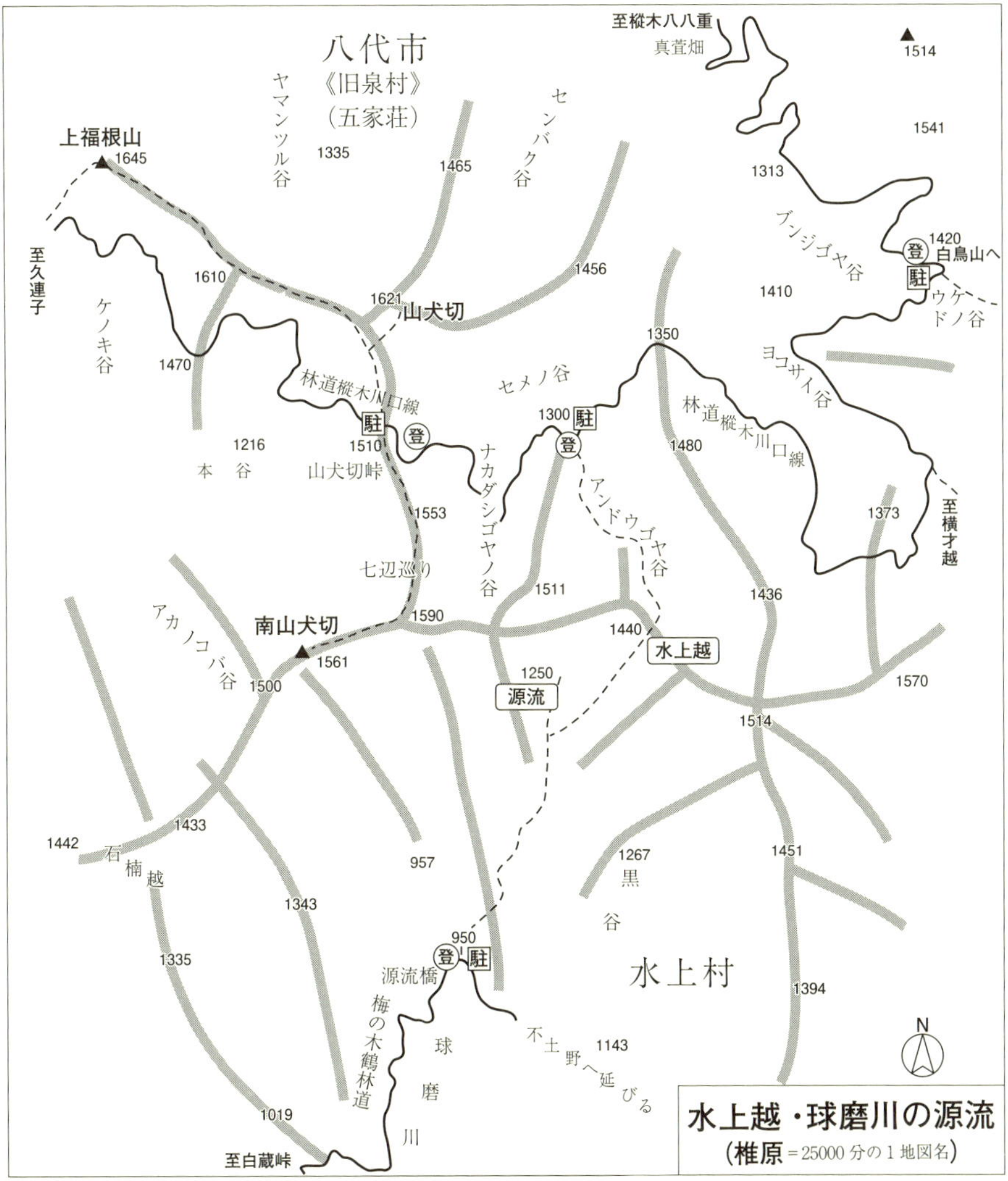

水上越・球磨川の源流
（椎原＝25000分の1地図名**）**

☞**水上越入口（アンドウコヤ谷）**⇨（40分）**水上越**
☞**梅の木鶴林道球磨川源流入口**⇨（80分）⇨**源流**⇨（50分）⇨**水上越**
☞**林道川口線椎葉越分れ**⇨（6km）⇨**ウケドノ谷経由白鳥山登山口**⇨（7.5km）⇨**アンドウゴヤ谷経由水上越入口**⇨（2km）⇨**山犬切峠**

した所がコンター1510mの山犬切峠で、七辺巡りの入口でもある。

さて戻って、林道からアンドウゴヤ谷に入る。所々にテープがある（私はテープをつけぬ主義）。渓谷の右岸沿いに上ってゆく。アンドウの爺さんが炭焼小屋で暮した場所であろうか、自然庭園の美景を感じる。左へそれてスズタケの中の低い尾根を南東へたどると、40分弱で水上越の狭い平場に出る。標示板が眼につく。これから直線的に南側の急斜面を下ると、球磨川の源流へと至る。

林道川口線は平成八年に椎葉越分れから2

梅木鶴林道から中央が南山犬切、右が水上越

km、真萱畑付近で大崩壊し、平成一二年早々開通した。崩壊地点から3km進んだ所に施錠ゲートがある。椎葉越分れから6・2kmで左側に白鳥山登山口が、これから9・3kmで山犬切峠1510mに至る。他に久連子から岩宇土山1347mを越え、林道川口線へ出て、林道を東へ3kmで山犬切峠さらに2kmで水上越へのアンドウゴヤ谷入口に至る。

水上村の球磨川の源流へは林道造成により、梅の木鶴の民家を消滅させ、マイカーによる源流橋までが容易となり、駐車場から歩いて80分余の距離となった。すなわち、五木村の国道445号線沿いの竹の川から県道不土野梶原線に入り、梶原を経て**白蔵峠**が目標である。ここは高塚山（1508m）、三方山（1236m）の登山口で、車道開通記念碑と立派な四阿《あずまや》がある。この峠は五木村と水上村との村界でもある。

峠から東北の古屋敷の方向へ3km下ると、車道分れを左へとり、梅木鶴林道に入る。この林道は横才川を横切り、不土野方面へ造成されている。この林道を5・4km北進すると、平成五年（一九九三）四月竣工の**源流橋**に至る。橋を渡り、直ぐ左手に駐車場がある。橋の手前から遊歩道に入り、尾根を東へ跨ぎ渓流へ下る。自然林の中の渓流沿いに北上し、80分で、豊富に噴出する源流点に着く。

水上越へは源流の20m手前から右（東）へ、急坂の斜面を上り50分で、アンドウゴヤ谷に通じる水上越の鞍部に至る。

鷹巣山《たかんすやま》（1453m）
積岩山《つみいわやま》（1438m）

素人の登山者にとっては国土地理院の地図は最も頼りになる資料で、有難い。地図の地名、山名等の記載にはそこの自治体（市町村）長の確認印をとってプリントしているので、誤謬はないことになっているが、やはり誤りを散見する。その原因は、山域の住民が先祖以来、踏襲《とうしゅう》してきた固有名を聴取せず、専ら自治体長の主張のみを尊重し、記載しているからにほかならない。私は見知らぬ土地に入ると、必ず地元住民と挨拶を交し、入山する山に関して若干でも教えを乞うことにしている。したがって国地院の山名より住民が教示す山名を信じ、これに随うことにしている。例えば祖母山の西側

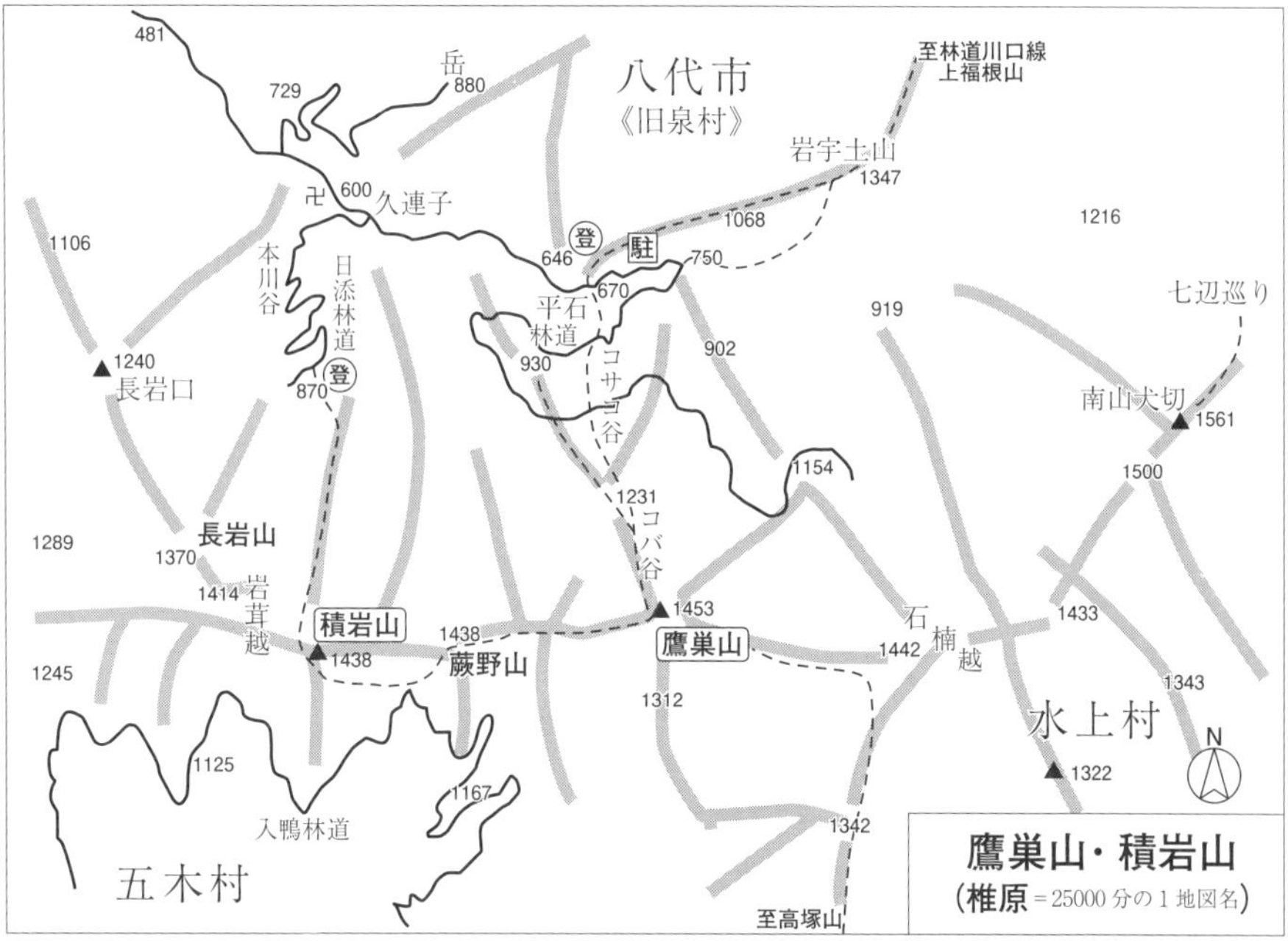

☞**久連子平石**⇨（１時間30分）⇨**コバ谷**⇨（50分）⇨**鷹巣山**⇨（40分）⇨**蕨野山**⇨（50分）⇨**積岩山**⇨（60分）⇨**林道**

の越敷岳（１０６５ｍ）には山名の記載なく、北西の三角点のあるムレ（１０４３ｍ）を越敷岳と誤記している。表題の山域（国地院２・５万、地図名の椎原）については誤りがあるので述べておく。

久連子《くれこ》の仲川氏（元営林署嘱託、カモシカ調査員、猟師）や地域住民の指摘によれば、山犬切《やまいんきり》は千瀑の谷の源頭にある三角点のない１６２１ｍ峰を指し、久連子の平岩は**平石**が正しく、蕨野山（１４５３ｍ）は**鷹巣山**と言い、その西側の１４３８ｍ峰を蕨野山と言う。さらに岩茸越《いわなばこし》から北へ派生した尾根の最高峰（１３７０ｍ）を**長岩山**と呼び、その北の三角点の１２４０ｍ峰を長岩口《ながいわぐち》と呼称しているので、この呼称を用いた。

この山域は九州山脈でも白鳥山、時雨岳、銚子笠、七辺巡り同様に杣人か猟師が希れに入るのみで、ハイカーには等閑視されている。三山ともに展望は期待できないが、雄大な自然林と生物が豊富な雰

山犬切峠から西南に蕨野山、積岩山稜線と岩宇土山(右)

囲気と静寂は希有な存在である。数年前に大規模林道、人吉菊池線が人吉市から広貝山（１１８７ｍ）、三方山（１２３６ｍ）の西を通り、コンターライン１１７０ｍの白蔵峠から高塚山（１５０８ｍ）の西をまいて、北の久連子へのびて造成中であることを知り、平成14年4月に調査に出かけた。

高塚山北尾根（2時間）**鷹巣山**（40分）**蕨野山**（30分）**積岩山**（1時間10分）**久連子**

高塚山から西北へ１・３kmの稜線の西側で林道は止まり、これから稜線をトンネルで抜ける計画である。林道行きどまりから遊歩道はないゆえ、南北にのびる尾根へ急坂を十数分で上る。国地院の地図にしたがい起伏の少ない尾根筋のスズタケと雑木を分け、１・５km北進し、西へ向きをかえ１・３kmで**鷹巣山**（１４５３ｍ）に着く。眺望のない平頂で、三角点と山名標識がある。

　これから西へブナの多い自然林とスズタケ混生

五家荘久連子の鷹巣山の西面

の稜線を１kmで三角点のない**蕨野山**《わらびの》（１４３８ｍ）の平頂に至る。この山頂から南へ20ｍ下ると幅２ｍの作業道が稜線に平行して延び、東から南方面の視界が開け眺望が楽しめる。30分で**積岩山**に至る。

　山頂から西への踏あとは岩茸越で北へのルートを下る。スズタケを分けると数分で桧林と雑林にかわり、石灰石のガレ状の急坂になる。40分でコケむした涸谷を下る。これから堰堤を２つこえて30分で久連子阿蘇神社西側から上ること２・９kmの車道終点広場に出る。

久連子平石（林道2km）**登山口**（2時間）**鷹巣山**（1時間30分）**登山口**

大規模林道が久連子川沿いに**平石**から５００ｍ先で西へカーブし、９３０ｍ点を北から西へ、そして南へまいた尾根に取りつき、踏あとをたどる。１２３１ｍ点付近からスズタケ藪を分け、2時間で**鷹巣山**に達す。下山は約２kmの尾根の急坂を戻る。

　なお久連子はご存じの如く、五家荘のひとつの集落で、平近盛によって開かれ、平家の落人の伝承を秘める奥深い山里であり、天然記念物の久連子鶏と雅趣に富む久連子踊りは国指定の文化財でもある。

上福根山《かんぷくねやま》（1645m）☆☆

山犬切《やまいんきり》（1621m）☆

七越（那須・県分《けんぶん》・横才・水上・石楠《しゃくなん》・岩茸《いわなば》・笹）、三峠（二本杉・朝日《わさび》・赤木）に囲まれた五家荘のほぼ中央にどっかり坐している雄峰である。脊梁山系の背骨からは肋骨のような尾根が東、西に派生し、この山は白鳥山、南山犬切（地形図名は山犬切《やまいんきり》）あたりの背骨から西へ大きく張出した山塊で、川辺川から分れる北の樅木川、南の久連子《くれこ》に挟まれ、多数の渓谷を放射状に作っている。この山系も千万年かけた原生林のおかげで自然美を形成していたが、近年、茶臼山、上福根山を結ぶ稜線近くまで伐採、限定樹の造林に変り、樅木から真萱畑《まかやばた》を経てのびる林道川口線の山犬切峠（コンター1510m）付近になお原生林と自然の面影をとどめ、植物の宝庫をなすが、この林道が久連子へ連結すれば様相一変するだろう。

山頂へ至るルートは、①山犬切峠から尾根伝いにと、②久連子から岳を経る南面ルート、そして③椎原から茶臼山の北をまく三つがある。前者を除き、いずれも造林作業道をたよることになる。ここでは林道川口線の山犬切峠からと椎原からのルートを述べる。

1

五家荘樅木八八重《はちはえ》（3km）**那須越口**（6km）**白鳥山登山口**（10km）**上福根山（山犬切《やまいんきり》）登山口**（20分）**山犬切分れ**（40分）**1610m峰**（30分）**上福根山**（1時間30分）**登山口（山犬切峠）**

五家荘に入り二本杉峠から南へ14km、椎原からは北へ8kmの吐合橋から県道小川樅木線を東へ8kmで、吊橋と紅葉で観光地化している樅木に至る。旅館や民宿も多い。**八八重《はちはえ》**の旅館「山女魚荘《やまめそう》」を目標にすると分りやすい。

「山女魚荘」から林道を北へ50mで分れを左にとれば樅木本谷に沿う林道は栗野、四方田を経て烏帽子岳、国見岳へのルートになる。右への林道川口線はニガコベ谷を左下に見て上り2kmで、左（東）側に那須越（別名、五家越、坊主越）への笠道入口があったが今では消滅している。したがって八八重三叉路から林道川口線を3kmで椎葉越分れ、6kmでウケドノ谷の東側に広い**白鳥山登山口**（コンター1420m）がある。

これから平坦な林道をさらに7・5kmでアンドウゴヤ谷に沿って上る水上越への入口に至り、さらに2km行くとコンター1510mの山犬切峠に着く。林道車道はここから西へのびて、上福根山の南麓を茶臼山へ延長造成中である。峠の北側が山犬切と上福根山の登山口、南側が**南山犬切**（1562m）で七辺巡りへのルートにあたる。

車道の峠から北へ自然林の中の踏みわけ道へ入る。素晴らしい原生樹林の中である。モミ、カヤ、コウヤマキ、カエデ、イヌシデ、ブナ、ナラ、オヒョウ、アサダ、シオジ、サワグルミ、ホオノキ、トチノキ、ヤブデマリ、ムシカリ、リョウブ、ナツツバキ、バイケイソウ、エンレイソウ、アマドコロ、キレンゲショウマ、モミジガサ、イラクサなど一目千種である。10分で小さな鈍頂を越え、さらに10分で分岐の赤テープにしたがい直角に左折し、西北へ向う。

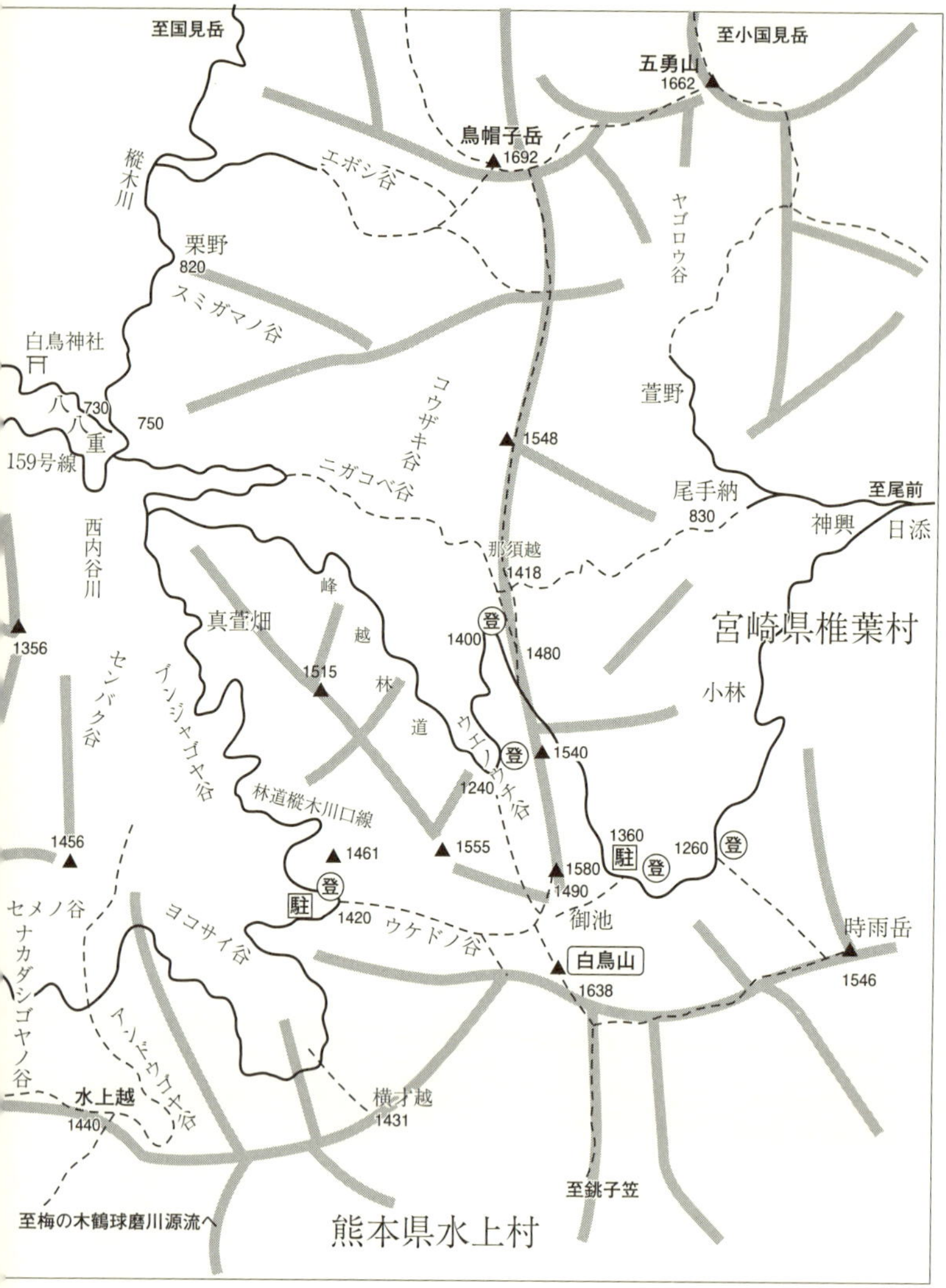

直線的に行けば、これから10分で石灰岩と原生林の小ピーク山犬切《やまいんきり》（１６２１ｍ）に至る。展望はない。

分岐のところから直角に左折して原生林とスズタケの尾根を行く。豊富な植物と岩石の配置が見事な造形美をなしている。

約40分で岩石と灌木の１６１０ｍ峰に至る。尾根すじはスズタケが密生し、アップダウンは少ない。１６１０ｍ峰から20分で１６３０ｍ峰に至る。眺望はないが静寂とした自然のたたずまいである。これからスズタケの少な

☞登山口⇨(30分)⇨二本杉⇨(40分)⇨白鳥山⇨(1時間)⇨登山口

☞山犬切峠登山口⇨(20分)⇨山犬切分れ⇨(1時間)⇨1610m峰⇨(50分)⇨上福根山

☞椎原側登山口⇨(25分)⇨第一造林小屋⇨(2時間)⇨第二造林小屋⇨(2時間)⇨上福根山

い雑林の尾根を10分で**上福根山**の三角点に達す。

昭和六〇年（一九八五）に入って林道が山犬切峠からコンター1470ｍラインを西行し、上福根山の南面を茶臼山方向へ造成されている。峠から2・5㎞で岩宇土山と上福根山を結ぶ尾根の急カーブの林道から直登して30分で上福根山頂に着く。

2　五家荘椎原（2km）登山口（25分）造林小屋（2時間）第二造林小屋（2時間）上福根山（3時間）登山口

椎原は五家荘では一番の街である。五家荘郵便局のすじ向の五家荘旅館兼福岡商店の右（南）横から林道に入る。林道は北を迂回して東南へと上って行く。約2kmで右（西）側に林業作業道の入口が眼につく。（標高770m）林道はこれよりまだわずかにのびているので、行き過ぎないように注意。登山口は若い杉林で2、3分で雑林に変る。十数分で熊本営林局の水源涵養保安林のプレートを見る。

左下にヒガクレ谷の水声を聞きながら幅1mの作業道をゆるやかに上ると、登山口から二十数分で右側に八代営林署の作業小屋がある。これから2、3分でヒガクレ谷の渓流を右岸へ渡り、谷沿いに上り、20分余で涸谷となる頃、左(西)岸へ移る。コケつきの岩石累累、カエデ、ブナ、イヌシデ、ケヤキなどの雑林地帯からほどなく杉林の中を蛇行して上る。所々で北と西側の視界が開け雁俣山、京丈山、大金峰、小金峰の山なみが楽しめる。

道が東進するとスズタケと原生林の中となる。登山口から1時間30分で南から北へのびる尾根（標高1200m）に上り、東折して杉林の中を行き、涸谷を越えて数分で小さな渓流を渡る。フキ、ワサビが眼につく。30分余で上福根山と茶臼山の中間から北へ派生する尾根さきに建つ**第二造林小屋**に至る。ブルーのトタン屋根が目印になる。これから作業道は東南へ迂回し、100m先で道は広範囲な土砂崩れで阻まれている。したがって第二造林小屋の南側の尾根にとりついて上る。原生林の中のウヂ（兎道）をたどる。大樹の美林からしばらくでスズタケのブッシュを分けて上る。

上福根山頂、東側から見る

第二造林小屋から約1時間で上福根と茶臼の稜線の北側を稜線に平行してはしる杣道に出て、これを東進する。原生林の中、ゆるやかに上る。ヒメシャラ、ブナ、モミ、ツガなどの大樹が亭々とそびえ、古代を感じる。巨大な倒木を渡り、スズタケが減り、シャクナゲ、バイケイソウの群落が見事である。第二造林小屋から約2時間で上福根山の東の鞍部に至る。左（東）折して行けば林道川口線の山犬切峠まで約2時間。右（西）折すると2、3分で**上福根山頂**に達する。

下山は登り道を引き返すことになるが、前述の上福根と茶《ちゃ》臼《うす》を結ぶ稜線の北側の杣道を西進すれば山頂から30分で巨岩の北側を通り、スズタケの中を10分余でコンター1464m付近から道は稜線を越えて南へ、すなわち久連子へと下ることになる。

◇**考察**　南山犬切（1561m）、横才越、水上越、七辺巡りを結ぶ稜線の西端に坐す原生林の山塊である。山犬切峠から南へ原生樹とスズタケを分け、30分で平頂の七辺巡り（1590m）に至る。これから西へ藪分けして25分で三等三角点の南山犬切に着く。展望はないが、自然林のたたずまいが絶佳。鹿の生息多し。

大金峰《おおがねみね》（1396m）☆
小金峰《こがねみね》（1377m）☆☆

国見岳から西へのびる主尾根から南、北へ大小の枝尾根が沢山のびている。この主尾根をまたぐ二本杉峠（1118m）は美里町砥用《ともち》と五家荘を結ぶ交通の要所で、二本杉峠から南へのびる太尾根の主峰がこの山峰である。南の小金峰はこの太尾根の尾根鼻にあたり、西を除く三方向の眺望は五家荘を一望に納め、その先端は川辺川に落ちている。五家荘の山岳では珍しく九州自然歩道が二本杉峠からルートの一部をなしているため、よく整備され、単独でも容易に到達できる。全体的に伐採造林の山と化し、二次原生林が稜線をわずかに占めるのみである。

二本杉側登山口（60分）大金峰（40分）攻の分れ（30分）小金峰（2時間）二本杉側登山口

高速道路、松橋インターから17kmで砥用、さらに13kmで二本杉峠（1118m）に至る。南へ1km下った分れを左へ行けば葉木から椎原へ、右への道を選び、分れから200mで車道がカーブした所の左（南）側に自然歩道の案内板と蝮に注意の標示板の所が登山口で、2、3台は駐車できるが、それ以上は二本杉峠の売店前の広場に駐車すればよい。

登山口から道幅1、2mの遊歩道に入る。50mで小渓谷を渡り、杉林の中をさらに50mで再び小渓流を渡ると、ゆるやかな上りになる。登山口から15分で歩道の左にロボット雨量計を見る。

これから数分で分れを右（西）へ下れば西の谷へ至る。真直ぐ杉檜の造林の中の道を行く。右側は十条製紙の社有林で、起伏の少ない遊歩道は尾根の西側に沿ってのびる。登山口から約1時間で十字路の小さな広場に着く。右（西）折すれば水梨へ下り、左（東）折して雑林の中を100m上れば**大金峰**である。狭い鈍頂で、北は雑木とブッシュからなり、東、南は檜林で眺望はほとんど期待できないし、山頂の感がない。

十字路に戻り、南へ平坦な道を行く。約20分で左（東）折して下れば福根を経て国道445号線へ、真直ぐは小金峰を経て

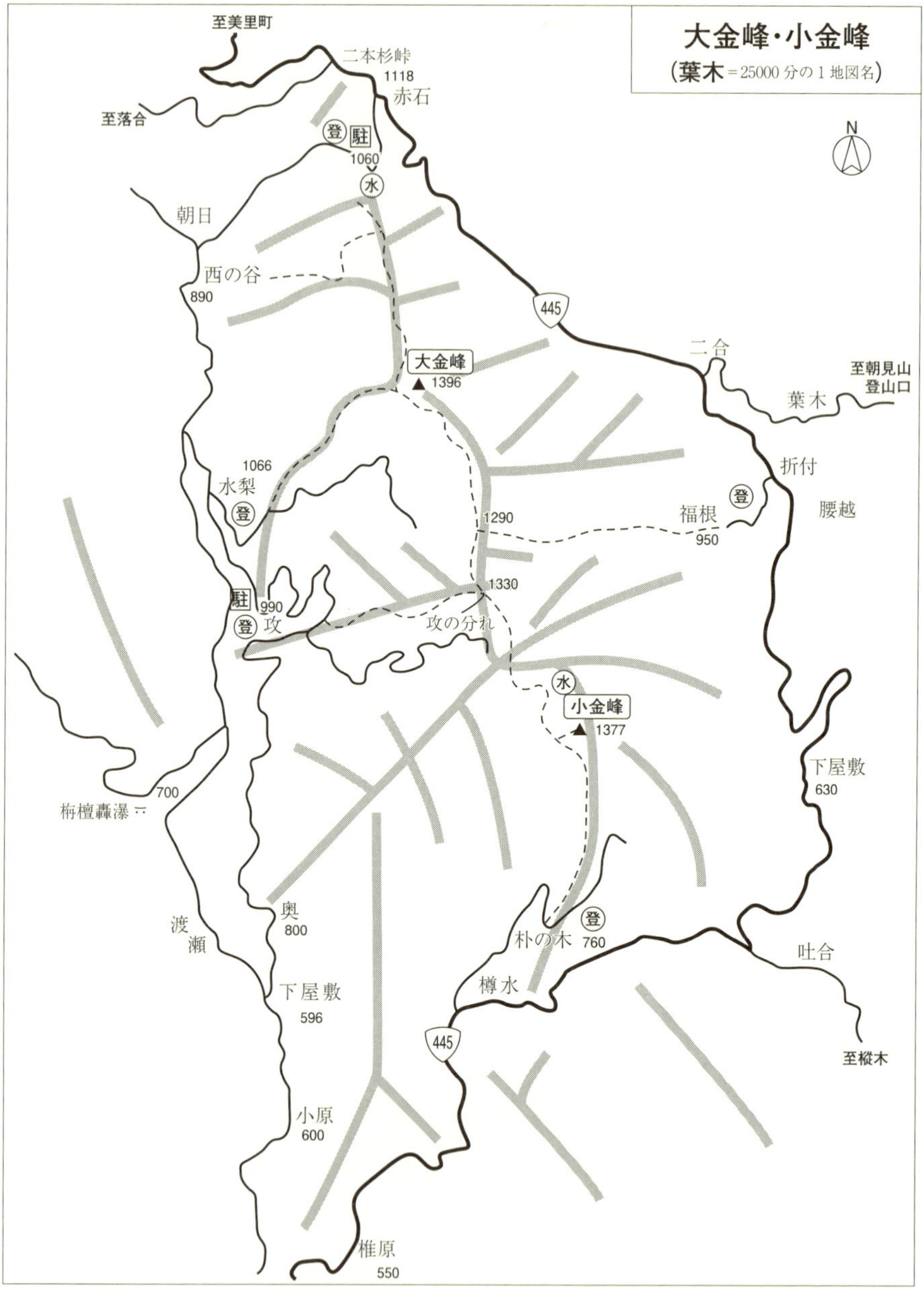

☞二本杉側登山口⇨(1時間)⇨大金峰⇨(40分)⇨攻の分れ⇨(30分)⇨小金峰⇨(2時間)⇨二本杉側登山口

椎原への道標を見る。これから15分でコンター１３３０mピークの分れから右（西）折すれば攻の集落を経て梅檀《せんだん》轟瀑へ至る。道は石ころが少なく歩きやすい。

道は尾根の東側沿いから西へ移る。西斜面は伐採されていて遠く宇土半島から雲仙方面まで見渡せる。１３３０mピークから約30分で、少し下り気味の道の左に小さな水場がある。ここから数分で左折し、上りを数分で**小金峰**で、真直ぐに急坂を下れば朴の木に出る。

小金峰は小岩石が点在し東西に細長く、ドウダンツツジ、シャクナゲ、アセビ、ヒメコマツなどが形よく着生し、小庭園風で西側を除き展望は抜群によい。眼下には川辺川の流れが椎原で小原川と分れ、西南に保口岳、白髪岳、国見山、正面に茶臼山から上福根山、東へ白鳥山、烏帽子岳、国見岳と九州中央山地の雄峰が取り巻く様が素晴らしい。帰路は往路を戻ることになる。

大金峰から小金峰への登山口

小金峰山頂

◇**考察**　大金峰、小金峰は北の二本杉峠から南へ派生する尾根のピークをなし、東の谷内川、西の小原川と菖蒲谷に挟まれた形で、先端は朴の木に落ちる。伐採造林が全域にわたり、大金峰は名のみで期待できないが、尖峰状の小金峰は残存する原生林と眺望に優れ、東の国見岳から上福根山、茶臼山にかけての稜線に眼をうばわれるだろう。

砥用から二本杉峠を経て五家荘に入る**九州自然歩道**はこのルートを通り、攻の分れから梅檀轟瀑へ下っている。目的を小金峰にしぼり、二本杉峠の東山商店前の駐車場から片道2時間半あれば単独、初めてでも安心して楽しめる。

保口岳《ほぐちだけ》（１２８１m）☆☆

五木と五家荘は相接している。五木は熊本県球磨郡五木村で、五家荘は八代市泉町の部分である。保口岳は五家荘の小原川と板木川に挟まれた状態で、山塊をなしている。登山口のひとつ保口は那須与市の嫡子で那須小太郎宗治の子孫と言い伝えられる那須姓の家が数軒ある。

高速自動車道の松橋《まつばせ》インターと八代インターの中間、国道3号線氷川町宮原から入り、泉町の中心、落合まで18㎞、さ

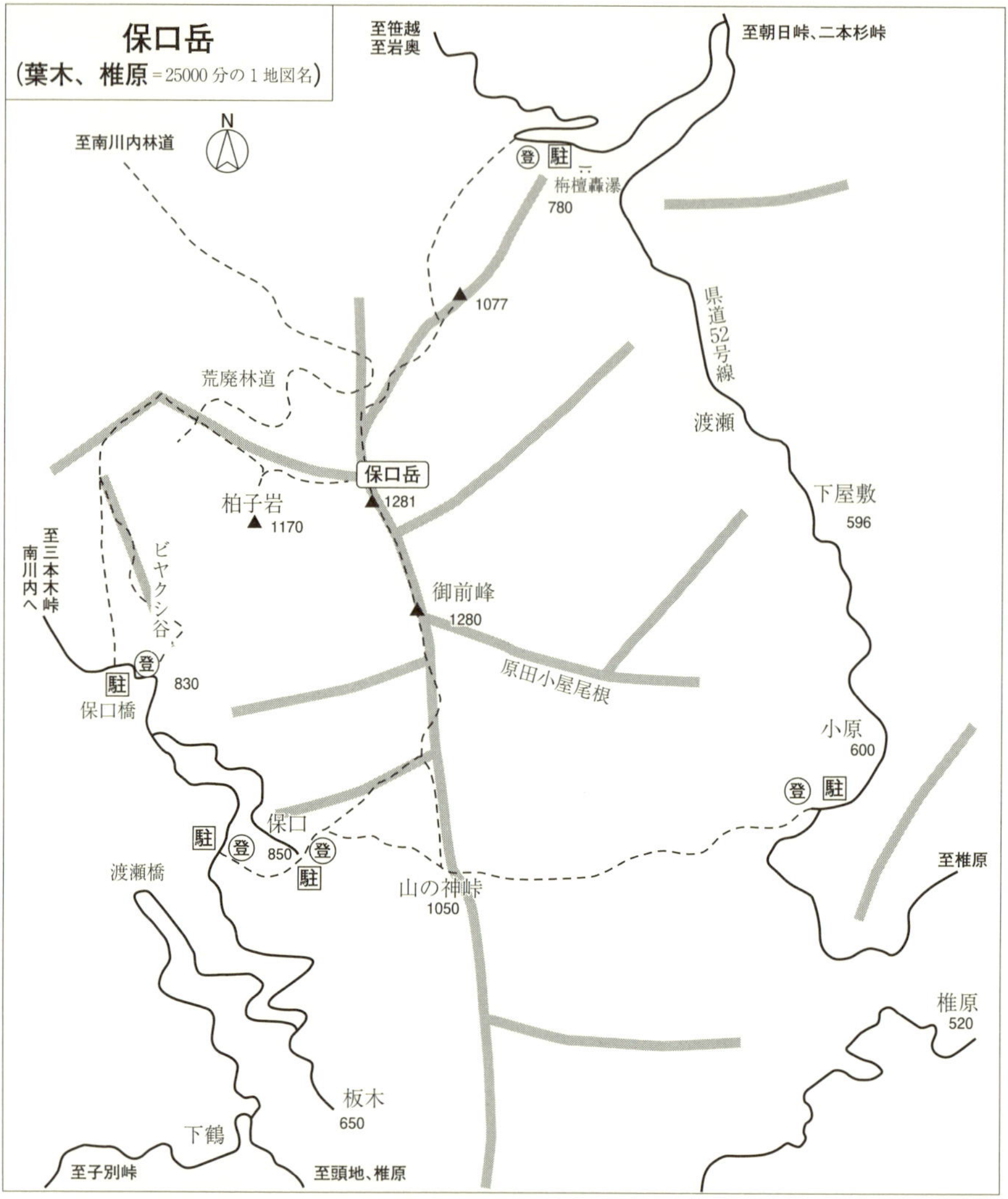

☞**登山口**⇨（1時間）⇨**地蔵峠**⇨（1時間30分）⇨**御前峰**⇨（50分）⇨**保口岳**⇨（40分）⇨**柏子岩**⇨（1時間10分）⇨**保口橋**

らに10kmで標高996mの**子別峠**《こべっとう》に着く。その昔、この子別峠、大通峠、番立峠の三カ所には人吉藩の番所がおかれていた。子別の名は字の如く、五家荘の子女を町へ奉公に出すため、この峠まで親が同道して別れを惜しんだという。

　子別峠から南へ下り、平沢津谷沿いに下鶴まで11kmで、ここから左折して渡瀬橋を渡り約4kmで保口集落の下の林道に至る。氷川町宮原から子別峠を経由して保口まで約43kmである。下の集落から上の集落までは約1kmの間隔がある。戸数の多い下の集落から山頂を経て上の集落へ下ることにする。

保口登山口（60分）**山の神峠**（1時間30分）**御前峰**（50分）**保口岳**（40分）**柏子岩**《びゃくし》（1時間10分）**保口橋**

保口の集落は車道の東側上の森の中に数軒かたまっていて車は入れない。下の集落への入口が登山口である。50mほど車道から上り、まず那須家の前を通る。その裏手に昭和二三年（一九四八）五月一五日電灯架設記念碑があり、その上に若宮神社がある。鳥居の上の分れを右へ上ると茶畑と民家と集会所がある。その上の緒方家の前を右（東）へ行く道が林業公社作業道につながる。造林の中の道を約1時間で**山の神峠**に着く。色彩鮮やかな地蔵さんが道の右（南）側に祀られる。この山の神峠を真直ぐ東へ下ると小原から椎原へと通じる。

この山の神峠から北へ造林の急坂の尾根をたどれば、御前峰に行く近距離ルートになるが、一部藪となっているのでこれをさけて左（北東）折し、造林の中の平坦な林業作業道をたどる。山の神峠から40分で御前峰から東南へのびる原田小屋尾根にとりつく。2、3分で岩の左側をまいて檜林の中を棒のぼりする。ふり返ると眼下に五家荘銀座の椎原のたたずまいが見える。原田小屋尾根を40分で**御前峰**の岩峰に着く。那須小太郎宗治の妻となった鬼山御前の名にちなんだものであろう。頂は巨岩からなっていて、東を向いた祠が1基座している。灌木の間からの展望は絶景で、地元の人はこの御前峰を保口岳の主峰とみなしている。

保口岳はこの御前峰から西北方向に見える。ここからスズタケを分けて起伏の少ない尾根をたどると、30分ほどで南側は杉、北側は檜の造林の尾根境となり、なお北西へ行く。御前峰から1時間で**保口岳**の三角点に着く。山頂は平頂で半畳位の測量標示板があり、北と西は檜林で南側の雑木の間からわずかに眺望がえられる。山頂付近は石灰岩の石が多く、山頂から北へ杉林の中を行けば梅檀轟瀑の西側の登山口（コンター780m）に出る。

保口岳から柏子岩《びゃくし》への尾根は雑林とスズタケが密であるから右（北）側の杉林との境界に沿って西へ下る。踏分け道はない。約1時間で杉林から南側の雑林の隙間を見つけて少し上ると、**柏子岩**に至る。柏子岩は高い方の東峰と西峰からなり、南面は切り立つ岩壁で、南と西の展望が素晴らしく、ゴヨウマツ、柏槙、ドウダンツツジなどの自生が美景を

保口岳の西峰、柏子岩から右端は御前峰

保っている。

岩峰から北の雑林へ戻り、西側へ急斜面を下ると、十数分で南から北へ上る林業作業道に出る。この道は保口の上の集落から西へ、そして保口岳の北へのびる造林作業道である。この道を下れば柏子岩から40分でビヤクシ谷の上流に出て、真直ぐ行けば数分で上の集落に着く。ビヤクシ谷の水場から少し戻って杉林の急坂をジグザグ下ると、30分でビヤクシ谷に架かる**保口橋**のたもとの林道に出る。これから下の集落まで林道を1km下る。

◇**考察**　梅檀轟瀑、笹越峠、三本杉峠の方向から南へ突出した形の保口岳は東に御前峰、西に柏子岩を従えた形の鈍頂で、山頂近くまで伐採、造林の手がのびているが、南西の岩壁一帯は原生林がなお残存している。

登山口は上と下の保口集落からと小原から、そして北の梅檀轟瀑側からがある。保口岳と御前峰はコンターラインで見ると標高に大差はない。地元の人は保口岳といえば屹立した御前峰を指し、祠を安置して信仰につとめている。保口集落の北は険しい岩壁のため、東か西廻りで山頂にのぼれる。初めての際は道標不備のため地元の人に教えを求める方がよい。

仰烏帽子山《のけぼしやま》（1302m）☆☆

球磨川の支流、川辺川と万江川に東西から挟まれた主峰で、相良村と山江村との境界に坐す。南東の相良村からは尖峰をなしていて、山頂付近は石灰岩や珪石など堆積岩が多い。20坪余の山頂からは四囲にわたる弥望《びぼう》が楽しめる。山頂の石仏二基は明治一九年（一八八六年）作で南を向いて坐し、二等三角点の石柱を見る。山頂一帯から稜線に残る自然林の種類は豊富である。

登山ルートは、①北の五木村、元井谷ルート、②東の相良村、椎葉谷ルート、③山江村、万江川の枝流宇那川林道ルート、④西の山江村、万江川上流の合子俣ルートがある。ここでは最も普遍的な①②をとり上げることにする。

野原橋（7km）**椎葉登山口**（60分）**仏石**（50分）**仰烏帽子山**（40分）**仏石**（50分）**登山口**

相良村の深水集落の北の四浦トンネルを北へぬけると、新設の**野原橋**を渡る。バス停と直ぐ西へ渡る椎葉橋が目標になる。この椎葉橋を渡り、椎葉谷川の左岸に沿って3km西進すると、十数軒の椎葉集落に至る。ここから車道は右岸に変わり、4km上った左側に**登山口**の道標がある。駐車スペースは

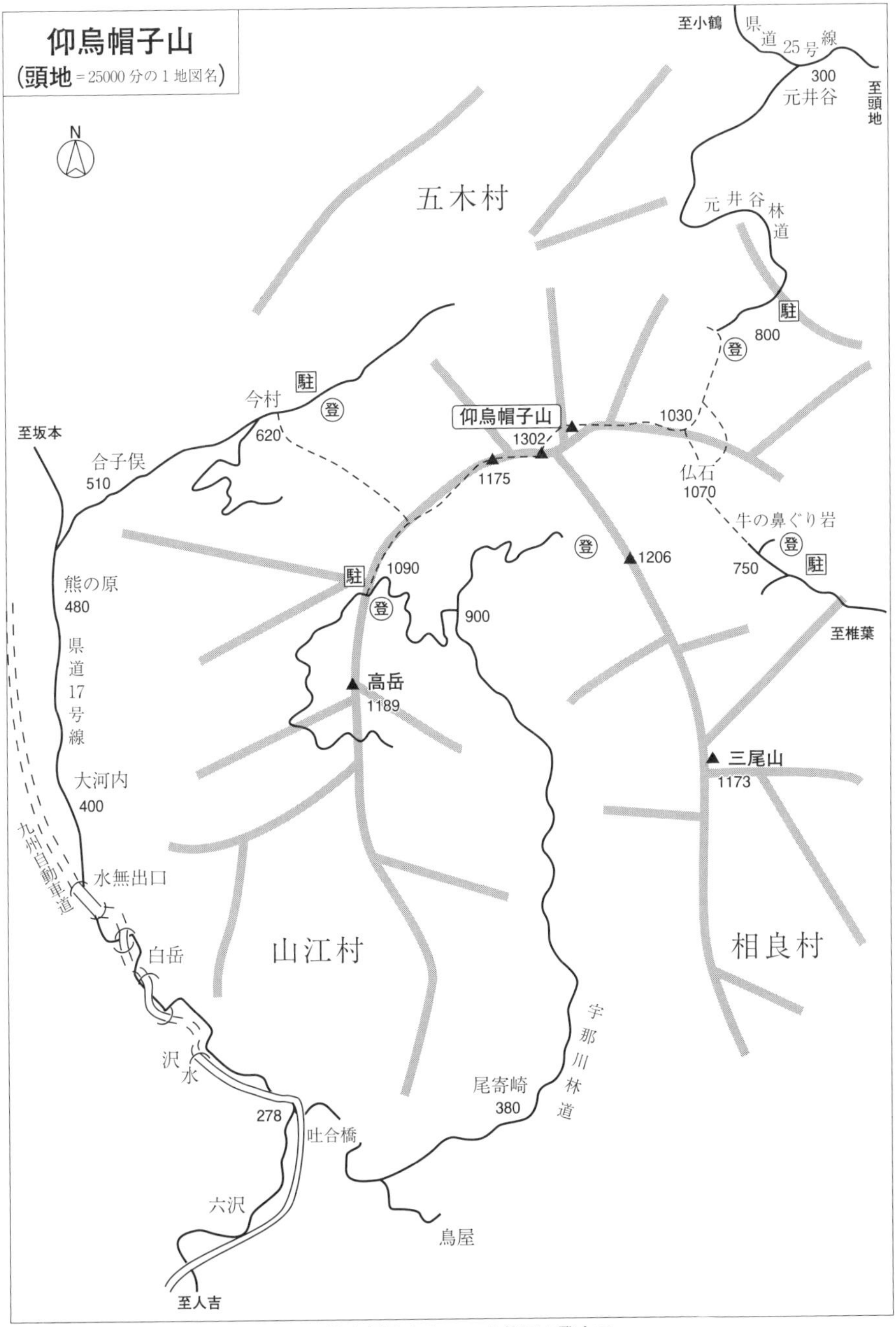

☞**椎葉登山口**⇨(60分)⇨**仏石**⇨(50分)⇨**仰烏帽子山**⇨(40分)⇨**仏石**⇨**登山口**
元井谷橋⇨(5km)⇨**登山口**⇨(60分)⇨**稜線**⇨(10分)⇨**仏石**⇨(50分)⇨**仰烏帽子山**⇨(1時間40分)⇨**登山口**

林道そばに40台位であろう。

登山口から椎葉渓谷の左岸、右岸と移り登る。20分で遊歩道の右側に巨大な牛の鼻ぐり岩を見る。造林と自然林が互生《ごせい》した急坂を40分で**仏石**に出る。二つの巨岩の間から右（東）へは元井谷へ下るので左へ岩場を上り、西進する。10分で山頂から東へ派生する稜線に出る所が元井谷ルートとの出合いである。これから西へ自然林の尾根をたどり40分で**山頂**に達す。山頂の１０ｍ手前から南へ下れば牛の鼻ぐり岩の上へ下る。

山頂からの眺望は雄大である。山頂から西へ尾根を下ると、40分で１１８９ｍの高岳北側の林道に出る。途中に合子俣さきの今村集落へ急坂を下るルートがあるが、今ではブッシュ化している。

元井谷橋（５km）**北側登山口**（60分）**稜線**（10分）**仏石**（50分）**仰烏帽子山**（１時間40分）**北側登山口**

五木村の中心、頭地から県道25号線を西へ３km行くと、昭和五八年三月、五木小川に架設された**元井谷橋**を渡る。これから林道の急坂を南へ約４km上ったコンター８５０ｍ地点から遊歩道に入る**登山口**だが、駐車スペースが不充分である。

遊歩道を南へ雑林の急坂を登る。毎年2月、3月はフクジュソウが開花し、斜面を被い壮観である。60分で山頂から東へのびた稜線へ上り、これを西へとり行くと40分で前述の**山頂**に至る。

◇**考察**　山頂のみへの最短ルートは山江村の県道17号人吉坂本線が万江川沿いにのび、ＪＲ人吉駅から合原町、神園、柚木川内、六沢から１kmで右へ吐合橋を渡り、宇那川渓谷沿いの林道を４kmで野寄崎の集落を経由して、なお６km北上すると、東方に仰烏帽子山、南に高岳との鞍部に出る。コンター１０９０ｍの地点で、この林道は高岳の西を巻いてのびる。登山口は前記の鞍部の北側に営林署の標示板の横からである。標高差はないが、約２kmの遊歩道を45分で山頂に達す。

この山域はフクジュソウの自生地で、この他では上福根山域、諸塚山域、黒岳（１４５５ｍ）域などに群生がある。昭和50年代までは保口岳西斜面に大群生地があったが、伐採植林作業で絶滅し、痕跡すらない。

ご存じの五木村を中心にした三十数年に及ぶ国費投入の川辺川ダム建造は平成二〇年、中止となった。

仰烏帽子山を南の上宇那川から望む

高塚山《たかつかやま》（１５０８ｍ）☆☆
三方山《みかたやま》（１２３６ｍ）☆

球磨郡五木村と水上村の村界を北、南にのびる山稜で、球磨川の源流あるいは支流の下梶原川、小川内川の分水嶺をなしている。この山系は中央山地国定公園の秘境であったが、17年間の歳月をかけて、昭和五三年（一九七八）一〇月に完成した広域基幹線白蔵林道が五木村の竹の川から、水上村古屋敷へと開通した結果、標高１１８４ｍの白蔵峠《しらぞう》をベースにすれば一日で両方の山頂を踏むことが可能になった。なおマイカーでは国道３号線、氷川町から標高７６０ｍの大通越を経由するか、人吉市から川辺川沿いの国道445号線を北へとると三叉路にあたる竹の川が近い。

五木村の竹の川（11km）**下梶原**（10km）**白蔵峠登山口**（60分）**１３９７ｍ峰**（50分）**高塚山**（1時間30分）**白蔵峠**（30分）**三方山**（30分）**白蔵峠**

高速自動車道松橋《まつばせ》インターから宮原町、大通越を経て55kmで**五木村の竹の川**に至る。福岡方面からであれば美里町から二本杉峠を越えてもよいが、いずれにしても五家荘か五木で一泊する必要がある。**白蔵峠**には北側に５００坪余の駐車場と便所、四阿《あずまや》があり、これを利用できるが水場はない。

昭和五三年一〇月完成の五木村竹の川、下梶原、白蔵峠、そして水上村古屋敷を結ぶ広域基幹林道は県道101号線となり、昨年、岳友から大規模林道菊池人吉線、全長１１１・２kmが人吉から白蔵峠、高塚山の西側を通り、久連子、茶臼山の西を経て、八代市泉町椎原へと造成されているレポートが入り、平成一三年五月、調査に出かけた。現在、この菊池人吉線の車道は白蔵峠から４・５km北行した所にゲートがあり、ゲートから歩行すると、３km先まで造成作業中で、その先、稜線を北へ向えば石楠越の西と鷹巣山（１４５４ｍ）を結ぶ稜線に至り、これから蛇行して車道が久連子の平石へ連結するのは数年後の見込みという。

白蔵峠の四阿の東側から尾根に上り、概ね北行する。この稜線は過去、県有林の巡視路として山頂まで村界に沿ってスズタケ藪が刈払われていたが、現在は登山口から山頂に至るまで背丈をこすスズタケに被われて、尾根すじからの展望を遮り、難渋するが、自然林を多く残している。ブナ、モミ、ツガ、ヒメシャラ、リョウブ、ホオノキ、アセビ、ドウダンツツジ、ミツバツツジなどがスズタケの中に混生し、風情がある。

登山口から40分で１３０６ｍのピークを越え、さらに20分で次のピークに至り、なお北上して20分でコンター１４５０ｍのピークからやや北西方向へたどる。登山口から１時間50

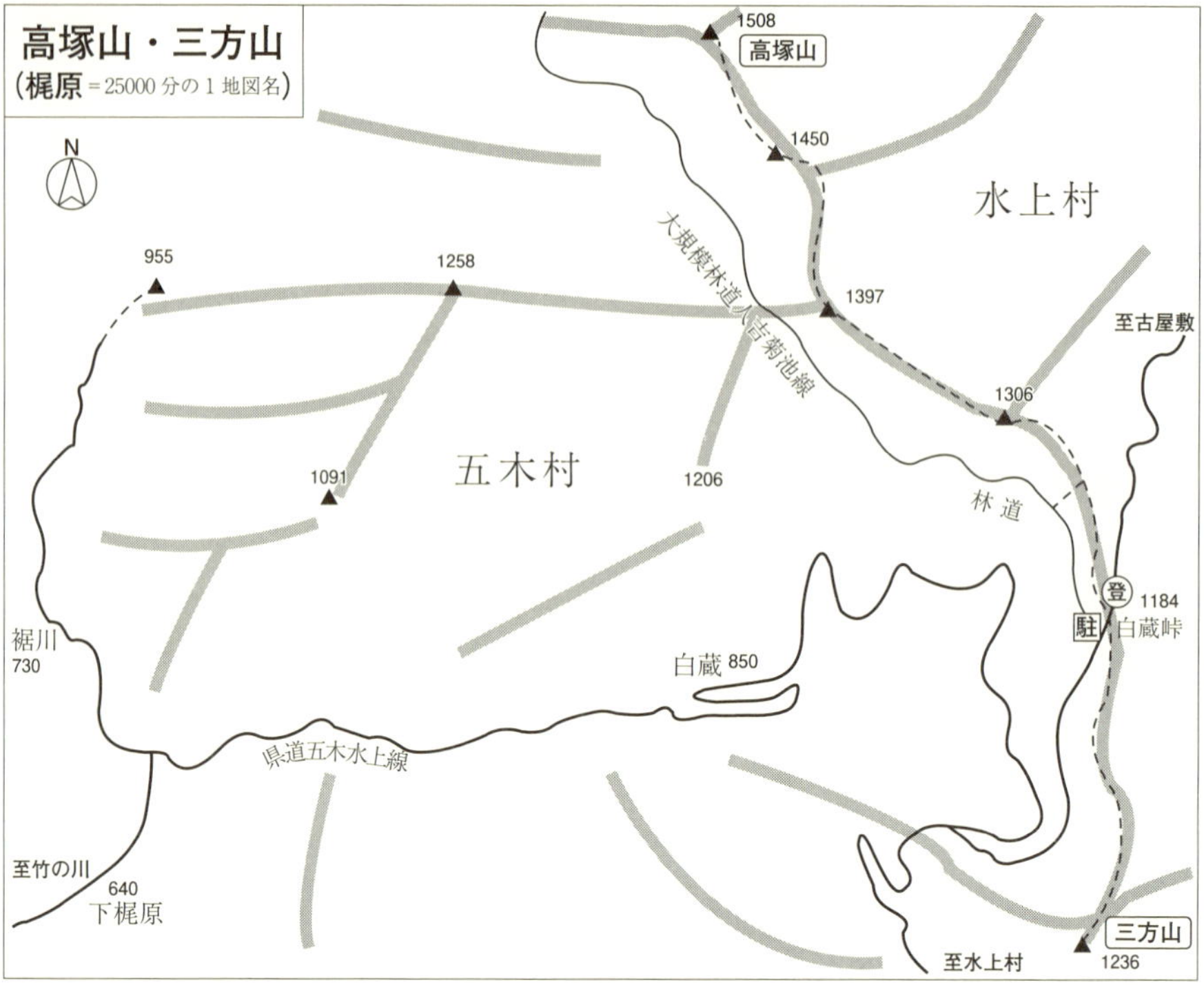

☞**白蔵峠**⇨（1時間）⇨**1397m 峰**⇨（50分）⇨**高塚山**⇨（1時間30分）⇨**白蔵峠**⇨（30分）⇨**三方山**⇨（30分））⇨**白蔵峠**

分で三等三角点の**山頂**に達す。山頂は20坪余で南北に長く、南と西側が開け、展望良好、山頂から北へ下れば約1kmで大規模林道へ出る。下山は登路を引き返すが、登山口の300m手前から西へ下ると林道へ出る。

三方山は白蔵峠から対側の南へ1・5kmの尾根の旧路は林道に造成が進み、起伏が少なく歩きやすい。林道の水上村側は伐採され、市房山方面の山なみを望む。右(西)側は檜林が続く。なお山頂へ至る周辺には自然林を残す。峠から小さなピークを越すと30分で1236mの**三方山**山頂に着く。

南側から見る三等三角点の高塚山の頂

◇**考察**　以前は高塚山のルートとして、下梶川の北の裾《すそ》川《ごう》から、コンター955mを経て、東へ尾根づたいに1258mのピークからさらに東の1397mピークから北上していたが、広域基幹林道の完成で消滅に至った。前記の大規模林道菊池人吉線が完成すれば、現在の白蔵峠ルートの他に高塚山の西側を通る林道から容易になるだろう。今のところ、標高１１８４ｍの白蔵峠の四阿の横から上れば、山頂までわずかに３２０ｍ余の高度差で、対側の三方山へ兼行しても一日で充分である。

　なお、この梶原地区は江戸時代からの焼畑農法が食生活として続いた高所で、明治に入って検地、地権で五木の豪農との間で訴訟となり、敗訴したという。下梶原の恒松秀志氏（商店）の話では、先祖は明治の初めに北の久連子から岩茸越、石楠越でこの地に入植したとのことである。

白《しら》髪《が》岳《だけ》（１４１７ｍ）☆

　八代から東へ、球磨川の本流に沿う国道219号線を行く。人吉盆地の南の白髪岳山塊が大きく横たわっている。日本武尊による熊襲《くまそ》征伐の伝説を秘め、上村に下宮白髪神社、皆越の中宮白髪神社、三池（御池）にある上宮社と信仰の山であり、安産と雨乞いの神として崇められてきた。

　その昔、白髪岳山系で道に迷うと、容易に里へ出られないと恐れられていたほど、懐の深い鬱蒼とした森林に被われていたが、最近は稜線近くまで開発の手がのびている。尾根すじはスズタケが多く、モミ、ツガ、イヌシデ、ヒメシャラ、リョウブ、カシ、カエデなどのなかに南限とされるブナの大樹が点在する。

　南側の狗留孫渓谷は川内川の源流をなし、この渓谷沿いにえびの市から白髪狗留孫林道が、また、あさぎり町側からの林道榎田線とが温迫《ぬくみざこ》峠で接合している。山頂へは南、北からの林道を利用して容易に達することができるようになったが、自然環境の破壊は大きく、動植物の生態系の崩壊がすすんでいる。


県道43号線榎田バス停（3㎞）貯水場（3・6㎞）林道小白髪分れ（3・3㎞）猪の子伏林道口（2・3㎞）登山口（30分）猪の子伏（50分）三池神社（20分）白髪岳（50分）猪の子伏（10分）登山口

　国道219号線、人吉の織月《せんげつ》大橋から東へ、錦町から県道43号錦町湯前線に入り、山仁田、肥後横山、中別府バス停から間もなく、左（北）側に温迫無線中継所の標柱と、右側には**白髪岳登山口**の標板が眼につく。この標板から右（南）折してもよいが、県道をなお５００ｍ直進して、**榎田バス停**の先から右折して真直ぐ上っても、約３㎞先で登山口の標板の所から上った道と出合う。この出合う道の東側に人吉保健所の貯水場がある。この辺から林道榎田線は迂曲して上り坂となる。

　県道43号線の榎田バス停から約６・８㎞、コンター７００ｍの所で林道が分岐し、左（東）折すれば小白髪岳の方へ、

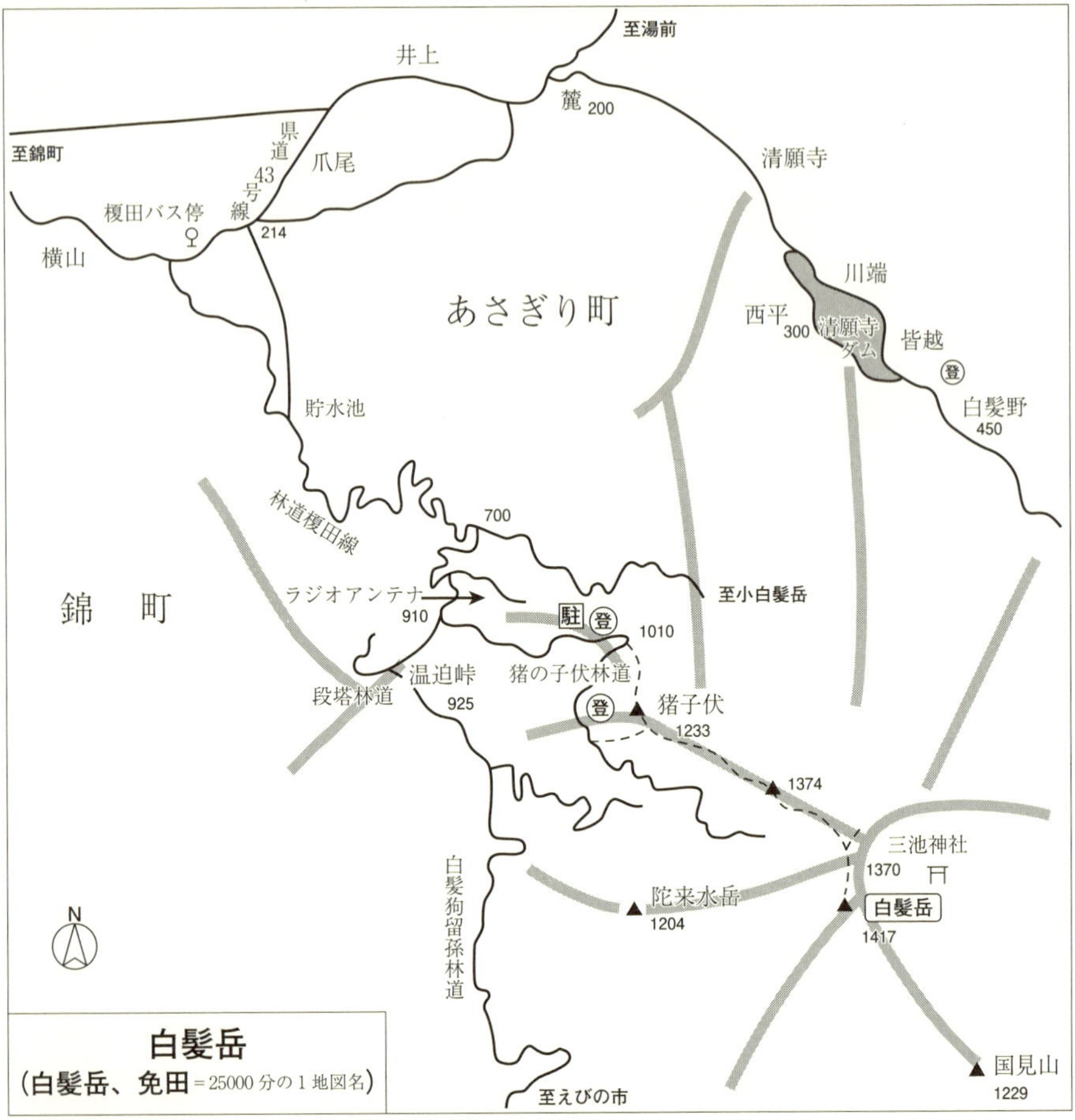

白髪岳
（**白髪岳、免田**＝25000分の1地図名）

☞**県道榎田バス停**⇨（13km）⇨**猪の子伏林道分れ**⇨（3km）⇨**登山口**⇨（30分）⇨**猪の子伏**⇨（50分）⇨**三池神社**⇨（20分）⇨**白髪岳**⇨（60分）⇨**登山口**

右の温迫峠への道を上り、1kmで再び林道分れの角にラジオアンテナが一本立っている。この分かれをまた右へ、このラジオアンテナから2・3km（榎田バス停から10・4km）でコンター925mの温迫峠に至る。峠から南下すれば白髪狗留孫林道を経て、えびの市へ、峠から右（西）折する道は昭和五七年（一九八二）開発の段塔林道が西へのびる。白髪岳へは温迫峠より約400m手前から道標を確認し、東南へ**猪の子伏林道**に入り、約2・3kmで林道左側に昭和五五年（一九八〇）三月、国指定の白髪岳自然環境保全地域の大標板の横の**登山口**とこれから林道を30m行った左手にも登山口がある。

林道わきに駐車し、左（東）側の小さな湿原を通り、少し上った大樹の根元に猟師が祀った山の神が安置され、深山の雰囲気が漂う。原生林の中の赤テープを頼りに30分ゆくと尾根の小ピークが標高1

233mの**猪の子伏**である。白髪岳までは尾根道に沿って300〜400mごとにコンクリートのナンバー標柱があり、登山口が№9で山頂へ向って……3、2、1となっている。猪の子伏から山頂まで2・9㎞で、スズタケ道に入ると少し下って直ぐ急坂を上る。標高1360m付近はスズタケとクマザサの混生で、広葉落葉樹が空を被う。

猪の子伏から50分で標高1370mの**三池（御池）神社**に着く。ここは猪の子伏からと皆越《みなこし》からのルートの出合であったが、清願寺ダム完成後は皆越ルートはブッシュ化し消滅している。鵜葺草葺不合尊《うがやふきあえずのみこと》ほか五柱の神々を祀る社殿は方丈《ほうじょう》の立派な銅ぶき神明造りの屋根で、山麓の人々の信仰心の厚さを表わすものであろう。これから南へ20分、ゆるやかに上れば**白髪岳**に至る。

平頂で展望少ない白髪岳の頂

一等三角点の山頂は鈍頂で、周囲は灌木が群生し、三角点を中心に約50坪の空地となっている。展望は落葉期にわずかに西南と北東側が期待できる程度で、南東方面の国見山（1229m）へのルートはブッシュ化して難渋する。下山はもとの道を引き返す。

◇**考察**　この山系は脊梁山系の南端に位置し、その昔、踏み迷うと里へ出られないと言われたほど奥が深く、人々に恐れられた山岳で、一方では山頂北側の三池神社は雨乞いの神として山麓、ことに皆越、白髪野方面の住民の信仰をあつめ、参詣人が絶えなかった。しかし地域の過疎化や林道の開発と原生林の伐採などで、皆越からのルートはさびれ、林道榎田線そして白髪狗留孫林道を経由して、温迫峠の北側から猪の子伏林道を利用する登山者が多くなっている。

稜線一帯は国有林のため、自然環境保全地域になっていて、原生林がなお残存し、南限とされるブナの樹林や数多くの植物、動物が生息している。平成四年、佐賀県有田町の黒髪山との姉妹締結が面白い。

⑨祖母・傾山と日之影の山

祖母《そぼ》、傾《かたむき》の縦走尾根筋が大分、宮崎の県境をなし、祖母山の西側、国観《くにみ》峠から五ケ所へ下る丘状尾根の通称、茶屋場付近が大分、熊本、宮崎三県の接点にあたる。この山群は昭和四〇年（一九六五）三月二五日に祖母傾国定公園に指定され、稜線をとりまく原生林は今なお深く残され、西日本最大の自然景観を保っている。九州では代表的とされる縦走路を鳥瞰すれば、釣り針状に湾曲し、祖母山が釣り針の先端に当る形状をなしていて、連なる山容は全体的に男性的で、岩峰、渓谷など変化にとみ、登山者にとっては九重連峰に勝る魅力の山と言っても過言ではない。

原生林にはユズリハ、カエデ、イヌシデ、モミ、カヤ、ヒメコマツ、ブナ、ナナカマド、ヒメシャラ、リョウブ、ドウダン、アセビ、五月のアケボノツツジ、ツクシシャクナゲなど枚挙にいとまがない宝庫をなし、したがってこれらの植物の食樹、食草を求めて棲息する動物はシカ、カモシカ、サル、イノシシ、アナグマ、タヌキ、モモンガ、ムササビなどのほか野鳥や昆虫についても数百種類にのぼっている。渓流には天然記念物のオオダイガワラサンショウウオや、昭和四一年（一九六六）三月に大分県の天然記念物に指定された珍魚イワメなど自然環境の中に今なお棲息している。

地質学的にはこの山は銅、錫、亜鉛などの鉱物資源にとみ、古くから土呂久《とろく》、尾平《おびら》、木浦、見《み》立《たて》、九折《つづら》などたくさんの採鉱所があったが、現在ではすべて廃鉱となり、昔日の面影はない。

傾山から西へ祖母山（右のピーク）への稜線

祖《そ》母《ぼ》山《さん》（1756m）☆☆

九州本土では九重山群につぐ高峰としてそびえ、祖母の名前が示すごとく山岳信仰の対象として、また歴史的な山岳でもある。山の神は神武天皇の祖母であり、ウガヤフキアエズノミコトの妃でもある豊玉姫命を祀るところから、祖母ガ岳、嫗岳《うばたけ》、姥ガ岳の別名で知られ、山頂には豊後（大分）と日向（宮崎）がたてた上宮の石祠があり、下宮は神原《こうばる》の健男霜凝《たけおしもごり》日子《ひこ》神社のほか上畑《うわはた》、五ケ所などに六社の健男社があるといわれる。

近年になりスポーツ登山の対象として明治二三年（一八九〇）一一月六日に、英人ウォーター・ウエストンが高森町から五ケ所を経て山頂に立っている。当時は九州本土の最高峰と思われていたが、その後の実測で久住、大船に首位をゆずることになった。しかし今なおその男性的岩峰、原生林そして稜線から派生する多数の渓谷は、変化豊かな滝、淵、瀬、滑を形成して、祖母から障子、古祖母《ふるそぼ》で湾曲し、東へのびて傾へ18㎞に及ぶ素晴らしい秘境が、年ごとに登山者を魅了し、ひきつけている。

1

五ケ所登山口（1時間30分）**北谷口**（50分）**千間平**（10分）**茶屋場**（30分）**国観峠**（40分）**祖母山**（30分）**メンノツラ谷**（2時間）**白水**

一等三角点補点の祖母山頂へ登頂する最短距離である。県道8号線、五カ所バス停から5㎞で一の鳥居、さらに2・2㎞で林道終点登山口で、マイカー20台のスペースがある。以前の一の鳥居からの登山道は使えない。登山口から遊歩道を右へ下る**北谷ルート**は途中に風穴そして8合目の上に展望岩があり、山頂まで2時間20分。左（北）への国観峠経由も同じタイムとみてよい。

北への遊歩道を上り、約50分で平頂丘の千間平に着く。祖母山頂はもちろんのこと、特に西南方向への眺めがよい。これからゆるやかな勾配が草原にかわるあたりを**茶屋場**と言い、その昔、延岡藩主・内藤候が登山した折に茶屋場ができた所で、大分、熊本、宮崎三県の境界点でもある。さらに灌木とスズタケの尾根を東へ行き、再び草原の中をぬけると**国観峠**に着く。北側の神原登山口から上って来た道と出合う。これから山頂まで40分の坂道が続く。風穴ルートは山頂直下まできている。

山頂は約20坪の広さ。豊後と日向の国が寄進した石祠が3基、嫗岳大明神と風の神を祀る。３６０度の展望は雄大である。3度改築された9号目の山小屋は風力自家発電で有料となり50人収容可能である。

山頂から**メンノツラ谷**経由、神原のルートは9合目の山小屋から宮原への縦走路を20mで30坪余のテントサイトを通り、なお150m行き、道標にしたがい左（西）折しスズタケ尾根を約400m下り、右（北）折して急坂の涸谷に入る。石ころに注意し、約60分で滝の上に出て、右岸をまいて下る。

さらに40分でコンター820mの荒れ果てた造林小屋に至る。ここから崩壊した林道を3kmで**白水**の集落に至り、なお車道を2km下れば**神原**に出る。

(40分)⇨**祖母山**
⇨(10分)⇨**9合目小屋**⇨(40分)⇨**宮の原**(1時間)⇨**林道出合**⇨(30分)⇨**吊橋**⇨(10分)⇨**駐車場**

祖母山・古祖母山・本谷山
（豊後柏原、祖母山＝25000分の1地図名）

☞五ヶ所 ⇨（1時間30分）⇨北谷口 ⇨（50時間）⇨千間平⇨（10分）⇨茶屋場⇨（30分）⇨国観峠 ⇨（40分）⇨祖母山
☞神原（畑）駐車場⇨（1時間）⇨登山口（1合目の滝）⇨（30分）⇨5合目小屋⇨（40分）⇨7合目⇨（1時間20分）⇨国観峠
☞尾平駐車場⇨（10分）⇨吊橋⇨（40分）⇨黒金尾根口⇨（1時間40分）⇨天狗の岩屋⇨（15分）⇨尾根道⇨（1時間）⇨祖母山

2

神原《こうばる》(畑)駐車場(60分)**登山口(1合目の滝)**(30分)**5合目小屋**(40分)**7合目**(1時間20分)**国観峠**(40分)**祖母山**

竹田市神原から祖母をめざす人々が最も多いようである。竹田と高千穂を結ぶ県道の出合から門田川に架かる橋を渡り、左に神原川を見ながら約3km車道沿いに郵便局など数軒の民家がある野口の集落を通過し、さらに3kmで畑の集落に至る。車道の右(西)側に**健男《たけお》社の鳥居**があり、車道の左(東)側下った所には同社の遙拝殿がある。その上に駐車場が、そしてその東側上にキャンプ場がある。マイカーは1合目の滝下の旧鱒養殖場の上まで行けるが、林道に駐車スペースがないので下の駐車場に置く。

林道から登山道に入ると杉林の右(西)側には落差18mの**1合目の滝**がある。歩いて5分で再び東の方から迂回してきた林道に出て、再び登山道に入る。これから5合目の滝まで1・5km、祖母山頂までは5kmである。杉の造林が間もなく原生林にかわる。新緑と紅葉の時季は実に美しい。左に神原川渓谷を見ながら**御社《みやしろ》の滝**を過ぎると、10分で5合目の山小屋に着く。無人のコンクリート造りだが、屋内は煤けてしまっている。

5合目の小屋をたち杉の造林の中を10分も上ると、原生林の大樹が続く。オヒョウ(ニレ科で北海道のアイヌ族がこの樹皮から衣料の厚司《あつし》を織った)がそびえている。道は急坂となり露出した巨木の根がるいるいと浮上して、道の両側にスズタケが増えてくる。7合目には国観峠まで30分とあるが、計算違いであろう。急坂のため速度がダウンしてくる。8合目に当たる国観峠まで1時間はかかる。この辺りには大樹にまじり樹齢1000年を超すアケボノツツジが点在して、開花期は素晴らしい場所である。

国観峠から祖母山の西面

登山口から約2時間半で草原の尾根、**国観峠**に出る。深くえぐられた遊歩道が祖母山頂へと続く。途中、左(北)折すれば9合目に山小屋(有人)、水場、キャンプ場がある。

3

尾平駐車場(10分)**吊橋**(40分)**黒金尾根口**(1時間40分)**天狗の岩屋**(15分)**尾根道**(60分)**祖母山**(10分)**9合目小屋**(40分)**宮原**(60分)**林道出合**(30分)**吊橋**(10分)**駐車場**

この奥岳渓谷を探訪して登るルートは原生林や渓谷が多く素敵な行程である。

尾平の登山口から右の祖母山と左へ天狗の稜線

上畑《うえはた》のバス停から尾平の駐車場まで約9㎞で、下尾平を経て大川橋、幽谷橋、奥谷橋を渡り、しばらく上ると車道の右（西）側に30台は駐車可能な広場があり、ここを利用する。登山準備して車道に架かる弥部川を渡れば左側にバンガローが立ち並ぶ。50ｍ先で登山口の道標にしたがい車道をはなれ右へ道をとる。この辺りが尾平鉱山跡である。10分で奥岳渓谷に架ける長さ約10ｍの低い吊橋に出る。

吊橋の東側下を通り過ぎると西（左）岸へ渡る。川原の樹林の下は格好のキャンプ地となっている。10分ほど行って渓谷を渡ると川上谷とウルシワ谷の吐き合いに出る。ウルシワ谷を遡行すれば大岩峰に行きあたる。吐き合いから渓谷を直角に右（東）岸に渡ると、直ぐまた道標にしたがい左（西）岸へ渡る。淵、滝、滑ありで、両岸をおおう多種類の広葉樹や岩石の配置が見事である。

これから左（東）下に川上本谷を見て**黒金尾根**にとりつく。南北に細長い尾根は原生林におおわれて、まるで仙境を行く感じがするところで、黒金山の三角点は明瞭でない。カエデ、ブナ、モミ、トガ、マキなどの大樹にまじってアセビ、アケボノツツジ、ツクシシャクナゲがあり、高度を増すにしたがいスズタケが目立ってくる。やがて左（東）側に水場を見ると直ぐ上に**天狗の岩屋**があり、10人位はビバークできる。これから15分で祖母、傾の縦走路に出る。

左（東）上に顎《あご》がしゃくれたような天狗岩がそそり立って見える。ここからスズタケと落葉灌木林の縦走路を北西の祖母山へ向う。途中、小さな岩峰を越して山頂の東側直下の岸壁に架かる鉄梯子を上れば**祖母山頂**である。阿蘇、九重連峰、由布、鶴見、傾、大崩、脊梁山系、市房など雄大な眺めが楽しめる。

祖母山頂を西から直ぐ北への道を10分も下ると**9合目の山小屋**に至る。山小屋の西側から北へ行けば200坪余の広場があり、キャンプ地となっている。ここから尾根道を5分行き、分岐点を左（西）折して下れば、メンノツラ新道を経て白水、神原へ出る。左折せず真直ぐやせ尾根をたどると馬の背、そして屛風岩を通る。尾根筋にはアケボノツツジが群生している。約25分で**宮原**の小さな尾根の広場に着く。直進すれば八丁越、大障子岩から障子岩を経て上畑へ下る。

宮原から右（東）折して原生林とスズタケの尾根を尾平へ下ると、宮原から20分で5合目で、祖母山頂までは2・2㎞の地点に相当する。下るにしたがいスズタケが減り、モミ、ブナ、ヒメシャラなどの巨木が目立ち、続いて杉林にかわると二つの渓谷を渡り、左へ進むと4ｍ幅の林道と出合う。この林道を10分も行くと尾平への道標があり、右（東南）折して再び山道を下る。原生林が杉林にかわると間もなく往路の吊橋に出る。登山口と駐車場までは近い。

◇**考察**　三番目のルートは登山口から黒金尾根経由祖母山まで約5・5㎞で、宮原経由祖母山まで約5㎞であるので、上りを宮原からとし、祖母山からの下りに黒金尾根を選んだ方がはるかに容易である。

　なお福岡方面から高速道路を経由して阿蘇まで145㎞、竹田市まで175㎞、神原まで185㎞である。尾平駐車場から神原の畑の駐車場までは上畑、米山（バス停）、徳田、入田、出合を通り約35㎞であるが。尾平駐車場付近には「紅葉屋」、上畑には「民宿ふもと」がある。

傾山《かたむきやま》（1602m）☆☆

　上畑《うわはた》や九折《つづら》あるいは九折越から東方に見る傾山の景観は実に素晴らしく、恐ろしいような岸壁と原生林が形成する山容は、阿蘇根子岳に勝るとも劣らず登山者をひきつけている。南の方から後傾《うしろかたむき》、本傾、前傾の三岩峰からなり、山頂からの展望は実に雄大の一言につきる。

1

上畑（九折）（50分）**九折鉱業所跡**（1時間30分）**九折林道出合**（60分）**九折越**（1時間20分）**傾山**（1時間20分）**三つ尾**（50分）**林道登山口（観音滝経由）**（40分）**九折鉱業所跡**

福岡方面から阿蘇、そして竹田市まで180㎞、豊後大野市緒方町の上畑まで205㎞である。上畑のバス停から指標にしたがい、左（東）折して車道を下り、奥岳川に架かる権現橋を渡り、九折の旧蔵内金属鉱業豊栄鉱業所（錫、亜鉛鉱）の跡まで徒歩50分、車では数分とみてよい。駐車場はないが10台位のスペースはある。廃坑からの排水浄化槽の前を通り、車道のつきあたりから真直ぐ山道に入ればドウカイ谷（観音滝の上）を経て、三つ尾から傾山へ約4時間のルートとみてよい。このルートは下山にとるとする。

　鉱業所跡のつきあたりから右（南）折すれば、ケイセイ谷に架かる旧鉱山に使われたトロッコ用の急斜面の板橋を上ることになり、続いて軌道のあとを数分で右側に傾山への道標がある。原生林の道に入ると10m位先で分岐点を左に上って行く。50分で左（東）側に芥神滝を見る。これから数分でカンカケ谷に架かる鉄梯子を渡る。これから30分（登山口から1時間30分）で4m幅の林道に出る。拍子ぬけするが、この林道は現在は車道としては使用不能の林道で、起点は九折の集落を通り、旧鉱業所の100m位手前から左折して九折川を渡り、蛇行しながら2㎞上ると竹田営林署の鉄柵が林道を

傾山の岩峰（西側）

遮断して行きどまる。ここまではマイカーで行ける。

鉄柵を乗り越えると直ぐ林道の左崖に三つ尾経由傾山への登山口があり、反対の右側の傾斜を下れば観音滝から豊栄鉱業所跡へ出る。鉄柵を越えた林道を南の方へやや上りながら西へと、小さな渓谷を10カ所ばかり通過すると、鉄柵のところから1時間20分で、カンカケ谷を渡り上って来たこのルートと出合うことになる。

ここがおおむね5合目とみてよい。林道の南側の崖に鉄梯子があり、それを上ることになる。原生林の急坂となり、スズタケが増えてくると丘状をなす**九折越**の草原に出る。ここから傾山まで2・5km、九折まで4・5km、上畑まで7・5km、見立まで6・5km、尾平越祖母山まで15・5kmで、九折越の山小屋（無人）は右（西）へ70mの所にある。

九折越から東へ原生林とスズタケの混じった尾根道を40分で、三つ目のピーク、**センゲン**を越し数分行くと、右（南）折して3時間で杉ガ越（大明神越）の分岐点がある。真直ぐに急坂を灌木の根や岩棚を選んで上ると**後傾山**に出る。北側、眼前に本傾山の岸壁がそそり立って、まるで中国の南画の岩峰を見るようである。後傾と本傾の中間の鞍部から右（東南）折して行けば、東傾山を経て大白谷と払鳥屋《はらいとや》への道である。

九折越から1時間10分で**傾山**に達す。山頂は東西に長い岩峰で、枝ぶりのよいヒメコマツやツツジなどの灌木が岩石の間に点在して、見事な庭園を感じさせる。西を望めば祖母山を中心に右に大障子岩、前障子岩、左に本谷山、笠松山へ連峰が湾曲し、その向うには九重連山が、そして東南の方向には大崩《おおくえ》、鹿納の山々が雄大に横たわる。

傾山山頂の直下から左へ三つ尾への道標があり、観音滝経由上畑までは7kmである。山頂から15分で**五葉塚**の東の尾根道から、右に直角に分岐する道が水場を経て三つ尾へ至るルートで小さな道標がある。直進すれば二つ坊主、三つ坊主を経て同じ三つ尾への道と合流するが、このルートは危険が多く初心者はさけたがよい。右（東）折してアオスズ谷の源流をなす渓谷へ下る。灌木とスズタケ道がやがてブナや樹膚のきれいなヒメシャラの巨木の多い樹林の下を、大小の石をさけながら行くと、間もなく水場がある。アオスズ谷に連合する小渓谷を数カ所、起伏しながら越すと、傾山から1時間で、左から二つ坊主、三つ坊主から下ってきたルートと出合う。ここから自然林とスズタケの中のゆるやかな起伏の尾根を北へ下れば20分で三つ尾に着く。

三つ尾から右（東）折すれば大白谷へ5㎞、真直ぐ下れば上畑まで4・5㎞である。尾根のスズタケが途切れると、山道は西へカーブし、カエデ、カシ、カヤ、ツバキなどの自然林となり、左側上に傾の岩峰がそそり立ち、真下には九折から上っている林道が蛇行する。急坂を一気に下れば10分で林道に出る。右（北）側に車止めの鉄柵がある。

　林道に出た登山口から左（南）へ数メートル行けば、観音滝経由九折への道がある。樹林の中を下ると10分でドウカイ谷を石づたいに渡ることになる。この右（北）側の直下は落差75ｍという実に見事な観音滝で、一見に値する。これから20分で九折の旧豊栄鉱業所跡に出る。

　この観音滝のルートは、上りは時間的に4時間以上かかるために敬遠され、道が荒れている。しかし下りは3時間の行程である。

2

日之影町見立《みたて》（水無平《みずなしひら》）（10㎞）**黒仁田登山口**（30分）**九折越**

マイカーによる傾山への最短ルートで、家族連れによい行

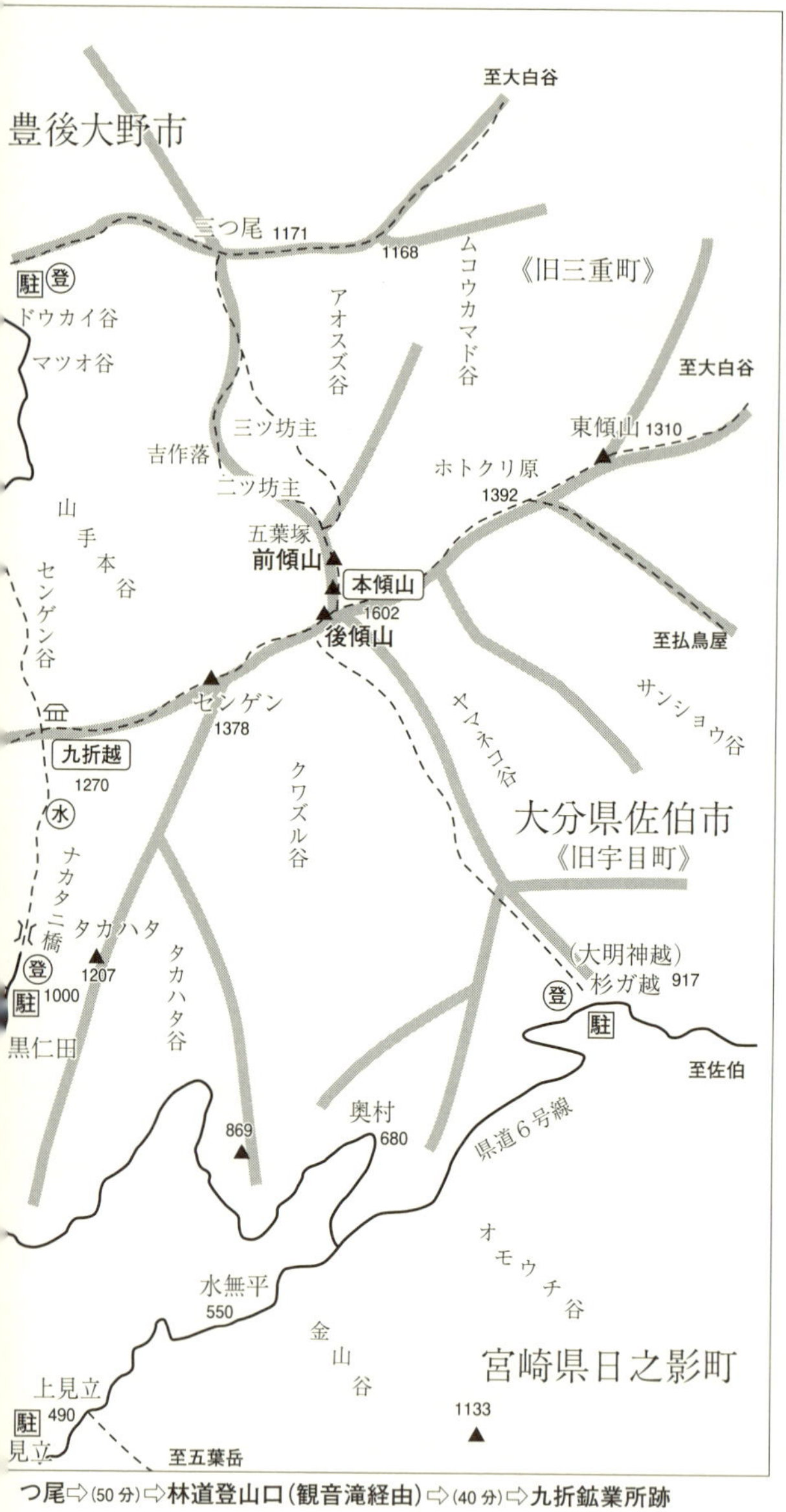

つ尾⇨（50分）⇨**林道登山口（観音滝経由）**⇨（40分）⇨**九折鉱業所跡**

（1時間）⇨**笠松山**⇨（50分）⇨**九折越**⇨（1時間10分）⇨**傾山**

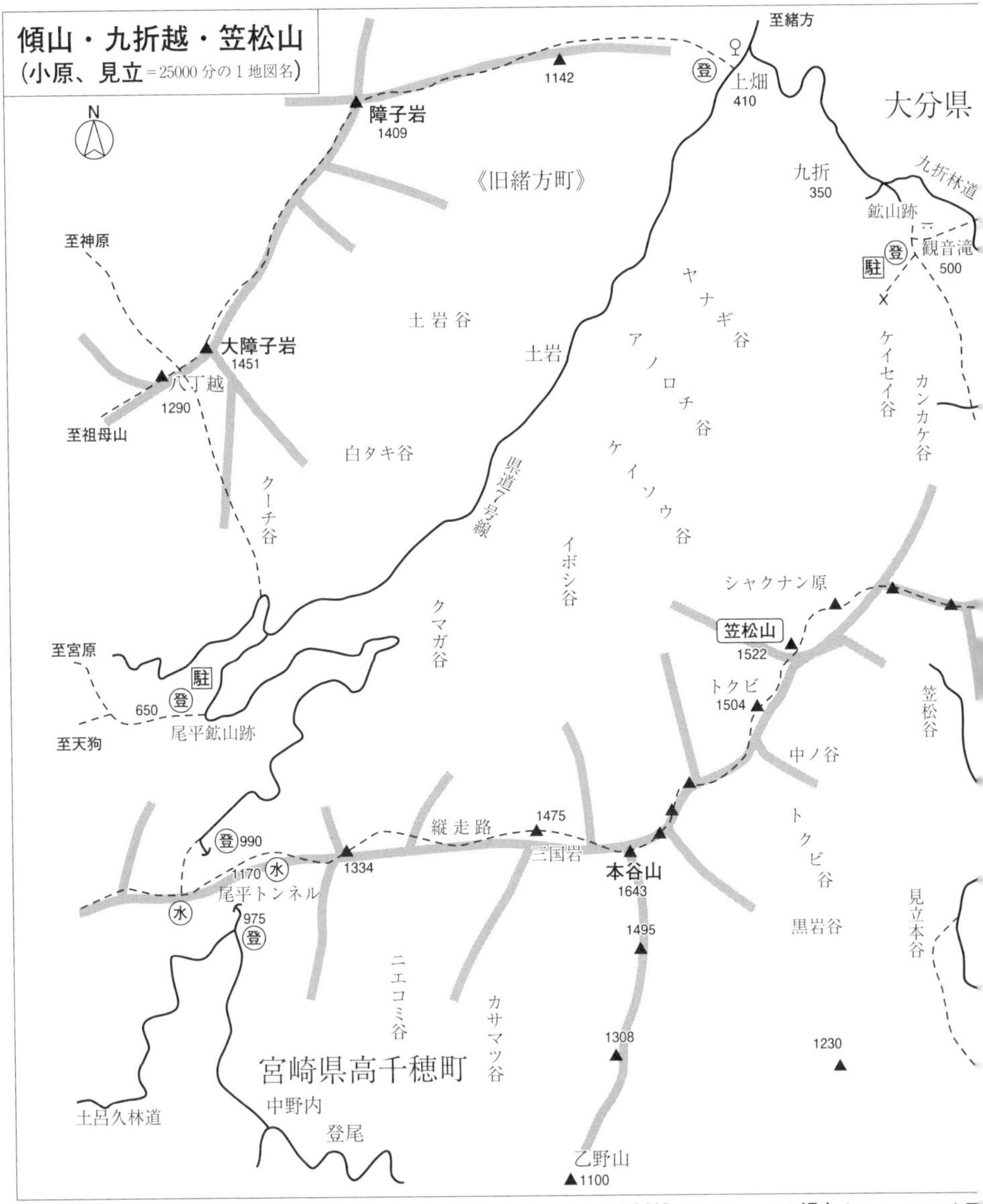

☞上畑⇨(50分)⇨九折鉱業所跡⇨(1時間30分)⇨九折林道出合⇨(1時間)⇨九折越⇨(1時間20分)⇨傾山⇨(1時間20分)⇨三

☞見出(水無平)　(10km)⇨黒仁田登山口⇨(30分)⇨九折越

☞祖母山⇨(1時間)⇨天狗岩⇨(50分)⇨障子岳⇨(1時間10分)⇨古祖母山⇨(1時間30分)⇨尾平越⇨(1時間50分)⇨本谷山⇨

程である。福岡方面から高千穂、日之影経由見立の水無平まで225kmで、水無平から大明神越を経て佐伯に至る舗装道路を600m上り、左折して林道を行く。奥村の集落を右上手に見て、クワヅル谷を越えタカハタ谷の上流を大きく廻って上ると**黒仁田**に至る。営林作業所上の林道に駐車して登ることになる。

見立本谷の源流を右（東）に見て、伐採あとのゆるやかな坂を上る。間もなく原生林となり、九折越の南の水場を通る。ここから10分で**九折越**の草原に着く。

◇**考察**　傾山へのアタックも林道の開発やモータリゼーションの影響が大きい。最も容易なのは南の見立、黒仁田からのルートで、見立水無平の民宿を利用すると便利。次いで九折の豊栄鉱業所跡からカンカケ谷、九折越のルートであろう。最近は日之影と佐伯間の県道が完成し、大明神越から尾根づたいに上ると、3時間でセンゲンと後傾を結ぶ道に出るルートを選ぶ人が増えてきた。

しかし近年、この尾根すじの南斜面の伐採、生活用材の造林事業が積極化し、自然環境は破壊されて昔日の面影が消失しているが、北側斜面はまだ自然林が多く残っているので大切に保護してもらいたいものである。

この他のルートとして、大明神越から大分県佐伯市宇目の木浦鉱山へ8km、さらに下って奥江の西山橋まで3km、これから西山川に沿って5kmさかのぼると御泊《おとまり》、そして払鳥屋《はらいとや》を経て、林道西山線終点まで5kmである。林道終点から西山川の渓流に沿って上り、傾山から東へのびる尾根を1・5km行った通称ホトクリ原（1392m）に達し、稜線を踏んで傾山まで3時間半の行程である。今ひとつ、大分県豊後大野市三重町の大白谷から中津無礼本谷に沿って三つ尾に上り、尾根を南へたどり、傾山まで4時間半を要するルートがある。

3

（縦走路）祖母山（60分）**天狗岩**（50分）**障子岳**（1時間10分）**古祖母山**（1時間30分）**尾平越**（1時間50分）**本谷山**（60分）**笠松山**（50分）**九折越**（1時間10分）**傾山**

九州では代表的なこの縦走路は、昭和二六年（一九五一）に原生林の尾根筋に沿って改めて切り拓かれて以来、年々縦走する登山者が増加している状態である。祖母、傾間18kmの行程は雄大にして極めて変化にとみ、祖母山頂から傾山へかけての原生林の美しさや、起伏の移りかわりを眺めるとき、一度は挑戦してみたくなる秘境尾根である。

祖母山頂を出発すると、南東へ崖状のガレ場を下り、直ぐ左折して鉄梯子をおり、小岩峰の東北側への木橋を渡り、小さな岩場のピークをまいて灌木とスズタケの尾根を行く。小さく上った所が**天狗岩**の西北側下で、左側から尾平登山口から黒金尾根を経て上ってきた道と出合う所である。黒金尾根側へ15分も下ればビバークできる格好の岩屋と、その下に水場もある。

尾根道はこれから15分で大きなピークに至ると烏帽子岩で、眺望はよい。五月頃は尾根道の広くなった所にバイケイ草の大きな緑の葉が目立つ。落葉広葉樹の灌木とスズタケの尾根を10分で次のピークを越し、さらに15分で道の左側に崖くずれを見れば、その直ぐ上の岩峰が**障子岳**である。ここで注意したいのは上って来た道を直線方向に行くと、土呂久方面へ藪こぎして下ることになるので、山頂に上ったら左へ約60度屈折することになる。感覚的には上って来た道の方角へ向きをかえると思えばよい。この障子岳から祖母と傾の方角を見ると、ここが縦走路の屈曲点をなし、すなわち祖母から南へ障子岳そしてこれからおおむね直角に、東の傾山へとのびている。障子岳の北の斜面から古祖母山にかけて、樹齢千年を超すアケボノツツジがことのほか多い。

障子岳山頂から小さな岩場を下る。15分も行くと右折して土呂久への下山道が分れている。道標に水場を経て土呂久まで2時間、高千穂まで3時間20分と記されている。真直ぐスズタケの少ない灌木のゆるやかな尾根道を50分上ると**古祖母山**に着く。山頂は平頂峰で灌木におおわれている。この山頂も進行方向に直線的に行くと、ユウノキ谷を藪こぎして下ることになるので、縦走路は山頂から今上って来た道の方向へ引き返す感覚で左折することである。

山頂下の尾根道から北西の方角を見ると、前障子、大障子、宮の原、祖母へと岩稜が鋸《のこぎり》状に連なり、直下には尾平の林道が蛇行して上ってきている。北側斜面にはアケボノツヅシが点在している。20分で巨岩の間の丸木梯子を下ると、ちょうど、古祖母と本谷の中間あたりに相当し、大きく落ち込んだ鞍部を行くことになる。この辺りから祖母の頂は後方でなく、左側にそびえ立つ。尾根道が平坦となり道幅が広くなると右(南)側下に小さな水場があり、野営には格好の所でもある。

これから数分行くと、左（北）折して下れば水場を経て西ショウドウから尾平へ1時間30分の距離で、尾平の車道が蛇行して近くに見える。ここから10分で喬木や灌木の尾根道の広場に出る。ここが**尾平越**で、道標に右（南）折して下れば尾平小屋を経て中野内まで1時間、中野内から車で岩戸まで50分で着く。反対側（北）の尾平まで1・5㎞と記されている。真直ぐ平坦な尾根道を10分も行くと、再び道幅が広くなり50坪余の広場と野営の跡がある。右（南）に下ると直ぐ豊富な水場があり、原生林の下の湿原にはハシリドコロが群生している。ここから九折越まで約8・5㎞の間は水場がないので、ここで充分補給したがよい。

尾根道を20分行くと大きなピークを越え、スズタケと灌木の混ったゆるやかな坂をぐんぐん上る。小さなピークの次が1334ｍのピークであるが、眺望は期待できない。さらに3～4ｍの高さのスズタケの尾根道を行き、急坂になるとまもなく**三国岩**という展望台に出る。これを過ぎて尾根道をふさぐ巨大な倒木をまたぐと、三国岩から15分で、大きな山容をしている**本谷山**に着く。ノリウツギやナナカマド、カエデなどの樹林にさえぎられて山頂からの展望はのぞましくない。

本谷山から九折越まで2時間とみておればよい。山頂から5分行った尾根道の左下に格好の野営地があるが水場がない。相変らずスズタケの多い道が続く。本谷山から45分で四番目のピーク１５０４ｍの**トクビ**に達す。北側の眺望がよく、斜面にアケボノツツジの群落が見事である。これから15分で笠松山の南側直下を縦走路がはしっている。笠松山頂まで数分で登れる鈍頂をなした小峰で、数個の巨岩と灌木に混ってアケボノツツジが見られる。

笠松山から九折越まで２・５km、約1時間で三つのピークを越さなければならない。最初のピークを越して間もなく道の右（南）側にノート大の二個の碑が並ぶ。昭和四四年（一九六九）三月一二日、ここで死亡した佐賀市の小柳君17歳と同年同月一三日、やはりこの場所で死亡した熊本市の田島君21歳の碑である。

三つ目のピークはスズタケが消えて、原生林だけの平頂丘をなし、高原の樹間を歩いている感じで、これから10分も下ると**九折越**の山小屋（無人）である。小屋前の広場から東前方に、男性的岩峰の傾山が指呼の間にそびえて見える。

山小屋の70ｍ先で左（北）折して下ればカンカケ谷を経て、2時間30分で九折の鉱業所跡の登山口へ、右（南）折して下れば水場を経て30分で黒仁田林道からの登山口へ出て見立に下る。

◇**考察**　九州では最も代表的な縦走路は、あたかも釣り針の形状をなし、祖母山がその針の先端にあたると考えればよいだろう。距離的には祖母、傾間が18kmと言うが、起点の山頂までの登りと終点山頂からの下りの距離を加算すると、約30kmと考え一泊二日か二泊三日を予定したがよい。祖母山を始点とした場合は9合目の山小屋か、天狗の岩屋あるいは尾平越あたりの水場のある尾根に一泊すれば、翌朝、傾山から三つ尾、上畑まで一気に下れる。

季節的には四月、五月が日が長くて最良で、尾根すじの落葉樹はまだ新緑の芽をふく前後で、アケボノツツジが開花し、樹林を通して稜線やピークを確認しながら、自然がおりなす縦走路の真価を心ゆくまで満喫できる。

福岡方面からマイカーで出かける場合は、竹田市の神原《こうばる》まで行き、明け方から登れば祖母山を越して障子岳、古祖母山そして尾平越あたりまで行き、水場で一泊して翌日、九折越、傾山、三つ尾、観音滝経由で上畑まで下り、タクシーで神原の駐車場まで26kmもどることになる。しかし神原を正午頃発てば祖母の9合目小屋か天狗の岩屋泊りとなり、翌日、傾山まで縦走して下山は少し急を要するゆえ、五月か六月の日が長い時期には、単独でも食糧のほかにシュラフとツェルトがあれば、縦走路での一泊で充分だが、秋期は季節的に日照時間が思ったより短くなるので、野営の準備が必要となる。

縦走路で間違いやすい所は祖母山直下で、左（東）折して下ることと、障子岳山頂と古祖母山頂は感覚的に直進せずに、道標を確認して、いずれも左折しなければならない。筆者は最初の単独縦走で、古祖母山頂から直進的に尾根道を行き、ユウノキ谷方面へ1時間も下り、引き返した苦い経験がある。

傾山から**大明神越**へは後傾山の手前から道標を見て南東の尾根沿いに、スズタケと自然林の十数カ所の岩場をこえて約3時間で杉囲大明神社に出る東側に樹齢800年の杉の切株がある。

昭和六二年（一九八七）一一月二四日、笠松山から1・5km北東の谷で地元の上畑《うえはた》の猟師がツキノワグマの雄を射殺したのが最後となっている。

大障子岩《おおしょうじいわ》（1451m）☆☆
障子岩《しょうじいわ》（1409m）☆☆

（縦走路）豊後大野市緒方町尾平駐車場（10分）**吊橋**（10分）**林道**（1時間40分）**宮原**（25分）**池の原**（1時間10分）**八丁越**（40分）**大障子岩**（60分）**1276m峰**（40分）**障子岩**（30分）**1204m峰**（1時間30分）**上畑**

祖母山頂から北へのびる素晴らしい岩峰の数々を擁する尾根がこのルートである。国道57号線で竹田市に入り、玉来《たまらい》を経て入田《にゅうた》から県道410号線を横手そして徳田の米山バス停に出る。南折して県道7号線、緒方、高千穂線を10kmで上畑《うえはた》に着く。ここから左（東）折すれば傾山登山口へ通じる。上畑から県道7号線をさらに10km南進すると、尾平の弥部川橋を渡り、県道の右に駐車場がある。左側には数棟のバンガローが点在しており、駐車場から奥岳渓谷を右下にして、10分で渓流に架かる**吊橋**を左（西）岸へ渡る。コンター550mにあたる。

これから雑木と松林の中を10分でサマン谷を横切る林道に出る。左へ数分も歩くと林道終点から遊歩道にかわり、小渓谷を渡り、杉林の急坂となる。数分で原生林の尾根となり、祖母9合目山小屋まで3kmの道標を見る。30分余で左に小水場を通り、スズタケと自然林の中、出発して約2時間で標高1402m、**宮原**のT字路に出る。ひと休みに格好の所で、左（西）折すれば祖母山へ。右（東）折するルートを行く。

背たけ2m余のスズタケが密生した尾根道で、ブナ、イヌシデ、カエデ、モミ、ハンノキ、ホオノキ、ヒメシャラなどの巨樹が見事である。約25分で**池の原**に着く。ここから左折すればメンノツラ谷を経由して神原へ下る。再びスズタケの中をゆるやかに上ると、10分余でやせ尾根になる。右側は切り立つ絶壁で、目前には古祖母、本谷、笠松、傾の峰々が指呼の間にあり、奥岳の渓谷が箱庭を見るようである。

これから巨樹の中のスズタケのトンネルをくぐり、数分でコンター1430mの鈍頂を越え、さらに十数分で1410

m、岩尾根に着く。東から南へかけての展望が楽しめる。巨岩の左をまいて、1380m峰から急坂を下るとスズタケが減じ、ドウダンツツジ、シャクナゲ、ナナカマド、アケボノツツジ、ヤシャブシなどを見ながらなお下った所が**八丁越**で、ここから左折して神原まで5km、大障子岩、障子岩（前障子）を経て上畑まで6km、反対側、祖母山頂まで5kmの地点にある。八丁越から2、3分で右（東）折して**クーチ谷**に沿って尾平へ下るルートがある。

直進して十数分で目前に岩峰（1430m）が立ちはだかる。根や岩につかまり、左へまいて上り、尾根すじから右へそれた岸壁に立つと、再び目前に岩峰を仰ぎみる。これが**大障子岩**である。一旦、急坂を下って右側から上りこみ、左折して大障子岩に立てば祖母、傾山系が大パノラマとして広がり、360度の展望が楽しめる。また岸壁に着生する灌木の自然の配置に目をみはるだろう。

大障子岩から2、3分ごとに二つの岩峰の左側を上り下りし、スズタケを分け立ちはだかる巨岩の直登は危険だから、東へまいて下ると右上にもそそり立つ岸壁を見る。このあたり岩場の多い尾根であるが、踏みあとをひろって行く。大障子岩

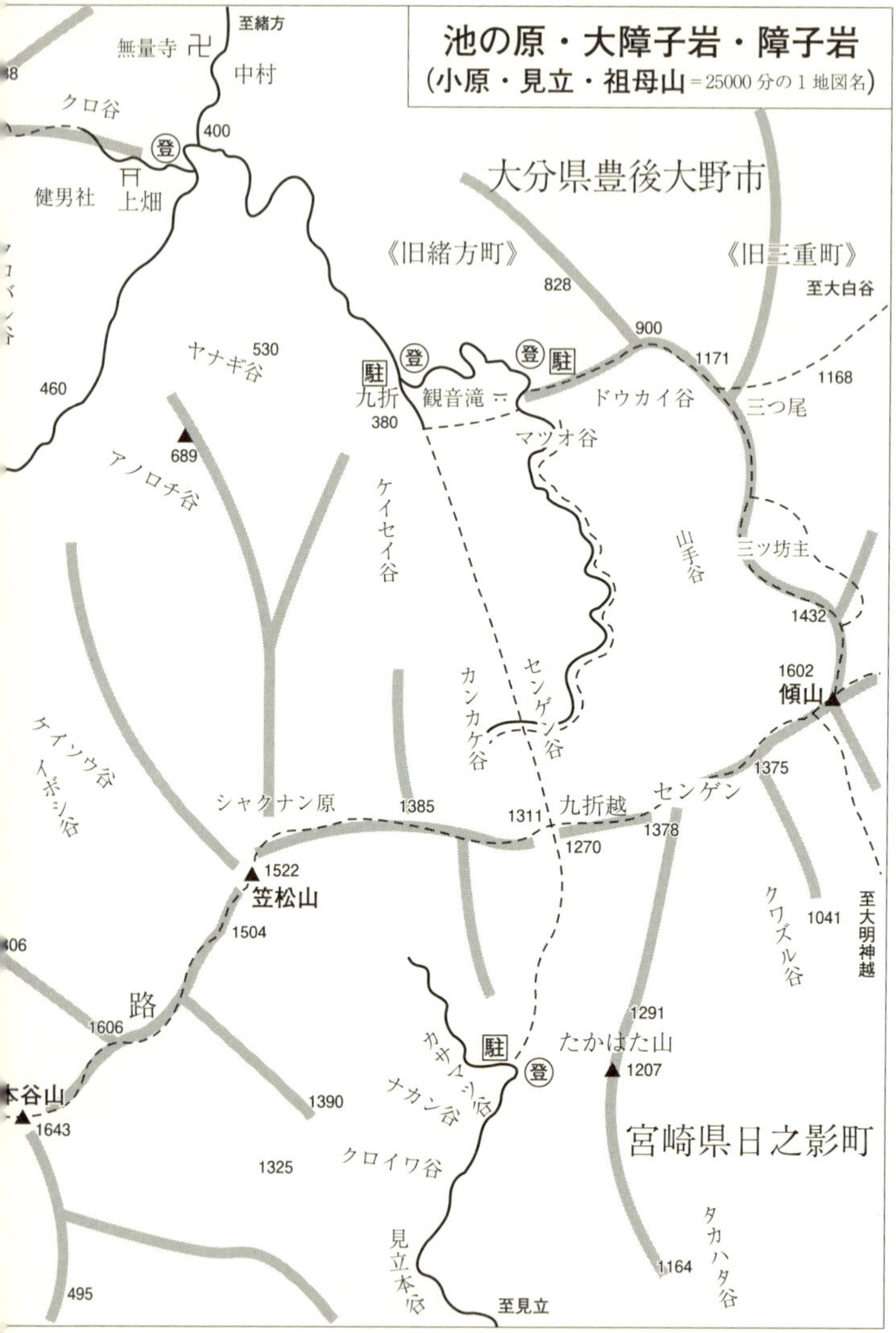

岩⇨（1時間）⇨1276m峰⇨（40分）⇨障子岩⇨（30分）⇨1204m峰⇨（1時間30分）⇨上畑⇨

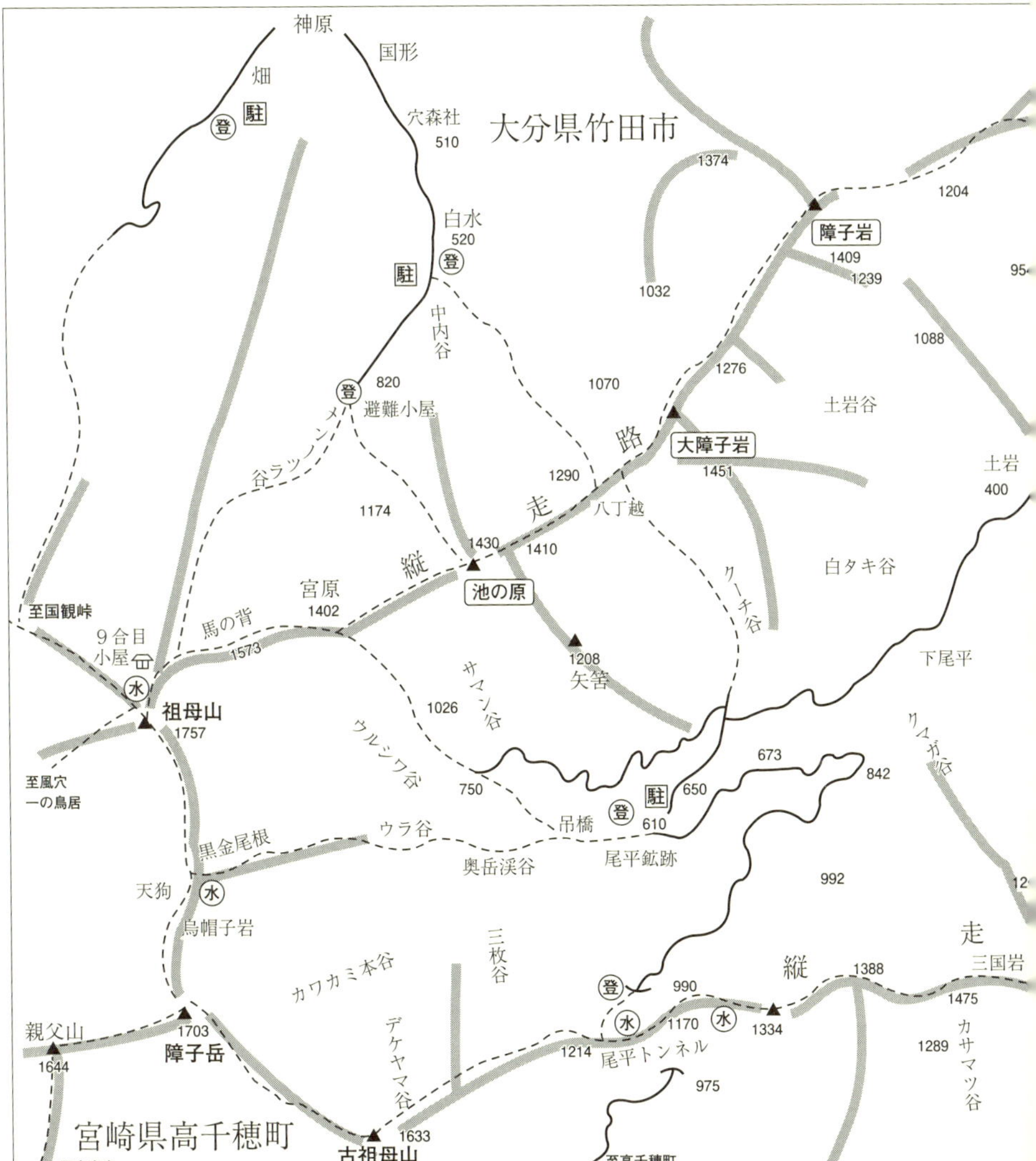

☞**尾平駐車場**⇨(10分)⇨**吊橋**⇨(10分)⇨**林道**⇨(1時間40分)⇨**宮原**⇨(25分)⇨**池の原**⇨(1時間10分)⇨**八丁越**⇨(40分)⇨**大**
(10km)⇨**尾平**

から約1時間で１２７６ｍの原生林の鈍頂を越える。さらに10分で巨岩を越えて北東へ、十数分で１３６０ｍの鈍頂を越えると、目前の岩峰に右側から上る。これが**障子岩**(前障子)で三角点に達す。細尾根のピークにはヒカゲツツジ、ミツバツツジ、シャクナゲ、ヒメコマツなどが着生し、南へ向って屹立《きつりつ》した見事なチンネである。

障子岩から直ぐ岩峰の左の急坂を下り、スズタケと原生林の平頂を越え、数分で岩峰の右をまいて小さく上り下る。次の岩峰の上に大きな枯木のある１２３０ｍ峰の右をまく岸壁にはウチョウラン、ギボウシが付着して彩りをそえる。数分で１２０４ｍ峰の右から上る。右下に林道が、そして目前に傾山の岩峰と縦走の稜線が蛇行する。右下斜面は林道の造成と伐採、植林が見られ、左（北）斜面は原生林を残している。

障子岩から約1時間で、再び素晴らしい自然林の尾根を北東へ下る。さらに巨岩の左を通り急坂を下ると、コンタ－８２０ｍの尾根から左下にクロ谷の渓流を見て、数分で左岸へ渡る。宮原以来、待望の水場で、これから間もなく造林地帯を通り涸谷を渡り、雑林から杉林の中を下る。渓谷を右から左岸へ渡り、健男社の北側で一番上の宮井氏宅の横の農道から舗装路を10分余で、県道7号線の上畑に出る。

祖母山系の大障子岩峰の南面

◇**考察**　上畑からの登山口は上畑の傾山登山口バス停から、上畑バス停の方へ約１００ｍ行くと、県道ぞいの右側に防火用水槽があり、その左横から舗装路を西へ上ることになる。

尾平から上り上畑へ下る全行程約8時間、昼食、休憩を含め約9時間の縦走路は大きな起伏こそないが、原生林とスズタケの尾根に巨岩と岩峰のやせ尾根の変化、展望そして豊富な植物群など、祖母、傾の主縦走路に優るとも劣らぬ自然の美しさを残すルートで、推奨に値する。

祖母、傾の縦走を二日行程とすれば、このルートは健脚者には一日で充分であるが、上畑からスタートすれば、尾平まで11時間を要するだろうから、ビバークの用意が必要になる。この縦走ルートの東斜面の伐採造林は国定公園の区域内に侵入しており、当局は調査して中止すべきであろう。

▽**親父山**《おやじやま》（１６４４ｍ）　祖母、傾・縦走路の障子岳（１７０３ｍ）から西へ派生する尾根（宮崎県高千穂町）に親父山（１６４４ｍ）と黒岳（１５７８ｍ）のピークが連なる。この親父山へは障子岳から西へたどるか、高千穂町と阿蘇高森町を結ぶ国道325号線の竜泉寺から上野川に沿って町道そして親父山林道を北進すること８・５㎞で親父山原生林入口に至る。林道わきに駐車して歩く。荒れた林道を約６００ｍ行くと小広場に出て、これから数カ所渡渉しながら北上し、南に

祖母山から北へ大障子、前障子の尾根

張り出す尾根を上り約1時間30分で山頂に達す。自然林の素晴らしい取り残された山域である。

越敷岳《こしきだけ》（1061m）☆☆
筒ガ岳《つつだけ》（1296m）☆☆

1 高森町津留—神原《こうら》（40分）越敷岳（70分）緩木《ゆるぎ》神社

越敷岳は大分県竹田市と熊本県高森町の境界をなす稜線のピークで、信仰の対象とされ、こぶ状の岩峰上には3基の石祠を見る。

県道8号線の高森町津留と宮崎県高千穂町原山の県界橋の西側から町道を東北へ2・1kmで山付、なお0・5kmで農道分れを右へとり神原橋を渡り0・8kmで神原《こうら》に至る。北側に赤星氏宅がある。これから0・5km進み、林道分れに駐車し、左へ涸川のコンクリート道を行き、真正面に越敷岩峰を見て林道を歩く、再び林道分れを左へとり、30分で雑林の急坂を稜線に上る。左へとり御神水を経て数分で頂に着く。北に一つ、南に二つの祠があり、展望がひらける。

下山を反対側にとると、20分で挟み岩をぬけ、20分で**仙人枕**を左に見て急坂を下る。間もなく林道を横断して、再び林道に出てこれを下る。山頂から70分で**緩木《ゆるぎ》神社**の上のスーパー林道に出る。

◇**考察**　まことの越敷岳（1065m）には石祠があり、三角点はないが、展望がよい。国土地理院、その他の地図には山名がない。したがって、地図に越敷岳1043mとし、三角点のある山は昔から地域住民が「むれ」と言い、山頂へは神原の西の農道を経て40分で北の峰に三角点を確認する。造林に被われたスズタケ混りの藪山で展望がない。他のガイドブックの中にはこの「むれ」山を越敷岳として誤ったルートを記しているので要注意。「日本書紀」の中に山のことを「むれ」と記されている。

越敷岳（左）とムレ山（中央）の東面

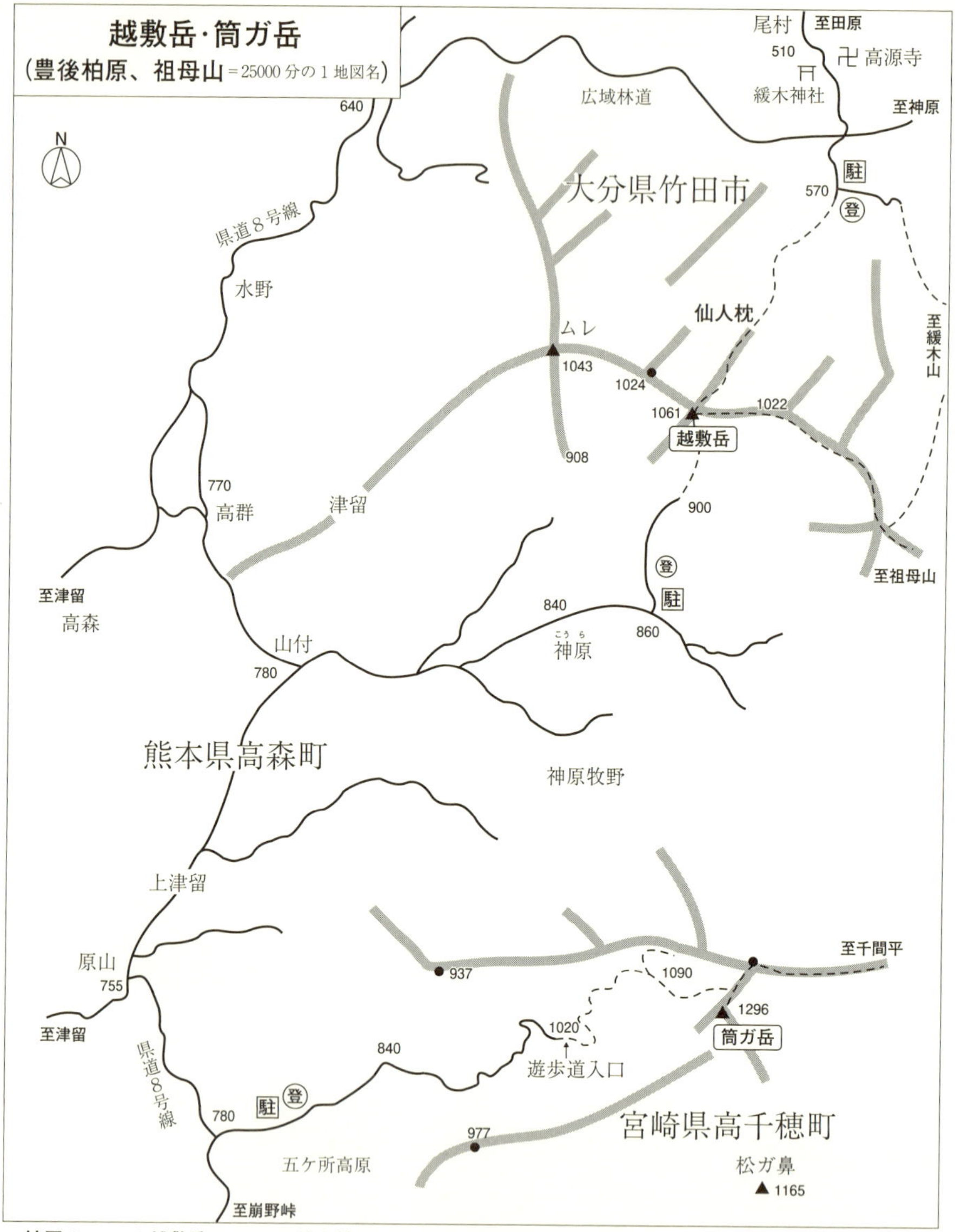

☞神原⇨(40分)⇨越敷岳⇨(40分)⇨仙人枕⇨(25分)⇨広域林道
☞林道駐車位置⇨(35分)⇨遊歩道入口⇨(35分)⇨筒ガ岳⇨(50分)⇨駐車位置

筒ガ岳の岩峰

2

高森町津留登山口（60分）筒ガ岳（50分）登山口

宮崎県高千穂町県道8号線の原山と本村の中間の東側に筒ケ岳登山口の標柱を見る。崩野峠から2・8㎞の所、標柱から東へ林道を1・2㎞入った所で駐車し、荒廃した林道を東進する。35分でUカーブする右側に遊歩道口がある。右上に1154m点を見て上り、岩裂の間を通り25分で**筒ケ岳**岩峰の東のコルに至る。三角点のない岩峰は高千穂町側に突出している。

筒ガ岳の稜線を東へたどれば、祖母山への千間平《せんげんだいら》（1447m）に至る。

緩木山《ゆるぎさん》（1046m）

竹田市緩木神社上林道登山口（50分）緩木山（60分）千間平分岐（1時間10分）越敷岳（60分）林道登山口

宮崎県北の五ケ瀬町に揺岳《ゆるぎ》（1335m）がある。こちらは大分県竹田市の緩木山である。最近は地元の人により、稜線の縦走ルートと、さらに千間平《せんげんだいら》から祖母山への尾根筋が整備され、良好な登山路となった。

県道8号線、竹田高千穂線の竹田市田原か二俣から広域林道に入り、尾村の緩木神社前の車道を南進し、林道を道標にしたがい東へとる。マイカーを離れ、2m幅の林道を右下に渓流を見て造林の中を上る。20分で左折すれば緩木神社の元宮への分れ、さらに20分で巨岩の下を左へまわり、なお20分で東西へのびる稜線へ出て、自然林の中を左へとる。右は越敷岳へのルート、登山口から70分で山頂に着く。平頂で粗林のため展望は30%、樹間から祖母山を仰ぎ見る。

周遊ルートは再び稜線を数分もどり、直線的に小さな起伏の稜線を南へ、樹林の中にオオカメノキ、アセビ、シャクナゲ、アケボノツツジなどが目立つ。

70分で越敷岳と茶屋場跡を結ぶ尾根筋（1100m）に出

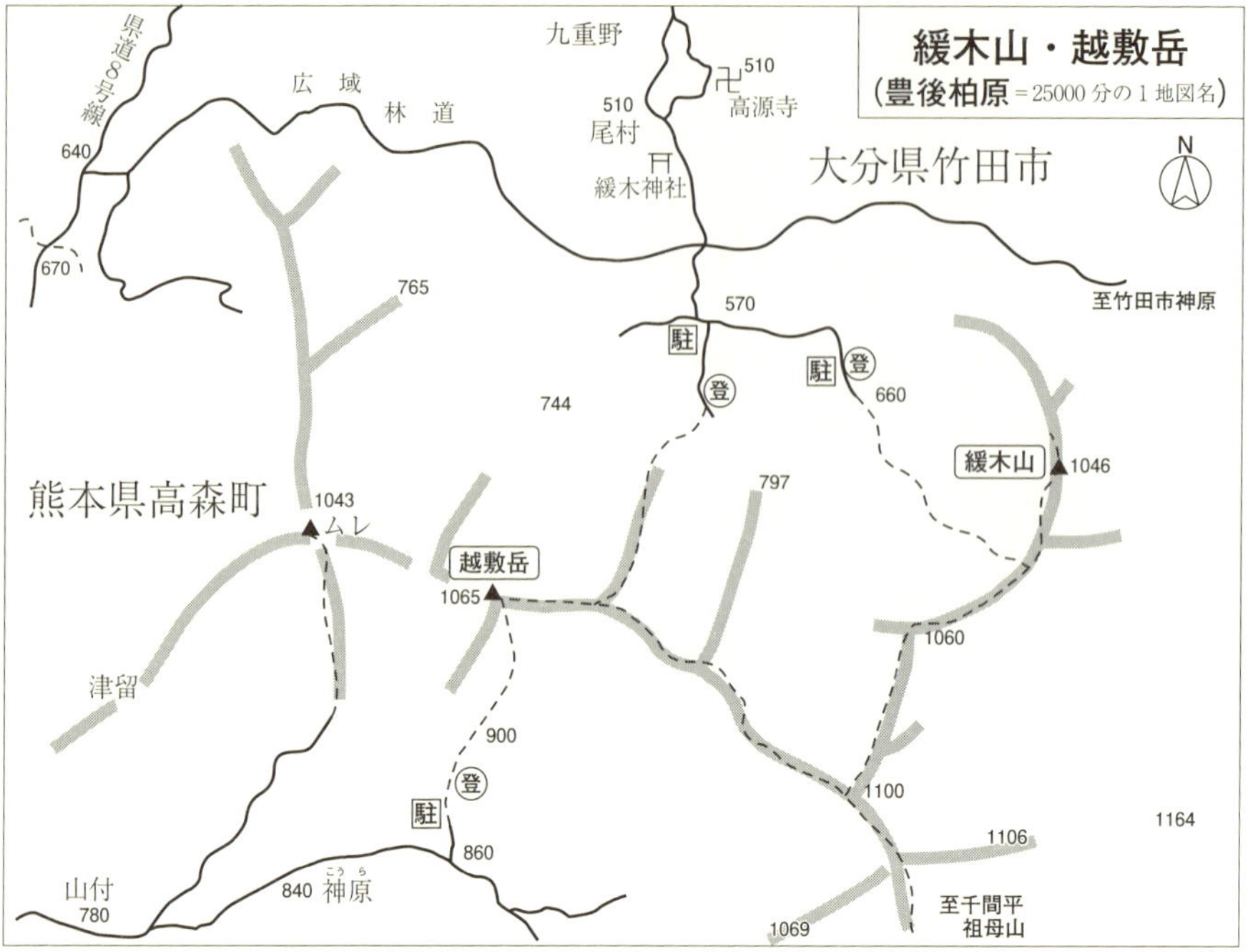

☞林道登山口⇨(50分)⇨緩木山⇨(60分)⇨千間平分岐⇨(70分)⇨越敷岳⇨(60分)⇨登山口

る。左を上れば60分で茶屋場跡、右折して越敷岳へ向う。途中、ザイルの急坂があるが整備された遊歩道で、分岐から70分で越敷岳に至る。別記のごとく展望抜群。

下りは緩木神社の方向へ、途中に高源寺の開祖、永寿法印窟、明神の滝、仙人枕を経て50分で荒廃した林道に出る。駐車した登山口まで20分である。

緩木山8合目の城趾の石塔。
明徳元(1390)年建立碑

赤川浦岳《あかごうらだけ》(1231m)
国見岳《くにみだけ》(1087m)

この山岳は雄峰、祖母山や阿蘇山系の間《はざま》に在って等閑視されている。赤川浦岳の東の黒原越は祖母山、五ケ所、高千穂町、丹助《たんすけ》岳へ至る九州自然歩道がここを通り、案内板が設置されている。九州の山のひとつとして、一度は足を運んでお

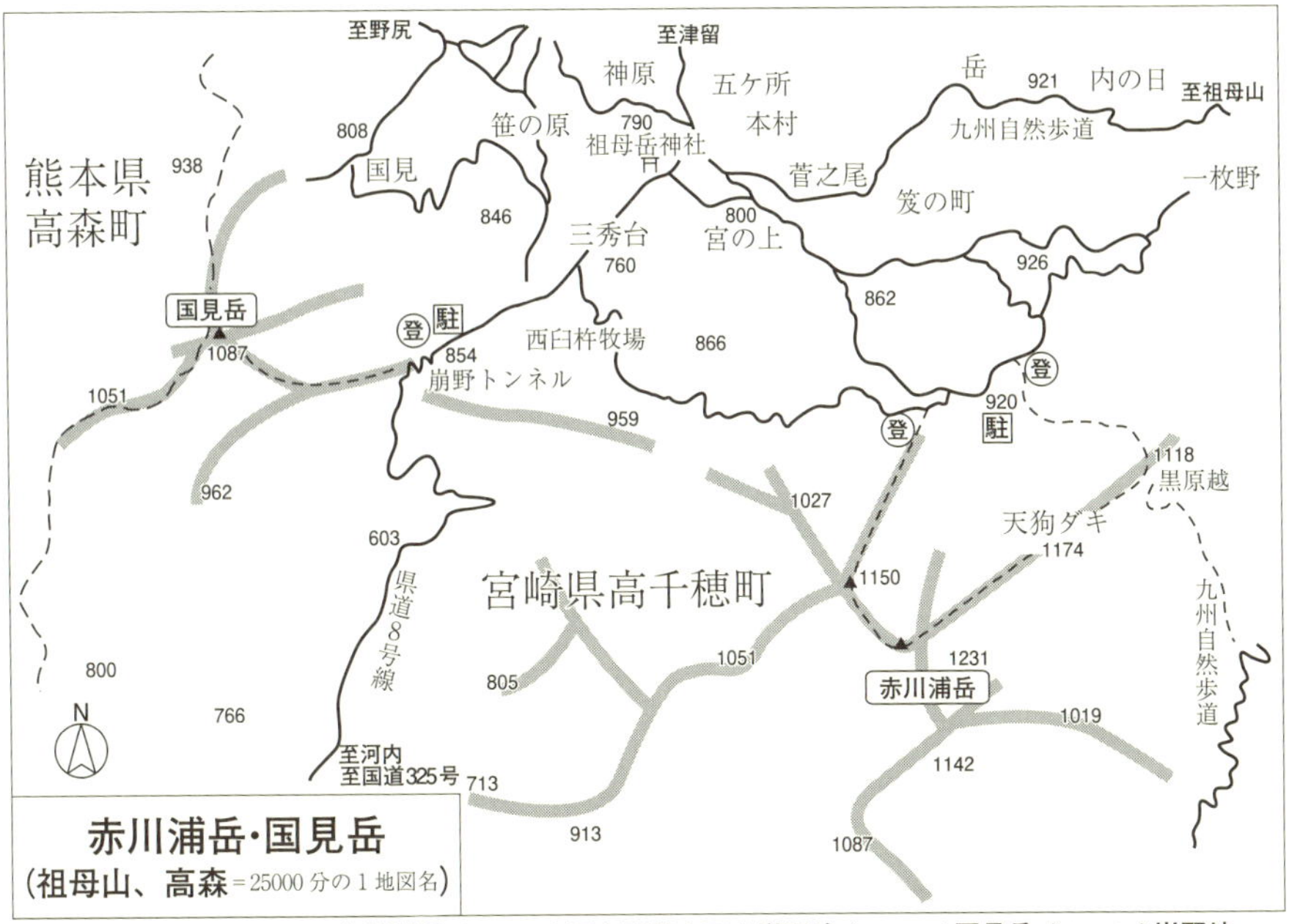

☞五ケ所登山口⇨（2時間）⇨赤川浦岳⇨（60分）⇨五ケ所登山口⇨崩野峠⇨（60分）⇨国見岳⇨（50分）⇨崩野峠

きたいところであろう。

1　五ケ所登山口（2時間）赤川浦岳（60分）五ケ所登山口

高千穂町五ヶ所小学校南の大谷川を渡ると、右（西）側に祖母岳神社が、そして対面に石油スタンドがある。その横から東へ入り、宮の上を経て笈《おい》の町へ、小集落に佐藤氏宅がある。これから2・5km進むと東側に某林業の入口があり、さらに300mで九州自然歩道入口である。林道に駐車して、しばらく私林道を登り、そして植林の作業道に入って行く。30分で黒原越に出る。三州峠の案内板に三州台へ4・5km、親父山登山口へ3・6km、竜泉寺へ2・1kmと記されている。

周辺は雑林とミヤコザサに被われ、

高千穂町上野から赤川浦岳の南面（南里晋亮氏撮影）

三秀台から国見岳の北面（南里晋亮氏撮影）

これから稜線を西へ50ｍの所に送電線鉄塔があり、一帯は藪刈りされている。鉄塔から西へスズタケの稜線をたどり、分け入る。小隆起を五つ越え、60分で天狗ダキの岩場に着く。南側をまわり、再び稜線のアップダウンを五つ越えて、小さく登ると三等三角点の**山頂**に至る。自然林に被われ狭小で、展望少なく、航空測量板がある。歩行してきた稜線の南側は植林が及び、北斜面はスズタケと自然林豊かで、アケボノツツジ、シャクナゲ、アセビなどを見る。

　下山は山頂から北へ派生した尾根を下ることにする。数分で１１５０ｍのピークに至り、やや北東方向へ急坂尾根を下る。山頂から60分で農道に出ると、車道を東へとり登山口は近い。

2 崩野峠（60分）国見岳（50分）崩野峠

　高千穂町の崩野《くえの》峠は大分の大野川と、宮崎県延岡の五ケ瀬川の分水嶺をなし、古くから竹田と高千穂を結ぶ重要な往還路でもある。この国見岳は熊本県高森町と宮崎県高千穂町の境界線上のピークにあたる。前述の赤川浦岳と国見岳は崩野峠をはさむ形にあり、一日行程の登山であろう。崩野峠の北には三秀台（三州台とも言う。肥後、豊後、日向の三国の境であり、接点である）がある。両山岳とも山頂への道標不備のため、国地院の地図を資料として頂きたい。

　県道8号線、崩野トンネル北側に駐車し、トンネルの上の西側の尾根にとりつく。植林とササの中を数分で稜線に出る。東西にのびる稜線を西へ向う。

　コンター９００ｍ前後の尾根が続き、尾根近くまで植林が及ぶ。30分で三つ目の隆起を越すと、南側にテレビの小中継塔がある。ミツバツツジ、アセビ、シャクナゲなど雑林の中に点在する。

　五つ目のピークから上った所が**国見岳**の頂で、三等三角点の山頂からは東の祖母山、西の阿蘇山系が充分に望める。

　下山はもとのルートを戻り、50分で登山口に至る。

日之影《ひのかげ》と鉱山の盛衰

山には山の神が祀られ、山にまつわる物語は枚挙にいとまがないほど多種多様である。私は未知の山歩きをするたびに目を見開き、耳をそばだて、全身をアンテナにして歩く。

初めて日の影渓谷を遡ったのは北側の上畑《うわはた》から傾山に幾度か登ったあと、南からのルートを知りたかったからで、水無《みずなし》平《ひら》の民宿（もと高千穂営林署水無村製品事業所跡）に宿をとり、見立《みたて》本谷に沿って素晴らしい原生林の中を九折越《つづらごえ》へ出たのが初めてであった。それ以後、新緑、紅葉を問わず、この渓谷に幾度か足を運び、五葉岳やお姫山、化粧山、鹿納山、日隠山、新百姓山、夏木山などに出かけ、豊富な植物の群生と変化する渓流、奇岩などに驚嘆したものである。ところが最近では残念なことに、原生林の伐採と単一樹の造林で昔日の面影は消失し、随所に薄っぺらな緑の砂漠と化した山の斜面を見る。

あるとき見立中学校前でバスを降り、吊橋で左岸に渡り、洞岳神社に詣でて、鉱石捨場の急坂を大吹峠に上った。杉檜林の中の峠には鉱滓（金糞）が至る所にあり、さらに大吹谷の源流近く五葉岳登山口には砒鉱《ひこう》から亜砒酸を製した跡やその他、女郎屋敷跡、奥州屋の尾、寺屋敷跡、酒屋跡、罪人落としなど、この山の歴史を思いながら五葉岳から見立小谷を下った。そこにはまた二次原生林化した広大な見立廃鉱跡に無縁墓碑を見て、この地域の華やかだった昔を偲んだわけである。

その後、延岡の猪須氏から「大吹谷の女郎墓」なる随想集が送られ、原生林の中に眠る大吹谷の無縁墓地群、見立の外人クラブ跡、お化粧山と次々に興味がつのり、日之影の自然と栄枯盛衰の一部を垣間見ることができた。

▽**鉱山**　祖母、傾山系は古生代、中生代の岩石と新第三紀に花崗岩の貫入など、火成作用が行なわれ、その結果、錫《すず》、銅、鉛、亜鉛、砒鉱、硫化鉄、金、銀、マンガン、アンチモンなど我国でも著名な鉱脈が潜在していると言われている。見立鉱山の前身の大吹（大福）鉱山は古い記録によると、天正一〇年（一五八二）、天目山で織田信長に滅ぼされた甲州の武田の家臣、高見但馬守《たじまのかみ》が九州へ落ちのび、その一族が寛永三年（一六二六）に洞岳鉱を、続いて寛永八年（一六三一）に大吹鉱山を開いたとあり、大吹谷にある但馬守の供養塔には天和三年（一六八三）一二月二六日、高見但馬守事、行年52歳と記されている。

大吹鉱の最盛期は元禄（一六八八～一七〇四）、宝永（一七〇四～一一）年間で、以来、約２００年間、盛衰を繰り返しながら幕末、明治初期にまで及んでいる。最盛期の規模や生産量についての記録がないが、当時、すでに奥州屋鋪《じき》、八貫鋪、日本鋪の鋪（坑道または間歩《まぶ》のこと）から砒鉱、硫化鉄、亜鉛鉱を発掘し、目的の銀は方鉛鉱に伴っていた。生産原鉱石は現地で原木を燃料にたたら吹き(同じ場所を動かずに足踏することをたたら踏みしたの語源がある）という精煉法で行なわれ、粗鉱石は牛馬に積んで鹿納山と日隠山の間、二十丁峠（百曲）を越えて東の鹿川に下り、綱の瀬川の右岸に沿って中川、阿下、新町へと運ばれ、五ケ瀬川を利用して延岡へ出されていた。

　当時、これら鉱石運搬の駄賃取り牛馬の鈴の音が遠く山々にこだまし、隊列が引きも切らず続いたと言われる。当時、唄われていた労働歌でもある大吹鉱の「金吹き歌」の文句を紹介する。

　一、大吹きゃよいとこ来て見りゃ名所　金もわき出りゃよ
　　女郎もいる
　二、床屋（原始的溶鉱炉のこと）上には榎の木がござる
　　榎実ならずによ金がなる
　三、鳥が舞います床屋の上を　鳥じゃごさらぬよ金の神

　全盛期の有様の一部として、元禄四年（一六九一）の「神社仏閣簿」に「浄土白道寺末寺浄雲寺当住宗心寛永一〇年（一六三三）癸酉建」とあり、当時すでに浄雲寺という寺を建てる必要があったほど、盛業であったようで、鉱山労働者のほか他国からの行商人、酒屋、遊女らの存在は当然であったろう。元禄一二年（一六九九）の「高千穂小侍帳」に「大《おお》福《ぶき》鉱山小役押方文左衛門同甲斐七右衛門」とあり、延岡藩主、三浦壱岐守明敬が高千穂の郷士を役人として派遣したことが分かる。

　その他の記録では宝暦年間（一七五一～六四）頃、錫、２０００斤を生産し、明治一五年（一八八二）頃は月産１０００斤（６００kg）の錫を、明治四一年（一九〇八）には１０７斤（64kg）を生産し廃坑へと向っている。その後、大正六年（一九一七）、見立本鉱の開発で、この地の錫採鉱が再開。大正一三年（一九二四）、英人H・ハンターが内藤家から見立鉱山と豊後の木浦鉱山を譲受し、大正一五年（一九二六）一一月、資本金１００万円で東洋鉱山株式会社を設立し、英本国から技師８人を招聘《しょうへい》して道路、送電、選鉱と開発資材を投入し、見立方面から大吹谷の下に向けて見立入坑道をぬき、大吹旧坑の下部を採掘している。

　昭和六年（一九三一）頃には５５６ｔの年間実績を記録したが、その後、国際情勢の悪化に伴い昭和一五年（一九四〇）採鉱技師H・T・マッソンの帰英を最後に外人はすべてこの地から去った。それから昭和一五年（一九四〇）九月、ラサ工業と鯛生《たいお》産業株式会社の合併で操業再発し一時中断したが、採掘粗鉱の選鉱処理が昭和三八年（一九六三）一一月まで続き閉山に至っている。以上が概略であるが、この地域の鉱山としては見立、槇峰、岩井、嘉納、乙ケ淵、小河内などのほか鉱害の土呂久《とろく》、現在でも操業中の木浦鉱（エメリー砿）があり、これらの多くは江戸時代あるいはそれ以前から開発された歴史を有している。

　大吹は大福とも言い、安政三年（一八五六）建立の「大乗妙典一字一石供養塔」のほか元禄から明治初期までの墓石が

現在でも大吹谷の原生林の中に群をなして眠っていて、私の記録では元祿、寛政、文化、文政、天保、安政、明治の年号があり、その中には釈尼妙永信女、豊後三重町きも入邑俗名仙治、黒木悦女二十一歳の霊などが墓石に読みとれる。昨今、大吹谷の無縁墓地一帯は町当局が少なからず整備につとめている。

▽**長者掘り**　時は明暦三年（一六五七）頃、豊後の行商人で山弥という男が仲間と日向方面に出かけた。土呂久山の麓で休んでいると一匹の山蜂が居眠りしている仲間の鼻の孔に入って、しばらくして飛び去って行った。山弥は彼を起し「何か変わった気持ちはしなかったか」と聞くと、彼は「土呂久山に行ってみろ。黒金がたくさん埋れていると蜂が教えてくれたが、夢だから当てにならない」と言う。山弥はその夢を自分の商品全部で買い求め、一人で毎日、土呂久山に出かけ根気よく掘り続けた結果、大鉱脈を発見し、ついに西国一の金満家になった。姓名を守田山弥と名のり、大分府内に大邸宅を構え、天井を硝子張りにした水槽に金魚を飼ってながめるほどの豪華な暮しぶりであったが、領主、日根野氏の忌諱《きい》にふれて誅殺された。井原西鶴の「日本永代蔵」の「府内長者の三弥物語」には山弥の豪勢な生活が記載され、上方にまで喧伝されていたという。

▽**杉ケ越**（大明神越）　豊後の大友宗麟《そうりん》が日向に出陣する際に一夜この峠の大明神に「何卒、戦に勝たせ給え、勝利のあかつきには守刀を奉納致す」と戦勝祈願し峠をこえて出陣し、見事勝利を収めた。宗麟は国もとへ凱旋し、奉納のことをうっかり忘れていたところ、ある夜、大風が吹き荒れ、翌朝、宗麟の身辺から守刀が消えうせた。宗麟は戦勝のお礼を果たさなかったお詫びに大明神に詣でたところ、そこに自分の守刀があり、驚くとともにそれ以後、大明神を深く信仰するようになったという。

大明神を囲む献木の杉ケ越にそびえ、昔は国境いの目印になっていた。ここは旧宇目町と高千穂を結ぶ要所であり、北の木浦鉱山と南の見立鉱山が栄えていた頃は唯一の往還で、山師、商人、労働者達が諸国の珍しい商品や話題をもって行き交い、明治一〇年（一八七七）の西南の役では敗走する西郷軍が、献木の杉を伐り倒して峠を塞いだこともあった。杉ケ越トンネルの上の神社がすなわち杉囲大明神で、高千穂八十八社の一社に数えられ、格式も高く風除けの神であり、女性、僧侶、騒音を忌むと聞くが、近頃のマイカーの騒音はどうであろうか。杉ケ越と言わずに由緒ある大明神越と称すべきであろう。

▽**お化粧山**　仲村橋から日隠林道に入り、約9㎞で林道がカーブする右側に登山口があり、お姫山や鹿納山へのルートでもある。去る江戸中期、延岡藩内には大小15の鉱山をかかえ殷賑《いんしん》を窮めていた。大吹鉱山もその中の代表的なヤマで当時、鉱山の親方衆や多くの労働者、商人などが働き、彼等を慰安する女達が延岡から祝子川沿いに瀬戸口谷を経て五葉岳とお姫山の鞍部に出るか、二十丁峠（百曲）や大吹越の山坂

を越えてこのお化粧山に着き、綺麗に身仕度をととのえて、西の大吹鉱山町へ下っていったそうである。お化粧山の頂は真下に大吹谷を見て、格好の広場になっている。

▽かがつか平　日隠川が上流で大吹と日隠とに分れる。大吹谷の方にこのかがつか平の岩屋があり、その昔、加賀津兵庫という人が鉱石を探しにこの地の山に入って来て、年の瀬の大晦日に大きな岩屋に泊り、正月用の鏡餅代わりに丸い石を両端に六個ずつ重ね、簡素な正月を祝ったという。重ね石が今も残っている。なお詳細については自著「日之影の無縁墓は語る」（海鳥社）に記載。

▽その他　ツキノワグマの南限地はこの祖母・傾山系で、実存した記録がある。奥見立だけで明治一三年（一八八〇）以降、24頭の熊が獲れ、地元の工藤寛一氏は昭和四年（一九二九）一月に217kgの大熊を生け捕りにしている。その後の熊の確認は恐らく昭和三〇年（一九五五）で、奥村のクワズル渓谷で子熊の死体を発見し、宮崎大学で鑑定している。それ以降、熊の実存は風聞の域を出ず。最近では新百姓、夏木山系に熊の爪跡があったと言われ、また熊の生存を信じて大自然相手のロマンに生きる山男達のグループもある。さらに、昭和六二年（一九八七）一一月二四日に祖母・傾山系の笠松山で緒方町上畑の猟師により75kgの雄のツキノワグマが射殺された。

杉ケ越トンネル上の杉囲大明神

大崩山《おおくえさん》（1643m）☆☆

宮崎県の東北、東臼杵郡にあって、祖母傾国定公園に含まれ、また祖母傾県立自然公園のなかの代表的な山群でもある。山容は自然林に被われ、変化ゆたかな大小の岩峰が随所にそそり立ち、幾万年の歴史の中で造形された深い渓谷、花崗岩からなる岩石と清流、豊富な植物に加えカモシカ棲息地としても知られ、九州でもまれに見る秘境を残している。

1

上祝子川バス停（1時間20分）**登山口**（25分）**大崩山荘**（25分）**小積谷分岐**（50分）**若狭岩屋**（50分）**遠見岩**（30分）**和久塚**（60分）**石塚**（5分）**大崩山**（10分）**モチダ谷分岐**（20分）**墜落碑**（1時間10分）**第三の大滝**（30分）**三里河原出合**（20分）**吐野**（1時間20分）**大崩山荘**（25分）**登山口**

宮崎県延岡市から北西へ祝子《ほうり》川に沿って約25kmで**上祝子川**

バス停に至る。右側に商店が左下は20m幅の祝子川である。これから車道はなお北西へのびる。途中、左下に発電所や養鱒場を見て約5kmで**大崩山荘登山口**に至る。マイカーを林道わきに駐車して、右（北）側から道標を見て原生林の中に入る。駐車した林道は50m先で、祝子川に架かる橋を渡って南へ蛇行して上り、二枚ダキ経由、大崩山頂へ最短ルートとして延びている。

大崩山荘への山道は雑木林の中を二、三の小渓谷を渡って25分で山荘に着く。山荘は昭和五四年（一九七九）秋の台風で倒壊し、昭和六三年（一九八八）四月に再建された。山荘から祝子川渓谷の北側に沿い西行すること25分で、小さな広場に道標がある。真直ぐ行けば三里河原、モチダ谷経由大崩山へ、左（南）折して直ぐ川幅約40mの祝子川を、大小の石伝いに滑らぬように対岸に渡る。対岸の原生林にテープが巻いてある所が登山口で、ブナ、モミ、ツガ、カエデ、イヌシデ、カヤ、ヒメシャラなど樹林と大小の渓谷その中に白い花崗岩の配置は、素晴らしい造形をなし瞠目する。

ビバーク可能な**若狭の岩屋**を過ぎて間もなく急坂となり、数カ所の小岩を上る、祝子川を渡って約1時間40分で、左手に**遠見岩**（ブリンナー岩）を見る。ザイルを伝って大花崗岩の上から見ると、北東に祝子川渓谷と木山内岳、桑原山を結ぶ稜線や南側に大崩山の北面の大岸壁は、吸いこまれるほどの絶景である。

遠見岩からおりて再び山道を30分で**和久塚**《わくづか》に至る。ここから大崩山頂まで1時間、大崩山荘まで2時間20分と標記してある。この和久塚のあたりからゆるやかな道となり、2mを超すスズタケの中の踏み分け道をたどることになる。和久塚から40分で右折すればモチダ谷分岐点を通過する。さらに10分で上鹿川、宇土内谷から上谷尾根を上ってきたルートと出合うと数分で**石塚**に着く。

大崩山頂は東へ5分だが、山頂は小岩が散在し、10人で一杯になるほど狭小なうえ、展望は期待できない。一等三角点である大崩山は三角点名として祝子川山が山名となっている。数十m先の石塚から四囲の遠景を楽しむことになる。ヒメコマツ、ホツツジ、ヤシャブシ、モミ、トガなどが岩壁に根をおろしている。西北を眺めると祖母、傾の連峰その背後に九重、由布、鶴見、西には五葉、鹿納《かのう》、日隠、その後方に阿蘇そして南の方に脊梁山系、霧島、尾鈴とまことに雄大な山なみである。

山頂を発ち5分で小谷尾根への分岐を右へとり、スズタケ

大崩山の和久塚

の道をさらに5分で分岐を左折し**モチダ谷側**へと下る。スズタケから自然林が多くなり、20分で遭難碑前を通る。昭和三五年（一九六〇）五月二一日に大和航空ＤＨビーバ機４人乗りが航空測量中に墜落した所である。

この辺りから大小の石ころが多い道となり、次いで涸谷をたどる。間もなく伏流の水場がある。左側に横岩屋が現われると、右上にいわゆる七日廻りの岩峰が樹間ごしに見える。谷の水が伏流から表流にかわると第一の滝、第二の滝の左をまいて下る。さらに20分余で、落差30ｍの第三の大滝を右に見て下る。これから30分で**カナヤマ谷との出合**に出る。河原の右岸を下ると川床は花崗岩や石英からなる一枚岩で、川幅20ないし30ｍの流れは清く、腹這いになって充分に乾きをいやしてよい。紅葉時期のこの辺りの景観は訪れるハイカーのみが味わう美景である。

渓流を右岸から左岸へとケルンや樹木のテープをたよりに渡りかえして下ると。瀬戸口谷と出合う**吐野**に至る。一枚岩の川床を滑るような清流、透明な淵、周囲を包む自然林は静寂も加わって仙境を思わせる所。左（北）岸に渡り、背丈なすスズタケを分け、崖を登り、小渓谷に架かる丸木橋を幾度か渡り、喜平越谷を越し、木山内岳の南のダキ下は原生林と崖と渓谷の連続の道で、右（南）下は深く祝子川渓谷が音をたてて流れているので、慎重に行動する。

吐野から1時間20分で小積谷への分岐を通過し、**大崩山荘**に至る。ここから登山口の車道までは近い。

時間20分）⇨**大崩山荘**

2 宇土内登山口（2時間）大崩山（1時間10分）宇土内登山口

国道218号線の高千穂から日之影、八戸《やと》、槙峰まで25㎞、ここで鹿川への標識を見て左（北）折する。綱の瀬川を左下に見て車で10分も行くと、中国の南画を思わせる山容をした全山花崗岩からなる国の天然記念物比叡山を右に、矢筈岳を左に見て進む。下鹿川から上鹿川、今村の集落まで18㎞である。

これからは民家はなく、林道を蛇行して6㎞で宇土内橋を渡ると直ぐ右の崖下に大崩山登山口の標識が眼につく、そこの林道に駐車できる。

ここから右（東）折して宇土内谷の北側に沿って荒廃した林道を４００ｍ歩くと左

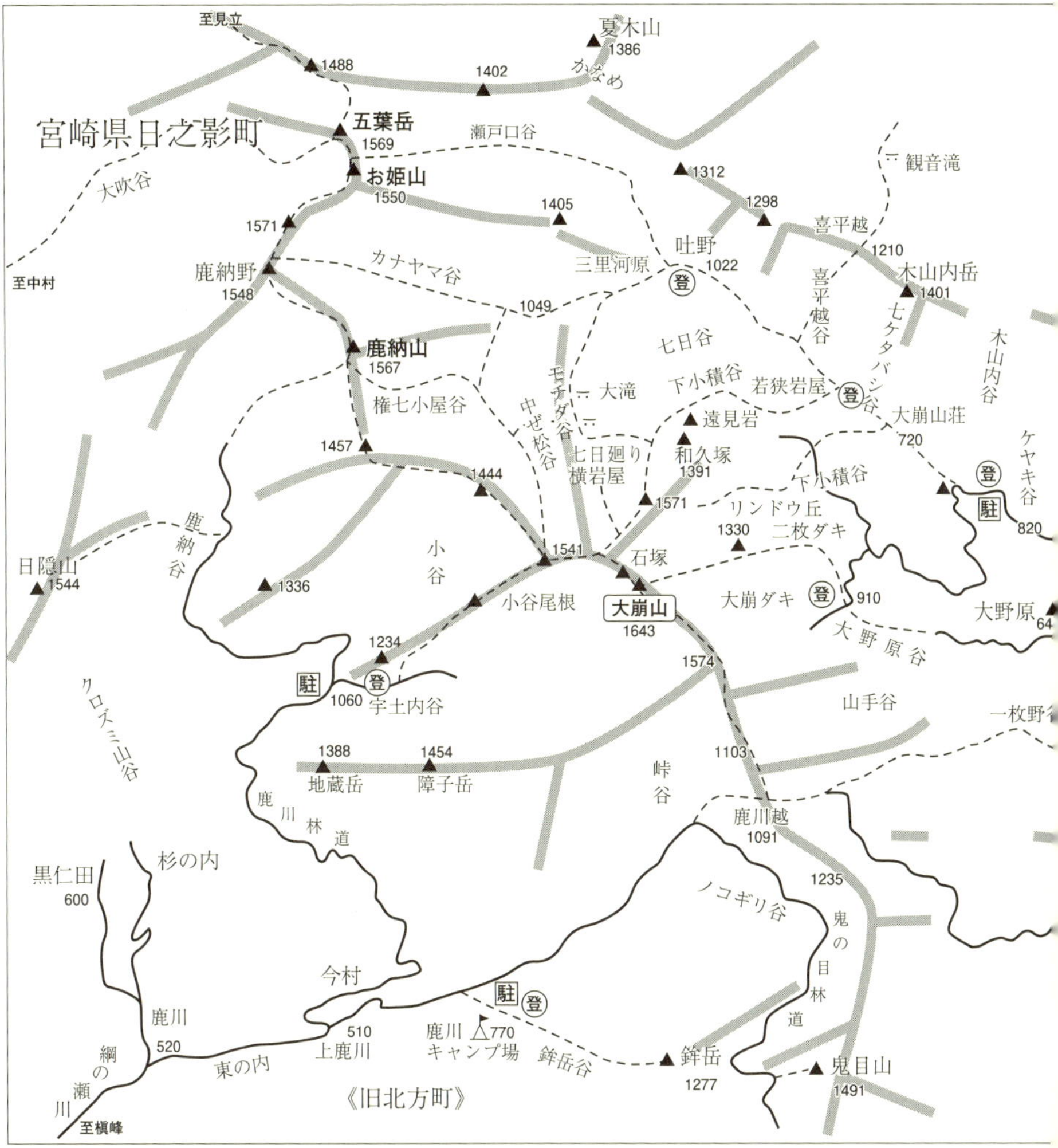

☞**大崩山荘**⇨(2時間)⇨**遠見岩**⇨(30分)⇨**和久塚**⇨(1時間)⇨**石塚**⇨(5分)⇨**大崩山**⇨(2時間10分)⇨**三里河原出合**⇨(20分)⇨**吐野**⇨

（北）側に大崩山登山口の小標柱がある。杉造林の斜面を登ることになる。約30分で山頂に連なる小谷尾根の西端に上る。これからクマザサと原生林に混じって、アケボノツツジが尾根道の両側をうめるように続く。40分で第一のピークを越え、次の1541mのピークまではスズタケの中を20分で着く。ここから左（北）折すれば中ぜ松谷へ下る。真直ぐの道をとり、15分も行くと小積谷、モチダ谷から上ってきた道と出合う。石塚と**大崩山頂**はここから数分で到達する。石塚からの眺めは原生林の中に突出する大小の岩峰や、落ち込んだ渓谷によって造られた見事な大庭園を見る心地だ。下山は上って来た道を戻ることになる。

3

上祝子川の水神淵（1・5㎞）**大野原林道終点**（40分）**作業小屋跡**（2時間）**大崩山**（2時間）**三里河原**（1時間30分）**登山口**

水神淵から祝子川《ほうり》を渡り、**大野原林道**を約1・5㎞で行きどまる。ややブッシュであるが、確かな山道に入り約40分で林道作業小屋跡の100坪余の広場に出る。小積谷、三里河原へのルートの登山口の先から迂回してきた林道がこの広場の直ぐ北まできている。その林道の方へ50ｍ行くと砂防堤があり、この砂防堤の手前（南）から渓谷の右岸に沿って上る。約1時間で広い稜線に出る。これが**二枚ダキルート**で素晴らしい原生林で新緑、紅葉の頃が楽しめる。これからはスズタケの中を1時間で**大崩山頂**に達す。

山頂、石塚を発ち、5分毎に鹿川分れ、小積谷分れを経てモチダ谷の原生林と苔むす岩石に足をとられぬように下る。1時間30分で**金山谷分れ**を経て30分で吐野に至る。あとは祝子川右岸の岩壁を這うようにして登山口の林道まで約1時間30分である。

◇**考察**　大崩山へのメインルートは上祝子川からであろう。福岡方面からマイカーで行けば阿蘇高森まで150㎞、高千穂まで190㎞、延岡まで250㎞、上祝子川バス停まで280㎞の行程である。

上祝子川バス停前には商店と今少し上の方に養鱒場兼民宿がある。

マイカーで容易に山頂をきわめるルートは、上祝子川バス停からさらに祝子川を左下に見て車道を上り、大崩山荘へ入る登山口を右に見て50ｍ進み、左折して祝子川渓谷に架かる橋を渡り、荒廃した林道を蛇行して上ると、やがて右側の小さな渓流のそばに道標があり、ここに駐車して上ることになる。岩や木の根にとりついて急坂を上り、**二枚ダキ**を経由して約1時間30分で山頂に達する。次が槇峰から鹿川を経て**宇土内谷**からのルートで、鹿川の今村の集落には完備した鹿川キャンプ場を利用できる。距離的にいずれにしても一泊する必要があるだろう。

この山群の特徴はすでに述べたように、豊富に残された自然林と、深く刻みこまれた渓谷美で、ことに祝子川上流の三里河原付近は広い川幅と、一枚岩の花崗岩の川床を流れる水の透明さは九州随一であろう。また川岸をおおう広葉樹林は新緑と紅葉が、たまらない魅力となる。五月の有名なアケボノツツジはモチダ谷や宇土内谷から登る小谷尾根の両側に花のトンネルを作るほど壮観である。

多くの渓谷と岩峰にかこまれ、起伏に富むこの山の登頂には案外時間を消費するゆえ、充分なゆとりをもって行動したがよい。またこの山を基点として鹿納山、五葉岳へ足をのばせば、さらに深遠な自然美に接することができるだろう。

鬼《おに》の目《め》山《やま》（1491m）☆

鉾《ほこん》岳《だけ》（1277m）☆☆

国道218号線、宮崎県延岡市北方町槇峰から綱の瀬川の左岸に沿って県道214号線に入り、5kmで国の天然記念物、花崗岩峰の**比叡山**《ひえいざん》（918m）を東に見て通る。さらに10kmで県道上鹿川《かみしかがわ》の分れに至る。これから右へ小学校前の車道を1kmで、鹿川に架かる今村橋がある。この今村橋を渡ると直ぐ車道は左右に分れる。左の鹿川林道を行けば約5kmで宇土内谷を渡り、大崩山登山口に至る。右の車道は鬼の目林道と鹿川キャンプ場へ通じている。すなわち今村橋を渡り直ぐ右折する。右下は川幅30mの名勝、鹿川渓谷の清流が一枚岩床の上を躍動して流れ、素晴らしい美渓は一見に値する。

今村橋から2km行き、林道分れを右へ500mで池の元橋を渡ると標高730mの鹿川キャンプ場で、バンガロー、管理棟などの施設が完備している。さきの林道分れを左へ直行すると、今村橋から3・5kmで開拓地跡を通る。これからさらに1kmで鬼の目林道入口のゲートがある。林道崩壊のため、マイカーの乗入れはできない。

ゲートから高度を上げながら、1・5kmで左側に**鹿川越**に通じる歩道口がある。これは延岡市北川町の上祝子《ほうり》川へ下る

☞鉾岳谷登山口⇨（1時間）⇨鬼の目山⇨（45分）⇨鉾岳谷登山口

☞林道登山口⇨（10分）⇨鉾岳⇨（10分）⇨林道登山口⇨（1時間）⇨鹿川キャンプ場

昔の笠道である。鬼の目林道はさらに自然林の中を東から南へ迂回して上る。今村橋から10・5㎞でコンター1290ｍのピークに達し、この地点からやや平坦に1・2㎞行くと右（西）側にモンスターの頭の形をした鉾岳の岩峰が見える。ここが後述する林道から最短距離にある鉾岳への登山口にあたる。この鉾岳登山口から500ｍ林道を進むと、コンター1230ｍの鉾岳谷の暗渠《あんきょ》を渡る。ここから東上にわずかに原生林を残し、西斜面は造林された鬼の目山が見える。

1 鹿川キャンプ場（1時間20分）鬼の目林道（10分）鉾岳

今村橋を基点にすれば橋を渡って直ぐ右折し（真直ぐは大崩山登山口）、2・5㎞で、車では数分で池の元橋を渡り、**鹿川キャンプ場**に至る。コンター730ｍの地点。右にキャンプ場の管理棟を見て、左へ3ｍ幅の林道を10分上り、道標にしたがい、右へ遊歩道に入る。植林から自然林に変ると左手上に雌鉾の大ダキ（岩壁）が屹立し、地域のクライマーのメッカで賑わう。おもむろに急坂となり、遊歩道に入り、40分で幅10ｍの鉾岳谷のナメ（滑）を左岸へ渡る。スズタケの中に、ヒメシャラ、ツガ、アケボノツツジなどが目立つ自然林の尾根に沿って上り、さらに30分で、同じ渓流を右岸へ渡る。幅6ｍの一枚岩のナメで、その直下にカマ、そして周辺の自然林との調和が素晴らしい。この地域だけに植生するツチビノキがある。葉がユズリハに似た樹高1ｍ余の灌木である。

これから数分上ると、上鹿川から大きく迂回する**鬼の目林道**に出て、林道を左へ10ｍ行く、鉾岳特有のモンスター状の頭をした岩峰が西に見る。林道から遊歩道を少し下り、鉾岳谷の枝流のナメを渡り、スズタケの踏分けを西へ10分で1277ｍの大絶壁の雄鉾《おんぼこ》（鉾岳の主峰）に立つ。

展望は東側を除き遮るものなし。西に釣鐘山、日隠山、その向うに祖母、傾の稜線が、北に大崩山（1643ｍ）の山なみが連なり、所々、岩壁をむき出している。雌鉾への遊歩道はない。下山は同じルートを戻るか、鬼の目山を目ざすのもよい。

2 鬼の目林道登山口（55分）鬼の目山（45分）鬼の目林道（1時間10分）鹿川キャンプ場

登山口は鹿川キャンプ場から鉾岳谷沿いに上る鉾岳へのルートをとる。鬼の目林道に出て右へ500ｍ、崩壊した林道を歩くと、暗渠のある鉾岳谷に出る。伐採植林で涸れた鉾岳谷に入り、大小の石だらけの谷を15分上り、右側の造林尾根にとりつく。この尾根は鬼の目山から西へ派生する支尾根で、造林作業道の急坂を20分で、スズタケまじりの自然林となり、スズタケを分けて急坂を直登する。

鬼の目林道登山口から55分で三等三角点の**山頂**に達す。山頂は10坪余で、八方ふさがりのスズタケが密生し、展望がなく、名峰とは言いがたいが、鉾岳を踏むことで救われる。
下山はもとのルートを鬼の目林道へ下り、さらに鉾岳谷沿いに遊歩道を鹿川キャンプ場へ下る。

◇**考察**　鉾岳と鬼の目山は林道の崩壊でマイカー乗入れはできない。したがって、往復とも鉾岳谷ルートをとる。鬼の目山は昭和三〇年代に屋久島につぐ天然杉の分布地帯が発見され話題となった山で、今村橋から鬼の目林道を約12・5kmで鬼の目山登山口、さらに1kmでコンター1250m、林道終点に至る。このあたり一帯に200~300年生の自生杉の群生を見る。鬼の目山、鉾岳とも祖母傾国定公園の域内にあり、自然林と渓谷の清流が素晴らしく、豊富な植物群と日本鹿を含む諸動物の生息が特異で、自然の山峰を楽しむことができる。

鬼の目山の天然杉自生地から西中央の日隠山
（南里晋亮氏撮影）

　鬼の目林道から見る、三角点のない**鉾岳**は尾根鼻の山容を呈しているが、鹿川キャンプ場から仰ぐと、尖状の岩峰をなしているので登頂欲をそそる。雄鉾《おんぼこ》は鬼の目林道から小渓流を渡り、約10分で到達し、岩峰からの展望は西、南、北にわたり見事である。雄鉾の南によりそう雌鉾は花崗岩からなる大岩峰で、南面の絶壁を上るクライマーが絶えない。県外から登山の場合は設備の整った鹿川キャンプ場を利用するのが適当であろう。

桑原山《くわばるやま》（八本木《はっぽんぎ》）（1408m）☆

大分県佐伯市と宮崎県延岡市の県界にあり、また祖母傾国定公園の東端に位置して、南の祝子川《ほうり》をはさみ大崩山と対峙する。山頂からの展望はかんばしくないが、この山系では珍しく山頂に石祠があり、昔は信仰の対象として登山者が絶えなかったのだろう。登山ルートは延岡市北川町の黒内側からと上祝子川からとがあり、北からのルートを述べる。

北川町黒内側登山口（50分）**矢立峠**（1時間30分）**一三三〇峰**（40分）**桑原山**（30分）**一三三〇峰**（60分）**矢立峠**（30分）**登山口**

登山口までは竹田市から県道を22kmで豊後大野市三重町に至り、三重町から国道326号線を南下し、佐伯市北川ダムの時間橋まで27km。時間橋から桑原川に架かる桑原橋まで8・4kmで、ここから300m行き、国道と分かれ右（南）折して

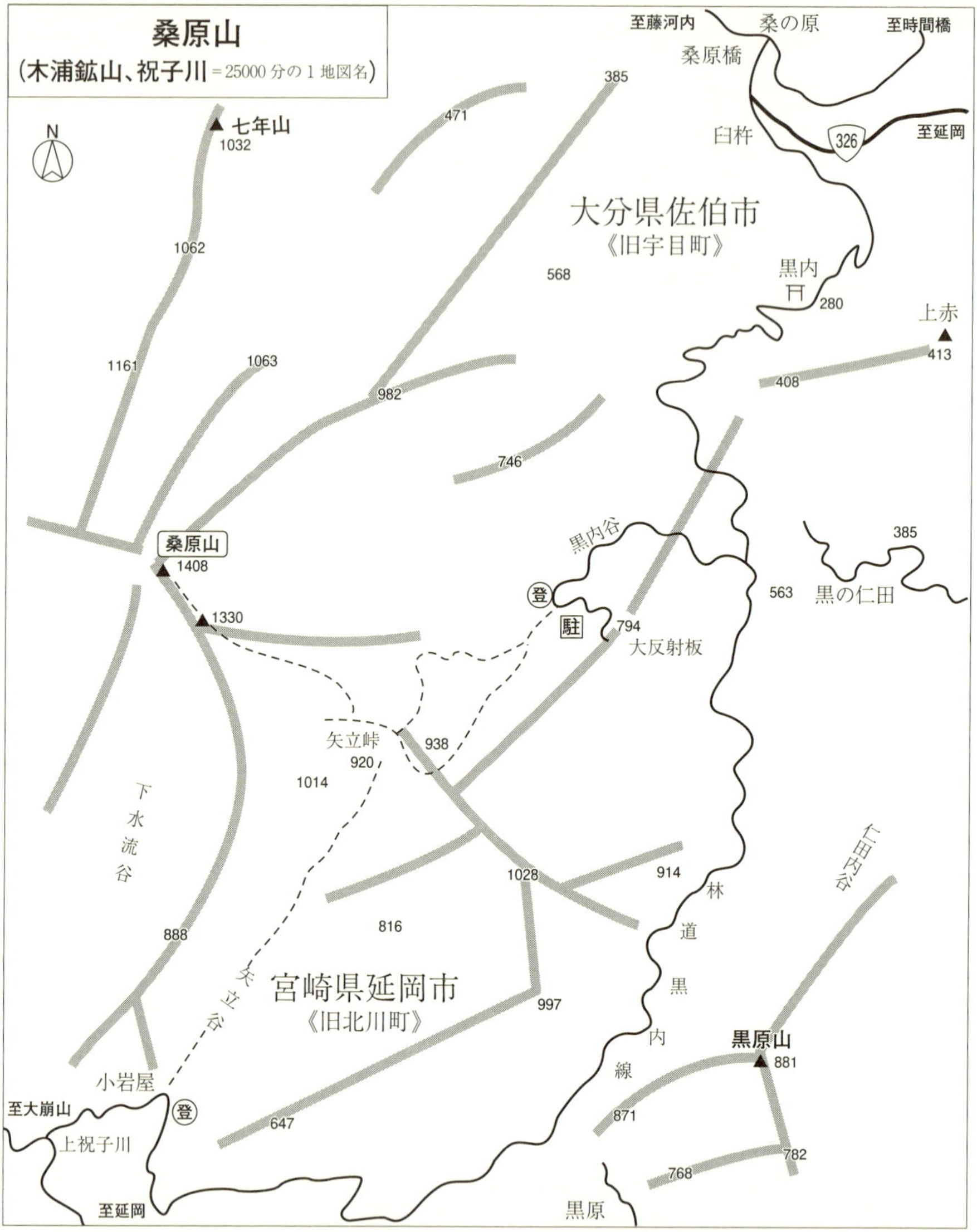

☞**登山口**⇨(50分)⇨**矢立峠**⇨(1時間30分)⇨**1330m峰**⇨(40分)⇨**桑原山**⇨(30分)⇨**1330m峰**⇨(1時間)⇨**矢立峠**⇨(30分)⇨**登山口**

普通林道黒内線に入る。この林業車道は上祝子川へ通じる近道である。普通林道黒内線を3・5㎞上ったあたりで右折する林道に入り急坂を行く。右折してから約3・2㎞で林道はコンター794m峰で行き止まる。この峰の上には国鉄の無線用大反射板が設置され、宇目小野市あたりから見ると日の出とともに輝き、立派な目標となっている。この大反射板の手前の広場に数台の駐車は可能で、大反射板から林道を400m戻った左（南）側に大岩があり、さらに100m下ったコンクリート舗装の急カーブした南側が**登山口**である。

　登山口は杉林で、造林作業道を選び少し下り、そして小渓谷を右下に見て上る。概ね直線的に上り、約40分でコンター940mの檜林の稜線に出る。稜線を少し西に行き下った所がコンター920mの**矢立峠**で、南、北に小さな切り通しになっていて、山林境界石柱に四五と山の記号がある。ここを南下すれば矢立谷を経て上祝子川に出る。桑原山のルートは右（西）へ杉林から直ぐ雑林に入ると、スズタケがまばらな昔の杣道になる。10分ほどで杣道から右の尾根へ上り、急坂の尾根をたどる。しばらくは左は雑林、右は檜林の境界であるが、30分も上ると原生林とスズタケ尾根になり、ふたかかえもあるブナの大樹と10本余のツガの群生を見る。小岩峰をまたぐあたりにはスズタケが目立つ。

桑原山山頂西の祠

　矢立峠から約1時間30分で**コンター1330m峰**に着く。稜線は珍しくクマザサが着生し歩きやすく、左手に大崩の峰が横たわる。桑原山頂を目前にして約10m下って上り、ワイヤーが巻かれた岩石の上を通る。左（南）斜面は伐採造林が広範囲で、右（北）側は原生林が続いている。スズタケの平坦尾根を数分で**山頂三角点**に達す。6坪余の広さになった雑林の頂で、山頂から西へ数m行くと祠があり、「延命一〇句観音経」のお札が安置されている。

　下山は1時間30分で**矢立峠**に出て、峠の南、北にはしる小さな切り通しを北へ行き、杣道を西から東へと蛇行して下れば涸谷を経て、小渓谷を左下に見て、もとの登山口に出る。

◇**考察**　山名は旧宇目町側山麓の桑の原、あるいは桑原川にちなんで名付けられたのだろう。別名を八本木とも言うが、昔、山頂に八本の大木がそびえていたからであろう。山頂には山の神の石祠があり、ルートの所々には笠道の名残りもある。

　桑原山、木山内岳、夏木山を結ぶ稜線はスズタケが密生し、縦走困難で、2・5万分の1の国土地理院地図の破線は当てにならない。なお普通林道黒内線は宇目側から上祝子川へ至る最短距離の車道である。

木山内岳《きやまうちだけ》（1401m）☆

藤河内登山口（60分）**観音滝**（1時間10分）**喜平越**（30分）**木山内岳**（20分）**喜平越**（60分）**観音滝**（40分）**登山口**

メインルートがない山であるが、強いてあげれば大分県佐伯市宇目の藤河内からが容易である。夏木山のルート同様に訪れる人が少なく、竝松谷《なみまつだに》を飾る観音滝とともに自然林や渓谷など、見るべき景観を呈している。藤河内集落から渓谷を右下に見て林道を3km上ると、夏木本谷と竝松谷とが合流する吐合で、キャンプ場とその上の林道に20台余のスペースの駐車場がある。

キャンプ場上の駐車場から林道を200m上り、橋の手前の左（南）側に**観音滝入口**の道標を見て、観音滝への遊歩道に入る。右下に竝松谷の渓流の音を聞きながら数分行くと、観音滝まで2kmの道標がある。間もなく渓谷の左岸に渡り、雑林の中を竝松谷を左下に見て上る。この辺りは国定公園第一種特別地域である。1時間余で石地蔵の御堂の前を東へ分れて行くと、落差73mの**観音滝**がしぶきをあげている。滝から御堂へ戻り、再び竝松谷に沿って雑林の中を上る。たしかな急坂の遊歩道は自然林の緑に被われる。

間もなく竝松谷の左岸へ移り、谷に沿って上る。苔むした大小の岩石と原生林が鬱蒼《うっそう》と頭上を被う。涸谷に入る手前で渓谷の中央に二本のシオジの大樹があり、ここは竝松谷が四つの支谷に分れる所で、喜平越へは一番右（西）の涸谷を上って行く。スズタケが増えてくると東、西にのびる尾根の鞍部をなす**喜平越**に至る。ここを南へ下れば祝子川《ほうり》の吐野から800m川下に出る。喜平越からスズタケと原生林尾根を東へ10分余で1340mピークに至る。アケボノツツジ、シャクナゲ、モミ、ツガ、ヒメシャラ、ブナなどの大樹が斜面をうめる。

さらに20分余で三等三角点の平頂峰をなす**木山内岳**に達す。スズタケと雑林に包まれ、眺望はえられないが、深山のたたずまいが素晴らしい。下山は同じルートを戻ることになる。

木山内岳の竝松谷のシオジ群落

◇**考察**　藤河内渓谷の夏木本谷から分れる竝松谷は落差73mの観音滝と、上流のシオジの群生が代表的なもので、そのほか多様な植物もあり、一度は訪れてもよいルートであろう。深山の尾根でカモシカの姿にひょっこり接することも期待できると思う。木山内岳から尾根伝いに東の桑原山、西の夏木山へのルートは藪が濃厚で難渋するだろう。

夏木山《なつきやま》（1386m）☆☆

大分県佐伯市宇目の藤河内渓谷は大崩山《おおくえ》の祝子《ほうり》川渓谷に勝るとも劣らぬ景勝の地で、その昔、平家の落人らが隠棲していた雰囲気を感じる所である。新百姓山、夏木山、木山内岳、桑原山を結ぶ稜線に源を発する多くの小渓谷は吉小屋谷、犬流鋸谷、夏木谷、竝松谷、越敷谷、奥ガ迫谷、七年谷などの流れを集めて藤河内渓流を作り、桑原川へと注ぐ。これら渓谷にはたくさんの淵、滑《なめ》、滝、鷗穴、奇岩などがあって変化に富み、花崗岩の川床を洗う清流が自然の景観を一層引き立たせている。福岡から竹田市経由で約240kmと距離的にやや辺鄙《へんぴ》なせいか、訪れる人も比較的少なく、渓谷探勝をかねた登山が楽しめる。

熊本の高速自動車道インターを出て国道57号線を竹田市まで73km。竹田市から豊後大野市三重町まで22km、三重町から国道326号線を北川ダムの時間橋まで27km、時間橋から桑の原の集落を経て桑原川発電所まで9km、この発電所から5kmで藤河内の集落に至る。この藤河内から南へ山路をたどれば祝子川越（万次越）へ上る笠道である。藤河内から渓谷を右下に見て林道を3km西進すると夏木本谷と南から流入する竝松谷（国土地理院の地図には立松谷と誤記されている）との吐合がある。ここが藤河内渓谷の入口で、車道の西北側に20台余は置ける駐車場がある。

駐車場の下に町営のバンガローがある。これから2kmで吉小屋谷との吐合と魚切淵を右下に見る。さらに2kmで第一夏木橋を渡る。この橋から500mで第二夏木橋を渡ると直ぐ左（南西）へ、荒れ果てた林道が上っているが、この道は下山ルートにして、第二夏木橋からなお400m林道を行くと、夏木山から東へ派生した尾根が林道と接する地点が夏木新道登山口で林道の左（西南）側から尾根にとりつく。

夏木林道登山口（2時間）**夏木山**（1時間30分）**第二夏木橋ぎわ**

尾根筋を西へ上る。ヒメシャラ、シャクナゲ、ミツバツツジなどの雑林が続く。所々、ブッシュを分けて尾根沿いに行く。約30分でスズタケが増え、行く手を阻む。スズタケの中にブナ、カエデ、ヒメシャラなどの大樹が混じり、アケボノツツジや野生のキリが散生する。1時間余で夏木山から東へ張り出した太尾根に上ると、30分余で山頂の直ぐ北の稜線に出て夏木山は近い。

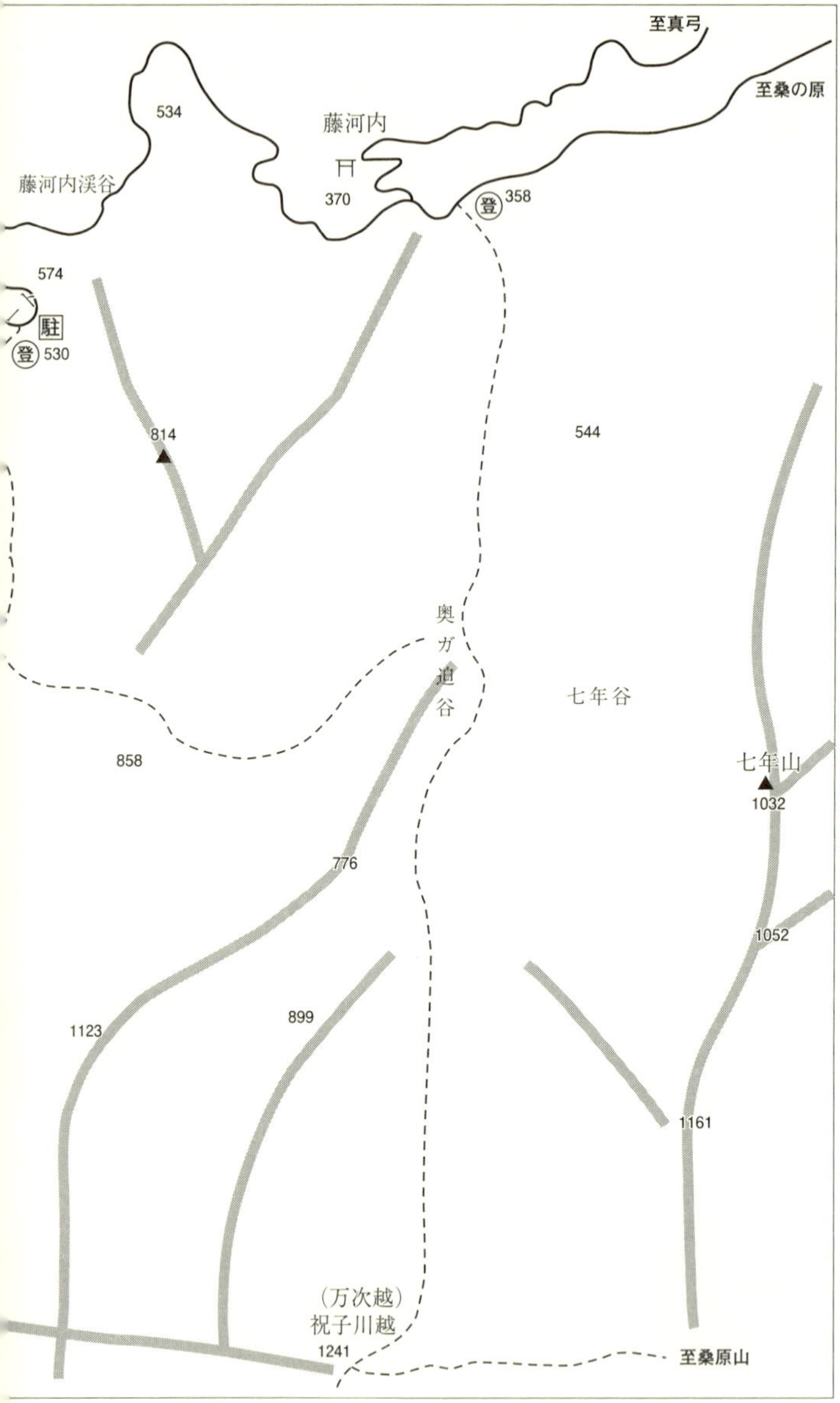

山頂三角点は平頂で10坪ほどの広さに伐り払われている。展望はないが、山頂の西南に岩壁があり、ここから西、北の祖母、傾の稜線、五葉岳、頭巾岳《とつきんだけ》が望める。また尾根の反対側からは東、南方向にあたる木山内岳、桑原山、大崩山にかけての眺めが得られる。

山頂から瀬戸口谷を経て吐野まで1時間10分、五葉岳まで1時間、反対へ鋸尾根、新百姓山を経て大明神越まで4時間のルートである。夏木山頂から南へ数分で**かなめ**（1370m）に至る。ここを右（西）折すると五葉岳へ。左（東南）の道をとり、なお数分で**大吹越**に至る。この大吹越から右折すると瀬戸口谷を経て吐野へ。左折して夏木支谷を下る。シオジ、イチイ、ブナなどの大樹が頭上を被う。大崩のモチダ

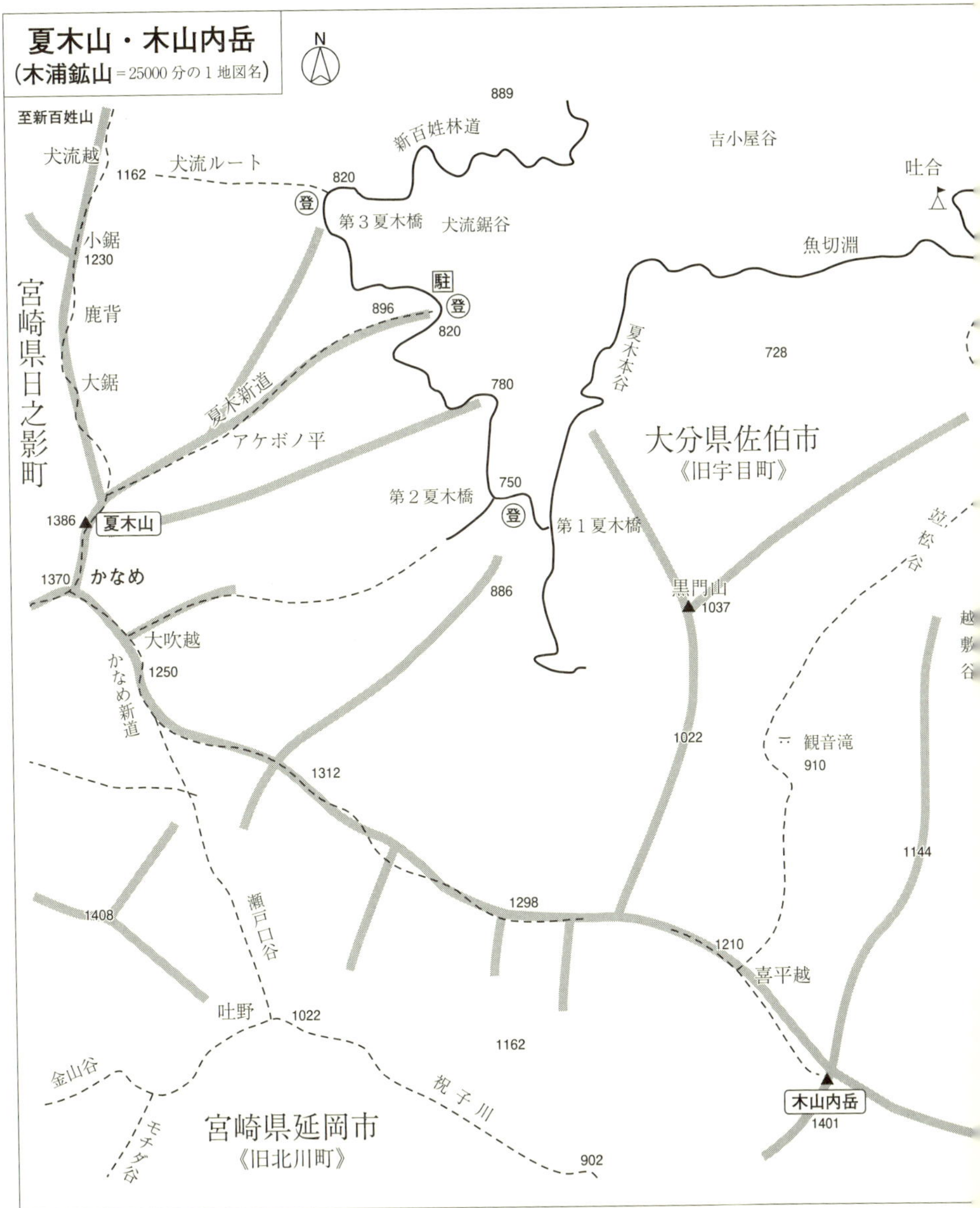

☞登山口⇨（１時間）⇨観音滝⇨（１時間 10 分）⇨喜平越⇨（30 分）⇨木山内岳⇨（１時間 20 分）⇨観音滝⇨（40 分）⇨登山口
☞登山口⇨（２時間）⇨夏木山⇨（１時間 30 分）⇨第２夏木橋ぎわ

木山内岳山頂から西に鹿納山を望む

谷を思わせる涸谷の右（南）側沿いに下る。苔むす岩石と原生林の配置が素晴らしい。山頂から1時間15分余で夏木山国有林植樹の標柱を見る辺りはすでに造林地帯となり、渓谷を渡り、十数分で**第二夏木橋**のたもとに出る。

☒**考察**　夏木山へは五葉岳の北側のススキ原から往復するか、大明神越から新百姓山、夏木山、瀬戸口谷、大崩山へと縦走するかで、藤河内側からのルートは明確でなかった。最近、佐伯市宇目の有志の人々によって登山ルートが整備されている。

分りやすいルートは竝松谷の吐合の手前にあるキャンプ場兼駐車場から直ぐ営林署のゲートを経て、この林道を上り、第一、第二夏木橋を経て、キャンプ場から5・2kmで夏木山新道登山口のプレートがある。ここから急坂を上り、アケボノ平を経て夏木山の直ぐ北の稜線に出ると山頂は近い。

あるいは夏木新道登山口から林道を北へ８００m行き第三夏木橋ぎわから犬流越へのルートは途中でカツミ尾根ルートに分れるが、いずれをとっても、鋸尾根の稜線に出て、この尾根を南へ1時間で山頂に達す。

今ひとつは第二夏木橋を直ぐ左の荒廃した林道終点から杣道を上れば、造林・原生林の中をカナメの直ぐ東南の稜線に出るが、ブッシュのために難渋するので、このルートは下りにえらんだ方がよい。

新百姓山《しんびゃくしょうやま》（1272m）☆

祖母傾国定公園の中で、祖母山から傾山、新百姓山、夏木山、木山内岳、桑原山を結ぶ稜線は大分県と宮崎県の県境にあって、それぞれピークをなしている。傾山から南東へ派生する尾根は東にヤマネコ谷、西にクワヅル谷を抱いて大明神越へと下る。今では杉ケ越トンネルとなっているが、トンネルの上には昔を偲ぶ杉囲大明神の社殿が、真下の車の往来とは隔絶しているかのように安置されている。

メインルートはこの大明神越からで、新百姓山、檜山（１２９７m）、鋸《のこ》尾根、夏木山（１３８６m）、要《かなめ》（１３７０m）、五葉岳（１５７０m）、お姫山（１５５０m）、鹿納山（１５６７m）を経て大崩《おおくえ》山への縦走が可能で、祖母、傾の縦走路と大明神越であわせれば、九州では大自然の大縦走ルートが楽しめる。

大明神越登山口（1時間40分）新百姓山（1時間20分）登山口

県境の大明神越までは宮崎県日之影町の見立《みたて》の水無平《みずなしひら》から6km、大分県佐伯市宇目木浦から8kmの距離にある。大明神越の杉ケ越トンネルの東口に数台は駐車できるスペースがあり、登山口はここからである。トンネルの上にのぼると、北よりに1坪余の銅葺屋根の杉囲《すぎがこい》大明神の社が献木の杉で囲まれ、静寂の中にある。

トンネルの上を南へ行くと、送電線の鉄塔の下から雑木とスズタケの混じる尾根の遊歩道に入る。山頂までの尾根道は一本道で迷うことはないばかりか、素晴らしい原生林とスズタケの中である。カエデ、ナラ、カシ、イヌシデ、リョウブ、アセビ、アケボノツツジ、シャクナゲ、シオジなど至る所で自然の美しさに接することができる。登山口から20分で、尾根の北側に自生の大檜を見る。

自然林の中の新百姓山頂

尾根筋からの眺めはほとんどないが、ふり返ると西北に傾山が聳え立つ。大きなピークを四つと小さなピークを数カ所越えて、山頂の手前はスズタケがなくなり、樹林も少なく、尾根原で、いわゆるドヤ状になっている。これから小さく上れば山頂である。

三角点の山頂は鈍頂でスズタケを含む自然林に被われ、5坪位の空地に山名の標柱がある。

これから夏木山へ至る縦走路は三角点を越えて直線的には行かない。すなわち山頂から西南方向へ、三角点の手前から右へ鋭角に戻る感覚でルートがのびている。縦走ルートについては別記する。

◇**考察**　地図では杉ガ越となっている。一五六〇年代に豊後の大友宗麟《そうりん》が日向美々津《みみつ》の砦を攻めるに先立ち、この峠に大明神を祀り、戦勝を祈願した由緒ある神社が今なお存在する峠であるゆえ、大明神越と呼ぶべきであろう。

神社前にはわずかに駄道が残存しているが、これは江戸時代から明治、大正にかけて殷賑《いんしん》を極めた木浦鉱山、見立鉱山、大吹鉱山など、この地域の大小鉱山から採掘された鉱石輸送の要路になっていた証である。

新百姓山《しんびゃくしょうやま》（1272m）檜山《ひのきやま》（1297m）夏木山《なつきやま》（1386m）鹿《か》の子《こ》山《やま》（1402m）五葉岳《ごようだけ》（1570m）……縦走☆☆

この縦走路のポイントは新百姓山から夏木山に至る間のいわゆる鋸《のこ》尾根の変化で、原生林の中の大小の岩峰を越えながら見る四囲の景観である。大明神越から五葉岳の大吹谷側登山口まで約9km、7時間30分の行程とみてよい。

大明神越までは国道218号線、日之影から北折して水無平まで24km、さらに大明神越まで6km、傾30kmで、一方、大分県佐伯市宇目木浦からは9kmで**杉ケ越**（大明神越）のトンネルに至る。登山口はいずれからでもよい。大明神越が標高917mで、大吹谷側の五葉岳登山口はコンター1210mである。

ここでは大明神越から入るルートを述べる。新百姓山までは別記しているので省略する。

大明神越（1時間30分）**新百姓山**（15分）**檜山**（40分）**犬流越分れ**（1時間20分）**鹿の背**（40分）**夏木山**（15分）**かなめ**（1時間30分）**五葉岳**（50分）**日隠林道側登山口**

新百姓山はスズタケと原生林に包まれた狭い鈍頂で眺望はきかない。これから夏木山へのルートは直線的でなく、山頂三角点の手前から西南へ鋭角に戻る感じで曲折して行く。

スズタケ尾根を約15分で**東檜山**（1297m）、さらに2分余で西檜山を越え、下り坂を15分で上りになり、約20分で幕営に格好な平頂に至る。これから5分ほど行くと**犬流越**で、左（東）折して下ると新百姓林道そして藤河内へ至る。これから急坂を二十数分上ると鋸尾根への初のピークで、スズタケの中にアケボノツツジ、ヒメシャラ、リョウブ、カエデ、ブナ、クマシデ、ドウダンツツジ、アセビなどが続く。大岩峰、小岩峰を上り下りする。所々に木梯子がある。三つ目の大岩峰からは西北の展望がよく、祖母、傾の見事な稜線や五葉岳が西南方向の樹海に小さく頭を出して見える。鋭、鈍の岩峰を経て**鹿の背**のナイフリッジからの眺望は素晴らしい。

目前に夏木山のピークが見えてくると鋸尾根も終わり、大小約12の岩峰を越え終わると、尾根から左（東）折して佐伯市宇目の藤河内への分れがあり、真直ぐ急坂を10分余で**夏木山**に着く。山頂は約10坪余の平頂で、50m先の尾根の右（西）側に千丈覗《せんじょうのぞき》の展望岩がある。この岩から五葉岳、鹿納

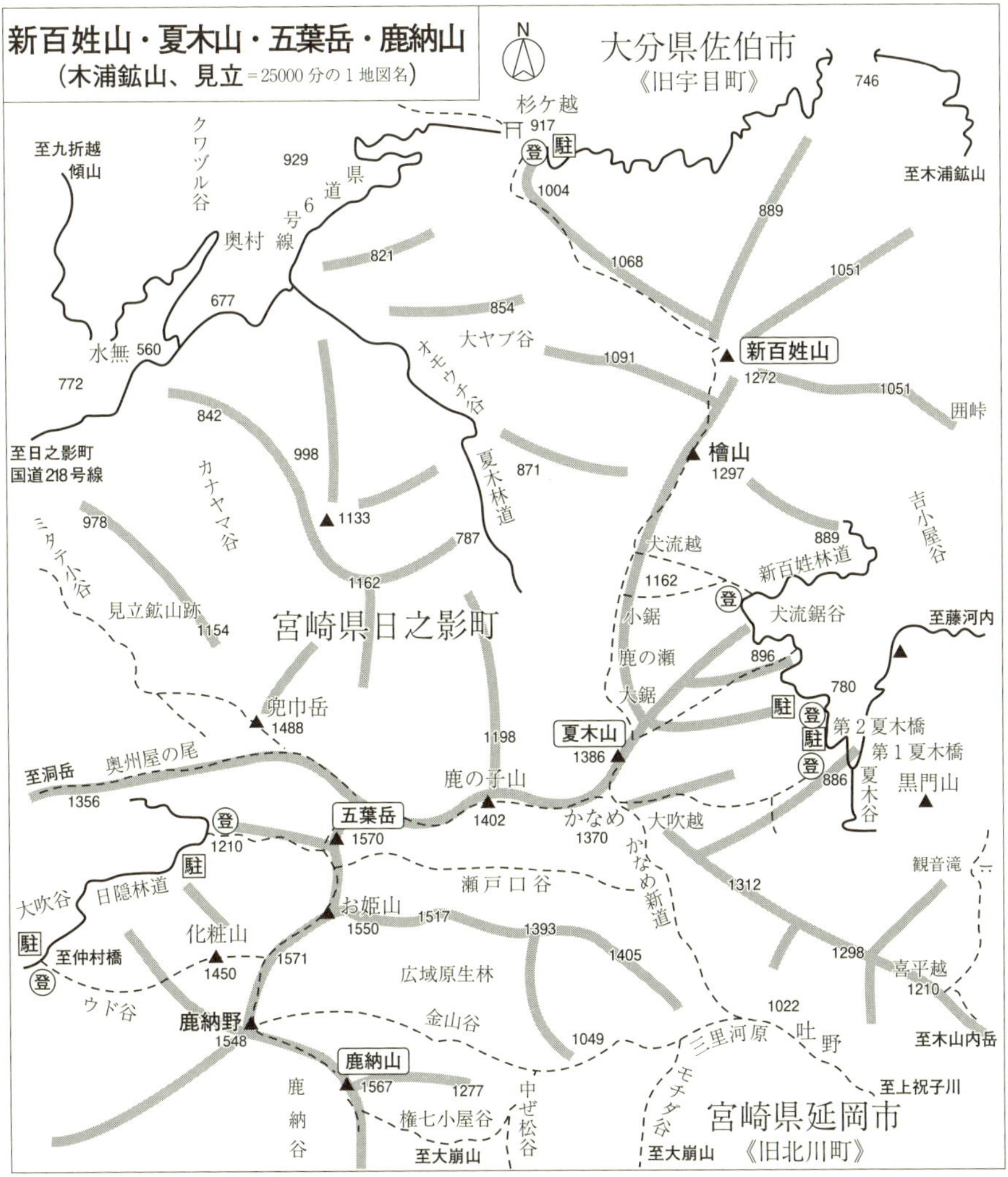

新百姓山・夏木山・五葉岳・鹿納山
（**木浦鉱山、見立**＝25000分の1地図名）

☞**大明神越**⇨（1時間40分）⇨**新百姓山**⇨（1時間20分）⇨**大明神越**
☞**大明神越**⇨（1時間30分）⇨**新百姓山**⇨（15分）⇨**檜山**⇨（40分）⇨**犬流越分れ**⇨（1時間20分）⇨**鹿の背**⇨（40分）⇨**夏木山**⇨（15分）⇨**かなめ**⇨（1時間30分）⇨**五葉岳**⇨（50分）⇨**大吹谷登山口**

山、日隠山方向の眺めが充分楽しめる。また反対の尾根ぎわからは真正面に木山内岳、桑原山がそそり立って見える。

夏木山から約15分で**かなめ**（大吹越または夏木谷越）に至る。かなめの分岐を左（東）へ下れば、瀬戸口谷に沿って吐野まで70分を要し、途中から左折すれば夏木谷の源流を下り、新百姓林道に出て藤河内へ出る。

かなめから西の尾根を五葉岳の方へ行くと、直ぐ右側に大きな赤松と五葉松が目につく。原生林の中を10分ほどで尾根道が広くなった場所に出る。鹿の角か熊の爪あとのような裂痕が樹幹の背丈位の高さに残っている。色彩あでやかなヒメシャラの群生が美しい。かなめをたって二十数分で平頂の**鹿の子山**（１４０２ｍ）に至る。展望はないが自然林の雰囲気がよい。これから10分余でスズタケが途切れ、アセビの群生地を通り、再びスズタケを分けてゆるやかに上るとススキの草原に出る。少し下り五葉岳から見立鉱山跡へ下るルートに出て左折すれば15分で**五葉岳**に達す。これから大吹谷側の登山口までは五葉岳の項を参照する。なお登山口の砒鉱鉱滓跡付近は林道造成が奥州屋の尾の方向へカーブしてはげしく変化してしまっている。

　大明神越から新百姓山、夏木山、五葉岳に至るルートは原生林と変化に富む岩峰の縦走ルートで、ことに犬流越から夏木山間の鋸尾根が圧巻で、昭和五八年（一九八三）、地元山岳会有志により整備された。したがって上祝子《かみほうり》川から大崩山、鹿納山、五葉岳、夏木山、新百姓山、大明神越を経て、傾山、祖母山への九州最長で森林生態系保護地域の縦走が可能になった。

　新百姓山の東側の**天神原山**（９９５ｍ）は大分県宇目町木浦のバス停前のT字路から南へ林道を５・５㎞で７４０ｍの大切峠に着く。峠をなお０・４㎞行き右折し、０・８㎞の林道終点から西へ40分で山頂に着く。展望なし。自然林の中にヒメシャラの群生が美しい。大切峠付近に木浦鉱山時代の千人間歩《まぶ》や無縁墓地が残る。宿は木浦に「梅路」や「長栄館」がある。

五葉岳《ごようだけ》（１５７０ｍ）☆☆

低くて狭い山頂は硅石からなっていて、遠くからの見てくれは悪く、目立たぬ存在だが、樹海の中心に盛り上がった小さな山頂に立てば、展望は実に四囲に及び、素晴らしいの一言につきる山である。

　五葉岳から鹿納山に連なる峰は、祝子《ほうり》川上流の吐野から、あるいは日之影渓谷の見立《みたて》から、概ね等距離にあるが、マイカーを利用してアタックするには、見立側からが若干容易であろう。なお登山道には見立鉱山跡、洞岳《どうだけ》鉱山跡あるいは高見但馬守によって発見され、繁栄のあとを残す大吹《おおぶき》鉱山跡や、それに付随した女郎屋敷跡、女郎の墓などの場所はすでに史跡化して、当時を偲ばせる。

見立中学バス停（1時間10分）**洞岳鉱山跡**（50分）**大吹峠**（50分）**大吹鉱山跡**（60分）**五葉岳**（30分）**奥州屋の尾分れ**（60分）**トンネル**（30分）**見立神社**（60分）**上見立登山口**

日之影渓谷側からは見立鉱山跡経由、洞岳鉱山跡経由、そして大吹谷に沿って上る日隠林道経由の三つがある。ここでは最も困難な銅岳鉱山跡を経て山頂のルートを述べ、下山は見立鉱山跡をたどってみることにする。

日之影から上見立の水無平《みずなしひら》までのバスの回数は少ない。宿は水無に広い駐車場があるアケボノ荘がある。

見立中学と広瀬バス停の中間から東側の日之影渓谷に架かる吊り橋を渡り、昭和四四年（一九六九）に廃鉱になった**洞岳鉱**の湧水浄化場の横から松林の中に入り幅１ｍの導水溝を渡る。これから雑林の中を小さく蛇行して急坂を登る。20分で造林のあと崩壊した急斜面を北へ移行する。昭和五〇年（一九七五）の中頃までコンター７５０から８００ｍラインにかけ、幅３ｍの鉱石搬出道が東西約１・５㎞のびていたが、現在では幅１ｍ余の植林作業道にかわり、幾重にも大きく蛇行して高度を上げ、洞岳の大ダキ下にある廃坑口が見える所までできている。しかし、この植林作業道は全面的にブッシュ化し道標もない。

これから洞岳の南側、洞岳神社の右の幅の広い空谷状になった石ころの多い急坂を東へ登る。ほとんどブッシュとなって道らしい道はない。野生のクチナシ、サンショウ、オダマキ、フウロ、トリカブトなどが群生している。涸谷から雑木林に入るあたりに五葉岳への古びた道標が目につく。

洞岳鉱山跡から50分を要して、杉と檜林の**大吹峠**に至る。峠のほぼ中央に、かなり広範囲に鉱滓が積まれていて採鉱の歴史を感じる。道標に五葉岳、兜巾岳へ40分と記してあるが、信じられないタイムである。大吹峠からは登山道がはっきりしない。峠から真東の日隠林道へ下れば、その昔栄えた大吹鉱山の女郎屋敷跡と無縁仏の墓がある。

大吹峠から杉檜林の中を北東へのびる奥州屋尾根沿いに、20分も行くと大きく陥没した穴の横を通る。さらに10分で、雑木林の中に大吹鉱山跡の石垣や鉱滓がある所に出る。現在の日隠林道からの登山口で植林の中からスズタケの道とかわる。大吹鉱山跡から30分で尾根道へ出て、左（北）折すれば、直ぐ五葉岳山頂に上る。

山頂は巨岩があり、広さは10坪位で、原生林の樹海の中に小さく突出して周囲から目立たないが、そこに立てば素晴らしい展望に満足するだろう。このルートはブッシュ化し難路のため、初心者には不向きである。一般的には仲村橋から日隠林道を利用するがよい（後述）。

下山の見立鉱山跡を経由するルートは、山頂直下の西から北へ廻るように、スズタケの中を、西へのびる尾根をたどる。20分で右（北）折すれば**兜巾岳**を経て見立への道標がある。直進して２００ｍ行くと再び道標があり、真直ぐは奥州屋の尾を経て**大吹峠**へ、右（北）折すれば見立へ

お姫山から五葉岳を望む

の道である。スズタケと原生林の中を徐々に下り、北側の涸谷の道に入ると道標に、右折すれば兜巾岳を経て五葉岳へ、左折して上見立への道を下る。ヒメシャラ、ヤマグリ、リョウブ、カエデなど多種類の広葉落葉樹林の中でテープが目印となる。45分で涸谷の右上方に、横に30ｍ余の石垣があり、その下の左側にも段段畑を思わせる石垣を見る。このあたりから見立鉱の廃鉱の遺跡が下の方へと続く。涸谷を下る道は直ぐ高さ10ｍ余の断崖に行きどまる。断崖の太い導水鉄管を伝って下ってもよいが、断崖の20ｍ手前から左折すると、高さ3ｍ、幅4ｍ、長さ10ｍ余の岩をくぐりぬいたトンネルがあり、これをくぐった方がよい。

　左下に**見立鉱廃坑**の洞穴が見え、洞穴からは濁水が渓谷に流出している。水場と荒れ果てた見立鉱山の神社が右側にある。見立小谷に架かる朽ちかけた木橋を何度か左右に渡りな

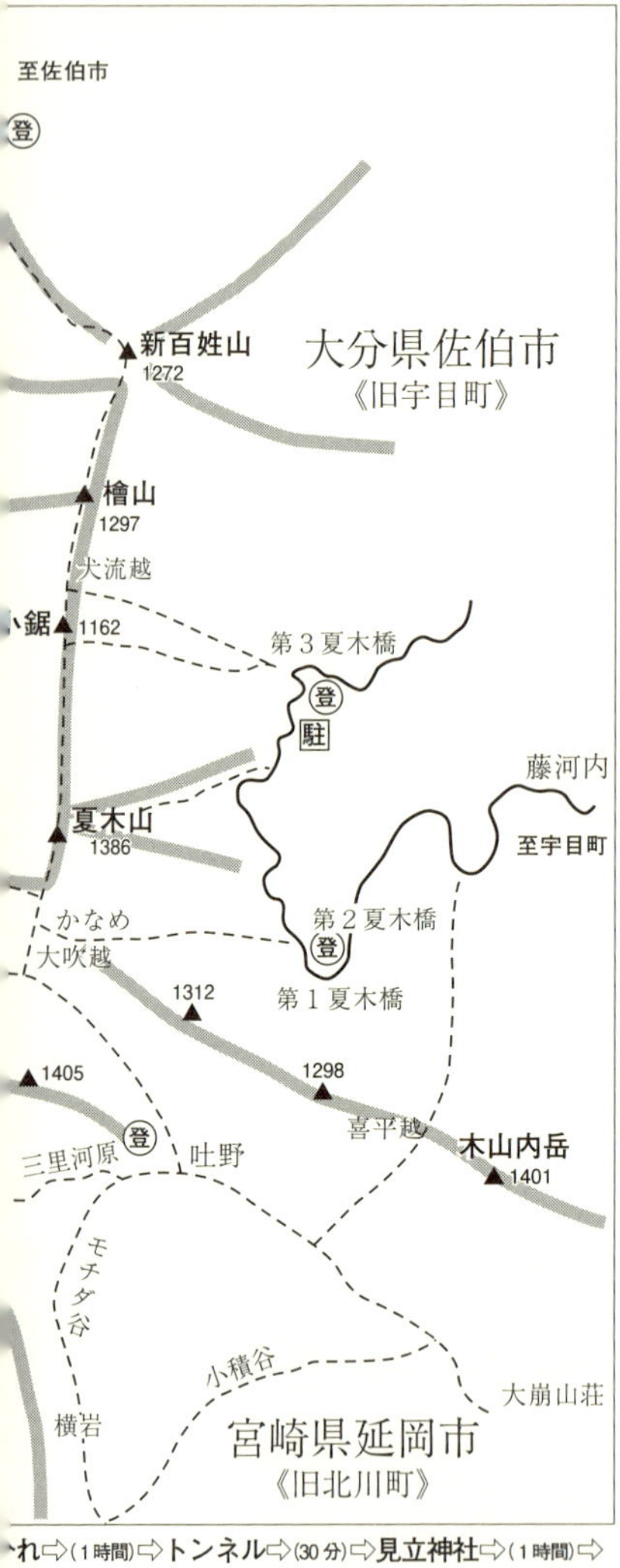

れ⇨（1時間）⇨トンネル⇨（30分）⇨見立神社⇨（1時間）⇨

がら、しばらく下ると、右側にかなり高い滝がある。これから数分で県道の**登山口**に出る。登山口には五葉岳への道標が立っている。

◇**考察**　福岡方面から高速道路を御船まで１１５km、矢部まで１５０km、五ヶ瀬町まで１７０km、高千穂町まで１９０km、日之影町まで２０２km、上見立の水無平の「アケボノ荘」まで２２５kmである。

　マイカーによる五葉岳への安易な近道は日之影渓谷の赤川の**中村橋**を渡り、日隠《ひがくれ》林道を大吹谷に沿って約8km行くと、林道が急カーブする右側に化粧山の道標がある。ここから尾根にとりつき、化粧山を経て縦走ルートを1時間30分でお姫山に着く。さらにスズタケの道を分けて、25分で巨岩が累積する五葉岳に至る。

　もうひとつは中村橋から同じ日隠林道を約10kmで大吹鉱山跡のカーブ付近で駐車して上れば、約1時間20分で、山頂に達することができる。本文の洞岳鉱山跡を通り、大吹峠を越えるルートは最近、この道をとるハイカーが少なく、大吹峠へ

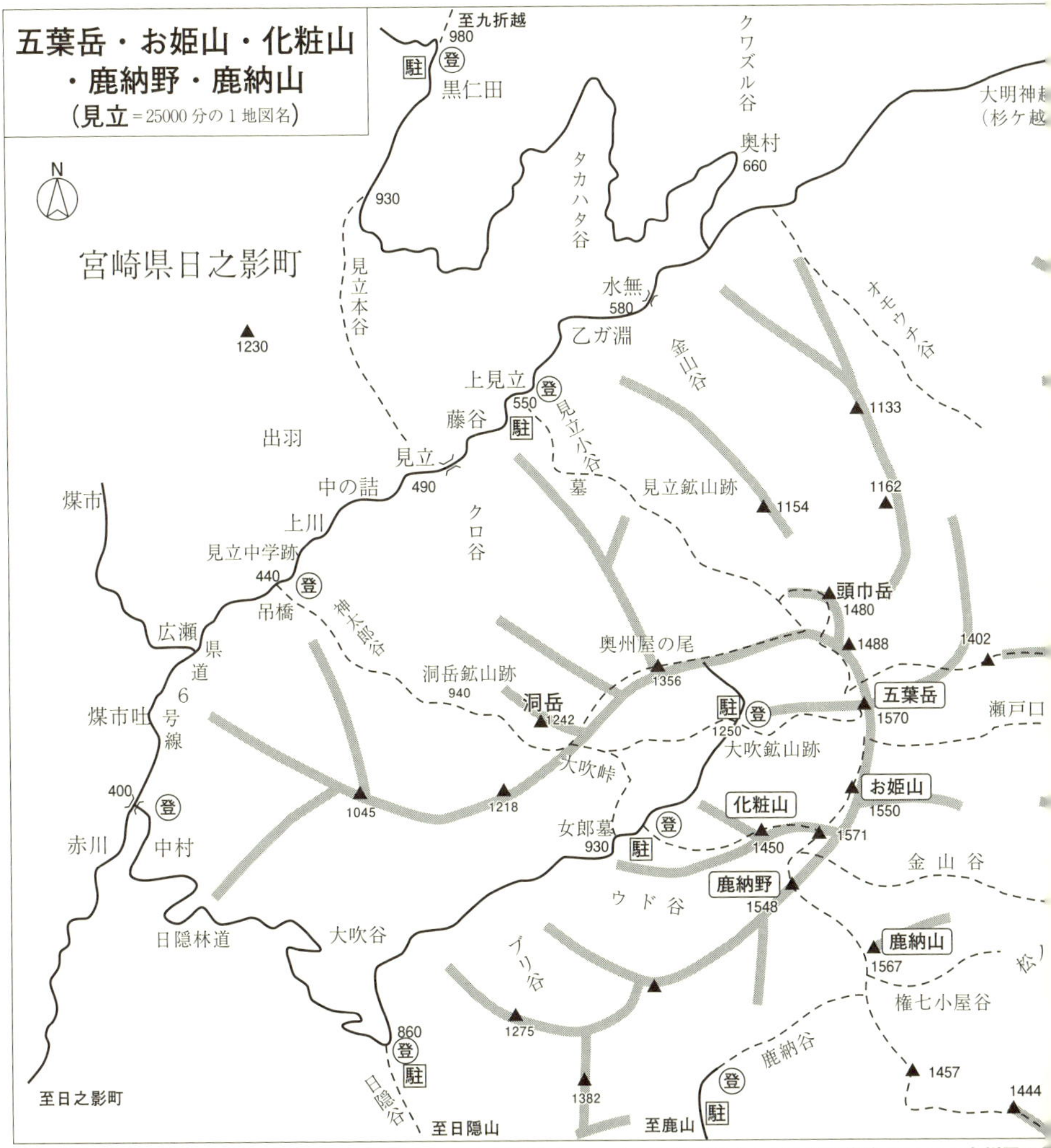

五葉岳・お姫山・化粧山・鹿納野・鹿納山
（見立＝25000分の1地図名）

☞見立中学バス停⇨（1時間10分）⇨洞岳鉱山跡⇨（50分）⇨大吹峠⇨（50分）⇨大吹鉱山跡⇨（1時間）⇨五葉岳⇨（30分）⇨奥州屋の
上見立登山口

☞登山口⇨（1時間）⇨化粧山⇨（20分）⇨T字路⇨（20分）⇨お姫山⇨（45分）⇨鹿納野⇨（40分）⇨鹿納山⇨（2時間）⇨登山口

ぬける急坂がブッシュ化し、道標不備のため難渋するだろう。単独行の際はビバークの準備をすすめたい。

　最後に大崩山登山口の上祝子《かみほうり》川の大崩山荘から入り、吐野をベースとして上れば約2時間で五葉岳に着く。五葉岳には五葉松（ヒメコマツ）は少ないが、お姫山頂には枝ぶりの見事な五葉松がある。山頂はいずれも巨岩があり、せまい。遠くからなかなか分りにくいほど低頂だが、山頂に立つと意外に展望がよくて満足する。

　この山系も原生林の伐採、造林が中腹まで及び、自然破壊が進行している。周辺の名峰に劣らぬ山であるから、今少しルートの整備が望ましい。

化粧山《けしょうやま》（1450m）☆
お姫山《ひめやま》（1550m）☆☆
鹿納野《かのうの》（1548m）☆
鹿納山《かのうやま》（1567m）☆☆

鹿納山は稜線に突出した岩峰で、鹿納坊主の名がある。東の大崩山に至る美渓を含む原生林は平成元年（一九八九）に森林生態系保護地域に指定された。県道6号線の中村橋から日隠林道に入り、6kmで日隠山分れ、6・5kmで3号橋手前にゲートがある。8・5kmで無線墓地入口、9・2kmで化粧山登山口、11・5kmで五葉岳登山口となり、林道はさらに奥州屋の尾へとのびている。

日隠林道側登山口（60分）**化粧山**（20分）**T字路**（20分）**お姫山**（15分）**T字路**（30分）**鹿納野**（40分）**鹿納山**（2時間）**登山口**

宮崎県の国道218号線、日之影町から県道6号日之影宇目線に入り、赤川の仲村橋から右（東）折して日隠林道に入る。約9kmで林道が急カーブする右側に**化粧山登山口**の道標がある。ここに駐車し、涸谷の左（北）側の造林の中を蛇行して尾根へ上って行くと原生林に変わり、登山口から1時間で**化粧山**に着く。

化粧山のいわれは江戸中期に延岡藩の内藤政樹が藩内に銅、錫など15の鉱山をかかえ、大変な殷賑を極めるようになり、現在の日隠林道の西側にはそのひとつ大吹（大福）鉱山が栄え、多くの労働者が就労していた。彼らを慰安する女達が祝子川から瀬戸口谷を経て、または槇峰から鹿川《ししがわ》、二十丁峠を越え、この峰で身仕度をととのえ、化粧なおしをして大吹谷へ下って行ったと言われている。

化粧山の頂は原生林の中の支尾根の小ピークで、小憩するには格好の広さである。

ここから東へ尾根沿いに二つの小ピークを越えると、約20分で五葉岳から鹿納山を結ぶ南、北にはしる尾根と交わる**T字路**に出る。ブナの大樹に道標があり、北のお姫山へ15分、お姫山から五葉岳まで25分、南の鹿納山へ1時間10分と記されている。T字路からまず北のお姫山へスズタケ尾根の遊歩道を10分余で小岩峰があり、これを越えて数分で**お姫山**に着く。枝ぶりのよいヒメコマツ（五葉松）、ドウダンツツジなどの灌木が岩峰の回りに着生している。山名の由来は見事なヒメコマツが多いからであろう。眺望は一部をのぞき絶景である。

約15分でもとのT字路に戻り、今度は南へスズタケと原生林の混じる尾根を数分で岩ずくま（巨岩のかたまり）の西側をまいて、さらに十数分でドヤ状になった**鹿納野**に至る。ここから左（東）へ下れば金山谷を経て吐野へのルート。南西方向には日隠山が見える。これから南東方向にスズタケ尾根を分けて行く。平坦なピークを越え、二つの岩峰を跨ぐ。さらに二つの岩峰の西側を通り、鹿納山の大岩峰上に立つことができる。岩石の上からはさえぎるものがなく、飽きることがない眺望が楽しめる。ことに東下に展開する広大な樹海は九州最大の自然林で見事である。

山頂から東へ下れば権七小屋谷を経て吐野へ、西へ下れば鹿納谷を経て鹿川林道へ出る。鹿納山を発ち、**鹿納野**まで30分、**T字路**まで30分、そしてもとの林道登山口まで1時間の行程である。

鹿納山に続く岩峰

☒**考察**　祖母傾国定公園の中から五峰を選べば、祖母山、傾山、五葉岳、鹿納山、そして大崩山の石塚ではないだろうか。祖母、傾の縦走もさることながら、傾から大明神越、新百姓、夏木、かなめ、五葉、お姫、鹿納、大崩と国定公園内の大縦走路が概ね整備され、祖母山から三泊四日をかけた単独行でも可能になった。しかし大明神越から鹿納山までは水場が遠いので、充分用意する必要があるだろう。

祝子川の吐野に集合する諸渓谷の清流と広大な原生林は植物の宝庫であり、九州一と言って過言でない。この景観を一望に堪能できるのがこの鹿納山である。

日《ひ》隠《がくれ》山《やま》（１５４４ｍ）☆
北《きた》日《ひ》隠《がくれ》山《やま》（１５８０ｍ）☆☆

祖母傾国定公園の区域内に入っているが、山の西北斜面は原生林の伐採が8合目付近まで達して昔日の面影はない。二等三角点の日隠山よりも５００ｍ北のピーク北日隠山（１５８０ｍ）の方がはるかに素晴らしい。山頂へのルートは東側の鹿納谷からと、西側の日隠林道からがある。後者について述べる。

日隠林道分れ（2km）登山口（2時間）北日隠山（10分）日隠山（1時間30分）登山口

国道218号線、日之影町から県道6号日之影宇目線に入り、赤川の中村橋まで17km。中村橋を渡り日隠林道を5・7kmで右（東）側に日隠林道の標柱を見て横の空地に駐車し右折する。荒廃化した林道を東南方向へ2km、30分で日隠谷をまたぐU字カーブに出る。これから0・4km先の日隠本谷の左岸から植林作業道を利用した遊歩道に入る。南から北へ落ちる支尾根の急坂を登る。左側は杉の斜面で、右側はスズタケと雑林がつづく1時間30分で稜線のスズタケを分けると多数の巨岩が現われる。その間をぬけ再びスズタケの急坂を上る。

ヒメシャラ、ブナ、アケボノツツジ、カエデ、シオジなどの巨木が空を被う。ふり返ると西北に祖母、傾の山なみがパノラマのように展開し、その手前には二ツ岳（1257m）の尖峰がのぞき、日之影渓谷が北から南へと下っている。遊歩道に入り2時間で日隠山と北日隠山の中間の主稜線に出る。右へ数分行くと、二等三角点の日隠山へ、左へとれば途中、巨岩の西をまいて数分で北日隠山だ。

日隠山は20坪余の広さの鈍頂で中央に三角点の石柱があり、雑木に囲まれ、眺望はない。**北日隠山**は北へ10分余、稜線をはしる遊歩道から数m上ると、岩壁をなすピークが山頂で東南の方向が開け、大崩山の山なみ、そして眼下にひろがる鹿川の集落の景観に見とれる。ことにアケボノツツジの五月と紅葉の一〇月頃は圧巻である。

この二つの峰の稜線は南北へのび、北は**二十丁峠**（1330m）へ落ち、鹿納野（1548m）へ連なる。元禄時代（一六八八～一七〇四）に西の大吹鉱山から、この二十丁峠を越えて鹿納谷、鹿川の集落へ鉱石を搬出したルートである。

南の方へ稜線をたどれば、鹿川峠を経て釣鐘山へのびるが、尾根筋は藪に被われ難渋するだろう。したがって下山は登ってきたルートを西へ急坂を下ることになる。

以前は北日隠山の西側から30mほどスズタケ藪を分けて下ると植栽地域に入り、伐採あとの急斜面を直線的に、日隠本谷を目ざして一気に下り、原生林を残す日隠谷の左岸から林道へ出たが、現在はこの直登ルートは消滅しているので、上り下りとも前記のルートを用いる。なお日隠山、北日隠山から南側下の上鹿川の黒仁田へ下るルートはない。

北日隠の岩壁と大崩山（右）の遠景

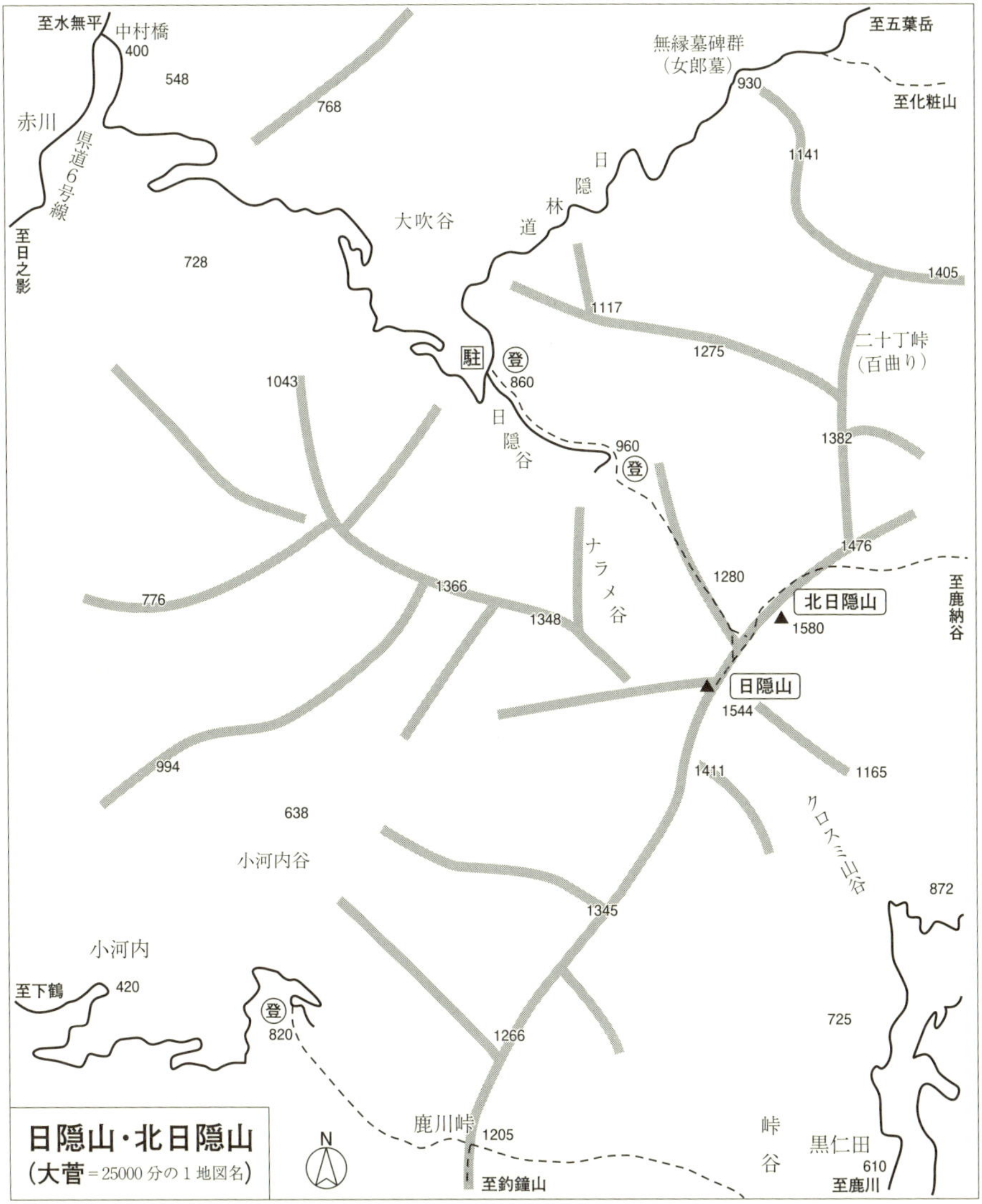

日隠山・北日隠山
（**大菅**＝25000分の１地図名）

☞**登山口**⇨（2時間）⇨**北日隠山**⇨（10分）⇨**日隠山**⇨（1時間30分）⇨**登山口**

◇**考察**　国定公園内の辺縁にあるせいか、山頂稜線沿いに約１００ｍ幅を残して伐採造林の手が入り、カモシカなどの獣の生息をおびやかしている。岩峰状の北日隠山から東、南にかけての眺望は実に素晴らしく、春秋には倍加するだろう。

　なお東側から日隠山へのルートは上鹿川の黒仁田からの上りが考えられるが、所々、岩壁にはばまれ、時間的に困難である。したがって県道214号線の延岡市北方町上鹿川の三叉路から右へ進み、今村橋を渡り、鹿川林道を５km行くと宇土内谷を渡る。この荒廃した林道はさらに６km先までのびているが、3km進んだ付近で鹿納岩峰を北の方向に仰ぎ、コンター1100mの林道から鹿納谷を渡って入り、西へ急坂を上ると、二十丁峠と北日隠山の中間の1476m峰の下をまいて雑林の中を主稜線に上り、約2時間で北日隠山に至る。

釣鐘山《つりがねやま》（1396m）☆

県道6号線の下鶴（6・8km）**登山口**（50分）**鹿川《ししがわ》峠**（60分）**釣鐘山**（60分）**鹿川峠**（50分）**林道**（25分）**鹿川公民館**（17km）**槇峰**

国道218号線、宮崎県日之影町から日之影川の右岸沿いに県道6号線を北へ11kmで**下鶴**に至る。ここで右（東）折して日之影川に架かる千軒平橋を渡る。20mでT字路の左角に工藤商店があり、T字路を右へとると、道路下に仲組小学校跡を見る。この車道は千軒平林道で、小河内を経て3・8kmで木材搬出のウインチ小屋がある。さらに蛇行しながら3km林道を上ると右側に**釣鐘山登山口**の小標柱と、その右側に黄色の円いプレートがある。プレートには国有林、高千穂営林署と記載されている。ここが西側からの登山口の目標で、登山口の手前には数台の駐車スペースと少し先には水場がある。

登山口から植林作業道に入り、杉林の中をジグザクに上る。約30分でヒメシャラ、ミズキ、ブナ、カエデ、シオジなどの自然林にかわり、さらに30分でスズタケと原生林の稜線の十字路に至る。左（東）折して尾根を数分で、標高1205mの**鹿川《ししがわ》峠**に着く。雑木がまばらで、北と東にはクマザサが密生し、東側に小さな航空測量板が目につく。ビバークには格好の場所である。

峠から南へのびる尾根の西側の植林作業道を行く。右斜面は造林地帯が続き20分で釣鐘山の北の鞍部（コンター1225m）に出る。鞍部はスズタケが払われたドヤ状になっている。ここから南正面に紡錘《ぼうすい》形の山頂が見えるので、西側の作業道をとらないで南へ直登して40分で三等三角点の**山頂**に至る。クマザサに被われた鈍頂で、西側は杉林であるが霧立越、阿蘇の山群が、東は木の間がくれに大崩山、北に日隠山を望むことができる。山頂から60分で**鹿川峠**に戻る。

鹿川峠から東側の航空測量板の横を通り、檜林と雑林の境界に沿って急坂を下ると、直ぐ涸谷と自然林の素晴らしいルートになる。明確ではないが赤テープが誘導してくれる。ウリバカエデ、アオガシ、ブナ、リョウブ、フキ、モミジガサなどが目につくと、左は小渓流となる。

間もなく杉林の作業道にかわり鹿川峠から30分で渓流の左岸へ渡った所に、黒仁田公団造林が昭和三九年（一九六四）から50年間、97ヘクタール借用の黄色のプラスチック板の前を

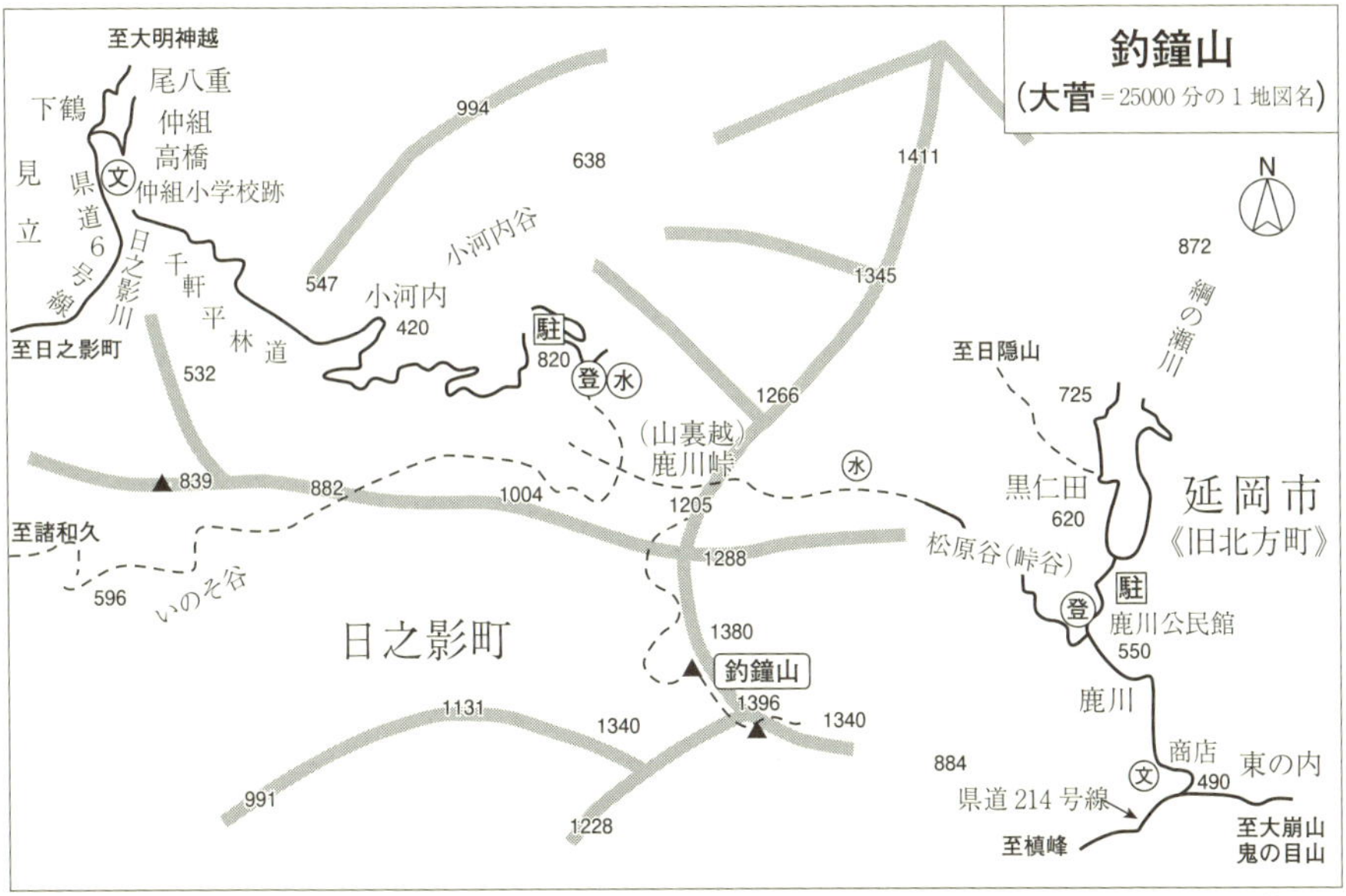

☞**県道6号線の下鶴**⇨(6.8km)⇨**登山口**⇨(50分)⇨**鹿川峠**⇨(60分)⇨**釣鐘山**⇨(60分)⇨**鹿川峠**⇨(30分)⇨**林道**⇨(25分)⇨**鹿川公民館**⇨(17km)⇨**槇峰**

通る。数分で再び渓流（松原谷）の右岸に渡る。鹿川峠から50分でコンター750ｍの南、北にはしる林道の終点に出る。直ぐ左（北）には松原谷の渓流が東へ流れている。林道をさけ植林作業道を直線的に下ると、約20分で遊園地を左に見て直ぐ車道に出る。車道から**鹿川公民館**は松原谷の橋をはさんで20ｍ先に見える。

◇**考察**　釣鐘山は祖母傾国定公園の域外であるが、県立自然公園の中にある。全山国有林で、西側斜面は伐採造林が9合目付近まで及び、東面と南面は切り立つ岩壁が連なっているためか登山口がつかみにくく、登山者はまれである。

　登山口は西の日之影渓谷側から、県道6号線の下鶴で右（東）折して千軒平林道を6・8㎞で、右側に登山口がある。

　今ひとつ東の上鹿川の三叉路から奈須商店前を経て1・2㎞で松原谷の橋を渡ると、鹿川公民館がある。この公民館の20ｍ手前から西へ農

鬼の目林道から西の釣鐘山（左）と日隠山（右）の稜線

道を上り、直ぐ右側に遊園地を見て、ほぼ直線的に渓谷沿いに鹿川峠へ向う。
　釣鐘山の北コルの峠は**山裏越**とも言い、日隠山の北の方、鹿納谷の上流から西の大吹谷へ越える**二十丁峠**（百曲）とともに、その昔、日之影の鉱山が隆盛をきわめていた頃、鉱石運搬の人馬や労働者あるいは商人らが東から西へ、西から東へ、これらの峠を越えて人馬の列が絶えなかったという。明治一〇年（一八七七）の西南の役では撤退する西郷軍が、宇目町方面から大明神越で、上祝子《かみほうり》川から鹿川越で上鹿川へ、上鹿川からこの鹿川峠（山裏越）を経て、日之影の丹助岳、矢筈岳に陣屋をしき抵抗したと言われているが、今日ではこれら峠越に当時の面影すらとどめていない。

行縢山《むかばきさん》（830m）☆☆

延岡市の西北には東、西約6kmにわたり花崗斑岩の岩脈が横たわり、その南面は至る所で大小の奇岩や岩壁が列をなして落ちこんでいる。行縢山はこの岩脈の西にある大岩峰で、むかばきの名は鎮西八郎為朝が狩猟などのとき着していた行縢（腰部から脚部にかけて用いる毛皮で作ったすねあて）を麓の神社に奉納したところから、あるいは滝をはさんだ雄岳、雌岳の形がむかばきに似ているとの説もある。

　山全体は祝子川《ほうりがわ》渓谷とともに祖母傾国定公園に包含され、九州自然歩道のルートにもなっている。登山ルートは西の北方町の二股桑水流《ふたまたくわずる》からもあるが、メインは南側からであろう。

行縢神社登山口（1時間40分）行縢山（1時間20分）登山口

日之影町から国道218号線を約31kmで延岡市の平田町に至る。信号機と行縢山の標識と国道の右（南）側に平田町農協がある。この信号機から左（北）折して7kmで**行縢山登山口**のバス停に着く。登山口の周辺には駐車できるスペースは充分にある。登山口の西に行縢神社の社殿が見え、養老二年（七一八）、紀州熊野大権現社の分霊が奉祀され、伊弉諾尊のほか二神が祀られている。古くは九州の修験道場としての霊山で、行縢大権現社として神仏混淆の社《やしろ》であった。

　神社の右側の登山口から整備された遊歩道に入る。一人でも迷うことはない道で、しばらくは原生林の巨木の中を行く。十数分で川幅数mの渓流を渡り、直ぐ再び渓谷に架かる鉄製板張りの橋を渡る。これから原生林の急坂を行く。行縢の滝が見える。登山口から二十数分で左折すると滝壺に至る。

　登山口から約1時間で上宮神社を左に見て通る。ここは雄岳、雌岳の鞍部で、これから平坦な遊歩道を行く。左は杉林、右は雑林で、数分ほど行き水流豊かな渓谷を石づたいに右岸へ渡り、杉林の中を10分余で右（北）に小渓流の水場を見ると、原生林の中の上りとなる。上宮神社から約40分で**行縢山**

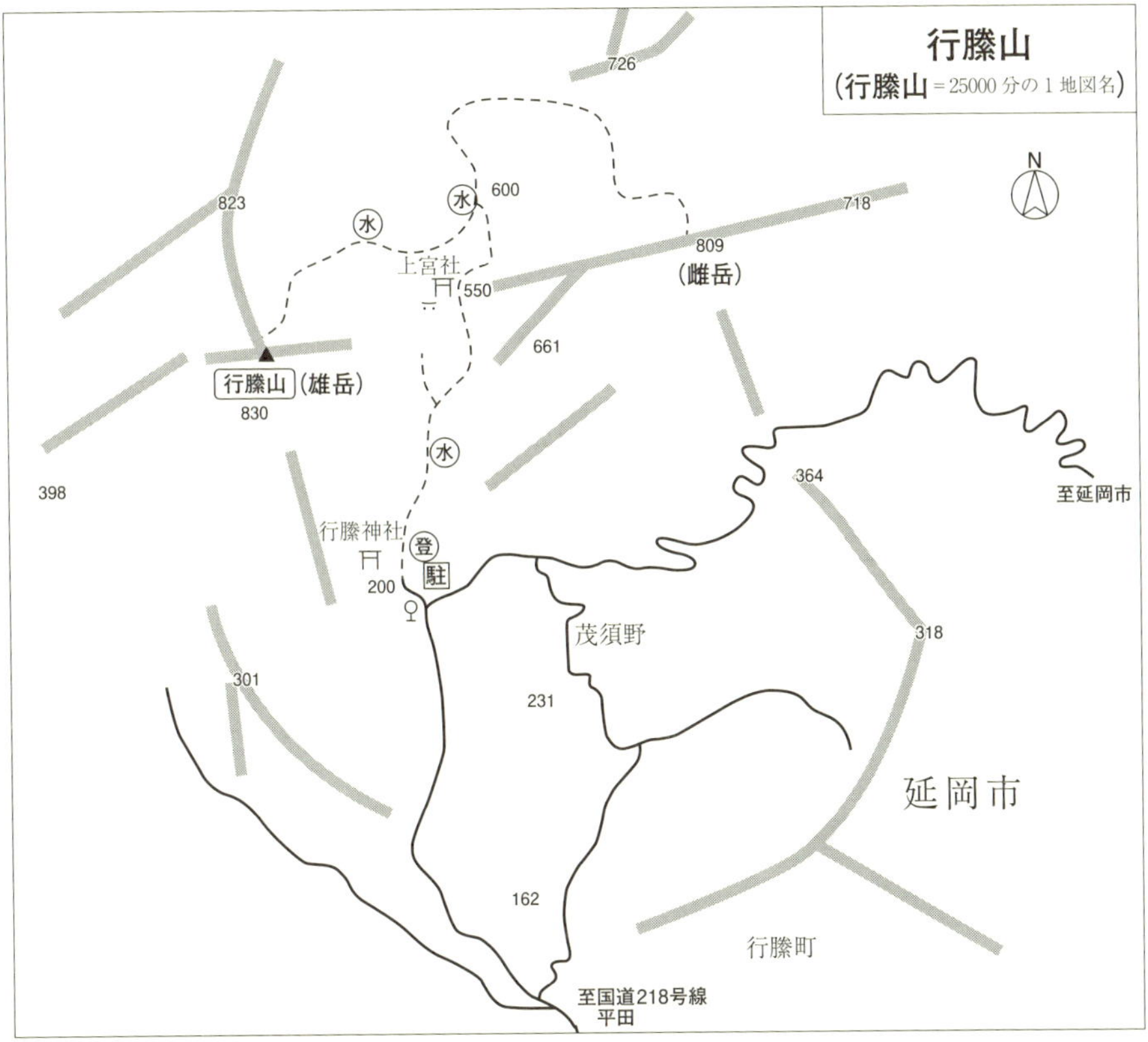

☞**登山口**⇨(1時間40分)⇨**行縢山**⇨(1時間20分)⇨**登山口**

頂に着く。岩石の多い山頂からの展望は四囲にわたり遮るものはない。

◇**考察**　行縢山は祖母傾国定公園の一環をなしているだけに丹助岳とならぶ雄峰である。国道218号線、延岡市平田町農協前から北へ行くと雄雌の岩峰が目前に屹立し、あたかも独立双耳峰の感じで、その両岩峰の鞍部から幅30m、高さ80mの行縢の

行縢山の南面瀑布

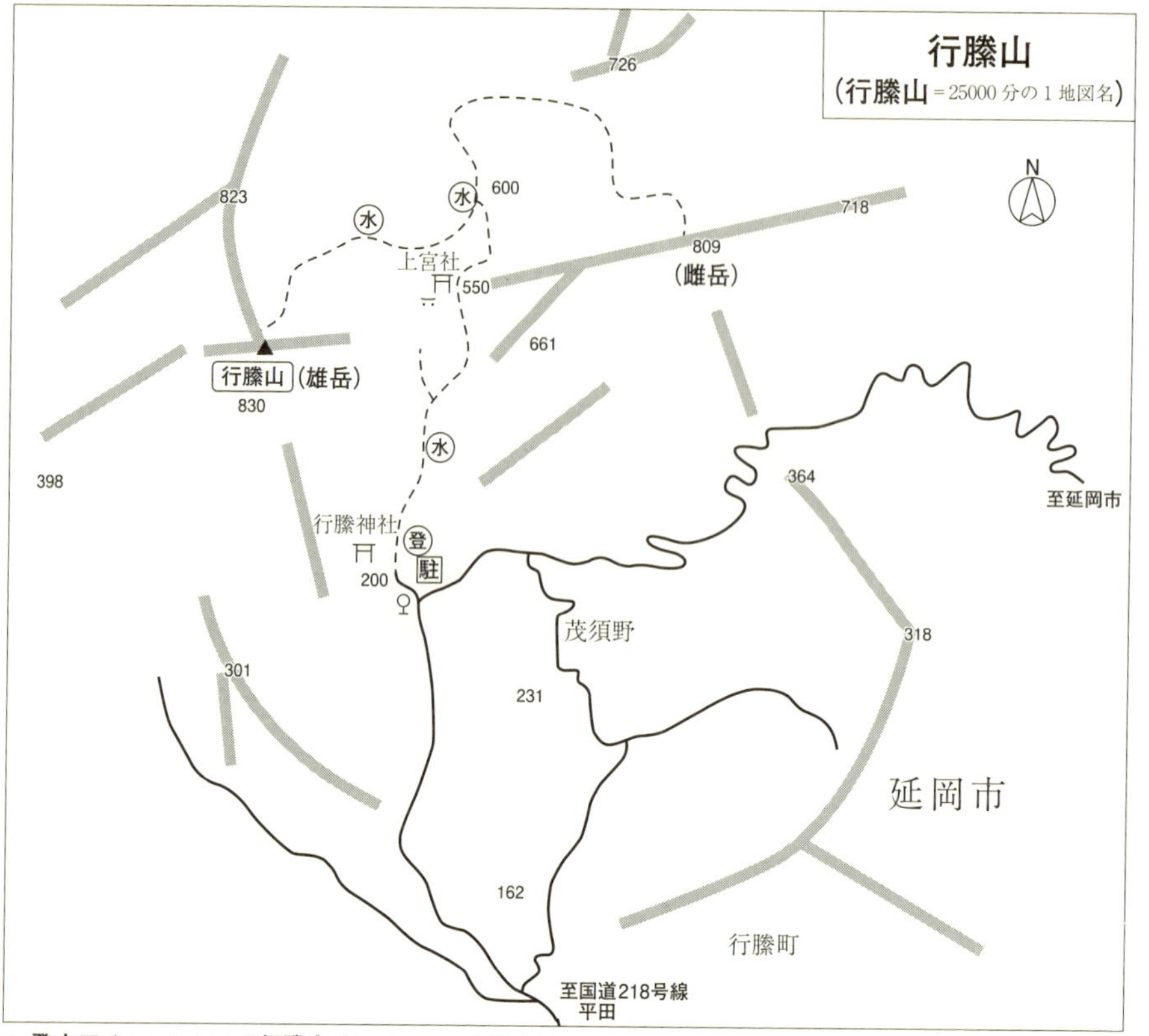

☞**登山口**⇨（1時間40分）⇨**行縢山**⇨（1時間20分）⇨**登山口**

滝（別名、布引きの滝、または矢筈の滝）が落下しているのを初めて見ると奇異に感じるが、山頂に立つと、この山は北側の山系から派生した尾根鼻に相当していることがわかる。ルートには至る所に水場が多く、山全体が植物の宝庫で、歴史を秘めた山でもある。

▽**比叡山**《ひえいざん》（918m）　国道218号線の槇峰から綱の瀬川の左岸に沿って県道214号線を5㎞で天然記念物花崗岩峰の比叡山の西の大岩壁を右に見る。県道の西側に完備した駐車場がある。登山口は少し行った県道の右から道標にしたがって石の階段を上り、山の神、水場を経て岩上の**千畳敷**に至る。これから尾根を東進し、展望台から山頂まで1時間40分で巨岩のある山頂に着く。丹助岳・矢筈岳とともに祖母傾国定公園の飛地だけに見事な眺めである。

なお今ひとつは県道の少し先、片内から入るルートもある。

二ツ岳《ふただけ》（1257m）乙野山《おつのやま》（1100m）

西峰は祖母、傾の縦走路にある本谷山（1643m）から南へ派生して、1495m、1308mの峰を容する支尾根線上に坐している。本谷山から南へ直線的に3kmで追越に至り、さらに1kmで乙野山、そしてこれから小林峠を越えてなお3kmの位置に二ツ岳のピークを見る。この稜線は現在、高千穂町と日之影町との行政境界線をなしているが、以前は煤《すす》市《いち》、出羽《いずるは》（現在、民家消失）、見立《みたて》の集落は高千穂の行政域で、追越、小林峠は往還路として重要な峠路であった。

二ツ岳は山麓住民の信仰の山岳として栄え、山頂には正治元年（一一九九）建立の宇佐八幡から勧請の二ツ岳正八幡宮の祠が山の歴史を物語る。以下、高千穂町側と日之影町側からの登山ルートをそれぞれ述べる。

1

高千穂町第一富野尾橋（1km）**林道分岐**（60分）**稜線出合**（30分）**二ツ岳**

日之影町中村橋北（2・8km）**林道終点**（1時間10分）**稜線出合**（30分）**二ツ岳**

高千穂町天之岩戸《あまのいわと》神社手前から県道207号線に入り、馬生木《まうぎ》、黒原、大猿渡《おおそたり》、栃の木そして富野尾のバス停まで9kmである。バス停の150m手前に富野尾橋があり、さらに100m手前に**第一富野尾橋**がある。ここが目標となる。この第一富野尾橋のたもとから東南へ幅3mの林道に入り、1kmで林道分岐に駐車する。分れを左へ上ると右側に取水タンクを見て造林作業道に入る。クヌギ林から雑林にかわり、スタートして30分で、左側に森林開発公団の黄色看板を見る。これから造林の中を上り30分でコンター1158mの稜線に出る。

片側にふたかかえもある松の巨木を見る。真直ぐ東へ下れば日之影町赤川へのルート。稜線を右（南）へとり、1100mピークを越えると間もなく石祠が坐す。御宇正治元年（一一九九）、二ツ岳正八幡宮である。稜線の日之影町側は自然林で、高千穂町側は伐採、植林が延び上っている。30分余で三等三角点の**二ツ岳**に達す。狭小な頂からは祖母山系の一部が望める。

次に日之影町側ルー

山頂手前に坐す二ツ岳正八幡宮の祠

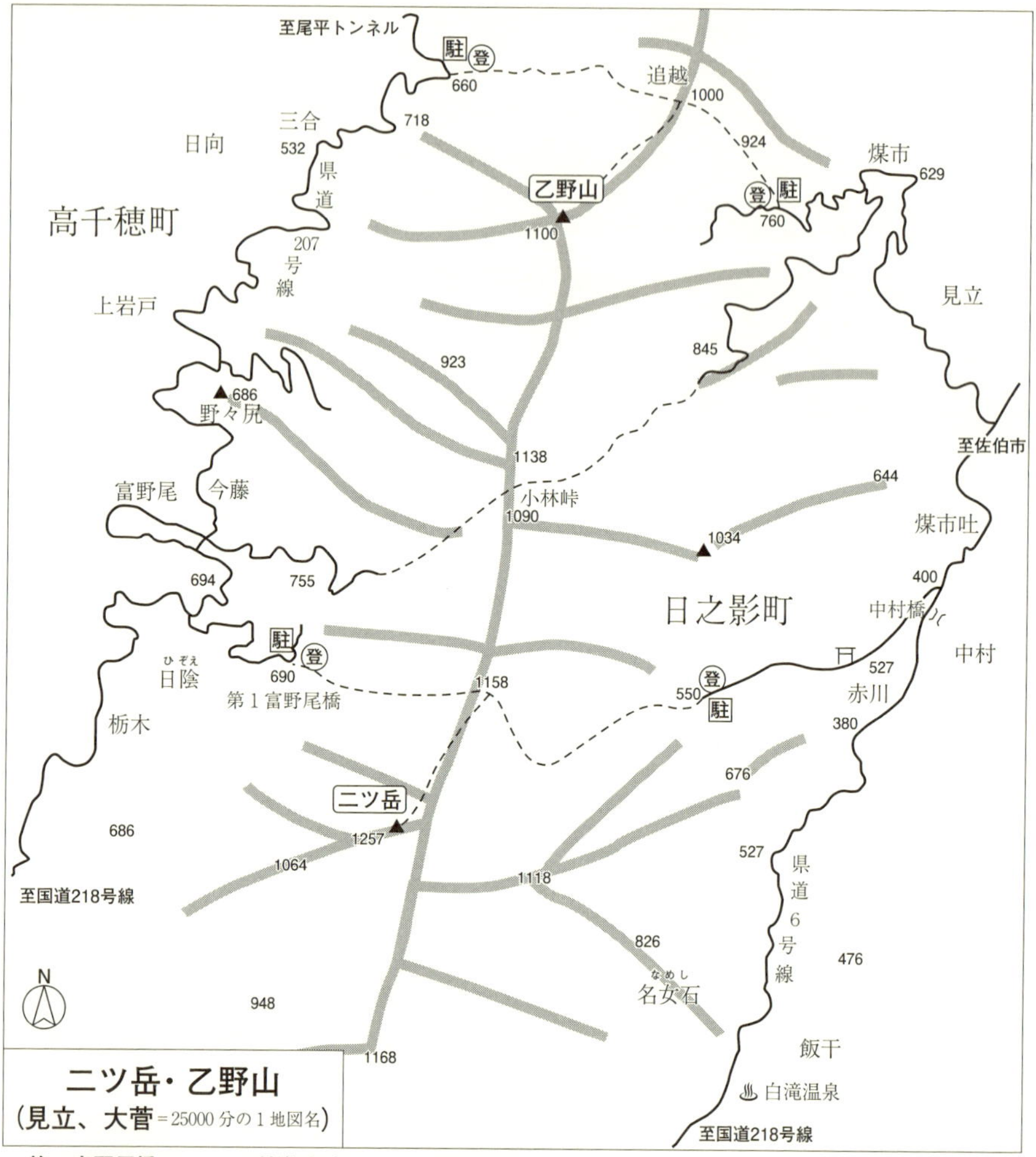

二ツ岳・乙野山
(見立、大菅＝25000分の1地図名)

☞第1富野尾橋⇨(1km)⇨林道分岐⇨(60分)⇨稜線出合⇨(30分)⇨二ツ岳
☞中村橋北⇨(2.8km)⇨林道終点⇨(70分)⇨稜線出合⇨(30分)⇨二ツ岳
☞高千穂町萱野橋登山口⇨(60分)⇨追越⇨(30分)⇨乙野山
☞煤市雨量観測所⇨(40分)⇨追走⇨(30分)⇨乙野山

トを述べる。県道6号線沿い赤川集落の中村橋(これを渡る林道は日隠林道で、五葉岳、鹿納山、日隠山などへのルート)から県道を北へ100m進むと、西側に二ツ岳への道標がある。道標にしたがい、西へのびている車道を1・5km行くと右上に二ツ岳八幡神社を見る。なお1・3km行き林道は終る。

駐車して西へ、渓流を二つ渡り、右に梅林、左下が渓流である。45分で右側の岩壁に沿って上る。30分でコンター1158mの稜線の出合に着く。松の巨木を確認して左(南)折する。二ツ岳正八幡宮の石祠を左に見て、右側を上り、30分弱で山頂に至る。

2

高千穂町萱野橋登山口（60分）**追越**（30分）**乙野山**
日之影町煤市《すすいち》（40分）**追越**（30分）**乙野山**

高千穂町の県道207号線の富野尾バス停から車道を北へ３km で岳谷橋を渡る。さらに２km行くと山河橋で、これから０・７kmで萱野《かやの》橋となる。この橋の直ぐ北側から右（東）へ渓谷の右岸沿いに入る。両岸の斜面は植林域が続く、左岸、右岸と変りながら登る。このいにしえの笠道を60分で、コンター１０００ｍの**追越**に着く。南西側に四百年杉がそびえ、北側に地蔵尊２基が坐している。これから南へ稜線をたどって30分で三等三角点の**乙野山**に至る。雑林とスズタケで、眺望なし。

高千穂町日向より乙野山の西面を望む

次が日之影町ルートで、県道6号線、見立の県道沿いに煤市の道標を見て、左（西）折して３kmで煤市の集落で、佐保氏の旧宅がある。これから約１kmで林道の右上に、昭和五〇年（一九七五）三月二〇日、設置の建設省の無人雨量観測所がある。コンター７６０ｍの地点になる。ここに駐車し、これから尾根づたいに西進すること40分で、高千穂町側ルートと出合う**追越**である。これから南へ稜線をたどり、ふたつの小ピークを越え、30分で**山頂**に着く。稜線の東側は造林で、西側は雑林に被われる。

二ツ岳と乙野山は同じ稜線上のピークで、一日で充分、登頂可能であるが、稜線の縦走はブッシュ化が進み難渋するだろう。

⑩霧立・椎葉・米良の山

向坂山《むこうさかやま》（1684m）☆
白岩《しらいわ》（1620m）☆☆
白岩山《しらいわやま》（1646m）☆

これら三峰は霧立越のピークをなしているが、宮崎県五ヶ瀬町側からの林道造成と昭和五四年（一九七九）一〇月の第三四回宮崎国体山岳競技会のコースとなり、また向坂山東側に冬季スキー場が開設されて林道が整備され、これを利用すれば登頂は極めて容易であり、山頂に至る遊歩道もあり、単独でも難しいことはない。なお白岩の山開きは毎年、登山基地の波帰《はき》で四月下旬か、五月上旬の連休日に行われる。

スキー場側登山口（20分）**白岩峠**（20分）**向坂山**（15分）**白岩峠**（20分）**白岩**（20分）**白岩山**（30分）**白岩峠**（20分）**登山口**

国道218号線、熊本県山都町馬見原《まみはら》から五ヶ瀬町の本屋敷まで11km、本屋敷から西折して上り、波帰まで2km、波帰から林道を迂曲して、カシバル峠の上の登山口まで約6kmである。カシバル峠の直ぐ上に波帰国有林のプレートと第三四回宮崎国体山岳競技大会Aコースの標柱がある。カシバル峠の標柱から林道分かれとなり、真直ぐ行けばこの林道は木浦山の北を蛇行し、国見峠の北側で国道265号線と接続して再び本屋敷の方へ下る。右折して20mで左側に**向坂山登山口**の標柱がある。直進すれば向坂山スキー場に至る。

登山口から遊歩道はブナ、カエデ、ホオノキ、トチノキなど広葉落葉樹の多い原生林の中を西南方向へ約20分上ると、標高1558mのだだっ広い**白岩峠**に着く。直進して峠を下れば椎矢林道へ（ブッシュ化が激しい）、左は白岩山へ、右が向坂山への標柱があり、杉の古木が数本眼につく。ま

白岩峠の標柱

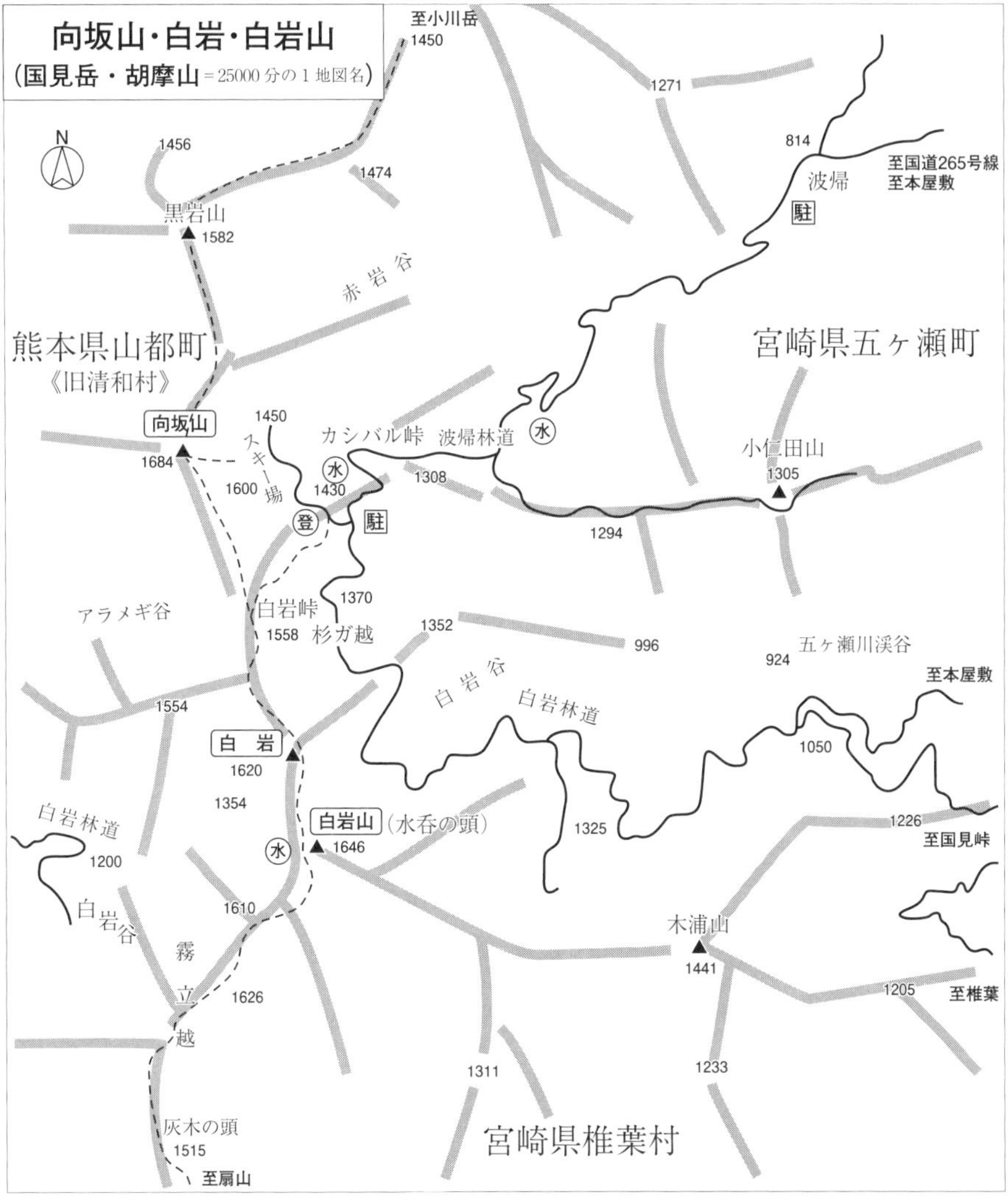

☞**登山口**⇨(20分)⇨**白岩峠**⇨(20分)⇨**向坂山**⇨(15分)⇨**白岩峠**⇨(20分)⇨**白岩**⇨(20分)⇨**白岩山**⇨(30分)⇨**白岩峠**⇨(20分)⇨**登山口**

ず右折して向坂山へ。スズタケの中に原生林の起伏の少ない尾根を行く。20分余で二等三角点の**向坂山**に着く。平頂の山頂は約20坪の広さに切り拓かれ、眺望は樹木にさえぎられてよくない。

再び白岩峠に引き返し、南へ、コンター1610m峰の西をまいてゆるやかな上りになると、正面に白岩山頂入口の標柱と白岩石灰岩峰、昭和三七年（一九六二）指定の植物群落天然記念物のプレートを見るが、目前の1620mの岩石の小尖峰は白岩山でなく、**白岩**である。この辺りには中部以北から北海道の主に亜高山に産する落葉低木のヒロハヘビノボラズが、九州ではこの白岩だけに自生しているのは珍しく、貴重である。その他ミヤマビャクシン、バイカウツギ、オニシバリ、ソバナ、ヤマシャクヤク、ヤマブキショウマ、アオスズラン、ウスユキソウなど数多い。白岩の岩峰は西南側は切りたっていて展望は三六〇度にわたる。国見岳を中心に向霧立の連山、遠く市房山、江代山など、北は祖母、傾、大崩の山なみまで見渡せる。

白岩山とあるが、これが白岩（1620m）である

　これからさらに南へ、原生林の尾根のスズタケを分け、西をまいて約500mで**白岩山**（1646m）に至る。灌木に被われて眺望はきかない。山頂の西側、50m下に水場があるところから、白岩山のことを**水呑《みずのみ》の頭《かしら》**とも呼んでいる。

　下山は再び白岩峠に戻り、林道登山口へと引き返す。

◇**考察**　福岡方面から行くと、高速自動車道の御船インターまで120km、これから国道218号線を東進し馬見原から265号線に入り、本屋敷を経て登山口まで約80kmで、合計200km余である。マイカーは波帰の集落か、カシバル峠の上の登山口付近に駐車できる。山頂への遊歩道がはっきりしているので、単独でも間違うことはない。

　山頂や尾根筋には原生林とともに珍しい植物があるが、天然記念物に指定されていて、採取厳禁である。登山基地の波帰にはヤマメ養殖場があり、民宿も多く利用しやすい。なお国道265号線沿い鞍岡の派出所横にあるしだれ桜は、五ヶ瀬町三ヶ所の浄専寺の天然記念物のしだれ桜に準ずるほどで、一見に値する。

　白岩峠から白岩山への登山ルートとして今ひとつ、内大臣橋を渡り、内大臣・椎葉間43kmの九州横断林道の椎矢峠（1420m）から椎葉側へ約5km下り、コンター1150mから左折する（白岩）林道に入る。この林道は絶えず落石箇所が多く、マイカーの進入は困難である。この林道を約3km行くとアラメギ谷（耳川の枝流）の右岸に白岩山登山口の道標があり、これから見事な小渓流沿いに約1時間40分で白岩峠に出るがブッシュ化が激しい。

　また、白岩山・扇山間、約8kmの霧立越《きったしごし》縦走ルートは最近かなり整備されて歩きやすい。白岩山をスタートし、遊歩道は稜線のピークは踏まずにスズタケと原生林の稜腹を東へ西へと移動しながら、ほぼ平坦な道を南へ約2時間40分で、扇山9合目の山小屋の裏手に至る。

小川岳《おがわだけ》（1542m）☆

霧立越《きりたちごし》は黒峰（1283m）に始まり小川岳、向坂山《むこうさか》（1684m）、白岩山（1646m）、扇山（1661m）と連なり、椎葉へ落ちる。小川岳は熊本県山都町と宮崎県五ヶ瀬町の境界にあり、山頂一番は千古斧を入れない原生林に被われ、展望は期待できない。

登山ルートは五ヶ瀬町の小川と波帰《はき》、そして向坂林道終点からの三つが考えられるが、いずれも若干の藪こぎを強いられる。この中で比較的分りやすい波帰からのルートを述べる。

波帰《はき》（40分）**林道終点**（1時間30分）**小川岳**（2時間）**波帰**

高速自動車道の御船インターから矢部町を経て、蘇陽町馬見原交差点まで50km。これから南折して国道265号線の五ヶ瀬町本屋敷まで11kmである。本屋敷から右折して2kmで**波帰**の集落に至る。波帰生活改善センターに入る車道の左（南）側に白岩山登山口の標柱があり、その向かい側から造林公社による林道波帰線が東をまいて北から西へ上っている。

波帰から歩いて約40分で林道の西北端に至る。この林道はさらに1185m峰をまいて南へ100mのびている。

林道西北端の尾根から黒岩山（1582m）、向坂山、白岩山の稜線が目前に連なる。

これから遊歩道のような造林作業道に入り、西北西の方向の尾根をめざす。尾根の西南は造林、東北は雑木が残る。五月初めにはアセビ、コブシの白い花が鮮やか。作業道に入り10分で昭和五二年（一九七七）造林公社分収林の標柱を見る。さらに20分余で造林地帯から原生林とスズタケの中となるが急坂はない。コンター1378mあたりはスズタケの中にモミ、トガ、カヤ、カエデ、ブナなどの巨木やアセビ、シャクナゲなどを見る。スズタケの中の鈍頂には境界見出標の山印の官山石柱があるので、ルートの目印になる。

所々スズタケに阻まれながら山頂まで踏み分け道が続き、林道終点から約1時間半で**山頂二等三角点**に達す。山頂からの展望はないが、原生林に包まれた周囲のたたずまいに安らぎをおぼえる。

最近、小川岳から黒岩山を経て向坂山へ至る稜線ルートが整備されている。

波帰から小川岳、向坂山の稜線

☒**考察**　山名は五ヶ

小川岳
（緑川、鞍岡＝25000分の1地図名）

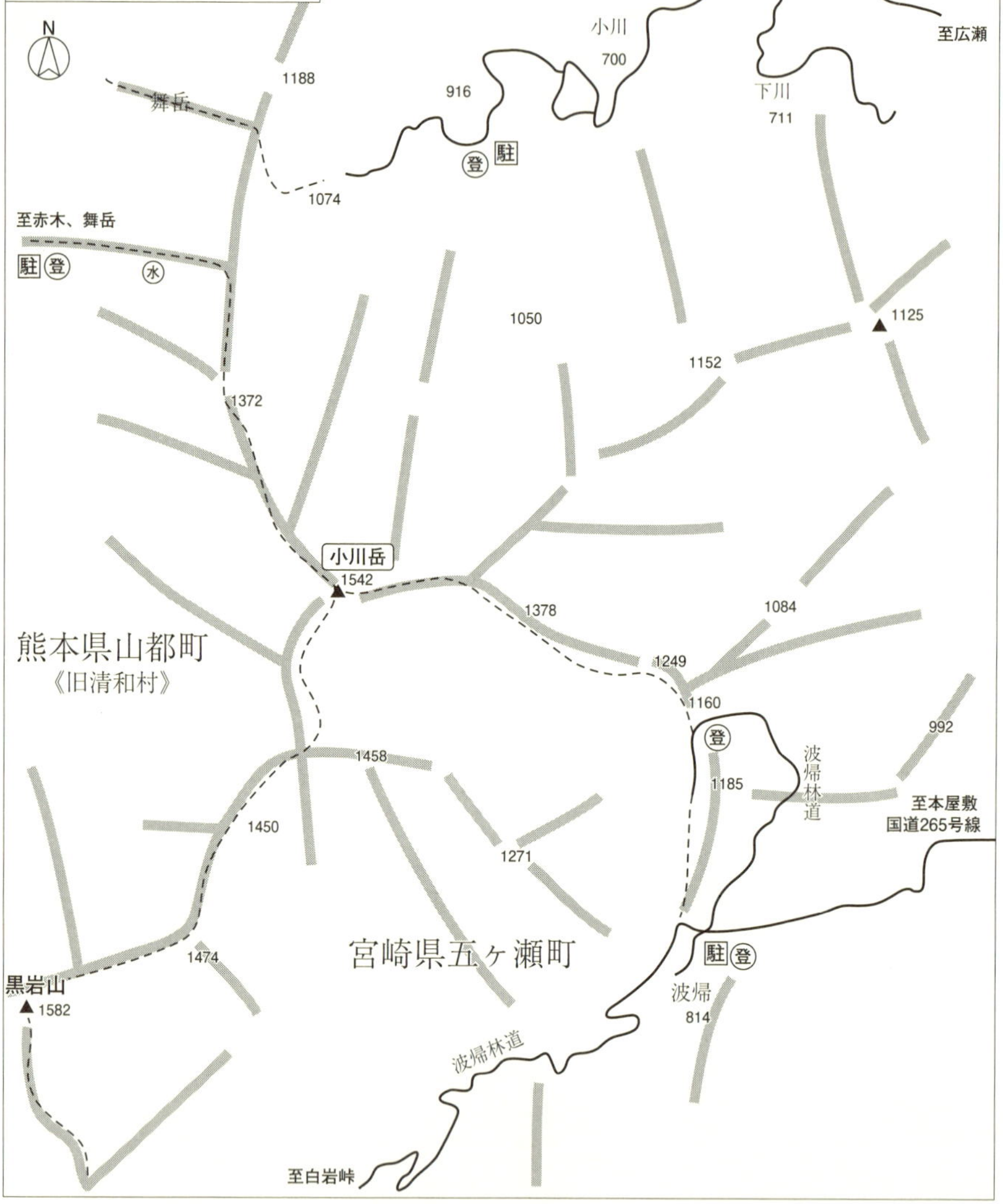

☞波帰⇨（40分）⇨林道終点⇨（1時間30分）⇨小川岳⇨（2時間）⇨波帰

瀬町鞍岡の西に小川の集落から付けられたものだろう。霧立山系は北の黒峰を起始として南行するが、稜線一帯はスズタケが密生する。

最近、メーンルートになっているのは熊本県山都町側からで、国道218号沿いの大川の清和文楽館から直ぐの信号機で南折し、県道153号を緑仙峡へ。市の原、尾野尻、滝下の郵便局前を東折し、赤木、舞岳（集落名）の２００ｍ先に登山口のプレートを見て、東へ林道を１km上り、駐車スペースを利用。農道から遊歩道に入り70分余で県境の稜線を南へ辿り山頂に至る。上り2時間10分、下り90分である。

黒峰《くろみね》（１２８３ｍ）☆☆

脊梁山脈の玄関に西の矢筈岳と対峙し、展望に秀でた三角点の山で、黒峰という山名は九州に唯一である。宮崎県五ヶ瀬町と熊本県山都町の境界線上に位置し、古くは山都町の栗藤と五ヶ瀬町の鞍岡《くらおか》とを結ぶ笠道だが、黒峰と直ぐ南の１２５０ｍ峰との鞍部を通っていたが、現在ではブッシュ化してしまい、国土地理院の地図の破線は消失している。

登山ルートは東の鞍岡、北の鎌野、西の栗藤からの三つがあるが、いずれも登山専用ルートはないので若干、藪こぎになる。山頂の草原からの眺めが非常によい。

祇園町側登山口（60分）黒峰（40分）登山口

国道218号線、ヤマメと焼酎と浄専寺のしだれ桜で代表される宮崎県五ヶ瀬町の馬見原《まみはら》から、国道265号線へ南折する。約6kmで**鞍岡の祇園町**に至る。しだれ桜のある交番の50ｍ先か、または祇園町バス停の２００ｍ手前から西折して町道に入る。倉本を経て一の瀬の集落まで2km、これから林道は蛇行し、なお県境近くまで約１・５kmのびている。林道の左（南）側に県行造林記念碑の標柱がある。これから数十ｍ先か、林道終点から約１００ｍ手前付近から北側の杉林の中に入る。

斜面をジグザグに西へ上ると30分で、黒峰の南の草原の鞍部に出る。直ぐ南には岩峰がある。

北側の山頂をめざし、背丈なすススキを分けて稜線の急坂を上る。東は造林されているが、南、西は展開しているので

熊本県山都町大平から黒峰の西側を見る

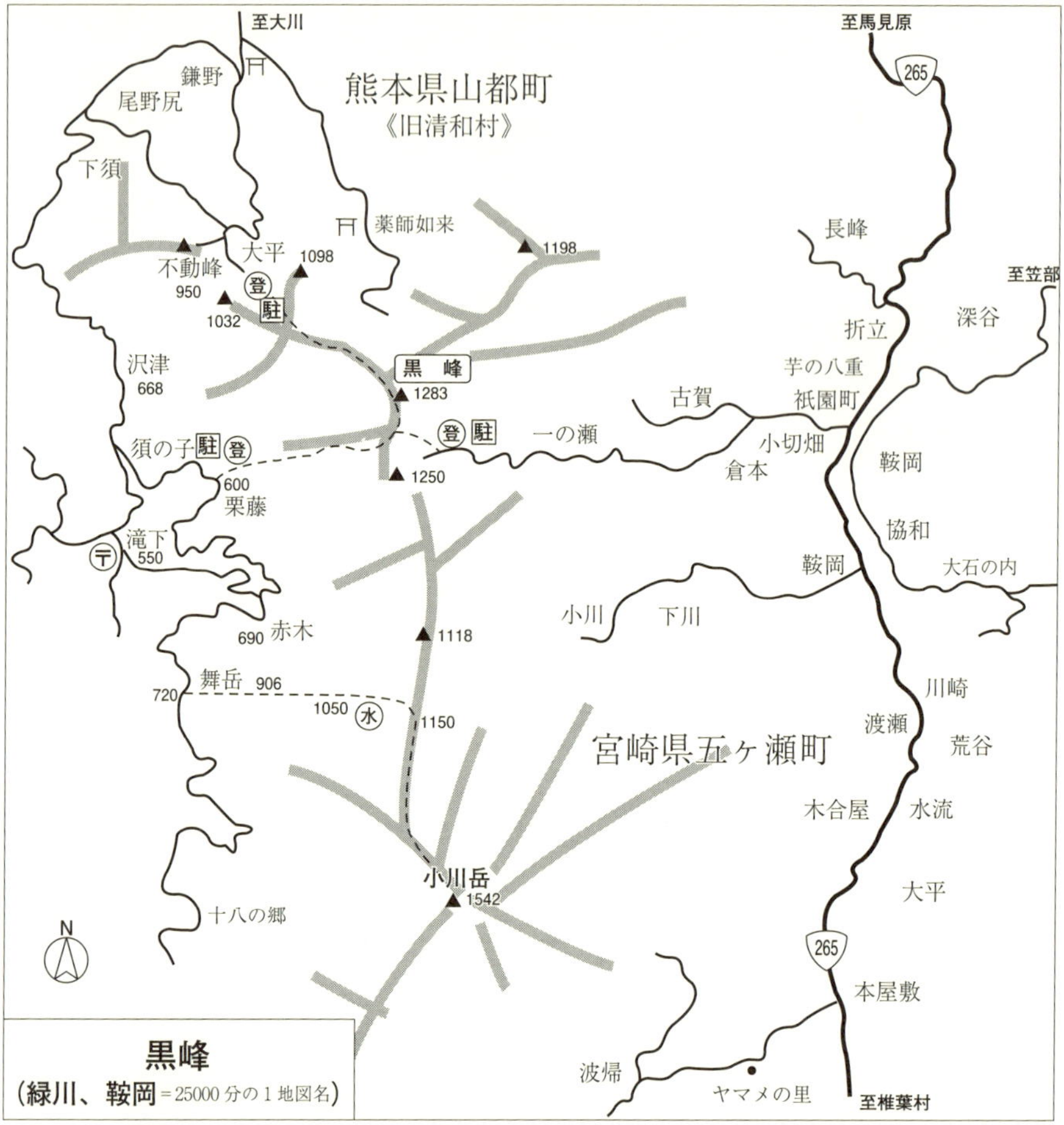

☞登山口(鞍岡側)⇨(1時間)⇨黒峰⇨(40分)⇨登山口

山なみを楽しみながら上る。林道登山口から1時間で三角点の**山頂**に至る。南の小川岳、向坂山、三方山、国見岳、稲積山、西の矢筈岳、遠く雲仙岳、阿蘇の連峰、北の九重連山、祖母、傾の峰が大パノラマをなして横たわる。ことに脊梁山系へ緑川渓谷が楔状に入りこみ、霧立の峰々が手にとるようである。

◇**考察**　熊本県山都町からのルートは、尾野尻から東へ入る林道を不動峰（950m）の北東を経て4kmで、また鎌野から入る林道を5kmで大《おお》平《だいら》の旧牧場台地に上り、遊歩道を1時間30分で山頂に着く。

鎌野から薬師堂を経る林道は4kmまでのび、終点から黒峰へのルートはないが、いずれにしても大平の台地を目標にして黒峰の西尾根をたどると遊歩道が整備されている。

祇園山《ぎおんやま》（1307m）☆
揺岳《ゆるぎだけ》（1335m）☆

両峰とも五ヶ瀬町のほぼ中央に位置し、五ヶ瀬川本流と支流の三ヶ所川に挟まれた山系で、両峰の鞍部には標高1023mの林道大石越が東の大石と西の大石の内の集落を結ぶ。

祇園山の名を高めたのは昭和二七年（一九五二）当時、通産省地質調査所の技官らが、この山域で採取した岩石を調べるうちに、4億3000万年前のシルル紀の化石を発見したことにより、この祇園山が大昔、地殻の変動によって海岸から隆起してできた日本最古の山、そして九州島のルーツとして地質学的に注目を集めたことである。その後、昭和五五年（一九八〇）、岐阜県吉城郡《よしきぐん》上宝村《かみたからむら》（現高山市）においてさらに古い4億8000万年前のオルドビス紀の地層が発見されて、日本最古の大地の座をゆずったわけである。

1　大石越（1時間20分）祇園山（60分）大石越

祇園山は岩石塁々とした山容と九州本島のルーツに魅力を感じる。登山口は揺岳との鞍部の大石越と西の鞍岡祇園町から、そして北の笠部からの三つが考えられるが、後の二つの

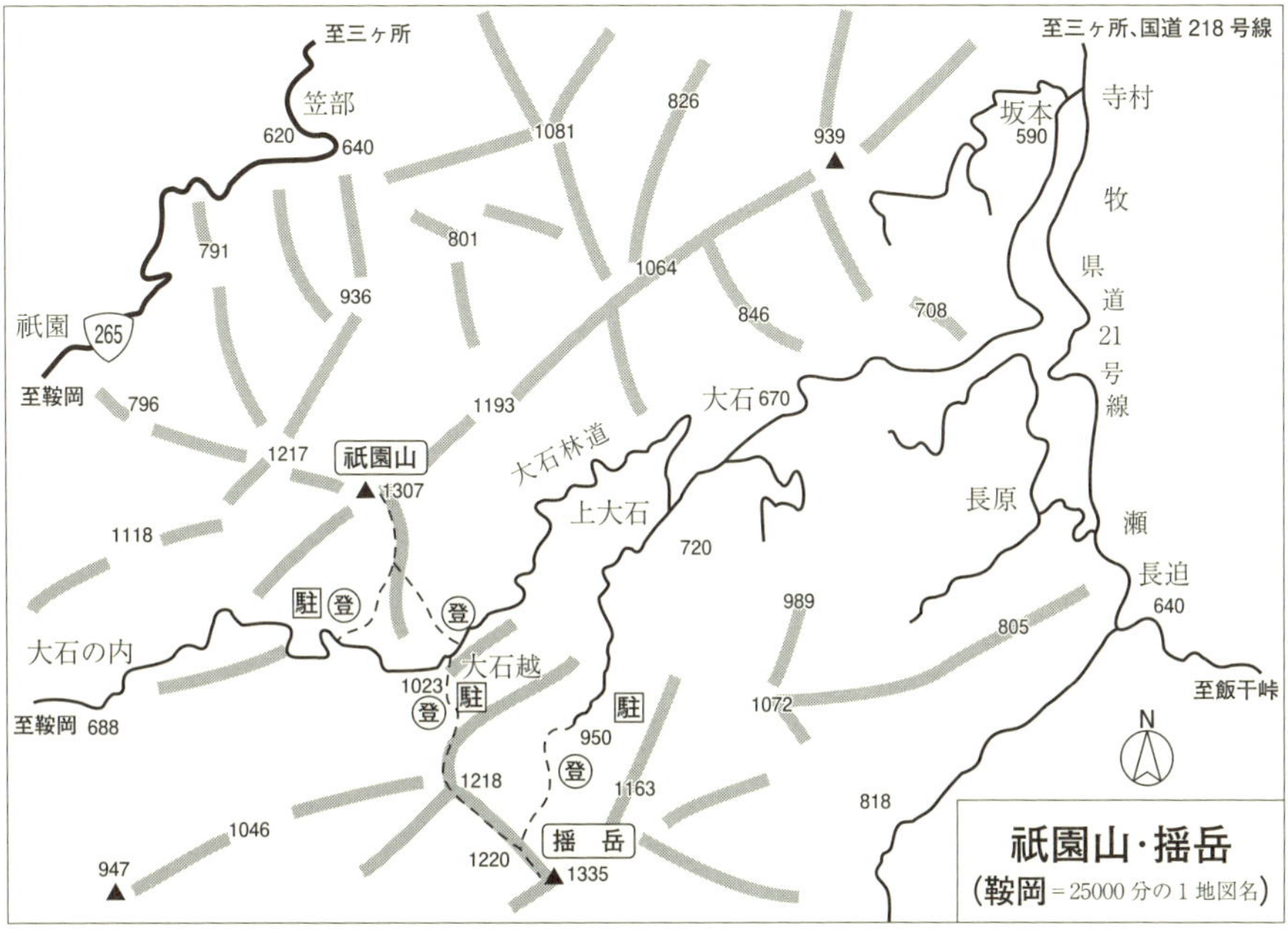

祇園山・揺岳
（鞍岡＝25000分の1地図名）

☞大石越⇨（1時間20分）⇨祇園山⇨（1時間）⇨大石越
☞登山口⇨（1時間）⇨西側鞍部⇨（20分）⇨揺岳⇨（1時間）⇨登山口

ルートはいずれも8合目あたりで岩壁に阻まれ登頂困難である。したがって大石越からのルートが適当であろう。

　福岡から国道218号線の馬見原まで160km、馬見原からなお6kmで三ヶ所川を渡った信号機（赤谷トンネル手前）から右（南）折し、県道21号線を行く。宮の原のしだれ桜で有名な西栄山浄専寺、そして隣接の三ヶ所神社を左に見て5kmで坂本に至る。坂本バス停から右折して町道に入る。大石を経て上大石の集落まで4kmである。この集落の下を直進すると揺岳へのマイカールートで、上大石集落の入口から右の林道をえらぶ。1kmほどで正面に揺岳の姿が見える。さらに1kmで**大石越**に着く。坂本バス停からは6km。峠の左（南）に広域基幹林道大石線のプレートの所に駐車する。

　遊歩道がないので大石越の峠から50m西へ下ったあたりから右（北）の杉林の中の急坂を西北へ上る。造林域からスズタケを分けて約1時間で、コンター1160mの尾根に上る。

東から望む祇園山

さらにスズタケと雑林の尾根を伝う。右（東）側は尾根近くまで檜林がのび上っている。これから10分で岩石と灌木の中にヒカゲツツジの群生がある次のピークに上る。ここからの眺めは東の諸塚山、大仁田山など、南の揺岳、黒岳、西の黒峰から白岩山の稜線が指呼の間である。さらに灌木と石灰岩の尾根を10分で二等三角点の**祇園山**に達す。山頂はやや平頂で雑林に被われて展望がない。

　下山はコンター1160m尾根あたりから右（南）側の杉の造林地帯に入り林業作業路をえらんで小渓谷の方へ下ると、ちょうど**大石越**の峠から西へ500m下った林道へ出る。登りもこのルートをえらんだ方がよい。

◇**考察**　坂本バス停から上大石の集落を経て6kmで林道大石線の大石越に至る。これから西へ500m下ると、右（北）側に小渓谷と林業作業路の入口がある。ここから祇園山頂をめざす。岩石の多い山頂一帯はゴヨウマツ、シャクナゲ、ヒカゲツツジなどの群生を見る。

　五ヶ瀬町の三ヶ所神社は文政元年の建造物で、境内の榊の大木が珍しい。三ヶ所神社の秋祭（九月二九日、三〇日）には380年の伝統をもつ荒踊りが坂本城趾で奉納され賑わう。

2 **鞍岡側登山口（60分）西側鞍部（20分）揺岳（60分）登山口**

五ヶ瀬町の県道21号線の坂本バス停から西へ町道に入る。

坂本小学校横を通り、走川谷川に沿い４kmで上大石の集落入口から右へ行くと、林道大石越線で、左をえらび上大石の集落を右に見て行くと林道に変わる。右下に渓流を見て上ること３kmで林道終点となり、駐車する。林道終点から西へ杉林の作業道を上る。30分で杉のまばらになった涸谷を西南へ上ると、ようやく二次原生林に変わり急坂となる。バイケイソウ、ハシリドコロが群生している。

登山口から1時間で揺岳の北西の**鞍部**に出る。この稜線は北西から東南にはしる尾根で、南面は杉林が稜線まで及んでいる。この尾根を北西へ行くと造林の中を大石越に至る。先の鞍部から東南へ岩石まじりの急坂の尾根を上る。落葉樹が多く、紅葉の頃は風情である。

鞍部から20分で**揺岳**の頂に達す。山頂は約５坪、尖峰状で灌木に被われる。東と南の展望がえられ、諸塚山、大仁田山、黒岳の山なみを越えて、晴天の際は日向灘が見える。

◇**考察**　五ヶ瀬町の主峰は白岩、黒峰、大仁田山などだろうが、祇園山と揺岳は林道大石越を基点として、一度は登頂してみたくなる山岳である。大石越から南側の造林地帯を経て、コンター１２１８ｍの尾根にとりつく。この尾根道が揺岳山頂へとのびているので単独でも困難なことはない。

地殻の隆起か地震で揺れ動いたのであろう。揺岳《ゆるぎだけ》とは面白い山名である。

大仁田山《おおにたやま》（１３１６ｍ）☆☆
諸塚山《もろづかやま》（１３４２ｍ）☆
赤土岸山《あかどうぎしやま》（１１６９ｍ）☆

七ツ山山系の部分で、大仁田山、赤土岸山は諸塚村と五ヶ瀬町の、諸塚山は諸塚村と高千穂町の境界をなす稜線にあり、北の三ヶ所川、南の七ツ山川の分水嶺をなしている。高速自動車道松橋インターから国道218号線を東進し、62kmで山都町馬見原に着く。さらに10kmで五ヶ瀬町三ヶ所川の橋を渡った交差点から信号機の標示を見て南折し（橋のたもとにはそば焼酎雲海の工場がある）県道21号線に入る。宮の原、坂狩、坂本、長迫、尾平から蛇行する上り坂を14kmで飯干峠に至る。峠の広場には西南の役の西郷隆盛退軍路の碑がある。

昭和五八年（一九八三）五月、飯干の集落を基点にした諸塚、赤土岸《あかどうぎし》、飯干峠、大仁田、黒仁田のルートは県の山岳競技会のため、遊歩道の整備がなされたが、その後、大仁田山、黒仁田山、飯干のルートはブッシュがひどくなっている。国道503号線、飯干峠（１００６ｍ）の南側には格好の便所つき広場があり、30台余の車は収容できる。ここに駐車すれば三山の登頂は一日行程で充分であろう。

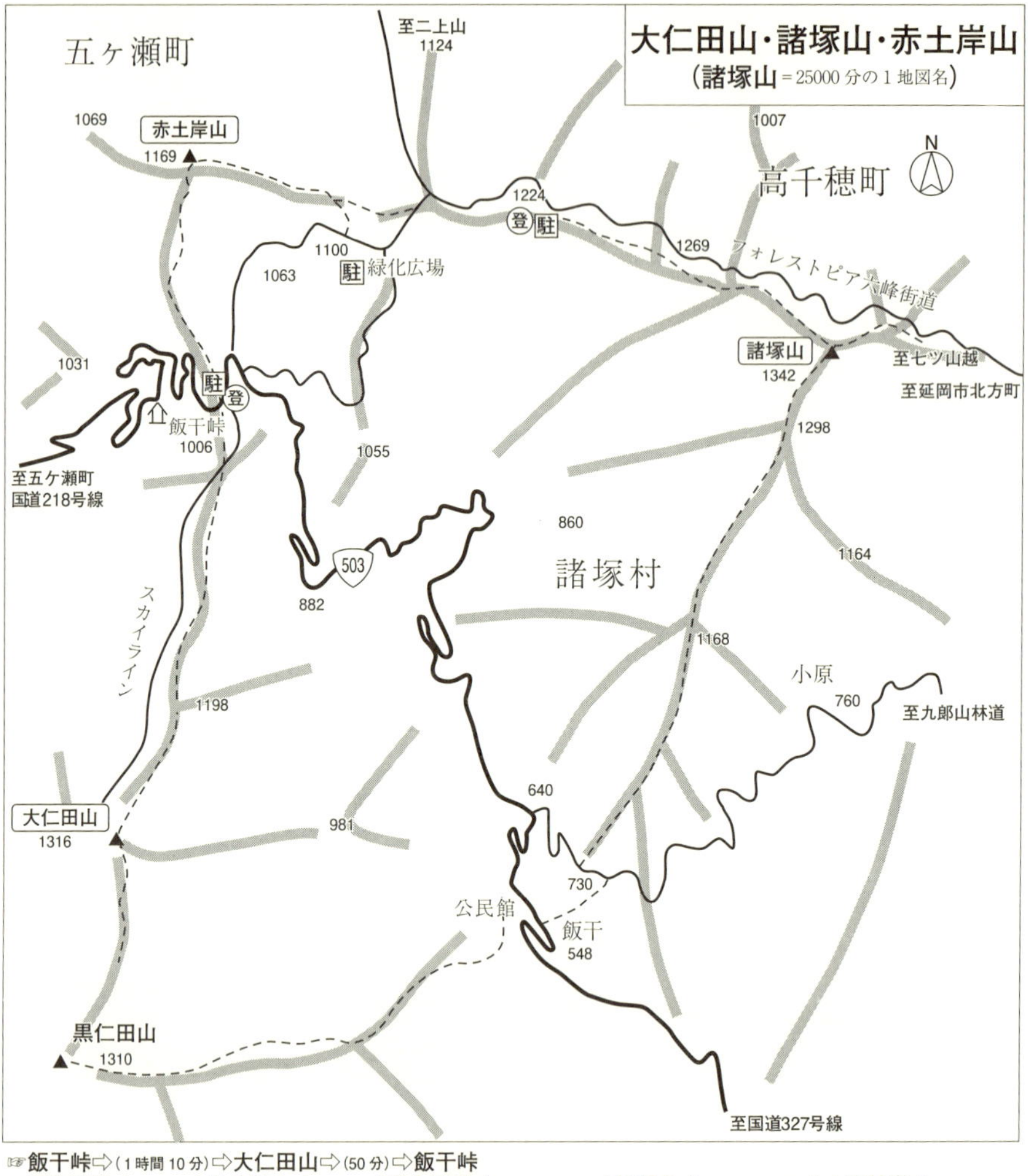

☞**飯干峠**⇨（1時間 10 分）⇨**大仁田山**⇨（50 分）⇨**飯干峠**

☞**緑化広場**⇨（20 分）⇨**赤土岸山**⇨（20 分）⇨**緑化広場**⇨（1時間 30 分）⇨**諸塚山**⇨（1時間 10 分）⇨**小原林道**⇨（1.5km）⇨**県道 21 号線**⇨（6km）⇨**飯干峠**

飯干峠から黒仁田山（中央）と大仁田山（右）を望む

1 飯干峠（1時間10分）大仁田山（50分）飯干峠

飯干峠の西郷隆盛退軍路碑の後に大仁田山登山口の道標がある。町村界の尾根道を南へゆるやかに上る。右の五ヶ瀬町側は雑林で、左は草原だが杉、檜の幼木が植樹されている。北から東にかけての遠望を楽しみながら草原の稜線をたどる。登る人が少ないせいか藪が目だつ。カヤ、ササなどにまじってハルリンドウ、ツリフネソウ、シオガマ、オミナエシ、ヤマラッキョウなどの花が疲れをいやす。

15分で最初の平頂を通り、さらに15分で二つ目の草原の平頂を越え、これから40分で三つ目のピークが**大仁田山**である。山頂はカヤ、灌木まじりの平頂峰で、平成四年（一九九二）、峠から山頂直下までスカイラインが造成された。山頂の東斜面には杉、檜の苗木が植えられ、西側は雑林地帯のため北、東、南の方向の展望がよい。晴れた日は日向灘から太平洋を見渡すことができる。

山頂から南の尖峰をなす黒仁田山への縦走ルートは藪であるが約50分の行程である。

2 緑化広場（20分）赤土岸山（20分）緑化広場（1時間30分）諸塚山（1時間10分）小原林道（１・５km）国道503号線（６km）飯干峠

飯干峠から国道503号線を東へ１００ｍ下ると、左（北）へのびる林道がある。この道は１・５km先で緑化広場となるが、１km行った左側に赤土岸山《あかどうぎし》への道標がある。尾根道に入り西へ向かう。右側は杉林で左はスズタケ混じりの雑林である。約20分で小さくのぼった所が**赤土岸山**で、尾根筋の小ピークにすぎない。

もとの登山口へ戻る。そのまま尾根の遊歩道を諸塚山へ辿ってもよいが、一旦、林道へ出て、５００ｍ東へ行くと**緑化広場**があり、ここは１００台余の駐車スペースで、広場の上の車道を２００ｍ北行すると六峰街道と合流し、さらに車道を４００ｍ東進する。右側に諸塚山、別名を大伯山、諸羽山の案内板がある。ここがコンター１２２４ｍの登山口で１合目である。整備された２ｍ幅の遊歩道は尾根筋を東へ20分で５合目で、スズタケの中に原生樹が自然をかもし美しい。途中から南折すれば諸塚郷土の森へ至る。

登山口から40分で二等三角点の**鈍頂**に達す。東側をのぞき展望に乏しい。山頂から直進してさらに北へ行くと、七ツ山越を経て高千穂町の秋元へ出る。飯干への道標にしたがい、山頂から南へ派生する尾根を行く。原生林とスズタケの中の遊歩道で、15分で急坂の下りに変わる。両側は雑木、マツ、オオバザサに被われている。

山頂から25分でＴ字路に出る。左（東）へ行くと諸塚上宮へ、右の道が飯干へのルートである。杉、檜林の小ピークを越すと、再び下り坂となる。Ｔ字路から25分で右側に水場を見てなお下ると、10分で東、西に走る**林道**に出る。この林道は小原の集落への車道で、先の方で九郎山林道と接続している。下った所から小原の方へ数分、東進して右折する歩道を下ると飯干集落へ至る。林道を反対の西へ1・5km行くと**国道503号線**に出る。

諸塚山頂を南側から見る

◇考察　大仁田山頂には将来、望洋台（展望台）設置が計画されている。赤土岸山へは飯干峠（1006m）から大仁田山登山口と反対側から入る遊歩道があり、これを行けば赤土岸山を経て諸塚山へも至る。平成元年（一九八九）、宮崎県北の尾根筋を造成し、フォレストピア六峰街道が完成した。すなわち五ヶ瀬町の三ヶ所神社横から入り延岡市北方町の山口原まで四十数kmの稜線を結ぶ車道で、西から二上山（989m）、赤土岸山、諸塚山、真弓岳（1073m）、中小屋山（904m）、速日の峰（868m）と簡単にアタックできるようになり、登山価値が失せた。大仁田山、黒仁田山あるいは仁田尾、仁田原など仁田の名が付くのは、猪の泥浴場をニタ場と言い、それから名付けられたものが多い。

黒岳《くろだけ》（1455m）☆

地図を見ると九州山脈は東から七ツ山山系、霧立越《きったちごし》そして向霧立越と川状に並列している。その昔、平家の残党達が各地の村落の人眼をさけながら、これら奥深い山脈の尾根伝いに五家荘、椎葉荘あるいは米良荘《めらのしょう》へと落ちのびて行ったことを思うと感慨ひとしおであり、また明治一〇年（一八七七）の西南の役で、西郷軍の日向路進攻隊が、延岡の可愛岳《えのたけ》から日之影町の丹助岳、矢筈岳にかけての戦線を撤退し、五ヶ瀬町の飯干峠を経て椎葉から小丸川沿いに大河内越で米良荘に入り、天包山《てんぽうざん》で最後の抵抗をこころみている。いずれも九州の中心山脈がこれらの歴史と深く関係していて、九州の尾根を歩くことにより先祖の足跡が感じられる。

七ツ山山系の黒岳は東の諸塚村と西の椎葉村の村界にあり、8合目の諸塚村側の岩峰には大山祇神《おおやまづみのかみ》が安置され、古くからクロダキサマとして崇められ有名である。

紋の原登山口（30分）黒岳社（40分）黒岳（60分）登山口

宮崎県県道21号線、諸塚村の宮の元から宮の元橋を渡り、小原井川に沿って村道を4kmで小原井に至る。これからさらに猟師藪を経て4kmで紋《もん》の原《はる》に着く。段々畑の中に農家が点

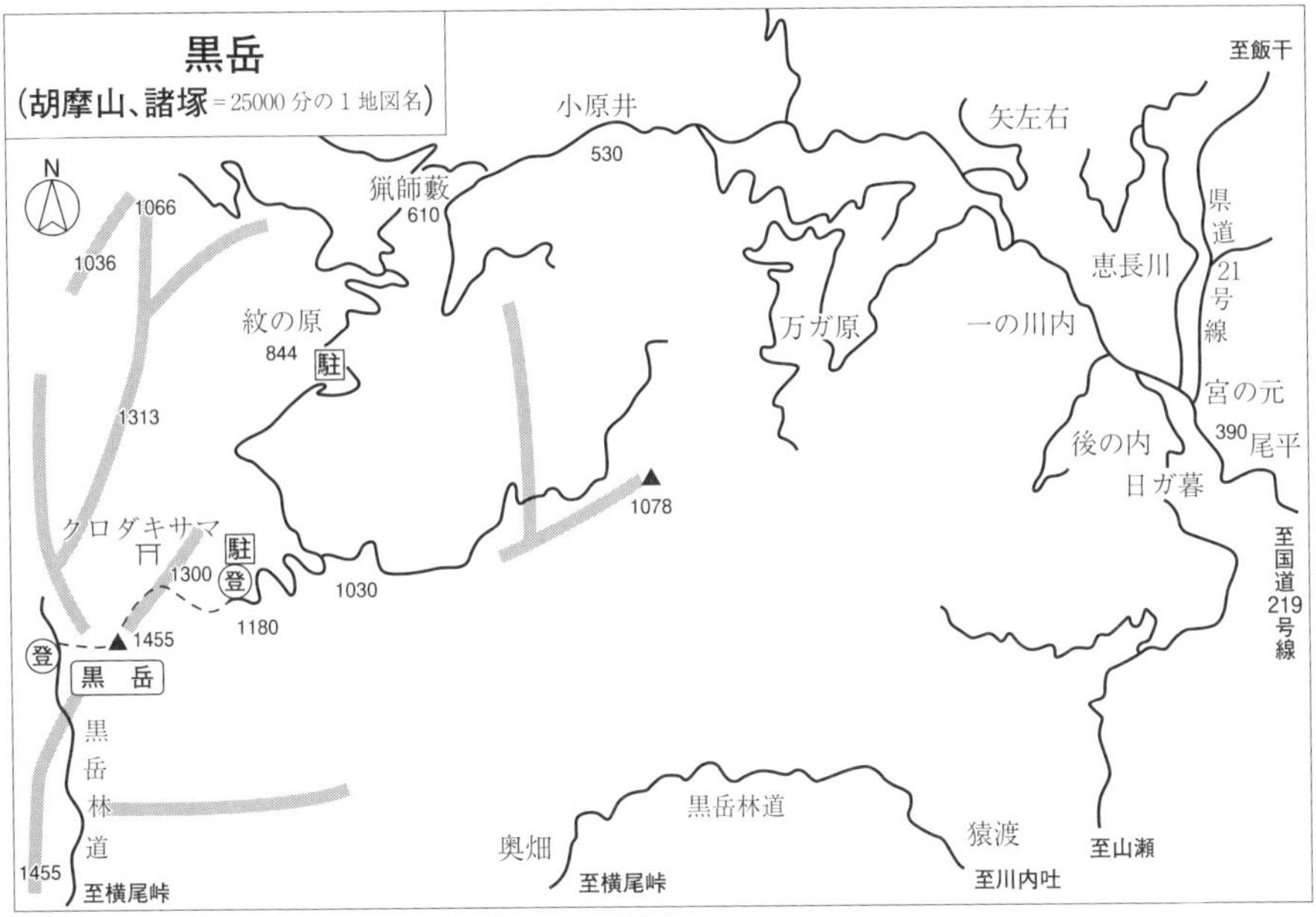

☞**登山口**⇨(30分)⇨**黒岳社**⇨(40分)⇨**黒岳**⇨(60分)⇨**登山口**

在している。紋の原から林道を約2kmで分岐を右へとり、南から西へと蛇行し2km（紋の原から12km）で、コンター1180mの林道の終点に至る。マイカー20台は駐車可能なスペースである。

終点より10m手前の西側の檜林の作業道から入る。杣道をジグザグに北へ上り、杉林から雑木に変わると北の方に岩峰がそそり、その上に赤尾根の小社が見える。社は昭和四一年（一九六六）四月二八日に新建されたもので、祭神は大山祇神様と言われる。コンター1300mの社の岩峰にはゴヨウマツ、アセビ、ミツバツツジなどが枝ぶりよく着生して、展望が実に素晴らしい。

狭い岩峰から鞍部に戻り、南側の雑林の尾根にとりつく。石灰岩と灌木の雑林で、所々ブッシュに阻まれる。尾根の中程に巨岩があり、これの北西側をまいて上る。**黒岳社**から約40分で平坦な稜線に上ると山頂は間近い。

山頂三角点は稜線から10m南東へ入った目立たない場所にある。

紋の原から北に黒岳8合目の祠と諸塚山遠景

20坪余に切り拓かれた平頂の周囲はスズタケと雑林に被われ、山頂の西には20本余の大杉が植えられているなどで、黒岳山頂からの展望はえられない。

◇**考察**　黒岳の山頂から南へ稜線をたどり、西へ下ると40分余で林道に出る。この林道は県道21号線の川内吐から村道に入り、川内川沿いに西へ進み山瀬、猿渡、奥畑を経て林業作業林道に入る。林道は南へ大きくのびて椎葉村との村界の横尾峠の東で大きく北へ向きをかえ、黒岳の西側直下までのび上っているが、このルートではかなり遠道になる上、各所で林道の崩壊が生じている。

　紋の原から林道をたどり、黒岳社（クロダキサマ）から南の尾根をクライミングするルートが適切だろう。黒岳の山頂は趣きがないが、クロダキサマの岩峰は眺望や祠が周囲の景観に調和して実に素晴らしい。これと類似しているのが熊本県泉村の保口岳で、山頂は変哲もない所であるが、御前峰や拍子《びゃくし》岩の岩峰が非常によい。

　山岳ではダキ、タキの名を聞くが、これは岩壁とか岩峰の意味を表している。

稲積山《いなづみやま》（1269m）

滝下（2・6㎞）**湯鶴葉**（2・5㎞）**登山口**（60分）**山頂**（40分）**登山口**

九州のバックボーンは南北に走る。黒峰（1283m）が霧立山系の北の起点なら、矢筈岳（1113m）は向霧立山系の北の起点に当たるだろう。その矢筈岳から南へ直線的に約4㎞のところの尖峰がこの山である。南へのびたこの稜線は古人《いにしえびと》が往還に利用した笠路であった。直ぐ南に久保の息（くぼのいこい）と地図に記されているが、窪の憩、すなわち旅人《たびびと》が窪んだ鞍部でひと休みした場所の意であろう。山都町、美里町から北上し、宇土半島の北、島原湾へそそぐ緑川の源流がこの稲積山と南の三方山（1578m）との地峡から発している。山頂三角点はないが、深山の雰囲気充分な山域である。

　国道218号線、熊本県山都町名ケ園の信号機の交差点から南折し、栃原、猪原で左（東）折し、尾野尻、沢津、須の子そして**滝下**から2・6㎞で**湯鶴葉**の集落、これから2・5㎞車道を上った右側のクヌギ林の中に駐車スペースがある。コンター970m地点である。これから先の林道は崩壊し、車の

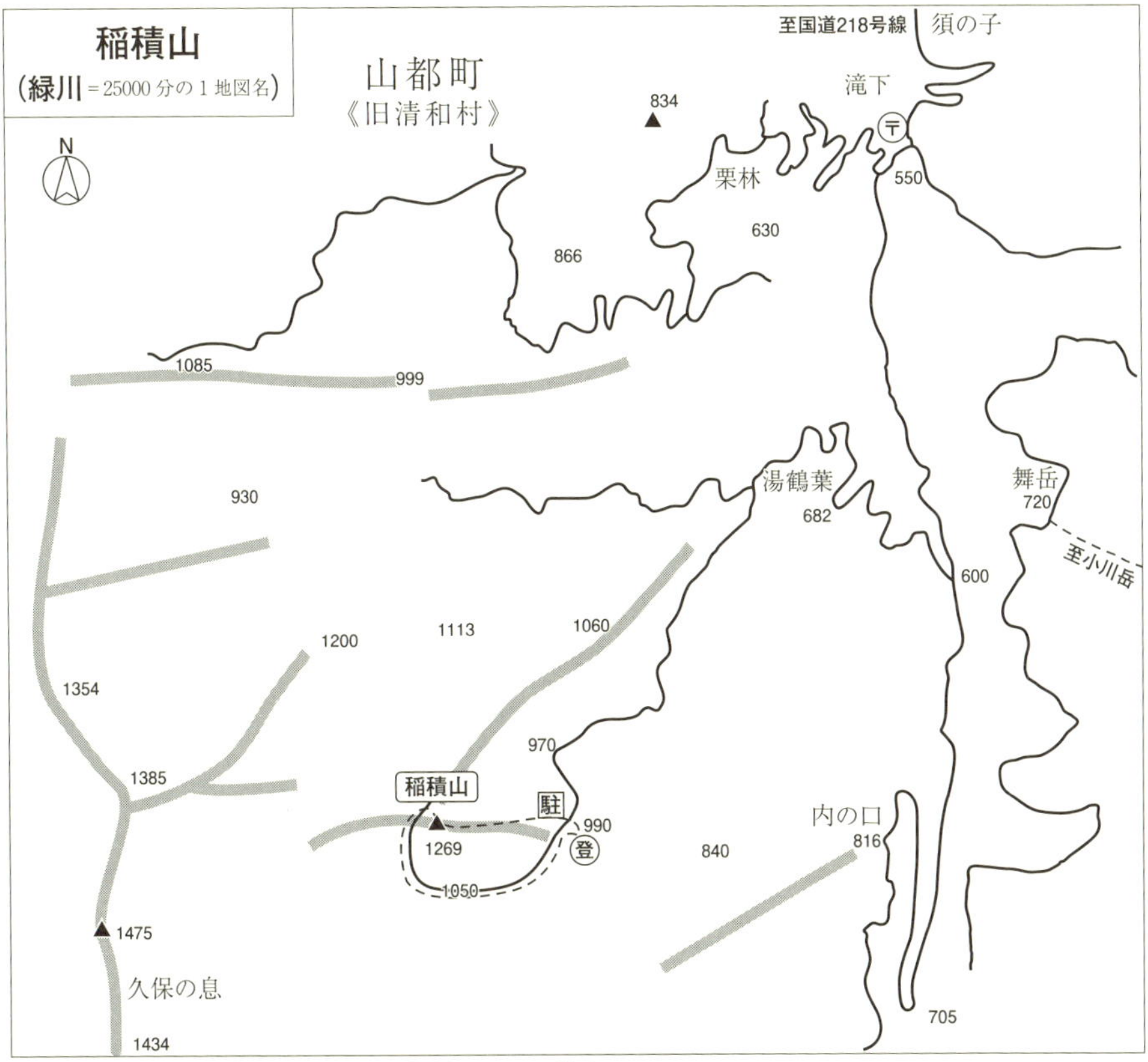

☞**湯鶴葉**⇨(2.5km)⇨**登山口**⇨(60分)⇨**山頂**⇨(40分)⇨**登山口**

進行は困難である。以前は放牧場だったクヌギ林の広場に10台余の駐車スペースがある。

道標にしたがい、石割ケヤキ前を経て東北へのびる稜線を西へたどり、30分で林道を横断し北西から急坂を登ると、60分で**頂**に至る。9合目からは自然林が残り、東南の山なみの展望が楽しめる。荒廃した林道の南からのルートは消滅している。この林道を辿れば山麓を半周して北西側から登れるが時間を要する。

一泊すれば山都町の矢筈岳（1113m）、遠見山（1268m）、黒峰（1283m）などの登頂も充分であろう。

登山口（970m）から稲積山の東側を望む

椎葉荘《しいばのしょう》・米良荘《めらのしょう》

九州の三荘とは五家荘、米良荘そして椎葉荘である。この椎葉山（現在の概ね椎葉村全体の呼称）に入山するには唯一、日向灘にそそぐ耳川を遡行する方法によるか、その他は九州のバックボーンをなす霧立越《きつたちごし》や西側の向霧立越《むこうきつたちごし》の尾根路を利用し、あるいは椎矢峠、五家越、不土野峠、小崎峠、湯山峠、大河内越、笹の峠、七ツ山越、国見峠など標高1000mを越す笠みちの難所を辿り、山あいの人里へ着いたのである。

昭和二七年（一九五二）七月、日向椎葉湖のダム建設が着工し、5年の歳月と総工費、約150億円を投じて完成した。それに付随して造成された車道の進展にしたがい、農産物の生産、観光化へと漸次、好転している。面積は537㎢と県内最大の村であるが、車社会の波及にしたがい人口は減少傾向が続き5000人を割っている。

九州では岳人が注目する山岳に囲まれ、国見岳（1739m）、市房山（1721m）、烏帽子岳（1692m）、向坂山（1684m）、五勇山（1662m）、扇山（1661m）、白岩山（1646m）、その他、三方岳《さんぽうだけ》（1578m）、黒岳（1455m）、時雨岳（1546m）、銚子笠（1488m）、江代山（1606m）、馬口岳《ばぐちだけ》（1435m）、萱原山（1364m）、尾崎山（1439m）、石堂山（1547m）、樋口山《ひのくちやま》（1435m）等々は耳川、小丸川、一ツ瀬川の源流をなし、渓谷は深く険しく、急傾斜の山腹が幾重にも連なり、平地は極めて少なく、わずかな棚田による稲作と自然林の部分的焼畑耕作がつい最近まで行われていた。狩猟前と同様に焼畑の火入れ前には山の神々への祈願から始まった。「これよりやぼ（焼畑やぶ）に火を入れ申す。ヘビ、ワクド（蛙）虫けらども、早々に立ち退きたまえ。……」。昔の生業は狩猟と焼畑が連綿と続いた。延享三年（一七四六）の記録では焼畑が四九二町歩、畑が四九町歩と一〇対一の比となっている。

椎葉で直ぐ思いつくことは、「稗《ひえ》つき節」（労働歌）と歌詞に出ている那須の大八と鶴富姫の物語であろう。ここで椎葉村の歴史について若干ふれる。日本居住人類は約5万年前からとの説がある。この村でも石器時代の遺跡が発見され、中の八重、大河内臼杵俣人夫屋敷、十根川神社周辺ほかで人類の居住あととしての遺物が確認されている。しかし村史としての記録で最も古いものは江戸時代中期、元禄文化が開花し始める明暦三年（一六五七）、江戸の大火後に「椎葉山根元記」、「椎葉山の由来」のふたつが歴史的資料として現存する。もっともこの時代の住民の識字レベルが低く、記述が困難であったことは致し方ないものと思惟する。

那須の大八物語は、壇の浦合戦に破れた平家一門の滅亡が平安時代の終わりに近い文治元年（一一八五）頃で、建久三年（一一九一）に那須大八宗久が討伐入村となっているが、確かな資料となる古文書がない。したがって平安時代から経過すること４６０年後の記録ゆえ、伝承を美化修飾し、文章化したものと思わざるをえない。

ご存じ物語は長門（下関）の壇の浦で平家一族の軍勢を壊滅させた源頼朝は、九州の山深く落ちのびていった平家の残党を一掃すべく、屋島の合戦での殊勲者、那須与市宗高に命じたが、与市宗高は西国の戦場で邪風（リウマチ？）に罹患して大任を果たしかねるので、弟の大八宗久（二二歳）を代わりに頼朝に推薦した。建久二年、命を受けた那須大八宗久が、追討軍を随え日向の耳川を遡行して、ここ椎葉にやってきたところが、平家の公達、残党は清盛の末裔、鶴富姫を中心に、壇の浦の戦から早６年が過ぎ、刀を捨てて鍬にかえ、静かな暮らしを送っていたため、宗久は討伐が同情となり、この地に館を設け、平家一門が崇拝する厳島神社を勧請建立し、鶴富姫と結ばれる。３年の間、平穏な日々を送ったが、鎌倉の頼朝から帰還の命令が下るという筋書である。

すなわち「鎌倉殿、御意を請い帰国の節、召仕之妾、鶴富と申す者懐妊する事を知り、大八申せけるは、やがて平産男子出生においては某本国、下野へ差越すべし、女子なら遣わすに及ばず、何れにても親子証拠のためとして天国の太刀に系図を写し差しそえよろしく取計うものなり」と、大八宗久が認書し帰国し去ったと「椎葉山根元記」に４６０年前の出来事が縷々《るる》述べられている。

現在の鶴富屋敷は後世の建築で、狭い傾斜地を利用したこの地方独特の土豪の屋敷である。なお同構造で若干規模の大きい屋敷が、不土野上に那須源蔵邸として現存する。明治四一年（一九〇八）七月、民俗学者であり農政学者の柳田国男が宿泊し、この地を調査している。

今ひとつ椎葉山騒乱がある。根元記から引用すると、頃は豊臣秀吉の時代、那須姓を称する13人の首長による土豪支配が続いていた折、向山の那須弾正と子息の久太郎、小崎の那須左近太夫、大河内の那須紀伊の３人が鷹巣山の管理支配権を秀吉そして徳川家康からも安堵され、権力をほしいままにした。鷹巣山というのは将軍献上の鷹狩用の鷹が格別逸品だったため、幕府から山見分使が派遣され、広域な鷹生息地のほか御立山や御立添山が定められた。すなわち山への立入禁止規制の措置である。椎葉山住民が生活権をおびやかされたのは当然で、支配権のない土豪10人とその配下の者が結束して、支配権を握る向山の那須弾正をまず襲った。弾正の子、久太郎はこれを事前に察知し、配下３人を従え、人吉を経て江戸へ訴え出た。この事件は幕府の仲裁で一旦、鎮静化したが、その後、元和二年（一六一六）、那須弾正親子が殺害された。知らせにより、幕府は延岡藩主、高橋元種に命じ鉄砲３００挺の軍勢を派遣し、内乱を鎮圧したという。これが椎葉山騒動で、俗に千人ざらえとも言い、住民１０００人が捕えられ、２００人が処刑されたと伝えられている。

元和五年（一六一九）に騒動がおさまり、以後、椎葉山は天領として幕末まで人吉藩預かりとなった。村内の大河内には野々首、合戦原の地名が残っている。

　米良荘は九州の三荘のひとつで、宮崎県西部に位置する。九州の中央を南北にのびる脊梁山脈の南端に椎葉荘があり、その南に隣接してこの米良山（全域を総称するもの）がある。米良三山とは修験者の霊山としての市房山（１７２２ｍ）、石堂山（１５４７ｍ）、天包山《てんぽうざん》（１１８８ｍ）あるいは龍房《りゅうぶさ》山《やま》（１０２０ｍ）を指すが、この地に１０００ｍ前後の山岳が屹立し、日向灘にそそぐ一ツ瀬川の源流をなしている。いわく烏帽子岳（１１２５ｍ）、赤鬚山（９５１ｍ）、雪降山（９９０ｍ）、オサレ山（１１５１ｍ）、地蔵岳（１０８９ｍ）、龍房山（１０２０ｍ）、杖木山（１０１１ｍ）、国見山（１０３６ｍ）などが蝟集《いしゅう》し、深山幽谷を呈す。この山域の樹相で注目すべきは照葉樹林であり、高野槇の自生の南限となっていて、樹齢を経た巨木が数多くなお残存し、また動植物の宝庫でもある。

　歴史に関しては地元村所《むらしょ》在住の中武雅周の『ふるさとの記』を参考にしながら略記する。**米良山**は慶長八年（一六〇三）より、人吉、相良藩の預り所となり、また椎葉山は明暦二年（一六五六）より幕府からの預り所として、相良藩に支配を命ぜられてきた。米良山は村所、上米良、竹原、板谷、横野、小川、越野尾、上揚、銀鏡《しろみ》、八重、尾八重、中尾、中之又、寒川の14のムラからなり、住民は米良主膳の家臣として元服し、士分をもって幕末まで待遇され、米良千軒総侍と称し、大和の十津川、伊豆の韮《にら》山、そしてここ米良山の三カ所がそれであり、武士待遇を受けた農民であった。さかのぼると、この地には大王こと征西将軍宮懐良親王、御入山伝説を語る地名などが残っている。建武三年（一三三六）、足利尊氏は筑前多々良川（福岡市東区）で、九州の南朝廷の忠臣、菊池武敏、阿蘇惟直、秋月種道らの軍勢を撃破した。このとき肥後の菊池一族は離散し、島原半島へ逃れていた。その後、文亀元年（一五〇一）、嫡子、菊池重為が日向米良山へ迎え入れられ、それを契機に菊池姓は世を憚り、米良姓に改めて以後、約三五〇年間にわたり、この米良山一帯を領し君臨してきたが、幕末、再び菊池姓に戻り、維新後の版籍奉還に際し、自分の所領である山林、土地を総て領民に分配して住民の生活を助けたため、明治以後は他国の住民より豊かになり、この偉大な行為に対し領主に感謝して、昭和八年（一九三三）、菊池邸として村所に建設し、第十九代菊池武夫公に贈呈している。この屋敷が現菊池記念館である。

　龍房山《りゅうぶさやま》については古い物語りとして、大山祇命の長女、磐《いわ》永姫《ながひめ》が鏡をご覧になり、わが姿のみにくいのに驚き、そして怒り手鏡を投げられたのが龍房山頂にかかり、それ以後、この山が白く光るのを見た住民はおそれ、霊山として崇めていたところが、米良民部太夫兼継がその正体を探索に登り、山頂で輝いていた鏡を発見し、白見と呼んでいた麓の地名が銀《しろ》鏡《み》となったという。この鏡は現在も後征西将軍宮を祀る銀鏡神社に奉納されている。なお銀鏡神楽は大和神楽の流れをくむ県の無形文化財で毎年一二月一四日に披露され、注目に値する舞である。この他、天包山はご存じのごとく、明治一〇年（一八七七）七月二二日の西南の役最後の激戦地として高名な山域であり、その折に西郷隆盛が宿泊した記録が銀鏡の当時の浜砂重言宅に残っている。

西米良村そして西都《さいと》市の西部、すなわち東米良の山域には岳人として渇望してやまぬ山川草木を原点とした自然の数々が残存していることは喜ばしい限りである。

市房山《いちふさやま》（1721m）☆☆

九州本土で1700mクラスの代表的な山は、久住、祖母、国見そして市房ということになり、山好きにとっては一度や二度は登る峰であろう。市房山は九州山脈の南端、熊本と宮崎県境にそびえ、山頂からの展望が雄大で、昔から近郊の人々の信仰の対象となり、旧暦三月一四日から三日間はおたけ参りの行事で、市房神社までは人の列が続くほど賑わい親しまれている。

市房山の東、石堂山との山峡は米良荘といい、五家荘、椎葉荘とともに平家の落人が隠れ住んだ伝説が残る辺境であったが、最近はこれら僻地もダム建設、造林事業などに並行して林用車道が縦横にはしり、したがってアタックが容易になってきている。この山麓も原生樹林の伐採に伴い生活用材

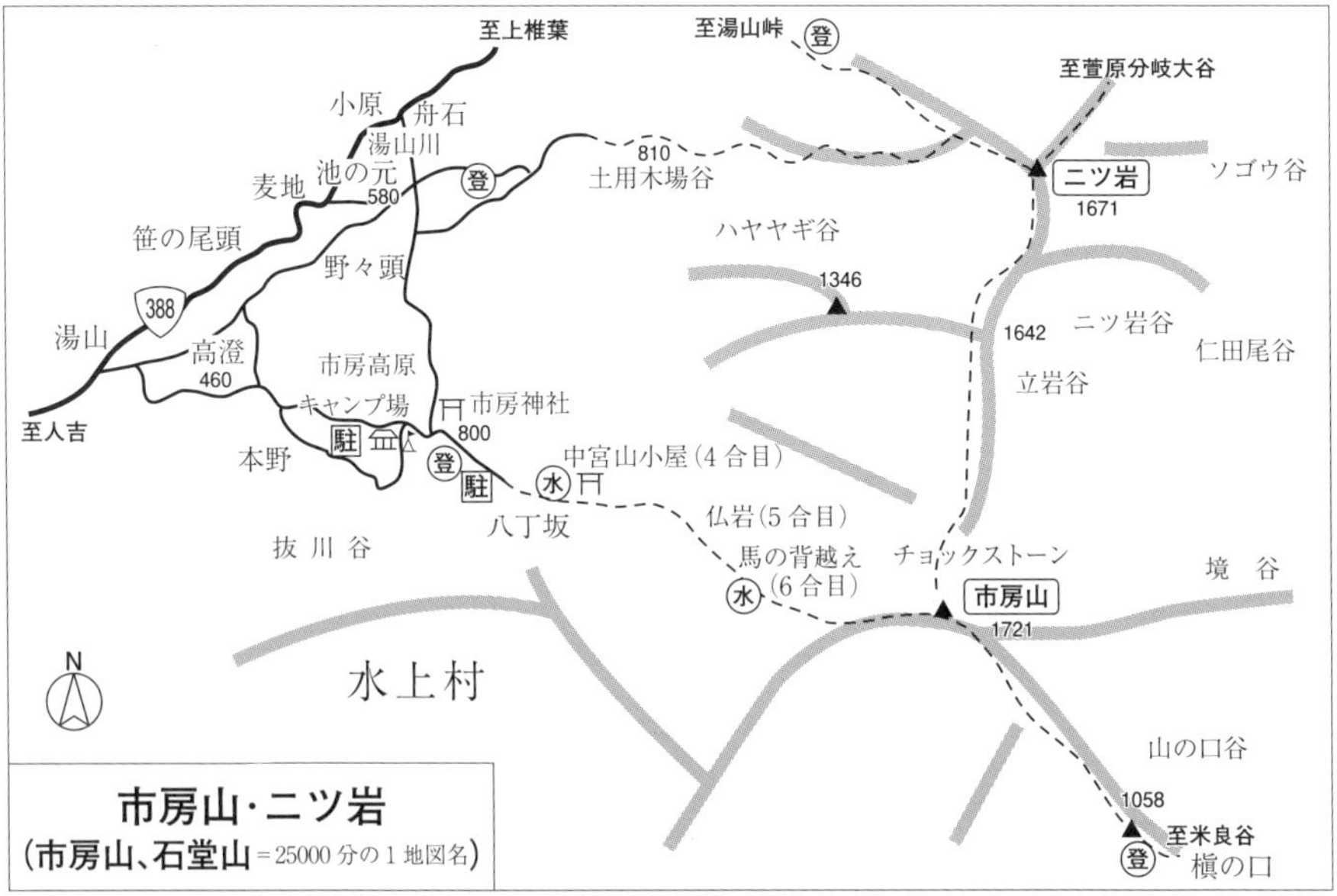

☞市房キャンプ場⇨（2時間50分）⇨市房山⇨（1時間30分）⇨ニツ岩⇨（2時間10分）⇨野々頭⇨（1時間50分）⇨キャンプ場

の植樹が浸透しているが、中腹から山頂にかけては、なお自然林が残り、8000種を超える植物は鳥、獣、昆虫の食樹食草を充分満たしているわけで、それだけにハイカーにとっては再び、三度訪れたくなる山と言って過言でなかろう。

市房キャンプ場（1時間10分）**五合目**（1時間40分）**市房山**（1時間30分）**二ツ岩**（2時間10分）**野々頭**（1時間40分）**市房キャンプ場**

湯前町で国道219号線と分かれて市房ダムを目指す。水上村湯山の県道から道標にしたがい右（東）折して、湯山川に架かる橋を渡る。舗装された車道は田畑の間を蛇行して、丘陵状の台地を行く。湯山バス停終点から約3㎞で市房神社手前の高原キャンプ場に着く。車道の左（北）側に売店やバンガローがあり、右（南）下が駐車場で数十台は置ける。これから市房神社前の抜《ぬき》川を渡り車道はなお1・5㎞、中宮の少し手前付近までのびているが、駐車場はないのでこのキャンプ場の駐車場を利用する。

　抜川渓谷の清流を渡り、左（北）側に市房神社を拝してゆくと、間もなく車道（登山道）は分岐し左への道をとる。ブナ、ヒメシャラ、献木のスギなどの大樹が空をおおう。歩き始めて20分、大杉参道への分岐点で、いずれの道を選んでも中宮に至る。右の道を行くと直ぐ二本杉の下を通る。そして林用車道の終点となり、ここから山道にかわり、渓谷を渡る。イロハカエデ、アブラチャン、ウラジロガシ、ヤマモミジ、アスナロ、サワグルミなど種類豊富な植物群の中の石段を上ると、3合目の八丁坂である。

　約50分でコンター820mの**市房神社中宮兼山小屋**に着く。大同二年（八〇七）建立と古く、最近になってコンクリート製に改築された。旧人吉藩主の信仰が厚かった名残であろう。神社は無人であるが、30人は宿泊できる。右（南）側に水場があり、これから5合目に仏岩があり、この辺りは檜に似たサワラ（葉が垂れ下がり球果がヒノキより小さく、でこぼこしている）、アスナロ（ヒノキに比べて葉がずっと大きく、先が丸い。球果が角状に突き出て外へそり返っている）などが見られ、道には大樹の根が網の目のように露出して続く。間もなく5合目の**仏岩**で、その上のコンター1000mにはベンチがある。樹層が厚く豊かになり、アケボノツツジが多くなる。1時間30分で6合目の**馬の背越え**に着く。北側の渓谷から導水された最後の水場が

市房山頂から二ツ岩への縦走尾根

ある抜川の市房神社から約２㎞の地点になる。

７合目、８合目と漸次、喬木から灌木になり、スズタケの道となると道もゆるやかになり、国見岳、津野岳が遠望できるようになる。９合目あたりにはバイケイソウの群生があり、展望もひらけ祖母、傾、大崩《おおくえ》の峰々が眺望できる。

約２時間40分、約４㎞で**市房山頂**に達す。一等三角点補点の山頂はかなり広く、視界は四囲にわたり、南の霧島、東に米良谷をはさんで石堂山がそびえ立つ。山頂から東南へ下ると米良谷の槇の口に出る。

二ツ岩へは山頂から北へ尾根道を行く。数分で巨岩の割れ目に大石がはさまり（チョックストーン）、この大石が橋渡しの役目をしている。いわゆる心見の橋を渡ってもよいし、東へ迂回してもよい。これからノコギリ尾根と言われる細い尾根道を、おおむね５分か10分ごとにピークを越して行くことになる。尾根の東、西両面は切り立っていてピークからの展望が楽しめる。第四、第五のピークにはタンコウバイやバイケイソウの群生を見る。また尾根筋にはアケボノツツジ、ホツツジ、オオヤマレンゲなどが点在し、開花時期には見事な花道になる。第十一のピークにはザイルがあり、これを伝って越す。第十二のピークが**二ツ岩**（岩が二つあるわけではない）で、市房山頂から１時間30分の素晴らしい縦走路である。

市房山５合目の仏岩

二ツ岩は20坪余の広場で、ここを北へ直進すると萱原分岐大谷へ、左（西）折して**湯山峠**への道をとる。約10分で西へはり出した尾根の小ピークを越して、左へ枝尾根を蛇行してぐんぐん下る。道の両側はスズタケが密生してくるが、道は明確で土用木場谷への道である。二ツ岩を発ち約１時間20分で、原生林から檜林の中の道を下ると間もなく左に渓流の音を聞き堰《えん》堤を見ると、荒れた林道の終点に出る。この林道を蛇行して40分下ると**野々頭の十字路**に至る。右折すれば５００ｍで舟石橋を渡り、さらに１００ｍで国道388号線に接す。野々頭から車道を左折南行すれば市房キャンプ場まで60分を要す。

◇**考察**　福岡方面からマイカーで八代まで１４０㎞、人吉まで１９０㎞、湯山まで２４０㎞である。市房高原キャンプ場は海抜８００ｍあり、市房山頂との標高差は約９００ｍであるが、山頂までは急坂の連続で約３時間と見ておいた方がよい。８０００種類以上の植物はまだ自然林が保護されている証拠で、大切にしたい。

　二ツ岩への縦走は晴天をえらべば楽しいコースとなり、池の元へ下ってキャンプ場へ戻る合計約8時間30分の周遊コースは、今後注目されるだろう。しかし逆に池の元から二ツ岩へ登るルートは道標がまだ不備のため、経験者の案内が必要だろう。

　この逆のルートの主目標は、まず野々頭の土用木場谷に架かる、昭和五四年（一九七九）一二月竣工の土用木場橋が目標で、この橋の直ぐ北側から東へ、蛇行する林道を約50分上ると林道終点に着く。右が土用木場谷で造林地の遊歩道に入る。急坂になるとスズタケが密生し、二ツ岩へのルートになるが道標が不備で要注意である。

石《いし》堂《どう》山《やま》（１５４７m）☆☆

上米良バス停（2時間）**井戸内峠**（50分）**8合目**（50分）**石堂山**（2時間40分）**上米良バス停**

福岡から八代まで１５０km、人吉まで２００km、上米良まで２６２kmである。マイカーは湯前から横谷越のバイパスを通り、村所から左折し、米良川に沿って左（東）岸の国道265号線を約７km走り、向谷川に架かるムカイ橋を渡ると直ぐ**上米良バス停**に至る。

　バス停の那須タバコ屋の前に道標があり、民家の左横から東へ入る。20mも行くと**庚申碑**があり、左折して民家に通じる道を上る。約１００mで民家の庭を右から裏へ回って上る。数分で分岐点を左へとる。約30分で東北の方から張り出した尾根の上に建つ送電線鉄塔に出る。ここからは左は檜、右はクヌギと松の植林された直線的なゆるやかな尾根を上る。

　登り始めて約1時間10分で台地状に貼り出した長い尾根のはしに出る。ここから左（北東）の方向に尖形状の石堂山が見え、登山道は稜線を右（東）の方へ迂回して上っている。伐採現場を通り直ぐ、コオヤマキの群生の中を行くと、間もなく**井戸内峠**の十字路に出る。左折して下れば槇の口へ、右折して下れば林道を経て１・８kmで井戸内の集落に着く。これから原生林とスズタケが混生した急坂の尾根を上ると、再

槇鼻峠から石堂山の東面

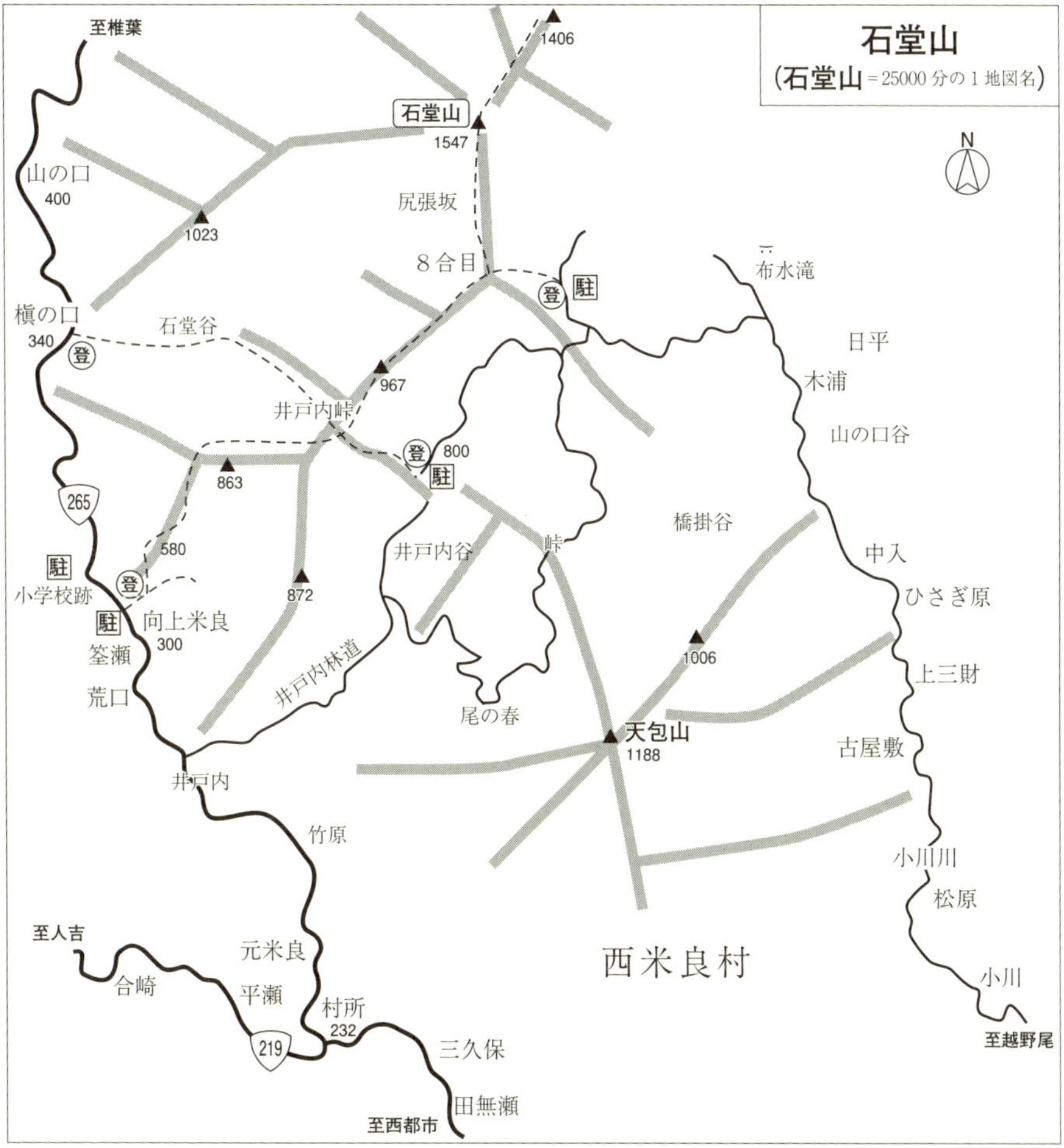

☞**上米良**⇨（3時間40分）⇨**石堂山**⇨（2時間40分）⇨**上米良**

び台地状のゆるやかな尾根をたどる。この一帯は十条製紙の社有林の標示がある。

井戸内峠から約50分で**8合目**（1300m）に至る。スズタケと原生林の坂道で、第三四回国体山岳競技コースの標識があるところから右（東）折して下ると、直ぐ小川渓谷に沿って、小川、木浦から上って来た林道に出る。8合目を越すと三度ゆるやかな尾根道となるが、直ぐに南、北に細長くのびる急坂のやせ尾根にとりつく。いわゆる尻張坂で、漸次、東、南、西の展望がひらけて来る。やせ尾根の両側は切り立っていて足もとに注意するところ。目指すピークが山頂と思って登ると、その向こうにピークが現れ、四つ目のピークがやっと**山頂**である。

約20坪位で南、北に長く、大正八年（一九一九）寄進の霧島六社権現碑があり、山頂の樹木は伐採され、北を除いて展望は抜群で、

丸笹山から西の石堂山（南里晋亮氏撮影）

ことに眼前の市房とノコギリ尾根や霧島連峰あるいは尾鈴山がよく見える。下山は来た道を引き返す。

◇考察　福岡方面からマイカーによる日帰りは、片道260kmもあるので一泊したがよい。上米良小学校は廃校後、西米良村営自然保養所「米良の里」となっている。

正面登山口は上米良バス停からで、ここは海抜300mだから山頂との標高差1250mもあり、これは市房神社から市房山の標高差900mより高く、九州本土では高い方であろう。

しかし容易な登頂はマイカーで井戸内、田無瀬《たむせ》、小川、木浦からスーパー林道や、**鉱山《かなやま》林道**を利用して井戸内峠に至り、これよりさらに民間作業用林道をはしり、コンター950mまで行き、ここから歩いて10分で6合目の登山道に合流すれば、山頂まで標高差約600mを2時間弱で達することができる。井戸内峠から民間林道は崩壊なければ利用できる。なお国道265号線、槇の口から上るルートはかなりブッシュ化が進んでいるようだ。

この山は登山者が少なく、かなり伐採、造林の手が入っているが、まだ自然林が残っており、学術上、貴重なコオヤマキの南限と言われ、また山頂付近のアケボノツツジの群生は実に見事である。上米良からのメインルートは二段、三段の台状をなした細長い尾根を上ることになるが、時間を要するわりには登りやすい山と思ってよい。

江代山《えじろやま》（津野岳《つのだけ》）（1606m）☆☆
馬口岳《ばぐちだけ》（1435m）☆

江代山は熊本、宮崎県境にあり、馬口岳は宮崎県椎葉村の南に位置する雄峰である。この山系は椎葉村の東、清水岳（1205m）に始まり、笹の峠（1340m）、中山峠、龍岩山（1318m）、尾崎山（1439m）、石仁田山（1359m）、高塚山（1290m）を経て飯干峠（1050m）を跨ぎ、馬口岳、江代山（津野岳）へと南西方向に長大な稜線を形成している。

江代山の山頂一帯、ことに熊本県側は伐採造林が進行し、山頂あるいは山頂へ至る稜線からの展望は実に雄大で、マイカーを利用すれば両峰の頂は容易な距離にある。

朴《ふう》の木原登山口（3㎞）**林道分かれ**（1・5㎞）**林道終点**（50分）**江代山**（1時間20分）**馬口岳**（1時間10分）**江代山**（40分）**林道終点**

熊本県水上村湯山から林道（県道になる予定）北目平谷線に入る。この車道は一部、九州自然歩道になっていて、五家荘の椎原まで66㎞、湯山温泉まで2㎞の道標がある。北目平谷線を竿の迫、山の神を経て8㎞でコンター970mの峠から1㎞下り、車道分かれを右へ（左はシャクナゲ園に至る）行くと、直ぐ朴《ふう》の木原橋を渡り、100m先（湯山から北目平谷線に入って10㎞）に森林開発公社熊本出張所のプレートを右側に見て右（東）折し、江代山林道に入る。この林道を3㎞上ると、江代山から西へ張り出す尾根端で林道は左右に分かれる。右へ1・5㎞行った付近から左側の造林作業道へ上りこむ（林道はなお数百m先までのびている）。作業道を蛇行して歩くこと30分で、県界線の稜線に至る。この稜線を越え東へ矢立の集落に下る道がある。この県界線は2m幅に藪が切り払われ、東側はスズタケと原生林を残し、熊本県側は伐採植林が山頂近くまで及んでいる。この稜線は北進し、巨岩の西をまくと数分で三等三角点の**江代山**に達す。

二等三角点の江代山の東南面

山頂周囲は灌木とスズタケがまばらであるが、北へ10mほど下ると展望がよく、ことに東南方向に市房山、二つ岩の山襞《ひだ》が目前にあり、石堂山、樋口山そして遠く尾鈴山、目を転じて五木、五家荘の山なみや霧島連峰まで一望できる。

山頂から尾根道を北へ五分下った所に、九大宮崎演習林の入林者心得として、東側の矢立方面から入る際は入林許可証の交付を求める標板が立っている。さらに10分でコンター1570mの鈍頂があり、3坪余の石積状の塊となっている。ここで県界尾根を離れ宮崎県側に入る尾根は、なお2m幅によく伐り払われて歩きやすい。尾根を境にして東は九大演習林、西は十条製紙の社有林になっている。

江代山から30分で1558mの鈍峰に至る。ここで尾根道は左右に分かれている。馬口岳は左の尾根の急坂を下る。20分でコンター1400mの鞍部になり、この鞍部から東折して細い道を下れば、合戦原へ、真直ぐ急坂をのぼりつめると約10分で**馬口岳山頂**に達す。一帯は原生林とスズタケが伐り払われて眺望は全くない。アセビとツガの巨木がある。

馬口岳から伐り開かれた尾根はさらに東へ下り、合戦原あるいは飯干山（1162m）へとのびている。

◇**考察**　朴の木原から8合目付近までのびる江代山林道は私

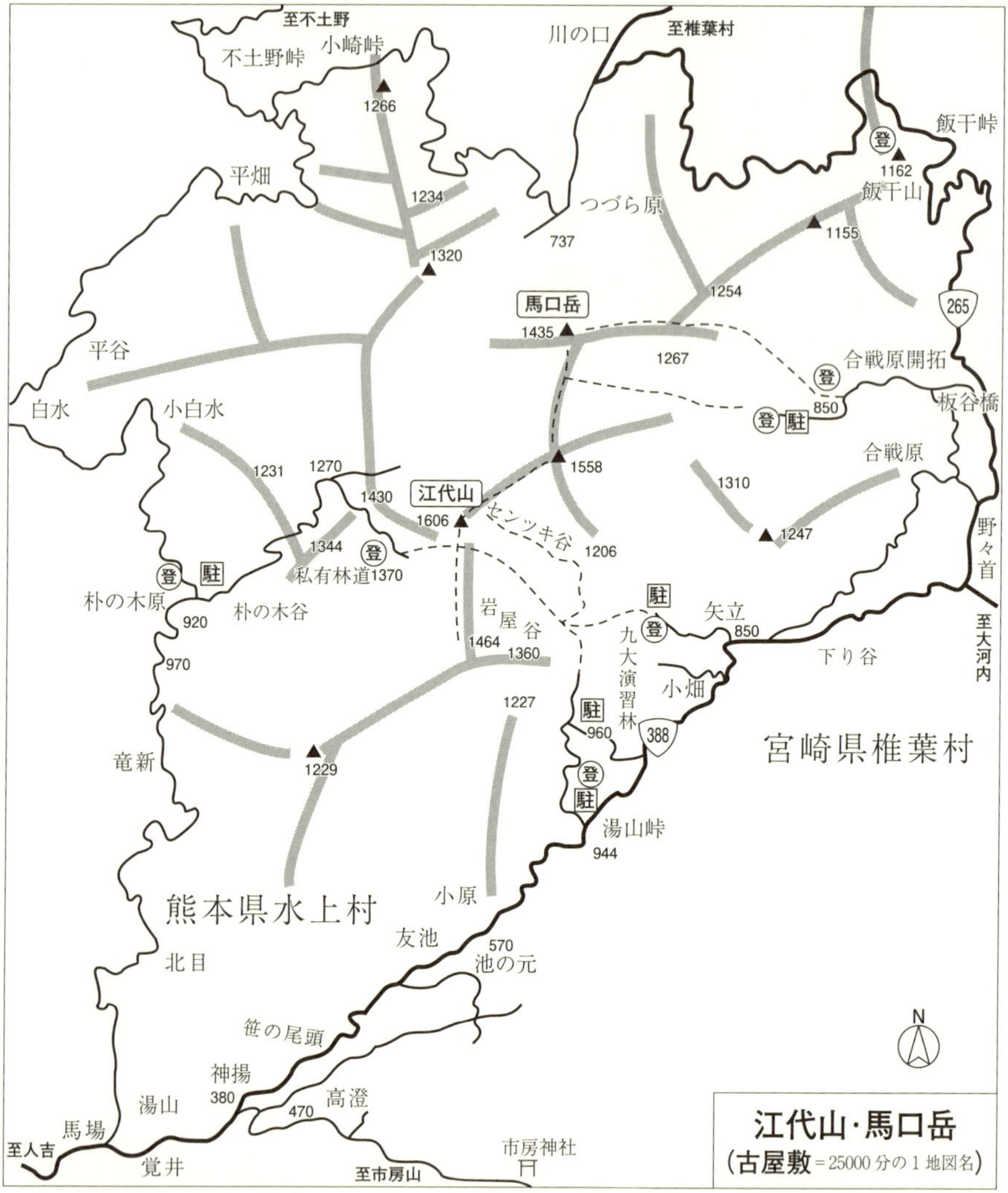

江代山・馬口岳
(古屋敷=25000分の1地図名)

☞**朴の木原登山口**⇨(3km)⇨**林道分れ**⇨(1.5km)⇨**林道終点**⇨(50分)⇨**江代山**⇨(1時間10分)⇨**馬口岳**⇨(1時間10分)⇨**江代山**⇨(40分)⇨**林道終点**
☞**矢立開拓登山口**⇨(1時間40分)⇨**江代山**⇨(1時間30分)⇨**登山口**

有の舗装林道で、通行禁止となっている。

山頂へのルートはこの他に、東側の**湯山峠**から国道388号線を1km北行し、椎葉村に入り、左（西）へのびる林道を1kmで駐車し、林道をなお1kmたどると、今ひとつの入口の矢立開拓の二本松の標柱から西へ2・5km上ったルートと出合い、真直ぐ西へじぐざぐ登って1時間30分で、山頂南の稜線に出る。初めに述べた林道を直進すること3・5kmで、コンター1206mに至り、西へ**センツキ谷**を上ると、1時間10分で山頂北の稜線へ出て、いずれも山頂は近い。

三つ目は国道446号線

から国道265号線へ移り板谷橋を渡り、合戦原開拓の集落を西へ4km、コンター1050mの林道に駐車し、作業道を60分登ると馬口岳とその南の1558m峰との鞍部に出る。右へ急坂を15分上り馬口岳へ、左は稜をたどり60分で江代山に至る。さらに飯干峠からの稜線は藪に難渋する。

江代山から馬口岳に至る尾根はスズタケが幅広く伐り払われた歩きやすい尾根を約2・5km、1時間20分で山頂に至るが展望はない。

馬口岳山頂の南面（展望なし）

馬口岳の名のいわれは以前、この山域にはバクチノキが多かったからだろう。バクチノキは常緑樹で本州から台湾までの暖地に分布し、15cmの長さをこす葉は乾燥、煎じてバクチ水として鎮咳薬の効があった。樹皮はサラソウジュやサルスベリの木に似て赤褐色に剥げて、すべすべした樹皮である。

銚子笠《ちょうしがさ》（1488m）

古屋敷（5・7km）**日平橋**（5・1km）**鍵掛林道ゲート**（45分）**登山口**（50分）**山頂**（40分）**登山口**（40分）**林道ゲート**

面白い山名である。熊本県と宮崎県の県境を南北に走る向霧立山系の南端に位置し、目立つピークではないが、稜線に残る自然林と静寂が魅力的である。北の稲積山、三方山、高岳、国見岳、五勇山、烏帽子岳、白鳥山から銚子笠まで直線距離で23km、縦走して起伏をたどれば約36kmであろう。山頂へは熊本県水上村と宮崎県椎葉村不土野側からがあるが、いずれも今のところ山頂へ到る明確な遊歩道はない。ここでは容易な水上村ルートを述べる。

熊本県水上村市房ダムサイドを北進し、**古屋敷**へ。ここは球磨川の支流、魚帰川、白水川、朴《ふう》の木原川が集合する村落で、不土野峠、白蔵峠へ通じる分岐点でもある。古屋敷から北へ魚帰橋、片地バス停、日平橋、横才橋を渡り、**広域林道梅木鶴線**の十字路を直進し、**鍵掛林道**併用線ゲート前まで約10・8kmである。ゲート手前に駐車する。右側に九州山地国定公園と日本製紙社有地のプレートがある。

蛇行する林道を約1・7km、45分東へ上り、コンター12

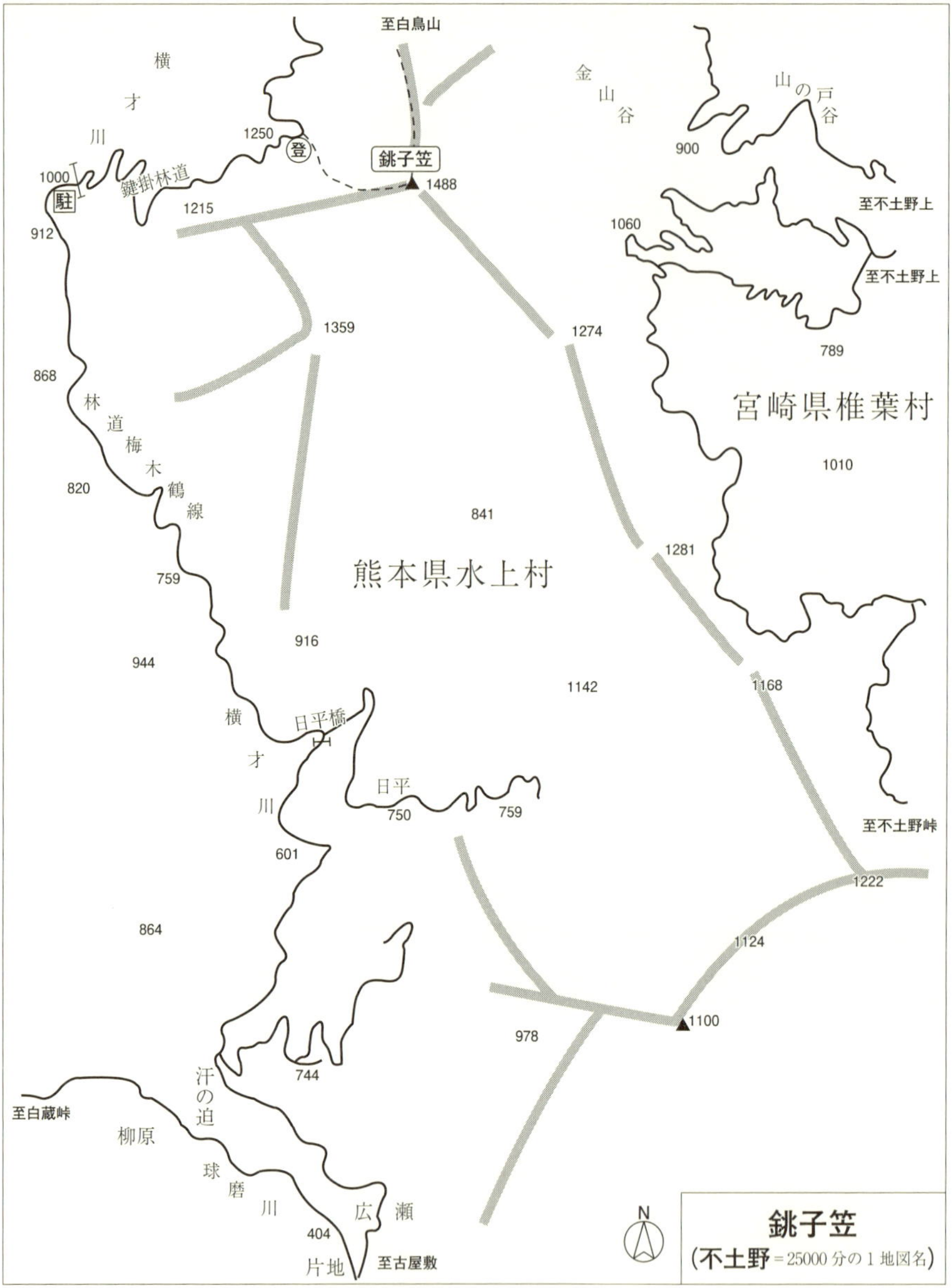

☞林道登山口⇨(50分)⇨銚子笠⇨(40分)⇨林道登山口

５０ｍ、林道の右側に森林開発公団の水源林をつくる公団造林の黄色プレートを見て、その横から涸谷沿いに植林の中の急坂を南東に登る。遊歩道はないが、わずかな踏跡をえらぶ。30分で自然林にかわり、東にとって20分で平頂の**山頂**に着く。三角点を中心にわずかに切り開かれ、眺望にかけるが、落葉期には東西方向が望める。

白鳥山から南の銚子笠を望む

下山は登りのルートを戻った方が歩きやすい。

この銚子笠から北上し白鳥山まで約三kmの稜線は平成年代に入り、かなり整備され、白鳥山から往復が可能となった。日平橋から鍵掛林道へ至る車道はしばしば小崩壊が生じるゆえ、登山の際は事前の情報を得ること。

九州の名山と言うほどではないが、知られざる山域のひとつとして、一度は訪れることをお推めしたい。古屋敷江代には民宿「白水」がある。

扇《おうぎ》山《やま》（１６６１ｍ）☆☆

九州三荘のひとつ椎葉荘は寿永（一一八二〜八五）の昔、平家滅亡による平清盛の末族、鶴富姫と、追討軍の総大将那須与一宗高の弟、大八郎宗久との愛の物語はつとに知られたところで、通称「鶴富屋敷」は建物として重要文化財に指定されている。

宮崎県耳川の上流、今では椎葉湖を抱く椎葉村は霧立越《きつたちごし》と向霧立越に挟まれた秘境で、昭和五七年（一九八二）五月に村の中心部と西北部の山地が九州中央山地国定公園に指定され、自然環境と原生林の保護が重視されていることは喜ばしいことであろう。九州でも秘境と言われるだけあって、九州の雄峰が村内にひしめいているのは壮観である。

列挙すれば扇山、時雨岳《しぐれ》（１５４６ｍ）、馬口岳《ばくち》（１４３５ｍ）、石仁田山（１３５９ｍ）、上福良の南の三方山（１３２６ｍ）、高塚山（１２９０ｍ）などのほか、村界の稜線には東から北へ清水岳（１２０５ｍ）、黒岳（１４５５ｍ）、白岩山（１６４６ｍ）、向坂山（１６８４ｍ）、三方山（１５７８ｍ）、高岳（１５６３ｍ）、国見岳（１７３９ｍ）、五勇山（１６６２ｍ）、白鳥山（１６３９ｍ）、銚子笠（１４８９ｍ）、江代山（１６０７ｍ）、市房山（１７２１ｍ）、石堂山（１５４７ｍ）、樋口山（１４３５ｍ）、三方岳（１４７９ｍ）など

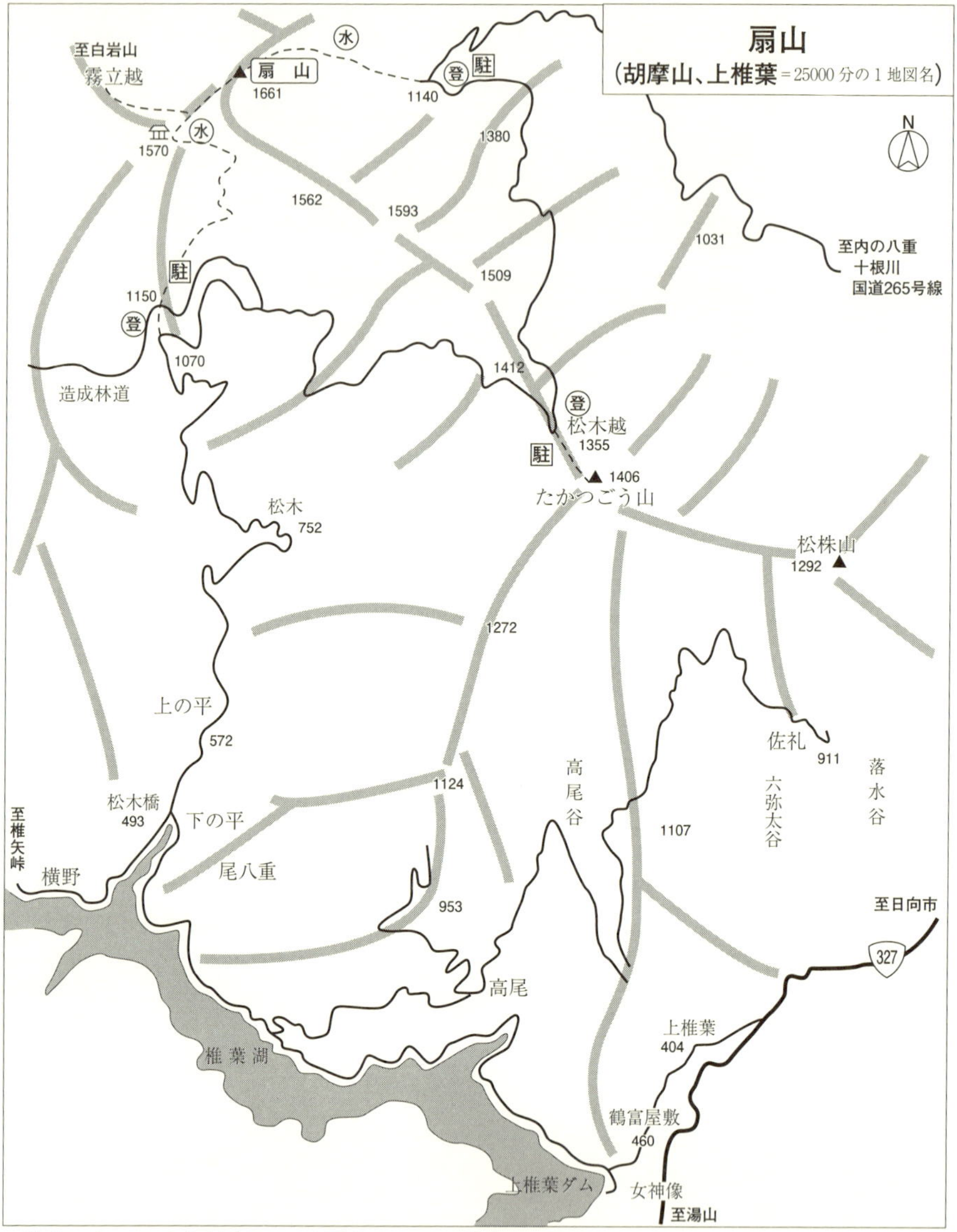
扇山
(胡摩山、上椎葉＝25000分の1地図名)
N
至白岩山
霧立越
扇山
1661
1570
1140
1380
1562
1593
1509
1031
至内の八重
十根川
国道265号線
1150
1070
造成林道
1412
松木越
1355
1406
たかつごう山
松木
752
松株山
1292
1272
上の平
572
佐礼
911
高尾谷
六弥太谷
落水谷
松木橋
493
1124
下の平
1107
至椎矢峠
横野
尾八重
953
至日向市
327
高尾
上椎葉
404
椎葉湖
鶴富屋敷
460
上椎葉ダム
女神像
至湯山

☞登山口⇨(1時間)⇨山小屋⇨(20分)⇨扇山⇨(1時間)⇨登山口

標高1500m内外の山岳が隣町村との境界をなして連なる。
椎葉村へ到るルートをあげると、①日向市から国道327号線を西進する。②西都市から国道219号線で西米良からは国道265号線にうつり北進する。③熊本県山都町馬見原から国道265号線を国見峠（1141m）を経て南進する。④熊本県水上村湯山から湯山峠（944m）を越えて北進する。⑤宮崎県五ヶ瀬町から飯干峠（1006m）を経て諸塚村から国道327号線を西進する。⑥人吉市から湯前、そして不土野峠（1059m）を経て入る。⑦熊本県山都町の内大臣橋を渡り、九州横断林道の椎矢峠（1460m）を越えて入村するなどのルートがある。福岡方面からであれば③⑤⑦が適当であろう。

松木登山口（60分）山小屋（20分）山頂（60分）登山口

上椎葉から村道を下福良《しもふくら》の方へ6kmで、昭和二七年（一九五二）に架設された松木橋を渡ると、直ぐ松木バス停があり、傍らに扇山登山道入口の標柱が目につく。扇山登山のメインルートである。ここから松木川の右（西）岸に沿った車道を上の平、松木へと上る。

3kmで集落のはずれ林道右（北）側の椎葉氏宅から上は松木林道にかわり、道の両側に可憐なヤマブキの群生を見ながら2kmで、左側に**扇山登山口**の標柱を見る。車は林道わきに数台は駐車できる。なお、この林道は松木越を経て北進し、さらに東に折れ、内の八重川に沿って鹿野遊《かなすび》に至り、国道265号線に接する。

登山口から杉林と雑木林の中を蛇行しながら高度を上げる。30分余で東南へ張出した尾根に上る。アセビ、リョウブ、シャクナゲなどの自然林の尾根を行くと、西南方向へのびる平坦な尾根にかわる。スズタケと原生林の中を10分で右側に水場を見ると、正面に立派な村営の無人**山小屋**が目につく。50人は収容可能である。山小屋の内部は清掃されているが、屋外にごみの投棄が甚だしい。山小屋から見る夕焼けは圧巻である。

山小屋から30m上るとT字路となり、左（西北）折すれば立派に整備された霧立越の縦走路で、白岩山、向坂山へ至るルートである。右折して300m行くと右側に松木越を経て、上椎葉ダムへの道標が目につく。この辺りは住友林業所有の石柱が点在し、道すじは石灰岩やドウダンツツジ、シャクナゲ、イヌシデ、ナナカマドなどの自然林

扇山9合目の新山小屋。右手前に水場

で、小さなピークを越えると二等三角点の扇山山頂は間近い。シャクナゲ、五葉松などのある頂からの眺望は一部をのぞいて実に雄大である。

国道265号線、国見トンネル（全長2777m）が平成八年八月二日に開通し、扇山へは下福良鹿野遊《かなすび》の小学校横から内の八重川に沿う林道を約11km行き、コンター1150mの地点から西へ急坂を上るルートが便利になった。

◇**考察**　北の里峠から始まる霧立越の南端に位置する扇山は松木からのメインルートをとれば道標も完備し、婦女子でも容易な山で、無人の山小屋は新しく、水場もそばにある。8合目から上は原生林が多く残っており、山頂からの眺めは抜群で、向霧立山系の山なみが指呼の間に横たわり、九州の屋根の一端を極めた感がする。

「稗《ひえ》つき節」の里、椎葉村には民宿と旅館が20軒余あり、これら宿舎をベースに向霧立山系へのアタックも楽しめるし、観光として鶴富屋敷のほか、十根川《とねがわ》にある樹齢800年の天然記念物の八村杉や、京都祇園社の流儀をくむ栂尾《つがお》神社の栂尾神楽は無形文化財に指定され、そのほか大河内から栂尾へ至る途中の大河内越原生林は九州でも数少ない原生林として貴重な存在である。

三方岳《さんぽうだけ》（1479m）☆

九州三荘のひとつ米良荘は懐の深い山峰が幾重に続く秘境、今でこそ交通網の発達で九州のいずれの地からも日帰りか、一泊すれば到達できるようになった。九州には三方山の名は多いが、三方岳はここだけであろう。

名峰、市房山と対峙《たいじ》する石堂山の北の樋口山《ひのくちやま》から、さらに北へ下ると槇鼻峠がある。これから北の方に広野山（1272m）、三方岳、丸笹山（1375m）と西、東に大きな稜線を作って一ツ瀬川、小丸川の分水嶺をなしている。その西端の見方岳は三角点のない山で、東南側はSパルプが、北と西側は九州大学の演習林で、原生林とスズタケの密度が濃く、山頂へのルートがよく整備され登りやすい。

広野登山口（1時間10分）三方岳（40分）登山口

人吉市から約50kmで標高944mの湯山峠に至る。湯山峠から国道446号線、国道265号線の大河、本郷まで約10kmである。本郷には九州大学宮崎地方演習林の事務所、学校、民宿などもある。本郷の1km南で国道446号線が接する。その50m北から東へ上る村道を野地、大藪の集落を経て、約9kmで大藪川に架かる**御神橋**を渡る。直ぐ左（北）側が九大演習林入口で、

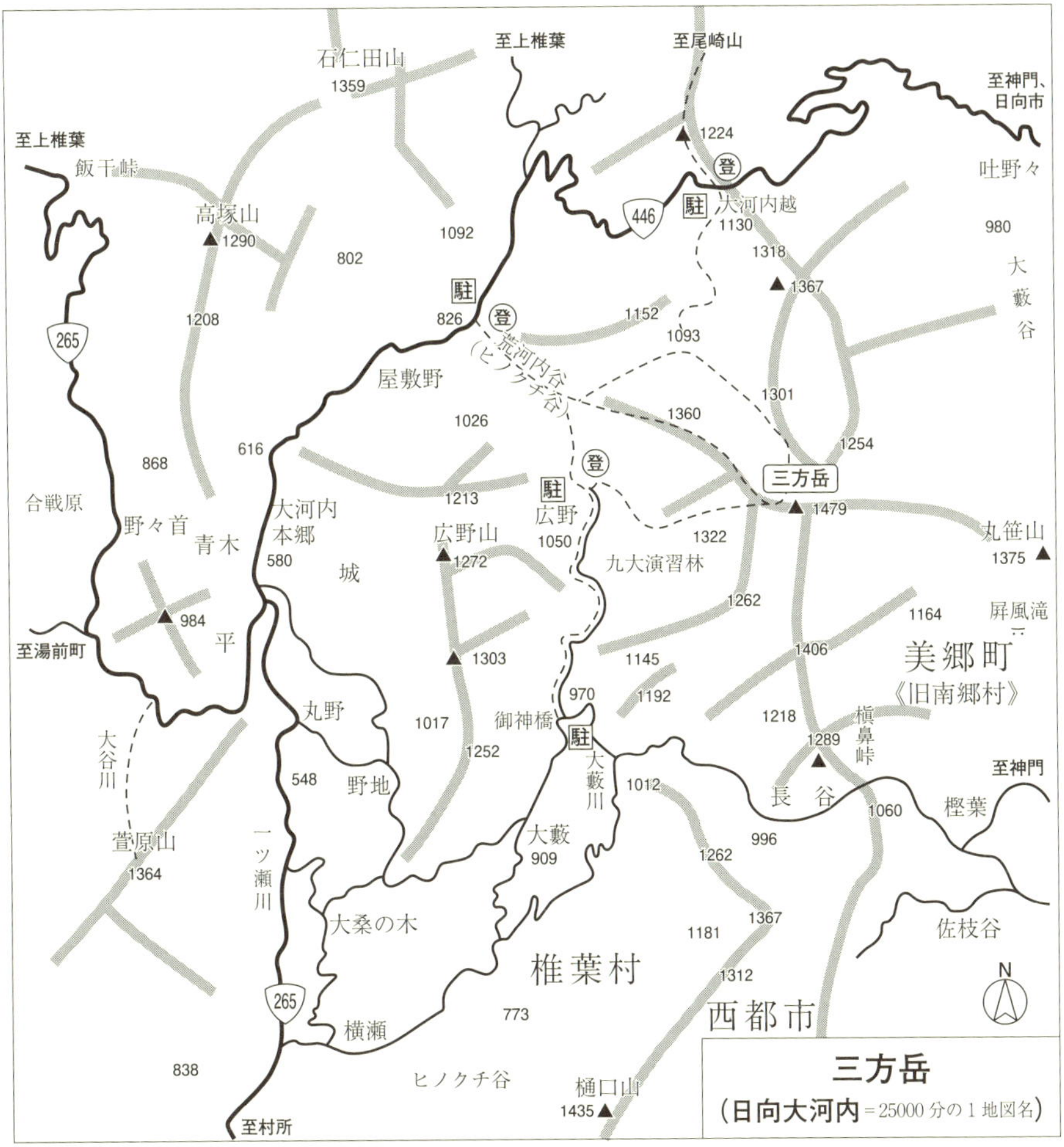

☞登山口⇨(1時間10分)⇨三方岳⇨(40分)⇨登山口

御神橋(左)と九大演習林ゲート（三方岳登山口）

施錠されたゲートがある。

大藪川の渓流を左下に見て、この演習林林道を蛇行しながらほぼ平坦な道を北行すると、3・5kmで広野の林道終点に至る。標高1050mで広野の名の如く、三方岳と広野山の鞍部で小さな平地をなしている。林道終点の200m手前の小渓谷は暗渠《あんきょ》で、周辺はカラマツ林、クヌギ林などの演習林が手入れされていて美しい。林道わきに駐車して、暗渠の手前の東側に昭和五七年（一九八二）、ゼンマイ園造成試験地の標板を見て、樹林の中の作業道を上る。

作業道がやや南へ迂曲し、数分で尾根の掘切りに至る。右側に九大演習林、火の用心の緑色のプレートが立っている。この掘切りから左の尾根へ直線的な急坂を東の方へ上ると、約30分で１３２２ｍの小さなピークに達す。南側の展望がえられる。このピークからわずかに下って再び稜線を上る。山頂の約１００ｍ手前の右側に鳥獣保護区農林省の赤色のプレートを見ると、山頂は近い。

平頂をなす**山頂**一帯は原生林に被われ、九大名入りの石柱と農林省の赤色のプレートがある。山頂から北の尾根、少し引き返して北西の尾根はいずれも幅３ｍにスズタケが切り払われて歩きやすく、山頂一帯は清潔、静寂である。

山頂から東の丸笹山へのルートは明確でない。下山は登山口の広野へもどる。

◇**考察**　容易なのは**大河内越**からコンター１１５０ｍを70分でヒノクチ谷の源流へと向い、１０９３ｍ点から70分で１３０１ｍの稜線を直登して山頂に至る。

他に国道446号線、大河内の屋敷野から１・５㎞東へ行き、荒河内谷（国土地理院の地図にはヒノクチ谷と誤記されている）を経由する歩道がある。いずれにしても九大演習林の山域に入るので、地元の大河内本郷にある演習林事務所（電話○九八三―三八―一一一六）に連絡し、入山許可を得ることである。

石仁田山《いしにたやま》（１３５９ｍ）☆　高塚山《たかつかやま》（１２９０ｍ）☆

飯干峠（1時間40分）**高塚分れ**（30分）**高塚山**（20分）**高塚分れ**（1時間20分）**石仁田山**（50分）**林道**（40分）**桑の木原林道**

湯山峠から国道265号線に入り、飯干峠まで約13㎞である（福岡市から人吉経由、湯山峠まで約２６０㎞）。この飯干峠から東へ林道が数百ｍのびているので、適当な空地に駐車する。コンター１０５０ｍである。林道終点から尾根にとりつき、稜線のスズタケを分けて東へ行く。北の斜面（椎葉ダム側）は伐採造林が徹底している。遊歩道はないので、植林作業道やけもの道を上手にひろって行く。約50分で１１９８ｍ峰を越え、さらに十数分でコンター１１９０ｍの平頂な稜線の北側はクヌギの植林地帯で、西の隅に一本のブナの大樹が残されている。

これから真南へ原生林とスズタケのブッシュを分けながら、

石仁田山・高塚山
（日向大河内、上椎葉＝25000分の1地図名）

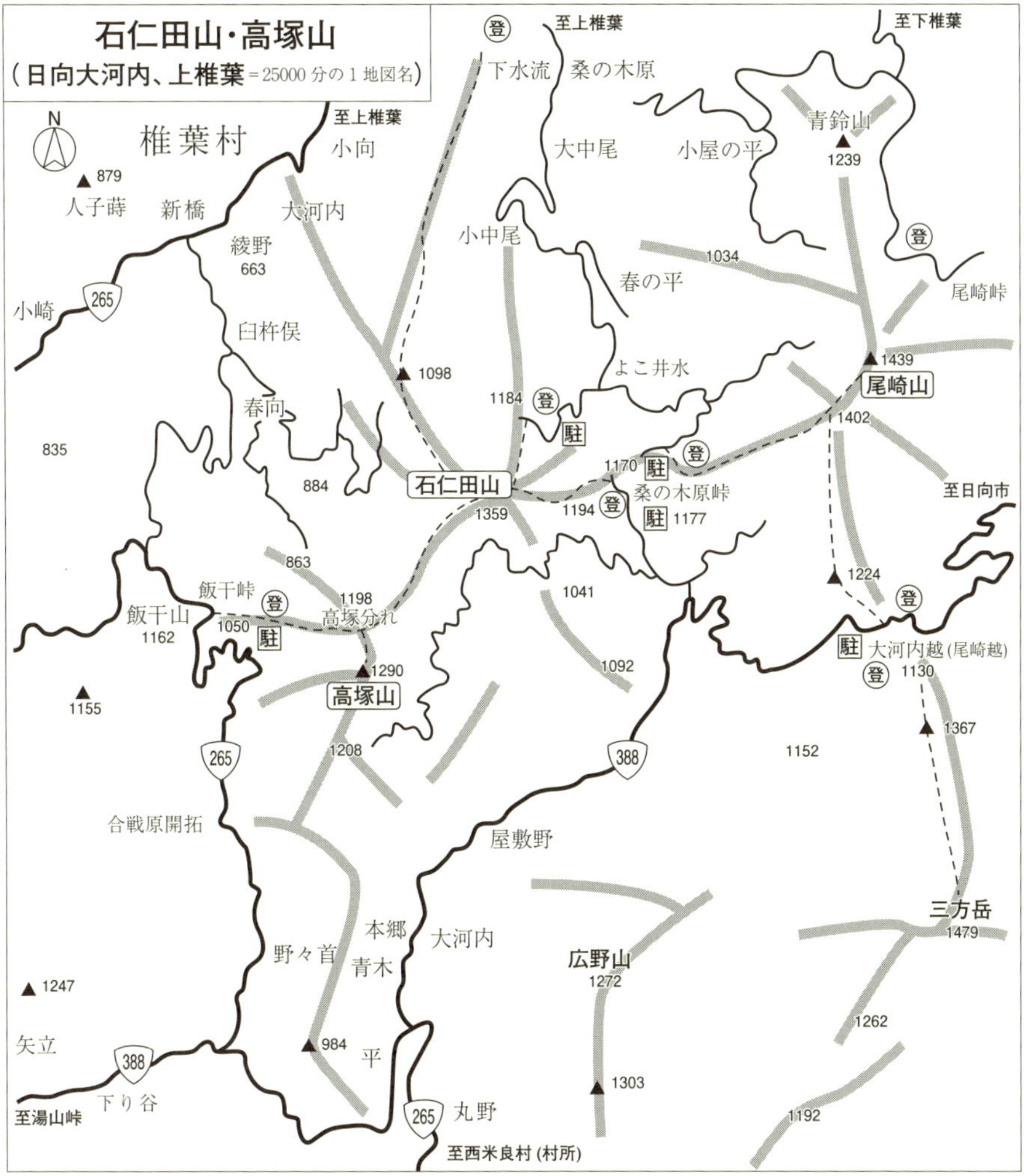

☞**飯干峠**⇨（1時間10分）⇨**高塚分れ**⇨（30分）⇨**高塚山**⇨（20分）⇨**高塚分れ**⇨（1時間10分）⇨**石仁田山**⇨（50分）⇨**林道**⇨（40分）⇨**桑の木原林道**

ゆるやかな勾配の尾根をたどれば**高塚山**の三角点に至る。原生林に包まれた山頂で展望はきかない。

高塚分れに戻り、稜線のスズタケのブッシュを分けて、やや北東へ、約40分で1260mの鈍頂に着く。北側はやはり稜線まで伐採と植林で、南面はスズタケと原生林が密生している。次の1300m峰も同じ現象にあり、南側はブナ、カエデ、イヌシデ、ホオノキ、クロモジ、ヤマグリ、リョウブなど、落葉樹の自然林が美しい。これから十数分で**石仁田山頂**に達す。原生林の小さな平頂で展望はないが、自然のたたずまいが心地よい。

石仁田山から尾根は真東へ数分で1350m峰に着く。このピークからスズタ

石仁田山の頂

ケと原生林の平坦な稜線はやや北東に向い、十数分で1340mの平頂に至る。この平頂から大きな尾根が二つに分れ、東南東の方向へ原生林の尾根に沿って下ると、約40分で桑の木原峠へ、もうひとつ北へ下る尾根をたどると、スズタケと原生林のブッシュを分けて林道に出る。この林道を3㎞行くと上椎葉から桑の木原を経て国道446号線に接続する林道の「よこ井水」の水場のすぐ上に出る。

◇**考察**　椎葉村の石仁田山は三角点の峰ではないが、耳川と一ツ瀬川の分水嶺をなす長い山系の中央にある。地図を見ると、東の椎葉村、美郷町の境をなす清水岳（山神1205m）から変動の少ない等高線の尾根が西へ、笹の峠（1340m）、龍岩山（1318m）、尾崎山（1439m）、桑の木原峠（1170m）、石仁田山（1359m）、飯干峠（1050m）、馬口岳《ばぐちだけ》（1435m）、江代山《えじろやま》（1607m）へと、ほぼ東、西にのびる長大な山稜を形づくっている。しかし尾根筋はいたる所スズタケと原生林が密生し、縦走は容易でない。石仁田山、高塚山とともに山頂からの展望に欠けるが、登山者がまれで、原生林のたたずまいが素晴らしく、心いやされる。

　山頂へ至るルートは西の飯干峠からと東の桑の木原峠から、あるいは北の臼杵俣から林道をたどり、いずれにしても遊歩道はないので、植木作業道と尾根筋のわずかなけもの道をひろって行けば、さほど困難ではない。

　桑の木原峠の東の**尾崎山**（1439m）へのルートは大河内越（尾崎越）から切り分け尾根を北上し、コンター1402mからスズタケ藪をわけて2時間で至る。今ひとつは林道の桑の木原峠から約1・5㎞北へ下った林道のわきから右（南）側の造林地を経て東西にのびる稜線に上る。稜線の北側は植林で、右側はスズタケと自然林が続く。住友林業と九大の演習林になっている。この稜線に沿って小さな起伏を東進すると、約1時間20分で**山頂三角点**に至る。山頂は原生林に被われ、北東から西南へ細長い鈍頂で、展望はないが原生林の美と静と日本鹿の生息が安らぎをおぼえる。国土地理院の地図の山頂へ至る波線は濃厚なブッシュで、当てにならない。

　なお国道388号線、米良街道の大河内の本郷には「中竹旅館」がある。

丸笹山《まるざさやま》（1374m）萱原山《かやはらやま》（1364m）

両山岳とも宮崎県西部の美郷町と椎葉村に位置する。丸笹山は**百済《くだら》の里**で有名になっている美郷町南郷区の北にそびえ、小丸川の源流域をなす峰である。奈良の正倉院を模して、西の正倉院のふれこみで平成八年（一九九六）五月三日に、村内の神門《みかど》に建造オープンした。

歴史をたどってみると、朝鮮半島の古代国家、百済の国は新羅《しらぎ》と唐の連合軍によって西暦六六〇年に滅亡された。その折に百済の王とその一族がのがれて、宮崎県日向の金ケ浜に漂着し、小丸川をたどって現在の美郷町南郷区神門《みかど》に居を構え隠棲《いんせい》したとの言い伝えがある。すでに一三五〇年以上も前の出来事であるが、それを立証する品々として、三三面の銅鏡や馬鈴、馬鐸《ばたく》等が養老二年（七一八）に建造の神門神社に奉納され、その中の銅鏡のひとつである瑞花六花鏡は奈良正倉院の御物と、もう一つ東大寺大仏台座から発見された鏡と同一品と言われる貴重な品々で、その他、中国、朝鮮の古銭、矢尻、鎗の穂先などが展示されている。

萱原山は近くに雄峰、市房山、江代山、三方岳などのためにに隠れた存在であるが、三方岳、江代山とともに九州大学の宮崎演習林として、山頂の北西斜面は管理が行きとどき、したがって自然の植生の種類が豊富に保存されている。

槇鼻峠から望む美郷町の丸笹山

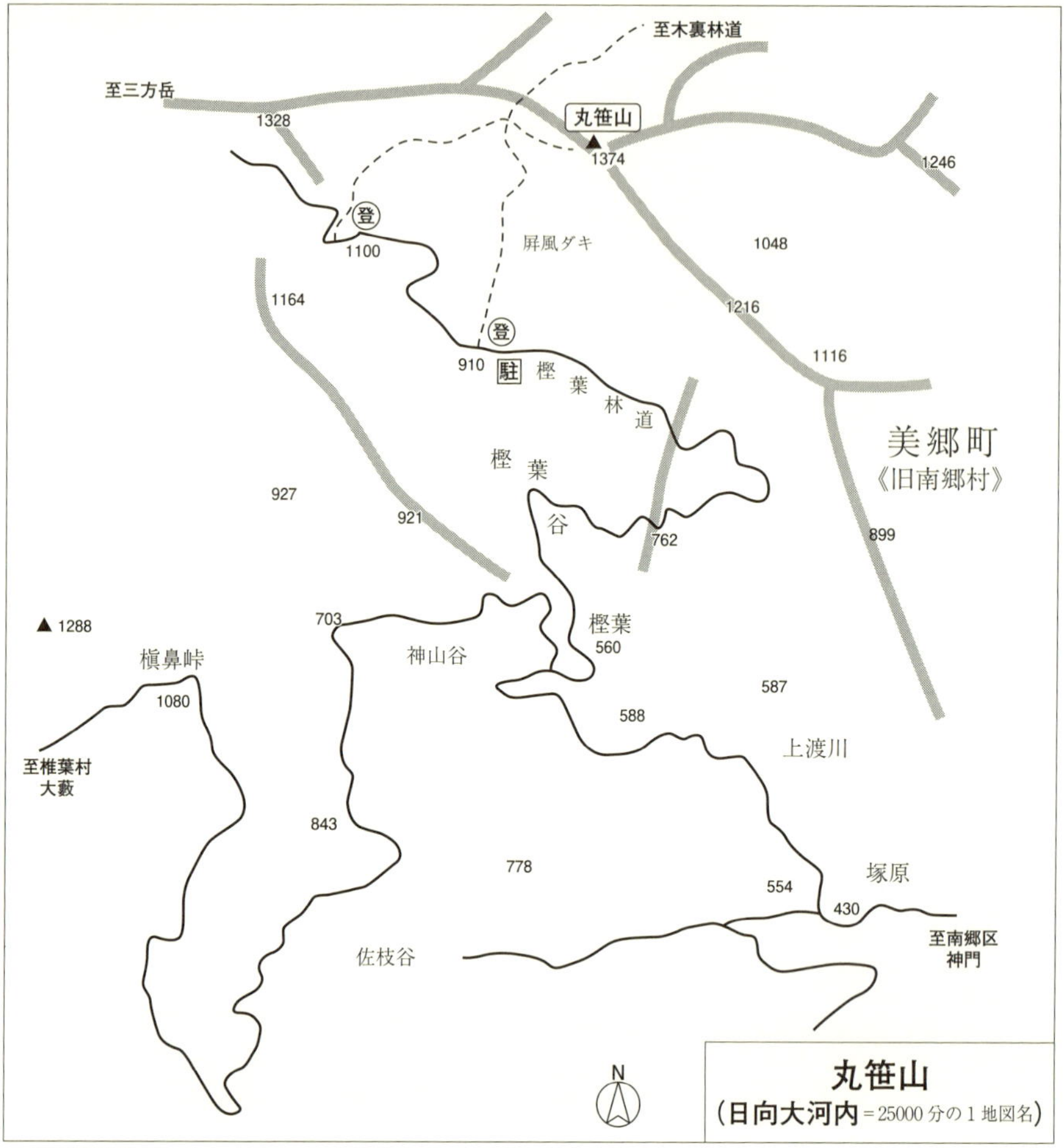

丸笹山
（**日向大河内**＝25000分の1地図名）

☞**樫葉林道登山口**⇨（1時間30分）⇨**丸笹山**⇨（1時間20分）⇨**登山口**

樫葉林道登山口（1時間30分）丸笹山（1時間20分）登山口

宮崎県西端の山裂が連なる秘境で、登山にはマイカーに頼るのが便利であろう。国道446号線の神門から西進するか、椎葉村大藪から槇鼻峠（1080m）を越えて入るかである。

南郷区上渡川の樫葉集落の三差路が目標で、これから樫葉谷を渡り、丸笹山の南麓を東西に走る**樫葉林道**に入る。北から西へ林道を進行して3kmで屏風滝（岩壁）の南下を通り数100mで北側に長大な崩壊斜面を見る。コンター910mで、この崩壊個所の右端から植林作業道をえらび上って行く。

杉や松の林の急坂をほぼ直登して、1時間で崩壊の起始点に達す。山名のごとくミヤコザサと灌木に被われた稜線に上り、東へ30分余で三等三角点の**山頂**に至る。鈍頂だが、東南から南西にかけて眺望

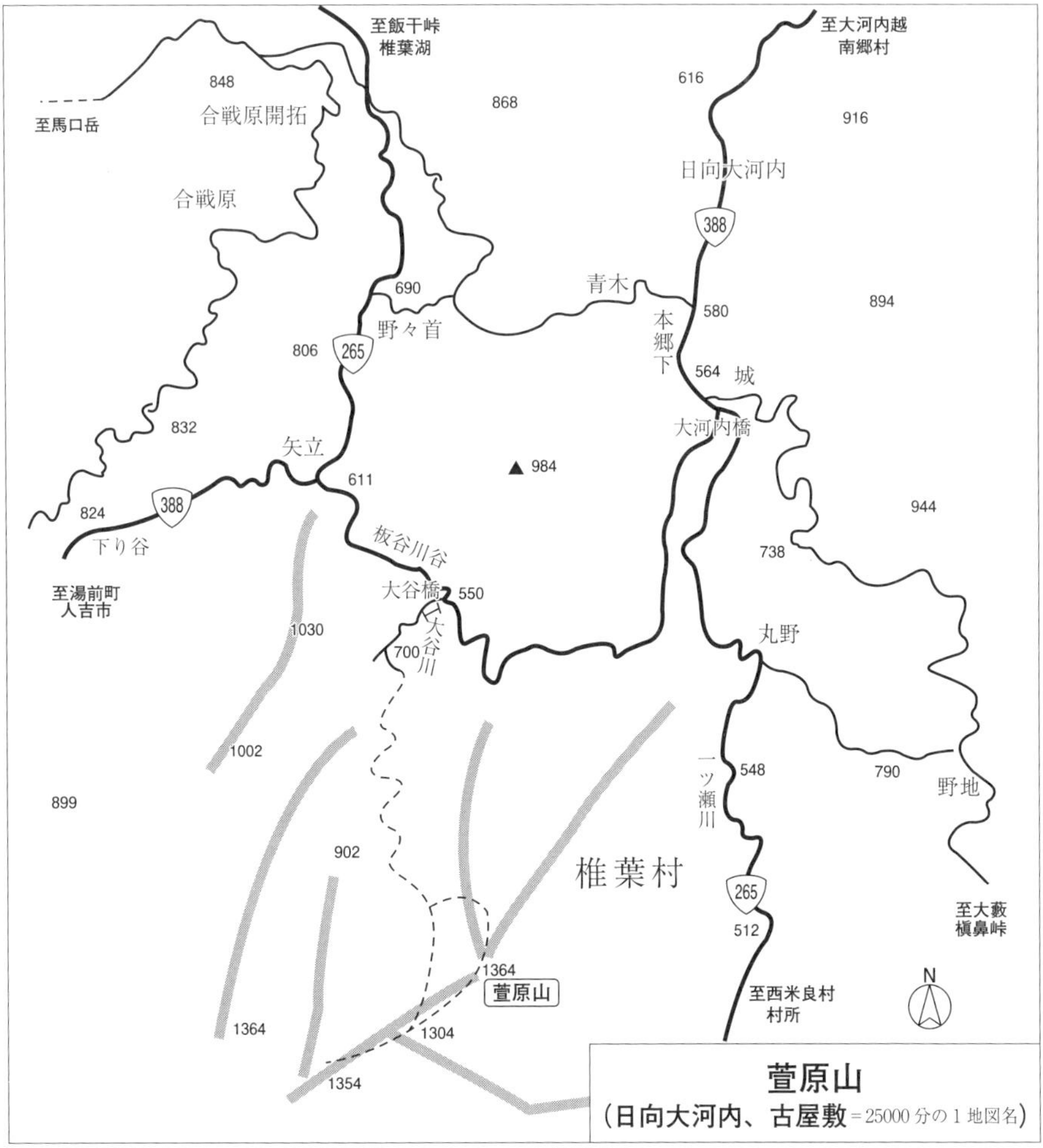

萱原山
(日向大河内、古屋敷=25000分の1地図名**)**

☞**大谷川登山口**⇨(1時間40分)⇨**萱原山**⇨(1時間20分)⇨**大谷川登山口**

良好、尾鈴山、鰐塚山、米良烏帽子岳、天包山、石堂山、市房山、霧島連峰の山なみが楽しめる。

下山を稜線を西へとるが、スズタケの密生に阻まれ、三方岳へ連なる尾根筋は困難である。途中から南側の樫葉林道へ下る。鹿、猪の生息多し、この山域には雄峰多く、この山は等閑視されているが、自然と静寂を求めるに相応しい山で推奨したい。

なお、国地院の地図に山頂の南側直下に「屏風滝」の記載があるが、この場所には水流なく、滝の形態さえ見えず、岩壁があるのみだ。この地方の山住みの人々や私ら岳人も同様に、岩峰、岩壁をダキあるいはタキと呼称するところから、その音韻で漢字の「滝」の字を国地院が当てたのであろう。屏風岩か屏風ダキと訂正すべきであろう。

2
大谷川登山口（1時間40分）**萱原山**（1時間20分）**大谷川登山口**

椎葉村の大河内、国道265号線と446号線とが交わる矢立から東進して1kmの所、あるいは反対の東の方からは大河内橋から2・5kmの距離の大谷川に架かる大谷橋を渡って200m進んだ所の南西側に、荒廃した林道が南へ約500m上っている。終点から遊歩道兼作業道に入り、直ぐ堰堤下を大谷川の右岸を渡り登って行く。渓流に沿って作業路が整備されている。樹木の種類が豊富である。

炭がま跡を通り、約1時間30分で西へ張り出す尾根をまたぎ、左（北東）から廻りこんで**山頂**に至る。三角点のない南北に細長い頂で、北西面はよく手入れされ、東南面はスズタケが密生している。展望は充分でないが、自然林に満足する。

下山は来たルートを蛇行しながら引きかえす。九大演習林に相当する北の区域はよく整備され、貴重で豊富な植物群が見ものである。

烏帽子岳《えぼしだけ》（1125m）☆☆

米良荘の西米良の代表的山岳は市房山（1721m）、石堂山（1547m）と天包山（1189m）で、村の東、西都市と接するこの烏帽子岳は等閑視されているきらいがある。九州でも同名の山岳は随所にあって、いずれも山頂からの展望が優れているのが特色である。

山頂の稜線近くまで造林の手がのびているが、部分的にはまだ原生林が残り、石堂山が南限とされるコオヤマキの群生が、さらに南に位置するこの山岳一帯に自生しているのは貴重と言うべきであろう。

越野尾橋（8km）**小川公民館**（5km）**提原《ひさぎばる》**（2km）**木浦助八重《きうらたすくるばえ》**（1km）**登山口**（1時間40分）**蔵王権現祠**（10分）**烏帽子岳**（1時間40分）**登山口**

人吉市の方から国道219号線を東進し、熊本、宮崎県境の横谷トンネルから西米良村の中心、村所まで13km、さらに一ツ瀬川沿いに横野大橋を渡り、**越野尾橋**まで16kmである。これから県道小川線を小川川に沿って北進し、流合《はき》、小川、松原、古屋敷、上三財、提原《ひさぎばる》の吐野谷橋を渡ると直ぐ右折して坂道を上ること2kmで**木浦助八重《きうらたすくるばえ》**に至る。集落の左上に濱砂氏

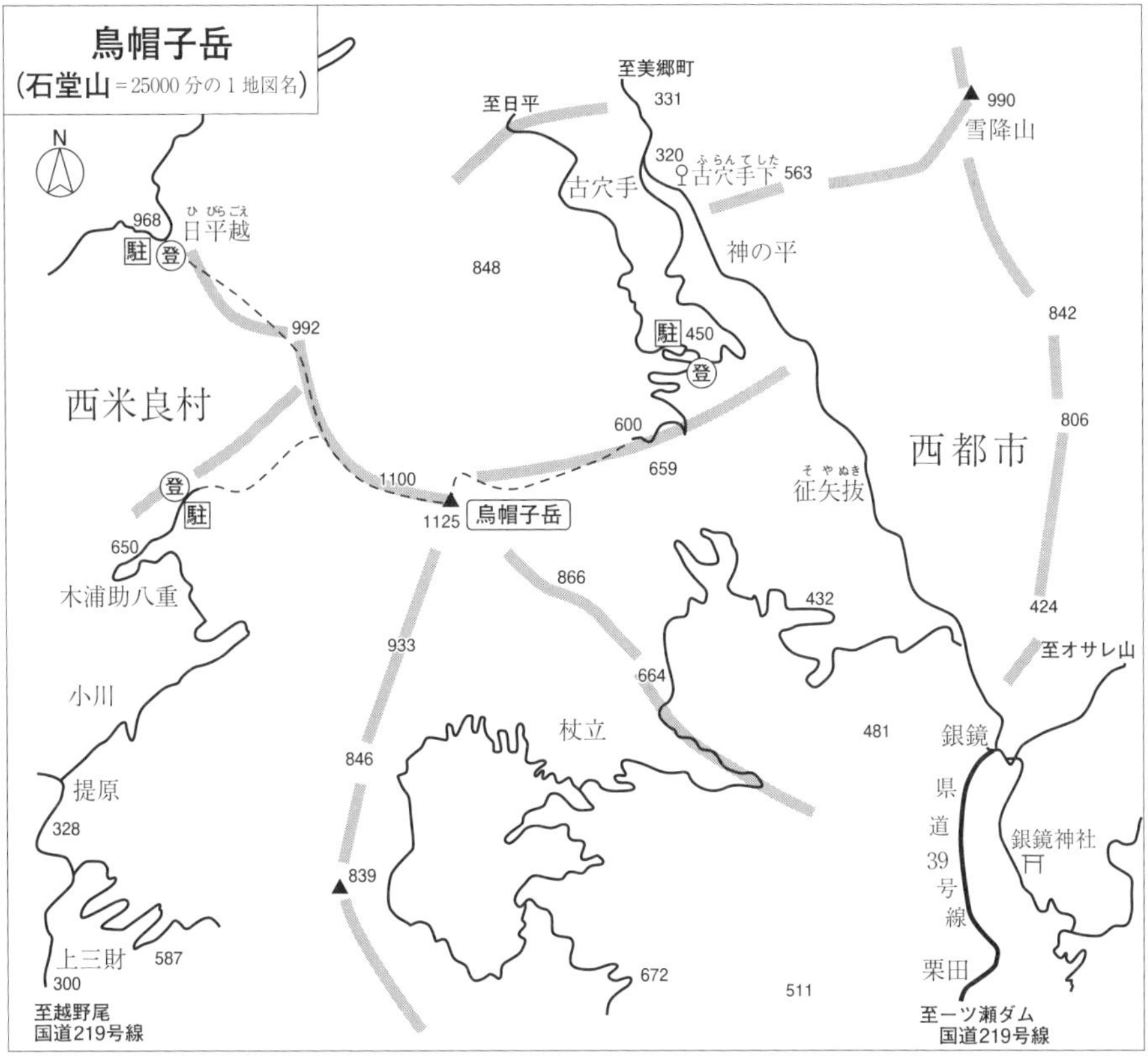

☞古穴手登山口⇨（１時間40分）⇨烏帽子岳⇨（１時間20分）⇨古穴手登山口

宅を見て、さらに林道を左（西）へまいて１km上ると林道終点に着く。

これから雑林の中の造林作業を10分ほど歩き、右側の小さな尾根にとりつく。右は檜林、左は雑林の境を東へ20分上ると、巨岩の左をまいて間もなく杣道は崩壊した涸谷を越えて、東北から西南へのびる尾根をめざして急坂を上り、稜線を東北へ行く。登山口から１時間20分で、コンター１０８０ｍのピークは雑林の中でツゲ、ケヤキ、リョウブ、ツガ、ハイノキ、ミツバツツジ、コウヤマキなどを見る。

さらに東へ、尾根筋の南側は所々、岩壁のやせ尾根となり眺望が楽しめる。二番目の１０９０ｍピークの手前から左（北）折する遊歩道を下ると日平越に至る。二つ目、三つ目と数分毎に小さなピークを経て、四つ目の１１１０ｍのピークから右（南）折し、２、３分で尾根鼻の岩峰上には石鉄山蔵王権現の祠が安置され、素晴らしい眺望がえられる。これは大正一五年（一九二六）一一月、高知の弘照院武智熊弥氏の寄進によるものである。

再び四つ目のピークに戻り、尾根を東進する。東北はゆるやかな斜面で檜林が続く。南西側は原生林でミツバツツジ、ケヤキ、ドウダンツツジ、コウヤマキ、五葉松などが多い。数分で三等三角点の**烏帽子岳**に着く。山頂は狭小で、昭和五四年（一九七九）一〇月に建てられた第三四回国体山岳競技会記念のプレートと、西米良村国体実行委員会による石柱があり、西をのぞいて素晴らしい眺めで、ことに尾鈴山、霧島連峰、天包山、市房山などの雄姿が間近である。山頂の南面は、岩が切り立ち絶壁をなしている。

下山はもとのルートを引きかえすが、途中から日平越《ひびらごえ》への道を下らぬよう注意する。

◇**考察**　烏帽子岳の山名は九州だけでも十峰を下ることはない。全国的には国見山の山名とともに最も多いのではないだろうか。烏帽子の先端のように屹立している姿から名付けられているようである。この山は北西から東へのびる小岩峰の多い吊尾根の東端にあって尖峰をなし、展望がよい。

ルートは、①助八重からと②日平越、そしてもうひとつ、③**西都市銀鏡《しろみ》側**からが分かりやすい。

龍房山から西の烏帽子岳を望む

国道219号線の銀鏡トンネルの北側の一の瀬から北折し、県道39号線を８・７km北進すると銀鏡の中心集落に至る。さらに北へ３・８kmで神の平の次の古穴手《ふらんて》下バス停で左側に烏帽子岳登山口の標示を見て、左へ急カーブし、舗装車道に入る。この道は日平、小川へと迂回する。急カーブの車道を１・７kmで左側に登山口の標柱を見る。これから北へ３m幅の林道が１・５km上っているが、悪路ゆえ歩行する。林道終点がコンター６００mで、これから遊歩道に入る。

植林域から照葉樹林の急坂となる。1時間30分で6合目上のししの平の岩場に達す。東方の展望がよい。なお急坂が続くが30分で、北から三等三角点の山頂に着く。展望抜群、山頂から西へ７００mはなれた峰（１１００m）の岩壁の南側に鎖場があり、頂には不動明王の石像が坐す。高知県弘照院武智熊弥氏が明治五年（一八七二）壬申建立す。これから西進すると日平越あるいは助八重ルートである。

この山は西都市と西米良村の境界線上にあるが、銀鏡から望む山容がひと際りりしい。烏帽子岳のコウヤマキの群生は石堂山と同様に南限として貴重な存在で、この山には不思議とシャクナゲは見当らない。

この米良荘は約４８５年前に菊池氏によって支配され、小川集落にはその本城があって約２００年間栄えたところであるが、明治一〇年（一八七七）の西南の役で、田原坂の戦以後敗走した薩軍がこの地の天包山にたてこもり、官軍と最後の激戦を展開した。攻める官軍は小川地区の民家を焼き、敗走する薩軍も住居、食糧などを焼き払って逃げたので、歴史的資料は一切焼失したと言われている。

龍房山《りゅうぶさやま》(1020m)

銀鏡登山口(1時間40分)龍房山(1時間40分)銀鏡登山口

西都市、国道219号線、一ツ瀬ダムサイドの銀鏡《しろみ》トンネル東側出口の一の瀬から北折し、県道39号線を8・7kmで**銀鏡橋**に至る。郵便局があり、銀鏡の中心に相当する所である。川幅30m余の橋を左岸へ渡ると直ぐ左側に、龍房山、オサレ山、雪降山登山口の標示は有難い。

龍房山へは右へ20~30m行き、登内川に架かる原児橋を左岸へ渡り、銀鏡尾八重林道を南へ、そして東へ上る。銀鏡橋から0・8kmで蒼然たる銀鏡神社前、さらに1・6kmで右は上鶴へ至る道で、車道を左折すると地道となる。この林道は2・1km北東行すると終点で、数台の駐車スペースがある。駐車場所は山頂の北下の所で、周囲はクヌギ林と雑木に被われる。

東へ歩き始めて数分で涸谷を渡り、雑林の中を北行する。30分で山頂から北へ派生した急坂尾根にとりつく。左(東)側は杉林で西側は自然林の境界沿いに上る。アセビ、ヒメシャラ、コウヤマキなど照葉樹に被われる。約1時間20分で手前のピーク龍房神山に続いて数分で中龍房山へ、そして南西端の峰が三角点の**龍房山**である。三つの峰とも標高に大差ない。山頂は喬木が多く、平頂で、したがって展望は期待できないが、西側へ少し下った所から烏帽子岳方面の山なみがのぞめる。下山は登山ルートを戻る。

この山域の部分には日本パルプ所有地の標示がある。石堂山、烏帽子岳、地蔵岳、龍房山などコウヤマキの南限地であるが、コウヤマキ自生の山域にはヒメシャラは見るが、ツクシシャクナゲが見あたらない。地質によるものだろうか。

銀鏡神社の秋祭は一一月二三日で、神楽は一二月一四日である。宿は民宿「銀鏡」か、上米良には「米良の里」が便利であろう。

左から、銀鏡登山口から仰ぐ龍房神山、中龍房山、龍房山

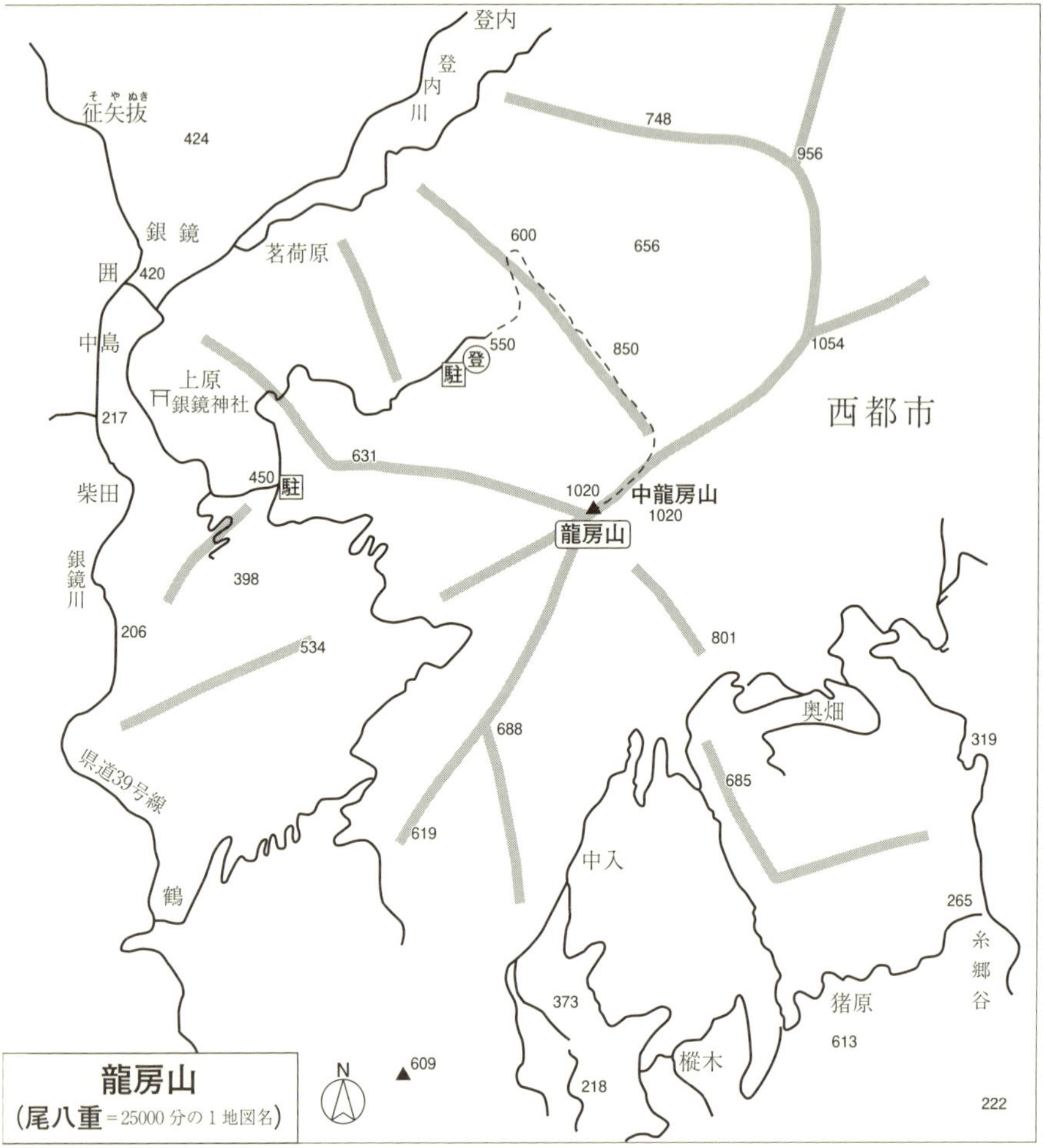

☞銀鏡登山口⇨(1時間50分)⇨龍房山⇨(1時間10分)⇨銀鏡登山口

龍房山の頂

国見山《くにみやま》（1036m）

児原《こばら》稲荷社登山口（1時間40分）国見山（1時間20分）児原稲荷社境内

宮崎県の西都市にある二等三角点の山である。山頂から400m北側の970m峰が西米良村との境界にあたる。登山口から山頂までのアプローチが長いわりに登りやすく、静寂を満した照葉樹林の山で、単独、初心者でも充分に楽しめる。

日向灘に注ぐ一ツ瀬川の上流、米良の里の一ツ瀬ダムサイドを国道219号線が走る。越野尾の米良稲荷橋の南側（右岸）に児原《こばら》稲荷神社入口の標柱を見る。国道から、この標柱にしたがい車道を1kmで、分岐を右へとり、なお1km上ると神社下の境内広場に着く。登山者のマイカーは奥の広場に駐車可である。この神社は養老二年（七一九）の創建と言われ、彦《ひこ》火火出見命《ほほでみのみこと》、木花咲耶姫命《このはなさくやひめのみこと》、大山祇命《おおやまづみのみこと》を奉斎し、年間12回の祭事が行われる。社務所に50人収容の簡易宿泊所を併設（電話〇九八三－三七－一二二五）し、利用できる。

神社の位置がコンター400mの地点にある。社前に一礼し社務所の西側を通り、照葉樹の下を南へ上り、450mの稜線に出る。左下に林道とその先に砂防堤を見る。尾根沿いに南西へ上る。受水槽の横を通り、植林域に入り、間もなく照葉樹林の尾根道へと変る。起伏のゆるやかな長い尾根が南から南東方面へと変る。

1時間10分程で尾根を少し下り、そして西側から山頂へ上り着く。展望は80％で、日向灘、尾鈴山、西南に掃部岳《かもんだけ》、北に天《てん》包山《ぼうざん》、烏帽子岳などが確認できる。

この山地は落葉樹の少ない照葉樹林帯であるが、所々にヒメシャラ、ミツバツツジそしてこの山域特有で南限になるコウヤマキを見る。

下山は1時間20分で児原稲荷神社の駐車場へ戻る。

国見山登山口の児原稲荷神社（右側）

国見山
（村所、瓢丹渓、掃部岳、三納＝25000分の1地図名**）**

☞**児原稲荷社登山口**⇨（1時間40分）⇨**国見山**⇨（1時間20分）⇨**児原稲荷社登山口**

地蔵岳《じぞうだけ》（1089m）

西都市と西米良村の境界をなす線上のピークには烏帽子岳と赤鬚《あかひげ》山がある。ここで紹介するのは西都市西部の山峰で、いわゆる東米良の山にあたる銀鏡《しろみ》七山のひとつを紹介する。

地蔵岳は一ツ瀬川の支流、尾八重川と打越川に挟まれた状態の峰で、三角点こそないが高野槇の群落が各地に残り、山頂からの展望は5割程度である。山頂へ至るルートに変化があり、人気充分である。

尾八重大橋登山口（2時間）**地蔵岳**（1時間30分）**尾八重登山口**

一ツ瀬ダムサイド、国道219号線、西都市瓢丹渕の次（東）の三差路の十五番から左（北）折する。尾八重川の左岸沿いに北進して2kmで吐合の分れを左へとる。左下に尾八重川の清流を見て9・5kmで、昭和六二年（一九八七）三月完成の尾八重大橋に至る。国道219号線から北折して11・5kmの位置になる。この大橋を渡らず直進して20m先に西都市山岳会設置の登山口標柱がある。

植林された尾八重川の土手を下り、川幅約10mの川を右岸へ渡る。直ぐ造林の急坂となる。20分で山頂から東へ派生する尾根に上る。3合目に公社造林の丸プレートを左に見て西へ上って行く。4合目は尾根の左は自然林だが、右側は造林で、これから数分で急坂に設置のザイルが助けとなる。登山開始1時間で、5合目に高野槇のコルのプレートがあり、この辺りから自然林の中に大小の高野槇の混生を見ながら急坂のザイルを伝う。7合目からはヒメシャラ、アセビツゲ、モミ、ツガ、カエデ、ツツジ、コウヤマキなどで美しい景観である。7合目と8合目との中間から左折すると、**打越**へ下るルートで、右へ上り約20分で**山頂**に達す。

東西に長めの頂からは龍房山、オサレ山、烏帽子岳、石堂山、市房山、遠く霧島連峰が見渡せる。

昭和六年（一九三一）記の地蔵菩薩が東を向き、平成九年（一九九六）四月一三日、第1回山開き記念柱が立つ。

下山はもとの急坂を下り、1時間30分を要す。

地蔵岳の南面

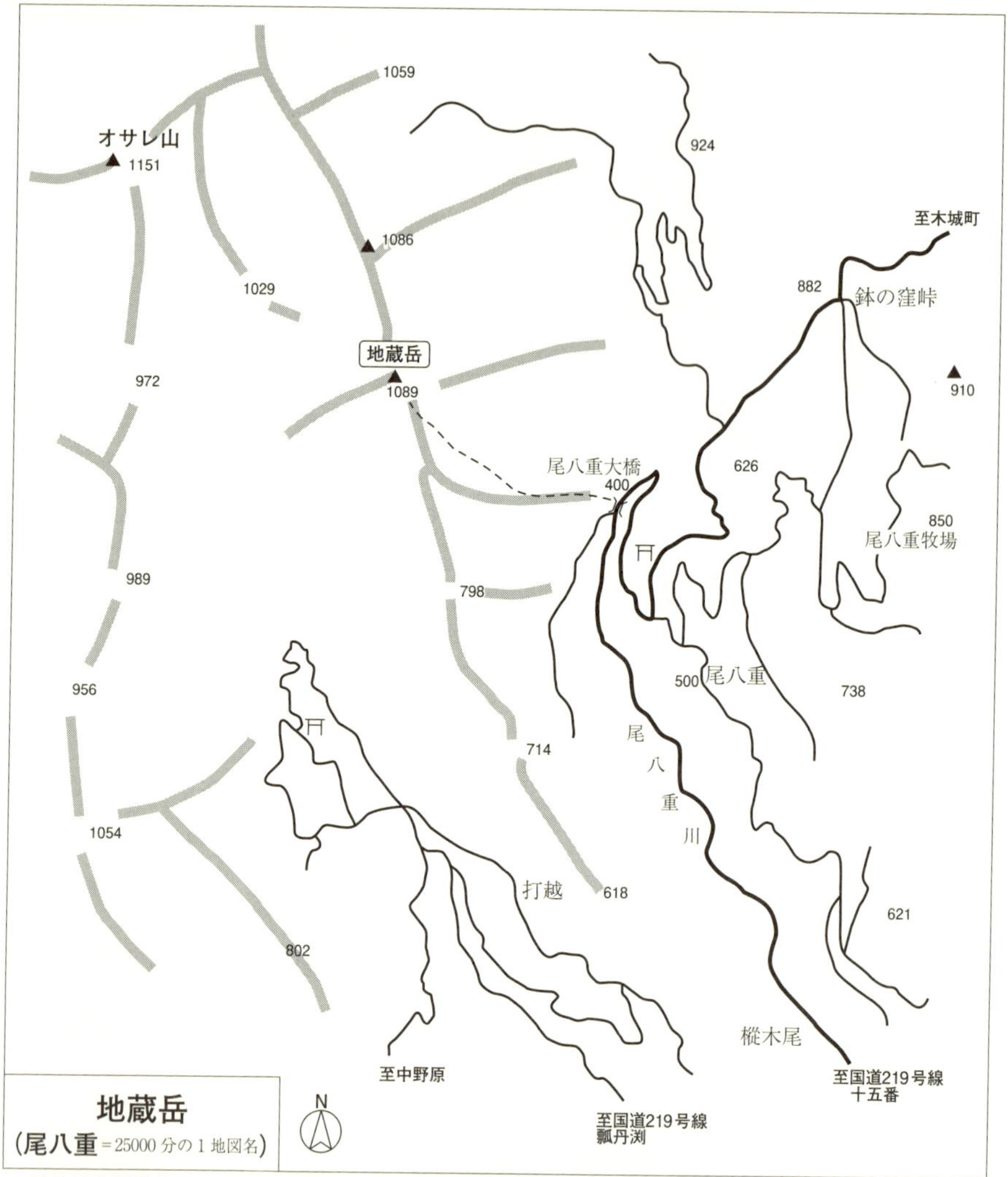

☞尾八重大橋登山口⇨(2時間)⇨地蔵岳⇨(1時間 30分)⇨尾八重大橋登山口

⑪宮崎県南の山

尾鈴山《おすずやま》（1405m）☆☆

ふるさとの尾鈴の山の悲しさよ
　秋も霞のたなびきて居り

歌人若山牧水の有名な歌で、彼の生家は尾鈴山の北麓、東臼杵郡美郷町東郷区坪谷に残っている。また山の南には武者小路実篤が理想主義、人道主義をかかげて人間の理想郷をと建設した「新しき村」の名残りが、児湯《こゆ》郡木城《きじょう》村浜口ダム石河内の対岸にある。

宮崎県の尾鈴山は日向地方の人々にとっては「尾鈴さま」と尊敬されるほどの名峰で、坪谷川、名貫川、小丸川などにかこまれて、それらの本支流の水源をなしている関係から、原生林とともに山の斜面を放射状に流れる美しい渓谷、そして見事な瀑布は大小30を悠に超える。そのうちから代表的なものをあげると、矢研《やとぎ》谷の矢研ケ滝は73ｍの落差があり、ケヤキ谷を流れ落ちる白滝は75ｍ、水量は少ないが冬期には結氷して輝く落差１００ｍのすだれ滝、37ｍのモミジ滝、34ｍのさぎり滝などを含め、数多くの尾鈴山瀑布群は国指定の文化財となっているほどで、変化に富むこれら大小の滝がハイカーの疲れをいやしている。

矢研ケ滝（キャンプ場北）

九重頭《くえんとう》駐車場（1時間10分）**小藤分登山口**（1時間50分）**尾鈴山**（60分）**矢筈山**（40分）**南矢筈山**（60分）**白滝入口**（1時間30分）**ケヤキ谷入口**

ＪＲ都農《つの》駅前から国道10号線を横断し、県道を西へ４㎞で名貫《なぬき》川に架かる和田橋を渡り、１００ｍ先で右折し県道307号

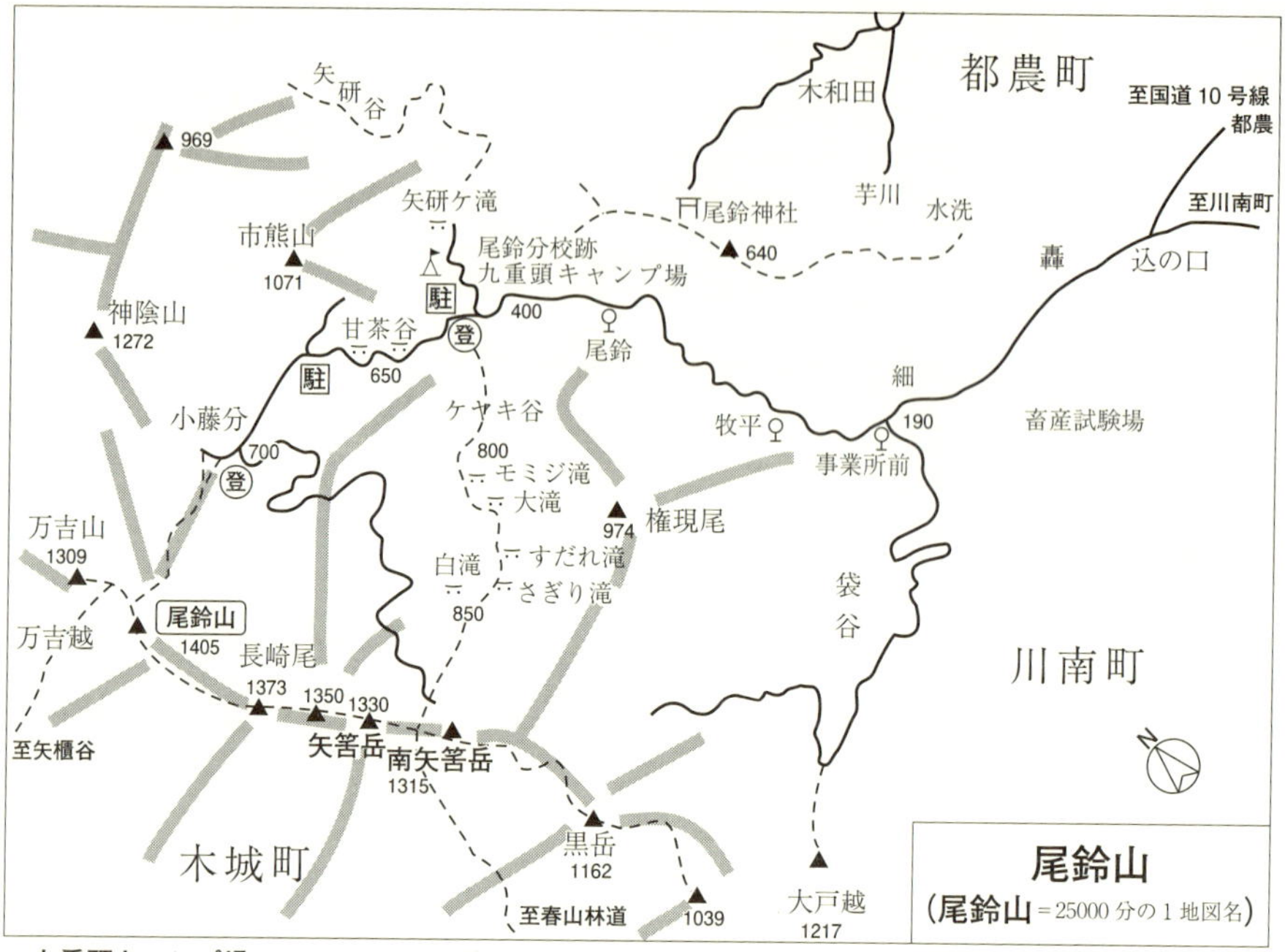

☞**九重頭キャンプ場**⇨（1時間10分）⇨**小藤分**⇨（1時間50分）⇨**尾鈴山**⇨（1時間）⇨**矢筈岳**⇨（1時間40分）⇨**白滝入口**⇨（1時間30分）⇨**ケヤキ谷入口**

線を西へ、右下に名貫川渓谷を見ながら下切バス停を過ぎると、ゆるやかな坂道になる。細の次が尾鈴事業所前バス停で、間もなく渓谷の向うに発電所が見える。車道はさらに上って牧平そして尾鈴バス停が終点となる。このすぐ上《かみ》手《て》が**九重頭**《くえんとう》で、国道10号線から約11 kmの距離である。車道の右（北）側に第一駐車場があり、名貫川の渓流をはさみ、北側にキャンプ場と山小屋がある。ここが**矢研ケ滝**への入口で、約20分で落差73m、日光の華厳の滝にまさるとも劣らぬ勇壮な矢研ガ滝へ行ける。

車道をさらに上がると直ぐ橋を渡って左側が**ケヤキ谷入口**で、右側に第二駐車場がある。第一、第二駐車場とも20台余のスペースで、ここから林用車道はなお山頂の方へ4 km、小藤分まで続く。第二駐車場から約1 km上ると、右へ橋を渡り尾鈴事業所現場への林道と、真直ぐ尾鈴山への林道に分れ、この分岐点の手前右側に10台は駐車できる広さとなっていて、左側は数十mの崖が切り立っている。

ここから右下に甘茶渓谷を見ながら、悪路の林道を歩けば30分で登山口のいわゆる**小藤分**で、橋を右へ渡る。マイカーはせいぜいここまでで、最後の水場でもある。道標にしたがい原生林の尾根にとりつく。右（東北）側はかなり上の方まで植林事業の手が入っている。ヒメシャラの美しい樹膚が目につき、急坂となるあたりからスズタケが多くなる。

小藤分の登山口から1時間50分で山頂と万吉坪谷への分

岐点で、右折すると直ぐ道の左側に尾鈴神社の上宮の石祠が安置されている。分岐点にもどり、真直ぐ2、3分も上ると一等三角点の**尾鈴山頂**に達す。

山頂は約50坪の広場で、周囲はスズタケと自然林にかこまれ、山頂の中央に昭和四八年（一九七三）四月、都農町相見の尾鈴神社が山域の部分伐採を記念して建設した、高さ10ｍ余の展望用の鉄塔があったが、不安定で危険なため現在は撤去されていて、山頂からの展望がないのは残念なことだ。しかし原生林のたたずまいは捨てがたい。

尾鈴山から南へ縦走すると矢筈岳がある

尾鈴山山頂広場の南端からスズタケ、モミ、ブナ、トガあるいはヒメシャラ、アセビ、ツクシシャクナゲなどのまじる原生林の尾根道を、南進して20分で馬乗広場、さらに30分で**矢筈岳**（１３３０ｍ）そして十数分で**南矢筈岳**（１３１５ｍ）に至る。ここから左（東）折して雑草と灌木の中を下り、約１時間で白滝入口に着く。白滝へはここから左（西）折して、原生林の尾根の急坂を上り、約20分で正面に二段に落下する雄大な白滝に眼をみはることだろう。

引きかえして、このケヤキ渓谷沿いにトンネルをぬけると、右のさぎり滝、すだれ滝、大滝、モミジ滝など大小の滝が続く。ひとつの渓谷にこれだけ変化に富んだ多数の瀑布を探勝できるコースは、九州の山々でも極めてまれであろう。

約１時間半で**ケヤキ谷**を渡る橋の上の車道に出ると、第二駐車場は眼の前である。

◇**考察**　この山は原生林と三つの川の多岐にわたる支流の原流をかかえて奥ふかく、これらの渓流は幾多の滝をつくり、淵をなし、滑《なめ》をまじえて、ここかしこに景勝を形成している。メインルートのほかに浜口ダムの**石河内**から、春山林道を経て登山道を矢筈山への尾根に上り、約２時間で尾鈴山へ至るルートや、西側の松尾ダムの**矢櫃《やびつ》林道**終点から山頂へのルートなどもある。

福岡方面からマイカーを使えば、九州自動車道の御船《みふね》インターから山都町、高千穂、延岡経由登山口まで約３１０kmで、八代、人吉、湯山、一つ瀬ダム、西都《さいと》、都農を経れば約３８０kmとなる。長距離のため都農か九重頭キャンプ場で一泊の必要があるが、都農駅前に旅館が二軒あるのみで、民宿は数少なく、したがってキャンプの準備をして行く方が賢明だろう。

掃部岳《かもんだけ》（1223m）☆☆

榛名《はるな》山の最高峰を掃部岳と言うが、面白い名である。照葉、常緑樹の種類の多い山で、山頂は西都《さいと》市と西米良《にしめら》村の境界をなしている。

山頂へのルートはいずれも整備されていないが、ここでは最も上りやすく、分りやすい国富町深年《ふかどし》川の右岸に沿って林道を行くルートをのべる。

法華岳バス停（14・6㎞）**林道終点登山口**（2時間40分）**掃部岳**（2時間20分）**林道終点登山口**

宮崎県国富町の県道356号線、**法華岳バス停**から深年川の右岸に沿って北上している林道に入る。2・4㎞で深年川渓谷キャンプ場を通り、さらに4・9㎞でヨゴ谷に架かる第八号橋（昭和三四年一〇月架設）を渡る。さらに2・3㎞行くと（法華岳バス停から9・6㎞）、綾営林署の林道通用門柱と右側に古くなった作業小屋がある。これからなお5㎞（法華岳バス停から14・6㎞）で林道終点に至る。この林道は深年川渓谷の右岸に沿ってほぼ平坦に北上している。林道終点はやや広くなっていて数台は充分駐車できる。

ここから渓流の右岸の作業道を歩いて10分で、宮崎県鳥獣保護区内のプレートを見て、左（西）の雑林の急坂を直登する。10分余で4人かかえもあるカヤノキを見てなお上る。マテバシイ、シキミ、サカキ、ユズリハ、ヨソゴ、ハイノキ、アセビ、ネジキなどの常緑樹のほかヤマグリ、ヒメシャラ、リョウブ、ホオノキなどが混生している。

登山口から三十数分で釈迦ガ岳、大俣山、掃部岳を結ぶ稜線に出る。尾根道を15分で１０７６m峰を越える。東側は照葉樹が密生しているが、西側は伐採が稜線近くまで及んでいる。日本鹿の糞が至る所に見られ、その生息数が察せられる。

登山口から約1時間50分で１１２４mのピークに至るが、直ぐ手前にはふたかかえもあるカシの大木があり、この辺りはドヤ状の広場になっている。１１２４m峰から直角の感じで右へ尾根を行く。10分ごとに小ピークを二つ三つ越え、30分で１１９０mのピークに達す。農林省の鳥獣保護区の赤いプレートが立っている。このピークから東折する尾根を10分で１２００mの鈍峰に着く。この鈍峰が西都市、国富町、西米良村の接点にあたる。

ここからすぐ目前に掃部岳の頂がそそり立っているが、山頂の西南斜面は広範囲に伐採と造林がなされている。この接点峰から10分で三等三角点の**掃部岳**に着く。

山頂はやや尖峰で10坪余、常緑樹にかこまれ展望は良好で、北に尾鈴山、北西に石堂山、市房《いちふさ》山、南に大森岳を越えて霧島の峰々が横たわる。山頂稜線は西都市と西米良村を分つ境界をなしていて、周辺の峰はいずれも１０００m前後のピー

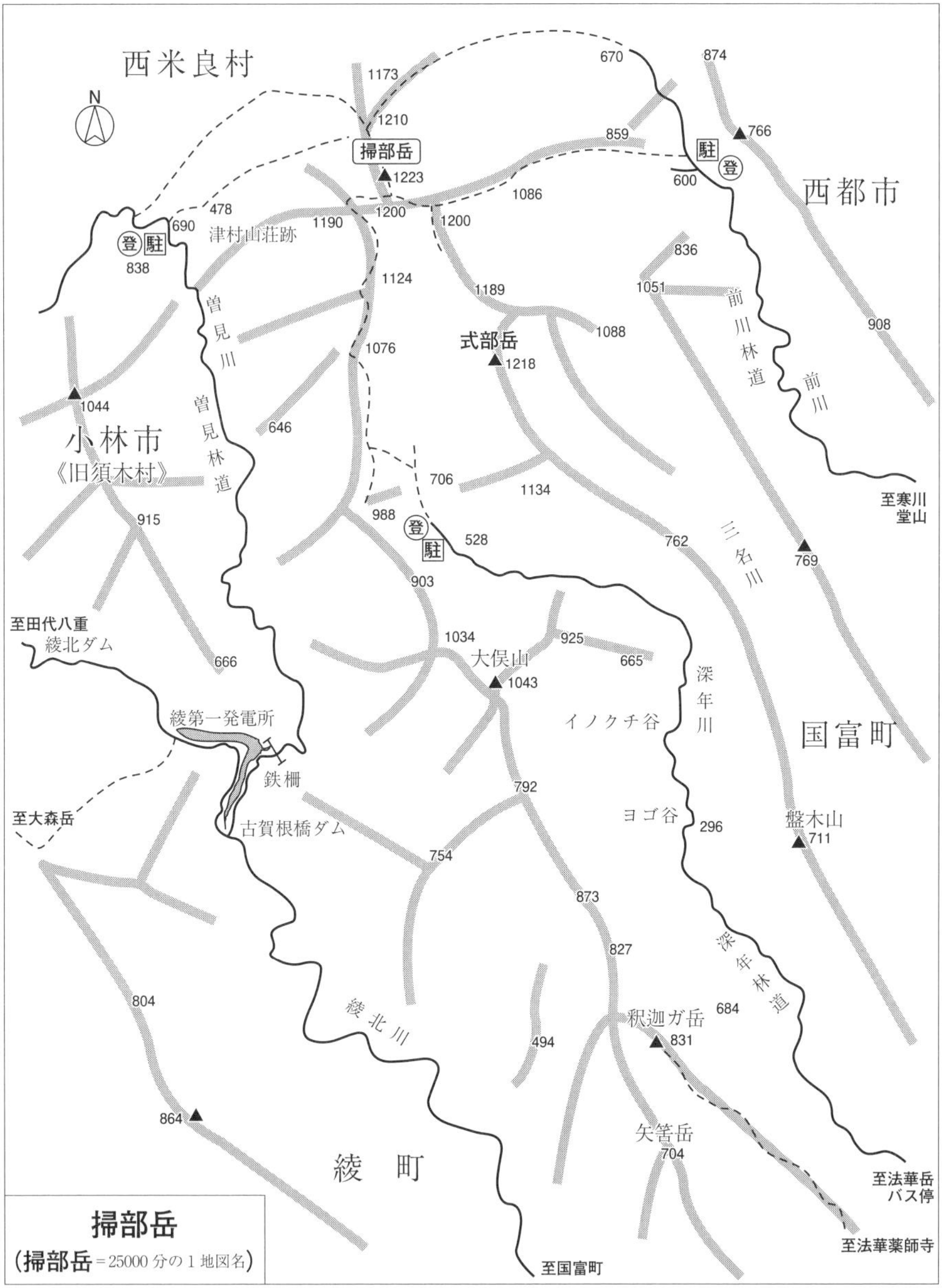

掃部岳

(掃部岳＝25000分の1地図名)

☞**法華岳バス停**⇨(14.6km)⇨**林道終点登山口**⇨(2時間40分)⇨**掃部岳**⇨(2時間20分)⇨**林道終点登山口**

掃部岳山頂と後方は尾鈴山の遠望

クをもつ尾根が四方にのび、この山系の奥深さを知る。

下山は赤テープを目印に、もとのルートを登山口まで約2時間20分で着く。

⊠**考察**　掃部岳山系は西都市、国富町、綾町、小林市、西米良村にまたがる九州でも有数の照葉、常緑樹林のメッカで、1000m級の峰が数多く連なり懐が深く、蛇龍川、前川、三名川、深年川、綾北川、曽見川、河口川などの源流をなしている。全山、サカキ、ハイノキ、タブノキ、ユズリハ、ヤブニッケイなど常緑の植物の種類が多く、動物では日本鹿の生息数は九州一と言っても過言でない。

登山ルートは概ね三カ所で、①深年川ルートが最も容易と思われる。すなわち林道終点登山口から稜線に上り、でこぼこ尾根を約2時間40分で山頂に達することができる。

その他、②綾北ダムの古賀根橋から曽見川に沿ってのびる林道に入り、営林署の鉄柵から9・5km行ったコンター690m地点の林道から一旦、曽見渓谷に下り、津村山荘跡を経て、急坂を掃部岳の西北の稜線に上って山頂へ至るルートは、所々ブッシュを分けて約3時間半とみてよい。

今ひとつは③西都山岳会により整備された前川林道を経由するルートである。前川、山財川は一ツ瀬川水系であるが、深年林道経由の深年川と曽見川、綾北川ともに南の大淀川水系に属す。

西都市の**前川林道のルート**は県道40号線（都農綾線）の福王寺で掃部岳の道標にしたがい県道寒川線へ北折する。6・4kmで、右が蛇龍川の分岐で、左の前川林道へ入る。約4kmで左岸から右岸へ移行し、なお7kmで支流の橋を渡り、これから1・1kmで左側に掃部岳登山口の道標を見る。数台の駐車スペースあり。

ここから東西へのびる尾根にとりつき、踏跡をひろいながら急坂を40分で859m点に至る。自然林の中をさらに40分で1086m点に達す。豊富な照葉樹林に心が安らぐ。ここを若干下って再び上る。40分で1200mのピークに出る。掃部岳から南の式部岳（1218m）へ派生する尾根とT字路に交わる所。ここを西北へ10分余で山頂に至る。

下山は山頂から北へ数分で1210mのピークから北東への尾根に移行し、30分でコンター1086mの展望所へ下り、なお急坂を50分で駐車登山口から1・5km先の林道終点近くに出る。数台の駐車可能。林道を25分戻り、上りの登山口に着く。標高600mの地点。登り約2時間、下り1時間半の行程であるが、途中水場がない。

国富町には日本三大薬師寺（越後の米山薬師寺、三河の鳳来薬師寺）のひとつ法華薬師寺があり、法華岳バス停から県道356号線を1・5kmでこの寺に至る。また深年渓谷キャンプ場からも1・3kmの距離にある。この法華薬師寺から釈迦ガ岳（831m）までは1時間20分の行程で、さらに釈迦ガ岳から起伏の多い尾根をたどって、掃部岳までは約12kmである。

大森岳《おおもりだけ》（1108m）☆

掃部《かもん》岳とともに九州でも数少ない照葉樹林山系で、したがって秋の紅葉は期待できないかわりに、冬期でも常緑樹に被われて南国の暖かさを感じる。1000mを超える山岳の照葉樹林の北限地帯をなし、ひと頃、中国雲南方面の照葉樹林の民族文化と対比されたこともあった。

周辺には霧島連峰、白髪岳《しらがたけ》、市房山、石堂山など名山の陰にあってあまり知られていないが、山頂からの展望も良好で、輝嶺《きれい》峠から林道をたどればファミリーハイクに格好の山であろう。

宮崎県小林市仲町から国道265号線を北進し、13kmで須木庁舎前に至る。ここから11kmでコンター770mの輝嶺峠に着く。

☞**輝嶺峠**⇨（8km）⇨**登山口**⇨（1時間）⇨**大森岳**⇨（50分）⇨**登山口**

輝《き》嶺《れい》峠（8km）登山口（60分）大森岳（50分）登山口

輝嶺峠からは昭和五五年（一九八〇）には綾営林署によって造成された大森岳林業車道が東へのびているので、これに入る。約2kmで道はやや下り気味となり、右側に稜線を見ながら蛇行してゆく。

峠から8kmで林道の左（北）側に数台は駐車できる広場があり、この右側に登山口の道標がある。左（東）は照葉樹の雑林、右は伐採造林された境界斜面を上って行くと10分で、東西にのびる稜線に出る。この尾根を東へ行く。15分で小さなピークが969mの三等三角点である。尾根道の両側は常緑樹が多く、スズタケもまばらである。969m峰から15分でコンター1010mを越え、さらに15分で小ピークに上ると目前に**大森岳**の尖峰を見る。雑林の中にスズタケがなくなり、8分程で一等三角点補点の**頂**に着く。

輝嶺峠から大森岳西北面を望む

山頂はやや広く切り払われて、西側を除き展望がよい。北に掃部岳の峰々、石堂山、市房山、南に霧島連峰が見事である。

東側に祭神不詳の祠と宮崎県防災行政無線大森岳中継局のマイクロウェーブ塔がある。この塔から尾根を東へ急坂を数分で、コンター1020mのコルに送電線の鉄塔があり、ここから北へ遊歩道を下れば綾第一発電所の所に出る。また南へ下れば多《た》古《こ》羅《ら》川に沿う林道を経て、県道須木宮崎線に接する。

下山は上りのルートを約50分で**登山口**に戻ることになる。

☒**考察**　旧村名である須木の名は杉、須岐からきたと言われている。約400年以前には米良筑後守の須木城があった所で、村内には南限とされるレンゲツツジや福寿草の自生地があり、国道265号線の西側には自然の造形になる陰陽石の奇岩もある。

大森岳は村内の雄峰で、綾北ダムと綾南ダムの間にあって、山頂一帯の稜線沿いには照葉樹林を残して、四季を通じて深い緑を保っている。

山頂へのルートはこの他、綾北川の**綾第一発電所前**からがあり、標高差900mの上りで、南側の多古羅川の左岸からも同程度の上りになるルートがある。

双石山《ぼろいしやま》（509m）

九平（15分）姥ヶ嶽神社（70分）山頂（30分）山小屋（20分）第2展望所（10分）大岩展望台（20分）針の耳、磐窟神社（15分）塩鶴登山口

宮崎県南にあり、加江田渓谷をはさみ東の斟鉢山《くんぱちやま》（500m）に対峙し、西に岩石累々とした独立山塊が双石山だ。あたかも佐賀県の黒髪山を彷彿とさせる。低山ながら一応は窮めたがよい山岳である。昭和44年に山域が国の天然記念物に指定されている。斟鉢山域を含めた自然休養林地帯でもある岩峰を被う常緑広葉樹林は四季を通じて素晴らしい。

地質は新第三紀に堆積したもので、砂岩、礫岩、泥岩などから形成され、針の耳神社背後の奇観をなす岩層は一見に値するだろう。山頂一帯では化石類を散見し、植物はシダ類を含め500種余が自生する。

登山口は東側、西側を合わせ数カ所あるが、一般的には西側の県道27号線沿いからであろう。塩鶴から県道を南行し、九平に駐車し500m行くと、東側に赤木登山口がある。コンター221mで、左手に姥ヶ岳神社があり、神官常住のようだ。急坂を40分で稜線に出て、照葉樹林の中を北上し30分

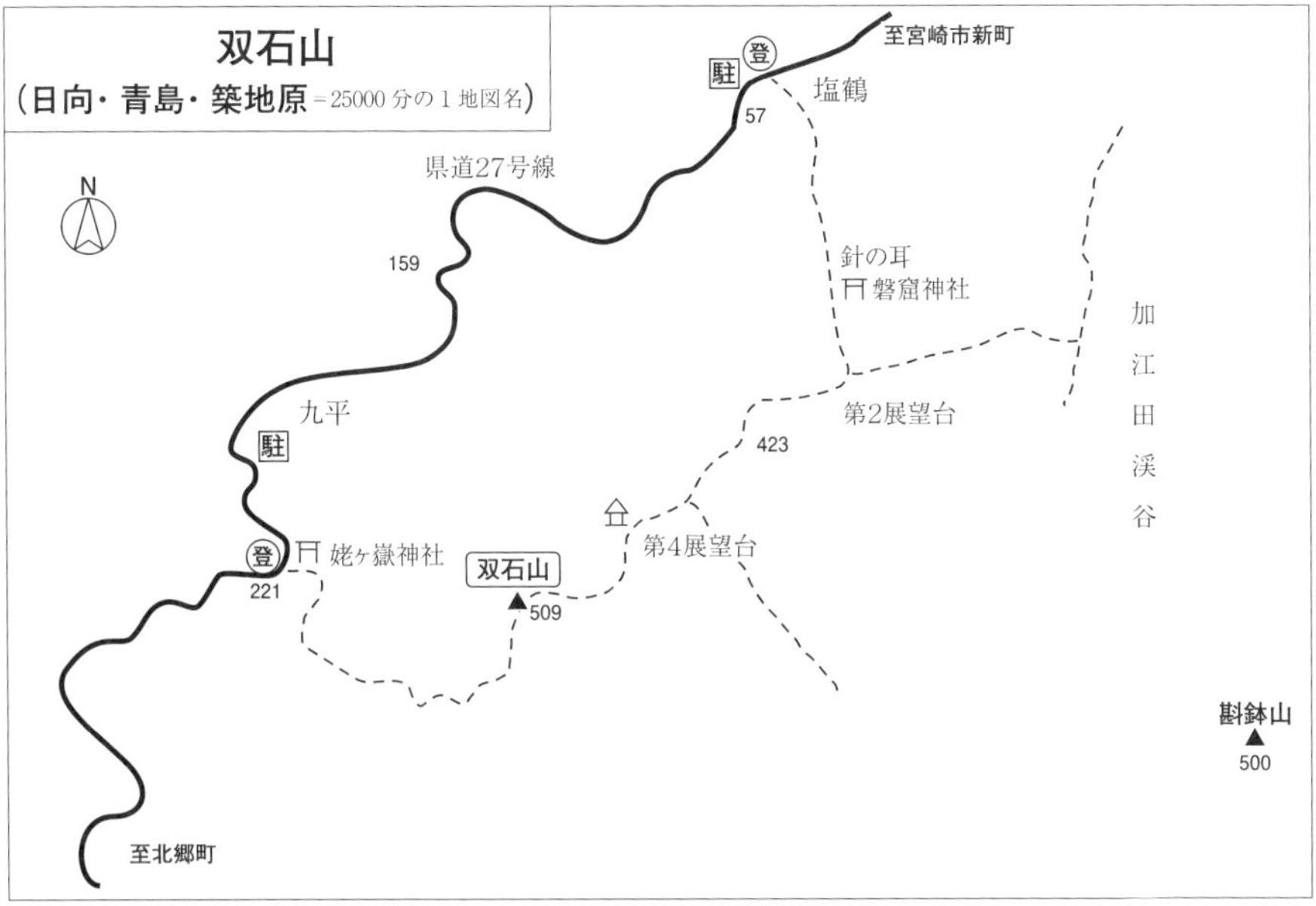

☞姥ヶ嶽神社登山口⇨（70分）⇨双石山⇨（60分）⇨塩鶴登山口

北東麓の針の耳の岩壁

で三角点の**山頂**に至る。

　手前の第4展望台と第2展望台の中間に、宮崎大ワンゲル部設置の**山小屋**がある。展望台が数カ所あり、四囲の展望が楽しめる。日向灘、尾鈴山、掃部岳、大森岳など限りがない。

　第2展望台から**大岩展望台**を経て下ると、20分で**針の耳**の**磐窟《いわや》神社**に出る。針の耳と称する奇岩は砂岩部分が風化浸食し、礫岩や砂層の鉄分を含んだ部分が硬く波状を呈している。これから十数分で塩鶴の登山口へ出る。

野間岳《のまだけ》（591m）☆☆

金峰山、長屋山、野間岳は南薩摩の三霊山で、そのひとつ野間岳は南さつま市笠沙町《かささちょう》の中央にあり、一等三角点の山岳である。

九州自動車道の八代インターから国道3号線と270号線の分岐、いちき串木野市まで132km、さらに南さつま市加世田まで34kmである。加世田から県道を笠沙町に入り、大浦干拓を経て新田、清水そして抜川を渡り椎の木まで18kmである。椎の木の集落から林道兼牧道を約4kmで、分岐を右（北）へ行けば和牛牧場へ、左折して約1kmで右上に野間神社があり、さらに20m先、左側に数台は駐車できる広場がある。

野間神社（25分）**野間岳**（15分）**野間神社**

野間神社は野間岳の7合目、南東側にある。以前は山頂に東宮、西宮の二社があったが、文政年間（一八一八～三〇）に現在地に移された。林道から石段を上り、野間神社に向っ

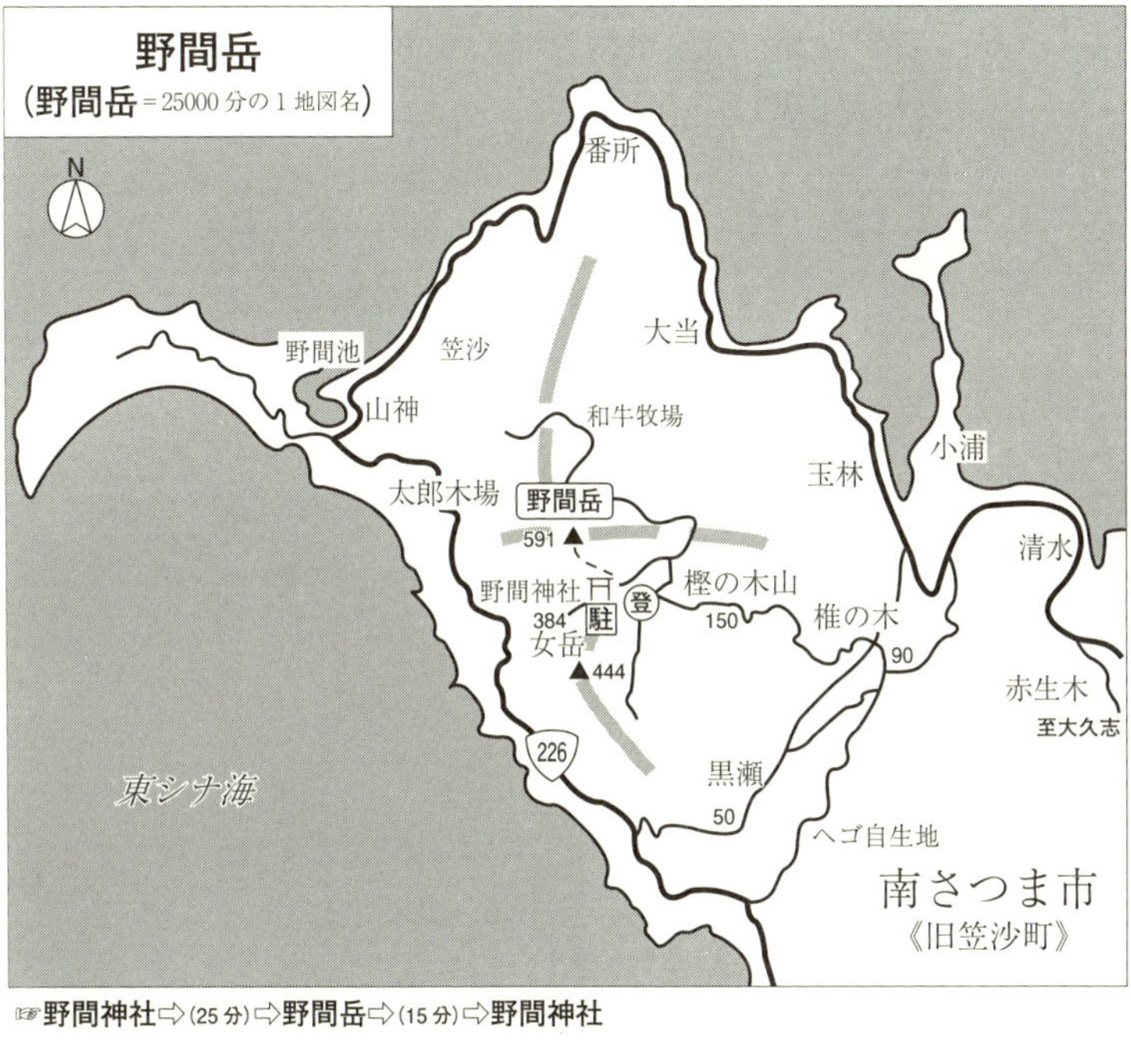

☞**野間神社**⇨(25分)⇨**野間岳**⇨(15分)⇨**野間神社**

野間岳から西へ半島と野間池

て右（東）側から自然歩道の登山道が上っている。8合目あたりから原生樹林が濃く、温帯と亜熱帯にまたがる植物層をなし、背丈以上にもなる台湾ヘゴの自生北限地でもある。照葉常緑樹に被われ、シャリンバイ、トベラ、モチノキ、イスノキ、そして淡紫色の花のアラゲサクラツツジは珍しい。登山道は幅広く、雑林の中の坂を迷うことはない。

山頂の南西側の真下に、昭和四七年（一九七二）一一月に発見されたという、安山岩に刻まれた磨崖仏《まがいぶつ》と梵字岩《ぼんじいわ》がある。この直ぐ上が**山頂**で、角閃安山岩の巨岩が累々《るいるい》として、一等三角点のそばには昭和一五年（一九四〇）一一月一〇日に建てられた神代聖蹟、竹島の碑と、その上には文政一三年（一八三〇）の祠がある。また昭和四七年、第二七回国体の折に炬火採火の記念板が置かれている。

山頂からの展望は四囲にわたり、洋上に浮ぶ孤島さながらで実に素晴らしい。ことに県立自然公園の野間池を含むリアス式海岸線の奇岩百態は大自然の造形美で、山頂から存分に楽しめる。

下山はもとの道をたどる。

◇**考察**　昔から笠沙路として親しまれた景勝の地、野間岳は別名、竹島とも言い、または娘媽《のうま》女神から転訛したとの由来がある。南薩摩三名峰（開聞岳《かいもんだけ》、野間岳、金峰山）のうちのひとつで、展望の雄大な点は開聞岳に劣らない魅力がある。

標高３５０ｍの野間神社は文政一三年一二月七日、山頂からこの地に再建された由緒ある神社で、藩政前の平安中期から鎌倉時代にかけては本地垂迹《ほんじすいじゃく》説の権現信仰と呼びつけて、野間権現と呼ばれ、娘媽女神、千里眼、順風耳《じゅんぷうじ》の三体を祀った時代があった。神社境内の西側のタチバナミカンの巨木は珍しく、またノマツツジその他、温帯特有の多種類の照葉樹は海岸線の岸壁を美しく飾る。

開聞岳《かいもんだけ》（922m）☆☆

正面登山口（JR開聞駅）（1時間40分）**開聞岳**（1時間30分）**東登山口（川尻）**

別名を海門山、薩摩富士と呼ばれる複合休火山で、700m付近の鉢くぼと呼ばれる境目から、上はトロイデ型、下はコニーデ型をしており、仁和元年（八八五）の最後の爆発で、溶岩がせり上って現在の山容ができたと言われる。

メインルートは**JR開聞駅**から東へ500m、国道226号線の十字路から南折し、線路を横断すると左（東）側に開聞中学がある。すぐ上の林道で下車し駐車する。

右側の天の岩屋の前を行くと、牧場の鉄柵に出る。柵の右（西）側に沿って上ると松林の登山道にかわる。数分で西の方角から上ってきた格好の林道に出る。これを横切ると原生林の中の道となる。モッコク、サカキ、モミ、シャリンバイ、シロバイ、ウバメガシなど常緑広葉樹が多く、樹林の中を東から南へ、そして西へ廻るように上る。

約1時間で7合目に達し、東登山口の川尻から上ってきた道と出合う。大小の石ころ道が続き、これから間もなく**仙人洞前**を通る。高度を増すにつれ視界がひらけ、西から北へ廻

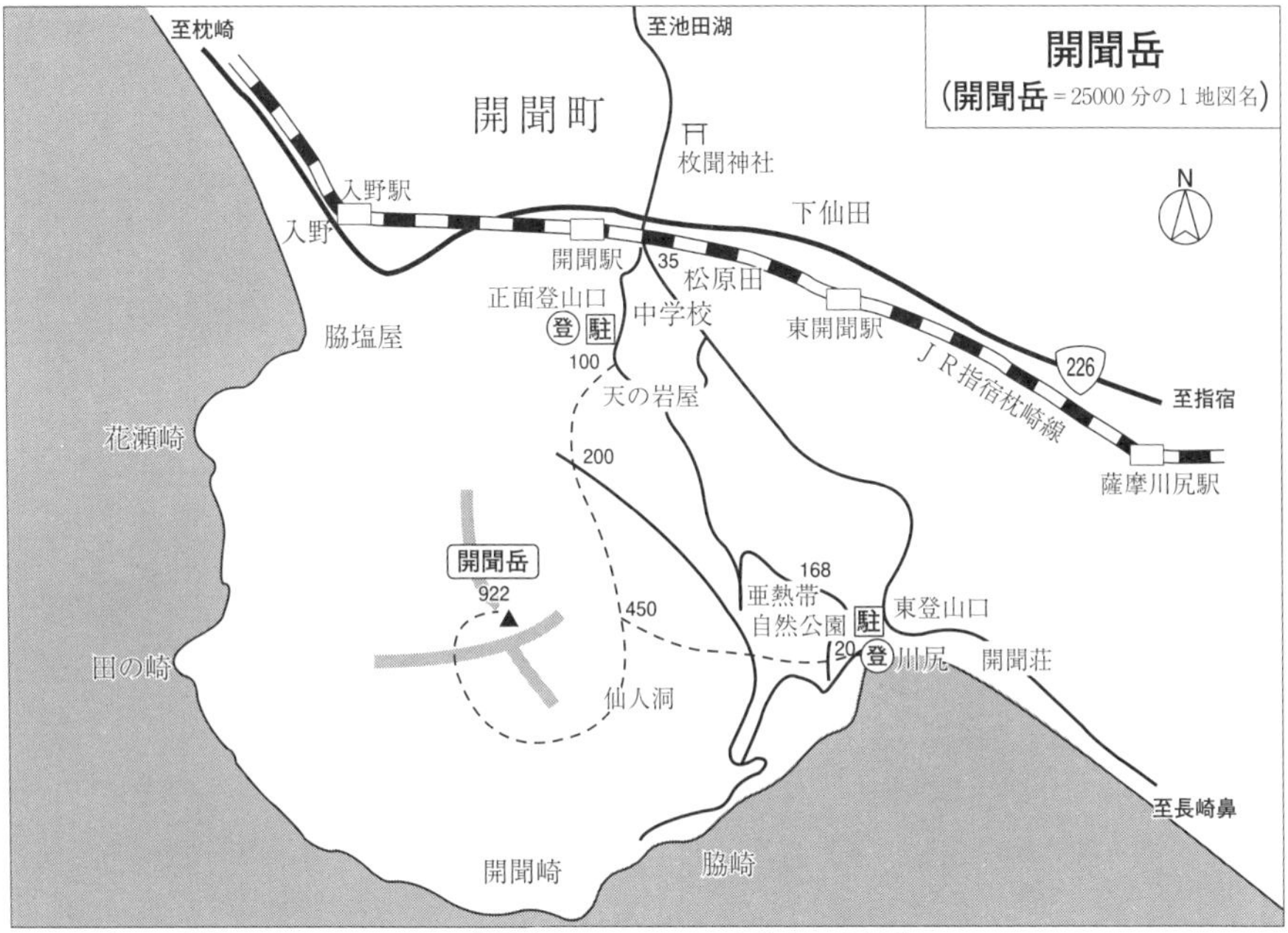

☞**正面登山口（開聞駅）**⇨（1時間40分）⇨**開聞岳**⇨（1時間30分）⇨**東登山口（川尻）**

東から開聞岳を望む

りこんで**山頂**に達する。
　開聞岳山頂は岩石が多く、開聞神社の上宮があり、展望は抜群によく、霧島、桜島、高隈、佐多岬そして太平洋のかなたに屋久島、硫黄島などが大観できる。
　下山は山頂からもと来た道を約40分で、川尻へ下る分岐点を右（東）折し、急坂を下ると山麓の自然公園入口の川尻の**東登山口**に出る。

◇**考察**　福岡からマイカーにたよれば、片道380km余で、山麓の国民宿舎「かいもん荘」あるいは鰻温泉、指宿温泉に一泊すれば充分で、山頂から太平洋の水平線を眺めていると俗塵の心が洗われる思いである。
　全山が暖地性の常緑広葉樹が密生し、珍しい植物が豊富である。

大篦柄山《おおのがらやま》（1236m）☆☆
小篦柄山《このがらやま》（1149m）☆☆
御岳《おんだけ》（1181m）☆☆

　この山は桜島の東、大隅半島では代表的山系で、地相が古く、1000m以上の峰が七つ連なり、霧島連峰とともにかつては山伏の修験の地として名高く、その昔、九百余名の山伏で殷賑《いんしん》を極め、現在でも山系に散在する数多くの寺社は当時の名残りをとどめるものと思われる。

　そしてこの山系独特の植物群を形成していて、モッコク、ブナ、アケボノツツジ、ドウダンツツジ、タカクマミツバツツジなどの常緑、落葉の広葉樹のほか、タカクマソウ、タカクマホトトギス、タカクマヒキオコシなど温帯下部の植物が豊富である。この山系も昨今の自然林の伐採と、生活用樹木の植林事業に伴い、周辺山麓から林用車道が山頂近くまでのび、マイカーでこれらの林道をたどれば比較的容易に登頂可能になった。

　したがって登山口も四方から開発され、主なものをあげると、①九州自然歩道の高峠、大野原、垂桜《たるざくら》から七ツ岳の南を経て大篦柄岳《おおのがら》へ。②垂水《たるみず》市から本城川に沿って新光寺、内の

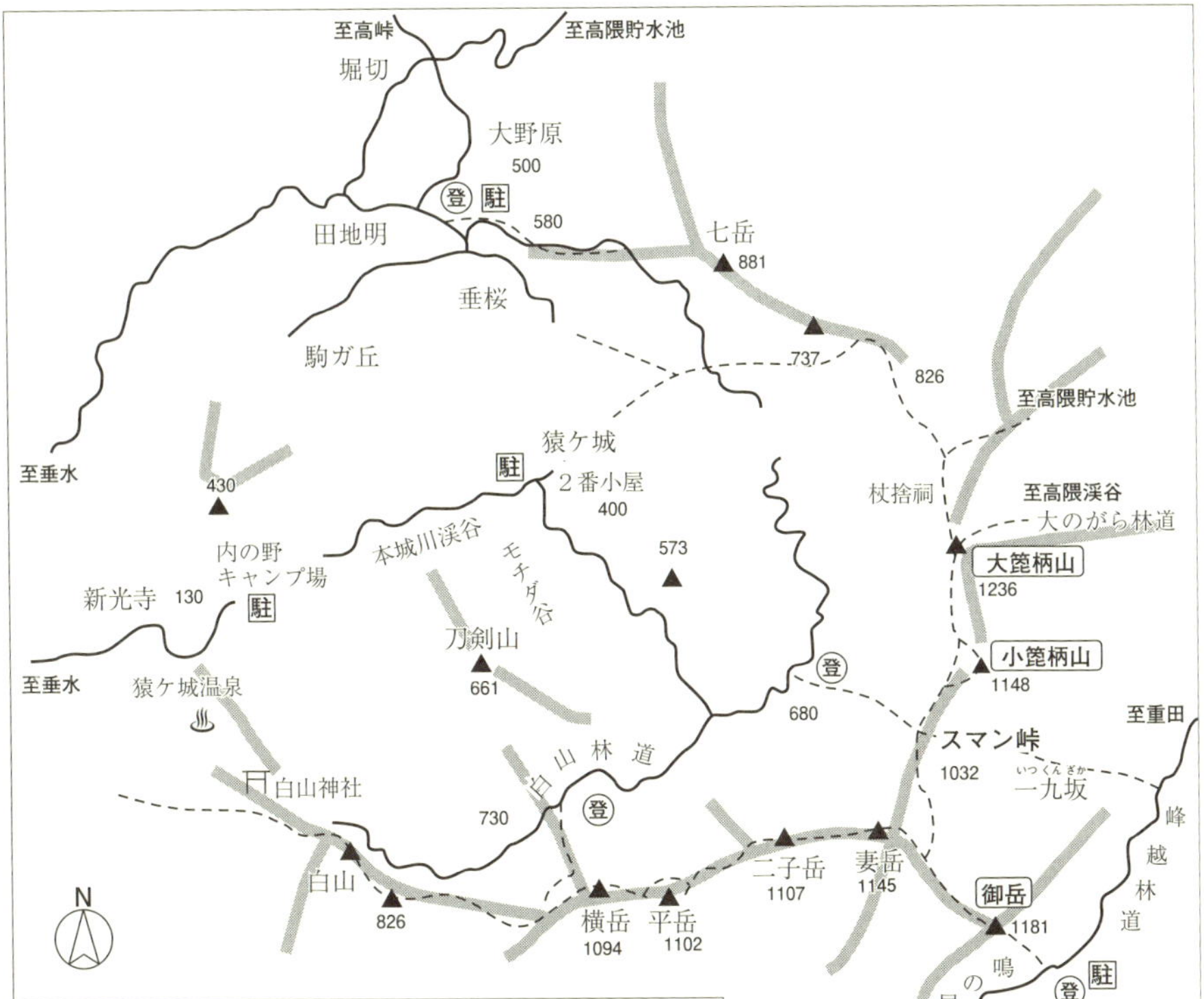

高隈山系〔大篦柄山・小篦柄山・御岳〕
（垂水、上祓川＝25000分の1地図名**）**

☞**猿ケ城経由登山口**⇨（60分）⇨**スマン峠**⇨（60分）⇨**大篦柄山**⇨（50分）⇨**スマン峠**⇨（50分）⇨**妻岳**⇨（70分）⇨**平岳**⇨（30分）⇨**横岳**⇨（60分）⇨**白山林道**
☞**鳴の尾林道**⇨（90分）⇨**御岳**⇨（30分）⇨**妻岳**

大篦柄岳の南面

野、猿ガ城を経て白山林道から山頂へ。
また、③南の鹿屋市有武《ありたけ》町から鳴《めい》の尾林道が御岳の東南を通り、峰越林道と連絡して上高隈町重田まで約19kmの林道が昭和四八年（一九七三）に完成し、この林道を利用すれば御岳へは90分で、さらにスマン峠へは約50分の距離となった。その他、④鹿屋市上高隈町重田から高隈渓谷に沿う大篦柄林道を上り、大篦柄岳から東にのびる尾根づたいに上るルートなどもある。

垂水市街（15km）**猿ガ城経由登山口**（60分）**スマン峠**（60分）**大篦柄岳**（1時間40分）**登山口**

福岡から鹿児島まで３３０km、登山口まで約３７０kmの距離である。道路網や交通機関の進展によって、鹿児島に一泊すれば山頂をきわめて帰ることができる。

桜島町営フェリーで国道220号線を垂水市へ。道標のある信号機から左（東）折し、新光寺集落から本城川を右（南）下に見て上る。新光寺バス停前の内の野橋を渡れば猿ケ城温泉である。直ぐ上の内の野集落はキャンプ場で、バンガロー、駐車場など完備し、これから上流約３kmの猿ケ城渓谷遊歩道は、奇岩、淵、滝などの渓谷美が楽しめる。

車道はこれからさらに猿ケ城山小屋に至る。無人山小屋は宿泊できるが、荒れ果ててしまっている。直ぐ上の橋を渡り、本城渓谷の左（西南）岸を行くと、右（西）側に刀剣山（平岳取水口堰堤）入口の標識を見る。その先、左（東）側にスマン峠への道標があるが、車道はまだ上る。両側の斜面は伐採につぐ植林がすすみ、林道は思ったよりよい。

内の野キャンプ場から約６kmで林道は左右に大きく分れ、右は白山専用林道で、左（東）への林道を約１km行くと、右側の崖下にスマン峠、大篦柄岳への道標があるが、小さいので見逃しやすい。ここが①メインルートの登山口である。林道わきに駐車できる。

登山口から25分で水場の一九《いっくん》坂に至る。アケボノツツジが多い。南限である。原生林の中をさらに35分で**スマン峠**に着く。右（南）折すれば妻岳を経て御岳へ、真直ぐ東へ下れば高隈貯水池へ。左（北）折して主峰をめざす。この尾根道は九州自然歩道の一部をなし、よく整備され迷うことはない。**小篦柄岳**の西を通るあたりからスズタケの群生となるが、歩道幅は充分である。小さなピークを越して**本岳（大篦柄岳）**に達す。

山頂は大小の岩石が散在するが、樹木がないため眺望はすぐれ、霧島、桜島、開聞、屋久島そしてロケットの内之浦、ことに眼前の御岳（権現岳）、妻岳、横岳の稜線が縦走したくなるほど見事である。

②一等三角点の**御岳**へ鳴の尾牧場からのルートを略記する。鹿屋市有武町から車道を北上し、市営の鳴の尾牧場を左に見て10分余で電波塔下登山口に着く。コンター７５０ｍである。十数台の駐車スペースがある。歩いて20分余で右に電波塔５基を数えて登る。60分で７合目に着く。左に水場がある。スタートして１時間40分で**山頂**に至る。眺望四囲にわたり抜群。山頂の北側に南限であるブナ、ミズナラを見る。このルートは自然林のやせ尾根の急坂でゆっくりと楽しむがよい。

☒**考察**　高隈山系の主峰は大篦柄《おおのがら》岳で、篦《の》とはこの地方ではクマザサの意で、柄《がら》はスズタケのよび名であるという。スマン峠は隅角峠から変化した呼び名で、妻岳の別名をスマン岳

大篦柄岳から南、御岳（左）と妻岳（右）の遠景

とも言う。

推奨ルートは白山林道の三差路に駐車し、東へ1km歩き遊歩道に入る。スマン峠から50分で一等三角点の御岳に着く。展望は雄大で、山頂一帯は温帯とナナカマド・ブナなどの亜高山植物が混在する。御岳から戻って40分で妻岳に着く。祠が2基、展望5割。これから急坂を下り、二子岳まで15分、展望なし。次の平岳の北をまいて下り、そして急坂を上って20分で石祠のある横岳に着く。妻岳から約80分とみてよい。横岳から西へ下り真直ぐ行くと少年自然の家で、鞍部から右折し北の尾根の急坂を下る。ブッシュがひどいが、60分で白山林道の横岳登山口に出て、三差路まで2km戻ればよい。

甫与志岳《ほよしだけ》（967m）☆☆

肝属《きもつき》山系の中央に座す最高峰で、笹尾岳、穂吉岳、母養子岳などの別名があり、山頂には彦火火出見尊を祀る祠がある。玉依姫が葺不合尊《ふきあえずのみこと》を養育されたので母養子の名が生れたとの説があるように、伝説と神話に富み、登山口のひとつ川上岩屋は磐長姫《いわながひめ》と木花咲耶姫の姉妹の住まいがあった所とも言われ、この山は神域として崇拝されている。

山稜は東北の方へ黒尊岳《くろそんだけ》（９０９ｍ）、国見山（８８７ｍ）へとのび、南の山特有の照葉常緑樹に被われ、イスノキ、シキミ、ツバキ、サザンカ、タブ、イヌシデあるいは三岳ツツジやエビネなどの群生が見られ、また珍獣ヤマネが生息する。この動物はリスやネズミに似ているが、一属一種で、全長が約13cm、夜行性である。

登山口は数カ所あるが、昭和五三年（一九七八）七月に開設された標高３２０ｍの高山川の上流、二股キャンプ場から東へ甫与志林道を経るルートと、今ひとつは内之浦町の侍金《さぶれかん》と岸良《きしら》の姫門とを結ぶ車道の標高５８０ｍの峠からのルートがあり、後者のルートが歩道の整備がよく、急坂だが山頂までの時間は短縮される。

二股キャンプ場（3・5km）甫与志林道登山口（60分）甫与志岳（30分）姫門側登山口（7km）二股キャンプ場

肝付《きもつき》町から高山川に沿って県道542号線を南進する。湯の谷から3kmで県道の右（西）側に**二股キャンプ場**がある。その反対側に昭和五五年（一九八〇）、鹿屋営林署による甫与志林道の標板があり、高山川の支流に沿ってこの林道は東進し、3・5kmで車道終点となる。肝付町役場から約19kmの所である。十数台は駐車できる広場で、東の頭上に甫与志岳の稜線

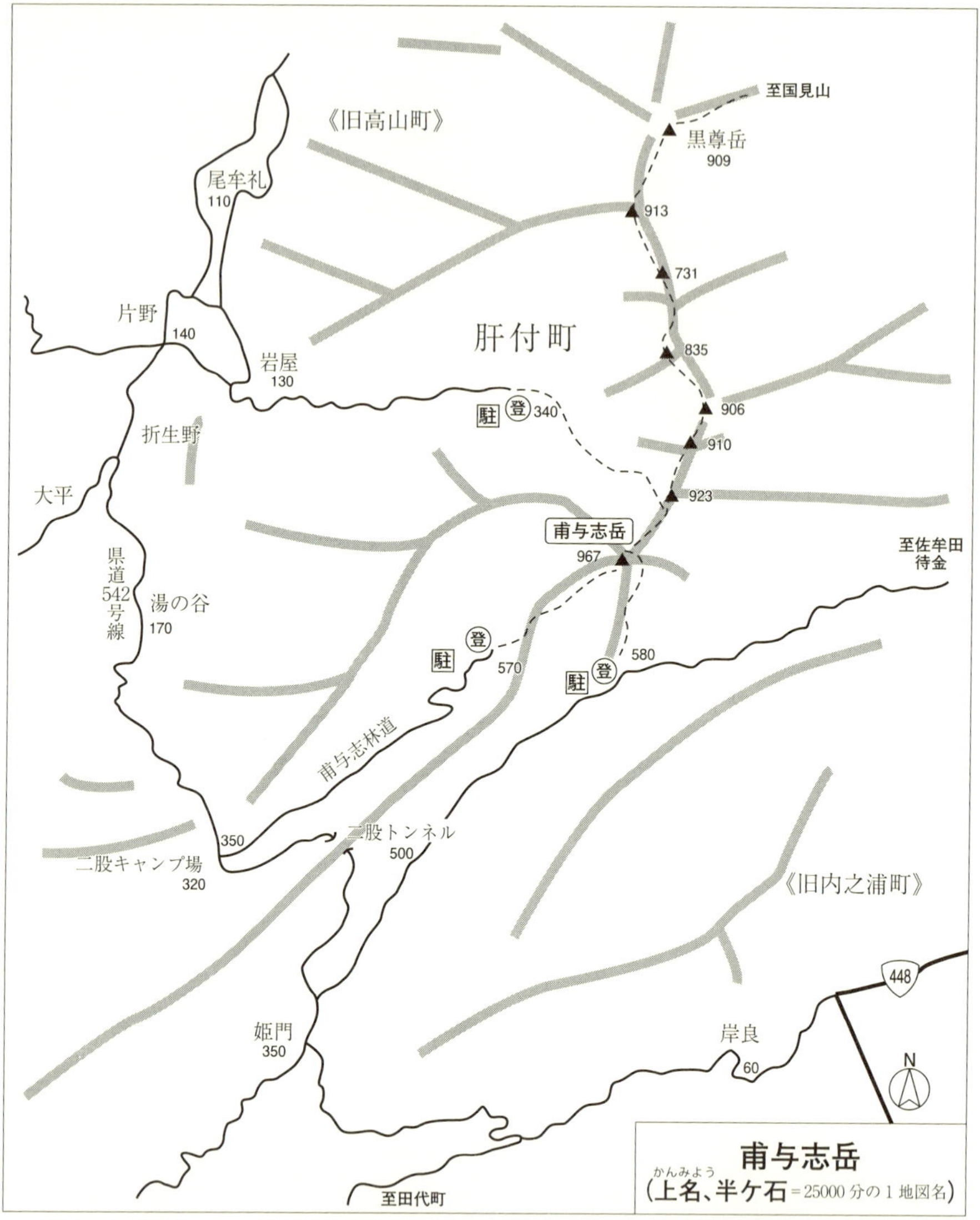

甫与志岳
(上名《かんみよう》、半ケ石＝25000分の1地図名**)**

☞**二股キャンプ場**⇨(3.5km)⇨**甫与志林道登山口**⇨(1時間)⇨**甫与志岳**⇨(30分)⇨**姫門側登山口**⇨(7km)⇨
二股キャンプ場

が常緑林をいただいて大きく見える。

広場から渓流を右下に見て杉林の中を歩く。10分程で左岸に渡って、今度は左下に流れを見て杉林の中を上ると間もなく雑林となり、渓谷の右（北）岸へ渡って上る。左側に大きな枯木を見て行くと、雑林の尾根に上る。道は山頂へ向って高度を上げ、登山口から約40分で南から廻って照葉樹の尾根に上る。9合目からヒメシャラの樹木が目立つ。間もなく山頂の西側直下の巨岩の中に、天保一四年（一八四三）に建てられた祠がある。この巨岩の南をまいて上れば直ぐ山頂に達す。

甫与志岳から東北方向、黒尊岳（左）と国見山（右）

一等三角点補点の**山頂**は岩石がまじり、約20坪の広さで、眺望は四囲に及んで素晴らしく、北東の黒尊岳《くろそんだけ》、国見山に至る尾根筋の照葉常緑樹林はことのほか見事で、西の八山岳、稲尾岳、遠く高隈山系、桜島、薩摩の開聞岳まで遠望できる。
下山は山頂から東への尾根を20m行き、右（南）折して原生林の尾根の急坂を下る。ルートは整備された登山道で樹名の札が眼につく。山頂から約20分で原生林からススキの草原に出ると、眼前に車道が東西にはしる。これは内之浦町の侍金《さぶれかん》から姫門を経て岸良を結ぶ車道で、草原から2、3分でこの道に出る。ここは標高580mの峠にあたり、車道の北側には甫与志岳登山口の大きな標柱がある。ここを姫門側へ下り、二股トンネルを経て約7kmで二股キャンプ場に至る。

◇**考察**　九州本島の南端、肝属山系の中心をなし、温帯から亜熱帯を感じる照葉、常緑樹に被われ、山頂から北東の黒尊岳、国見山へ延びる尾根の原生林は冬でも緑のブッシュで、縦走路が整備されていないだけに植物の宝庫をなしている。一等三角点の山頂からの眺めは360度にわたり素晴らしいの一言で、四季折々の変化が待っている。山系にはヤマネ、ブチサンショウウオなど珍しい生物が生息し、清流のカジカの鳴声が自然を感じさせ魅力ある山系と言ってよい。
登山ルートは二股キャンプ場から東へ入る甫与志林道終点から約1時間。また岸良の姫門と肝付町の侍金を結ぶ車道のコンター580mの峠から、尾根の急坂を約50分の道程。

今ひとつは肝付町岩屋から岩屋渓谷に沿って2時間で山頂に達する。

⑬霧島山・屋久島山群

韓国岳《からくにだけ》(1700m)
新燃岳《しんもえだけ》(1420m)
中岳《なかだけ》(1332m)
高千穂峰《たかちほのみね》(1574m)

国立公園として最も古い歴史をもち、鹿児島、宮崎の両県にまたがり、大小23の火山群は12の火山と八つの火口湖からなっている。代表的な峰としては、直径900m、深さ300mの鉢状の爆裂火口をもつ、この山群最大の単独火山の韓国岳(1700m)。山頂の天《あま》の逆鉾《さかほこ》と天孫降臨の伝説で登山客に親しまれている高千穂峰(1574m)は、東に二つ石、西に御鉢の側生火山をかかえるコニーデ型の休火山で、山容は極めて秀麗である。市房、石堂あるいは遠く祖母の頂からもそれとわかるほど、そそり立っている。

獅子戸岳《ししこだけ》(1428m)は灌木に被われた小峰で、新燃岳(1421m)は縦走路の中央にあり、昭和三四年(一九五九)二月に大爆発し、数年で鎮静化したが、平成二三年(二〇一一年)、再爆発が続いている。山群唯一の活火山で、直径750m、深さ190mの火口の内壁や外壁に数個の新火口が活動している。白鳥山(1363m)は、えびの高原の北に横たわる平頂山で、気象観測施設があり、展望にすぐれ、白紫池、六観音池、不動池めぐりのコースから気軽に登れる。

大幡山《おおはたやま》(1353m)は縦走路から北東にはずれた複雑な地形の二重式火山をなしている。中岳(1332m)は万年《はね》山《やま》を小さくした感じの台地状をなし、直径約200mの浅い火口があり、草原の中にミヤマキリシマが群生して、東に高千穂峰が最も美しい距離に眺められる。夷守岳《ひなもり》(1344m)は大幡山の北側にあり、小林の生駒高原から眺めると、裾野をひろげた雄大な山容をなし、全山自然林とスズタケが密生し、小林市の大王から上る林道の途中から登山道があるが、人気に乏しく登山者が少ない。

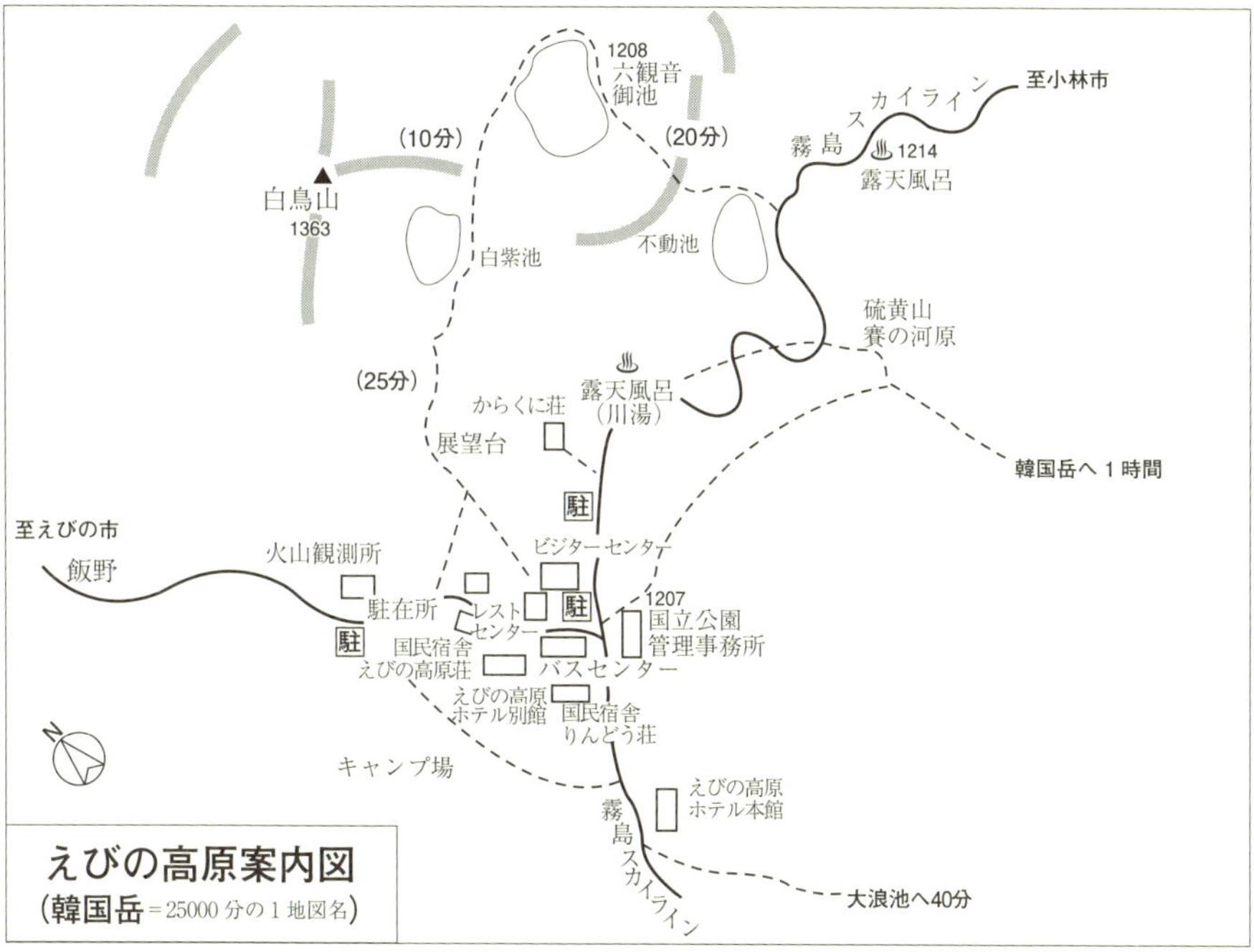

えびの高原案内図
（韓国岳＝25000分の１地図名）

えびの高原駐車場（1時間20分）**韓国岳**（60分）**獅子戸岳**（30分）**新燃岳**（30分）**中岳**（60分）**高千穂河原**（1時間20分）**高千穂峰**

えびの高原には第一から第三までの有料の大駐車場があるが、春秋のシーズン中はマイカーに大型バスも加わり、満車となることが多い。駐車場から車道に沿って硫黄山を目指して上る方が近道であるが、山の自然を満喫するには公園管理事務所の横から道標にしたがい原生林の中に整備された歩道を上る。

灌木に混じってノカイドウ、タンコウバイ、ドウダンツツジ、トサミズキ、ヒカゲツツジなどを見ながら、ゆるやかな坂を上ると15分で左側に賽《さい》の河原の展望台から硫黄山の噴煙を見て、硫黄臭の中を涸谷を越え、3合目、4合目と灌木の中を上ると、5合目は道がやや広くなって、このあたりから樹木が少なくなり、次第にクマザサや草つきの石ころ

えびの高原から韓国岳西面を望む

新燃岳の東側から韓国岳を望む

道となる。マイヅルソウ、コケモモ、イワカガミなどが眼につく。右手に大浪池、錦江湾、桜島が浮かぶ。

8合目あたりから左手に韓国岳の火口縁に沿って登る。約1時間少々で**韓国岳**の山頂で、一等三角点補点は火口の東南に位置して、北側の巨大な火口は吸いこまれるほどの不気味さを感じる。展望はさえぎるものがなく抜群である。最近はバスターミナルや駐車場から平服に短靴で山頂まで気軽に登る人が多くなった。

これから縦走路は韓国岳の東の方へ廻ること数分で、急なガレ場の下り坂を足もとに気をつけて下る。曇天やガスの日はここが最も間違いやすい道で、注意を要する所である。陥没したり、粘土質の滑りやすい道を下り、灌木のなか琵琶池（径300m、水深2m）の南ふちを通り、韓国と獅子戸の鞍部に至る。ススキ、スズタケ、ミヤマキリシマなどが密生した中を軽く上ると獅子戸岳である。

獅子戸岳山頂から左（北）折すれば大幡池を経て夷守岳へ、右は新燃岳への道標にしたがう。15分で獅子戸と新燃の鞍部に着く。ここで左（北）折すれば高原町へ、右（南）折して下れば4・5kmで新湯に至る。真直ぐ0・5kmで活火山の**新燃岳**に着く。

火口は直径750m、深さ190mで火口底の水はブルーグリーンを呈し、北と南の内壁斜面から盛んに噴煙を出している。南側の火口縁の通行は危険と思うがよい。

北側の火山灰と砂礫の混じる火口縁を東へ行って下る。広々とした草原の中を、中岳との鞍部を通る。この鞍部から右（南）折して3・7kmで湯の野へ、真直ぐ高千穂河原へ3・2kmである。この辺りから中岳の草原台地の上に屹立して見える高千穂峰は、まことに素晴らしい眺めである。

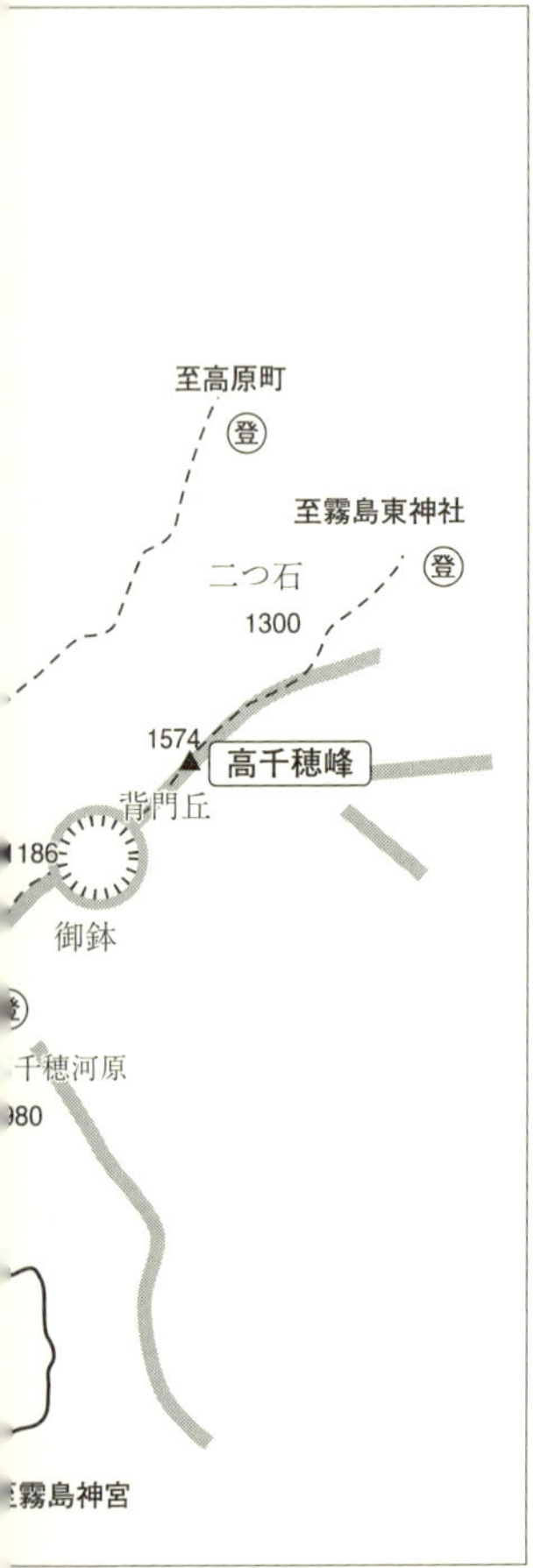

千穂河原⇨（1時間20分）⇨高千穂峰

新燃岳から30分で**中岳**の平頂な台地に着く。広大な草原の中にミヤマキリシマが随所に群落をつくっている。この山も高千穂河原の駐車場からファミリーハイクに格好の高原で、行楽地化しつつある。

山頂から南の方向へ少し下り、そ

霧島山〔韓国岳、高千穂峰〕
（韓国岳、日向小林、霧島温泉、高千穂峰＝25000分の1地図名）

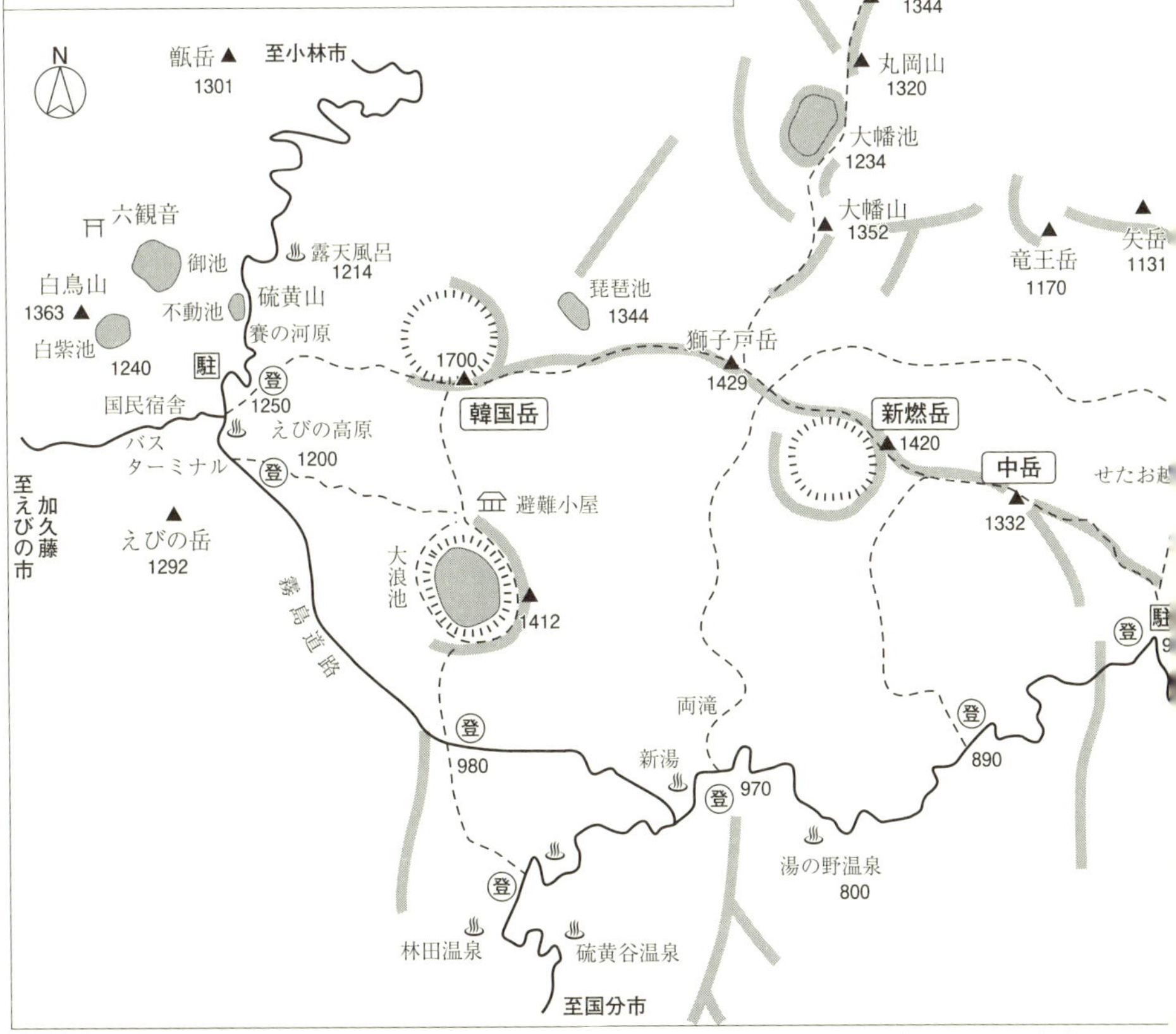

☞えびの高原駐車場⇨（1時間20分）⇨韓国岳⇨（1時間）⇨獅子戸岳⇨（30分）⇨新燃岳⇨（30分）⇨中岳⇨（60分）
☞新湯⇨（1時間50分）⇨獅子戸岳⇨（60分）⇨大幡山⇨（60分）⇨丸岡山⇨（50分）⇨夷守岳

新燃岳の火口縁（北側）

して東側へ廻るように大小の溶岩凹凸した急坂を下ると、間もなく自然歩道の石畳が高千穂河原まで続く。歩道の周辺は灌木の間にミヤマキリシマが群生していて、開花頃は実に見事である。えびの高原から縦走路を高千穂河原まで12・7㎞の距離である。

高千穂河原は海抜980ｍの標高にあって、大正初年まで続いた御鉢の噴火で、霧島神宮社殿は焼失し、現在、鳥居だけが残っている。売店

中岳から東北の高千穂峰

や大駐車場が完備している関係で、ここが高千穂峰へのメインルートをなし、年々登頂する観光客が増加している。

　高千穂峰にはこの河原から、石畳の自然歩道を道標にしたがって上る。灌木が多い道からほどなく、ガレ場の急坂を登ることになる。短靴では土砂が入り、登山靴でもショートスパッツの着用が必要となる。40分で御鉢の火口縁に着く。北側のいわゆる馬の背越を通り、御鉢と峰の鞍部、**背門丘**《せたお》から再び急なガレ場を25分で山頂に達する。屹立した山頂は思ったより広々とし、天の逆鉾、霧島神宮の上宮そして番人常住の山小屋がある。晴天の日は眺望四囲に及び、しばし去りがたい心持になる。

　下山は御鉢の南縁をまわり、ガレ場を一気に下るのも面白いが、濃霧の際はさけた方がよい。

◇**考察**　高千穂峰と中岳は自然歩道の一部に入っていて、登山道が整備され、道標は全体的に完備し、登山の対象から観光化した山となっている。南麓の林田温泉から大浪池までは約３km、１時間の行程で、温泉客の姿も多いように、周辺の温泉に一泊して登れば、最高の山の気分が味わえるだろう。

　福岡方面からマイカーで八代、人吉、加久藤越え、えびの高原までは２６０kmで、大駐車場から韓国岳、高千穂峰へ縦走し、再び高千穂河原へ下るまで約19・７km、休憩を含めて約８時間のコースであるが、距離的には長いようでも標高差がないため、丘陵を歩く思いで、春秋を選べば快適である。高千穂河原からえびの高原まではタクシーを利用して戻ればよい。

　なお霧島山北側中腹のノカイドウと甑岳《こしきだけ》の針葉樹林は、その規模から天然記念物に指定されていて一見に値する。

栗《く》野《りの》岳《だけ》（１０９４ｍ）

栗野岳温泉登山口（60分）栗野岳（50分）登山口

　鹿児島県姶良《あいら》郡湧水町《ゆうすいちょう》にある。山頂は丘陵状に南北に長く、北から１０８７ｍ、中央が１１０２ｍ、南が１０９４ｍで、表題には三角点のある南のピークを採用した。

　もともと何々山、何々岳と地図上に記載されているのは、その山頂はもちろん、周辺の山麓に至る全域を呼称するものであって、昨今の登山者は山頂のみの呼び名と思い込んでい

☞**登山口**⇨(60分)⇨**栗野岳**⇨(50分)⇨**登山口**

るようだ。したがって栗野岳に限らず、何々山とはピークの点ではなく、山の面と思っていただきたい。

この山も東にそびえる霧島の雄峰の西側に坐しているが、牧野を含む高原のピークをなし、山麓の栗野温泉、八幡地獄はつとに知られている。明治維新後、征韓論で退陣した西郷隆盛は鹿児島へ戻り、暇をみてはこの栗野岳一帯の高原で狩猟を楽しんだと言われている。

九州自動車道の栗野インターで県道に移る。東下場の心光寺前から長谷、十三塚を経て栗野温泉まで10km、これから南折して1・5km行くと栗野展望所に至るが、**登山口**は栗野温泉南洲館から展望所の方へ500m行った車道の左側である。

植林の中の遊歩道をしばらく上ると雑林地帯になる。50分余で1102mの鈍頂に着く。東側は伐採、造林されている。これから南へ少し下り、再び上って10分

栗野岳から東に韓国岳、高千穂峰の遠景

で１０９４ｍの草原の平頂に着く。東の韓国岳へ至る丘陵の重なり、点状に牧野が開けている。
家族づれのハイキングに適し、麓の温泉も程よい。

宮之浦岳《みやのうらだけ》（１９３５ｍ）と周辺

屋久の名は古来、掖玖、益救、夜久、邪古などで史記に表現されている。屋久島は鹿児島市から南へ１３０km、九州の南端、佐多岬から約65kmの東支那海と太平洋の間に列なる八重山群島の北に位置し、地質学的には約１４００万年前に熊毛層と呼ばれる海底堆積物の罅裂《きれつ》にマグマが貫入し、花崗岩を本体とする屋久島が誕生したと言われている。ゆえに島の海岸線の平地は熊毛層がドーナツ状に囲み、中央の山岳は花崗岩でしめられる。この花崗岩には長さ約10cmの正長石の結晶を包含しているのが特徴で、屋久島花崗岩の名で呼ばれている。

島の山岳は大小の岩峰、奇岩、自然林が織りなす造形美を随所に具現し、霧島屋久国立公園としてふさわしい洋上アルプスである。島の周囲１０５km、九州最高峰の一等三角点、宮之浦岳（１９３５ｍ）をはじめ、１０００ｍ以上の峰が45座に及び、有名な屋久杉、豊富な植物群、変化の多い山容などの存在が魅力的で、再三、訪れてみたくなる島である。そして山岳地帯は1カ月、35日雨が降ると言われるほど多雨で、特異な気象条件をもち、植物の成育に適している。

植物の分布を大きく分けると、１７００ｍ以上の亜高山植物にはヤクスギ枯存木、ヤクシマシャクナゲ、ヤクザサ、アセビ、ビャクシン、ヤクシマホツツジ、ヤクシマリンドウ、ノギラン、マイヅルソウ、イワカガミなどが多く見られ、１４００ｍ以上の温帯植物地域ではツゲ、ヤシャブシ、ナナカマド、ユズリハ、ヤマボウシ、ビャクシン、アセビ、ドウダンツツジ、萎縮スギなどで、花之江河や鹿之沢の湿原にはマンネンスギ、イッスンキンカ、イワカガミ、コオトギリ、ヤクシマホシクサ、イグサなど可憐な湿原植物が見られる。

７００ｍから１４００ｍの暖帯植物地域では広葉針葉混合樹林で、ヤクスギ、ツガ、モミ、ヒメシャラ、ヤマグルマ、カエデ、ブナ、ヒカゲツツジ、ツクシシャクナゲなどの種類が密生し、７００ｍ以下になると照葉樹林帯で、亜熱帯植物とともにその種類は多様になり、シダ類、イスノキ、シキミ、スダシイ、リンゴツバキ、ガジュマル、アコウ、マングローブ、ブーゲンビリア、ハイビスカス、デイゴ、シュロチク、など枚挙にいとまがない。

動物については人2万、猿2万、鹿2万と伝えられた時期もあったが、鹿は一時乱獲され、現在は約1万頭が生息するといわれ、鳥類は１１2種が確認されている。このように残された自然が島内には極めて多く、一度この島を訪れた者は二度、三度と心動かされる魅力を有している。

九州では昭和六三年（一九八八）に林野庁によって、祖母、傾、大崩《おおくえ》山とともに屋久島が森林生態系保護地域に指定され、平成五年（一九九三）には屋久島が世界遺産に登録されて以来、島を訪れる人が急増している。それにともないメインルートのほか多くのサブルートをたどるハイカーの中には、この山岳の深さを熟知せず、毎年のように不帰者が発生し遺憾に思う。

以下は、時間的に制約されている人のため、便利になった交通機関を利用した周遊ルートをいくつか述べる。

①JR鹿児島駅に近い名山《めいざん》桟橋から折田汽船のフェリーが宮之浦港に着く。宮之浦港から安房《あんぼう》まで海岸線を21km、安房から林道を屋久杉ランドまで16km、さらに林道を淀川入口まで7kmであるから、港からこの淀川入口（登山口）まで約45kmを、タクシーを用いると約1時間半を要して概ね14時半には淀川入口の登山口に着く。第一夜を淀川小屋か石塚小屋まで足を延ばす。八重岳は密生する灌木や湿地のため、ビバークの適地が非常に少ないので、これら山中の山小屋を利用した方が賢明である。

②航空機利用の場合はローカル航空が、鹿児島、屋久島間を往復している。季節により時間変更があるが、例えば鹿児島発の朝、第一便で発てば屋久島に9時30分頃に着く。タクシーを淀川入口まで約33km走らせると、11時頃には登山口に着くだろう。直ちに出発して黒味岳《くろみだけ》往復を略し、宮之浦岳、永田岳そして鹿之沢小屋まで約6時間、17時頃到着し、翌日ゆっくり逆ルートを楽しみながら淀川入口に戻ってもよいし、焼野三叉路から第二展望台、第一展望台、高塚小屋を経て、大株歩道を下り、軌道づたいに荒川林道へ出る。

③同じように鹿児島空港から最終便で屋久島空港に着く。安房まで9km、その夜は安房泊りで、翌朝、前記のルートで淀川入口まで23kmをタクシーに頼る。入山して花之江河《はなのえごう》、黒味岳往復、宮之浦岳、永田岳そして鹿之沢小屋泊り、翌二日目は終日行程として永田岳から焼野三叉路、高塚小屋、大株歩道、小杉谷の軌道を経て荒川林道から安房林道に出て安房の宿へ戻り、次の日に鹿児島へ帰る。

屋久杉ランド（7km）**淀川入口**（30分）**淀川小屋**（1時間30分）**花之江河**（15分）**黒味分れ**（20分）**黒味岳**（15分）**黒味分れ**（20分）**投石《なげし》岩屋**（60分）**翁岳分れ**（20分）**宮之浦岳**（20分）**焼野三叉路（永田分れ）**（50分）**永田岳**（40分）**鹿之沢小屋**（40分）**永田岳**（40分）**焼野三叉路**（60分）**第二展望台**（15分）**第一展望台**（15分）**新高塚小屋**（60分）**高塚小屋**（5分）**縄文杉**（25分）**夫婦杉・大王杉**（40分）**ウイルソン株**（10分）**翁杉**（10分）**大株歩道口**（50分）**三代杉・小杉谷荘**（5分）**楠川歩道入口**（25分）**小杉谷**（40分）**荒川林道**（1時間30分）**安房林道三叉路**（13km）**安房**

八重岳は水場は到る所にあるが、湿原と密生する灌木のため、ビバークできる平地が極めて少なく、山小屋も充分とは言えない。一方、登山者の増加に伴い山中宿泊などを考慮すると、所要時間、ルートなど充分な計画が必要である。上記のルートは八重岳の代表的主峰を短時日で知る上で、最も普遍的で楽な、そして初めての人のためにとりあげた。

八重岳主峰への距離は四方からの林道の造成に伴い短くなったが、なかでも安房から屋久杉ランドへ至る安房林道はやがて県道に昇格し、さらに標高１３７０ｍの淀川入口まで車を利用できる。九州の最高峰宮之浦岳へ海岸線から日帰り登山が可能である。島内には屋久島交通タクシー、まつばんだ交通タクシー、安房タクシーがあり、安房から**屋久杉ラン**

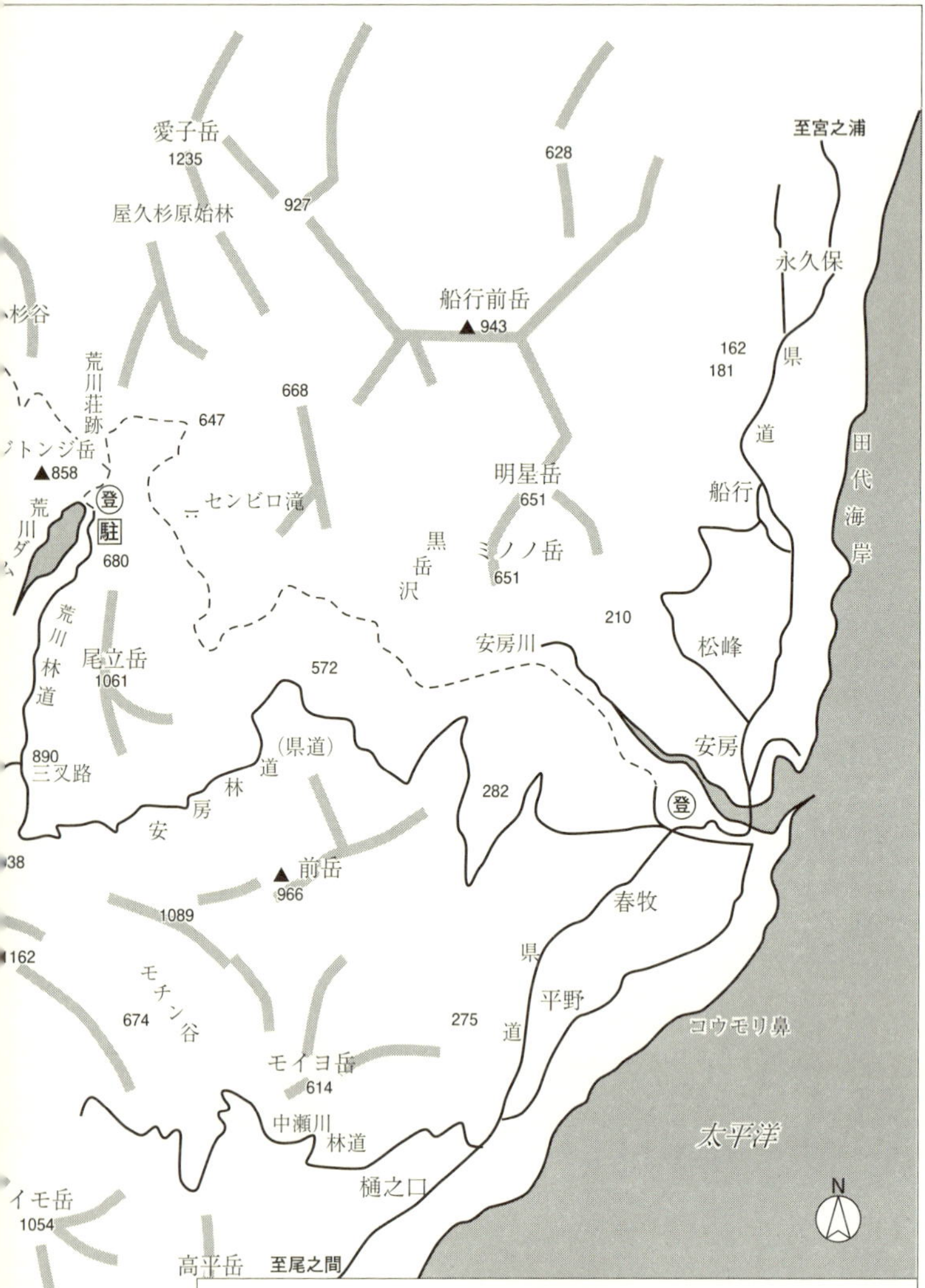

屋久島

（一湊、屋久宮之浦、永田岳、宮之浦岳、安房、栗生、尾之間＝25000分の１地図名）

岳⇨（15分）⇨**黒味分れ**⇨（20分）⇨**投石岩屋**⇨（60分）⇨**翁岳分れ**⇨（20分）⇨**宮之浦岳**⇨（20分）⇨**焼野三叉路**
展望台⇨（15分）⇨**新高塚小屋**⇨（60分）⇨**高塚小屋**⇨（5分）⇨**縄文杉**⇨（25分）⇨**夫婦杉・大王杉**⇨（40分）⇨
⇨**荒川林道**⇨（1時間30分）⇨**安房林道三叉路）**⇨（13km）⇨**安房**

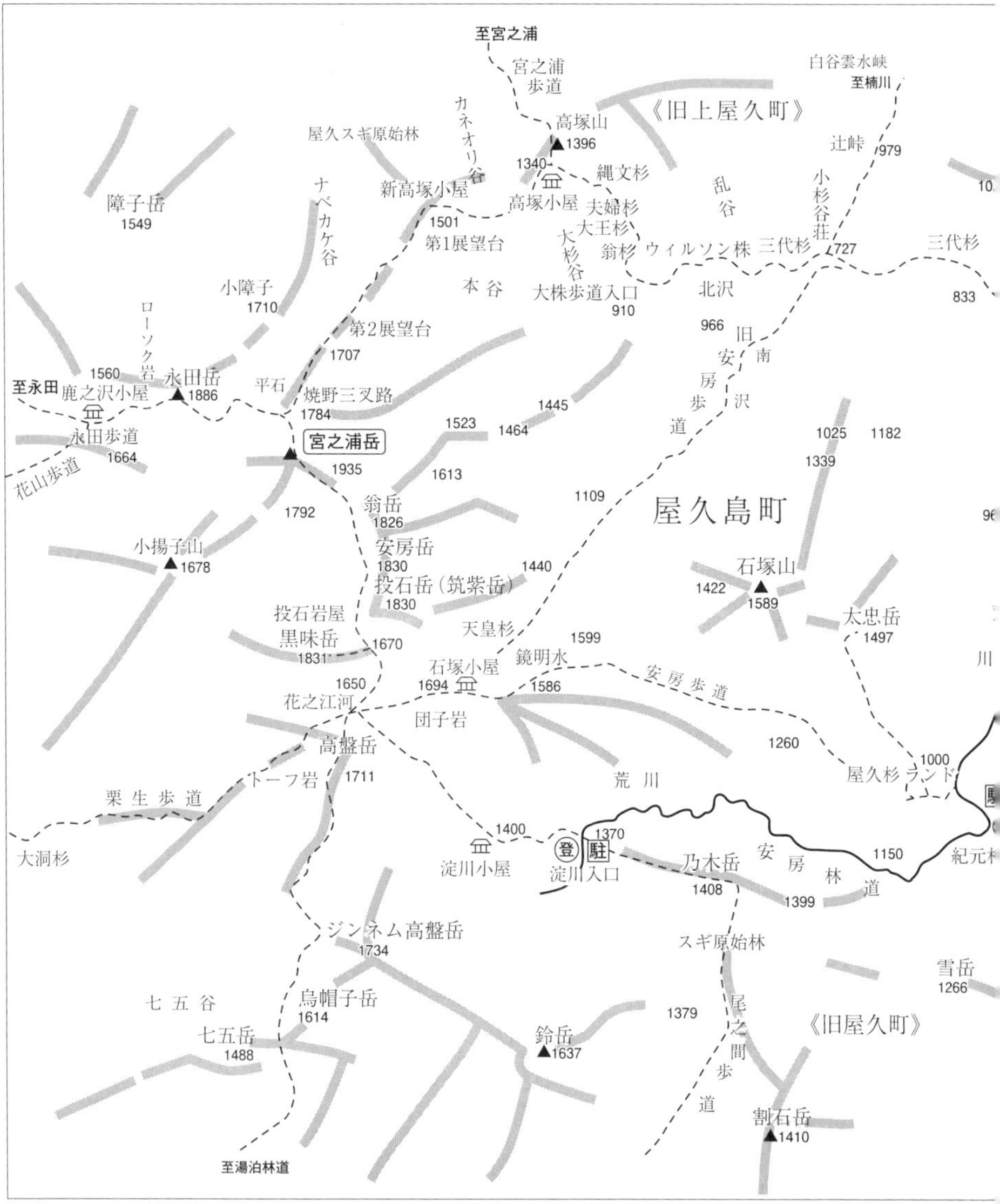

☞安房⇨（16km）⇨房久杉ランド⇨（7km）⇨淀川入口⇨（30分）⇨淀川小屋⇨（1時間30分）⇨花之江河⇨（15分）⇨黒味分れ⇨（20分）⇨
（永田分れ）⇨（50分）⇨永田岳⇨（40分）⇨鹿之沢小屋⇨（40分）⇨永田岳⇨（40分）⇨焼野三叉路⇨（60分）⇨第２展望台⇨（15分）⇨
ウィルソン株⇨（10分）⇨翁杉⇨（10分）⇨大株歩道口⇨（50分）⇨三代杉・小杉谷荘⇨（5分）⇨楠川歩道入口⇨（25分）⇨小杉谷⇨（40

淀川小屋（無人）

ド（自然休養林として観光客のために駐車場、休憩所、遊歩道など完備）まで約16㎞、40分で着く。これから淀川入口までは屋久杉ランドの直ぐ先に上屋久営林署のゲートがある。徒歩であれば７㎞の距離があり、時間が惜しい。登山口には立派な案内板や道標がある。淀川《よどがわ》入口からの里程は淀川小屋まで１・５㎞、花之江河まで４㎞、黒味岳まで６㎞、宮之浦岳まで７・５㎞、永田岳まで９・５㎞、鹿之沢小屋まで10・７㎞、反対に屋久杉ランドまで７㎞、安房まで21㎞、尾《お》の間《あいだ》温泉まで尾の間歩道を経て12㎞である。

淀川入口から自然林の中、ほぼ平坦な遊歩道を行くと、樹根が累々と露出して続く。リンゴツバキ、ツクシシャクナゲ、ユズリハ、ハイノキ、ツガ、スギ、ホソバタブ、ヒメシャラなどを見ながら約30分で荒川の上流、淀川の右岸に着く。遊歩道の左に昭和六一年（一九八六）四月に50～60人収容の新しい山小屋が完成した。山小屋の直ぐ先には幅10ｍの清流が西から東へ流れ、川岸を被う樹林が水面に映えて素晴らしい景観である。

この淀川に架かる橋を渡り、樹根の露出した遊歩道を徐々に高度を上げながら、灌木地帯を約１時間で、歩道の左側に高盤《こうばん》岳展望台があり、北側、目前に高盤岳のトーフ岩が見え、東には団子岩を仰ぐ。歩道の両側は次第に低木となり、コンター１６７０ｍの尾根から見るトーフ岩は六裂に変化する。数分で標高１６４０ｍの**小花之江河**《こはなのえごう》の湿原に着く。コケに被われた湿地帯を中心にして、ツクシシャクナゲ、アセビ、ツゲ、萎縮杉などが周辺を包み、岩石の配置、草原の起伏、小さな流れが見事な庭園を形成している。

湿原の厚い板敷を通過し、小さな尾根を越えると、標高１６５０ｍの**花之江河**に至る。小花之江河より規模が大きい自然庭園で、風雨雪に耐えた萎縮杉、大小の岩石、多種類の灌木、荒川の源流をなす湿原の流れ、これらの配置が見事なバランスを保ち、湿原の中央には八重岳参りの祠が安置され、幾万年かけて作られた天然の美景である。ここの湿原の最下層の泥炭は約３０００年前にできたと言われ、蘚苔類はミズゴケ、モウセンゴケ、コケスミレのほかヤクシマホシクサ、コオトギリ、イグサなどが群生している。最近のハイカーの増加で花之江河も荒れ果て、昔日の面影は消失し、現在は特別保護区域に指定され、キャンプ禁止である。

この花之江河から東へ約40分で石塚小屋を経て安房登山道を下る。西へ行くと栗生《くりお》歩道で、大洞杉を経て林道へ接続する。南へ行くと七五岳《しちごだけ》（１４８８ｍ）を経て湯泊林道に接続する。ここ花之江河から黒味分れまで０・５㎞、宮之浦岳まで４㎞、東の石塚小屋まで１・２㎞、淀川入口まで４㎞である。

花之江河から黒味岳南面

鹿児島県が立てた道標にしたがい灌木の中を縫うようにして行くと、15分で黒味分れに至る。リュックを置き左折して黒味岳（1831m）へ向う。途中、ザイルのある低い岩場を上り20分で先の方の岩峰の**黒味岳山頂**に至る。

展望は屋久島に来て最初に味わう素敵な快感で、今通過した花之江河を眼下に目前には高盤岳《こうばんだけ》を、北にはこれからアタックする宮之浦岳や永田岳の雄姿が大きくうねって、浩然の気分も最高峰へ早る。

黒味分れに戻り、宮之浦岳まで3・5km、約1時間40分の道をたどる。ミヤマビャクシン、ヤクザサ地帯に入る。黒味分れから20分で**投石《なげし》湿原**に出る。狭小なビバーク適地を通り、数分で投石岩屋を左に見て上ると、右に投石岳（筑紫岳、1830m）その北に安房岳（1830m）と連なり、ヤクザサの中にスギの枯木が点在する。

東に安房岳を見るあたり標高1770mの歩道の右わきに、高倉氏遭難碑がある。十数分でヤクザサとヤクシマシャクナゲの多い稜線の翁岳分れ（1780m）の右に**翁岳**（1826m）の巨岩が見える。岩峰まで20分、絶壁状の山頂へは転落しないよう注意が必要。1780mの稜線の目前に宮之浦岳がそそり立っている。ヤクザサ群生のゆるやかなスロープを20分余で、一等三角点の**宮之浦岳**（1935m）の頂に達す。名実ともに九州の最高峰からの展望は360度で、飽ることなし。

山頂から北へヤクザサの急坂を下ると20分で**焼野三叉路（永田分れ）**に着く。ビバーク適地がわずかにある。ここから永田岳まで1km、鹿之沢まで2・2km、東へ高塚小屋まで4・2km、ウィルソン株まで6・4km、反対の花之江河まで4・5kmである。焼野三叉路の窪地には五月中旬まで雪渓が散見されたが最近の温暖化で希有となった。

三叉路から西の方へ少し下りヤクザサの起伏を二、三越えて、低い鞍部に下ると、左側に屋久島の植生大標板が眼につく。これから永田岳

焼野三叉路から宮之浦岳北面と扇岳

永田岳の西にそそり立つロウソク岩

山頂へ蛇行して上る。山頂の約３００ｍ手前から分れを左にとる。右へ直進するルートは障子岳へ至る。

　永田岳山頂の直下に鹿之沢への分れがあり、リュックをデポして数分で巨岩の累積する**永田岳**（１８８６ｍ）に達す。宮之浦岳に比し男性的岩峰からの眺望は抜群で、八重岳の主峰はもちろん、口之永良部島、硫黄島、遠く開聞岳に及ぶ。山頂の北西は永田川の源流をなし、急峻な絶壁が障子岳の西面へとつらなる。

　山頂から南西へ数分下り、西のコルをまたいでヤクザサの急坂を下る。ヤクザサから灌木地帯に入ると、シャクナゲや枯木のある尾根を西北へ下ると右側にロウソク岩展望所の標柱があり、直ぐ右側背後にロウソク岩のチンネが屹立している。このあたり屋久鹿の生息地域で、右下に化粧岩屋を見て間もなく**鹿之沢湿原**に着く。昭和一二年（一九三七）六月、営林署の柿木司氏により発見、名付けられた自然庭園で、大きな岩石の点在、枯木、シャクナゲ、アセビ、湿原の植物など、花之江河に比しやや狭いが男性的景観を呈し、その中央には二十数人収容の山小屋が設けられ、南北を流れる水場が近い。夏期は屋久鹿の出没が多い。

　鹿之沢から西へ**永田歩道**を経て約7時間30分で永田へ（後述）。西南へ下ると花山原生自然歩道を約5時間で大川林道に接続する。

　鹿之沢から永田岳の西のコルを越して再び**焼野三叉路**（**永田分れ**）に戻る。これから起伏の少ないヤクザサに被われた歩道を十数分で、標高１７１０ｍの**平石岩屋**に着く。２、３人は雨よけできる空間がある。さらに尾根筋を東北へたどる。ヤクザサが少しずつ減り灌木が目立ってくる。永田分れから約40分でツクシシャクナゲのトンネル道と、自生杉の群生地をしばらく行く。大きな起伏はない。

　これから20分余で**第二展望台**の岩峰に至る。ふり返ると宮之浦岳から南へのびる峰峰、そして永田岳の雄大な山なみを反芻することができる。アセビ、シャクナゲ、ヒメシャラ、ナナカマドなどの樹木が多くなり、歩道は雨で洗われた樹根が露出している。さらに十数分で**第一展望台**で、右側の巨岩に立てば広々とした眺めがえられる。さらに十数分で**新高塚小屋**で現淀川山小屋のあと新設され、トイレ完備で約50人収容の山小屋に到る。

　これから60分余で１４００ｍの稜線を越え、急坂を下ると、標高１３４０ｍの**高塚小屋**に着く。山小屋は高塚山の南の鞍部に造られている。ヒメシャラ、ブナ、ツガなどの喬木が亭々として空を被う。北側にはカネオリ谷の源流の水場がある。西向きになっている山小屋は約8坪で小さい。

高塚小屋から北へ行くと、宮之浦歩道を経て林道に接続し、約6時間で宮之浦港へ至る。高塚小屋から東南の大株歩道を行く。大きな樹根が露出した急坂が続く。5分で左側に有名な**縄文杉**を見る。コンター1265mの位置にあり、昭和四一年（一九六六）五月、上屋久町の岩川貞次氏が発見し、現在わが国最大、最年長の杉で樹齢7200年、高さ30m、根廻り43m、樹囲28mと圧倒されそうだが、多雨の影響を受けて大小の根張りが地表に露出し、倒木防止のため土嚢が積み重ねられている。

迂曲する坂をなお下る。高度が低くなるにつれ喬木が増加し、自生の杉の大樹が多くなる。シャクナゲの姿が消え、ユズリハ、リンゴツバキ、アオガシ、ヤマグルマなどの照葉樹が目立つ。縄文杉から20分で右に**夫婦杉**を見て数分で、同じ側に**大王杉**がそびえる。これから約20分行くと道標にウィルソン株まで0・8km、白谷雲水峡まで9・1km、反対に高塚小屋まで1・3km、宮之浦岳まで6・5kmと記されている。これから0・8km、20分で左側に**ウィルソン株**を見る。大正三年（一九一四）アメリカ人、アーネスト・ウィルソンによって紹介され、彼の名がついた。この杉の上部を切り倒したのは天正一四年（一五八六）、約400年前と言われ、切株の中は畳十枚は敷ける広さで空洞化し、その中央に小さな流れがあり、片隅に大株神社が祀ってある。株の直径13m、根廻り32m、樹齢3000年と推定されている。

このウィルソン株から小杉谷荘まで3・4km、白谷雲水峡まで8・3kmで、ここから10分余で右側に**翁杉**を見て、なお十数分で軌道跡の**大株歩道口**に出る。この軌道は昭和四五年（一九七〇）八月、小杉谷事業所が閉鎖されるまで、50年間にわたり運行された原木搬出用軌道で、安房川に沿ってほぼ平坦にはしっている。

この大株歩道口から小杉谷まで2・8kmあり、軌道の枕木を踏みながら照葉樹林の中を、右下に安房川の大渓流の美しい変化を見て小杉谷へ向う。約50分で左に**三代杉**が、その先に作業小屋のような小杉谷荘がある。なお数分行くと左側に楠川歩道入口があり、このルートをたどれば、標高727mの楠川歩道入口から標高979mの辻峠を越え、楠川まで13km、4時間の道程となる。

楠川歩道入口を左に見て直進すると、20分で軌道の左に「屋久杉と共に」の碑があり、続いて左側に小杉谷登山者宿泊所跡の広場がある。広大な幕営地である。これから直ぐ安房川に架かる鉄橋を右岸に渡り、軌道敷を歩く。約40分で短いトンネルをくぐり、荒川ダム下の長い軌道橋を渡る。軌道敷をそのまま下れば、4時間で安房に出る。

軌道橋を渡った所から右折すれば、間もなく荒川林道終点に至る。荒川を右下にして林道を3・2km、約1時間30分上ると、安房林道と接続する**三叉路**に着く。その隅にある公衆電話を利用できる。

◇**考察**　屋久島は小さな島とはいえ、壮大な自然の中で世界でもまれな屋久杉を育んできた。この豊かな恵みと自然の残る中央山岳地帯が昭和二九年（一九五四）に特別天然記念物に指定され、さらに昭和三九年（一九六四）には霧島屋久国立公園となり、さらに平成五年（一九九三）に世界遺産に登録された。山岳地帯の地質は見事な花崗岩で占められ、その岩中に正長石が棒状に混入した珍しい屋久島花崗岩からなっている。

八重岳連峰の植物層は海上にいきなり１９００ｍの高山が屹立しているため、極めて多彩で、亜熱帯地域、暖帯植物地域、温帯植物地域、亜高山植物地帯と、三層あるいは四層に分類して観察できる。標高１６００ｍ余にある名高い花之江河、鹿之沢の湿原は植物とともに自然が生み出した日本式庭園の造形美をいかんなく発揮し、ハイカーの目を充分楽しませてくれる。

宮之浦岳（20分）**焼野三叉路**（1・3㎞、50分）**永田岳**（1㎞、40分）**鹿之沢小屋**（3・2㎞、2時間）**姥ヶ岩屋、１３４６ｍ**（2・5㎞、1時間30分）**竹の辻**（2・8㎞、2時間）**水鳥沢**（4・8㎞、2時間）**永田橋**

屋久島が世界遺産として登録され、観光客とともに登山者が漸増し、必要に応じガイドの助けを求めるようになった。

屋久島の主峰、宮之浦岳（１９３５ｍ）へ至るルートを述べると、安房から淀川入口まで車道をとり、標高差５６５ｍを上る人が最も多い。次は宮之浦から白谷雲水峡入口のコンターライン６３０ｍまで車道を行き、これから歩行し、小杉谷荘に出て、三代杉、縄文杉を経由して宮之浦岳へ。三つ目は島の北の集落、海亀の産卵地に近い永田から水鳥の沢、竹の辻、鹿之沢小屋を経るルートは海岸線近くから標高差約１９００ｍを歩くことになり、最もハードだが、南北縦断ルートである。四つ目以降は遊歩道が荒廃している。島西側大川之滝から２・５㎞上った花山歩道入口（コンター５００ｍ）、大石展望台、鹿之沢小屋経由、宮之浦岳。そのほかに宮之浦歩道をとり宮之浦川、高塚小屋経由、宮之浦岳。島の西側の栗生から栗生歩道、花之江河経由、宮之浦岳、などなどがある。

ここでは宮之浦岳から鹿之沢小屋で一泊して**永田**へ下るルートを記す。

前述のごとく、営林署員により昭和12年に発見整備されたあと、二十数人収容の山小屋が設けられた。小屋の西南に水場そして花山歩道へと続く。トイレは北西側20ｍ離れて設置され、その前を北西へ向かう道が永田歩道だ。道標に永田橋まで13・2㎞、姥ヶ岩屋《おんばがいわや》へ3・3㎞、反対の永田岳へ1・3㎞、宮之浦岳へ3・2㎞とある。

利用者少なく全行程が自然林の中を約7時間歩くことになる。まず小屋を出て左下に渓流を見て下る。20分で渓流を左岸へわたり、約10分で右岸をくだる。さらに約10分で右手に五千年杉を見る。コンター１３５０ｍあたり。スタートして

鹿之沢小屋

2時間、コンター1346m、左側に7、8人がビバーグ可能な**姥ヶ岩屋**に至る。ここから30分余で最後の水場を右岸へ渡る付近から温帯特有の原生林の中をくだる。

小屋から3時間で七本杉に至る。永田へ8km、鹿之沢へ5・2kmの道標あり。ここから30分、鹿之沢から3時間半で**竹の辻**コンターライン1319mに着く。おおむね中間地点、永田橋まで7・5km、依然として展望が得られず喬木の中をくだる。

小屋から5時間半で**水鳥沢**に出る。永田橋まで4・5kmである。しばらく下ると水場へ出た。水鳥沢から2時間余で造林域を右手に見る。道標に永田橋へ2・5km、鹿之沢小屋へ10・7kmとあり、雑林の中にクワズ芋（サトイモに似る）の自生群落を見ると、永田集落は眼前にひらける。

永田から鹿之沢経由、永田岳、宮之浦岳への日帰り登山は無理で、鹿之沢小屋泊まりの利用をおすすめする。このルートは長丁場だが、ハイカーが少なく静寂、空気が清《せい》穹《きゅう》、夜は満天の星空を満喫できる。

八重岳はひと月35日、雨が降ると言われるほど多雨で、比較的平均的好天に恵まれるのは概ね七月下旬から八月中旬と一〇月頃である。海岸線と山とは気象に大きな違いがある。冬期の降雪は五月の連休でも残雪を見る気象の厳しさと、1000m以上が45峰を数える山の深さなどによる遭難があとを絶たない。

本《もっ》富《ちょむ》岳《だけ》（979m）☆ モッチョム岩峰（950m）☆☆

原（2・5km）**登山口**（1時間10分）**万代杉**（60分）**本富岳**（25分）**モッチョム岩峰**（20分）**本富岳**（1時間30分）**登山口**

県道78号線、屋久島町の**原**《はるお》の集落から舗装された農道を経て、蛇行する林道を上ると、約2・5kmで、コンター280mの林道終点に着く。その直ぐ手前の西側は駐車場で、東側の丘は展望台になっている。

林道終点から本富岳への遊歩道に入る。2、3分で小さな尾根に上り、右（北東）へ行くと、千尋《せんぴろ》の滝展望所に至る。原生林の斜面を鯛の川が流れ、一枚岩壁を落下する瀑布が見られる。引きかえして北へ雑林の急坂を上る。十数分で分岐を左へタナヨケ歩道を万代杉の方へとる。豊富な照葉樹林の中を蛇行する。所々に万代杉あるいは本富岳へのプレートがあり、単独、初回でも安心できる。

　登山口から約50分で一本の大樹を右に見て、尾根を越え西行する。2、3分で小渓流を渡り、急坂にかかると、自然林の林床に群生する多種類のシダを分けながら上りが続く。ヒメシャラ、タブ、カエデ、クス、サザンカ、ツバキ、シキミ、アオキ、カシ、ユズリハ、ヒイラギ、ツゲ、シバそして珍しいツチトリモチなど実に多彩な樹木に被われている。

　登山口から約1時間10分で、コンター690mの稜線に上ると、左（南）に**万代杉**を見る。樹齢約3000年、胴周が18m、樹高20mと表記がある。この等高線付近には不思議に自生の若い杉は見当たらないから珍しい存在である。

　この万代杉の北西をまいて、西へ原生林の中を高度を上げ、小さい尾根を越え、数カ所に設置された丸木の上を踏み、最後の水場を渡る。自然林の中、渓流に苔むす岩石の配置が素晴らしく、再び急坂を尾根に出て左へ稜線をたどる。万代杉から約1時間で本富岳の東のコルに達すると、979mの**山頂**は直ぐである。樹根が累々とした狭い山頂で展望は得られない。

　この山頂からモッチョム岩峰へは南へ張り出した岸壁状のやせ尾根をたどる。ササの多い尾根で、三つの巨岩の東から西、そして東をまきながら岩裂や木の根をつかみ上り下りして行くと、尾根鼻にあたる所が**モッチョム岩峰**で、東からまいて南から上ってもよし、北からチムニーを足がかりに上ってもよいが、左右いずれも目がくらむ絶壁で足がすくむ。岩

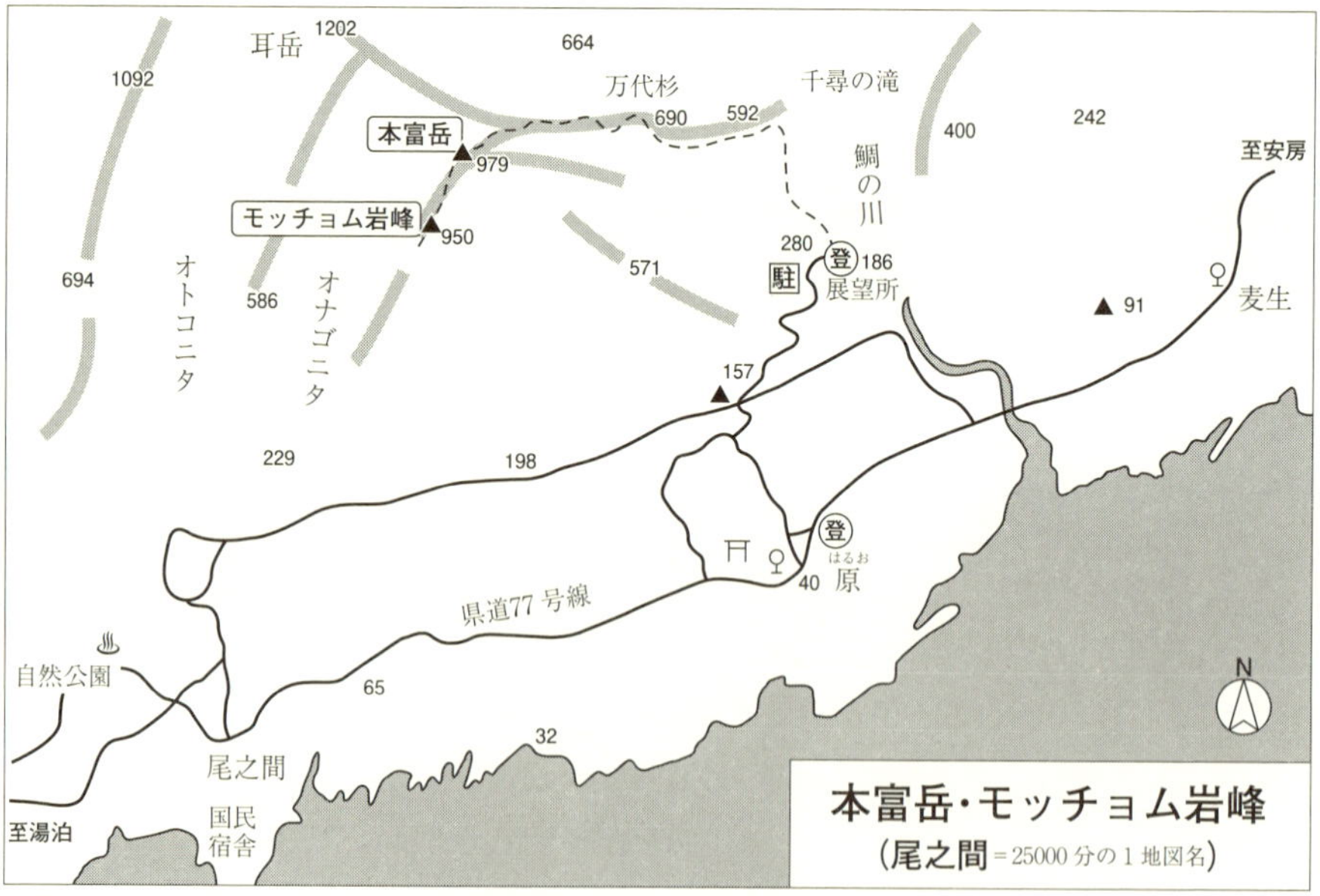

本富岳・モッチョム岩峰
（尾之間＝25000分の1地図名）

☞**原**⇨（2.5km）⇨**登山口**⇨（1時間10分）⇨**万代杉**⇨（1時間）⇨**本富岳**⇨（25分）⇨**モッチョム岩峰**⇨（20分）⇨**本富岳**⇨（50分）⇨**万代杉**⇨（40分）⇨**登山口**

峰の頂は約3坪でQUWV記名のプレートを見る。眺望は大岩峰にふさわしく、北に割石岳《わいしだけ》（1410m）から耳岳（1202m）に連なる稜線、そして所々むき出した花崗岩のダキ（岩壁）が宮崎県の大崩山を連想する見事さで、南へ転ずれば浸蝕された屋久島の南海岸線の美景、はるか彼方に種子島が浮かぶ。

再びやせ尾根の岸壁を上下して、自然林の本富岳に戻り、樹根が露出する急坂のルートを一気に登山口へ下る。

モッチョム岩峰の東面

◇**考察**　本富岳をどうしてモッチョムと発音するのか不詳であるが、海岸線沿いをはしる県道から見るモッチョム岩峰は見事に屹立し、登頂欲をかきたてること必定である。1000mに満たないが、登山口からの標高差は淀川入口から宮之浦岳のそれに匹敵し、こちらは急坂の連続で登りごたえ充分である。登山口から自然林の中を北側からまいて山頂に至る遊歩道は明確で、途中、千尋の滝を眺める場所があり、単独でも迷うことはないだろう。

雑林の本富岳（979m）は展望はのぞめないが、これから南へ突出した尾根鼻に相当するモッチョム岩峰（950m）からの展望は誠に雄大であり、人に翼があれば飛び立ちたい心持ちがするチンネである。岩峰へ至るルートは危険箇所が多く、ガスや雨の際は絶対に中止すべきであろう。

〔コラム〕

登山者の心得

①**地図**　国土地理院の地図は二〇万分の一、五万分の一、二・五万分の一などがあるが、何年かすると改訂されるので常に新しい地図を用いたがよい。林道の開発と造成がめまぐるしくて登山口や登山道が変動し、消滅することがある。このガイドブックの略図と国土地理院の地図を重ね合わせて見ると判りやすいし、これは大事な方法である。

②**地図の見方**　地図は原則として上の方が北を示すように画かれている。国土地理院の地図はコンターラインが詳細にわたっているので、登山に伴い自分の位置が概《おおむ》ね海抜何mの位置にあるかを知ることができる。河川の右岸、左岸の呼称は上流から下流を見て、右側が右岸で左側が左岸である。

③**国土地理院の歴史と山名**　明治一五年頃、内務省地理局が大三角測量を実施。明治二一年に陸軍参謀本部陸地測量部が全国の五万分の一図を制作し、昭和二〇年終戦で建設省地理調査所から現在の国土地理院となった。山名については地元の自治体長の証明印のある地名調書にもとづいて記載されているが、他の市町村にまたがる場合は同一の山であっても山名が異なる場合がある。

④**三角点**　測量の基準となる重要な水準点標石で一等から四等までの三角測量がある。一等本点は平均辺長45km間隔で日本全土に330カ所、網の目のように広がり、一等三角点補点は25km間隔、二等は約8km、三等は約4km、四等は約2km間隔と細かく測量され、花崗岩の中央に十字が刻まれた標名が山頂に設置されている。一等三角点標石は18cm角、二等、三等は15cmの標石で、これは重要な文化財であり、破損したら法律で罰せられるから注意する。もし破壊された標名を見つけたら、福岡合同庁舎内国土交通省国土地理院（福岡市博多区博多駅東2―11―1）へ連絡されたがよい。ちなみに富士山は二等三角点である。

なお水準点は全国の主な国道に沿って水準儀と標尺で、1、2kmごとに標石を埋設し、一等から三等までの区別がある。山の三角点は経度・緯度の基準となる標石で、水準点は高さの基準となる標石を設置し、これらは地震予知にもなる。すなわち、三角点は横の動き、水準点は縦のひずみを測定し、重要な役割を果している。

⑤**林道**　道路法上では一般の交通の用に供する道路ではない。樹木の伐採、そして植林などの林業用の施設で、いわば公道と私道があるから一般車両の通行には不充分で危険箇所が随所にあるゆえ、運転に注意し、林用作業の邪魔にならないよう配慮すべきである。

⑥**道**　山道で道標のない枝道、分岐点に出た場合の選定は、道幅がより広く道がよく踏まれて、くぼんだ状態になっている方が主道と思えばよい。先が行きどまりになっている山道には、枯

木などでクロスしてあることが多い。万一、途中で道が消失して不明になった場合は、勇気を持って必ず引き返すべである。藪こぎや谷の遡行は大変な時間と労力を消耗し、ことに渓谷の下りは大小の滝や絶壁にはばまれて多大な危険箇所が待ちかまえている。

⑦山道での歩き方　急な上り下り道では歩幅を短く蛇行するように歩いた方が転倒の危険が少なく、疲労も軽い。平坦な道では思いきり歩幅をとってもよい。山道に露出した木の根を踏むと滑りやすいので注意する。

⑧山の楽しみ方　登山とは字の如く山頂を極めることにあるが、九州の山岳は自然環境の中で植物の種類が豊富であり、それにともない昆虫、野鳥などの生物も多く、また珍しい鉱石もある。それらに関して興味を持つことは山行きの楽しみが倍加するものではないだろうか。さらに山麓の人々と挨拶を交しながら、山にちなんだ言い伝えや歴史などの情報を聞き出すことも有意義なことであろう。

⑨退却するゆとり　毎年、冬山での遭難死のニュースは痛ましい。複数の人々が互いに連帯感、依頼心をもって計画を強行することに原因があるようだ。吹雪の山に全責任を負うて単独行できる人はまれであろう。ところが大勢ならなんとかなるだろうと思慮をなくしてしまう。目前の山の悪条件の際は人数の多寡にかかわらず、後退する勇気が欲しい。

⑩笠みちと木馬《きんま》みち　笠みちとはその昔、村から町へと山越え野越えして歩いた人々の往還みちのことで、当時は雨よけ日よけに編み笠や菅《すげ》笠をかぶっており、その笠の幅ほど狭い山道のことを言った。

木馬みちは伐採した原木をロープや針がねで固定し、山の斜面や平坦な所を駄馬を使って引きずり出していた道のことで、昭和三〇年代まではまだこの方法で搬出されていた所もかなりあった。

⑪赤や黄色のビニールテープの使用禁止　山頂へ至る遊歩道のない山岳ではつとめて尾根道をたどって、山頂へ達する方法が常識である。登山道が明確でないので後続の人のためや下山の際の目印に赤、黄色のビニールテープをやたらと樹枝にまきつけているのを見かけるが、ビニール製品は何年たっても土地に還元せず、塵としていつまでも残り、自然の美観をそこなうものである。したがってブッシュの多いルートの目印には赤か黄色の木綿布を樹木に虫ピンで止め、下山の際にこれを撤去し持ち帰るのがハイカーのマナーであると、心得て欲しい。たとえ撤去を忘れても木綿布と虫ピンでは風雨によって、数年で腐蝕し、土地に還元消化してしまうだろう。

⑫縦走　縦走の魅力は大きい。九州の尾根道でも一二月から三月までは、不用意な野宿は凍死をまねくと思わねばならない。故に出発は早朝開始し、万一にそなえてシュラフザック（ダクロン製で500g位のものがある）とツェルト（500g位の一人用のものがある）は携帯するように心がける。

⑬遭難者に対する給食　遭難で数日間、絶食状態にあった者に対しての給食は、まず流動食から少量ずつ始めてゆくことが大切

である。遭難者の求めに応じて一度に飽食させると、消化器の穿孔や重篤な胃腸疾患を引き起こす恐れがある。

⑭**登りやすい季節**　九州の山岳は総体的に草木に被われ、道標が完備し登りやすいが、いわゆる九州脊梁山系である中央山地国定公園の中にはまだ、人々が集中しない山岳もかなりある。こんな所ではもっぱら林業作業道をたどって尾根にとりつき、山頂に達するのだが、六月から秋にかけてはブッシュが激しいので、新緑前の三月から五月にかけて登ると日も長く、最適と思う。

⑮**夏山、雷、ブヨ**　夏山の言葉は涼味を感じるが、1500m前後の九州の山はアルプスと違って、やはり暑い。発汗で脱水症状を起こさないよう無理をせず、充分な水分と適当なナトリウムの補給に心がける。歩行中に雷雨が発生したら喬木をさけ、灌木のかげに身をよせ、金属、カーボン製品など導体になるものをむき出しにしない。九州の夏山はブヨなどが多いので、色々な製品の防虫剤を考え携行すれば便利である。

⑯**初心者**　よいリーダーにつく。まず四、五、六、九、一〇、一一月の好季節をえらび開始する。地図とガイドブックに習熟し、山のメインルートから経験してゆく。山を汚さぬ心がけは最も大切な初歩的なマナーで、忘れてはならない。単独、集団にかかわらず各自が充分な責任を持ってのぞみ、はみ出した行動はしないように。

⑰**天候**　晴天に恵まれた山頂からの眺望は最高であるが、毎回天候に恵まれることはない。山での雨は必然的にガスをともなう。単身登行の場合は経験ずみのルート以外は中止したがよい。また雨中の行動は水分を含んだ衣類や荷物の重量に比例して疲労も倍加してゆく。ガスの中では地図とコンパスがあっても安全とはいえない。遭難による捜査費用は莫大な金額を要すると思わねばならない。

⑱**冬山**　九州でも1000mクラスの山になると、平地では想像できぬ厳しさがあり、夏山のイメージで登るとその変化に驚く。吹雪の際は踏み分け道が不明になり、膝や腰まで没する積雪のため三倍の体力の消耗を覚悟しなければならない。冬山にかかせぬ装備と食料、そしてより優れたリーダーのパーティーに加わって行動すること。吹雪の単独登行は無謀で自慢にはならない。

⑲**火の用心**　必要により山で火を燃す場合は落葉枯枝を周囲から除去し、火炎の風下に気を配る。喫煙者は歩行中は吸わない。休憩中の吸いがらは携帯用灰皿を用い持ち帰ること。喫煙による一酸化炭素と血中の血色素は結合する力が酸素の300倍も強く、血中の一酸化炭素量が2％で識別能力が低下する。

⑳**山の植物**　山行きの回を重ねるにしたがって、自然林の草木に興をいだくようになることは良いことである。山の植物は平地に移植しても地質、気温など環境の変化で活着することはまれである。取らずにカメラで撮るように心がける。ことにマイカーでの安易な採取、搬出は登山者のマナーとして絶対にしてはならない。

㉑**フィトンチッド**　ロシヤ語でフィトンは植物、チッドは殺すの

意で、いわゆる森林浴のこと。自然林の多くの植物から発散する殺菌性をもった芳香性物質の総称であり、この緑のシャワー浴が健康づくりに寄与するといわれる。例えば植物は人間に有毒な酸化窒素や炭化水素を吸収し、光合成によって酸素を産出し、私達の眼や脳の疲れを癒してくれたり、鳥獣の死臭が不思議にしないのは、植物で作られ発散するこれら物質によるものと考えられる。

㉒**挨拶と便の始末**　登山口の住民には必ず登山者の方から挨拶をする。山麓の人々はその山とともに生きてきた先達で、山に詳しく、したがって教えを乞う心がけが大切。

排便は登山前に必ずすましておく。止むを得ない場合、遊歩道からはずれた場所で10～15㎝に土掘して用をたし、土を戻す。使用のティッシュペーパーは必ずビニール袋に入れて各自持ち帰る。山小屋での排泄物処理はほとんどが未解決の有様。ティッシュペーパー持ち帰り徹底のためビニール袋は必携のこと。

㉓**翌朝のことを配慮して**　自然環境に包まれた山小屋、キャンプ地での一夜は気分最高である。日が落ちたあとは翌朝、早発ちの人々が多く、静粛と早寝を守ること。夜遅くまで飲酒したり、放歌談笑にふけるなど、自分達さえよければの行動はもってのほかで、要は他人に迷惑をかけないことが山歩きをより楽しくする。

㉔**山でのゴミは持ち帰る**　わが国の登山人口は世界一である。登山者としての初歩的マナーは、持参したゴミを必ず持ち帰り、他人に迷惑をかけないことから始まる。たとえ山頂にゴミ籠があっても、この中に投棄せずに持ち帰る。山の自然美を後世の人々のために汚さず、破壊せずに残しておくように心がけたい。

㉕**持ち帰る**　登山人口の増加に伴い、山の汚染、自然の破壊は目にあまるものがある。すべからく登山者は「自分が持って行った物は必ず全部持ち帰る。持って行かなった物は一切持ち帰らぬ」ことが鉄則である。ことにマイカー利用者は厳守していただきたい。そして大人は折々にこの初歩的マナーを子供達に教えることである。

㉖**山の気象**　山の気温は概ね100m上るごとに0・6度下がる。低気圧の東進速度は1時間に約40㎞で、したがって東シナ海に発生した低気圧は1000㎞離れた中部山岳地帯に24時間後に到来する。風速1mで体感温度は1度低くなる。したがって平地の気温15度、高さ1000mの山頂の風速5mとすると山頂での体感温度は約4度になる。

㉗**知っておくこと**　登山で消費する熱量は一日に約3000～4000カロリーで、このエネルギー源は主として体内の糖質と脂肪である。登山を含むあらゆるスポーツは①体力（若さ）、②訓練、そして③素質が関与する。グループ登山では社会における地位、役職などをふりかざすことは慎み、ひたすらリーダーの指示に随うこと。

㉘**登山計画書の作り方**　①パーティーの名称と所在地、②緊急の連絡先及び氏名、③登山の目的、④目的の山名や山域の名称、⑤登山の期日、⑥日程とコース、⑦参加者名簿、住所、氏名、

連絡先、血液型（登山届の要項は後記）、⑧リーダーとフォロワーの役割分担、⑨必需品（装備食糧）のリスト、⑩費用

㉙**リーダーとフォロワーの役割分担**　①山の気象、地形、日程、コースを調べる、②装備、着がえ、食糧を検討する、③交通宿泊を手配する、④健康管理と体力のトレーニングの指導、⑤登山計画書の作成と登山行動の記録の係、⑥庶務、会計、看護の係

㉚**登山計画**　九州の山は一部を除き、全般的にレクリエーション的なスポーツ登山で、初心者や老若男女にも受け入れやすい山ばかりである。単独登行でも国土地理院の地図とガイドブックで研究し、まずペーパー登山を頭の中で繰りかえした後、実行にあたっては無理をしない心がまえが大切である。

㉛**必携品**　地図、コンパス、ホイッスル、小型の鋸、ナイフ、懐中電灯、マッチ、記録用小ノート、タオル、ビニール風呂敷、雨具、新聞紙、小容器に梅干、飴玉などで、その他水筒、弁当はいうまでもないが、季節や山によってはツェルト、シュラフザック、マット、小型のコッフェル、ラジウス、カメラ、ラジオ、携帯電話など臨機応変に携行する。しかし九州の山は日帰りか、せいぜい一泊程度の山泊りが多いので、不要不急の物は重量によって疲労を増す原因となるので持参しないがよい。

㉜**軽登山に必要な品**　まず身に着けるものとして帽子、登山カッター（ウール混紡の長袖）、長ズボン（ウール混紡がよい。綿、ジーンズは不可）、下着（汗の発散と保温のためウール混紡がよい）、ヤッケ（冬期）、雨具（ゴア・ミクロテックス製が汗でむれない。藪道でなければポンチョで可）、登山靴（キャラバンより革製品がよい）、スパッツ（ロングとショートがある）、靴下（ウールと化繊の混紡のものを2枚かさねてはく）、アイゼン（冬期種類あり）、手袋（ウールやオーロン製がよい）。

次が携行するものとしてザック（何リッター入りか各自選択）、ウエストバッグ（小もの入れに）、洗面具（最小限）、時計、コンパス、地図、ビニール袋、食糧（行動食を含む）、その他ザックカバー、カメラ、杖、カイロ（冬期）、パンダナ（ウールかシルク製）、ガスコンロ、クッカー（一人か二人用がある）など日帰り用で目的の山に適合した準備をする。

㉝**帽子**　無帽や鉢巻きの人を見かけるが、木の枝や転倒で大事な頭部に外傷を受けた場合、出血が大量で激しいから、頭部を保護するために必ず着用する。原色のものがよい。プラスチック製ヘルメットであればさらによい。

㉞**靴**　山歩きの装備で何が最も重要かといえば、靴であろう。九州の山であれば革製の軽登山用で充分に間にあう。自分のサイズより1㎝大きめ（サイズ25㎝の足には26㎝）の靴を目標にする。厚手の靴下を2足かさねて履けば靴傷（まめ）ができる心配はなく、長途の歩行にたえられる。

㉟**手袋**　四季を通じて必要である。夏期は化繊のものでよいが、冬期は化繊と厚手のウールの2組を持参したがよい。

㊱**雨具**　ゴムびきやナイロン製のものなど多種類あるが、最近は少し高価なミクロテックスやゴアテックス製のものが出まわっている。この製品は汗で内部がむれない特徴と、ウインドヤッ

ケ兼用としても利用できる。

㊲**はだ着**　四季を通じ綿とウールか化繊とウールの混紡を用いたがよい。発汗してもさらっと乾燥して気持よく、保温力がある。日帰り程度であればこれだけで着がえ持参の必要はない。

㊳**食糧**　冬山では疲労と空腹とが凍傷発生に好条件となる。一日二食主義の人でも軽い朝食をとって出かけること。日帰り登山でも一食分の弁当のほかに、軽便な非常食を準備した方がよい。夏山では発汗が激しいので充分な水と梅干を携帯する。梅干は多種類の有機酸が含まれ、体内でアルカリ性に変じ、さらに体液すなわち電解質のバランスを保つのに役立つ。なお、即効的エネルギー源となるグリコーゲンを作る糖分の補給も忘れてはならない。

㊴**道を間違った場合**　その場で5分間腰をおろし、地図とコンパスで自分の位置と方角を知る。九州の山岳は２０００ｍ未満で樹木が多いので、高い木に登り、下山の方向と太陽の位置を確認し、尾根づたいに造林域を目標にする（渓谷へは下らない）。あるいは来た道へ引き返すのも良い。なお最近は衛星を利用して位置を知る計器が発売されているが、ガスに包まれると方向を確認し作業道のある植林域をえらぶ。

㊵**初めての山でも登頂可能にする方法**　登頂する山が掲載されている地形図名を見て、国地院の二・五万分の一の地図を求める。目的の山麓に点在する集落（地図に黒点が付されている）から破線が山頂まで記載されておれば遊歩道の印で問題ないが、破線がないことが多いので、早朝、山の集落まで行き、近くで地元住民にこちらから大声でまず挨拶し、簡単な自己紹介をする。集落の人は車を一見し、余所者かどうか直ぐ判別する。次に登山が目的で来たゆえ、山頂へのルートの教えを乞うことである。すべてが挨拶と情報収集と感謝を忘れぬよう。あとは地図をよく読む。

登　山　届

年　　月　　日

＿＿＿＿＿＿＿＿＿御中

パーティー名：

リーダー(代表者) 名：

住　所：

電　話：

緊急連絡先

氏　名：

住　所：

電　話：

1. 目的：

2. 山域山名

3. 参加者名簿

氏　　名	年齢	性別	血液型	住所（電話）	勤務先（電話）

4. 期間：　　月　　日－　　月　　日　（予備日　　日）

5. 日程、コース

月　　日	行　　動　　予　　定
月　　日	
月　　日	
月　　日	
月　　日	
月　　日	

(登山コース概念図)

山名	標高（m）	山域
宮之浦岳	1935	屋久島
永田岳	1886	屋久島
黒味岳	1831	屋久島
筑紫岳	1830	屋久島
安房岳	1830	屋久島
翁岳	1826	屋久島
中岳	1791	九重
久住山	1787	九重
大船山	1787	九重
星生山	1765	九重
稲星山	1765	九重
祖母山	1756	祖母、傾
三俣山	1745	九重
国見岳	1739	脊梁
市房山	1721	米良
白口岳	1700	九重
韓国岳	1700	霧島
烏帽子岳	1692	脊梁
向坂山	1684	脊梁
五勇山	1662	脊梁
扇山	1661	脊梁
白岩山	1646	脊梁

山名	標高（m）	山域
上福根山	1645	五家荘
大崩山	1643	祖母、傾
本谷山	1643	祖母
鳴子山	1643	九重
平治岳	1642	九重
烏帽子岩	1640	祖母
白鳥山	1639	脊梁
古祖母山	1633	祖母、傾
山犬切	1621	五家荘
白岩	1620	脊梁
江代山	1606	水上
傾山	1602	祖母
高岳	1592	阿蘇
黒岳	1587	九重
由布岳	1583	湯布院
三方山	1578	脊梁
高千穂峰	1574	霧島
五葉岳	1570	祖母、傾
鹿納山	1567	祖母、傾
高岳	1563	脊梁
南山犬切	1562	脊梁
お姫山	1550	祖母、傾

山名	標高（m）	山域
石堂山	1547	米良
時雨岳	1546	脊梁
日隠山	1544	祖母、傾
小川岳	1542	五ケ瀬
笠松山	1522	祖母、傾
岩井川岳	1522	九重
高塚山	1508	五木
沓掛山	1503	九重
黒岩山	1503	九重
涌蓋山	1499	九重
天主山	1494	脊梁
鬼ノ目山	1491	祖母、傾
銚子笠	1488	脊梁
平成新山	1488	雲仙
三方岳	1479	椎葉
朝見岳（京丈山）	1472	五家荘
塔中山	1468	九重
黒岳	1455	椎葉
蕨野山	1454	五家荘
大障子	1451	祖母
頭布山	1450	大崩
化粧山	1450	大崩
上泉水山	1447	九重

山名	標高（m）	山域
茶臼山	1445	五家荘
尾崎山	1439	椎葉
馬口岳	1435	椎葉
樋口山	1435	米良
根子岳	1433	阿蘇
猟師岳	1433	九重
新燃岳	1420	霧島
白髪岳	1417	人吉
前障子	1409	祖母
桑原山	1408	大崩
尾鈴山	1405	尾鈴
木山内岳	1401	大崩
大金峰	1395	五家荘
釣鐘山	1395	大崩
国見山	1391	大崩
合頭山	1390	九重
地蔵岳	1388	大崩
夏木山	1386	大崩
小金峰	1377	五家荘
鶴見岳	1374	別府
萱原山	1364	椎葉
白鳥山	1363	霧島
石仁田山	1359	椎葉

普賢岳	1359	雲仙
大幡山	1352	霧島
夷守岳	1344	霧島
諸塚山	1342	五ケ瀬
目丸山	1341	脊梁
烏帽子岳	1337	阿蘇
揺岳	1335	五ケ瀬
中岳	1332	霧島
杵島岳	1321	阿蘇
大仁田山	1316	五ケ瀬
雁俣山	1315	五家荘
祇園山	1307	五ケ瀬
仰烏帽子	1302	五木
甑岳	1301	霧島
筒ガ岳	1296	祖母
松株山	1292	脊梁
高塚山	1290	椎葉
崩平山	1288	九重
一目山	1287	九重
黒峰	1283	五ケ瀬
俣口岳	1281	五木
鉾岳	1277	大崩
新百姓山	1272	大崩
国見山	1271	五木

稲積山	1269	脊梁
遠見山	1260	脊梁
不動冴山	1260	椎葉
二ッ岳	1258	日之影
白髪岳	1244	五木
往生岳	1238	阿蘇
福万山	1236	湯布院
高隈山	1236	大隅
大矢野岳	1236	阿蘇
赤川浦岳	1231	祖母、傾
釈迦岳	1229	津江
掃部岳	1223	西都
大矢岳	1220	阿蘇
御前岳	1209	津江
たかはた山	1207	祖母
清水岳	1205	椎葉
英彦山	1199	英彦山
天包山	1188	米良
小白髪岳	1183	人吉
御岳	1182	高隈
酒呑童子山	1180	津江
花牟礼山	1174	九重
赤土岸山	1169	五ケ瀬
城ガ岳	1168	湯布院

山名	標高（m）	山域
倉木山	1154	湯布院
冠岳	1154	阿蘇
渡神山	1150	津江
馬子岳	1150	脊梁
六本杉山	1149	脊梁
小鈴山	1142	津江
万年山	1140	玖珠
犬ケ岳	1130	英彦山
烏帽子岳	1126	米良
鞍岳	1119	阿蘇
鰐塚山	1119	宮崎
矢筈岳	1113	脊梁
大森岳	1108	須木
俵山	1094	阿蘇
栗野岳	1087	霧島
ハナグロ山	1086	津江
真弓岳	1080	諸塚
経ケ岳	1075	多良
雨乞岳	1074	湯布院
黒岩山	1070	大崩
柴尾山	1067	出水
ツームシ山	1064	阿蘇
九千部岳	1062	雲仙

山名	標高（m）	山域
越敷岳	1061	祖母
立石山	1059	湯布院
五家原岳	1057	多良
脊振山	1055	福岡
八方ケ岳	1052	菊池
天山	1046	佐賀
尾の岳	1041	阿蘇
茶臼山	1039	犬ガ岳
岳滅鬼山	1037	英彦山
斧の岳	1029	阿蘇
平家山	1023	玖珠
国見山	1018	筑肥
黒原山	1017	人吉
清栄山	1006	阿蘇
洞ガ岳	997	砥用
三国山	994	筑肥
経読岳	992	犬ガ岳
中摩殿畑山	991	耶馬溪
井原山	983	脊振
鷹巣山	979	英彦山
馬見山	977	古処
甫与志岳	967	大隅
金山	967	脊振

刈又山	960	英彦山
戸川岳	960	日之影
雷山	955	脊振
障子岳	948	英彦山
亀石山	943	日田
石割岳	942	八女
三郡山	936	福岡
稲尾岳	930	大隅
三陀山	930	英彦山
開聞岳	922	薩摩
比叡山	918	大崩
大将陣山	910	耶馬溪
福智山	901	直方
羽金山	900	脊振
猟師岩山	893	脊振
作礼山	887	佐賀
古処山	859	秋月
九千部山	847	脊振
釈迦ケ岳	844	英彦山
荻岳	843	阿蘇
大日ケ岳	840	英彦山
鬼ケ鼻	840	脊振
行縢山	830	大崩
宝満山	829	福岡

郡岳	826	多良
砥石山	825	福岡
宝山	816	玖珠
丹助岳	815	日之影
雁股山	807	耶馬溪
浮岳	805	脊振
鷹取山	802	浮羽
求菩提山	782	英彦山
国見山	776	伊万里
八幡岳	763	佐賀
鹿嵐山	758	耶馬溪
佩楯山	758	三重町
石谷山	754	脊振
甲佐山	753	砥用
女岳	748	脊振
亀岳	740	佐賀
小岩扇	720	玖珠
貫山	712	小倉
二丈岳	711	脊振
月出山岳	708	日田
一尺八寸山	707	日田
八天岳	707	有田
笛岳	698	佐賀
大岩扇	691	玖珠

山名	標高（m）	山域
こつとい岳	690	英彦山
矢筈岳	687	水俣
船山	685	佐賀
倉岳	682	天草
若杉山	681	福岡
隠居岳	670	有田
矢筈岳	658	日之影
大根地山	652	福岡
一の岳	648	脊振
西山	645	犬鳴
金峰山	636	薩摩
鷹取山	633	直方
皿倉山	626	八幡
尺岳	618	直方
竜王山	616	飯塚
虚空蔵山	608	嬉野
雲取山	607	直方
油山	592	福岡
野間岳	591	薩摩
八郎岳	590	長崎
老岳	586	天草
矢城山	585	水俣
犬鳴山	584	福岡

山名	標高（m）	山域
牛斬山	580	直方
十坊山	535	脊振
角山	526	天草
黒髪山	518	有田
香春岳	511	香春
小岱山	501	玉名
孔大寺山	499	宗像
湯川山	471	宗像
龍ケ岳	470	天草
牛頸山	448	福岡
愛岳山	432	福岡
高祖山	416	福岡
四王寺山	410	福岡
基山	404	佐賀

あとがき

わが国土の九州という小さな陸地のなかに、二〇〇〇メートルに満たぬ山岳が散在している。顧みると、三十歳そこそこで開業医となり、山にとりつかれて、北海道の利尻、礼文から南の屋久島までつまみ食い登山をしてきた。その間、家族は言うに及ばず、多くの岳友や山麓の方々に何かとお世話になり、感謝にたえない。山という自然界のなかに存在する動植物、さらに気象現象、砥石などにいたるまで、数え切れない貴重な教えをちょうだいした。そして一方では私にとっては得難い山仲間が事故や病で去っていった。彼らとは共通した良い思い出ばかりで、人間として悼み、悲しみを感じている。

人間と山の関わりを考えると、まず生活に必要な採取、狩猟登山、山の神に対する信仰登山であり、スポーツ主体の登山は明治以降のことである。今では山岳を対象に標高を競うのが主力のほかに、ロッククライミング、藪こぎや、渓流登りなど多彩で、いずれにしても相手は自然界の山であり、敬虔な気持ちが肝要である。いったん山に入れば、人間とて自然界のいち動物にすぎない。山のすべてに順応し大切に、山頂では三角点があれば手を触れ、祠があれば手を合わせ、無事を祈り、眺望、雰囲気、一木一草を楽しみ、下山すればその山に感謝して帰路につく。

いささか苦言を呈すれば、毎年恒例の山開きは戦後に始まったことであろうか、最近は常軌を逸した人集めの感無きにしもあらずだ。山頂の行事は登山口に近い学校庭を借りてしめやかに催してはと思う。

さらに営林行政を見ると、目先の損得のみで、包括的判断なく、自然林の伐採、単一針葉樹の移植の驀進《ばくしん》である。杉、檜では野鳥も虫も寄りつかない、春に杉の苗木の新芽が伸びるころ、増えてきた鹿が中心の芽を食い荒らし、ために生活用材にならない。春先には塊状の花粉をとばす。アレルギー反応の花粉症が増加している。ほかに数日間降雨が続くと、主に造林地帯の斜面の土石流が造林を抱えて麓の民家、田畑を襲う。それに対し雑木の方は根張りが大きく深い。したがって保水力も大きい。成長が早い針葉樹は根が浅く、保水力に乏しいのである。つぎのことはダム管理人が下山してきた私に話したことである。雨が三日も続くと二日目に濁流が充満し、溢れるようになった。雨がやむと急激にダムの流入が減ると愚痴っていた。以前は水位がゆるやかに増減したという。山の自然林が減り、保水力の少ない杉畑に変わった結果である。

もうひとつ、自然林のなかには、マテバシイ、山栗、椎、樫などいたるところに自生し、山の動物にとり食糧としてことかかなかったが、伐採、植林の結果、餌を求めて猪や東北地方では熊が人里へ進出するようになったことは、ご承知の如くである。さらに遺憾なことは金になるからと、短慮による伐採植林はしたものの、後継者はつぎつぎと都市へ移住した結果、杉畑の手入れ（枝打、間伐など）がなく、山は荒れ放題である。これは営林行政の欠陥と思わざるをえない。自然林の伐採、杉畑、放置では山は泣いているだろう。動植物も在来種から外来種へ変わるのは必然と思わざるをえない。

九州の山岳では昭和六十二年十一月二十四日、祖母山系の笠松山付近で最後のツキノワグマが射殺された。その前は昭和三十年、日之影町奥村のクワズル谷で熊の死体が確認され、それ以前の記録では、ほとんど本谷山、笠松山、傾山一帯での捕獲か射殺である。山の自然の生態系にようやく変化が生じていることを知る。

九州の山は記述した如く、二〇〇〇メートルに満たないゆえ、四季を通じ登山が楽しめるのは経験からいうと、三、四、五月が年間を通じ最好季である。稜線を行くと、藪立ち前で見通しが良く、陽が長くなる。節気の啓蟄《けいちつ》が三月初旬だから虫が少ない。空気の膚ざわりが良いなどをあげる。秋はつるべ落としのたとえの如く、日暮れが早い難点がある。夏と冬とでは、夏山の表現はアルプスクラスの二〇〇〇メートル以上になると気温、湿度が平地と大きく異なり爽快感があるのに対して、九州の夏山は数時間も歩行すると、発汗による脱水、電解質の不調、消耗などで医学的に重篤な症状に陥ることがある。冬山では日が短い点を除けば、むしろ夏山より快適であろう。私がお勧めできる九州の山系では祖母、傾、大崩《おおくえ》山系、九州のバックボーンである向霧立《むこうきりたち》山系、すなわち大国見岳、五勇山、烏帽子岳とその周辺の山岳、霧立山系の小川岳、向坂山、扇山と周辺の山岳ではと思惟する。自然の雰囲気が残っているゆえである。

四季で変わったことは、昭和三十〜四十年代ごろ、五月の連休には九州の久住山から空池を結ぶ線の東側、すなわち東千里の窪地、そして屋久島、宮之浦岳の北側の焼野三叉路一帯では残雪を見たことがあるが、温暖化によるものだろうか、近頃は眼にしなくなった。やまなみハイウェイができる前の五月連休の九重山系はツバメが群舞し、沓掛《くつかけ》山《やま》付近はアセビの花で覆われていたものである。昭和三十七年元日の久住北千里で積雪一・五メートル、吹雪で若者、九人中七人が遭難死した記録は、私の頭から消えない。

「仁者楽山」である。自己責任を以て行動すべきはもちろん、山へ**「持って行った物はすべて持ち帰る。持って行かなかった物は一切持ち帰らない」**ことを信条とし、先輩が残した素晴らしい自然の遺産を大切に守り、子孫に渡すことが私たちの務めである。

なにとぞ、この書が諸彦のわずかなりとも参考となり、山から偉大なことを学び、そして楽しんでいただければ、望外の喜びである。

二〇一二年九月二十四日

渡部　智倶人

参考文献

『川辺川の四季』（建設省九州地方建設局川辺川工事事務所）
『九州自然歩道　上、中、下』（西日本新聞社）
『熊本百山』（熊本日日新聞社）
『マイカーで行く九州の山歩き』（渡部智倶人、葦書房）
『秘境五家荘の伝説』（山本文蔵、私家版）
『泉村歴史年表』（江上敏勝、八代郡泉村教育委員会）
『米良の荘』（中武雅周、私家版）
『屋久島の自然』（日下田紀三、八重岳書房）
『椎葉村史』（椎葉村）

●本書は『マイカーで行く九州百山峰』（葦書房）を大幅に改訂し、改題した。

渡部智倶人（わたべ・ちぐと）
大正12（1923）年、長崎市に生まれる。昭和17（1942）年、官立旅順医学専門学校に入学。応召、新京第一陸軍病院に勤務。シベリア抑留生活を経て昭和22年に帰国。昭和23年、九州大学医学部皮膚泌尿科へ入局。医学博士。『マイカーで行く九州の山歩き』『マイカーで行く九州百山峰』（共に葦書房）、『ある医学徒の青春』『日之影の無縁墓は語る』（共に海鳥社）などの著書がある。

九州の山岳《さんがく》

■

2012年11月16日　第１刷発行

■

著者　渡部智倶人

発行者　西　俊明

発行所　有限会社海鳥社

〒810-0072 福岡市中央区長浜３丁目１番16号

電話092(771)0132　FAX092(771)2546

http://www.kaichosha-f.co.jp

印刷・製本　有限会社九州コンピュータ印刷

ISBN978-4-87415-869-2

［定価は表紙カバーに表示］